Bührmann u.a. (Hrsg.)
Gesellschaftstheorie

Andrea Bührmann/Reinhart Kößler/
Wichard Puls/Katrin Späte/Hans-Günter Thien/
Elisabeth Tuider (Hrsg.)

Gesellschaftstheorie und die Heterogenität empirischer Sozialforschung

Festschrift für Hanns Wienold

WESTFÄLISCHES DAMPFBOOT

Bibliografische Information der Deutschen Bibliothek
Die Deutsche Bibliothek verzeichnet diese Publikation in der Deutschen Nationalbibliografie; detaillierte bibliografische Daten sind im Internet über http://dnb.ddb.de abrufbar.

1. Auflage Münster 2006

Umschlag: Lütke Fahle Seifert AGD, Münster
Druck: Rosch-Buch Druckerei GmbH, Scheßlitz
Gedruckt auf säurefreiem, alterungsbeständigem Papier.
ISBN 3-89691-620-3

Inhalt

Kultur

Sexualität

Wissenschaftspolitik und gewerkschaftliche Bildungsarbeit

Zur Einleitung

Es macht eine der überaus reizvollen Schwierigkeiten der Soziologie aus, dass sie Menschen, die sich auf sie einlassen, gleichsam Lizenzen erteilt: Im Prinzip gibt es keinen Gegenstandsbereich, der nicht legitim ein soziologisches Forschungsfeld darstellen könnte, und auch die Formen, in denen diese Forschung durchgeführt und ihre Ergebnisse dargestellt werden, decken ein ungewöhnlich breites Spektrum ab, von den Modellen einer mathematischen Soziologie bis zur Essayistik der „Frankfurter Schule“. Einer der Autoren des vorliegenden Bandes hat den Sachverhalt einmal auf die frappierend griffige Formel gebracht: „Wir prüfen alles, wir sind Soziologen“. Mit dieser Breite der Disziplin geht die Herausforderung des disziplinierten und zugleich kreativen Umgangs mit ihren Möglichkeiten einher. Nicht zuletzt dies dürfte auch wesentlich dazu beigetragen haben, dass gerade in der Soziologie immer wieder Fragen der Wissenschaftstheorie und Epistemologie eine wichtige Rolle gespielt haben, die zumal in Deutschland etwa im Positivismusstreit zeitweise sogar das Profil des Faches wesentlich bestimmt haben.

In seiner soziologischen Praxis hat Hanns Wienold sich diesen Herausforderungen in ganz besonderer Weise und Intensität gestellt. Als er 1974 den Ruf ans Institut für Soziologie in Münster erhielt, hatte er nach seinem Soziologie-Diplom einige Jahre an der Sozialforschungsstelle Dortmund gearbeitet und dann an der neu gegründeten Universität Bielefeld gemeinsam mit Rüdiger Lautmann und Otthein Rammstedt die erste Assistentengeneration von Niklas Luhmann gestellt. Die Bielefelder Jahre waren für Hanns Wienold eine wichtige Zeit des beruflichen, politischen und sicherlich auch persönlichen Aufbruchs. Hier begann er sich eingehender mit Statistik auseinander zu setzen, es begann aber auch sein linkes hochschulpolitisches Engagement - ohne dass er jemals ins orthodoxe Fahrwasser geraten wäre. Nicht zuletzt war dies auch die Zeit der Großwohngemeinschaften und selbst organisierten Kinderläden.

In Bielefeld entstand auch die Dissertation, in der Hanns Wienold, wie er es selber einmal ausdrückte, die „Liebesformel“ entdeckte. Unter dem eher unauffälligen Titel „Kontakt, Einfühlung und Attraktion. Zur Entwicklung von Paarbeziehungen“ veröffentlicht, stellt die Arbeit das „empirische Teilstück“ eines größeren Forschungsprojektes dar, in dessen Kontext auch Luhmanns Arbeit über „Liebe als Passion“ steht. Mit einer gewissen, sicherlich spekulativen Interpretationsbereitschaft kann man in der Dissertation den Versuch sehen, allerdings implizite systemtheoretische (besser: kybernetische) Annahmen mit empirischen Befunden zu verbinden, um auf diese Weise ein dynamisches Modell von Paarbeziehungen konzipieren und mathematisch formalisieren zu können. Das Denken in nicht-rekursiven Prozessen unter lockerer Bezugnahme zur kybernetischen Modellbildung erwies sich als fruchtbar auch in der Arbeit anderer Disziplinen wie der Psychoanalyse. Neben industrie- und wissenschaftssoziologischen Untersuchungen ging aus diesen Zusammenhängen außerdem das *Lexikon zur Soziologie* hervor, das Hanns Wienold mit einer Reihe von Kollegen, die damals ebenfalls zur ersten Generation Bielefelder Soziologen gehörten, in einem innovativen Format mit relativ knappen Einträgen, die versuchen die gesamte Bandbreite der Soziologie abzudecken, konzipiert und seither immer wieder aktualisiert und beträchtlich erweitert hat. Derzeit wird die vierte Ausgabe vorbereitet. Münster bedeutete für Hanns Wienold deutlich einen neuen Lebensabschnitt, und auch dies dürfte dazu beigetragen haben, dass er anders als seine Kollegen über die ersten Münsteraner Jahre in einer Wohngemeinschaft lebte. Darin kam eine in seiner Statusgruppe auch unter Linken nicht gerade landläufige Offenheit der eigenen Lebensführung zum Ausdruck, die gelegentlich, etwa bei der Übernahme der Funktion als Dekan, zu habituellen Dissonanzen beigetragen hat. Eine ähnliche Offenheit findet sich sicher auch beim Aufgreifen innovativer Themenstellungen, die er neben seinen Aufgaben bei der Methodenausbildung entwickelte.

Die Thematik seiner Dissertation über Paarbeziehungen hatte in sehr allgemeinen Zügen eine Pionierarbeit vorbereitet. In einer Zeit, als Befragungen zu Sexualität noch Seltenheitswert hatten, war die mit Rüdiger Lautmann durchgeführte repräsentative Befragung zur Antihomosexualität bemerkenswert und dürfte wohl einzigartig sein. Wie sehr hier Neuland betreten wurde, zeigt sich daran, dass Replikationen bis heute sehr selten sind, und die Deutsche Gesellschaft für Sexualforschung noch Ende der 1980er Jahre eine Befragung der Bevölkerung ablehnte, die dringend für Informationen zur AIDS-Prävention benötigt wurde - mit aus heutiger Sicht ziemlich unglücklich anmutenden Argumenten, die eine Vermessung des sexuellen Verhaltens einer Gesellschaft für bedenklich erklärten. Wenn heute den meisten die Brisanz der Studie von Lautmann und Wienold nicht mehr sogleich deutlich werden mag, so ist das im Grunde ja erfreulich, weil dies auf wirkliche Veränderungen verweist. Es unterstreicht jedoch zugleich, wie weit damals diese Studie ihrer Zeit voraus war.

Sehr bald, nachdem er seine Tätigkeit am Institut für Soziologie aufgenommen hatte, wandte Hanns Wienold sich einer Reihe von Arbeitsbereichen zu, mit denen er lange Jahre verbunden bleiben sollte. Zusammen mit Kollegen vom Institut und aus der Erziehungswissenschaft begann eine langjährige und überaus erfolgreiche Kooperation mit verschiedenen Gewerkschaften im Rahmen der gewerkschaftlichen Bildungsarbeit. Dabei ging es nicht nur um gewerkschaftliche Veranstaltungen im Rahmen des 1985 in Nordrhein-Westfalen, die vom Arbeitskreis Gewerkschaftliche Bildungsarbeit am Institut in Kooperation mit dem DGB-Bildungswerk NRW durchgeführt wurden. Bereits seit Ende der siebziger Jahre existierten hier verschiedene Arbeitszusammenhänge in der lokalen und regionalen Bildungsarbeit der Gewerkschaften, in denen Hanns Wienold engagiert war und in denen auch schon zu dieser Zeit Studierende Zugang zur gewerkschaftlichen Bildungsarbeit hatten. Der 1984 gegründete Arbeitskreis Gewerkschaftliche Bildungsarbeit rekrutierte seinen „Nachwuchs“ aus Studierenden und bildete ganze Generationen von Teamerinnen und Teamern aus, die dann selbstständig in der gewerkschaftlichen Bildungsarbeit aktiv wurden. Für die Bildungsarbeit der Gewerkschaften eine ungewöhnliche, wenn nicht exotische Konstellation. Gelegentlich wurden wohl deshalb die Münsteraner Bildungarbeiterinnen und -arbeiter liebevoll „MüMaf“ genannt - Münsteraner Mafia. Und für manche von ihnen ist diese Arbeit zum Sprungbrett in eine hauptamtliche Gewerkschaftskarriere geworden; andere verbanden die Bildungsarbeit mit industrie- und gewerkschaftssoziologischer Forschung. Für Hanns Wienold prägte dieses Engagement viele Samstage in den 1980 Jahren: morgens um 6 Uhr aufstehen und mit dem Diesel nach Recklinghausen, Werne oder anderswo ins Ruhrgebiet fahren, um dort in verrauchten Gewerkschaftssälen den Kollegen wichtige gewerkschaftliche Bildungsthemen nahe zu bringen. Das war ihm ein Herzensanliegen, wie auch der Arbeitskreis insgesamt! Aus diesen Arbeitszusammenhängen sind nicht nur didaktische Konzepte, sondern immer wieder auch soziologische Untersuchungen zur Situation der Bildungsarbeit und ihrer gesellschaftlichen Möglichkeiten hervorgegangen. Von den in den 80er Jahren zusammen mit Johannes Weinberg durchgeführten umfangreichen quantitativen Untersuchungen zur Situation der politischen Erwachsenenbildung der Gewerkschaften über eine von der Deutschen Forschungs-Gemeinschaft geförderte verwendungssoziologische Arbeit zur „Karriere“ der Negtschen Theorie der Arbeiterbildung in den Gewerkschaften, einem Ausstellungsprojekt zur Gewerkschaftsgeschichte, dem Gutachten zu dem von den Arbeitgebern immer wieder scharf bekämpften nordrhein-westfälischen Arbeitnehmer-Weiterbildungs-Gesetz und der Forschungsarbeiten zur Bildungsarbeit der IG Metall - sowohl die Fragen als auch die Antworten an die Gewerkschaften waren häufig unbequem; wohlwollend, aber nicht wirklich geeignet, die bestehende soziale Praxis der Bildungsarbeit einfach zu legitimieren.

Bereits vor Hanns Wienolds Berufung ans Institut für Soziologie gab es im Gesamthochschulbereich Münster einen kleinen Diskussionszirkel, in dem Assistenten aus Philosophie, Soziologie (Uni und PH) und Publizistik über die Möglichkeiten kritischer Wissenschaft nachdachten und eine kleine Schriftenreihe namens „Arbeitshefte zur materialistischen Wissenschaft“ herausgaben, die optisch durch die Silhouette eines altertümlichen Dampfschiffes hervorstachen und sich auch mit dem Untertitel „Edition Westfälisches Dampfboot“ etwas vom Grau der übrigen „grauen Literatur“ abhoben, die damals in erheblichem Umfang in dem wenig abgegrenzten Bereich zwischen Vorlesungsskript, politischem Traktat und Grundlagenkompendium produziert wurde und unabhängig von ihrer inhaltlichen Qualität sich nicht zuletzt durch die jeglicher typographischer Ästhetik hohnlachende Schreibmaschinenschrift von älteren ebenso wie von jüngeren Druckerzeugnissen unterscheidet. Mit der Zeit bildete sich ein kleines Herausgebergremium für diese Reihe, und gegen Ende der 1970er

Jahre wurden die Themen deutlich ambitionierter, mit regionalspezifischen Sozialberichten, aber auch einer Abrechnung mit dem „Hochschulsozialismus". Hanns Wienold arbeitete intensiv in dieser Gruppe mit, deren personelle Zusammensetzung sich mit den Jahren ebenso veränderte wie Zuschnitt und Orientierung des gesamten Projektes - an die Stelle von Broschüren traten Produkte, die immer mehr gut gemachten Büchern glichen, und auch das Themenspektrum weitete sich aus, ohne doch den Lokal- und Regionalbezug ganz aufzugeben. Nicht zuletzt die von Hanns Wienold (gemeinsam mit Sabine Preuß und Hans-Günter Thien) herausgegebenen Bände „Münster - Spuren aus der Zeit des Faschismus" und „Überwältigte Vergangenheit. Faschismus und Nachkriegszeit in Münster i. W.", die vor Ort für viel Wirbel sorgten, stehen hierfür beispielhaft. Schließlich wurde von Hans-Günter Thien und Hanns Wienold der Verlag gegründet, der den Namen Westfälisches Dampfboot weiterführt und dem Hanns Wienold nach wie vor verbunden ist.

Äußerlich noch im Übergang von der Broschüre zum Buch lässt eine Veröffentlichung von Hanns Wienold in den „Arbeitsheften" erkennen, die charakteristisch für sein Verständnis für das zentrale Arbeitsgebiet ist, das er viele Jahre lang auch in der Lehre vertreten hat, die empirische Sozialforschung. Das Buch verwies deutlich auf seine Ursprünge in der Lehre und musste gerade deshalb allen denen, die anderswo Statistikkurse mitgemacht haben, höchst ungewöhnlich erscheinen: Im Titel wird „gesellschaftlicher Reichtum" der „Armut der Statistik" konfrontiert; dann aber werden die Grundlagen der Sozialstatistik vor dem Hintergrund eines umfassenden Konzeptes des gesellschaftlichen Reproduktionsprozesses und der daran anschließenden sozialen Differenzierungen entwickelt. „Grundlagen der Sozialstatistik" sind aus dieser Sicht nicht formale Verfahren, mit denen sich Zahlenmaterial verarbeiten lässt, sondern in erster Linie die Konstitutionsbedingungen der Daten selbst. Damit aber sind sehr viel weitreichendere Probleme angesprochen als „nur" die Forderung, zu wissen, was man tut, also nicht „Äpfel mit Birnen zusammenzuzählen", wie Hanns Wienold das ebenso gern wie treffend formuliert. In späteren Arbeiten hat er die methodologischen Schwierigkeiten noch gründlicher reflektiert, bis hin zu den epistemologischen Problemen, wie Erkenntnis gesellschaftlicher Wirklichkeit denn überhaupt möglich sei, denen Soziologie sich wenigstens dann immer wieder konfrontiert sieht, wenn sie kritische Gesellschaftsanalyse eher sein will als technokratische Problemlösungswissenschaft. Dass selbst dies zu allenfalls fragwürdigen Resultaten führt, wenn grundlegende Fragen nicht geklärt sind, hat Hanns Wienold später einmal anhand der scheinbar so einfachen Aufgabe erläutert, die Einwohnerzahl eines Dorfes im pakistanischen Punjab zu erheben: Das Unternehmen des „Zählens" führt nicht nur dazu, viele Erzählungen aufzunehmen, sondern unweigerlich auch auf die Herausforderungen, die mit dem Verstehen dieser Erzählungen verknüpft sind, und nur dessen voraussetzungsreiches Gelingen kann allenfalls am Ende auch valide Zahlen ergeben. Auch um die Büffel im „dürren Land" Changar am Südrand des Himalaya zu zählen, bedarf es, wie Hanns Wienold in einem etwas späteren Beitrag zeigte, nicht nur genauer Regionalkenntnisse, sondern vor allem einer Vorstellung von den Handlungsstrategien der Eigentümer und den strukturellen Gegebenheiten, in die diese eingelassen sind. In der sorgfältigen Reflexion dieser Zusammenhänge kommt nicht zuletzt Hanns Wienolds methodologischer Skeptizismus zum Ausdruck, der ihn wohl vor der übergroßen Mehrzahl derer, die quantitative Methoden in der Soziologie lehren und anwenden, auszeichnet. Er ist sich der komplexen Voraussetzungen solcher Verfahren nicht nur bewusst, sondern bemüht sich auch immer wieder darum, diese Schwierigkeiten zu vermitteln. So geht es ihm auch in dem Buch, das „Einstiege" in empirische Sozialforschung vermitteln soll, vorab darum, bei den Leserinnen und Lesern Bewusstsein und Sensibilität für den „Artefaktcharakter" jeglicher Ergebnisse solcher Unternehmungen, für die Problematik von Messung und Messinstrumenten und erst recht von Aussagen wachzurufen, die auf solcher oft fragwürdigen und schwankenden Grundlage gemacht werden. Wenn Studien - einschließlich der eigenen - zu kritisieren sind, geht es Hanns Wienold daher nicht in erster Linie um handwerkliche „Kunstfehler" bei der Anwendung und Ausschöpfung eines mehr oder weniger reich bestückten Werkzeugkastens, sondern vielmehr um den Werkzeugkasten selber und die Erkenntnismöglichkeiten und -probleme, die im Design der Werkzeuge ebenso wie im gesamten Vorhaben empirischer Soziologie liegen.

Ab Mitte der 1980er Jahre begann Hanns Wienold, sich völlig neue regionale und auch thematische Arbeitsfelder zu erschließen und so die verbreitete provinzielle Enge der deutschen Soziologie definitiv für sich zu überwinden, nachdem er schon einige Jahre lang wohl eher als Ausdruck seiner großen Kollegialität und Hilfsbereitschaft als Vorsitzender eines Vereins für Entwicklungstheorie fungiert hatte. Seine Arbeiten über die Verhältnisse auf der mexikanischen Seite des „Kaktuszauns", der scharf bewachten Südgrenze der USA, dann zu verschiedenen Aspekten ländlicher Verhältnisse im pakistanischen Punjab und später in der Region Changar am Fuße des indischen Himalaya unterstreichen nicht nur seine Neugier und Bereitschaft, sich auf das Fremde einzulassen und nach Möglichkeiten zu suchen, es zu verstehen, sondern spielen, wie bereits angedeutet, auch für die Ausformulierung seiner methodologischen Überlegungen eine wichtige Rolle. Daneben stand vor allem in Changar die Gutachtertätigkeit für die Gesellschaft für Technische Zusammenarbeit, die nicht zuletzt den Kontakt mit den Erfordernissen praktischer Entwicklungszusammenarbeit garantierte. Vor diesem Hintergrund darf man gespannt sein auf den Ertrag seines gegenwärtigen Brasilien-Aufenthaltes.

Auch wenn Hanns Wienold dann an der Schaffung eines entwicklungs- und agrarsoziologischen Schwerpunktes am Institut und weiter an der Verankerung eines interdisziplinären Südostasien-Studienganges in Münster beteiligt war, hat er andere Themen und die auf Deutschland bezogene Forschung dennoch weiter verfolgt. Ein großer Teil seiner wissenschaftlichen Arbeit betrifft seit vielen Jahren die zahlreichen

Projekte, die er mit einer Vielzahl von Leuten durchgeführt hat, oft in Form der „kleinen Sozialforschung", was ihn einmal veranlasst hat, sich selbst ironisch als „König der Bettler" zu bezeichnen. Gerade diese Projekte geben seiner Arbeit eine erstaunliche thematische Breite. Sie reichen von den älteren Arbeitsgebieten der gewerkschaftlichen Bildungsarbeit über eine bis heute kontrovers diskutierte Studie über die Kinderarbeit in Deutschland bis zu intensiver Auseinandersetzung mit Sucht und Alkoholismus, verbinden diese Fragen aber auch etwa über die Brücke der Auswirkungen von Stress im Arbeitsleben, auch im Zusammenhang mit der „Geißel der Arbeitslosigkeit" (Max Weber), deren Konsequenzen für die Entstehung von Alkoholismus und anderen Formen des Suchtverhaltens untersucht wurden. Bei allen diesen Projekten kooperierte Hanns Wienold mit zahlreichen, meist jüngeren Wissenschaftlerinnen und Wissenschaftlern. Im Rahmen der begrenzten Möglichkeiten der Wissenschaftslandschaft zumal der 1990er Jahre gelang so eine beachtliche Bandbreite von Forschungen zu unterschiedlichen Themenstellungen, die er immer wieder auch seinen methodologischen Fragestellungen konfrontiert hat, die aber über die soziologische Fachöffentlichkeit hinaus auch in anderen wissenschaftlichen Disziplinen Beachtung gefunden haben.

Alle diese Aktivitäten und Forschungen wären in der Form, wie Hanns Wienold sie betrieben hat und betreibt, schwer vorstellbar ohne eine beständige Auseinandersetzung auch mit Problemen der Gesellschafts- und Sozialtheorie. Wenn manche studentischen Aktivisten zu Beginn seiner Tätigkeit in Münster der Meinung waren, er habe die „blauen Bände" nicht wirklich verinnerlicht, so ist es dabei geblieben. Selbst wenn seine theoretische Orientierung von anderer Seite eher als marxistisch wahrgenommen wurde, erfolgte doch seine intensive Auseinandersetzung mit der Marxschen Kritik der politischen Ökonomie nicht in der Perspektive, etwa eine Gesellschaftslehre zu rezipieren, sondern mit dem Interesse, Werkzeuge zu eigener kritischer Analyse zu erarbeiten.

Sie stand so erstens in engem Zusammenhang mit der Auseinandersetzung über Sozialstatistik oder volkswirtschaftliche Gesamtrechnung, die sich ja durch Konzepte, die in der Auseinandersetzung mit Marx gewonnen werden können, gerade kritisch hinterfragen und aufklären lassen. Dies bildete auch ein zentrales Interesse des Buches über „Gesellschaft bei Marx", das durch die Anfrage der Fernuniversität Hagen initiiert und mit Reinhart Kößler verfasst wurde.

Zweitens aber ist es Hanns Wienold auch immer um eine kritische Rezeption der Anschlüsse an die Marxsche Kritik der politischen Ökonomie gegangen. So hat er nicht nur in dieser Weise den Grundkurs Gesellschaftstheorie gestaltet. Vielmehr hat er sich darüber hinaus auch intensiv zum Beispiel mit den Arbeiten der Kritischen Theorie aber auch mit der Praxeologie Pierre Bourdieus und Michel Foucaults Projekt einer kritischen Ontologie der Gegenwart beschäftigt. Der gemeinsam mit Hans-Günter Thien herausgegebene Band „Herrschaft, Krise, Überleben. Gesellschaft der

Bundesrepublik in den 80er Jahren" oder die mit ihm durchgeführte Seminarfolge „Intellektuelle und Politik" mögen das belegen. In diesem Feld betreute Hanns Wienold im Übrigen eine Flut von Qualifikationsarbeiten.

Drittens schließlich ist neben der Liebe zur Musik und seiner beständigen Praxis als Pianist hier wohl auch sein kultur- und insbesondere musiksoziologisches Interesse begründet. So hat Hanns Wienold sich in einer losen Folge von Seminaren mit der spezifischen Art der Gesellschaftlichkeit des Mediums Musik befasst. Seine Beschäftigung mit Musiksoziologie, die anfänglich um die politische Wirkung des Gesamtkunstwerks Richard Wagners und eine kritische Auseinandersetzung mit Theodor W. Adorno kreiste, kehrte immer wieder zu der Frage nach der Möglichkeit von Musiksoziologie überhaupt zurück. Diese ist eine umstrittene Teildisziplin; Hanns Wienold beobachtete, dass sich die Uneinheitlichkeit und die Konkurrenz der vielstimmigen musiksoziologischen Ansätze dazu verwenden ließ, Untersuchungen vorzunehmen über die Funktionsweise sowohl interdisziplinärer Wissenschaftsstrukturen als auch an der Schnittstelle von Kunst und Wissenschaft. Daraus ergeben sich unterschiedliche Möglichkeiten zu Anschlüssen in die Richtung Bourdieus auf der einen und in die Luhmanns auf der anderen Seite. Dass sich diese reflexive Tätigkeit auf Hanns Wienolds eigene künstlerische Erfahrungen als Pianist stützen kann, ist als Glücksfall zu betrachten.

Die in diesem Überblick deutlich werdende Heterogenität seiner Forschungs- und Lehrinteressen verdeutlicht, dass es Hanns Wienold gerade nicht darum geht, den schwankenden (Unter-)Grund der Soziologie zu bezwingen, sondern vielmehr darum, seine Unbeständigkeit und Veränderbarkeit nicht nur zu akzeptieren, sondern diesen zugleich in die Konstruktion seiner theoretischen wie praktischen Interessen an der Analyse gesellschaftlicher Zusammenhänge einzubeziehen. Für die Früchte dieser Bemühungen kann neben seinen eigenen Arbeiten und seiner im Einzelnen gar nicht mehr nachzuvollziehenden Wirkung durch die Lehre und die Vielfalt der von ihm initiierten und betreuten Abschlussarbeiten vielleicht auch die Vielfältigkeit der hier versammelten Beiträge stehen.

Andrea Bührmann
Reinhart Kößler
Wichard Puls
Katrin Späte
Hans-Günter Thien
Elisabeth Tuider

Empirische Sozialforschung und ihre Kritik

Wichard Puls

Die Artefaktproblematik in den Sozialwissenschaften – ein unlösbares Problem?

1. Einleitung

Empirische (quantifizierende) Sozialforschung soll soziale Sachverhalte beschreiben und die sozialwissenschaftlichen Theorien zur Erklärung sozialer Sachverhalte prüfen und entwickeln. Beide Aufgaben können nur mit Hilfe von Messungen realisiert werden, d.h. auf dem Wege der Zuordnung von Zahlen zu Objekten (Schnell/Hill/Esser 1995, S. 128). Gegen die „Ideologie der Messbarkeit" (Grubitzsch 1991; vgl. Dick 1974, S. 323ff.) und das eng verbundene Konzept der Erklärung sozialer Sachverhalte sind aus den unterschiedlichsten methodologischen und methodischen Positionen Einwände formuliert worden, die ernsthafte Aufmerksamkeit verdienen und sich nur partiell ausräumen lassen (vgl. Esser 1993, S. 12ff.; Wienold 2000, S. 149ff.). Besonders fundamental war die Kritik Adornos, „dass die ermittelten Faktoren nicht getreu die darunter liegenden gesellschaftlichen Verhältnisse spiegeln, sondern zugleich den Schleier ausmachen, durch den jene, und zwar notwendig, sich verhüllen" (Adorno 1978, S. 100). Cicourel (1974) vertritt - auf einer eher messtechnischen Ebene - die These, „dass die derzeitige Bemühung der Soziologie um das Etikett 'Wissenschaft' und ihr Bestehen auf 'quantitativen Ergebnissen' jede einigermaßen bedeutungsvolle Vorhersage und Erklärung verdunkelt, weil Messung willkürlich durchgeführt wird" (ebd., S. 16). Diese Einschätzung ist insoweit zutreffend, als in der empirischen Soziologie kein einheitliches messtheoretisches Fundament existiert. „Ihre Messoperationen sind vielmehr heterogen und bedienen sich unterschiedlicher Ansätze zu ihrer Fundierung, wenn überhaupt von einem solchen Bemühen gesprochen werden kann" (Wienold 2000, S. 149). Andererseits bedingt dies auch den relativ unbefriedigenden Stand empirischer Sozialforschung, weil diese von der Qualität der Instrumente und Techniken abhängt.

Eine Begründung derartiger Messungen ist vor allem im Rahmen des empirisch quantifizierenden Ansatzes in den Sozialwissenschaften versucht worden. Er stützt sich - wissenschaftstheoretisch gesehen - allerdings auf keine stabilere Grundlage als die konkurrierenden Positionen, wie sich bereits bei der Diskussion des Basissatzproblems gezeigt hatte. „So ist die empirische Basis der objektiven Wissenschaft nichts 'Absolutes'; die Wissenschaft baut nicht auf Felsengrund. Es ist eher ein Sumpfland, über dem sich die kühne Konstruktion ihrer Theorien erhebt; sie ist ein Pfeilerbau, dessen Pfeiler sich von oben her in den Sumpf senken - aber nicht bis zu einem natürlichen, 'gegebenen' Grund" (Popper 1976, S. 75f.; vgl. Opp 1999, S. 205). Die weite Verbreitung eines empirisch-quantifizierenden Vorgehens gründet sich weniger auf die wissenschaftstheoretische Fundierung als auf den Umstand, dass die in diesem Kontext entwickelten Methoden eine gewisse Leistungsfähigkeit unter Beweis gestellt haben. „Die Sozialforschung entspringt bestimmten Nöten des Alltags und aus der Praxis. Ihre Bestätigung findet sie wiederum in der Praxis. Zwischen diesem Anfang und diesem Ende liegt allerdings ein oft sehr umfangreiches theoretisches Zwischenspiel, das seine Wirkungen sowohl in der Erschließung neuer Daten als auch in der Gestaltung neuer praktischer Aufgaben bemerkbar macht“ (König 1952, S. 32).

Dieses von König unterstellte Potential qualifiziert zwar den quantitativ-empirischen Ansatz in der Soziologie nicht zum „Königsweg“ zur Beschreibung sozialer Sachverhalte, aber andererseits kann er - in Abhängigkeit von der jeweiligen Fragestellung - zur Erklärung von Phänomenen beitragen (vgl. Esser 1993, S. 232f.). Dies wird relativ durchgängig über die unterschiedlichsten wissenschaftstheoretischen Positionen hinweg anerkannt. Selbst Adorno hielt die empirische Sozialforschung nicht für vollkommen abwegig, sondern forderte eine gezielte Reflexion der erhobenen Befunde. „Aus der verhängnisvollen Alternative [zwischen ideologisch belasteter Sozialforschung und der Postulierung dogmatischer Wahrheiten über die Gesellschaft] führte einzig die immanente Analyse hinaus, die der Stimmigkeit oder Unstimmigkeit der Meinung in sich und ihres Verhältnisses zur Sache, nicht aber die abstrakte Antithese eines objektiv Geltenden zur Meinung“ (ebd., S. 100).

Die Leistungsstärke eines empirisch-quantifizierenden Vorgehens in der Soziologie - die letztlich den Aufwand der Messungen rechtfertigen soll - ist allerdings bis heute umstritten geblieben (vgl. Wienold 2000, S. 220ff.). In seinem Essay über „die Hexenmeister der Sozialwissenschaften“ hat der polnische Soziologe Andreski (1977) die empirische Sozialforschung in ungewöhnlicher Schärfe angegriffen. Folgt man Andreski, dann sind „keine Entdeckungen in der Soziologie oder in den politischen Wissenschaften mit Hilfe von extrem verfeinerten quantitativen Methoden gemacht worden, die unserer Fähigkeit, politische Ereignisse oder soziale Veränderungen zu erklären oder vorauszusagen, etwas Wesentliches hinzugefügt hätten“ (ebd., S. 122). Die empirischen SozialforscherInnen sollten deshalb zugeben, „dass sie bis heute so gut wie nichts an wesentlichen Ergebnissen gefunden haben, und sie sollten die Notwendigkeit anerkennen, wichtige empirische Fragen mit weniger rigorosen Methoden anzugehen“ (ebd., S. 123). Damit wäre dann auch die letztlich pragmatische Begründung empirisch-quantifizierender Forschung hinfällig. Die Soziologie könnte dann gewissermaßen den empirischen Ballast abwerfen und den „Nachtflug“ zur Erforschung der Gesellschaft beginnen. „Wir haben Geräte, um ihn zu überwachen, und wir wissen, dass es um Erkundung der modernen Gesellschaft geht“ (Luhmann 1988, S. 661).

2. Was sind die Ursachen der begrenzten Leistungsfähigkeit der empirischen Sozialforschung?

Wodurch ist diese fehlende Effizienz der empirischen Sozialforschung bedingt? Diese Defizite können durchaus im Vorgehen der empirischen Sozialforschung begründet liegen. Empirische Studien unterliegen u.a. dem Vorwurf der „Variablensoziologie", wie er z.B. von Esser erhoben worden ist. „Letztere ist gelegentlich eine popperianisch verkleidete Form eines empiristisch betriebenen Induktivismus im Gewande eines so genannten Theorietests, der beispielsweise in LISREL 6 noch durch den Einbau einer automatischen Modellanpassung den 'Forscher' jeglicher störender Gedankenarbeit enthebt" (Esser 1987, S. 230), wie Esser ironisch anmerkt. Mit derartigen Kausalmodellen wird seiner Ansicht nach fast zwangsläufig der Weg in eine Variablensoziologie beschritten, die bei aller formalen und statistischen Komplexität „oberflächlich, unsoziologisch, in einem falschen Sinne mechanistisch und letztlich nicht-explanativ (weniger jedoch: langweilig, uninformativ, falsch)" bleibt (Esser 1987, S. 231). Die Alternative hierzu sieht Esser darin, von einer allgemeinen Theorie menschlichen Handelns ausgehend, spezifische soziale Phänomene zu erklären (Esser 1993, S. 95).

Luhmann sieht dieses Defizit ähnlich. Die empirische Sozialforschung „löst durch ihre Erhebungsinstrumente die gesellschaftliche Welt in Daten auf (zum Beispiel: Antworten in Fragebogen oder Interviews) und sucht dann nach Beziehungen zwischen den Daten. Theoretisch sollten diese Beziehungen durch eine Theorie prognostiziert werden und diese dann verifizieren oder falsifizieren. Praktisch treten oft komplizierte Auswertungsverfahren an die Stelle einer solchen Theorie, und man sucht dann nachträglich anhand der Ergebnisse heraus, welche Zusammenhänge sinnvoll interpretierbar sind und wie hoch die Schwelle der statistischen Signifikanz ist, die man noch als bemerkenswert beachtet. In gewisser Weise gleicht dieses Verfahren einem Spiel mit dem Zufall, und mit einem Gemisch von Geschick und Glück führt die Forschung dann zu Resultaten, die weitere Forschung anregen oder entmutigen können" (Luhmann 1990, S. 369f.).

Wienold (2000) sieht die Ursachen in der Konfundierung von Realität und Konstruktion, d.h., „dass die latenten Strukturen nur nach Maßgabe ihrer Modelle ans Licht treten" (Wienold 2000, S. 220). Die empirische Sozialforschung - insbesondere ihre statistischen Methoden - leisten keine direkte Abbildung der Wirklichkeit, sondern die Methoden haben eine eigene Formungskraft, die sich in diesem Prozess konstituiert. Kriz hat diese Problematik (Kriz 1981; 1988) in einer Graphik dargestellt (siehe Abbildung 1).

Zunächst einmal muss die „restliche Welt" rezipiert werden und in Form eines empirischen Relativs darstellbar sein. Aus guten Gründen kann bezweifelt werden, dass dies möglich ist, aber dieses Problem soll hier nicht weiter verfolgt werden (vgl. Wienold 2000, S. 18ff.). Selbst wenn man jedoch das empirische Relativ akzeptiert,

Abbildung 1: Zum Stellenwert von Statistik (Kriz 1981, S. 37)

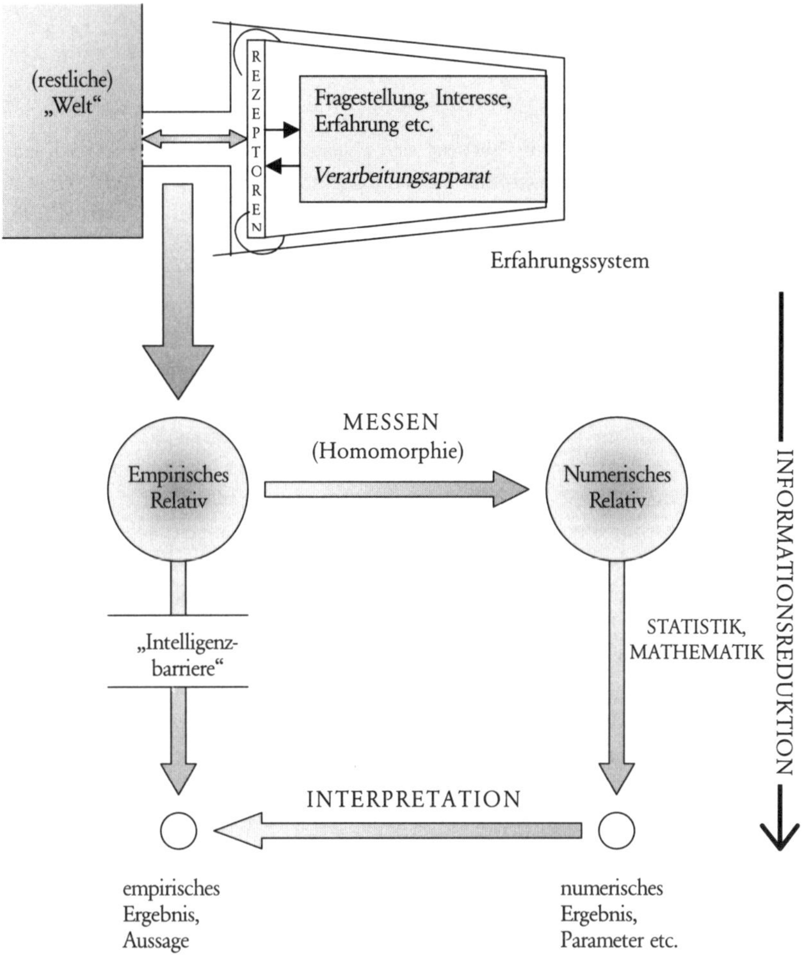

dann wird durch die Messung und die statistische Formalisierung eine Informationsreduktion erzwungen, die selbst wieder - durch die Art des verwendeten Modells - zahlreiche implizite Annahmen einführt, die die Interpretation des empirischen Relativs beeinflussen und in der Tat zum Teil den Charakter eher zufälliger Entscheidungen im Alltagsverständnis annehmen. An einer eigenen Studie sollen diese impliziten Annahmen illustriert werden (vgl. Puls 2003). Präzise formuliert ging es um die schlichte Frage: *Führt Stress in der Arbeitswelt zum Konsum von Alkohol?*

3. Ein Beispiel für implizite Annahmen im Rahmen einer empirischen Studie

3.1 Zur Durchführung der Messungen

3.1.1 Zur Messung von Stress

Schon die Messung von „Stress" erweist sich als ein nur begrenzt lösbares Problem. Gegen die in der Studie praktizierte Verwendung von Testskalen lässt sich einwenden, dass die Konstruktoperationalisierung häufig konfundiert ist, d.h. dass z.B. die Erhebung der unabhängigen Variablen (Stressoren) der Messung der abhängigen Variablen (Stressauswirkung) ähnelt, weil sich diese Konstrukte auf der Messebene nicht klar voneinander abgrenzen lassen (vgl. Zapf 1989, S. 39; vgl. allgemein zur Skalierung die kritische Darstellung bei Wienold 2000, S. 149ff.). Korrelationen zwischen den unabhängigen und abhängigen Variablen entsprechen in diesem Fall lediglich Methodenartefakten, da nur Methodenvarianz zwischen den Variablen aufgeklärt wird.[1]

Zapf (1989) hat im Rahmen des Projektes „Psychischer Stress am Arbeitsplatz" dieses Problem näher untersucht. Die Arbeitsplatzmerkmale wurden mit unterschiedlichen subjektiven und objektiven Erhebungsmethoden erfasst. Zum einen wurden Items von trainierten Personen durch Arbeitsplatzbeobachtungen eingestuft (Messwert BEO). Den ArbeitsplatzinhaberInnen wurden ferner die gleichen Items (soweit wie möglich) in Fragebogenform zur Einstufung ihres Arbeitsplatzes vorgelegt (FRB). Da mehrere ArbeiterInnen des gleichen Arbeitsplatzes befragt wurden, konnten auch Gruppenwerte (GRW) gebildet werden, die eine mittlere Einschätzung (Median) eines Arbeitsplatzes durch die an diesem Arbeitsplatz beschäftigten Personen darstellen. Für die Arbeitsstressoren standen dadurch jeweils drei Messwerte zur Verfügung. Zapf (1989) hat diese Daten mit dem auf Campbell und Fiske zurückgehenden MTMM-Ansatz (Multi-Trait Multi-Method-Ansatz) untersucht. Die MTMM-Methode analysiert die Korrelationen, die sich ergeben, wenn an derselben Stichprobe mehrere Merkmale (Traits) mit mehreren Methoden erfasst und die Ergebnisse wechselseitig korreliert werden. Die Varianz eines Indikators wird dann in einen Trait-, einen Methoden-Anteil und einen Anteil unerklärter Varianz zerlegt. Die von Zapf ermittelte Varianzzerlegung ist in Tabelle 1 wiedergegeben.

Zapf (1989) konnte zeigen, dass die Stressoren „organisatorische Probleme" und „Zeitdruck" durch Methodeneffekte beeinflusst werden, d.h. befragte Personen können in der Regel zwischen 36 % bis 56 % der Trait-Anteile eines Stressors (Zeitdruck, Organisatorische Probleme, Unsicherheit, Unfallgefährdung, Umgebungsbelastungen) wiedergeben. Danach ist die Verwendung von Fragebogenverfahren zur Erhebung von Stressoren am Arbeitsplatz durchaus vertretbar. Besser ist allerdings der von Zapf vorgeschlagene Einsatz multipler Methoden in der Stressforschung (Befragung, Beobachtung etc.). „In dieser Arbeit wurde gezeigt, dass Beobachtungsmethoden die Zusammenhänge unterschätzen, die Fragebogenmethoden die Zusammenhänge jedoch überschätzen. Nur durch den Einsatz mehrerer Methoden sind diese Probleme lösbar. Die Größe des Methodeneffekts hängt vom Untersuchungsdesign ab. Als 'Notlösung' wäre es deshalb vertretbar, den Methodeneffekt bezüglich der Fragebogen-

Tabelle 1: Varianzanteile der Stressindikatoren in Prozent (nach Zapf 1989, S. 139).

	Trait	Methode	Unerklärte Varianz
Fragebogen			
Zeitdruck	56%	24%	22%
Organisatorische Probleme	41%	36%	24%
Unsicherheit	36%	30%	36%
Unfallgefährdung	46%	15%	42%
Umgebungsbelastungen	55%	12%	36%
Gruppenwerte			
Zeitdruck	67%	13%	19%
Organisatorische Probleme	52%	36%	09%
Unsicherheit	57%	13%	29%
Unfallgefährdung	71%	06%	24%
Umgebungsbelastungen	74%	04%	22%
Beobachtung			
Zeitdruck	09%	36%	55%
Organisatorische Probleme	14%	40%	49%
Unsicherheit	20%	14%	66%
Unfallgefährdung	09%	07%	66% (Nebenladung auf Zeitdruck)
Umgebungsbelastungen	35%	40%	23%

Anmerkung:
Abweichungen der Summe von 100 % kommen durch die Maximum Likelihoodschätzungen und durch Rundungsfehler zustande.

daten auf andere Untersuchungen mit ähnlichen Designs zu übertragen“ (Zapf 1989, S. 170).

3.1.2 Die Messung des Alkoholkonsums

Auch die Messung des konsumierten Alkohols ist alles andere als einfach zu realisieren. Man stützt sich in der Regel auf Befragungsdaten. Die Validität dieser Angaben wird häufig angezweifelt (vgl. Kendell 1987). Zahlreiche Studien deuten jedoch darauf hin, dass Selbstangaben zum Alkoholkonsum durchaus eine gewisse - wenn auch eingeschränkte - Validität besitzen (vgl. den Forschungsüberblick bei Midanik 1988). „What is clear from this review is that the validity of self-reports is not an either/or phenomenon. Research that aims to answer the infamous question ‘Are self-reports of alcohol use valid?’ is engaged in a task which is more ideological than useful” (Midanik 1988, S. 1027).

Deshalb soll hier die Validität unterschiedlicher Formen des selbstberichteten Alkoholkonsums einmal näher betrachtet werden (vgl. den Forschungsüberblick bei Bühringer et al. 2000, S. 31f.). Zur Messung der Alkoholaufnahme werden vor allem die Frequency-, die Recall- und die Protokoll-Methode verwendet, wobei allerdings noch zahlreiche spezifische Subformen existieren (ein kurzer Überblick über diese Operationalisierungen findet sich z.B. bei Eifler 1997; Bühringer et al. 2000):

(a) Einfache Frequenz-Methode (Frequency-Method)

Bei der einfachen Frequency-Methode bezieht sich die Frage auf den typischen Konsum *innerhalb eines bestimmten Zeitraumes*. Dabei wird die gewöhnliche Alkoholaufnahme als die durchschnittliche Alkoholaufnahme pro Tag innerhalb eines längeren Zeitraumes definiert. Häufig werden skalierte Vorgaben zur Verfügung gestellt (nie oder selten, ein- bis dreimal monatlich, einmal wöchentlich usw.).

(b) Frage nach dem typischen Konsum

Hierbei wird nur eine Frage gestellt, die sich auf den *durchschnittlichen Konsum* jeglicher alkoholischer Getränke bezieht. Eine einfache Multiplikation mit sieben ergibt dann den Wochenkonsum.

(c) Quantitative Frequenz-Methode (Quantitative-Frequency-Method)

Diese Vorgehensweise kombiniert eine Frage nach der Frequenz (häufig bezogen auf sechs Monate) mit einer Erfragung des typischen Konsums, d.h. der *durchschnittlichen* Gläser, die im Zuge einer „Trinkgelegenheit“ konsumiert werden. Die Frage ist häufig offen formuliert. Weder die Art des Getränkes noch der Ort werden vorgegeben. Die Häufigkeitsangaben werden auf die Wochenhäufigkeit umgerechnet. Dabei werden z.B. ein- bis dreimal pro Woche in 0,5 umgerechnet und mit der Quantitätsmessung multipliziert.

(d) Quantitativer Frequenz-Variabilitäts-Index (Quantitative Frequency-Variability-Index)
Weil Fragen nach dem durchschnittlichen oder gewöhnlichen Konsum nicht Trinkexzesse erfassen, wird bei diesem Verfahren zusätzlich die Variabilität des Trinkens einbezogen. Der Grundgedanke dieses Verfahrens - das hier nicht im Detail dargestellt werden soll - geht dahin, Personen, die bei wenigen Gelegenheiten in massivem Umfang Alkohol konsumieren, im Vergleich zu solchen die die gleiche Menge Alkohol über eine Vielzahl von Gelegenheiten verteilt zu sich nehmen, als schwerere TrinkerInnen einzustufen.

(e) Erinnerungs-Methode (Recall-Method)
Bei der Recall-Methode sollen die RespondentInnen rückblickend darlegen, wie viel Alkohol sie *tatsächlich* innerhalb eines bestimmten Zeitraumes konsumiert haben. Der erfragte Zeitraum differiert bei den unterschiedlichen Befragungstechniken zwischen 24 Stunden (so genannte 24 h-Recall-Methode) bis zu einer Woche (weekly recall). Bei einer spezifischen Variante der Recall-Methode, die vor allem im deutschen Sprachraum eine gewisse Verbreitung erfahren hat, werden das letzte Wochenende (Samstag und Sonntag) und der letzte Werktag erfragt (Schaeffler/Döring/Winkler/Keil 1991; Renn/Feser 1994).

(f) Tagebuch-Methode oder Protokoll-Methode (Diary-Method)
Bei der Tagebuch-Methode wird von den ProbandenInnen eine laufende Buchführung über ihre Alkoholaufnahme erbeten. Meistens sollen die Befragten die Art der alkoholischen Getränke und die jeweilige Menge für jeden Tag präzise eintragen. Erfasst werden üblicherweise drei oder sieben Tage.

Angesichts der Vielzahl der Indikatoren stellt sich die Frage: Welches der in Tabelle 2 aufgelisteten Verfahren eignet sich am besten für den Einsatz in einer Studie zum Zusammenhang zwischen Stress und Alkoholkonsum? Für eine Beantwortung dieser Frage sind die Ergebnisse von Lemmens, Tan und Knibbe (1990), die diese Methoden eingehend untersucht haben, hilfreich. Als externes Kriterium verwendeten sie dabei die Verkaufsraten von Alkohol.

Nach diesen Autoren können sowohl mit der Recall-Methode als auch mit der Frage nach dem typischen Tageskonsum relativ valide Daten erhoben werden. Die Validität dieser Daten geht über den QFV- bzw. QF-Index hinaus. Offenbar beeinträchtigt das Vergessen die subjektive Einschätzung des Alkoholkonsums: „Je länger der befragte Zeitraum ist, desto geringer ist der erfasste Konsum" (Rüttinger/Harris 1985, S. 212). Vermutlich überfordern die langen Erinnerungszeiträume die Befragten. Etliche EpidemiologInnen bevorzugen deshalb Fragen, die sich auf „gestern" (d.h. den letzten Werktag) und das letzte Wochenende beziehen (Schaeffler/Döring/

Tabelle 2: Vergleich der Angaben hinsichtlich des durchschnittlichen Alkoholkonsums (Anzahl der Gläser) auf der Grundlage von sechs Indikatoren (Lemmens/Tan/Knibbe 1990, S. 479)

Methode	*durchschnittlicher wöchentlicher Konsum*	*zugegebener Konsum in % der Verkaufsraten*
Verkaufsraten	16,2	100
Tagebucheintragungen	10,9	67
Recall-Methode (Woche)	9,4	58
Typischer Tageskonsum	9,4	58
QFV-Methode	9,2	57
QF-Methode	7,4	46

Winkler/Keil 1991; Renn/Feser 1994). Dabei wird zwischen dem Konsum von Bier, Wein/Sekt und Spirituosen differenziert. Die Antworten auf diese Frage stimmen zufriedenstellend mit den Daten überein, die mit der Protokoll-Methode erzielt werden (Schaeffler/Döring/Winkler/Keil 1991). In der hier diskutierten Untersuchung wurde deshalb diese Recall-Methode verwendet.

3.1.3 Die statistische Auswertung der Messungen

Die Auswertung erfolgte mit Hilfe der Pfadanalyse. Ein derartiger Untersuchungsansatz - der ein Standardverfahren der empirischen Sozialforschung darstellt - ist dennoch in mehrfacher Hinsicht begründungsbedürftig, wobei hier nur zwei Aspekte kurz erwähnt werden sollen:

(a) Explorativer Einsatz des LISREL-Ansatzes

Der hier durchgeführte explorative Einsatz des LISREL-Ansatzes wird zum Teil kritisch bewertet, da er als inkompatibel mit der geforderten theoriegeleiteten Prüfung von Modellen beurteilt wird. Dem LISREL-Konzept wurde bei explorativer Anwendung ein großes Manipulationspotential zugeschrieben, „da sich nahezu jedes Modell auf die Spezifika eines gegebenen Datensatzes ausrichten lässt" (Backhaus et al. 1996, S. 426; vgl. die eingangs erwähnte Kritik Essers 1987, S. 230 und Luhmanns 1990, S. 369f.). Andererseits gibt es in den Sozialwissenschaften Theorien, die sich für eine strikte konfirmatorische Überprüfung anbieten, nur für umgrenzte Bereiche, so dass in den letzten Jahren eine gewisse Liberalisierung zu konstatieren ist (vgl. allgemein hierzu Homburg/Dobratz 1991). Jöreskog und Sörbom (1993) unterscheiden vor diesem Hintergrund drei Analysestrategien: (a) „Strictly Confirmatory Situation": In diesem eher seltenen Fall wird ein Modell getestet und gegebenenfalls verworfen. (b) „Alternative Models Situation": In diesem ebenfalls eher seltenen Fall stehen unterschiedliche Theorien zur Auswahl, die gegeneinander getestet werden. (c) „Model Generating Situation": Diese Situation ist am häufigsten in den Sozialwissenschaften gegeben. Dabei wird versucht, auf der Grundlage von eher unspezifischen theoretischen Annahmen, ein Modell zu generieren, das einerseits sowohl gut an die Daten angepasst ist, andererseits aber auch mit den theoretischen Annahmen vereinbar ist (vgl. Schmidt/Bandilla/Glöckner-Rist/Heyder 1997, S. 88). Die Prüfung des hier konzipierten Modells zwischen Stress und Alkoholkonsum (unter Einbezug zahlreicher anderer Variablen) verfolgte die von Jöreskog und Sörboom (1993) als „Model Generating Situation" bezeichneten Strategie. Es ist jedoch zu fragen, wie man diese von Luhmann und Esser kritisierte „Einführung des Zufalls" in die Analyse mindern kann. Bevor diese Frage näher diskutiert werden soll, soll ein zweiter Aspekt beleuchtet werden, der eng mit diesem Problem zusammenhängt.

(b) Verzicht auf ein Messmodell

Ferner ist zu begründen, warum nicht der umfassende LISREL-Ansatz verwendet wird. Dort erfolgt die Prüfung der Güte der Messung der latenten Konstrukte „simultan" mit der Prüfung der Pfadstruktur, d.h. das Modell setzt sich bei diesem Ansatz aus einem Strukturmodell, das die Beziehungen der latenten Variablen beschreibt und einem Messmodell, das die beobachteten Indikatoren der abhängigen und unabhängigen Variablen berücksichtigt, zusammen. Diese Vorgehensweise überwindet zum Teil die problematischen Annahmen der klassischen Testtheorie durch empirisch überprüfbare Messungen (vgl. Reinecke 1997, S. 246). Man könnte z.B. bei der Stressmessung simultan Beobachtungen, Gruppenmittelwerte und Selbsteinschätzungen als Indikatoren verwenden, wie dies Zapf vorgeschlagen hat. Durch die Höhe der „Ladungen" hätte man in gewisser Weise eine Information über die Validität der Messungen.

Eine der Stärken dieses integrativen Ansatzes liegt darin begründet, dass er - im Gegensatz zur explorativen Faktorenanalyse - teststatistische Güte-Maße liefert, die eine rationale Entscheidung für oder gegen ein Faktorenmodell begründen. Da die Auswertung der Untersuchung schwerpunktmäßig auf dem LISREL-Ansatz beruhen sollte, der u.a. die simultane Schätzung von konfirmatorischer Faktorenanalyse und Strukturmodell beinhaltet, bot sich die konfirmatorische Faktorenanalyse innerhalb des LISREL-Konzeptes scheinbar als Lösung der ersten Wahl an. Im Rahmen dieser Untersuchung wurde jedoch auf die gleichzeitige Konzipierung eines Messmodells und eines Strukturmodells verzichtet.

Zwar führt dies zu einem Verlust an messtechnischer Genauigkeit, bietet jedoch andererseits den Vorteil, dass bei der zu erwartenden explorativen bzw. iterativen Modellselektion der Verzicht auf eine simultane Überprüfung von Messmodellen und Strukturmodell die Wahrscheinlichkeit deutlich erhöht, das „wahre" Modell zu identifizieren. Modellsimulationen haben ergeben, dass die „Trefferquote" des iterativen Modellselektionsverfahrens im LISREL-Ansatz durch die Trennung von (konfirmatorischer) Faktorenanalyse und iterativer Modellselektion von 30 % auf über 50 % ansteigt (Homburg/Dobratz 1991, S. 226; S. 229). Der „Zufallscharakter " der Analyse - wie er von Esser und Luhmann kritisiert wird - lässt sich also durchaus mindern, allerdings um den Preis der Qualität der Messung.

Deutlich wird bei dieser Diskussion, die noch weiter ausfächert werden könnte, dass die empirische und statistische Informationsreduktion selbst wieder mit zahlreichen Annahmen belastet ist, die zum Teil in einem Spannungsverhältnis zueinander stehen. Diese Fragen können z.B. in einer Zeitschriftenpublikation schwerlich angemessen skizziert werden. Keine der verwendeten empirischen oder statistischen Vorgehensweisen ist unbedingt als zwingend zu betrachten, zum Teil ist die Methode sogar eher kontrovers und umstritten. Andere empirische oder statistische Methoden (Beobachtungen, logistische Regressionen usw.) würden zu erheblich divergierenden Ergebnissen führen, wären aber mindestens ebenso legitim. Durch diese Variationsbreite in der Verwendung empirischer Methoden wird im Prozess der empirischen Sozialforschung eine erhebliche Unschärfe erzeugt, die den so genannten „Bauchladeneffekt" zur Konsequenz hat, d.h. zu fast jeder Ansicht gibt es eine empirische Studie.

Die wissenschaftlich präzise Antwort auf die eingangs gestellte Frage nach dem Zusammenhang zwischen Arbeitsstress und Alkoholkonsum müsste deshalb lauten: *Das Ergebnis ist - nicht vollständig, aber auch nicht unerheblich - davon abhängig, welche Art der Messung und der Datenanalyse verwendet wird. Die Auswahl der Indikatoren und statistischen Verfahren ist - obwohl gut begründbar - in der Tat alltagssprachlich zum Teil als zufällig zu bezeichnen.*

Kriz fordert deshalb, diese impliziten Annahmen im Prozess der Messung und der Analyse darzustellen und zu dokumentieren. Damit lässt sich zwar das Problem zunächst einmal reduzieren, aber es bleibt die Frage, wie diese impliziten Entscheidungen bei der Durchführung der Studie in einen wissenschaftlichen Diskurs über die inhaltlichen Ergebnisse (etwa auf 15 Seiten in einer Fachzeitschrift) eingebracht werden sollen (vgl. Kriz 1981, S. 183f.; S 271).

4. Schlussfolgerungen

Ausgangspunkt der Überlegungen war die provokante These von Andreski, dass die empirische Sozialforschung bisher keine bedeutsamen Beiträge zu einer Theorie der Gesellschaft geleistet hat. Unter Bezug auf die Arbeiten von Kriz (1981, 1988) und Wienold (2000) wurde der empirische Forschungsprozess skizziert. An einem Beispiel aus dem Bereich der Arbeitsstressforschung wurde demonstriert, dass empirische Analysen in hohem Maße durch Entscheidungen im Prozess der Analyse beeinflusst werden, die - aus welchen Gründen auch immer - in den wissenschaftlichen Diskurs nicht eingehen, so dass häufig sehr heterogene Befundlagen die Konsequenz sind. Man muss sich fragen, wie die empirische Sozialforschung, die bei der hier diskutieren elementaren Fragestellung scheinbar schon maximal gefordert ist, einen Beitrag zu einer „Theorie der Gesellschaft" leisten soll.

Zu diskutieren ist, ob man beide Forschungsdisziplinen nicht schärfer abgrenzen sollte, weil sich nur sehr begrenzt Bezüge zwischen soziologischer Theoriebildung und empirischer Sozialforschung aufweisen lassen. Beide Disziplinen sind historisch und thematisch sicherlich eng verbunden, aber sie haben sich inzwischen so weit voneinander entfernt, dass man diese Frage schon stellen darf. So ist z.B. die Individualisierungstheorie von Beck nur begrenzt empirisch testbar und die empirischen Befunde deuten zum Teil eher gegen diese Annahmen, was der Theorie aber nicht abträglich ist (Hradil 2004, S. 269). „Gleichwohl treffen aber die Beckschen Thesen den Zeitgeist und den Nerv vieler Menschen. Die Individualisierungsthese weckt einerseits Hoffnungen auf Autonomie und Selbstverwirklichung. Sie bringt aber auch die Befürchtungen zum Ausdruck, einsam, haltlos und mit dem ständigen Risiko des Scheiterns leben zu müssen. Die Individualisierungsthese trifft so die gemischten Gefühle, mit denen viele Menschen heute dem Modernisierungsprozess entgegensehen" (Hradil, 2004, S. 270).

Die empirische Überprüfbarkeit ist offensichtlich nicht der Gradmesser soziologischer Gesellschaftsdiagnosen, sondern an ihre Stelle tritt die Frage der unmittelbaren Evidenz. Für die Individualisierungsthese trifft möglicherweise zu, was Esser folgendermaßen beschrieben hat: „Auf Anerkennung können Soziologen nur hoffen - anders als die meisten anderen Wissenschaftler -, wenn ihre Ergebnisse nicht nur richtig, sondern zuerst einmal kontraintuitiv, aber nicht absurd sind und damit auch wirklich aufklärend wirken können. Das heißt: Ihre Ergebnisse und Aussagen sollten erst einmal Erstaunen erregen, aber nach einigen Erläuterungen auch von Laien relativ rasch eingesehen werden können" (Esser 1993, S. 17). Die empirische Überprüfbarkeit ist - bei der Bewertung von gesellschaftlichen Diagnosen oder von kritischen Positionen gegenüber der Gesellschaft - von untergeordneter Bedeutung. Wienold hat dies auf die Formel gebracht, „dass die empirische Sozialforschung und mit ihr in weiten Teilen die empirische Soziologie, befangen in den Formen und Kompromissen ihrer Praxis, nur sehr bedingt als kritische Beobachterin" gesellschaftlicher Prozesse fungieren kann. (Wienold 2000, S. 223), Kriz (1981) hat vorgeschlagen, „weniger zu rechnen und mehr inhaltlich zu denken" (ebd., S. 275). Es stellt sich dann aber wieder die Frage, ob die theoretische Soziologie vor dem Hintergrund der nur partiell lösbaren Artefaktproblematik auf die empirische Fundierung verzichten kann oder muss und der Empfehlung Luhmanns folgen soll, „nicht länger im Winkel zu schluchzen, sondern ihren Nachtflug zu beginnen" (Luhmann 1988, S. 661).

Anmerkung

1 Dieses Problem stellt sich nicht nur in der Stressforschung, aber es ist hier besonders auffällig. Generell gilt für die Messung mit Skalen, dass Validierungen mit Hilfe von unabhängigen externen Beobachtungen besonders überzeugend sind (Wienold 2000, S. 165).

Literatur

Adorno, Theodor W. (1978): Soziologie und empirische Forschung. In: Adorno, Theodor W. u.a. (Hg.): Der Positivismusstreit in der deutschen Soziologie. Darmstadt und Neuwied, S. 81-101.

Andreski, Stanislav (1977): Die Hexenmeister der Sozialwissenschaften. München.

Antons, Klaus/Schulz, Woflgang (1981): Normales Trinken und Suchtentwicklung. Theorie und empirische Ergebnisse interdisziplinärer Forschung zum sozialintegrierten Alkoholkonsum und süchtigen Alkoholismus (Bd. 1). Göttingen.

Backhaus, Klaus/Erichson, Bernd/Plinke, Wulff /Weiber, Rolf (1996): Multivariate Analysemethoden. Eine anwendungsorientierte Einführung (8. Aufl.). Berlin.

Bühringer, Gerhard/Augustin, Rita/Bergmann, Eckardt/Bloomfield, K. /Funk, W./Junge, B./ Kraus, L./Merfert-Diete, C./Rumpf, H.-J./Simon, R./Töppich, J. (2000): Alkoholkonsum und alkoholbezogene Störungen in Deutschland (Schriftenreihe des Bundesministeriums für Gesundheit; Bd. 128). Baden-Baden.

Cicourel, Aron V. (1974): Methode und Messung in der Soziologie. Frankfurt a.M.

Dick, Franz (1974): Kritik der bürgerlichen Sozialwissenschaften. Theorie und Empirie, Theorie und Praxis, Forschungsprozeß und Wissenschaftstheorie. Heidelberg.

Eifler, Stefanie (1997): Einflussfaktoren von Alkoholkonsum. Sozialisation, Self-Control und Differentielles Lernen. Wiesbaden.

Esser, Hartmut (1987): Warum die Routine nicht weiterhilft - Überlegungen zur Kritik an der „Variablen-Soziologie". In: Müller, Norbert & Stachowiak, Herbert (Hg.): Problemlösungsoperator Sozialwissenschaft - Anwendungsorientierte Modelle der Sozial- und Planungswissenschaften in ihrer Wirksamkeitsproblematik (Bd. 1). Stuttgart, S. 67-74.

Esser, Hartmund (1993): Soziologie. Allgemeine Grundlagen. Frankfurt a.M.

Grubitzsch, Siegfried (1991): Testtheorie - Testpraxis. Psychologische Tests und Prüfverfahren im Überblick. Reinbek b. Hamburg.

Homburg, Christian/Dobratz, Andreas (1991): Iterative Modellselektion in der Kausalanalyse. In: *Zeitschrift für betriebswirtschaftliche Forschung 43* (3), S. 213-237.

Hradil, Stefan. (2004): Die Sozialstruktur Deutschlands im internationalen Vergleich. Wiesbaden.

Jöreskog, Karl G./Sörbom, Dag (1993): Lisrel 8: Structural equation modeling with the Simplis command language. Chicago.

Kendell, Robert E. (1987): Drinking sensibly. In: *British Journal of Addictions* 82, S. 1279-1288.

König, René (1952): Praktische Sozialforschung. In: König, René (Hg.): Das Interview. Praktische Sozialforschung (4. Auflage). Köln, S. 13-33.

Kriz, Jürgen (1981): Methodenkritik empirischer Sozialforschung. Stuttgart.

- (1988): Facts and Artefacts in Social Science. Hamburg.

Lemmens, Paul/Tan, E.S./Knibbe, R.A. (1992): Measuring quantity and frequency of drinking in an general population survey: A comparison of five indices. In: *Journal of Studies on Alcohol* 53, S. 476-486.

Luhmann, Niklas (1988). Soziale Systeme (2. Auflage). Frankfurt.

- (1990): Die Wissenschaft der Gesellschaft. Suhrkamp: Frankfurt.

Midanik, Lorraine T. (1988): Validity of self-reported alcohol use: a literature review and assessment. In: *British Journal of Addiction 83*, S. 1019-1029.

Opp, Karl-Dieter (1999): Methodologie der Sozialwissenschaften. Einführung in Probleme ihrer Theoriebildung und praktischen Anwendung. Opladen.

Popper, Karl R. (1976): Logik der Forschung (6. Aufl.). Tübingen.

Puls, Wichard (2003): Arbeitsbedingungen, Stress und der Konsum von Alkohol. Opladen.

Reinecke, Jost (1997): AIDS-Prävention und Sexualverhalten. Die Theorie des geplanten Verhaltens im empirischen Test. Opladen.

Renn, Heinz/Feser, Herbert (1994): Probleme des Alkoholmißbrauchs junger Soldaten im Vergleich zu gleichaltrigen Zivilpersonen. Bonn.

Rüttinger, B./Harris, J. (1985): Untersuchungen zur Validität der schriftlichen Befragung des Alkoholkonsums. In: Hehl Franz-Josef/Ebel Volker/Ruch Willibald (Hg.): Diagnostik psychischer und psychophysiologischer Störungen (Bd. 2). Bonn, S. 190-214.

Schaeffler, V./Döring, A./Winkler, G. /Keil, U. (1991): Erhebung der Alkoholaufnahme: Vergleich verschiedener Methoden. In: *Ernährungs-Umschau* 38 (12), S. 490-494.

Schnell, Rainer/Hill, Paul B. /Esser, Elke (1995): Methoden der empirischen Sozialforschung (5. Aufl.). München.

Wienold, Hanns (2000): Empirische Sozialforschung. Praxis und Methode. Münster.

Zapf, Dieter (1989): Selbst- und Fremdbeobachtung in der psychologischen Arbeitsanalyse. Methodische Probleme bei der Erfassung von Stress am Arbeitsplatz. Göttingen.

Jürgen Kriz

Wie evident ist klinische Evidenz?

1. Probleme bei der „Berechnung" der Effektivität von Psychotherapie

Hanns Wienold gehört zu jenen - allzu selten auftretenden - Wissenschaftlern unserer Zunft, die nicht der Faszination von Zahlen und Daten sowie einem mystisch-magischen Glauben an die Zauberkraft von Methoden und den (deren algorithmisierbare Teile) ausführenden Computern erliegen. Nicht zuletzt auf dem Cover seiner „Empirischen Sozialforschung" (Wienold 2000) fragt er programmatisch: „Aber: Auf welche Art von Fragen antwortet empirische Sozialforschung? Welche Art von Antworten oder Wissen produziert sie? Wem können ihre Ergebnisse nutzen?" Ein solches methodenkritisches Bewusstsein scheint mir zunehmend verloren zu gehen in einer Zeit, wo als Heilmittel gegen die Komplexität einer zunehmend vernetzten Welt, einfache, im 30-Sekunden-take darstellbare „Lösungen" den Eindruck von Kompetenz vermitteln (sollen).

So ging vor einiger Zeit ein besonders kurios wirkender Fall von Qualitätssicherung durch die Tagespresse und beflügelte u.a. sogar die Abendnachrichten im ARD-Fernsehen: Ein schwedischer Bauer musste, so die Meldung, rund 1t Salatgurken vernichten, weil deren Krümmungen nicht der EG-Norm (genauer: den „EU-Sortierungsregeln") entsprachen: Die Gurken waren einfach zu grade gewachsen.

Wie kann so etwas geschehen, was selbst die Presse beispielsweise mit: „Bestimmungen kompletter 'Wahnsinn'" betitelte? Es bedarf wohl keiner großen Fähigkeiten einzusehen, dass die Krümmung einer Salatgurke kaum etwas mit jenen Aspekten von Qualität zu tun hat, die für Verbraucher relevant sind und bei denen es sich um Geschmacksfragen handelt. Aber eine Krümmung ist leichter und objektiver messbar als die Güte des Geschmacks. Und wenn erst einmal eine solche „wissenschaftlich objektive" Maßzahl in den Unterlagen internationaler Kommissionen aus Bürokraten auftaucht, sollte es eigentlichen niemanden wundern, dass man der Verführung erliegt, komplizierte Sachverhalte über einfache Zahlen zu regeln und Normen für die Gurkenkrümmung festzulegen.

Aus Angst vor den Heerscharen an mittelbegabten Verwaltungsbeamten und Juristen, die jede Entscheidung auch ohne spezifischen Sachverstand im Detail durchleuchten, nachprüfen und bewerten (wollen), wird ein solcher Sachverstand allzu oft freiwillig auf eben solche, einfach operationalisier- und nachvollziehbaren Größen reduziert. Wenn dann eine ehemals hochkomplexe - und damit eine hohe Qualifikation erfordernde - Vorgehensweise so schematisiert wird, dass jeder/jede Angelernte sie genauso gut durchführen kann, wird darin ein Fortschritt in der Forschung gesehen. Ich denke hier beispielsweise konkret an die manualisierte Durchführung einer Psychotherapie, wo ich kürzlich in einem hochrangigen Wissenschaftlergremium genau dieses Argument hörte: Wenn mit dieser Vorgehensweise sogar angelernte Krankenschwestern Erfolg haben, so spricht dies für Wissenschaftlichkeit und Effektivität dieser Vorgehensweise - hieß es. Dass dieser, durchaus bemerkenswerte, Erfolg vielleicht nur auf die artifizielle Laborsituation der Untersuchung zurückzuführen sei, die fernab von jeder realen Psychotherapie unter Alltagsbedingungen stattfand, wurde gar nicht erst problematisiert.

„Aber: Auf welche Art von Fragen antwortet diese Art von Forschung? Welche Art von Antworten oder Wissen produziert sie? Wem können ihre Ergebnisse nutzen?", können wir (etwas verändert) nochmals mit Hanns Wienold fragen.

Die Brisanz dieser Fragen wird u.a. in einem Bereich deutlich, der zunehmend die Entscheidungen über Zulassung von Heilmitteln und Therapieverfahren in der BRD (und in anderen Ländern - nur nicht mit deutsch-bürokratischer Perfektion) bestimmt: Die sog. „Evidenzklassen", die im Rahmen einer „Evidenzbasierten Medizin" (EBM) nur solche Anwendungen zulassen wollen, die Effektivität im experimentellen Design nachgewiesen haben. Dies klingt zunächst positiv und plausibel. Allerdings wird diese Vorgehensweise, die z.B. für den Pharma-Bereich durchaus sinnvoll ist, beispielsweise auch auf die Wiederzulassung durch das Psychotherapiegesetz von 1999 ausgeschlossenen Psychotherapieverfahren angewendet - obwohl eigentlich selbst dem Laien einsichtig sein sollte, dass zwischen der Herstellung einer immer gleichen Pille mit klarer Dosis, klarer Applikation für ätiologisch klare Krankheiten und der Durchführung einer Psychotherapie beträchtliche Unterschiede bestehen. Auf Details der EBM kann hier nicht eingegangen werden - es sei z.B. auf die Darstellung und Kritik von Kiene (2001) verwiesen. Herzstück der EBM sind aber sog. RCT-Studien: randomisierte kontrollierte Vorgehensweisen, deren Ergebnisse über die Berechnung von Effektstärken zusammengefasst werden.

Wir wollen hierzu, den Fragen Hanns Wienold folgend, einige kritische Überlegungen anstellen:

2. Effektstärke versus Effektivität von Psychotherapie

Es gibt zahlreiche wissenschaftliche Debatten um inhaltliche Fragen darüber, wie die Effektivität von Psychotherapie zu konzeptionalisieren, zu operationalisieren und zu messen sei. Im Gegensatz zu den klar operational definierten Größen etwa der Physik, haben unterschiedliche Therapierichtungen entsprechend ihrer unterschiedlichen Zielvorstellungen nicht nur unterschiedliche inhaltliche Konzepte von „Effektivität", sondern selbst unterschiedliche Studien ein und derselben Richtung verwenden je nach Detailfrage(n) recht verschiedene Kriterien und damit Operationalisierungen. Hinzu kommt die grundsätzliche Frage, ob „effektive" Veränderungen unter streng kontrollierten Laborbedingungen mit ihren Anforderungen an „reine" Störungen und „reine" (also meist manualisierte) Behandlung valide Aussagen erlauben über „effektive" Veränderungen unter üblichen Bedingungen - d.h. bei Menschen, die oft nicht nur eine Störung haben und die von Therapeuten behandelt werden, die nicht „manualrein" vorgehen.

Das zentrale Problem bei einer Diskussion über therapeutische „Effektivitäts"-Maße, nämlich dass „Äpfel" nicht nur mit „Birnen", sondern eher mit „Armbanduhren" verglichen werden, lässt sich strukturbedingt nicht beseitigen: Es besteht eben kein Konsens dahingehend, was Effektivität von Therapie bedeutet - und mit einem Konsens ist auch nicht zu rechnen, weil die Heterogenität hinsichtlich der Vorgehensweisen und Maße nur die Heterogenität der Menschenbilder, Lebensziele, Erfahrungen, subkulturellen Gewohnheiten und Vorlieben in der Bevölkerung widerspiegelt.

Gleichwohl entspricht es dem Zeitgeist, sich nicht so sehr offen über die unterschiedlichen Lebensziele und Werte in der Gesellschaft auseinander zu setzen, sondern nach „Effektivität" zu rufen. Und wenn man denn schon nicht weiß, wie die unterschiedlichen Vorstellungen von Effektivität unter einen Hut zu bringen sind, dann zumindest von „der Wissenschaft" ein genaues Maß für „Effektivität" zu fordern - in der trügerischen Hoffnung, damit sei das inhaltliche Problem, wenn schon nicht gelöst, dann doch zumindest vom Tisch. Zu Recht kann man darauf hoffen, dass die Heterogenität der Wissenschaft tatsächlich immer wieder Vorschläge für scheinbar einfache „Lösungen" eigentlich unlösbarer Probleme hervorbringen wird.

Dem offenbaren Bedürfnis, die Eigenwerte von unterschiedlichen Zugangsweisen zur Welt auch im Bereich von Psychotherapien nicht einfach akzeptieren zu wollen, sondern doch „Äpfel" mit „Armbanduhren" irgendwie vergleichen zu können, entspringt die „Effektstärke". Sie hat sich in Meta-Analysen durchgesetzt, damit die unterschiedlichen Erfolgsmaße aus unterschiedlichen Studien mit unterschiedlichen Fragestellungen an unterschiedlichen Patienten mit unterschiedlichen Therapiemethoden überhaupt formal zusammengefasst und dann z.B. Gruppen miteinander verglichen werden können.

Die Effektstärke, ES, ist üblicherweise definiert und operationalisiert als (vgl. Reinecker 1996)

$$ES = (Me - Mk)/ Sk$$

wobei:

Me = Mittelwert von T der *Experimental(= Behandlungs-)gruppe* i.d. Post-Messung
Mk = Mittelwert von T der *Kontrollgruppe* i.d. Post-Messung
Sk = Standardabw. von T der *Kontrollgruppe* i.d. Post-Messung
T = Test-/Meßvariable (z.B. Klin. Test)

Die inhaltlichen Probleme - d.h. der „Preis", unter denen ein solcher Vergleich überhaupt möglich ist - sind nach dem oben Gesagten beträchtlich und betreffen hier insbesondere die genauere Spezifikation des „T". Doch sollen in diesem Abschnitt zunächst solche *inhaltlichen* Aspekte völlig außer Acht gelassen werden (einige werden später noch kurz aufgegriffen). Vielmehr soll hier gezeigt werden, dass auch *formal* ES nur bedingt etwas über Effektivität aussagen kann - d.h. auch dann wenn das „T" überhaupt nicht problematisiert wird.

Der Grund liegt darin, dass aus der obigen Formel hervorgeht, dass dann ES groß ist:

i) wenn Me - Mk groß ist - das ist weitgehend wohl auch das, was man sich unter „Effektivität" vorstellt (sofern eben auch T dem hinreichend entspräche).

ii) wenn Sk klein ist - das aber hat fast nichts mit Effektivität zu tun, sondern hängt von Besonderheiten der Gruppe in Relation zu T ab.

Insgesamt „misst" ES somit eher *statistische Diskriminierung* zwischen zwei Gruppen, die das, was man sich inhaltlich *klinisch* unter *„Effektivität"* vorstellt, aber eben nur bedingt wiedergibt - ja ggf. sogar ins Gegenteil verkehren kann.

Hierzu ein Demonstrationsbeispiel, mit einfachen, runden Zahlen.

Annahme: Man habe eine klinisch relevante Testgröße T, diese liege zwischen Null (völlig störungsfrei) und 100 (schwerst gestört). Der Mittelwert von T in der Normalbevölkerung sei 40, die Standardabweichung 15.

Fall A: homogene, störungsspezifische Gruppe:
M (der störungsspezifischen Grundgesamtheit) sei 60 (wo auch der Postwert der Kontrollgruppe bleibe), sk sei 5 (und bleibe es für die Postwerte der Kontrollgruppe); die Therapie erbringe eine mittlere Verbesserung um 10 Punkte, d.h Me = 50.
Es gilt dann:

ES = (Me - Mk)/Sk = (50 - 60)/5 = 2,0 - eine hohe Effektstärke!

Fall B: heterogene, „Mischgruppe":
Wieder sei M = 60 (also im Mittel genau so gestört wie oben), s sei 15 (das spiegelt realistisch die Heterogenität wieder),
die Therapie erbringe eine mittlere Verbesserung um 20 Punkte, d.h. Me = 40.
Es gilt dann:

ES = (Me - Mk)/Sk = (40 - 60)/15 = 1,3 - eine deutlich geringere Effektstärke !

De facto aber liegt in diesem Beispiel bei Fall B das M der Behandlungsgruppe nach der Therapie genau auf dem der Normalbevölkerung. Die Behandlungsgruppe ist somit nach der Therapie als „völlig normal" anzusehen;

In Fall A hingegen, trotz der um 50% höheren Effektstärke, liegt die Behandlungsgruppe 10 Punkte über (= schlechter) der Normalbevölkerung. Daraus folgt (sofern sk gleich geblieben ist): über 97,5% der Behandlungsgruppe liegen hier über dem Mittel der Normalbevölkerung, sind also gestörter.

Fall A hat somit die deutlich höhere Effektstärke, Fall B aber die deutlich höhere Effektivität der Therapie!

Die inhaltlichen Zusammenhänge, in denen in der Literatur über „Effektstärke" gesprochen wird, lassen zweifeln, dass diese formalen Zusammenhänge bzw. Unterschiede hinreichend bekannt sind und dass bewusst ist, dass mit „Effektstärke" lediglich eine spezifische statistische Diskriminationsfähigkeit zwischen Gruppen gemeint ist. Diese ist im Fall A unbestritten höher - doch was haben die Therapeuten oder die Patienten davon? Vielmehr wird meist so getan, als messe die Effektstärke tatsächlich und unbesehen einen therapeutischen Effekt. Es zeigt sich darüber hinaus, dass es falsch wäre, Effekte in heterogenen, störungs-unspezifischen Gruppen als unbedeutsamer oder weniger aussagekräftig abzutun: Zumindest in formal-quantitativer Hinsicht ist eher das Gegenteil richtig (da störungs-unspezifische Gruppen typischerweise eher eine größere als eine kleinere Varianz gegenüber homogenen Gruppen aufweisen).

Es zeigt sich somit auch an diesem Beispiel die bekannte Tatsache, dass die Genauigkeit einer Messung noch nichts über deren Sinnhaftigkeit aussagt. Allerdings sind Versuche, inhaltliche und gesellschaftliche Wertfragen als Fragen wissenschaftlicher Messung zu kaschieren, keineswegs neu (vgl. Kriz 1981, 2000).

3. Probleme in der Bewertung der Effektivität von Psychotherapie-Verfahren

Es ist offenbar nicht leicht, auf den ersten Blick die Tücken der beiden häufig hörbaren Fragen zu durchschauen - nämlich (a): „wirkt eine bestimmte Psychotherapie überhaupt (und wenn ja: wie effektiv)"? und (b): „wirkt Vorgehensweise A besser als Vorgehensweise B"? Die letztere Frage ist typisch für sog. Therapievergleichsstudien, bei der ersteren geht es um Therapieerfolg bzw. Evaluation (Bewertung einer Maßnahme). Beide Fragen klingen nämlich ganz „einfach und unschuldig" und scheinen üblichen naturwissenschaftlichen Fragestellungen ziemlich ähnlich zu sein - etwa: „bewegt sich ein Objekt überhaupt (und wenn ja: mit welcher Geschwindigkeit)?" bzw.: „bewegt sich Objekt A schneller als Objekt B?"

Doch der Ähnlichkeits-Schein trügt gewaltig: Während nämlich „Bewegung", „Geschwindigkeit" und „Geschwindigkeitsdifferenz" in der Physik für alle verbindlich operational (d.h. unmittelbar auf Beobachtungs-Handlungen bezogen) definiert sind, gilt dies für keinen der o.a. Begriffe in Bezug auf Psychotherapie.

Denn ein kleiner Blick in die Debatte klinischer Psychologie zeigt, dass keineswegs klar ist, wie man „Therapie-Erfolg" überhaupt definieren soll (bevor man sich überlegt, das Definierte dann zu messen). Hinsichtlich der inhaltlichen Ziele, was überhaupt erstrebenswert ist, herrscht bekanntlich keineswegs Konsens. So hat sich z.B. für das große Spektrum sog. „chronischer Krankheiten" - angefangen von schwerer Schizophrenie, Hirnschädigungen, Asthma, Diabetes etc. - oder andere nicht (mehr) heilbare Krankheiten wie z.B. Krebs das Konzept der „Bewältigung“ durchgesetzt, bei dem eine „Ausheilung“ der Primärsymptome nicht als sinnvoller Therapie-Erfolg angestrebt werden kann, sondern eben eine Erhöhung der „Lebensqualität“ und ein „erträglicher Umgang“ mit der Krankheit. Doch wie sind diese - ebenfalls wohl nicht von jedem gleich verstandenen - Begriffe zu definieren?

Offenbar besteht zwischen der Frage, wie ein bestimmter Effekt möglichst wissenschaftlich präzise gemessen werden kann, und der Frage, welche Effekte aus wissenschaftlicher Sicht überhaupt zu erwarten sind und was sie bedeuten, ein großer Unterschied. Solange man beispielsweise davon ausgeht, dass sich die Sonne um die Erde dreht, lassen sich viele wissenschaftliche präzise Registrier- und Messverfahren ersinnen, um den Weg der Sonne zu beschreiben und sogar um möglichst gute Vorhersagen zu machen. Es sei beachtet, dass selbst akzeptierte Effekte nicht unbedingt etwas über wissenschaftliche Begründbarkeit aussagen: So sind die Effekte von Akupunktur inzwischen mit wissenschaftlichen Methoden belegt und weitgehend akzeptiert - aber es fehlt (meines Wissens) eine wissenschaftlich fundierte Theorie, die Akupunktur ins abendländische Paradigma einzureihen imstande wäre. Die Frage nach der Wissenschaftlichkeit berührt somit auch zentrale Grundlagen- und Grundsatzfragen.

Selbst dann, wenn man hinsichtlich der Konzept-Definitionen weit mehr Einigkeit hätte als faktisch vorherrscht: Wie werden diese Konzepte nun konkret operationalisiert und gemessen, d.h. an welchen konkreten empirisch erfassbaren Größen wird das Konzept denn festgemacht? Werden - wie meist üblich - Tests und Fragebögen eingesetzt, muss (mit Devereux 1992, S. 27) gefragt werden: Zu welchem Universum des Diskurses gehören überhaupt die erhobenen Daten? Sind Fragebogen-Daten eher als Meinungen oder klinische Diagnosen zu werten? Therapie-Forscher setzen „selbstverständlich“ das letztere voraus - worin und wann ist dies begründet?

Es sei beachtet, dass alle diese Fragen zwar erörtert, aber nicht geklärt werden können. Denn man kann hinsichtlich dieser Fragen zwar Entscheidungen herbeiführen, aber mit guten Gründen hätte man sich meist natürlich auch anders entscheiden können. Oft werden allerdings nicht einmal die getroffenen Entscheidungen als solche dokumentiert, sondern es wird so getan, als wäre die Definition des Erfolgs, dann dessen Operationalisierung und dann die Messung inhaltlich so selbstverständlich, dass man nun eine formale Methode einfach „anwenden“ könne.

Nachdem man diese Entscheidungen (explizit oder implizit) getroffen hat, taucht die nächste Gruppe an Fragen auf, über die entschieden werden muss (und auch diese sind wieder keineswegs „selbstverständlich“): An welchen Patienten werden die Messungen überhaupt durchgeführt? Nimmt man an, dass die Therapiemethode A bei allen Patienten gleich wirkt? - Eher wohl nicht! Doch wonach wählt man aus? Reicht es, eine bestimmte „störungsspezifische“ Gruppe“ zu wählen? Und warum wird diese abgegrenzt - es ist nämlich wiederum keineswegs „selbstverständlich“, dass unsere klinischen Klassifikationen, auf der Ebene von Krankheitsverläufen gewonnen, auch die optimalen Klassifikationen für Therapieverläufe sind. Geht es eher um möglichst homogene Symptome oder um eine homogene Schwere von Beeinträchtigungen oder um einen homogenen Verlauf der bisherigen Krankengeschichten oder um homogenen „sozialen Support“ (der erheblich mit dem Therapie-Verlauf interagieren dürfte) oder ... oder ...? Auch dies sind nur vordergründig methodische Fragen, denn dahinter stehen unterschiedliche inhaltlich-theoretische Vorstellungen, für die man so oder so Partei ergreift, wenn man sich für das eine oder das andere entscheidet - und wieder ist eine Entscheidung etwas anderes als die algorithmisierte Durchführung einer Methode.

Welche Therapeuten von Richtung A lässt man nun die zu beforschenden Therapien durchführen? Eine möglichst repräsentative Auswahl? (Woher gewinnt man die Basisinformation dafür?) Oder nimmt man möglichst erfahrene Therapeuten? (Was heißt das - und: Wie realistisch ist es anzunehmen, dass erfahrene Therapeuten genau „Methode A“ in „Reinkultur“ vertreten?). Wählt man (was wohl realistisch ist) jene, die man gerade bekommen kann: Sind das dann nicht eher jene, die vielleicht unter Patientenmangel leiden (und vielleicht überzufällig Anfänger sind oder andere Eigenschaften aufweisen, die sie nicht gerade zu den Aushängeschildern für die Therapieform machen)?

Wenn diese Fragen nun alle entschieden sind: Was bleibt, als kleine „Zwischenbilanz“, eigentlich noch von der Ausgangs-Frage übrig, (z.B.) „ob und wie effektiv Therapiemethode A wirkt?“ Was wir nach den bisherigen Entscheidungen erwarten könnten, wäre Information darüber, wie Patienten der Gruppe X, nach den Kriterien C, D und E... zusammengestellt, hinsichtlich Antworten und Beobachtungen der Variablen F, G und H ... bei Therapeuten mit den Eigenschaften I, J und K ... sich verändern. Beantwortet das noch unsere obige Frage - bzw. ist diese Information noch als angemessene Basis anzusehen, um Aussagen über „die Therapieform A“ zu machen?

Dass diese Probleme allzu wenig diskutiert werden, mag wohl daran liegen, dass als Metapher (oder gar Ideal) der komparativen Psychotherapie-Forschung immer noch die Pharma-Forschung angesehen wird, bei der eine Substanz A zu jeder Zeit und an jedem Ort nach einer bestimmten, algorithmusartigen Prozedur hergestellt werden kann und dann auch in derselben Weise wirken sollte. Dabei ist diese Vorstellung schon in der Pharma-Forschung eine Fiktion, da das Resultat der „Einwirkung“ von A auch vom System abhängt und höchstens für isolierte, möglichst monoklone Zellen im Reagenzglas ein zutreffendes Modell sein mag. Daher sind selbst in der Pharmaforschung ergänzende Feldstudien eine wichtige Gepflogenheit. Bei realen Patienten, so weiß auch jeder gute Arzt, muss erprobt werden, ob und wie im Detail und in welcher Dosierung A wirkt oder ob nicht besser B verabreicht werden sollte (wobei diese Rangordnung der „Effektivität“ zwischen A und B beim nächsten Patienten/bei der nächsten Patientin trotz gleicher Symptome genau umgekehrt sein kann).

Daher müssen die Effekte meist über größere Gruppen gemittelt werden (mit allen Problemen, die nicht-lineare, rückgekoppelte Systeme aufwerfen - vgl. Kriz 1997). Vernachlässigt man auch noch Aspekte wie z.B. zirkadiane Schwankungen (d.h. die stark unterschiedliche Ansprechbarkeit eines Organismus auf Wirkstoffe in Abhängigkeit vom Tageszyklus) und zahlreiche andere Faktoren, so kann man unter allen diesen Einschränkungen im Pharma-Bereich von der Wirkungsweise von A sprechen.

Was kann es aber bedeuten, die „Wirkung von Psychotherapie-Methode A" zu untersuchen? Wenn man A im Kontext der experimentellen Psychologie auf wenige, klar umrissene Handlungen reduziert oder A über exakte Manuale definiert, die dann genau befolgt werden, mag dies mit den o.a. Einschränkungen ähnlich wie im Pharma-Bereich gelten. Dies setzt allerdings voraus, dass der Experimentator möglichst wenig Entscheidungsfreiheit hat, von den vorher festgelegten Bedingungen abzuweichen. Zwar könnten prinzipiell auch Entscheidungsbäume vorgegeben werden; aber erstens reichen dafür unsere inhaltlich-theoretischen Kenntnisse nicht aus, zweitens würde das Design viel zu kompliziert, varianzanalytisch aufgefächert und damit massenstatistisch kaum mehr untersuchbar werden (s.u.).

Der Gegenstandsbereich, über den Aussagen zu treffen wären, bezieht sich aber zum größten Teil nicht auf Situationen, die durch solche experimentellen Labordesigns abgebildet werden. „Psychotherapie-Richtung A" wird in der Realität üblicherweise durch Therapeuten repräsentiert, die ihre Therapie „A" von unterschiedlichen Ausgangsbedingungen (Lebens- und Bildungs(ver)läufen), in unterschiedlichen Ausbildungsstätten und mit einer erheblichen Varianz an theoretischen und praktischen Vorstellungen erlernt haben und sich (spätestens!) danach (hoffentlich!) auch um andere Konzepte und Vorgehensweisen von Therapie gekümmert haben - kurz: ihre therapeutische Kompetenz und Vorgehensweise verändert haben. Was also kann „Therapie A" mehr bedeuten als eine sehr heterogene Menge an Therapeuten, die mit heterogenen Kompetenzen, Vorstellungen und Vorgehensweisen sich einem therapeutischen Ansatz „A" zuordnen (genauer: dem meist zusätzlich ebenfalls heterogenen Ideen-Konglomerat unter der Bezeichnung „A"). Manuale für bestimmte Ansätze sind möglich und werden auch verwendet - aber man kann nicht das Leben in ein Labor sperren, nur weil die Forschung dort etwas artefaktärmer verläuft. Und selbst bei der Verkümmerung von Psychotherapie zu einer sklavisch-beschränkten Manualvollstreckung am Patienten wird es „Therapieform A" nie so rein geben können wie die „Pharma-Substanz A".

Die äquivalente Metapher wäre daher vielmehr, dass ein Pharma-Konzern in unterschiedlichen Regionen Menschen mit recht unterschiedlichen Vorstellungen über die Wirkung von Heilkräutern ausschickt, um Kräuter zu suchen, diese nach weit auslegbaren Vorschriften zu verarbeiten und abzufüllen, und nun die Wirkung dieses Medikamentes „A" untersuchen wollte! Die Aussage: „*Therapieform* A bewirkt ..." ist daher faktischer Unsinn bzw. Etikettenschwindel.

Dieses Problem verschärft sich noch, wenn eine Therapieform aus einem sehr großen Spektrum an überaus unterschiedlichen Einzelvorgehensweisen oder -verfahren besteht, was z.B. für „die Verhaltenstherapie" gilt: Systematische Desensibilisierung, Aversionstherapien Biofeedbacktherapie, Reizkonfrontation, Stimuluskontrolle, Token-Programm, Selbstinstruktionstraining, Training sozialer Kompetenz, Rational Emotive Therapie (um nur einige zu nennen), entstammen nicht nur recht heterogenen theoretischen Erklärungskontexten von Störung und Veränderung, sondern dürften wohl kaum alle kompetent von einem/einer einzelnen Verhaltenstherapeuten/Verhaltenstherapeutin beherrscht werden (und manualisierte Vorgehensweisen haben nochmals andere Gewichtungen). Dazu sind spezifische Vorgehensweisen für spezifische Störungsbilder untersucht und für wirksam befunden worden. Doch obwohl dies forschungslogisch und für die weitere Entwicklung auch aus meiner Sicht durchaus positiv zu bewerten ist, hat dies für die hier diskutierte „Wissenschaftlichkeits"-Debatte eine gravierende Schwäche: Wenn ein Verhaltenstherapeut einen Patienten mit Störungsbild „S" nicht mit jener Vorgehensweise behandelt, für die experimentell der Wirksamkeitsnachweis erbracht wurde (weil er eben nicht alle ausführen kann - oder sogar guten Grund hat, bei diesem Patienten/Patientin anders vorzugehen), über welche globale Wirksamkeit „der Verhaltenstherapie" wird dann eigentlich noch „als wissenschaftlich gesichert" gesprochen? Wählen andererseits Therapeuten *immer* jene, in einer Untersuchung belegte, Vorgehensweise, so kann man fragen, wieso aus einer massenstatistischen Wahrscheinlichkeitsaussage für deren Überlegenheit dann eine faktisch 100% zu 0% Entscheidung gegen andere verhaltenstherapeutische Vorgehensweisen folgt. Ein Dilemma, das sich nicht lösen lässt. Auch dieses Argument zeigt, dass die Globalfrage zur „Wissenschaftlichkeit" einer Therapieform seriöserweise nicht beantwortet werden kann, weil nicht klar ist, worauf sich die praktisch überhaupt beziehen soll.

Dabei hätten wir nun noch fast jene Fragen vergessen, um die in der Literatur über Psychotherapie-Forschung gemeinhin so viel Aufhebens gemacht wird: Soll man einen Vergleich „vorher"/„nachher" (d.h. ein pre-post-design) durchführen oder aber eine Verlaufsstudie (Panelanalyse), bei der zu vielen Zeitpunkten die Information erhoben wird? Wie soll eine Kontrollgruppe zusammengesetzt sein, die den Therapie-Erfolg gegen Zufallseinflüsse bzw. Spontanremission sichert (d.h. gegenüber der Tatsache, dass sich auch bei einem Teil der unbehandelten Patienten nach einer Zeit „Besserung" einstellt)? Wie groß soll die Stichprobe an Patienten sein usw.? Doch die in diesem Absatz skizzierten Fragen sind vergleichsweise zu den vorher aufgeworfenen trivial, da es sich hier tatsächlich eher (wenn auch nicht vollständig) um statistisch-methodische Fragen handelt, bei denen die Kriterien daher (vergleichsweise) klar sind und deren adäquate Beantwortung zum Handwerkszeug des/der Forschers/Forscherin gehören sollte.

Weit schwieriger und unklarer ist es da schon wieder, statt die Frage nach der Wirkung *einer* Therapieform A die nach einem Therapie-Vergleich zu stellen. Denn nun müssen nicht nur sämtliche oben aufgeführten Entscheidungen (mit den dahinter liegenden theoretischen Vorstellungen und Problemen) getroffen werden, sondern zusätzlich ist natürlich zu entscheiden, hinsichtlich welcher Aspekte (bzw. welches Aspekte-Raumes) ein solcher Vergleich überhaupt stattfinden könnte. Erinnern wir uns: Die obigen Entscheidungen führten sinnvollerweise zu einer, für A ganz spezifischen Auswahlkombination aller dieser Entscheidungsaspekte. Wenn dieselbe Entscheidungssequenz analog für Therapieform B durchgeführt wird, bleiben dann überhaupt noch irgendwo Überschneidungen, um über einen Vergleich etwa aussagen zu können?

Nun, wer nur statistische Modelle im Kopf hat und von klinischer Psychologie nichts versteht, könnte auf die Idee kommen, alles per Zufall auszuwählen - d.h. Patienten werden per Zufall auf zufällig ausgewählte Therapeuten der Schulen A und B aufgeteilt und die Veränderungen werden mit zufällig gezogenen Kategorien, Tests etc. bestimmt. Abgesehen davon, dass diese Vorgehensweise fernab jeder praktischen Realisierung liegen würde, gäbe es zwei Möglichkeiten. Entweder man hat ein vollständiges Design, in dem alle Kategorienkombinationen vertreten sind, oder man führt tatsächlich nur eine Zufallsauswahl durch. Im ersten Fall muss man nur ein Dutzend der oben aufgeworfenen Entscheidungsfragen (die keineswegs Anspruch auf Vollständigkeit erheben!) mit je fünf Abstufungen bzw. Alternativen berücksichtigen, um die Absurdität zu erkennen: Es ergeben sich 5^{12}, das sind über 244 Millionen, Kombinationen. Man müsste also eine „Stichprobe" vom Umfang mehrerer europäischer Staaten erheben, um pro Kombination auch nur jeweils einen einzigen Menschen zu untersuchen. Im zweiten Fall wären die Untersuchungs- (und Kontroll-)-gruppen zwar klein - jedoch was sagt es aus, wenn Therapieform A bei anderen „Störungen" etc. hinsichtlich anderer Kriterien „besser" abschneidet als Therapieform B? Dies wäre der Aussage äquivalent, dass Geigenunterricht effektiver ist als Klavierunterricht - nachdem man einige Kinder, die ein Instrument lernen wollten, zufällig auf verschiedene Lehrer an unterschiedlichen Geigen- und Klavierschulen aufgeteilt hätte und nach einem Jahr die Eltern, mit ihren unterschiedlichen Vorstellungen darüber, was überhaupt der Sinn des Musikunterrichtes sein könnte, diese „Erfolge" beurteilen ließe (Und auch hier wird, nebenbei bemerkt, dass das „Ergebnis" zwar „objektiver", aber nicht sinnvoller wird, wenn man mit großem Messaufwand die Geschwindigkeit des Fingerbeugens, die Abweichungen von der Idealfrequenz jeden gespielten Tones etc. genau erhebt und eine aufwendige Statistik darüber stülpt - obwohl beide genannten Variablen sicher auch etwas mit dem Erfolg zu tun haben).

Diese eher anekdotische Schilderung einiger Probleme und Schwierigkeiten beim direkten Vergleich nur zweier Therapie-Ansätze hat wohl deutlich werden lassen, welche immensen theoretischen und konzeptionellen Defizite aufzuarbeiten wären, bevor die obigen Fragen einigermaßen kompetent entschieden werden können und man

„loslegen" könnte herumzurechnen. Es sollte übrigens auf der Hand liegen, dass es da nicht unbedingt leichter ist, Meta-Analysen durchzuführen, d.h. Analysen, in die „Ergebnisse" zahlreicher anderer Studien eingehen, um zu einer Gesamtaussage zu kommen. Das Wort „Ergebnisse" wurde deshalb in Anführungszeichen gesetzt, weil eben jedes „Ergebnis" einer solchen Einzelstudie implizit oder (selten) explizit die gesamte Entscheidungssequenz über alle oben aufgeworfenen Fragen (und weitere) enthält.

Hier stellen sich zusätzlich Fragen wie: Welche Studien werden einbezogen? Wie begründet sich die Auswahl? Wie wird mit unterschiedlichen Stichproben, mit unterschiedlicher Anzahl von Erfolgskriterien umgegangen (d.h. ist eine Studie an 50 Personen genau so aussagekräftig wie eine an 1000, und ist eine Studie mit nur einem klaren Effekt nur 1/10 so wichtig zu nehmen wie eine andere mit zehn nachgewiesenen Effekten)? Wie werden Abhängigkeiten berücksichtigt (sind zehn fast gleiche Kriterien zehnmal so wichtig wie nur eins in einer anderen Studie)?

Wir wollen es bei diesen Fragen bewenden lassen. Es zeigt sich, dass die Frage nach der Wirksamkeit oder gar nach dem Vergleich keineswegs einfach beantwortet werden kann. Zudem gibt es neben den aufgezeigten Ebenen noch viel grundlegendere - z.B. welche Modelle von „Ursache-Wirkung" wir unseren Überlegungen zugrunde legen. Wenn wir ernst nehmen, was uns die moderne naturwissenschaftlich fundierte Systemtheorie lehrt, dann sind in komplex vernetzten Systemen diskontinuierliche Verläufe zu erwarten - und Psychotherapieforscher reden auch gern davon, dass die unterschiedlichen Faktoren, die den Erfolg einer Therapie beeinflussen, miteinander vernetzt sind. Daraus würde aber folgen, dass z.B. keine Gruppenvergleiche derart durchgeführt werden dürften, dass die Veränderungen auf Datenniveau aggregiert (d.h. zusammengefasst - etwa über Mittelwertsbildung) werden. Je nach individuellem Ausgangspunkt (der zu erheben wäre) kann nämlich ggf. eine „große Ursache" dann keine Wirkung, eine „kleine Ursache" eine große Wirkung entfalten. Auch solche Fragen müssten natürlich vorher explizit geklärt werden, bevor man nach irgendwelchen „statistischen Verfahren" etwas „berechnet" (und damit natürlich unwissentlich in dieser Frage eine bestimmte Stellung bezieht - meist jene, dass man nicht von diskontinuierlichen Verläufen und damit, entgegen der verbalen Beteuerungen, auch nicht von vernetzten Prozessen ausgeht). Solange wir in der Erforschung und wissenschaftlichen Debatte, was überhaupt unter Psychotherapie-Effekten zu verstehen ist, so weit am Anfang stehen, kann die groß angelegte und wissenschaftspolitisch brisante „Sammlung" von Effekten eben nur Effekt-Hascherei sein.

Wenn wir nun bedenken, dass bei all diesen Problemen ausschließlich das Abzählen von RCT-Studien und deren Zusammenfassung über Effektstärken berücksichtigt werden soll, müssen wir nochmals mit Hanns Wienold fragen: „Auf welche Art von Fragen antwortet diese Art von Forschung? Welche Art von Antworten oder Wissen produziert sie? Wem können ihre Ergebnisse nutzen?"

Wenn eine Technik T, die in dieser RCT-Laborstudie untersucht wurde, als Teil der Methode A (oder gar des Verfahrens VA) aufgefasst und der Aussagebereich vom Labor auf klinische Realsituationen generalisiert wird, besteht die Gefahr, dass die - sauber vor Labor-Verzerrungen geschützten - Ergebnisse ganz erheblich verzerrt werden.

Generell sind Labor-Studien durch mindestens folgende bedeutsame aber unkontrollierte Aspekte in Bezug auf die klinische Realität verzerrt:

a) selektive Auswahl klinisch valider Patienten (also Ausschluss rund 70-90% „komorbider" Patienten)
b) selektive Auswahl von Therapeuten (also Ausschluss aller jener, die sich aus Kompetenz oder anderen Gründen nicht an Manuale halten, die mehr /oder weniger/ motiviert sind als die Labor-Therapeuten, etc.)
c) nicht-randomisierte + nicht-repräsentive Auswahl der Therapeuten!!!! (= Zufallsstichprobe aus allen Therapeuten, die Methode A repräsentieren)
d) Nicht-Repräsentativität für die real durchgeführten Vorgehensweisen (Tn und andere Ti aus dem Spektrum jener, die für Methode A (oder gar VA) aggregiert werden)

So wichtig Labor-Forschung vor allem im Bereich der Grundlagenforschung ist (und hierfür RCT fraglos den Goldstandard darstellt), so fragwürdig ist die Validität *dieser Studien*(!) für die klinische Praxis und Versorgung. Auf Grund der massiven, systematischen Verzerrungen solcher RCT-LaborStudien im Kontext, für den sie gar nicht gedacht und konzipiert sind, nämlich der Versorgungspraxis, sind hier RCT-Studien alles andere als ein Goldstandard. Vielmehr können hier Studien, die für diesen Kontext konzipiert sind, weit verzerrungsfreier sein.

Literatur

Devereux, Georges (1967/1992). Angst und Methode in den Verhaltenswissenschaften. Frankfurt/M.: Suhrkamp.

Kiene, Helmut (2001): Komplementäre Methodenlehre der klinischen Forschung. Cognition-based Medicine. Berlin.

Kriz, Jürgen (1981): Methodenkritik empirischer Sozialforschung. Eine Problemanalyse sozialwissenschaftlicher Forschungspraxis. Stuttgart.

- (1997): Systemtheorie. Eine Einführung für Psychotherapeuten, Psychologen und Mediziner. Wien.

- (2000): Vermessene Qualität. In: Clemens, Wolfgang/Strübing, Jörg (Hg.): Empirische Sozialforschung und gesellschaftliche Praxis. Opladen, S. 67-82.

Reinecker, Hans (1996): Therapieforschung. In: Margraf, Jürgen (Hg.): Lehrbuch der Verhaltenstherapie. Heidelberg, S. 31-47.

Wienold, Hanns (2000): Empirische Sozialforschung. Praxis und Methode. Münster.

Christoph Weischer

The never ending story – 'qualitative' und 'quantitative' Ansätze in der empirischen Sozialforschung

Der manifeste bzw. latente Streit um die angemessenen Methoden der empirischen Sozialforschung gehört zu den Kuriosa der inzwischen nicht mehr jungen Sozialwissenschaften; er findet sich aber auch in einigen benachbarten Fächern. Zur Analyse dieses Phänomens sollen im Folgenden zunächst einige wesentliche forschungspraktische Unterschiede dieser beiden Forschungsparadigmen benannt werden, um dann in methodologischer bzw. wissenschaftssoziologischer Perspektive der Konstitution dieses Phänomens nachzugehen. Am Ende stehen einige Hinweise zu einem reflektierten Umgang mit diesen Forschungsparadigmen. Die hier vorgestellten Überlegungen knüpfen an einige vorliegende Beiträge zum Verhältnis bzw. zur Integration von qualitativen und quantifizierenden Forschungsansätzen an (vgl. die Beiträge von Wilson 1982, Kromrey 1994 und Bryman 1995, sowie die Beiträge im Forum qualitative Sozialforschung, Volume 2, No. 1, Februar 2001).

Einen geeigneten methodologischen Ort zur Beobachtung dieser Phänomene bieten (sozial)konstruktivistische Paradigmen; sie erlauben - eigentlich ganz im Sinne Poppers - eine methodologisch kritischere, weniger voraussetzungsvolle Perspektive auf die sozialwissenschaftliche Forschungstätigkeit (vgl. z.B. Schmidt 2003 oder auch Berger/Luckmann 1972).

1.) Die Differenz in forschungspraktischer Perspektive

Die klassische Frage, was tun SozialforscherInnen, wenn sie sagen, dass sie Forschung betreiben, hilft bei einer ersten Sondierung des Feldes: Forschungspraktisch betrachtet, lassen sich so unterschiedliche Strategien ausmachen, die Forscher und Forscherinnen, die sich dem einen oder anderen Forschungsparadigma verpflichtet fühlen, verfolgen, um sozialwissenschaftliches Wissen zu generieren.

Qualitative Forschungsansätze orientieren sich mehrheitlich an einer eher fallrekonstruktiven Vorgehensweise. D.h. ausgehend von vorgefundenem oder generiertem Text- oder Bildmaterial soll z.B. die Denk-, Wahrnehmungs- und Handlungssituation von Personen oder Gruppen möglichst umfassend rekonstruiert werden. Sofern die Erhebung im Rahmen von Interviews erfolgt, bieten sich über die Erzählkonstellation oder über die Möglichkeit der vertiefenden Nachfrage, sehr differenzierte Möglichkeiten der Erhebung dieser Phänomene. Implizit geben diese Rekonstruktionen dann auch Auskunft über soziale Strukturen, die in den Spezifika des untersuchten 'Falles' bzw. Textes ihren Ausdruck finden. Die Interaktionssituation im Interview bzw. die Dichte des erhobenen Materials bieten dann auch spezifische Möglichkeiten der kommunikativen Validierung der Erhebung bzw. der späteren Auswertung. Angesichts des sehr aufwändigen weniger selektiven Erhebungsprozesses und der damit hervorgebrachten Informationsfülle bzw. angesichts des Primats der fallbezogenen und nur bedingt standardisierbaren Analyse muss die Zahl der untersuchten Fälle recht eng begrenzt bleiben.

Quantitative Forschungsansätze setzten darauf, über den Vergleich einer großen Zahl von Fällen Aussagen über soziale Regelmäßigkeiten, soziale Strukturen gewinnen zu können. Über die standardisierte Erhebung und Auswertung möchte man zu Informationen über (statistische, räumliche, zeitliche bzw. kausale) Zusammenhänge zwischen verschiedenen sozialen Phänomenen kommen. Sofern eine Zufallsauswahl vorliegt, sind wahrscheinlichkeitstheoretisch begründete Schlüsse auf die untersuchten Grundgesamtheiten möglich. Die standardisierte Erhebung bietet spezifische Möglichkeiten der Informationsgewinnung z.B. zur möglichst systematischen Erfassung von (informationell) komplexen Phänomenen (bei Panel- und Haushaltsbefragungen oder bei Erhebungen zum Lebensverlauf etc.) sowie in der Konstruktion von Fragebatterien zur Untersuchung nicht unmittelbar kommunizierbarer Phänomene (Untersuchung von Einstellungen und anderen theoretischen Konstrukten). Die Erhebung methodenreflexiver Informationen (Angaben zur Interviewsituation bzw. zu den Interviewenden) bietet Möglichkeiten der Validierung des Erhebungsprozesses im Rahmen einer allgemeinen Methodenforschung bzw. über die Analyse untersuchungsspezifischer Kontrolldaten. Die große Fallzahl und das Kriterium der Vergleichbarkeit der Informationen, die Grundlage für die statistische Analyse sind, determinieren in hohem Maße das Forschungsdesign bzw. den Erhebungsprozess; gefordert sind weitgehend standardisierte, arbeitsteilig handhabbare Erhebungsinstrumente, die auf einen eng begrenzten vorab spezifizierten und dimensionierten Ausschnitt der sozialen Welt fokussiert werden.

Diese Grundkonstellationen prägen die jeweiligen Möglichkeiten und Grenzen der im Rahmen des qualitativen bzw. quantifizierenden Paradigmas denkbaren Erhebungs- und Analysestrategien sowie den Typ des damit hervorzubringenden sozialwissenschaftlichen Wissens.

Man kann beide Forschungsparadigmen als unterschiedliche Strategien des Informationsmanagements (Kromrey 1994) begreifen. Beide Ansätze führen am Ende zu hochgradig selektiven bzw. verdichteten Forschungsbefunden: die dann z.B. in der Präsentation und Interpretation von Befunden der statistischen Analysen, in einer dichten Beschreibung oder einer Typologie aufbereitet werden; wesentliche Unterschiede liegen in den Strategien der Selektion und Verdichtung sowie in der Lokalisierung dieser Prozesse im Forschungsablauf. In der standardisierten Forschung verläuft der Selektions- und Verdichtungsprozess in der Regel zweistufig: Bei der Entwicklung eines Erhebungsinstruments wird der Untersuchungsausschnitt ausgehend von Modellvorstellungen zu den zu untersuchenden Phänomenen bzw. ausgehend von spezifischen Hypothesen und Fragestellungen radikal begrenzt. Weitere Begrenzungen erwachsen z.B. aus den Problemen der Kommunikation komplexerer Sinn- bzw. Motivfiguren im standardisierten und arbeitsteilig organisierten Erhebungsprozess. Ein weiterer Schritt der Informationsverdichtung erfolgt über das Auszählen von Merkmalen und Merkmalskombinationen bzw. über elaboriertere statistische Verfahren.

Im Rahmen des qualitativen Paradigmas ist der informationsreduzierende Effekt in der Phase der Konzeption des Instruments recht gering ausgeprägt. Es findet auch hier mit der Bestimmung einer Fragestellung eine Eingrenzung statt; aber dann ist es eher umgekehrt angeraten, durch spezifische Arbeitstechniken den Fragehorizont, die 'theoretische Sensibilität', zu erweitern, um über die Normalitätsvorstellungen der Forschenden hinauszugelangen. Verglichen mit den Fallzahlen in der standardisierten Erhebung werden in der Erhebungsphase Informationen über weitaus weniger Fälle erhoben. Diese Phase ist informationstechnisch betrachtet jedoch ausgesprochen anspruchsvoll. Hier müssen angesichts des offenen Charakters der meisten Erhebungsverfahren wichtige Entscheidungen im Interview- oder im Beobachtungsprozess ad hoc getroffen werden, wenn es darum geht, einen spezifischen Forschungsaspekt zu vertiefen, andere zu vernachlässigen. Daher eignen sich die qualitativen Untersuchungsdesigns in der Regel nicht für ein arbeitsteiliges Vorgehen, das die meisten standardisierten Designs auszeichnet. Grundsätzlich zeichnet sich das in der Erhebung gewonnene und mehr oder weniger differenziert transkribierte Material durch eine ausgesprochene Komplexität aus. Ein wesentlicher Akt der Informationsreduktion ist dann mit verschiedenen Interpretationstechniken bei der Auswertung dieses Materials zu leisten.

Der Blick auf diese Essentials von qualitativen und quantitativen Forschungsprozessen sollte jedoch den Blick auf die Heterogenität von Erhebungs- und Auswertungsstrategien, die unter diese wohl eingeführten Etiketten subsumiert werden, nicht verstellen. Die Erhebung standardisierter Daten kann sich ganz unterschiedlich gestalten. So sind verschiedene Grade der Standardisierung von Befragungsinstrumenten zu verzeichnen; die Generierung von standardisierten inhaltsanalytischen oder Beobachtungsdaten verlegt wesentliche Interpretationsleistungen bereits in die Phase der Datenerhebung; der Zugriff auf Experimente, auf sekundär- oder prozessproduzierte Daten folgt wiederum je anderen Logiken. Auch die qualitativen Erhebungsverfahren gestalten sich, wenn man das Spektrum vom Experten- bis zum narrativen Interview betrachtet oder wenn man beobachtungs- und inhaltsanalytische Verfahren hinzuzieht, recht unterschiedlich.

Die Palette der damit korrespondierenden Auswertungsstrategien reicht von den Strategien der objektiven Hermeneutik bis zu typologisierenden Auswertungsverfahren. In der statistischen Analyse standardisierter Daten finden sich eher deskriptive bzw.

explorative neben analytischen bzw. hypothesentestenden Ansätzen; es finden sich Verfahren der Typologisierung oder der Visualisierung von Zusammenhängen.

Auch die möglichen Forschungsdesigns ordnen sich nur bedingt der dichotomischen Konstruktion der geschilderten Paradigmen unter, wenn man an vergleichende Techniken, an Fallstudien, an das Konzept der Grounded Theory, an Designs der Aktionsforschung denkt oder wenn man sich an einige *exemplars* der sozialwissenschaftlichen Forschung erinnert[1].

Schließlich macht eine polarisierende Perspektive auch blind gegenüber den methodischen Fortschritten, die im Rahmen der jeweiligen Forschungsparadigmen zu verzeichnen sind. So macht z.B. die Entwicklung der standardisierenden Forschung deutlich, dass die in der frühen Methodenkritik angemahnte Herauslösung der Befragten aus ihren historisch-sozialen Kontexten im Rahmen des Paradigmas durchaus bearbeitbar ist (s. die Entwicklung der Panel- und Haushaltsbefragungen, der Netzwerkforschung oder der Lebensverlaufsforschung); auch die vormals kritisierte Tendenz zur Metrisierung von Informationen ist nicht methodenspezifisch, wie z.B. die Entwicklung von Analyseverfahren für kategoriale Daten zeigt. Umgekehrt zeigen sich in der Entwicklung der qualitativen Forschung deutliche Bemühungen einer Qualitätssicherung.

D.h. mit der vorherrschenden Subsumierung recht unterschiedlicher Forschungsstrategien unter zwei einfache Etiketten ist bereits eine wichtige Grundlage für die spezifische Konstellation des Methodenstreits gelegt.

Angesichts dieser Überlegungen ist auch zu prüfen, ob die gemeinhin verwandten Etikettierungen angemessen sind. Die Rede von der 'quantitativen' Sozialforschung beschreibt recht gut die Logik des Auswertungsprozesses; es wird jedoch zu wenig deutlich, dass diese Quantifizierung erst durch eine spezifische Art der Frage und den daran anschließenden Prozess der Standardisierung der Informationsgewinnung ermöglicht wird. Demnach könnte man sinnvollerweise auch von 'standardisierender' Sozialforschung sprechen.

Das Etikett der 'qualitativen' Sozialforschung soll beschreiben, dass es angesichts der überschaubaren Zahl von untersuchten Einheiten möglich ist, vertiefend bestimmte Qualitäten einzelner Fälle zu beschreiben; grundsätzlich beschreiben aber auch die quantifizierenden Verfahren solche qualitativen Aspekte. Vielleicht ist der bei Bohnsack (1991) verwendete Begriff der 'fallrekonstruktiven' Sozialforschung treffender; er vermeidet zudem die Konnotation mit alltagspraktischen Vorstellungen von 'Qualität' und 'Quantität'[2].

2.) Die Differenz in methodologischer Perspektive

Ausgehend von dieser ersten Bestimmung der essentiellen forschungspraktischen Differenzen und Gemeinsamkeiten können die eher standardisierenden und die eher fallrekonstruktiven Forschungspraktiken als unterschiedliche Instrumente begriffen werden, derer sich die empirische Forschung im Sinne eines Werkzeugkastens bedienen kann. Dann bleibt aber zu klären, wie es denn zu dieser abenteuerlichen Überhöhung der Grenzziehungen, zu dem verschiedentlich zu beobachtenden Grundsatzstreit kommt. Zunächst soll es - im Sinne einer Dekonstruktion - darum gehen, den Dschungel der um die Forschungspraktiken gerankten Abgrenzungs- und Begründungskonstrukte, der Geschichten und Diskurse, zu lichten: Dazu sollen die wissenschaftstheoretischen bzw. methodenkritischen Diskurse, die mit dem qualitativen bzw. quantitativen Forschungsparadigma verknüpft werden, analysiert werden.

Wissenschaftstheoretische und epistemologische Begründungen

Es gibt keine zwingende Verknüpfung zwischen einzelnen wissenschaftstheoretischen bzw. epistemologischen Ansätzen und einem bestimmten Modus der empirischen Forschung.

In einführenden Texten zur empirischen Sozialforschung finden sich typische Kopplungen zwischen bestimmten wissenschaftstheoretischen bzw. metatheoretischen Explikationen und präferierten Forschungsparadigmen; so verweisen z.B. Diekmann, Kromrey und Schnell/Hill/Esser, die bevorzugt bzw. ausschließlich standardisierende Erhebungsverfahren darstellen, auf die Grundüberlegungen des kritischen Rationalismus bzw. der hypothesentestenden Forschung. Einführungen in die qualitative Forschung (z.B. Flick, Spöhring, Heinze) legen Grundlagen des symbolischen Interaktionismus, der Ethnomethodologie, des Konstruktivismus oder der verstehenden Soziologie (Weber/Schütz) dar.

Die in diesen einführenden Texten dargelegten Koppelungen folgen gewissen Gepflogenheiten, die sich im Laufe der Entwicklung der empirischen Sozialforschung etabliert haben. Grundsätzlich ist jedoch zu konstatieren, dass z.B. Überlegungen zur sozialen Konstruktion von gesellschaftlichen Phänomenen, zu den Prozessen der symbolischen Interaktion oder zu einer verstehenden Soziologie nicht damit zu tun haben, wie SozialwissenschaftlerInnen diesen Phänomenen in empirischen Forschungsprozessen nachgehen und wie das Wissen um diese Phänomene in sozialwissenschaftlichen Theorien aufbereitet wird. Exemplarisch sei hier auf die 25. These aus Poppers Referat auf der zum 'Positivismusstreit' stilisierten Arbeitstagung der deutschen Gesellschaft für Soziologie verwiesen: Popper skizziert dort in wenigen Strichen das Konzept einer „*objektiv*-verstehenden Sozialwissenschaft" (1972:120). Auch Weber hat in seinen methodologischen Reflexionen keine Präferenzen für einen bestimmten Forschungsstil erkennen lassen.

Wie unscharf diese gemeinhin vorgenommenen Koppelungen bzw. Grenzziehungen sind, zeigt sich auch an einer Reihe von Grenzüberschreitungen. Miles und Hubermann rekurrieren in ihrer Einführung in die qualitative Sozialforschung explizit auf den logischen Positivismus (1984:19); umgekehrt sei auf die Überlegungen Essers (1991) verwiesen, der sich bemüht, den Schützschen Ansatz einer verstehenden Soziologie für die Weiterentwicklung und empirische Umsetzung von *rational choice*-Konzepten furchtbar zu machen.

Auch die Koppelung der beiden Forschungsparadigmen mit der dichotomischen Strukturierung einer beschreibenden, hypothesengenerierenden oder explorativen Vorgehensweise einerseits bzw. einer erklärenden oder hypothesenprüfenden Vorgehensweise andererseits erscheint nicht durchgängig plausibel[3]. Beide Forschungsparadigmen können im Sinne einer Beschreibung, Exploration oder Hypothesengenerierung genutzt werden. Schwieriger wird es bei dem Anspruch der Erklärung und des Hypothesentests; hier stellt sich das Problem, dass man es in den Sozialwissenschaften bzw. benachbarten Wissenschaften im Rahmen verschiedener Theorie- und Wissenschaftskonzepte mit ganz unterschiedlichen Mustern der Erklärung zu tun hat. Exemplarisch sei auf die Konzepte der deduktiv-nomologischen bzw. induktiv-statistischen Erklärung, auf funktionale Erklärungen, auf Erklärungen im Rahmen von *rational choice*-Konzepten, auf das Konzept der verstehenden Erklärung, auf die Erklärungsmuster der Psychoanalyse oder der kritischen Theorie verwiesen (vgl. zu den Problemen der Erklärung von Handlungen im Kontext spezifischer Theoriekonzepte: Bohman 1991; eine spezifische Auseinandersetzung mit einzelnen Konzepten findet sich bei Rohwer 2002). Diese Theoreme eröffnen verschiedene Beobachtungsperspektiven auf die „Ereignis- oder Geschehensfolgen von Aktanten“ (Schmidt 2003:62) und kommen so zu unterschiedlichen Konzeptionen von Handlungen und Handlungszusammenhängen. D.h. sozialwissenschaftliche Erklärungen können nur im Rahmen eines spezifischen Theorieparadigmas erfolgen; mithin sind die Koppelungen mit einzelnen Forschungsparadigmen irreführend, wenngleich einige Ausschließungen einzuräumen sind[4].

Methodenkritische Begründungen

Neben den wissenschaftstheoretischen Diskursen haben sich die Auseinandersetzungen um die legitime Methode der empirischen Sozialforschung auch aus den methodenkritischen Debatten gespeist. So fand z.B. die Profilierung und Kanonisierung der quantifizierenden Methoden in den fünfziger und sechziger Jahren des 20. Jahrhunderts in expliziter Abgrenzung zu den Methoden geisteswissenschaftlichen und hermeneutischen Arbeitens statt. Mit der Debatte um Gütekriterien der empirischen Forschung (Objektivität, Reliabilität, Validität) wurden die Spezifika des standardisierten Forschungsansatzes herausgestrichen, die verschiedentlich zu einem Alleinvertretungsanspruch hypostasiert wurden.

Umgekehrt nährte sich die Renaissance der qualitativen Forschungsansätze, die spätestens in den achtziger Jahren des 20. Jahrhunderts einsetzte, aus einer Kritik an dem atomisierenden Charakter der standardisierten Forschung, die die 'Forschungsobjekte' aus ihren historischen/lebensgeschichtlichen wie ihren sozialen Bezügen reiße. Darüber hinaus wurden die Befunde der einsetzenden Methodenforschung genutzt (vgl. exemplarisch Berger 1985), um sie gegen die standardisierenden Ansätze zu verwenden[5]. Qualitative Sozialforschung solle demgegenüber - so ein verschiedentlich zu findendes Postulat - eher 'ganzheitlich'[6] arbeiten.

Generell ist die Kritik der Methoden, mit denen wissenschaftliches Wissens generiert wird, ein wichtiges Movens der wissenschaftlichen Entwicklung. Angesichts der unterschiedlichen Forschungsparadigmen gestalten sich die Möglichkeiten der Methodenkritik in der sozialwissenschaftlichen Forschung jedoch etwas schwieriger. Es gibt zum einen gemeinsame Standards wissenschaftlichen Arbeitens und Argumentierens: So soll die Vorgehensweise transparent sein, einzelne Forschungsschritte und die daraus gewonnenen Folgerungen und Ergebnisse sollen nachvollziehbar und begründet sein etc. Diesen Forderungen kann jedoch letztlich nur paradigmenspezifisch Rechnung getragen werden. Ähnlich verhält es sich mit den Gütekriterien, die an sozialwissenschaftliche Forschungsarbeit herangetragen werden; auch hier sind stets nur paradigmenspezifische Lösungen zu finden.

3.) Die Differenz in wissenschaftssoziologischer Perspektive

Wenn nun die im wissenschaftlichen Feld zu beobachtende Überhöhung der Differenz der beiden Forschungsparadigmen weder aus wissenschaftstheoretischer noch aus methodenkritischer Sicht plausibel erscheint, sollen im Folgenden wissenschaftssoziologische (bzw. wissenschaftsgeschichtliche) Betrachtungen herangezogen werden, um zu einer weiteren Klärung zu kommen.

In wissenschafts- bzw. diskursgeschichtlicher Perspektive ist eine lange Linie der Auseinandersetzung zwischen qualitativen und quantitativen Forschungsansätzen zu beobachten; aber man sollte sich hüten, diese Grenzziehungen im Sinne eines Schismas, einer logischen Dichotomie, einer gegebenen, einer ontologischen Differenz zu begreifen, wie es z.B. insbesondere in einführenden Texten geschieht. Es handelt sich lediglich um eine Differenzfigur (unter möglichen anderen), die in der Ideen- bzw. Wissenschaftsgeschichte zu verschiedenen Zeitpunkten ein gemeinhin akzeptiertes jeweils strategisch eingesetztes Zurechnungs- bzw. Differenzierungsmuster abgegeben hat. Eine genauere Analyse der verschiedenen Methodenstreite zeigt, dass man es stets mit einer Melange von Streitgegenständen zu tun hatte; die Auseinandersetzung um qualitative und quantitative Ansätze spielte nicht immer eine Hauptrolle.

D.h. die lange Vorgeschichte der Überhöhung der Differenz liefert nicht per se eine Erklärung der heute zu beobachtenden Debatten; es bleibt weiterhin zu klären, wieso die Reproduktion der rhetorischen Figur des Methodenschismas, ein Anknüpfen an die *never ending story* auch heute noch manchen Akteuren Gewinn im wissenschaftlichen Feld zu versprechen scheint. Hierzu sollen die Strukturen der Institutionalisierung der empirischen Sozialforschung und die Logik der fachlichen Spezialisierung in den Sozialwissenschaften genauer beleuchtet werden.

Modi der Institutionalisierung der verschiedenen Forschungsparadigmen

Die Frage nach der Institutionalisierung und Kanonisierung der verschiedenen Forschungsparadigmen kann über die ideengeschichtliche Perspektive hinaus Hinweise geben, wie sich im Streit um die legitime Methode der Sozialforschung Dominanzstrukturen herausgebildet haben. Beschränkt man sich auf das 19. und 20. Jahrhundert so wird deutlich, dass es bei den quantifizierenden Forschungsansätzen weitaus früher zu einer institutionellen Verankerung kommt: mit den Volkszählungen, mit der amtlichen Statistik, später mit der sozialpsychologischen Forschung bzw. der Markt- und Meinungsforschung. Auch in dem insbesondere im 20. Jahrhundert entstehenden Textgenre von einführenden Darstellungen und Lehrbüchern zur Sozialforschung dominieren standardisierte Forschungsansätze - jedoch keinesfalls in einem ausschließenden Sinne.

Für die Entwicklung der Sozialforschung in der Bundesrepublik Deutschland sind die sechziger und siebziger Jahre prägend, in denen es im Rahmen der akademischen Institutionalisierung zu einer nachhaltigen Kanonisierung des sozialwissenschaftlichen Wissens, seines Erwerbs und nach und nach seines gesellschaftlichen Gebrauchs kommt. Während in den fünfziger Jahren in der Forschungspraxis an den damals dominierenden Forschungsinstituten bzw. an den wenigen soziologischen Seminaren noch ein breites Methodenspektrum zu beobachten ist, kommt es in der Phase der akademischen Institutionalisierung (abzulesen an der Entstehung von Hauptfachstudiengängen und an der Zahl von Hochschulstellen) zu einer erheblichen Verengung des Kanons der legitimen Methoden. Die Lehrbücher und einführenden Darstellungen der fünfziger Jahre (z.B. die von Scheuch und König herausgegebene zweibändige Darstellung 'Praktische Sozialforschung', die weitgehend auf Übersetzungen amerikanischer Texte zurückgreift (König 1956, 1957)) zeichneten sich noch durch ein recht breites Methodenspektrum aus, demgegenüber kommt es mit den Lehrbüchern der sechziger Jahre (vgl. Königs Handbuch der empirischen Sozialforschung (1962) oder die später erscheinenden Einführungen zur empirischen Sozialforschung) zu der oben beschriebenen Koppelung des standardisierenden Forschungsparadigmas mit verschiedenen Variationen des kritisch-rationalistischen Programms der Wissenschaftstheorie; qualitative Forschungsansätze werden in diesen Darstellungen weitgehend ausgeblendet.

Mit der Renaissance der qualitativen Forschungsverfahren seit den achtziger Jahren entsteht dann ein neues Genre von einführenden Darstellungen, die jedoch mehrheitlich in der schismatischen Struktur verbleiben; paradigmenübergreifende Perspektiven sind im deutschsprachigen Methodendiskurs bislang die Ausnahme (vgl. Seipel/Rieker 2003).

Erwartungen an sozialwissenschaftliches Wissen

Der Streit um die angemessenen Methoden der empirischen Forschung ist nicht zuletzt auch von den Erwartungen an wissenschaftliches Wissen geprägt, die sich in den verschiedenen Sphären der Sozialwissenschaften aber auch in den verschiedenen Praxisfeldern, in denen auf sozialwissenschaftliches Wissen zurückgegriffen wird, herausgebildet haben. Es geht um die erwartete Normalform wissenschaftlichen Wissens (geprüfte Hypothesen und Gesetze auf Basis quantifizierter Daten; dichte Beschreibungen, Typologien, Fallschilderungen auf Basis qualitativer Materialien) und die Art ihrer methodologischen Legitimierung.

Mit dem Siegeszug des naturwissenschaftlichen Wissens bzw. der erfolgreichen technischen Implementation dieses Wissens sind alle anderen Wissenschaften unter einen spezifischen Legitimationsdruck geraten. In der Phase der akademischen Institutionalisierung der Sozialwissenschaften hat der Bezug auf das Modell einer exakten, quantifizierenden, einer 'modernen' Wissenschaft und die damit implizierte Abgrenzung gegenüber den geisteswissenschaftlichen und hermeneutischen Traditionen eine wichtige Rolle gespielt. Dennoch hat sich die Orientierung an dem so ausgewiesenen Leitbild einer exakten Wissenschaft in den verschiedenen Sphären der Human- bzw. Sozialwissenschaften und den damit verknüpften gesellschaftlichen Praxisfeldern nur bedingt durchsetzen können; so finden sich z.B. in den verschiedenen Teilgebieten der Soziologie, der Pädagogik oder Psychologie jeweils längerfristig stabile sich reproduzierende Präferenzstrukturen für das eine oder andere Forschungsparadigma; die vielfach vertretene Option einer stärkeren Integration der Forschungsparadigmen gelingt bislang nur selten (z.B. im Bereich der Jugendsoziologie); das hängt damit zusammen, dass mit der jeweils dominanten Methode eben auch ein je spezifischer Wissenstypus hervorgebracht wird, der nur bedingt kompatibel ist. So betrachtet finden sich also unterschiedliche (eher wissenschaftsgeschichtlich als sachlich begründbare) Passungen von sozialwissenschaftlicher Wissensproduktion mit den Wissenserwartungen in verschiedenen Praxisfeldern, die dann selbststabilisierend wirken.

Logiken der fachlichen Spezialisierung

Die jüngere Entwicklung der Sozialwissenschaften lässt sich als eine Geschichte der Spezialisierung darstellen; ablesbar ist dies z.B. an der Entwicklung der Sektionsstruktur der Deutschen Gesellschaft für Soziologie. Ausgehend von einer Gliederung, die eher einer Ressortstruktur, also den Mustern der administrativen Problembearbeitung, folgte, hat sich eine Struktur herausgebildet, die eher den Binnenlogiken wissenschaftlicher Differenzierung entspricht. Es kommt damit zu einer fortschreitenden Differenzierung der Fachöffentlichkeiten. Die Auseinandersetzungen, die die sechziger und siebziger Jahre geprägt haben, sind verschwunden; Konflikte werden heute durch die Herausbildung immer spezialisierterer Arbeitsfelder und Teilöffentlichkeiten gelöst; jüngst war dies an der Entstehung der Sektion für qualitative Sozialforschung beobachtbar[7].

Diese Logik der Spezialisierung findet sich dann auch in den professionellen Strategien der in diesem Feld tätigen WissenschaftlerInnen wieder. Es werden vornehmlich Spezialisierungsinvestitionen getätigt, die dann von immer spezialisierteren Fachöffentlichkeiten honoriert werden. Die methodische Differenzierung zwischen den hier skizzierten Forschungsparadigmen wie auch die zunehmende Differenzierung innerhalb dieser beiden Paradigmen fügt sich in diesen Prozess ein. Dementsprechend finden sich nur wenige MethodenvertreterInnen, deren Expertenstatus paradigmenübergreifend fundiert ist[8].

4.) Empirische Forschung und die Entwicklung der Sozialwissenschaften

Wie in den Überlegungen zu den forschungspraktischen Unterschieden zwischen qualitativen und quantitativen Forschungsansätzen deutlich wurde, haben wir es mit zwei recht unterschiedlichen Ansätzen zu tun, die empirische Forschungsarbeit zu organisieren. Über diese Forschungsansätze werden unterschiedliche Typen sozialwissenschaftlichen Wissens hervorgebracht; sie beleuchten unterschiedliche Aspekte der sozialen Welt und sozialen Denkens und Handelns; sie arbeiten mit unterschiedlichen Vorstellungen der Begründung sozialer Phänomene etc.

In Anerkenntnis dieser Konstellation liegt es nahe, das Kriegsbeil zu begraben und eine Phase der Koexistenz, der gegenseitigen Nicht-Einmischung zu begründen; es gibt viele Anzeichen dafür, dass sich ein solcher Normalzustand mittelfristig einstellen wird. Es ist jedoch zu fragen, ob eine solche Zwei-Welten-Konstellation erstrebenswert ist.

Aus der Binnenperspektive kann die Logik der Arbeitsteilung und damit auch der methodischen Differenzierung, die sich in jüngster Zeit in der Forschungspraxis, in den methodologischen Diskursen wie in der akademischen Ausbildung de facto durchgesetzt hat, nicht kritisiert werden; eine Kritik lässt sich nur begründen, wenn man die Sozialwissenschaften bzw. die Sozialforschung in einem gesellschaftlichen Kontext begreift.

Die Skepsis gegenüber der Sozialwissenschaft als einer hochgradig arbeitsteiligen Wissenschaft hängt mit einer spezifischen Vorstellung vom Status sozialwissenschaftlichen Wissens zusammen: Wenn man sich mit der Geschichte des Faches und der vorgelegten theoretischen und empirischen Deutungen der sozialen Welt beschäftigt, wird deutlich, dass wir es in den Sozialwissenschaften mit einem Wissensbestand zu tun haben, der in hohem Maße mit den zeit- und kulturspezifischen Kontexten verknüpft ist, in denen er hervorgebracht wurde. Die Hoffnung auf eine Akkumulation sozialwissenschaftlichen Wissens hat sich nur bedingt eingestellt. Die Sozialwissenschaft ist als eine empirische Wissenschaft darauf verwiesen, sich unter immer wieder verändernden Perspektiven und Fragestellungen mit der sich wandelnden sozialen Welt und ihren Repräsentationen auseinander zu setzen. Vielleicht lässt sich eine Akkumulation sozialwissenschaftlichen Wissens am ehesten im Bereich des methodischen und methodologischen Wissens beobachten, wo die Chance besteht, die lange Vorgeschichte von 'Irrwegen' und 'Heilslehren' für eine kritische Reflexion der jeweiligen Forschungsansätze zu nutzen. Beide Forschungsparadigmen können einander in der Forschungspraxis wie in der Ausbildung von SozialwissenschaftlerInnen befruchten, indem sie wechselseitig als Stachel der Kritik fungieren. Sie eröffnen unterschiedliche Perspektiven auf die soziale Welt, die sich nicht unbedingt im Sinne einer Triangulation (vgl. dazu z.B. Blaikie 1991 und Kelle 1999, 2001) integrieren lassen. Genau diese Erkenntnis macht dann aber auch die Modellabhängigkeit sozialwissenschaftlichen Wissens und empirischer Forschung deutlich, und sie kann einen 'heilsamen' methodologischen Zweifel an der jeweiligen Forschungspraxis nähren. Auf dieser Grundlage kann es zu einem konstruktiven *Mit*- und *Neben*einander der beiden Forschungsparadigmen kommen.

In diesem Sinne braucht die Sozialwissenschaft die Potentiale beider Forschungsparadigmen, die darin aufgehobenen wissenschaftlichen Erfahrungen, um den fachlichen Herausforderungen in einer sich rapide wandelnden weltgesellschaftlichen Konstellation gewachsen zu sein.

Anmerkungen

1 Die Marienthal-Studie arbeitete z.B. mit einem breiten Spektrum von Methoden und mit einer Verschränkung von Erhebungs- und Auswertungsphasen; im Rahmen der Frankfurter Untersuchungen 'Student und Politik' wurden vergleichsweise offene Befragungen mit hohen Fallzahlen durchgeführt.

2 So spielte z.B. in den Diskursen des Konservatismus die Betonung des Qualitativen und die Ablehnung der Quantifizierung eine wichtige Rolle (vgl. Mannheim 1984).

3 In einer ersten Fassung gehen diese Unterscheidungen auf Lazarsfeld und Barton (1955) zurück.

4 So setzt die induktiv-statistische Erklärung die standardisierte Untersuchung einer großen Zahl von zufällig ausgewählten Fällen voraus.

5 Hinzu kam oft eine Kritikebene, die über die Kritik am Forschungsansatz hinaus auf die dahinter stehenden Theoriekonzepte z.B. aus der sozialpsychologischen Einstellungsforschung zielte.

6 Diese Ganzheitlichkeitsvorstellungen sind in wissenschaftstheoretischer Perspektive ausgesprochen problematisch: wenngleich sich die Erhebungspraktiken der qualitativen Forschung in dieser Hinsicht deutlich von den standardisierten Verfahren unterscheiden, zeugt der Ganzheitlichkeitsanspruch doch von einer mangelhaften Reflexion der Erhebungs- und Interpretationsprobleme, die sich auch der qualitativen Forschung stellen; die Ganzheitlichkeitsvorstellungen korrespondieren zudem mit Diskursen, die dem klassischen Konservatismus zuzurechnen sind; vgl. dazu Mannheim (1984) sowie Wohlrab-Sahr (1994).

7 Ob dieser Spezialisierungsprozess, der in den Naturwissenschaften sehr erfolgreich war, auch für eine gesellschaftswissenschaftliche Disziplin sinnvoll ist, kann hier nicht geklärt werden.

8 Renate Mayntz hat dies recht klar formuliert, als sie angesichts autobiographischer Reflexionen den NachwuchswissenschaftlerInnen eine „leicht erkennbare professionelle Identität durch die Spezialisierung auf *eine* bestimmte Methode oder auf *ein* bestimmtes Arbeitsgebiet" empfahl (1998:292).

Literatur

Barton, Allen H./Lazarsfeld, Paul F (1955): Some Functions of Qualitative Analysis in Social Research. In: Adorno, Theodor W./Dirks, Walter (Hg.): Sociologica. Aufsätze. Max Horkheimer zum sechzigsten Geburtstag gewidmet. Frankfurt, Köln, S. 321-361.

Berger, Hartwig (1985): Untersuchungsmethode und soziale Wirklichkeit. Eine Kritik an Interview und Einstellungsmessung in der Sozialforschung. Frankfurt.

Berger, Peter L./Luckmann, Thomas (1972): Die gesellschaftliche Konstruktion der Wirklichkeit. Eine Theorie der Wissenssoziologie, Frankfurt.

Blaikie, Norman W.H. (1991): A critique of the use of triangulation in social research. In: *Quality and Quantity. European Journal of methodology* 25, S. 115-136.

Blaikie, Norman W.H. (1995): Approaches to Social Enquiry. Cambridge.

Bohman, James (1991): New Philosophy of Social Science. Problems of Indeterminacy. Cambridge.

Bohnsack, Ralf (1991): Rekonstruktive Sozialforschung. Einführung in die Methodologie und Praxis qualitativer Forschung. Opladen.

Bryman, Alan (1995): Quantity and Quality in Social Research, Boston, London.

Cupchik, Gerald C. (2001): Constructivist Realism: An Ontology That Encompasses Positivist and Constructivist Approaches to the Social Sciences. In: *Forum qualitative Sozialforschung* 2.

Desrosières, Alain (1991): How to Make Things Which Hold Together. Social Science, Statistics, and the State. In: Wagner, Peter/Wittrock, Björn/Whitley, Richard (Hg.): Discourses on Society. Dordrecht, S. 195-218.

Esser, Hartmut (1991): Alltagshandeln und Verstehen. Zum Verhältnis von erklärender und verstehender Soziologie am Beispiel von Alfred Schütz und „Rational Choice", Tübingen.

Kelle, Udo (1999): Integration qualitativer und quantitativer Methoden, Beitrag für die „CAQD 1999 - Computergestützte Analyse qualitativer Daten" am 7. und 8. Oktober 1999 in Marburg.

- (2001): Sociological Explanations between Micro and Macro and the Integration of Qualitative and Quantitative Methods. In: *Forum qualitative Sozialforschung* 2.

König, René (Hg., 1956): Beobachtung und Experiment in der Sozialforschung. Köln.

- (Hg., 1957): Das Interview. Formen, Technik, Auswertung. Köln.

- (Hg., 1962): Handbuch der empirischen Sozialforschung (2 Bde.). Stuttgart.

Kromrey, Helmut (1994): Strategien des Informationsmanagements in der Sozialforschung ein Vergleich quantitativer und qualitativer Ansätze. In: *Angewandte Sozialforschung* 18, S. 163-184.

Mannheim, Karl (1984): Konservatismus. Ein Beitrag zur Soziologie des Wissens (1925). Frankfurt.

Mayntz, Renate (1998): Eine sozialwissenschaftliche Karriere im Fächerspagat. In: Bolte, Karl Martin/Neidhardt, Friedhelm (Hg.): Soziologie als Beruf. Erinnerungen westdeutscher Hochschulprofessoren der Nachkriegsgeneration. Baden-Baden, S. 285-293.

Mayring, Philipp (2001): Kombination und Integration qualitativer und quantitativer Analyse. In: *Forum qualitative Sozialforschung* 2.

Rohwer, Götz (2002): Eine Kritik an der Erklärung von Scheidungen durch Hartmut Esser. Arbeitspapier Bochum.

Rohwer, Götz/Pötter, Ulrich (2001): Kausale und funktionale Erklärungen in der Sozialforschung. Arbeitspapier Bochum.

Sandbothe, Mike (2003): Vorwort zu Siegfried J. Schmidt, Geschichten und Diskurse. Reinbek.

Schmidt, Siegfried J. (2003): Geschichten und Diskurse. Abschied vom Konstruktivismus. Reinbek.

Seipel, Christian/Rieker, Peter (2003): Integrative Sozialforschung. Konzepte und Methoden der qualitativen und quantitativen empirischen Forschung, Weinheim/München.

Weischer, Christoph (2004): Das Unternehmen 'Empirische Sozialforschung'. Strukturen, Praktiken und Leitbilder der Sozialforschung in der Bundesrepublik Deutschland. München.

Wienold, Hanns (2000): Empirische Sozialforschung. Praxis und Methode, Münster.

Wilson, Thomas P. (1982): Qualitative 'oder' quantitative Methoden in der Sozialforschung. In: Kölner Zeitschrift für Soziologie und Sozialpsychologie 34, S. 469-486.

Witt, Harald (2001): Forschungsstrategien bei quantitativer und qualitativer Sozialforschung. In: *Forum qualitative Sozialforschung* 2.

Wohlrab-Sahr, Monika (1994): Vom Fall zum Typus. Die Sehnsucht nach dem „Ganzen" und dem „Eigentlichen". „Idealisierung als biographische Konstruktion". In: Diezinger, Angelika/Kitzner, Hedwig/Anker, Ingrid/Bingel, Irma/Haas, Erika/Odiema, Simone (Hg.): Erfahrung mit Methode. Wege sozialwissenschaftlicher Frauenforschung. Freiburg, S. 269-299.

Bernhard Hülsmann

Das Milchfettmessgerät und die Soziologie – hier und da

Soziologie und Zuordnen, Einordnen in Kategorien, Schubladen und in das lebensfeine System der Vor-Urteile sind miteinander verwoben und entwickeln sich gegenwärtig mit atemberaubender Geschwindigkeit. Wahlforschung, Meinungsforschung, Markt- und Konsumforschung bestimmen die Aufgaben der Soziologie immer direkter und die Empirie spielt da eine merkwürdige Rolle zwischen Quantifizierung des Trivialen und Zertifizierung des Privaten. Denn die qualitative Dimension von theoretischem Zugriff auf die Wirklichkeiten des Alltags beginnt sich der quantitativen anzunähern und es entwickelt sich ein Milieu, in welchem im Eifer der Quantifizierung die Welt mit einem Netz von Indikatoren und Parametern versponnen wird, die die traditionelle Ordnung durch ein System technischer und dinglicher Abhängigkeit zu ersetzen scheinen. Zugleich werden Organisationsformen und Systeme kommunikativer Referenzen entwickelt, die über Gerät und Ästhetik gesellschaftliche Prozesse der Integration (und Desintegration!) in nie gekannter Dynamik forcieren.

So beschreibt die Soziologie beispielsweise Alltagsphänomene wie Trauung und Hochzeit und nimmt akribisch wie die Volkskunde alle Formen des Brauches auf und die Rituale und die standesspezifischen Ausstattungen; und sie überspielt die schwärende Vermutung, dass das Ritual zu einem „event“ verkommen ist, bedeutungslos für alle das Ritual traditionell dominierenden Normen und gefeiert wird fast im Sinne eines Kostüm- oder Konsumtheaters.

Die Gier nach erzählender Beschreibung behindert die Orientierung an der Regel, der Ordnung, die vermittels der Beschreibung aus dem Zufall des Ereignisses ein Datum der Orientierung machen konnte. Schon vier oder fünf konkurrierende Darstellungen zerstören die kulturelle Selbstverständlichkeit der Orientierung - und erfordern eine Kultur der Beratung, des „monitoring“.

Daten und Zahlen, will ich sagen, bilden ab, quantifizieren eine Wirklichkeit, die sich in und vermittels der Zahlen und Tabellen verändert und deren Veränderung nicht zuletzt durch die Zahlen und Tabellen er-zählt und inszeniert wird. Und davon will ich erzählen und die Konsequenzen beschreiben, die das Er-Zählen, also die Erschließung der Situation über einen sozialen wie politischen Zugriff über die Zahl zur Folge hat. Nennen wir es „Epoche“ und beziehen uns damit auf eine phänomenologische Technik, die versucht, „Erfahrung zu machen“, sich der Welt zu vergewissern, ohne ihrem Schein auf den sprichwörtlichen Leim zu gehen, die sich des Wortes und des Kontextes bedient, um den „Phänomenen“ auf die Spur zu kommen - und sei es einer „sozialen Tatsache“.

Damit das leichter wird, der Horizont der Bedeutung sich aus der Selbstverständlichkeit des eigenen Alltags „hier“ abhebt, nutzen wir das „da“. Und das geht so:

Es ergeht eine Anfrage an das TAT (Transferzentrum für Angepasste Technologien in Rheine), ob es hier im Lande der Milch und der Kühe ein Milchfettmessgerät gäbe. Die Anfrage kommt aus Indien, wo der Kollege Hanns Wienold ein gtz-Projekt begleitet, das versucht, die Großviehhaltung am Fuße des Himalaja zu fördern und (im Sinne der „sustainability) zu kultivieren. Die Mittel fließen und das Projekt gedeiht, nur stellt man fest, dass die Menge der Milch, die den Milchhof erreicht, umso geringer ist, je mehr Wasserbüffel angeschafft werden. Und es gibt Streit zwischen Landwirten und Molkerei. Und daraus folgt die Anfrage und die Erwartung, ein Gerät präsentieren zu können, das der Vergewisserung der Landwirte dient und sie in der Bewertung „ihrer“ Milch gegenüber der Molkerei aus den Höhen abgehobener Sympathie für Vieh und Hof in die Niederungen technischer und von Geräten gestützter Rationalität und Norm bringt oder zwingt. Die Situation in Indien erinnert an die Konflikte zwischen Molkereien und Bauern nach 1950, als im Aufschwung der Milch- und Marktwirtschaft ähnliche Konflikte auch hier aktuell waren und daher auch hier nach technischen Lösungen Ausschau gehalten wurde.

Die Milch wurde und wird nämlich nach Menge (Quantität) und Qualität abgerechnet, und die Qualität wird u.a. festgemacht an dem Fettgehalt der Roh-Milch.

Die Anfrage kam von „da“. Es war die Bitte „aus dem Felde“ festzustellen, ob „hier“ ein Gerät im Gebrauch und auf dem Markt sei, das es ermöglicht zu verifizieren, wie fett die Milch ist, die abgegeben wird.

Es war und ist eine Frage, die Formen der Kultivierung freilegt, die tiefer gehen und mehr ökonomische und kulturelle Empfindlichkeiten offenbaren, als man auf den ersten Blick vermutet. Dabei ist die Antwort sehr einfach und überraschend: Es gibt kein solches Gerät im Handel. Die Geschichte wäre damit zu Ende, könnte sie uns nicht zeigen, wie sozialwissenschaftliche Forschung und ökonomische wie technische Prozesse in perfekter Koinzidenz funktionieren und wirken, hier und da - im Felde - sei es nun in Kattenvenne oder in den Shivaliks.

Kommen wir also zur Analyse des komplexen Sachverhalts und fragen, wie es zu dieser Frage überhaupt kommt. Denn ist es richtig, dass es auf dem Markt ein solches Gerät nicht gibt, ist man doch geneigt anzunehmen, dass es keinen Bedarf für ein solches Gerät gibt; und im Umkehrschluss: Woher kommt das Interesse, das Bedarf an einem Gerät signalisiert, das offensichtlich nicht gebraucht wird. Und weiter: Wie kommt die Frage überhaupt in das Idyll der Westfälischen Wilhelms-Universität.
Er fragte nicht die Soziologen, er fragte an am TaT, dem Transferzentrum für angepasste Technologien in Rheine, das sich u.a. befasst mit dem Technologietransfer in die „Dritte Welt“ (wie es damals noch so schön und direkt hieß). Und weil der Kollege Robert Tschiedel, der das Zentrum leitet, Soziologe ist und ich selbst Mitglied

im Förderverein dieses Zentrums war und bin und mit Schafen und Galloway Rindern zu tun hatte, kam die Frage an mich. Sie war schnell beantwortet, wie gesagt: Gibt es nicht, können wir nicht liefern. Aber eine solche Antwort kann zu zwei viel spannenderen Fragen führen: Gab es denn ein solches Gerät hier nicht - und warum - und kann man das denn (kurzfristig) entwickeln, basteln? - d.h. welche Verfahren zur Messung des Fettgehalts der Milch werden denn hier angewandt und lassen die sich so technisch darstellen, dass das zu einem Gerät führen könnte, das den Bedürfnissen in Indien entspricht.

Man ahnt: Es geht ums Geld!!

Der Fettgehalt der Milch ist ein wichtiger Indikator und beschreibt ein Konfliktfeld im Alltag der Milchbauern - hier wie in Indien. Milch hat ihren Preis. Und der Weg hin zu der Einrichtung und Entwicklung einer Milchwirtschaft ist mit vielen Vorurteilen und Neid und Missgunst gepflastert. Denn Milch wird bezahlt nach Quantität und Qualität, nach gelieferten Litern und dem Milchfettgehalt der Lieferung. Und da sind wir bei der Notwendigkeit den Konflikt zu beschreiben, dessen Befriedung im Instrument, im Milchfettmessgerät zu liegen scheint!

Die Vorstellung greift die dominante Form der Befriedung sozialer Konfliktzonen auf. Man nehme ein Messinstrument und eine Messmethode und verpflichte alle, Instrument und Methode nach bestem Wissen und Gewissen anzuwenden - und der Konflikt wird rational und die Entscheidung nachvollziehbar und einsehbar. So auch bei den ländlichen Interessenten.

Aber da ist dann noch die Tradition: Hier und heute wird die Milch in landwirtschaftlichen Betrieben produziert, der Bauer als Eigentümer von Milch und Kuh hat u.U. Interesse, die Milch, die er liefert, mehr oder fettiger erscheinen zu lassen, ein Motiv zu schummeln. Und die Kontrolle wird versuchen, dieses Motiv zu identifizieren, und ein Verfahren entwickeln, das Verhalten abblockt, die solcher Betrug erfordert. Genau das ist der Hintergrund der Erwartung, auch hier und „bei uns" gebe es das Milchfettmessgerät. Doch der Sachverhalt ist komplizierter und die Technik dann eben auch.

Zwar stellte sich in langem Hin und Her heraus, dass auch in Westfalen „früher" in einzelnen Betrieben Geräte gebastelt worden waren, um den Fettgehalt der Milch darzustellen, aber die eskalierten (weil nicht standardisiert (geeicht)) eher den Konflikt zwischen Bauer und Milchhof.

Wir bekommen den Blick frei für den zweiten Partner des Konflikts: den Milchhof. Der Milchhof sammelt die Milch ein und bezahlt nach Qualität und Quantität (eine Weile!). Übergehen wir das Problem der Konservierung und Lagerung der Milch (die „Kühlkette" - wir kennen aus alten Lesebuchbildern die „Milchkannen" und die Stellagen für Milchkannen am Wege und der ein oder andere hat Holzspielzeug, einen Milchwagen etc.). Das ist Geschichte des Transports und der Kühlung, die soll hier unberücksichtigt bleiben. Das Herz unseres Problems ist, dass die Milch zum

Abholen bereit gestellt wird (vom Milchbauern) und abgeholt wird (von der Molkerei). Dann fließt Geld nach Quantität und Qualität der Leistung. Und darüber kann man trefflich streiten.

Also ersannen die an der Milchwirtschaft Beteiligten „hier" eine Form „objektiver" Prüfung von Menge und Qualität. Es wird ein Labor eingerichtet, getragen von der Landwirtschaftskammer, der Milchwirtschaft, den Landwirten und den Verbraucherverbänden, das die Kontrolle übernimmt und organisiert. Prüfer werden eingestellt, ausgebildet und ausgerüstet, die die Höfe/Melkplätze (im Sommer auf den Weiden) besuchen und Proben ziehen, regelmäßig, zunächst von jedem Hof, dann von jeder Kuh). Diese Proben wurden (in unserem Fall) nach Münster transportiert, dort im eigenen Labor technisch und chemisch aufbereitet, analysiert und dokumentiert. Das Milchfettmessgerät wird als „Verfahren" entwickelt, - gewinnt eine soziale und organisatorische Dimension, die vom standardisierten Analyseverfahren ausgehend technische Prozesse und Geräte entwickelt, die die Milch in aller Differenziertheit zu analysieren in der Lage ist. Das Gerät wird zum Labor, der Interessent Nachfrager einer Leistung, die komplexe und aufwendige Organisation (von der Logistik bis hin zur Dokumentation) erfordert.

Und man gewinnt Daten über die gelieferte Quantität und Qualität der liefernden Höfe - aber man gewinnt auch Informationen und Daten über die Kühe, den Grad ihrer Futterverwertung, ihren Gesundheitszustand, ihre „Milchleistung pro Jahr" oder Leben. Man gewinnt mit anderen Worten aus den Daten über Kuh und Hof und Landwirt eine Fülle von Informationen. Und so wird die Bezahlung „gerecht" und akzeptiert.

Doch das Leben geht weiter. Die Daten über Kuh und Milch (und Fleisch) ergeben ein Leistungsprofil, über das Rinderrassen verglichen werden (Herdbuch - und der Herdbuchverband). Die Daten über Futter und Milch ergeben Ansätze zur Optimierung der Haltung der Milchkühe und den Rahmen, der als Bedingung der „Milchleistung", die dann erwartbar und erzielbar ist, wenn nach Vorgabe gehalten, gepflegt und gefüttert wird. Die Vorgabe wird zum Programm, das Programm zur Norm und die nun zertifizierten Höfe sind „ihren" Molkereien (vertraglich!) verpflichtet nach Quantität und Qualität!

Und es ist kein Raum mehr für den Verkauf ab Hof. Jede Schwankung der Quantität/Qualität wirft Fragen auf - die beantwortet/verantwortet werden müssen! Der Landwirt wird ausführendes Organ einer Milchindustrie ähnlich wie die Erbsenproduzenten für Iglu oder die Maisproduzenten, die das Leistungsfutter der Kühe in moderner Form garantieren.

Denn: produziert man z.B. Milch in industriellem Stil, ist ein steter und ungestörter Fluss der Vorprodukte und Zutaten zu sichern und biologische Zyklen, Krankheit oder Tod sind so zu kalkulieren, dass sie im Rahmen der allgemeinen Betriebsbedingungen kompensiert werden können.

Und dann passiert das mit dem Kapitalismus und der Globalisierung! Nicht dass die damaligen Bedingungen der Produktion diesen Bedingungen nicht unterworfen gewesen wären (sie waren es unter den besonderen Bedingungen der „landwirtschaftlichen Förderprogramme“, die bis in die gegenwärtigen Agrarsubventionen der EU fortwirken), der gegenwärtige Konzentrations- und Globalisierungsprozess allerdings spiegelt eine perfekte Koordination zwischen Ökonomie, Eigentumsformen, Tierhaltung und Futterproduktion, gesteuert durch ein komplexes Raster von Parametern, verwaltet durch weltweit operierende Firmen und Verbände. Und eigentlich merkt „der Landwirt“ nichts und alles dreht sich um „die Kuh“.

Denn die ist - wie beschrieben - erfasst (datenmäßig). Die lokalen/regionalen Molkereigenossenschaften sind verschwunden. Große nationale und internationale Firmen bestimmen den Markt. Die Beobachtung von Hof und Milch hat zur „Verfeinerung“ der Datensammlung geführt. Die Kühe werden beobachtet, die Daten, wie gesagt pro Kuh ermittelt und ausgewertet. Die Konsequenz betrieblicher und personeller Optimierung der Produktionsbedingungen ist der Fütterungscomputer.

Dieses Gerät ist für die moderne Milchviehhaltung nicht mehr wegzudenken. Über spezielle Software werden die Daten einer jeden Kuh lebenslang dokumentiert und aufgezeichnet (häufig mit Foto!). Diese Daten definieren dann einen exakten Versorgungsplan des Tieres, der über die automatische Zuführung von Futter, die Kontrolle der abgegebenen Milchmenge etc. bis hin zur Information über Krankheit und Fressunlust eine elektronische Biographie des Rindes ausmacht, eine technische Aufmerksamkeit, die kaum einem Säugling in dieser Konsequenz angedeiht.

Auf der Basis dieser Daten wird das Räderwerk der Mischer und Bänder in Bewegung gesetzt, wenn das Rind in der Fütterungsbox ankommt. Das elektronische Halsband ist so etwas wie die Kreditkarte als Türöffner für das Schlaraffenland der Rindviehcher - zugleich ihr Diät-Spezialist. Öffnen die Tiere mittels Chip das Gatter, wird nur die Portion Futter in Tränke und Trog eingefüllt, die ihnen pro Tag zusteht. Aufgeteilt in drei oder mehr Portionen bekommt jedes Tier nur seine Ration. Kommt es öfter, bekommt es nichts. Kommt es nicht, gibt es Alarm im Rechner des Landwirts.

Die Daten machen es möglich, ja nötig, Rinderrassen zu beobachten und auszuwerten. Nicht der Bulle, die Samenbank übernimmt die Garantie optimaler Leistung und stimmiger Erträge. Die Rinderhaltung gerät zu einem „best practice“ Wettbewerb, in dem Stall und Klima - innen und außen - bis zum Exzess standardisiert und festgelegt werden. Und mit dem Futter ist es wie mit dem Sperma. Erst testen, dann prüfen, dann standardisieren und (wie bei der Milch) den stets gleichen Standard garantieren - ein internationaler Prozess! Und schon verkümmert der „Landwirt“ zum Rentier und „Kuponschneider“. Er steigt EU-gefördert in Erzeugergemeinschaften ein, züchtet Fersen oder Rinder oder Bullen, betreibt Grünlandwirtschaft oder Maisanbau und ist wie einst der Milchbauer vertraglich verpflichtet, Qualität und Quantität pünktlich und verlässlich zu liefern. Zwar wird er nicht „enteignet“, aber die

Verfügung über „seinen Acker" hat er verloren. Wann gesät wird, wie gedüngt wird, wie und was gespritzt wird etc. regelt ein detailliertes Vertragswerk - und der Bauer ist über Flächengröße, Tierbestand, Arbeits- oder Maschinenaufwand am Ertrag beteiligt. Die Luftaufnahmen, die Größe der Flächen und Stand und Status der Ernte dokumentieren, sind dabei wohltrainierte Selbstverständlichkeit und erfüllen im „high-tech"-Land der neuen schönen Agrarwelt die gleiche Funktion wie vormals der Traum von einem Milchfettmessgerät. Das Lernen, die kulturelle Verfügung über Informationen aus lokalen oder regionalen Traditionen, selbst Ausbildung und Qualifizierungsprozesse sind den gerät- und mittelbezogenen Formen der Durchsetzung technischer, hygienischer oder gesundheitlicher Standards nachgeordnet. Das Lernen des Fortschritts geschieht in den Labors der Firmen und erreicht den Landwirt als Produkt, als Maschine oder Pestizid.

Ich will darauf hinweisen, dass das Milchfett nicht so einfach messbar war, dass deshalb eine Organisation gegründet wurde, die für Bauern, Molkereien und Verbraucher die Güte der Milch garantierte. Die Organisationen vervielfältigten sich unter den profitablen Bedingungen traditioneller Agrarsubventionen und in profitabler „public-private-partnership" und die Garantie von Preis und Güte von Samen, Futter, Milch, Fleisch - bis zur ökonomisch/ökologischen Haltung - alles wird auf hohem Standard garantiert, dokumentiert und alimentiert.

Was aber hat dieses ökologische - ökonomische Lamento eines akademischen tagträumenden Landbewohners mit Indien und ernsthaften Versuchen zu tun, dort unten die Haltung von Großvieheinheiten zu fördern und (sustainable) zu gestalten?

Wir sehen im Milchfettmessgerät den Wendepunkt von bäuerlicher zu industrieller Agrarproduktion, einen Umschlagpunkt, der verdeutlicht, welche Rolle technische und auf Geräte gestützte Formen der Konfliktlösung im Alltag eingenommen haben. Und häufig funktionieren die Verfahren so, wie es sich beim Milchfettmessgerät andeutet: Da es die einfachen Verfahren in standardisierter und geeichter Form nicht gibt, werden technisch komplexe Verfahren über neue Organisationen geschaffen, die Indikatoren bedienen, die einerseits den initiierenden Konflikt beseitigen, andererseits als Parameter in eine so vergesellschaftete neue Situation eingehen, die sich nun ihrerseits um diese Indikatoren neu organisiert. Im Beispiel heißt das: Gute und viel Milch hängt von der Rasse, der Haltung und Ernährung etc. der Kühe ab. Also gehet hin und organisiert euren Alltag nach der besten der euch bekannten Praxen. Das aber bedeutet, dass diese Praxen einerseits kommuniziert werden müssen, andererseits in dieser Form von Text und Datum auch Möglichkeiten bieten, Instrumente und Verfahren für die Bearbeitung und Darstellung von Indikatoren zu entwickeln. Irritierender Weise werden in diese Kommunikation Interessen verwoben, die eben immer stärker von den Geräten (den Maschinen ebenso wie den Dünge- oder Futtermitteln), eben von außen bestimmt werden.

Und wenn die Erfahrung von Generationen von Landwirten im Fütterungscomputer vergegenständlicht und vergesellschaftet ist, so ist sie im traditionellen Sinn oft nicht länger lernbar. Sie hat als Fall und Beschreibung den orientierenden Charakter verloren und ist (vielleicht!) in den Organisationen noch präsent, die Diskurs und Markt bestimmen.

So wird Volksweisheit und Bauernschläue in technisch orientiertes und gerätegestütztes und geschütztes (wg. der Patente!) Lernen umgesetzt und die Regeln verändern ihren Kommunikationsort. Organisationales Lernen statt regionaler Tradition scheint eine Lösung zu sein, die garantiert, dass globale Komplexität von Erfahrung einerseits überhaupt wahrgenommen wird, andererseits jenseits subjektiver Formen der Aneignung in Praxen umgesetzt ist, die dem Landwirt wie dem Konsumenten einen Alltag ermöglichen, mit dem er/sie weiterhin in der Lage ist umzugehen.

Das bedeutet weder Fatalismus noch chiliastischen Kulturpessimismus. Die Analyse zeigt, dass der globale Markt die Strukturen und Bedingungen seiner Produktion (und übrigens auch der Konsumtion) anders durchsetzt als über eine übliche politische Orientierung orientiert an nationalem oder regionalem Traditionalismus.

Die Lösung eines der Probleme, die zur Anfrage nach dem Milchfettmessgerät führten, macht das deutlich: Der „Fahndungserfolg" der Experten, die die (mathematische) Differenz zwischen dem Viehbesatz und der abgegebenen Milchmenge zu erklären suchten, führte zum Ghi. Das ist ein konzentriertes fast unbegrenzt haltbares Butterfett, für die einheimische Küche wichtig und zugleich Eigentum der (Haus-)Frau, so etwas wie der heimliche Spartopf für schlechte Zeiten, eine Form geschlechtsspezifischer „schwarzer Kasse". Schon das herauszufinden ist abenteuerlich aber logisch. Je besser es den Milcherzeugern ökonomisch ging, um so drastischer wuchs der private Bedarf an Milchfett - eben zur Erzeugung des Ghi und damit der Beteiligung der Frau am ökonomischen Erfolg. (Wie das auch hier ist mit den fondsbezogenen Gehältern im Management!)

Die Konsequenz dieser Aufklärung ist ebenso banal wie logisch. Die Produktion Erzeugers-spezifischer Sonderposten signalisiert einen Markt und die Milchhöfe beginnen, diesen zu beliefern. Sie produzieren selbst Ghi. Das ist nahe liegend, vor allem wenn man bedenkt, dass Milch als Getränk (vor den technisch perfektionierten Kühlketten) in Ländern wie Indien aber auch in Japan und China eher ein Nischenprodukt war/ist und einer Markteinführung bedarf, die von Medizin über Mode bis hin zur Freizeit erst wesentliche traditionelle Orientierungen zu überwinden suchen muss.

Die Algorithmen und die verschwundene Milch zeigen ebenso wie der Versuch, Überweidung zu vermeiden und Quotierungen für Großvieheinheiten vorzuschlagen und durchzusetzen, dass ein mathematisch statistischer Zugriff andere Formen von Öffentlichkeit verlangt und durchsetzt als das traditionelle Wirtschaften - aus dem Schoß der Familie unter der Sicherheit des Stammes und der Dorfgemeinschaft.

Dass die Darstellung von Feldforschung sich nicht zuletzt mit der Herstellung von Öffentlichkeit befasst, von Strukturen, die tabuisiert sind, ist die eine Seite, dass sie Veränderungen erzwingt, die als globale Rationalitäten/Organisationen die lokalen Traditionen zutiefst erschüttern, die andere.

Soziologische Forschung quantifiziert Verhalten, beschreibt, wie häufig Verhalten vorkommt, und qualifiziert dann (häufig ohne „subjektive Absicht" - Wertfreiheit!) die Effektivität des beobachteten Verhaltens im Sinne einer „best practice"-Evaluation. Da technische Hilfsmittel die Praxis des Alltags immer deutlicher bestimmen und die Rolle der Tradition verblasst, liegt „hier" (wie „da") der theoretische Zugriff auf der Analyse von Form und Funktion. Dieser Ansatz aber macht die Tradition ebenso verständlich wie den Einsatz von Instrumenten. Häufig allerdings zerstört er die Tradition durch die Effizienz des Instruments. Das Instrument aber ist der Zugriff der technischen Zivilisation - es zwingt in Abhängigkeiten von Arbeitsteilung und Produktion im globalen Angebot der technischen Trends, die nur solange als „freier Markt" missverstanden werden können, wie eine globale Organisation dieses Prozesses noch unmöglich scheint.

Was wir erklärt und ein wenig mehr verstanden haben durch diese Anfrage aus dem „Da" ist eine veränderte Sichtweise des „Hier". Unsere Situation in Westfalen, in der EU wird durch die Verfremdung und Brechung des Blicks über den Umweg Indien erschüttert und unser Verhältnis zu Naarmann und Aldi gewinnt die Dimension der Massentierhaltung und der unendlichen Maisfelder.

Es braucht nicht das Milchfettmessgerät; die Kettensäge, die Abferkelungsbox oder das Office-Paket sind ebenso schlagende Beispiele der Durchsetzung technischer Zivilisation. Sie zeigen uns, wie Technik über Indikatoren Bedürfnisse erschließt, die - organisiert - traditionelle Orientierungen verdrängen und zu Hobbys marginalisieren.

Nicht die Daten sind es, sondern die Daten, die Dinge und die Organisation ihrer kulturellen Durchsetzung, das macht die Zwänge aus, die harten Fakten gesellschaftlicher Integration. Wir haben im Wunsch nach dem Milchfettmessgerät die „Regel" durchscheinen sehen, die soziale Tatsache, die „hier" wie „da" zutrifft, wenn sie über die Dinge und die diese Dinge stützenden Organisationen zu einer „Kultur" wird - einer globalen Kultur jenseits jeder lokaler Tradition.

A glimbs of reality - beside every-day-life.

Entwicklung

Reinhart Kößler

Entwicklung nach der Teleologie
Essay über Möglichkeiten

Die Krise der Entwicklungstheorie wird nun schon seit fast einem Vierteljahrhundert berufen, und entsprechend hat es nicht wenige Versuche gegeben, sie zu beheben. Ich möchte hier den diversen Ansätzen, die Werkzeugkiste neu zu packen oder zu ergänzen, nicht einen neuen hinzufügen, sondern nach den Konsequenzen aus der Einsicht fragen, dass die gängigen Vorstellungen von Entwicklung, die Entwicklungstheorie ebenso wie Entwicklungspolitik immer noch weitgehend informieren, auf überaus fragwürdigen Grundannahmen beruhen. Daraus ergeben sich Konsequenzen, die einerseits eine kritische Perspektive auf den scheinbaren Abschied von großen Theorieentwürfen eröffnen, andererseits die Notwendigkeit zu einer grundlegenden Revision der Herangehensweise aufzeigen. Im Hintergrund meiner Überlegungen steht dabei die Einsicht, dass „Entwicklung" ein semantisches Feld aufruft, das in vielen Diskursen hintergründig mitgedacht, kaum je aber expliziert und reflektiert wird (s. Kößler 1998, Kap.1). Eine Konsequenz daraus ist, nicht pauschal von „Entwicklungstheorie" zu sprechen, die sich legitim auch auf die Einsichten Piagets beziehen könnte, sondern präziser vom „sozioökonomischen Entwicklungsdenken", eine andere ist der zugegebenermaßen sehr pauschale Bezug auf Erkenntnisse anderer, zumal naturwissenschaftlicher Disziplinen. Zugleich erscheint mir ein Rückblick auf einige Aspekte der Geschichte des sozioökonomischen Entwicklungsdenkens sinnvoll, auch um deutlich zu machen, wie eng diese Theorietradition mit grundlegenden gesellschaftstheoretischen Annahmen und Tendenzen verkoppelt ist.

Entwicklung und Evolution

Das sozioökonomische Entwicklungsdenken macht einen eigentümlich rückständigen Eindruck, konfrontiert man es mit den Einsichten, die auf anderen Wissensgebieten im Hinblick auf die Veränderung aller möglichen Systeme im Lauf der letzten 150 Jahre erreicht wurden. Das mag auch darauf zurückzuführen sein, dass der Vorstellung von gesellschaftlicher Entwicklung im Grunde eine - heute vergessene - metaphorische Übertragung aus naturwissenschaftlichen Disziplinen zugrunde liegt (vgl. Kößler 2004, S. 51f). Doch gerade dann sollten wir für das Umfeld unserer Begrifflichkeit sensibel sein. Auch wenn die Implikationen innovativer Einsichten in den Naturwissenschaften nicht immer vollständig erkannt wurden und diese Einsichten selbst oft umstritten blieben, haben sie doch das große Paradigma, an dem der Anspruch auf Wissenschaftlichkeit sich lange Zeit grundsätzlich orientierte, in Frage gestellt - die Grundannahmen der Newtonschen Physik. Es stellte sich heraus, dass Prozesse in der Natur entgegen diesen Annahmen nicht reversibel und damit auch nicht beliebig wiederholbar sind, zumindest so weit nicht, als nach dem zweiten thermodynamischen Hauptsatz Entropiesteigerungen, zu denen es mit jeglichem Wandel oder mit jeglicher Entwicklung unweigerlich kommt, irreversibel sind und damit in je nach Größenordnung unterschiedlichem Ausmaß auch das Gesamtsystem verändern. Damit ist der Zeitpfeil eingeführt - jeglicher Wandel unterliegt nicht nur einer Richtung, sondern ist auch nicht wiederholbar.

Im Sinne der Orthogenese, also der Vorstellung, dass Wandel nicht einfach fluktuiert, sondern allein schon dadurch gerichtet erfolgt, dass er auf bestimmten, durch den Wandlungsprozess sich verändernden Grundlagen, also gewissermaßen als „bestimmte Negation" erfolgt, unterstreicht dies zunächst Konzepte der Entwicklung, wie sie bereits in der Biologie des 18. und frühen 19. Jahrhunderts auf der Ebene der Ontogenese erarbeitet worden und in Ansätzen auch - etwa von Herder (1965) und systematischer später von Hegel (1970) - als Konzeption der Weltgeschichte auf die menschliche Gesellschaft projiziert worden waren. Gerade diese Entwürfe operierten mit sehr festen Zielvorstellungen, die sich freilich auch in hohem Maß untereinander unterschieden. Schließlich reichten sie vom ausgewachsenen Individuum als Ziel der Ontogenese bis zur Wiederkehr des Weltgeistes zu sich selbst am Ende der Geschichte. Das Ziel war einmal der bekannte Zustand des ausgewachsenen Individuums, dessen Ausformung die frühe biologische Entwicklungsforschung sich zu klären bemühte, zum andern der spekulativ ergründete letzte Inhalt des weltgeschichtlichen Prozesses. In gewisser Weise war das Ziel der betrachteten und auf mehr oder weniger solider empirischer Grundlage konstruierten Veränderungsprozesse aber bekannt, oder man ging jedenfalls davon aus, das Ziel stehe fest und man könne es, wenigstens bei entsprechender Anstrengung, erkennen.

Solche teleologischen Annahmen wurden etwa zur selben Zeit, als die Thermodynamik begründet wurde, von einer Seite stark angegriffen, die später sehr zu Unrecht eher für Vorstellungen von ehernen, auf ein Ziel hinlaufenden Entwicklungsprozessen in Anspruch genommen wurde: Für Charles Darwin ließen sich die von ihm rekonstruierten Evolutionsprozesse des Lebens zwar retrospektiv in dem Sinne in einen Kausalzusammenhang bringen, als bestimmte Merkmale von Affen offenbar als Vorstufen für Merkmale des Menschen verstanden werden konnten, nicht aber im Sinne eines notwendigen, zielgerichteten Evolutionsprozesses hin zum Menschen. Die Evolution hatte für Darwin kein Ziel. Die heute in kreationistischen Kreisen wieder aufgegriffene Vorstellung von einem intelligenten Bauplan der Natur als Rationalisierung der Idee vom Schöpfergott lehnte er ab. Ebenso bestritt Darwin entschieden eine dem Prozess der Evolution innewohnende Notwendigkeit. Der entscheidende Mechanismus der Mutation bzw. der Variation ist für ihn vielmehr zufallsabhängig. Wie heute molekularbiologische Forschungen unterstreichen, bedeutet das natürlich nicht, solche Veränderungen wären beliebig; sie bewegen sich vielmehr in einem bestimmbaren Raum der Wahrscheinlichkeit, der neben der Struktur von Riesenmolekülen natürlich auch durch die Umwelt definiert ist (vgl. Fontana 2005). Ebenso sind die weiteren Schritte des evolutionären Mechanismus keineswegs beliebig: Selektion und Retention unterliegen ganz offenkundig Umwelteinflüssen, die aber ihrerseits allein Gegenstand kontingenter Ereignisse sind (vgl. Kößler 1998, S. 35f). Kurz, in der Darwinschen Fassung der biologischen Evolutionstheorie gibt es im Gegensatz zu späteren Interpretationen nicht nur von sozialdarwinistischer, sondern besonders etwa auch von kautskyanischer Seite keine notwendigen Entwicklungsbahnen und erst recht keinen Zielzustand, dem einzelne Arten oder gar die Formen des Lebens insgesamt zustrebten. Diese Sicht eines gerichteten, entscheidend durch Kontingenz bestimmten Prozesses im Bereich der natürlichen Evolution haben die naturwissenschaftlichen Einsichten der Folgezeit nicht nur bestätigt, sondern verstärkt. Dabei ist jedoch eine wesentliche begriffliche Unterscheidung zwischen „Evolution" und „Entwicklung" zu treffen (vgl. Fontana 2005): Die Evolutionstheorie bezieht sich auf die Ebene der Phylogenese, d.h. die Entstehung und Veränderung der *Arten*, während „Entwicklung" auf die Ontogenese, die Entstehung und Ausformung des Individuums bezogen wird. Auch wenn neuerdings Lamarckistische Thesen über die Veränderung der Arten durch Anpassung an ihre Umwelt und nicht (allein) durch genetische Mutation wieder stärker diskutiert werden (vgl. etwa Jablonka & Lamb 1995; Steele u.a. 1998; Száthmary 2005, S. 145f), so lässt sich auf der Ebene der Ontogenese doch weit eher von einer Entwicklung auf ein bestimmtes, vorher in Umrissen bekanntes Ziel, den artspezifischen Phänotyp sprechen.

Blicken wir nun auf Gesellschaften und ihre Veränderungsprozesse und den Prozess der Weltgeschichte, so ergibt sich eine begriffliche Schwierigkeit gerade aus der abweichenden Konstellation zwischen diesen im Bereich der Evolution und Entwicklung des Lebens deutlich und einsichtig zu trennenden Prozesstypen.

Nachholende Entwicklung und Ungleichzeitigkeit

Der Beginn des sozioökonomischen Entwicklungsdenken lässt sich auf die Arbeiten von Friedrich List (1950) datieren. List warf einerseits systematisch die Problematik einer nachholenden Entwicklung im nationalstaatlichen Rahmen in ausdrücklicher Auseinandersetzung mit der englischen Politischen Ökonomie, zumal mit der Außenhandelstheorie Ricardos auf. Zugleich aber markiert andererseits sein theoretisches Konzept in enger Verknüpfung zu dieser bekannten Frontstellung eine weniger beachtete Wende im gesellschaftstheoretischen Zugriff von Konzepten der Weltgeschichte oder der gesellschaftlichen Entwicklung. Zunächst hat sich seit List im sozioökonomischen Entwicklungsdenken die Konvention etabliert, Nationalstaaten als Referenzeinheiten zu unterstellen oder, wie gerade bei List überaus deutlich wird, sie sogar zugleich als programmatisches Ziel in den theoretischen Ansatz einzubeziehen.

Dies entsprach zum einen der Sicht, die heute aus der Rückschau als Container-Modell von Gesellschaft bezeichnet wird. Man kann sogar sagen, dass die Routine, mit der nationalstaatlich umgrenzte Zusammenhänge über ein Jahrhundert lang, das nicht zuletzt mit der formativen Phase der Sozialwissenschaften zusammenfiel, mit Gesellschaft gleichgesetzt wurden, gerade in den nationalstaatlichen Projekten wurzelt. Diese zunehmend unter staatlicher Regie inszenierten Projekte benötigten nicht zuletzt auch eine geeignete Datengrundlage für ihre Strategien nachholender Entwicklung, und die dafür notwendigen Apparate waren und sind großenteils bis heute ganz selbstverständlich auf den nationalstaatlichen Rahmen zugeschnitten, was auch Folgen für die erhobenen Daten hat, denkt man etwa an das Problem der Vergleichbarkeit (vgl. Wienold 1988, S. 67-76; 2000, S. 147f; auch Rosanvallon 2000, S. 33ff).

Hier sind aber weniger die Engführungen von Bedeutung, die sich aus dieser Lage für die Vorstellungen über Gesellschaft ergaben, als vielmehr die Konsequenzen für die Vorstellungen über den Gang der Weltgeschichte (oder von sozialer Evolution) einerseits sowie die Entwicklungsformen einzelner nationalstaatlich definierter Gesellschaften andererseits. Bei List fallen diese nämlich in der Weise zusammen, dass jede dieser Gesellschaften oder Nationen die Stadien von Wildheit, Hirtenstand, Agrikulturstand, Agrikulturmanufakturstand und schließlich Agrikulturmanufakturhandelsstand zu durchlaufen hat (vgl. 1950, S. 271). Insoweit fallen nach der oben angeführten Unterscheidung Evolution und Entwicklung zusammen. Dass dies nicht universell für alle Menschen zutreffen sollte, ergibt sich aus Lists Postulat, dass der lebensfähige Nationalstaat nicht ohne Kolonien auskommen könne (vgl. ebd., S. 268f). Jedoch ist die damit implizierte globale Hierarchisierung territorial bestimmter Gesellschaften hier nicht thematisiert oder reflektiert, und dies erwies sich für die weitere Theorieentwicklung als durchaus folgenreich, gerade was Vorstellungen von gesellschaftlicher „Entwicklung" betrifft.

Würden nämlich Evolution und Entwicklung von Gesellschaft mehr oder weniger in eins fallen, so wäre die Erwartung in der Tat gerechtfertigt gewesen, die über ein Jahrhundert lang das sozioökonomische Entwicklungsdenken auch wider erhebliche empirische Gegenbelege geprägt hat, nämlich dass, wie Karl Marx es klassisch formuliert hat, „das industriell entwickeltere Land ... dem minder entwickelten nur das Bild der eignen Zukunft" zeige (1968, S. 12), weil, wie es im *Kommunistischen Manifest* heißt, die Bourgeoisie sich die Welt nach „ihrem eigenen Bilde" schaffe (Marx & Engels 1969, S. 466). Damit sind die verschiedenen Länder, genauer Nationalstaaten, gleichsam auf einen Zeit- oder Forschrittsstrahl gereiht, auf dem sie mehr oder minder weit vorangeschritten sind. Diese Vorstellung leitet ein gutes Jahrhundert später auch noch das Konzept von Talcott Parsons von der Konkurrenz der Nationalstaaten auf der Bahn gesellschaftlicher Entwicklung (vgl. 1977, S. 50). Aus dieser Sicht wird die Annahme evident, die unterschiedlichen Gesellschaften auf der Welt seien mehr oder weniger weit fortgeschritten oder rückständig, oder auch, sie seien durch „Ungleichzeitigkeit" bestimmt. Dieser gerade im Kontext kritischer Ansätze gern benutzte Terminus ordnet seinerseits gesellschaftliche Verhältnisse, die häufig, aber nicht immer nationalstaatlich umgrenzt gedacht werden, einer zeitlich gedachten Fortschrittslinie zu und unterstellt dabei einen Normalfall, in dem die in einer konkreten Gesellschaft anzutreffenden unterschiedlichen Formen solcher Verhältnisse sich in diesem Sinne einer Zeitspanne oder einem Entwicklungsstadium zuordnen lassen. Ungleichzeitigkeit entspricht so der Vorstellung gesellschaftlicher Heterogenität, nach der diese unterschiedlichen Verhältnisse aus Gründen, die oft auf „Unterentwicklung“ zurückgeführt werden, schlecht zueinander passen oder im Verhältnis zueinander dysfunktional sind. Implizit wären dann „gleichzeitige“ Strukturen - interessanterweise wird dieser Terminus fast nirgends gebraucht - solche, die sich funktional gegenseitig ergänzen.

Nun lässt sich einerseits recht leicht zeigen, dass auch unter kapitalistischen Verhältnissen *alle* nationalstaatlich begrenzten Gesellschaften zumindest soweit strukturell heterogen sind, als in ihnen sehr unterschiedliche Produktionsverhältnisse und auch Lebensweisen bestehen, die sich in aller Regel auch innerhalb der Lebenspraxis von Individuen miteinander überschneiden (vgl. Kößler 1995). Eindeutig trifft dies auf die Kombination von marktorientierten Tätigkeiten - in industriell/informationell entwickelten kapitalistischen Gesellschaften meist in Form der Lohnarbeit - mit Subsistenzproduktion zu, die in aller Regel zumindest im Haushalt und im Reproduktionsbereich in irgendeiner Form von so gut wie allen geleistet wird, freilich in bekannt geschlechtsspezifischer Arbeitsteilung. Hinzu kommt das beständige Neuentstehen unterschiedlichster, zumal kleindimensionierter Betriebsformen, die von den Sozialwissenschaften lange Zeit allzu leicht als traditionelle Reste angesehen wurden. Auch hier zeigen sich die Folgen eines im breiten Sinn modernisierungstheoretischen Missverständnisses, das nicht nur die Vereinheitlichung, sondern zugleich auch die Vereinfachung der Arbeits- und Lebensverhältnisse erwartete und analytisch ebenso wie normativ unterstellte.

Evolution durch Entwicklung

Nimmt man die Unterscheidung zwischen Evolution und Entwicklung ernst und versucht sie auf die Veränderungen von Gesellschaften zu beziehen, so stellt sich das Problem des Verhältnisses zwischen territorial abgegrenzten Teilsystemen und einem gesellschaftlichen Gesamtsystem, das sehr frühzeitig als ökumenisch - etwa im Sinne von Fernand Braudels Begriff der *économie-monde* - und seit mindestens einigen Jahrhunderten als global vorgestellt werden muss, was Braudels *économie mondiale* entspricht (vgl. Braudel 1986, S. 74ff, 88ff). Für unsere Überlegungen entscheidend ist nun, dass - die beiden Ebenen des nationalstaatlichen und des globalen Systems einmal unterstellt - jede einzelne regionale, im Fall der Moderne zumeist nationalstaatliche Entwicklung immer auch das globale System verändert. „Entwicklung“ ist damit recht unmittelbar ein Moment der „Evolution“.

Das hat wenigstens die eine recht handfeste Auswirkung, dass unabhängig etwa von der Faktorausstattung eines gesellschaftlichen Regionalzusammenhangs, also unabhängig von seinen natürlichen Ressourcen, von den Arbeitsvermögen seiner Bewohner und von seiner Verkehrslage, unabhängig aber auch von den gezielten Strategien, die etwa zum Aufholen eines wahrgenommenen Rückstandes in der Entwicklung entworfen und eingesetzt werden, jede einzelne dieser regionalen Erfahrungen deshalb einzigartig ist, weil sie in einer so nicht wiederholbaren gesellschaftlichen und wirtschaftlichen Umwelt stattfindet und diese Umwelt - das globale System - selbst unvermeidlich mehr oder weniger gründlich verändert. „Entwicklung" und „Evolution" überschneiden sich also, obwohl beide nicht ineinander aufgehen. Gerade die großen technologischen Veränderungen seit dem Einsetzen des modernen, betriebsmäßigen Kapitalismus, also während der letzten 250 Jahre, hatten zwar durchgängig regional bestimmbare Ursprünge, zeitigten jedoch in relativ kurzer Zeit - und in immer kürzeren Zeiträumen - wahrhaft globale Konsequenzen. Das gilt für die Mechanisierung des Baumwollspinnens im letzten Drittel des 18. Jahrhunderts, die in einer kleinen Region im Nordwesten Englands erfunden wurde und sich von dort ausbreitete, ebenso wie für die informationelle Revolution seit den 1980er Jahren. Alle diese Transformationsschübe hatten Auswirkungen nicht nur weit über die Regionen hinaus, von denen sie ihren Ausgang nahmen, sondern auch über jene hinaus, in denen sie angewendet wurden.

Die Entkoppelung von Handlungs- und Wirkungszusammenhängen, die den modernen kapitalistischen Weltmarkt charakterisiert, bedeutet auch, dass die regionalen Entwicklungsbedingungen globalen Veränderungen unterliegen und dass damit unabhängig etwa von der marginalisierten Position einer bestimmten Region auf dem Weltmarkt auch deren Entwicklungsbedingungen entscheidend von Dynamiken mit globalen Folgen bestimmt werden. Nicht nur emblematisch können dafür die großen technologischen Umwälzungen stehen, mit denen immer zugleich auch eine Neustrukturierung des globalen Kapitalismus einherging.

Jenseits nachholender Entwicklung

Aus der skizzierten Perspektive ist die Vorstellung von regional begrenzten Entwicklungsprojekten, die sich zudem an vorgeblich allgemein gültigen Gesetzmäßigkeiten orientierten, kaum realitätsgerecht zu nennen. Diese Vorstellungen waren aber überaus wirkungsmächtig. Sie informierten so unterschiedliche Projekte nachholender Industrialisierung und Entwicklung wie das sowjetische Programm des Aufbaus des Sozialismus in einem Land oder die klassische Modernisierungstheorie, die nach dem Zweiten Weltkrieg die Leitlinien für die Entwicklungspolitik des Westens unter Führung der USA vorgab - in beiden Fällen mit teilweise katastrophalen Konsequenzen. Das Scheitern dieser sozialtechnologischen Großprojekte zusammen mit den Industrialisierungsprozessen, die in einigen Großregionen, zumal in Ost- und Südostasien einsetzten, hat zu einer deutlichen Verschiebung der Diskurse in Entwicklungstheorie und Entwicklungszusammenarbeit geführt. Die Rede vom „Ende der Dritten Welt" oder vom „Scheitern der großen Theorie" (Menzel 1992) bezog sich auf reale Veränderungen, die in dieser Form von den Dependenztheorien, aber auch von den Modernisierungstheorien nicht vorhergesehen worden waren. Diese Rede verweist aber zugleich auf ein spezifisches Verständnis sowohl von einer territorial gedachten Dritten Welt als auch von Theorie, das in enger Beziehung zu den hier interessierenden Problemen und Missverständnissen steht. Zumindest wird hier unterstellt, dass Theorie in erster Linie Handlungsanweisungen zu liefern habe, die sich auf einen territorial definierten Zusammenhang beziehen sowie implizit auch, dass diese Theorie ganz im Sinne von Lists Konzept der produktiven Kräfte der Nation gegenüber internen sozialen Differenzierungen, zumal Klassenverhältnissen blind zu sein habe oder sie wenigstens gegenüber dem nationalen Interesse hintan zu stellen habe, das sich vor allem der nachholenden Industrialisierung materialisiere. Dies gilt sowohl für die von Entwicklungsstaaten unterschiedlicher Observanz ins Werk gesetzte Politik als auch für einen großen Teil der darauf bezogenen Theorien.

Die Industrialisierungsschübe in Ost- und Südostasien haben ohne Zweifel wesentlich dazu beigetragen, die Vorstellungen über regional begrenzte Entwicklungsstrategien und deren Erfolgsbedingungen gründlich zu revidieren. Dabei ist jedoch zu bedenken, dass eine Untersuchung dieser Fälle keineswegs den Befund einer „Nachfolge Europas" ergibt, wie Ulrich Menzel (1985) dies einmal formuliert hat. Vielmehr zeigen sich in jedem Fall ganz unterschiedliche Konfigurationen zwischen Staat und Privatunternehmen, der Agrarverfassung, Groß- und Kleinbetrieben, Unternehmens- und Familiennetzwerken, externen und internen Bedingungen sowie den deutlich differenzierten Formen hegemonialer Ideologien und schließlich nicht zuletzt in den äußeren Rahmenbedingungen, die wiederum in sehr unterschiedlicher Weise durch die internationalen Beziehungen im Fernen Osten während und nach der Blockkonfrontation bestimmt waren. Das Spektrum erweitert sich noch erheblich, nimmt man etwa die besonders widersprüchliche, aber eben *nicht* „ungleichzeitige" Entwicklung Indiens hinzu. Diese kurzen Hinweise sollen hier nur belegen, dass gerade hier vornehmlich der Einzelfall zu untersuchen ist und dass generalisierende Schlussfolgerungen etwa über die Chancen nachholender Entwicklung/Industrialisierung im frühen 21. Jahrhundert bestenfalls prekär sind.

Ebenso unzweifelhaft bezeichnet jedoch der Industrialisierungsschub in Ost- und Südostasien einen Teilaspekt einer wesentlichen Veränderung auf der Ebene der sozialen Evolution. Das gilt vielleicht weniger für die Globalisierung gesellschaftlicher Verhältnisse. Hier kann man etwa über die Konsequenzen der Beschleunigung und Verdichtung der Kommunikation und ihre Bedeutung in verschiedenen Phasen der industriellen Entwicklung während der letzten 200 Jahre durchaus streiten. Darüber sollte man die weitreichenden Veränderungen nicht aus dem Auge verlieren, die sich aus der Entstehung neuer industrieller Schwerpunkte oder der Verlagerung großer Teile der industriellen Fertigung aus den klassischen Industrieländern ergeben. Zum einen ist es zu einer grundlegenden Veränderung der internationalen Arbeitsteilung gekommen, wie sie seit Beginn der industriellen Revolution mit dem komplementären Gegensatz zwischen industriellen Zentren und Rohstoffe liefernden, Industriewaren absorbierenden Peripherien gegeben war. Gewiss, Berichte über den Heißhunger der Kapitals nach Mehrwert und neuen Akkumulationssphären sind aus der gesamten Geschichte des modernen Kapitalismus wohlbekannt, gerade aus dem frühen 20. Jahrhundert, das gleichfalls eine Periode nie da gewesenen globalen Ausgreifens des Kapitals war. All dies ist wesentlicher Teilaspekt der universalisierenden Tendenz des Kapitals. Das *world wide sourcing* ist daher nichts grundlegend Neues (vgl. Fröbel 1980). Die neuen Formen internationaler Arbeitsteilung scheinen aber weitere Konsequenzen zu zeitigen. Die Proliferation der Industrieregionen forciert die Konkurrenz zwischen den Produktionsstandorten und fördert die Nivellierung von Arbeitsbedingungen, aber auch etwa von Maßnahmen zum Schutz der Umwelt nach unten im Sinne des *race to the bottom*.

Dabei geht es aber nicht allein um die differenzielle Entwicklung und Konkurrenz unterschiedlicher Regionen. Zugleich haben sich Verhältnisse der „Unterentwicklung" entterritorialisiert, und über die Ausweitung des Migrationsgeschehens wird die Konkurrenz zwischen den Arbeitenden gerade auch an relativ privilegierten Standorten ausgetragen, mögen diese nun New York, Berlin, Kuala Lumpur oder auch Egoli (Johannesburg) heißen. Dies hängt eng mit einer weiteren Veränderung der regionalen Konfiguration zusammen, der häufig als „Zwangsabkoppelung" bezeichneten Ausgrenzung ganzer Großregionen aus dem kapitalistischen Aktionsfeld, die - wenigstens aktuell - weder als Lieferanten von Arbeitskräften und Rohstoffen noch als Absatzmärkte benötigt werden. Wie sich dabei zeigt, erfordert all dies freilich keine neuen analytischen Kategorien. Auch die Anonymisierung der Kapitalfunktion ist zwar in globalisierten Entscheidungsprozessen, gar im „*hyperspace* der reinen Zirkulation" radikalisiert (Castells 2001, S. 534), in ihrer Tendenz aber schon lange beschrieben und begrifflich gefasst. Es geht eher um die Zuspitzung und Radikalisierung von Tendenzen, die bereits seit längerem zu beobachten waren.

Konsequenzen aus Komplexität

Wie gerade an der Kritik des Container-Konzepts von Gesellschaft deutlich wird, sind freilich die Engführungen, die auch das sozioökonomische Entwicklungsdenken ganz wesentlich geprägt hatten, durch die im letzten Viertel des 20. Jahrhunderts (wieder) verstärkt spürbar gewordene Dynamik unhaltbar geworden. Wenn Gesellschaft immer *auch* Weltgesellschaft ist, so bedeutet dies zugleich, dass gesellschaftliche Entwicklung nicht begrenzt auf ein bestimmtes Territorium betrachtet werden kann, ohne dass dieses Konzept um entscheidende Dimensionen beschnitten wird. Damit ist erneut die beständige Wechselwirkung zwischen Evolution und Entwicklung angesprochen, wie sie oben bereits kurz ins Auge gefasst wurde. Sie verweist zunächst und in erster Linie auf die Komplexität des Gesamtsystems. Auf diese Komplexität geht wiederum die entscheidende Rolle kontingenter Konstellationen und Ereignisse im gesamten Prozess sozialer Evolution und Entwicklung zurück. Anders als im Fall der Evolution der Materie oder selbst noch des Lebens, wo mit unvergleichlich viel längeren Zeiträumen zu rechnen ist als mit den wenigen tausend, allenfalls zehntausend Jahren, die vernünftigerweise für die hier interessierenden Fragen der sozialen Evolution zu veranschlagen sind, gleichen sich auch die Folgen einzelner kontingenter Ereignisse nicht im Zeitverlauf durch die große Zahl ähnlicher Konstellationen und Ereignisse aus, mit denen etwa im Verlauf einer sich über Jahrmillionen oder gar Jahrmilliarden erstreckenden Evolution gerechnet werden kann. Auf diesem Umstand aufbauend hat sich seit einiger Zeit ein ganzer Forschungszweig etabliert, der kontrafaktische Geschichte betreibt (vgl. etwa Cowley 1999, 2001), also versucht, die kontingenten Faktoren an historischen Wendepunkten zu kontrollieren und so zu ermitteln, ob etwa die Seuche, die die assyrische Eroberung Jerusalems verhinderte, entscheidend für die weltgeschichtlich überaus folgenreiche Entwicklung monotheistischer Religionen war oder ob der dichte Nebel, der George Washington mit seiner auf Long Island eingeschlossenen Armee die Flucht vor den Briten ermöglichte, die Weichenstellung für den Erfolg der amerikanischen Revolution und die Unabhängigkeit der USA beeinflusst hat. Geläufigere Fallbeispiele sind das Auftreten der preußischen Armeeabteilungen unter General von Blücher während der Schlacht von Waterloo/Belle Alliance oder das Attentat auf den Erzherzog Ferdinand in Sarajevo 1914. Freilich gelten diese letzteren gemeinhin als wenig einflussreich für langfristige Trends wie etwa die Dominanz der englischen Industrie im 19. Jahrhundert oder die auf wirtschaftliche und demographische Gegebenheiten gegründete kontinentale Führungsposition Deutschlands.

All dies erscheint bei näherer Betrachtung als wenig mehr denn informierte Spekulation. Eben dieses aber gibt einen entscheidenden Hinweis auf die Möglichkeiten der Erkenntnis und damit die Beschränkungen von Prognosen, die dem sozioökonomischen Entwicklungsdenken gleich welcher Observanz gesetzt sind: Aus der Notwendigkeit, die Komplexität der gesellschaftlichen Prozesse radikal zu reduzieren, ergibt sich nicht allein die pragmatische Forderung nach methodologischer Umsicht, also nach der Berücksichtigung möglichst vieler und dann auch noch der „richtigen“ Faktoren, sondern auch die Schwierigkeit einer Prognose, die über die Identifizierung erkennbarer Tendenzen hinausgeht. Noch weniger realistisch erscheint es dann, ein Ziel des gesamten oder auch nur eines Teilprozesses, sei es in kognitiver oder in normativer Form, zu benennen oder vorzugeben. Eine aussichtsreiche Strategie zum

Ausbruch aus der Sackgasse, in der viele die sozioökonomische Entwicklungstheorie seit Mitte der 1980er Jahre sehen, könnte in einer ganz anderen Richtung liegen, nämlich einerseits im Anschluss an die Einsichten anderer Disziplinen, zumal der Naturwissenschaften in die Probleme der Komplexität, wobei es andererseits aber darauf ankommt, sich der Besonderheit des eigenen Gegenstandes und der daraus folgenden methodologischen Konsequenzen zugleich zu versichern. Hanns Wienold hat verschiedentlich auf die Schwierigkeiten hingewiesen, die sich quantitativen Aussagen selbst über scheinbar relativ einfache Sachverhalte wie etwa die Einwohnerzahl eines Dorfes im pakistanischen Punjab entgegenstellen. Will man nämlich die diversen Fehlerquellen kontrollieren und die lokal vorhandenen Informationsbarrieren überwinden, gerät man auf ein Kontinuum, an dessen Ende das „Zählen" durch das „Erzählen" der vielen Geschichten verdrängt wird, die man kennen muss, um die erhaltenen Informationen richtig einordnen und interpretieren zu können (1994, S. 25). Dies unterstreicht die Bedeutung hermeneutischer und auch ideographischer Verfahren und Zugriffe, wenn es um gesellschaftliche Zusammenhänge und Prozesse geht (vgl. auch Immergut 2005).

Das berührt nicht die weitere Aufgabe, Fallbeispiele innerhalb größerer Zusammenhänge bis hin zum globalen gesellschaftlichen System zu reflektieren und zu untersuchen. Wie wichtig es ist, dies in kontrollierter Weise zu tun, belegen immer wieder unmittelbare Extrapolationen von Fallbeispielen oder regional begründeten Einsichten auf höchst allgemein gehaltene Thesen. Die Einsicht in die Grenzen der Generalisierbarkeit verweist aber zugleich darauf, dass die Grenzen dessen, was als „Entwicklung" nach wie vor das Bezugssystem vieler Analysen, vor allem aber praktischer, programmatischer Vorgaben abgibt, wesentlich enger sind als noch immer oft unterstellt wird. Bestenfalls wird so ein Möglichkeitsraum für je spezifische Situationen deutlich, dessen Erkundung dann Potenziale der Veränderung erschließen kann. Von der Erkenntnis eines Zieles, auf das der ganze Prozess angeblich zulaufe, ist dies weit entfernt. Wenn es aber richtig ist, dass, wie Robert Musil an prominenter Stelle (1978. S.: Kap. I.4) postuliert hat, wenn es Wirklichkeitssinn gebe, es auch Möglichkeitssinn geben müsse, so ist dies auch nicht so wenig. Denn das Mögliche enthält auch die Chance des Handelns, nicht mit der Sicherheit des vorgegebenen Zieles, durchaus aber im Wissen der objektiven Möglichkeit, endlich auch der *docta spes* (Bloch 1974), die nicht mit der Zuversicht blinden Glaubens, sondern gerade auch mit dem Bewusstsein von den in der Möglichkeit enthaltenen Risiken umgeht.

Literatur

Bloch, Ernst (1974): Das Prinzip Hoffnung. 3 Bde. Frankfurt am Main (1959).

Braudel, Fernand (1986): Die Dynamik des Kapitalismus. Stuttgart (1985).

Castells, Manuel (2001): Das Informationszeitalter. Bd. 1: Der Aufstieg der Netzwerkgesellschaft. Opladen.

Cowley, Robert (Hg.) (1999): What if? : the world's foremost military historians imagine what might have been. New York.

- (Hg.) (2002): What if? 2. More what if? : eminent historians imagine what might have been. London.

Fontana, Walter (2005): The Topology of the Possible. In: Wimmer & Kössler (i.E.), S. 67-84.

Fröbel, Folker (1980): Zur gegenwärtigen Entwicklung der Weltwirtschaft" In: Starnberger Studien 4 - Strukturveränderungen in der kapitalistischen Weltwirtschaft. Frankfurt am Main, S. 9-88.

Hegel, Georg Wilhelm Friedrich (1970): Vorlesungen über die Philosophie der Geschichte. Frankfurt am Main (= Theorie Werkausgabe Bd. 12).

Herder, Johann Gottfried (1965): Ideen zur Philosophie der Geschichte der Menschheit. 2 Bde. Berlin/Weimar (1784-91).

Immergut, Ellen (2005): „Historical-Institutionalism in Political Science and the Problem of Change." In: Wimmer & Kössler (i.E.), 237-259.

Jablonka, Eva & Lamb, Marion J. (1995): Epigenetic Inheritance and Evolution. Oxford

Kößler, Reinhart (1995): Tradition und Reproduktion oder: Der harnäckige Irrtum vom immerwährenden traditionellen Sektor. ProKla 101, S. 587-602.

- (1998): Entwicklung. Münster.

- (2004): Zwischen Ziel, Norm und Prozess. Gesellschaftstheoretische und politische Probleme des Begriffs „Entwicklung". In: Gerlach, Olaf u.a. (Hg.), Peripherie und globalisierter Kapitalismus. Zur Kritik der Entwicklungstheorie. Frankfurt am Main, S. 51-76.

List, Friedrich (1950): Das nationale System der Politischen Oekonomie. Neudruck nach der Ausgabe letzter Hand, eingel. von Hans Gehrig, 6. Aufl., Jena (1841).

Marx, Karl (1968): Das Kapital. Kritik der politischen Ökonomie. Erster Band, Buch 1: Der Produktionsprozeß des Kapitals. Berlin (DDR) (1867).

-/Engels, Friedrich (1969): Manifest der Kommunistischen Partei. In: Marx-Engels-Werke Bd. 4. Berlin (DDR), S. 459-493 (1848).

Menzel, Ulrich (1985): In der Nachfolge Europas. Autozentrierte Entwicklung in den ostasiatischen Schwellenländern Südkorea und Taiwan. München.

- (1992): Das Ende der Dritten Welt und das Scheitern der großen Theorie. Frankfurt am Main.

Musil, Robert (1978): Der Mann ohne Eigenschaften. Gesammelte Werke 1 (= Erstes Buch, Kapitel 1-80). Reinbek.

Parsons, Talcott (1977): The Evolution of Societies. Englewood Cliffs, N.J.

Rosanvallon, Pierre (2000): Der Staat in Frankreich. Von 1789 bis heute. Münster (2000).

Steele, Edward J., Lindley, Robyn A. & Blanden, Robert V. (1998): Lamarck's signature : how retrogenes are changing Darwin's natural selection paradigm. Reading, Mass.

Száthmary, Eörs (2005) Path Dependence and Historical Contingency in Biology. In: Wimmer & Kössler, S. 140-157.

Wienold, Hanns (1988): Blicke der Macht. Sozialstatistik und empirische Sozialforschung als Staatsaktion. In: Guha, Anton-Andreas & Papcke, Sven (Hg.), Entfesselte Forschung. Die Folgen einer Wissenschaft ohne Ethik. Frankfurt am Main, S. 67-86.

- (1994): Zählen und Erzählen. Empirische Sozialforschung auf dem Dorfe. Peripherie, 53, 7-25.

- 2000: Empirische Sozialforschung. Praxis und Methode. Münster.

Wimmer, Andreas & Kössler, Reinhart (Hg.) 2005: Understanding Change. Models, Methodologies, and Metaphors. Houndsmills & New York (i.E.).

Uta Klein

Frauenhandel und Menschenrechte
Die Bewertung der Prostitution als Konfliktpunkt

Frauenhandel hat sich als Thema inzwischen auf nationaler und internationaler Ebene etabliert. Die Diskussionen über Frauenhandel durchziehen seit über hundert Jahren ideologische Prämissen, die besonders an einem Punkt offensichtlich werden: der Bewertung von Prostitution.

In der ersten Hälfte des 20. Jahrhunderts war das Thema von der Sittlichkeitsbewegung dominiert, die letztendlich noch Auswirkungen auf das erste internationale Abkommen gegen die Unterdrückung des Menschenhandels hatte und es zu einem Instrument gegen Prostitution machte. Die Konvention von 1949, auf die später noch eingegangen wird, wird von der Überzeugung getragen, dass alle Prostitution erzwungen ist und es daher keine Unterscheidung zwischen Prostitution und Frauenhandel gebe.

In der zweiten Hälfte des 20. Jahrhunderts wurde infolge des feministischen Diskurses über sexuelle Ausbeutung und Gewalt gegen Frauen das Thema Frauenhandel wieder auf die internationale Agenda gebracht. Dabei errangen Nichtregierungsorganisationen (NRO) Erfolge, indem Menschenrechtsstandards für Betroffene des Frauenhandels in internationalen Dokumenten zunehmend durchgesetzt wurden. Besonders die Aktivitäten in Zusammenhang mit dem Welttribunal über Gewalt gegen Frauen anlässlich des Menschenrechtsgipfels 1993 in Wien, die im Endeffekt zur Anerkennung der Unverletzbarkeit der Würde von Frauen als Menschenrechtsnorm führten, brachten einen Durchbruch.

Gleichzeitig fehlte bis zum Jahr 2000 eine Definition des Frauenhandels. Regierungen nutzen das Thema zur Durchsetzung restriktiver Migrationspolitik. Bei NRO und frauenpolitischen Debatten wurde das Verhältnis zwischen Prostitution, Zwangsprostitution und Frauenhandel kontrovers eingeschätzt. So gab es auf den beiden Weltfrauenkonferenzen in Nairobi 1985 und Peking 1995 scharfe Auseinandersetzungen zwischen Vertreterinnen der Forderung nach Abschaffung der Prostitution und Vertreterinnen der Entkriminalisierung von Prostitution. In Nairobi wurde Frauenhandel noch mit Zwangsprostitution gleichgesetzt und gewissermaßen darauf reduziert. In Peking wurden dann auch Zwangsarbeit und Zwangsheirat in der Aktionsplattform als Formen des Frauenhandels erfasst.

Ein Meilenstein ist das jüngste Abkommen der Staatengemeinschaft, um das es im Folgenden gehen soll, das Zusatzprotokoll zur *Konvention gegen grenzüberschreitendes organisiertes Verbrechen.*[1] Das Zusatzprotokoll befasst sich mit Menschenhandel und insbesondere mit Frauenhandel. Zum ersten Mal wird in einem international bindenden Dokument klar definiert, was unter Frauen- bzw. Menschenhandel zu verstehen ist. Das UN-Protokoll ist damit das wichtigste internationale Abkommen gegen Menschen- und Frauenhandel und es ist aus zwei Gründen bemerkenswert, denen ich im Folgenden nachgehe.

Erstens sind sowohl das Zustandekommen des Protokolls als auch die Formulierungen im Protokoll Ausdruck der gestiegenen politischen Handlungs- und Einflussmöglichkeiten für Frauen in internationalen Organisationen und internationalen Nicht-Regierungsorganisationen. Das Protokoll trägt frauenpolitischen Forderungen ebenso wie genderkritischen Analysen der Menschenrechtsdebatten Rechnung, wie im Folgenden gezeigt wird. Es ist deutlicher Beleg dafür, dass Globalisierung durch steigende internationale Kommunikation auch zu wachsenden Einflussmöglichkeiten zivilgesellschaftlicher Akteure und Akteurinnen führt, die zugleich Voraussetzung und Ausdruck einer „sozialen Gestaltung der Globalisierung" (Lenz 2001, S. 36) darstellen. Der Frauenrechtsdiskurs ist auffallend erfolgreich bei der Normenbildung oberhalb der nationalstaatlichen Ebene und damit bei kultureller Globalisierung. Dies zeigt sich an Beispielen wie dem EU-Gleichstellungsrecht (vgl. Wobbe 2001; Klein 2005), an Arbeitnehmer-/Arbeitnehmerinnenrechten (Berkovitch 2001) und schließlich an der Debatte Frauenrechte = Menschenrechte (Ruppert 2001). So wird beispielsweise die Frauenrechtskonvention (CEDAW)[2] heute zu den Menschenrechtskonventionen gezählt und der hohe Stand der Ratifizierung weist darauf hin, dass Gleichberechtigung und Frauenrechte als globaler Standard angesehen werden.

Zweitens zeigen die Auseinandersetzungen im Vorfeld der Formulierungen des Protokolls, dass auch hier das frauen- und geschlechterpolitische Feld heterogener geworden ist (Lenz 2001; Lemke 2003). Im Folgenden wird gezeigt, dass Dreh- und Angelpunkt unterschiedlicher Interessen der beteiligten Akteure und Akteurinnen die Frage ist, ob und in welcher Form freiwillige und erzwungene Prostitution voneinander abzugrenzen sind. Die „hidden agenda" der Auseinandersetzungen über die Definition von Frauenhandel war die Bewertung von Prostitution. Dabei kann die Position „Abschaffung der Prostitution" bis zur Jahrhundertwende (19./20. Jahrhundert) zurückverfolgt werden, während die Artikulierung von Interessen von Migrantinnen und von sich so nennenden Sex-Arbeiterinnen neuer Ausdruck der Differenzierung frauenrechtlicher Positionen ist.[3]

Das UN-Zusatzprotokoll

Ende 1998 errichtete die Generalversammlung der Vereinten Nationen einen Ad-hoc-Ausschuss, um ein neues internationales Rechtsinstrument gegen organisiertes transnationales Verbrechen zu schaffen. Als Ergebnis wurde 2000 nach elf Sitzungen des Komitees, in die über 120 Staaten involviert waren, die Konvention gegen grenzüberschreitendes organisiertes Verbrechen verabschiedet. Zu dieser Konvention gibt es drei Zusatzprotokolle. Eines befasst sich mit Menschenschmuggel, eines mit Waffenhandel und das hier analysierte mit der „Verhütung, Bekämpfung und Bestrafung des

Menschenhandels, insbesondere des Frauen- und Kinderhandels". Es wurde von 117 Staaten ratifiziert und trat im Jahr 2003 in Kraft.

Es hat u.a. den Zweck, „den Menschenhandel zu verhüten und zu bekämpfen, wobei Frauen und Kindern besondere Aufmerksamkeit geschenkt wird" (Art.2). In Artikel 3 wird definiert, was unter Frauenhandel zu verstehen ist. Er lautet:

Artikel 3
Begriffsbestimmungen
Im Sinne dieses Protokolls
a) bezeichnet der Ausdruck „Menschenhandel" die Anwerbung, Beförderung, Verbringung, Beherbergung oder den Empfang von Personen durch die Androhung oder Anwendung von Gewalt oder anderen Formen der Nötigung, durch Entführung, Betrug, Täuschung, Missbrauch von Macht oder Ausnutzung besonderer Hilflosigkeit oder durch Gewährung oder Entgegennahme von Zahlungen oder Vorteilen zur Erlangung des Einverständnisses einer Person, die Gewalt über eine andere Person hat, zum Zweck der Ausbeutung. Ausbeutung umfasst mindestens die Ausnutzung der Prostitution anderer oder andere Formen sexueller Ausbeutung, Zwangsarbeit oder Zwangsdienstbarkeit, Sklaverei oder sklavereiähnliche Praktiken, Leibeigenschaft oder die Entnahme von Körperorganen;
b) ist die Einwilligung eines Opfers des Menschenhandels in die unter Buchstabe a genannte beabsichtigte Ausbeutung unerheblich, wenn eines der unter Buchstabe a genannten Mittel angewendet wurde.

Deutlich wird hier der Unterschied zwischen Menschenschmuggel und Menschenhandel, der in anderen Vereinbarungen bisher verschwamm. Unter Menschenschmuggel sind illegale Grenzübertritte mit Hilfe von Dritten zu verstehen, die mit dem Einverständnis der Betroffenen erfolgen. Beim Menschenhandel hingegen kann ein Grenzübertritt legal mit gültigem Visum erfolgen. Häufig ist auch gar kein Grenzübertritt nötig. Der zweite Teil des Protokolls befasst sich mit dem Opferschutz und enthält kaum starke Verpflichtungen der Staaten.[4] NRO konnten nicht durchsetzen, dass Opfer vor der rechtlichen Verfolgung wegen Übertretung von Aufenthaltsbestimmungen geschützt werden.

Erfolge feministischer Positionen

Das Protokoll begreift Frauenrechte als Menschenrechte und Frauenhandel als Form der Gewalt gegen Frauen im Sinne einer Menschenrechtsverletzung, für die Staaten in die Pflicht zu nehmen sind. Es greift damit die Kritik der feministischen Debatte auf, dass Frauenrechte meist nicht als Menschenrechte, sondern als soziale Angelegenheiten betrachtet wurden (vgl. Neuhold und Henökl 1999, Braig & Gerhard 1999, Neuhold u.a. 2003). Nicht, dass sich nicht eine Vielzahl von Verträgen und Konventionen auf Menschenrechte von Frauen beziehen - jedoch wurden geschlechtsspezifische Menschenrechtsverletzungen im allgemeinen Menschenrechtsdiskurs weitgehend negiert. Im Diskurs über Frauenhandel zeigt sich in den letzten Dekaden eine Verschiebung der Bewertung von Gewalt gegen Frauen. In den „klassischen"

Menschenrechtsdokumenten war der Schutz vor Gewalt auf staatliche Gewalt beschränkt. Gewalt gegen Frauen wurde als privates Thema oder aber begrenztes Thema verstanden, für das allenfalls der Nationalstaat zuständig sei. So war beispielsweise Genitalverstümmelung offiziell nicht als Menschenrechtsverletzung deklariert. Heute wird Gewalt gegen Frauen zunehmend als Menschenrechtsverletzung betrachtet, für die Staaten auch dann in die Pflicht genommen werden, wenn sie sich auf den privaten Raum bezieht (Wijers & Chew 1999). Die Geltung von Frauenrechten als allgemeine Menschenrechte *und* die Verantwortlichkeit der Staaten auch für jene Menschenrechtsverletzungen, die durch private Akteure ausgeführt werden, wurde erstmals ausdrücklich auf der UN-Menschenrechtskonferenz 1993 in Wien anerkannt (vgl. Kartusch u.a. 2000). Zu den Formen geschlechtsbezogener Gewalt werden hier „Gewalttätigkeit in Zusammenhang mit Ausbeutung" und „Frauenhandel und Zwangsprostitution" genannt (vgl. ebd., S. 62). Diese Bewertung schreibt das UN-Protokoll nun fest.

Ein weiterer Erfolg ist, dass Frauenhandel nicht wie in anderen Dokumenten aus der Perspektive illegaler Migration betrachtet wird, sondern aus der Perspektive der Menschenrechtsverletzung. Bisher wurden in den Staaten Maßnahmen gegen Menschenhandel fast ausnahmslos unter dem Gesichtspunkt der Verhinderung unerwünschter Migration ergriffen. Illegale Immigration wird mit strengeren Grenzkontrollen und einer Politik strenger Begrenzungen der Immigration im Allgemeinen bekämpft. Wird Frauenhandel zum Thema illegaler Migration gemacht, verschwindet der geschlechtstypische Gewaltcharakter. Bei einem solchen Ansatz werden Frauen von Opfern zu Kollaborateurinnen, so waren sie bisher grundsätzlich Objekt der Entdeckung, Bestrafung und Ausweisung (vgl. Wijers & Chew 1999). Darum heißt es in der Empfehlung der Human Rights Law Group: „Staatliche Maßnahmen, die sich vorwiegend gegen den Kampf gegen illegale Fremde richten, 'beschützen' den Staat anstelle der Opfer".[5] Mit dem im Protokoll vorgenommenen Perspektivenwechsel werden die Staaten verpflichtet, Menschenhandel als Strafdelikt zu betrachten. Ob dies wirklich den Schutz Betroffener verbessert, ist freilich noch nicht ausgemacht. Denn das Protokoll setzt keine Standards der Behandlung. Zu fordern ist beispielsweise ein befristetes Aufenthaltsrecht für Betroffene auch unabhängig davon, ob sie als Zeuginnen für Prozesse zur Verfügung stehen. Auch bleibt offen, ob die Intention der NRO nicht neue Differenzierungen zwischen Asylsuchenden bzw. Flüchtlingen, die Unterstützung verdienen, und solchen, die keine „Opfer" sind und deshalb keine Unterstützung verdienen, hervorbringt.

Hinsichtlich der Definition ist bemerkenswert, dass nicht die Art der Aktivität bzw. Handlung, die die gehandelte Person ausführt, im Vordergrund steht, sondern die angewendeten *Mittel*: „die Androhung oder Anwendung von Gewalt oder anderen Formen der Nötigung, durch Entführung, Betrug, Täuschung, Missbrauch von Macht oder Ausnutzung besonderer Hilflosigkeit oder durch Gewährung oder Entgegennahme von Zahlungen oder Vorteilen zur Erlangung des Einverständnisses einer Person, die Gewalt über eine andere Person hat (...)". Menschenhandel findet also dann statt, wenn es eine Bewegung einer Person in eine Ausbeutungssituation bzw. in sklaverei-ähnliche Praktiken gibt. Erreicht wurde auch, dass die Einwilligung des Opfers in die genannte beabsichtigte Ausbeutung *unerheblich* ist, wenn eines der oben genannten Mittel angewendet wurde. Dies hat Auswirkungen auf die Beweislast. Mussten bislang Frauen in nationalen Verfahren glaubhaft machen, dass sie ohne ihre Einwilligung in ihre Zwangslage gekommen sind, was häufig unmöglich war, so sind jetzt die angewendeten Mittel entscheidend dafür, ob es sich um Menschenhandel handelt.

Schließlich ist festzuhalten, dass Frauenhandel nicht auf sexuelle Ausbeutung reduziert wird. Im öffentlichen Diskurs wird Frauenhandel mit Prostitution unmittelbar verknüpft. Frauenhandel ist zwar nicht von sexueller Ausbeutung und Prostitution zu trennen, aber nicht auf Prostitution beschränkt. Generell gehörten zu den drei größten Konzentrationsbereichen von Migrantinnen der Niedriglohnsektor im formalen Arbeitsmarkt, die Hausarbeit/Dienstmädchenarbeit[6] und die Sexindustrie. Anwerbung und Ausbeutung von Hauspersonal und auch organisierte Eheschließungen sind neue Formen des Menschenhandels, die häufig übersehen werden, da Frauenhandel meist mit erzwungener Prostitution assoziiert wird. Im Protokoll werden als Ausbeutung außer der Ausnutzung der Prostitution oder anderer Formen sexueller Ausbeutung nun auch Zwangsarbeit oder Zwangsdienstbarkeit, Sklaverei oder sklavenähnliche Praktiken, Leibeigenschaft oder die Entnahme von Körperorganen genannt Die Definition schließt damit auch Haushaltsdienste mit ein.

Die Ausdifferenzierung der Frauen- und Menschenrechtsgruppen: Prostitution als Konfliktfeld

Im Vorfeld der Formulierungen war die Betrachtungsweise von Prostitution der am stärksten umstrittene Aspekt der Auseinandersetzungen. Dabei verlief die Konfliktlinie *zwischen* verschiedenen Regierungen und *zwischen* verschiedenen Organisationen. Eine Analyse der Positionspapiere, Berichte, Vorschläge und Empfehlungen und Protokolle ergibt zwei konträre Positionen: eine, die Prostitution generell verurteilt, abschaffen will und Prostitution als Verletzung der Menschenwürde betrachtet, und eine weitere, die zwischen freiwillig gewählter Prostitution und unfreiwilliger Prostitution unter Druck oder Zwang unterscheidet und in der letzteren Form die Verletzung von Frauenrechten bzw. Menschenrechten sieht.

Verurteilung von Prostitution

Eine Verurteilung der Prostitution generell wollten mehrere NRO erreichen. Die Kampagne gegen Frauenhandel (CATW), in der u.a. die European Women's Lobby (EWL), die International Federation of Human Rights (FIDH) und Equality Now (USA) Mitglieder sind, ist eine große mitgliedstarke Dach-Organisation. Geschäftsführende Direktorin ist Janice G. Raymond, Dozentin an der Universität Massachusetts. CATW hatte 1995 einen Bericht vorgelegt, der in eine Konvention gegen alle Formen sexueller Ausbeutung mündet: „Die Coalition Against Trafficking in Women ist führender Kopf der Position, dass alle Formen sexueller Ausbeutung die Verletzung der Menschenrechte einer Person bedeuten". Als Menschenrechts-NGO vertritt das International Human Rights Network ebenfalls die generelle Ächtung der Prostitution.[7] Als Länder schlossen sich die USA und Argentinien an. Der Vorschlag beider Staaten, der gemeinsam eingereicht wurde, begriff unter Frauenhandel unter anderem „die Prostitution oder andere Formen sexueller Ausbeutung einer Frau oder eines Kindes, auch mit Zustimmung dieser Person".[8]

In den Formulierungsvorschlägen spielt der Begriff sexuelle Ausbeutung eine entscheidende Rolle. Prostitution als eine Form sexueller Ausbeutung und Frauenhandel als andere Form sexueller Ausbeutung seien nicht voneinander zu trennen. „Viele Gruppen bemerken, dass es unmöglich ist zu trennen zwischen der Ausbeutung, die Frauen in der lokalen Prostitutionsindustrie angetan wird, und der Ausbeutung, die Frauen angetan wurde, die zum Zweck der Prostitution gehandelt wurden", so im International Human Rights Network Statement 1999-2000 (Raymond 2002). Mit der Gleichsetzung verbindet die abolitionistische Bewegung zudem die Chance, erneut über Prostitution öffentlich zu diskutieren, nachdem - wie sie meint - diejenigen Länder, die Prostitution legalisiert bzw. reglementiert haben, eine Zensur der Diskussion bewirkt haben. Es gebe Länder, so Raymond, in denen „mehr Bordelle als Schulen" anzutreffen seien (2002, S. 499). Kritisiert werden vor allem die Niederlande und Deutschland. Besonders die Verwendung des Begriffes „sex work", „Sexarbeit", provoziert diese Gruppen. Der Begriff legitimiere Gewalt gegen Frauen (ebd.). Besonders der Begriff „Arbeit" wird hier kritisiert. Die Sex-Industrie sei kein Bereich, der als „Arbeit" bzw. „Erwerbsarbeit" betrachtet werden dürfe. Die Verbindung zwischen Prostitution und Frauenhandel werde auch daran offensichtlich, dass solche Länder, die Prostitution legalisiert bzw. reglementiert hätten, die höchste Zahl an Frauen auswiesen, die Opfer von Menschenhandel seien: „Wenn Prostitution von einer Gesellschaft akzeptiert wird, folgen Sex-Handel und Sextourismus unausweichlich" (CATW Report 1995:3).

In der Gruppe der UN-Berichterstatter/innen wurde diese Haltung nicht geteilt, stattdessen die Trennung von Prostitution und Frauenhandel betont. Vor zwanzig Jahren, 1983, hatte allerdings der UN-Spezialberichterstatter Jean Fernand-Laurent

Prostitution allgemein als eine Form der Sklaverei bewertet. In einem seiner Berichte heißt es „während es stimmt, dass nicht alle gefoltert werden, so werden nichtsdestotrotz alle der degradierendsten und zerstörerischsten Form der Sklaverei unterworfen".[9]

Gefordert wurde vor allem, dass eine etwaige bzw. vermeintliche Zustimmung (consent) des Opfers keine Rolle spielen dürfe. Insofern sollte in das Protokoll eingefügt werden „mit oder ohne Einwilligung des Opfers". Tatsächlich ist ein Verweis auf vermeintliche Zustimmung in Gerichtsprozessen häufig schon Grund für den Freispruch von Menschenhändlern gewesen. So betont das International Human Rights Network: „Einwilligung ist das Einfallstor, das es der Sexindustrie ermöglicht, angeblich freiwilligen Handel zur Prostitution als 'erleichterte Migration' oder 'Migration für Sex-Arbeit' umzudefinieren".[10] Auch war es für die Akteurinnen und Akteure entscheidend, dass das Kriterium der Anwendung von Gewalt und Zwang (force) keine Rolle bei der Definition von Frauenhandel spielt.[11]

Die CAT vertritt nicht ein Prohibitionsprinzip, bei dem alle im Zusammenhang mit Prostitution stehenden Personen strafbar sind und auch die Prostituierten selber (vgl. Kartusch u.a. 2000:33). Die Dachorganisation und Mitgliedsorganisationen treten vielmehr für einen - so genannten - abolitionistischen Umgang mit Prostitution ein, nach dem alle mit Prostitution verbundenen Tätigkeiten unter Strafe stehen (Zuhälter, Bordellinhaber, Frauenhändler, Kunden), Prostituierte selber aber nicht. Ihre These ist, dass solche Maßnahmen langfristig zur Abschaffung der Prostitution führen. Unter den Staaten ist Schweden das Vorbild. Hier ist seit 1999 die Inanspruchnahme der Dienstleistungen von Prostituierten unter Strafe gestellt, die Ausübung der Prostitution jedoch nicht.

Prostitution als Erwerbsarbeit

Ebenfalls an Diskurse über Frauenrechte knüpfen Vertreter und Vertreterinnen von Gruppen an, die die Legalisierung der Prostitution fordern. Sie beziehen sich auf die Rechte von Frauen als Arbeiternehmerinnen in der Sex-Industrie und fordern Arbeitnehmerinnenrechte für Prostituierte wie z.B. soziale Sicherheit, Leistungen im Krankheitsfall oder im Fall von Arbeitslosigkeit. In der Debatte um die Definition des Protokolls wirkten diese Gruppen darauf hin, dass zwischen Prostitution und Frauenhandel getrennt werden und Frauenhandel mit der Anwendung von Zwang oder Druck einhergehen müsse, um als solche definiert zu werden.

Auf der Seite der NRO wurde diese Argumentation von der International Human Rights Law Group (IHRLG) und vom Human Rights Caucus vorgebracht. Im Human Rights Caucus sind u.a. vereint: die Foundation against Trafficking in Women, La Strada, Foundation for Women, Global Alliance against Traffic in Women, Asian

Women's Human Rights Council, aus Deutschland das KOK-National German Network against Trafficking in Women,[12] Ban Ying Germany.[13]

Der Zusammenschluss betonte, dass „kein spezifischer Nachteil oder Schaden erkennbar sei, wenn eine Frau in der Sex-Industrie arbeiten" wolle.[14] Daher müsse für das Protokoll eine Definition gewählt werden, die sich auf „die sich auf die missbrauchenden Arbeits- und Lebensbedingungen beziehe anstelle auf die Art der Arbeit".[15] Es sei fatal, wenn Frauenhandel unabhängig vom Einverständnis der Betroffenen definiert würde, da Frauen dann nicht mehr freiwillig für Sex-Arbeit migrieren dürften. „Jede Definition von Frauenhandel muss deutlich Opfer von Frauenhandel von solchen Erwachsenen unterscheiden, die freiwillig der Reise zustimmen und die vollständig informiert sind über die Art und die Bedingungen der Arbeit oder Dienstleistungen, die von ihnen erwartet werden, und die schließlich freiwillig tätig sind".[16] Da die Organisationen nicht die Art der Arbeit als Definitionsmerkmal akzeptieren, weisen sie darauf hin, dass „alle Opfer von Menschenhandel ähnliche Menschenrechtsverletzungen erleben, sowohl von Seiten der Menschenhändler als auch von Seiten des Staates".[17]

Der Human Rights Caucus, in dem auch Mitglieder des Network of Sex Work Projects (NSWP) vertreten waren, wollte vor allem verhindern, dass die Einwilligung (consent) irrelevant sei. Wenn, so argumentiert Jo Doezema,[18] die Zustimmung keine Rolle spiele, würde damit ausgedrückt, eine Frau könne kommerzieller Sex-Arbeit gar nicht zustimmen und dies entspräche zutiefst „anti-feministischen Ideen über weibliche Sexualität" und einem Angriff auf die sexuelle Autonomie der Frau (2002:21).

Entsprechend intervenierte der Human Rights Caucus, und hier speziell der Asian Women Human Rights Council, auch den Begriff „sexuelle Ausbeutung" zu streichen, da er zu „vage und umstritten" sei.[19] Die Gruppen schlossen sich dem niederländischen Vorschlag an, Frauenhandel als „für den Zweck der Sklaverei, Knechtschaft oder Zwangsarbeit" zu bezeichnen und den Zweck der sexuellen Ausbeutung zu entfernen. Die Niederlande hatten tags zuvor für eine Definition plädiert, die sich auf die Arbeitsbedingungen beziehen sollte und nicht auf die Prostitution selbst.

Die Streichung des Begriffs „sexuelle Ausbeutung" wurde unterstützt von der UN-Hoch- Kommissarin für Menschenrechte (Mary Robinson): „undefinierte, unpräzise und gefühlserregende[20] Begriffe wie 'sexuelle Ausbeutung'" sollten nicht verwendet werden.[21] Auch die UN-Spezialberichterstatterin zu Gewalt gegen Frauen, Rhadika Coomaraswamy, vertrat die Entkopplung zwischen Prostitution und Frauenhandel. Sie wandte sich in ihrem Positionspapier dagegen, im Protokoll die Begriffe Opfer und sexuelle Ausbeutung aufzunehmen und warf die Frage auf, ob wirklich jede Aktivität in der Sex-Industrie per se sexuelle Ausbeutung konstituiere oder ob nicht vielmehr ausschließlich Sex-Arbeit unter ausbeuterischen oder sklavereiähnlichen Bedingungen als sexuelle Ausbeutung qualifiziert werden sollte.[22] Sie hatte bereits in ihrem ersten Bericht zu Gewalt gegen Frauen 1995 darauf hingewiesen, dass Prostituierte eine heterogene Gruppe mit unterschiedlichen Interessen und Unterschieden in ihrer Verletzbarkeit seien. Während sie allerdings einige differenzierte Fakten zur Lebenssituation von Prostituierten nennt, erwähnt sie in diesem Bericht Frauenhandel ausschließlich im Kontext von Prostitution. Den schlechten legalen Status und die hohe Ausbeutung von Prostituierten führt sie auf die Illegalisierung der Prostitution zurück, ohne aber eine Legalisierung zu fordern.[23]

Bezugspunkt Anti-Prostitutions- und Frauenhandel-Konvention 1949

Die Konvention zur Unterdrückung des Menschenhandels und der Ausbeutung von Prostituierten 1949 bildete im Verlaufe der Diskussion um das Zusatzprotokoll den Bezugspunkt der Argumentation. Sie wurde von beiden Fronten als Anti-Prostitutions-Protokoll betrachtet, von der einen Seite befürwortet, von der anderen Seite abgelehnt.

Für die Gegnerinnen der Prostitution war sie der große internationale Erfolg dieser Bewegung, da in ihr Prostitution allgemein als „schädlich" für eine Gesellschaft betrachtet wird. Die Bewegung versteht sich als abolitionistisch einerseits im Anschluss an den mit der Aufklärung entstandenen Abolitionismus, der als erste Menschenrechtsbewegung zur Ächtung der Sklaverei führte, andererseits im Anschluss an die Bewegung zur Abschaffung der Prostitution ausgehend von England in der zweiten Hälfte des 19. Jahrhunderts auf Initiative der Frauenrechtlerin Josephine Butler.[24] Tatsächlich ist die Konvention nicht ohne die Aktivitäten von Frauengruppen gegen die so genannte „white slavery" zu Beginn des 20. Jahrhunderts zu denken. Viele der Aktivistinnen machten keinen Unterschied zwischen „white slavery" und Prostitution.[25] In ihren Augen waren Prostituierte ausschließlich Opfer männlicher Macht. Einerseits war dies eine progressive Haltung, da gefordert wurde, dass nicht Prostituierte, sondern Freier und Zuhälter verfolgt werden sollten und zudem eine Verbesserung der Frauenlöhne dazu führe, dass Frauen sich nicht mehr prostituieren müssten. Andererseits war der Zugang moralisierend und bewirkte eine Unterscheidung in „gute" und „schlechte" Frauen. Die Frau, die der Prostitution nicht abschwor, hatte ihre Tugend verloren. Bei der Anknüpfung der heutigen NRO an die Bewegung zur Abschaffung der Sklaverei wird allerdings übersehen, dass es bei dem Kampf um die Abschaffung der Sklaverei um ein Machtverhältnis und die Arbeits*bedingungen*, nicht aber um bestimmte Tätigkeiten, um die Art der Arbeit ging (vgl. Wijers & Chew 1999, S. 39). Dies wird besonders deutlich, wenn es um andere moderne Formen der Sklaverei geht, die im neuen Protokoll auch genannt werden. Wenn sich z.B. die Menschenrechtsverletzung nicht aus der Haushaltstätigkeit als solcher ergibt, sondern aus den Arbeitsbedingungen, stellt sich die Frage, warum dies bei Prostitution anders zu bewerten ist.

Diejenigen NRO, die Prostitution als Form der Erwerbsarbeit sehen, sehen in der Konvention der Vereinten Nationen von 1949 ein moralisches Kontrollinstrument. Sie weisen auf die Präambel hin, in der Prostitution und Menschenhandel zum Zwecke der Prostitution als unvereinbar mit „der Würde und dem Wert der menschlichen Person" betrachtet werden. Es werde nicht zwischen freiwilliger und erzwungener Prostitution unterschieden. Die Konvention hatte sich laut Kartusch als ineffizient erwiesen, da sie „nur einen kleinen Teil der weiten Bandbreite an Fällen umfasst" (2000, S. 46).

In einem Papier an alle Delegierten warnt ein Zusammenschluss verschiedener Menschenrechtsgruppen und - im Falle Deutschlands z.B. auch Prostituiertenorganisationen - davor, „gegenseitig vereinbarte Migration wegen Sex-Arbeit" in das Protokoll aufzunehmen: „Dies würde das Menschenhandel-Protokoll in ein Anti-Prostitutions- und Anti-Menschenhandelsprotokoll umwandeln".[26] Ein Konsens sei dann nicht erreichbar, denn die Konvention von 1949, die in Wahrheit eine Anti-Prostitutions-Konvention sei, sei von weniger als der Hälfte der Regierungen unterzeichnet worden. Gestrichen werden müsse bei der Aufzählung der Mittel „Überredung" (inducement), unter Zweck der Begriff „Verwendung in der Prostitution" (stattdessen „sexuelle Ausbeutung") und ebenfalls die Formulierung „unabhängig von der Zustimmung".[27] Eine Ausrichtung wie die der Konvention von 1949 führe dazu, dass eher Frauen in der Sexindustrie verfolgt, inhaftiert und ausgewiesen würden, als dass Händler bestraft würden.

Die Definition

Während das Protokoll hinsichtlich der Schutzmechanismen für Betroffene hinter den Erwartungen zurückbleibt, ist der „wahre Durchbruch" (Gallagher 2001, S. 1004) die Einigung auf eine differenzierte Definition. Die verabschiedete Formulierung des Protokolls wurde von beiden oben dargestellten Interessensseiten als Erfolg der eigenen Position gefeiert. „Die endgültige Definition des Handels im Protokoll kann als Sieg für diejenigen betrachtet werden, die argumentieren, dass der einzige Weg die Rechte der Sex-Arbeiterinnen zu schützen, darin besteht, Prostitution als legitimen Beruf zu betrachten", so Jo Doezema (2002, S. 23). „Die Definition des Frauenhandels in dem neuen UN-Protokoll benennt ausdrücklich, dass die Zustimmung eines Opfers irrelevant ist", so Janice G. Raymond (2002, S. 498).

Tatsächlich trägt die Definition den verschiedenen Seiten Rechnung. Zwar wird der Aspekt von Gewalt betont, aber die Formulierung der anderen möglichen Druckmittel ist erstaunlich offen und breit, wie „andere Formen der Nötigung", „Täuschung", „Missbrauch von Macht", „Ausnutzung besonderer Hilflosigkeit", „Gewährung oder Entgegennahme von Zahlungen oder Vorteilen zur Erlangung des Einverständnisses einer Person". Die Nennung der verschiedenen Kontrollstrategien geht über das hinaus, was bisher unter „erzwungen" verstanden wurde und entspricht den Forderungen, keine Unterscheidungen zwischen „freiwillig" und „unfreiwillig" vorzunehmen. Die feministische Debatte, Gewalt gegen Frauen als vielfältige Form der Macht- und Kontrollmechanismen zu begreifen, hat hier Auswirkungen gehabt. Auf der anderen Seite entspricht die Formulierung auch der Forderung, Zwangsaspekte als Bedingungen für den Tatbestand Menschenhandel einzuführen und Frauenhandel und Prostitution nicht gleichzusetzen.

Die Formulierung „unabhängig von der Zustimmung des Opfers" wurde nicht aufgenommen, hier waren die Gruppen erfolgreich, die einen Unterschied zwischen Zustimmung und Nicht-Zustimmung machten. Die Einfügung von Absatz b („die Einwilligung eines Opfers des Menschenhandels ist unerheblich, sofern eines der genannten Mittel angewendet wurde") trägt gleichzeitig den Forderungen der anderen Gruppen Rechnung.

Gleichwohl werden die oben dargestellten Spannungen und Auseinandersetzungen um Prostitution auf eine andere Ebene verlagert. Die Auslegung und Implementierung des Protokolls in den einzelnen Staaten hängt von der jeweiligen Politik gegenüber Prostitution ab.

Fazit

Eine Definition wie die oben dargestellte ist in einer internationalen Vereinbarung zuvor nicht geleistet worden und kann als universeller Standard dienen. Der Einfluss der NRO - in der überwiegenden Mehrheit Frauenrechtsgruppen - in den Verhandlungen zum Protokoll war erstaunlich hoch. Mehrere Delegierte des Ad-Hoc-Komitees hatten öffentlich bekannt, dass sie über wenig Expertise zu Menschen- bzw. Frauenhandel verfügen. Die zahlreichen Dokumente und Vorschläge der NRO wurden in die Verhandlungen einbezogen (vgl. Gallagher 2001). Ein ganzes Spektrum von frauenpolitischen Aspekten fand hier Eingang. Transnationale Vernetzungen frauenpolitischer Organisationen haben die Verankerung von Frauenrechten als internationale Normen ermöglicht und in diesem Fall die Thematisierung und Kodifizierung von Frauenhandel als Menschenrechtsverletzung. Damit hat auch der Kampf gegen den Frauenhandel als Element einer globalen Kultur im Sinne einer Normsetzung Erfolg gehabt. Inwiefern diese Normsetzung Wirkung entfaltet, bleibt an anderer Stelle zu untersuchen. Sie legitimiert und unterstützt auf jeden Fall entsprechende Forderungen von sozialen Bewegungen auf lokaler Ebene.

Zugleich und auf der anderen Seite ist es zu einer Ausdifferenzierung der Positionen gekommen. Ein Teil der frauenpolitischen Netzwerke kann in ihrem Argumentationszusammenhang auf abolitionistische Sichtweisen in den internationalen Diskussionen vor über 100 Jahren zurückverfolgt werden. Die Interessenvertretung der Prostituierten, die „Sex Workers Rights Movement" ist in den letzten zwei Jahrzehnten erstarkt und besteht im Gegensatz zu den Gegnerinnen der Prostitution auch, aber nicht nur, aus aktiven „Huren". Hinzu kommt als „jüngste" Gruppe, die inzwischen politisiert und organisiert auftritt, die Gruppe der Migrantinnen. Es drängt sich ein wenig der Eindruck auf, als seien hier auch Konkurrenz-Motive am Werk, in der inzwischen sehr wettbewerbsorientierten NRO-Szene meinungsführend zu sein. Der Einfluss und der Erfolg der Netzwerke verdankt sich der Einbindung unterschiedlicher Akteurinnen. Die NRO bilden Allianzen mit Wissenschaftlerinnen (s. als Beispiele hier J. Raymonds und J. Doezema) ebenso wie mit feministischen Politikerinnen. Die Netzwerke weisen eben jene kollektiven Ressourcen auf, die Ilse Lenz als notwendig für Verhandlungen im Globalisierungsprozess benennt: „Internationale Orientierungsfähigkeit, wie Kenntnis der wirtschaftlichen und politischen Prozesse und Strukturen, institutionelles Wissen und Zugang zu internationaler Kommunikation" (2003; S. 36). Gleichwohl wäre zu untersuchen, welche Akteurinnen die dominierenden Rollen der jeweiligen Netzwerke innehaben und welche Stimmen zu Frauenhandel und Gewalt gegen Frauen trotz des gestiegenen „empowerment" marginalisiert werden. Durch die führende Rolle der Dachorganisationen besteht die Gefahr, dass kleinere Mitgliedsgruppen in zentralen Punkten von den Forderungen abweichen, die aber unerwähnt bleiben.

Anmerkungen

1 „Protokoll zur Verhütung, Bekämpfung und Bestrafung des Menschenhandels, insbesondere des Frauen- und Kinderhandels, in Ergänzung des Übereinkommens der Vereinten Nationen gegen die grenzüberschreitende organisierte Kriminalität". http://www.un.org/Depts/german/gv-sonst/a55383_ anhii.pdf oder http://www.unodc.org/unodc/en/trafficking_human_beings.html. [13.2.2005]

2 UN-Konvention zur Beseitigung jeder Form von Diskriminierung der Frau (CEDAW), verabschiedet 1979. Sie enthält ein Diskriminierungsverbot aufgrund des Geschlechtes und verpflichtet die Staaten u.a., alle geeigneten Maßnahmen zur Unterdrückung jeder Form des Frauenhandels zu ergreifen (Art.6).

3 Ich bedanke mich bei Angelika Kartusch und dem Ludwig Boltzmann Institut für Menschenrechte in Wien dafür, dass sie mir die notwendigen Dokumente zugänglich gemacht haben.

4 Staaten sollen Hilfe für den Schutz von Opfern zur Verfügung stellen, „in angebrachten Fällen und zu dem möglichen Ausmaß unter nationalem Gesetz" (Artikel 6 (1)).

5 Recommendations from International Human Rights Law Group. NGO Consultation with UN/IGOs on Trafficking in Persons, Prostitution and the Global Sex Industry. „Trafficking and the Global Sex Industry: Need for Human Rights Framework", June 21-22 1999, S.10.

6 Der englische Begriff „domestic work" ist umfassender und genauer.

7 Das Netzwerk wurde von CAT geleitet. Vom Netzwerk selber waren nur wenige Personen bei den Verhandlungen präsent, die geschriebenen Dokumente jedoch sind zum Teil von 70 Einzelgruppen unterschrieben.

8 Proposal submitted by Argentinia and the United States. Ad Hoc Committee on the elaboration of a convention against Transnational Organized Crime. Second session. Vienna

4.-12.3.1999 199. United National. General Assembly.(A/AC.254/4/Add.3/Rev.1. Article 2 Definitions, iii).

9 Fernand-Laurent, Jean. Report of Mr. Jean Fernand-Laurent, „Special Rapporteur on the suppression of the traffic in persons and the exploitation of prostitution“ (E/1983/7), UN Economic ans Social Council 17 March 1983. Hier S.17.

10 International Human Rights Network. Key Cases: The problems of consent.

11 Dokument: Equality Now. Brief an M. Albright, Secretary of Sate vom 5. Juni 2000. Equality Now: New York. Info@equalitynow.org

12 KOK-Deutschland - Koordinierungskreis gegen Frauenhandel und Gewalt an Frauen im Migrationsprozess e.V. Der KOK ist ein Netzwerk von 34 heterogenen Mitgliedsorganisationen, u.a. terre des femmes, agisra. Unter den Zielen: Die Entkriminalisierung von Frauen in der Sexindustrie.

13 Ban Ying kommt aus dem Thailändischen und heißt „Haus der Frauen“. Der 1988 gegründete Verein besteht aus zwei Projekten, einer Zufluchtswohnung und einer Koordinationsstelle für Frauen aus Südostasien.

14 The Human Rights Caucus. Recommendations and commentary on the draft elements for an international legal instrument against illegal trafficking and transport of migrants. 11.4.2000 (Datum des vorliegenden Ausdrucks).

15 The Human Rights Caucus. Intervention by Global Alliance against Traffic in Women. 11.4.2000 (Datum des vorliegenden Ausdrucks)

16 Ebd.

17 Ebd.

18 Institute of Development Studies der University of Brighton und Aktivistin im Network.

19 The Human Rights Caucus. The Definition of 'Trafficking of Persons', Art. 2 of the Draft Protocol on Trafficking - Intervention by Asian Women Human Rights Council.

20 „Emotive“ im Original.

21 Informal Note by the United Nations High Commissioner for Human Rights. Ad Hoc Committee on the elaboration of a convention against Transnational Organized Crime. Fourth session. Vienna 28.6.-9.7. 199. United National. General Assembly. (A/AC.254/16)

22 Position paper, May 20, 1999, submitted to the Ad Hoc Committee.

23 Vgl. auch „Frauenhandel“. Schriftenreihe der Bundesministerin für Frauenangelegenheiten Band 4, Wien 1996.

24 Der Begriff abolitionistisch ist m.E. in diesem Zusammenhang unglücklich. Unter Abolitionismus verstehen wir heute in erster Linie Entkriminalisierung und um diese geht es der Bewegung gegen Prostitution nicht. Zwar will sie die Prostituierten nicht kriminalisieren, sie will aber vor allem die Prostitution unter Strafe stellen. Unter Entkriminalisierung der Prostitution kann mit gutem Grund die Anerkennung von Prostitution als Erwerbsarbeit verstanden werden.

25 So z.B. Josephine Butler mit einer Kampagne gegen den Contagious Diseases Acts in Großbritannien. Oder Jane Addams in den USA.

26 „For all delegates attending the october meeting of the Ad Hoc Committee on the protocoll to prevent, suppress and punish trafficking in persons“, September 2000, S. 1.

27 Ebd., S. 2.

Literatur

Berkovitch, Nitza (2001): Frauenrechte, Nationalstaat und Weltgesellschaft. In: *Kölner Zeitschrift für Soziologie und Sozialpsychologie*, Sonderheft 41, S. 375-397.

Braig, Mariannne & Ute Gerhard (1999): *Frauenrechte sind Menschenrechte*. Dokumentation einer Tagung des Zentrums für Frauenstudien und die Erforschung der Geschlechterverhältnisse. Frankfurt a.M.

CATW (Coalition against Trafficking in Women) (1995): Report to the Special Rapporteur on Violence against Women. Hg. Von Janice G. Raymond.

Doezema, Jo (2002): Who gets to choose? Coercion, consent and the UN Trafficking Protocol. In: Gender and Development. Vol. 10, No. 1, S. 20-27.

Gallagher, Anne (2001): Human Rights and the new UN Protocols on Trafickng and Migrant Smuggling: A Preliminary Analysis. In: Human Rights Quarterly. 23, S. 975-1000.

Kartusch, Angelika (2000): Katharina Knaus und Gabriele Reiter. Bekämpfung des Frauenhandels nach internationalem und österreichischem Recht. Wien 2000.

- (2003): Internationale und europäische Maßnahmen gegen den Frauen- und Menschenhandel - Rückblick und Ausblick. In: gender.politik.online, Dezember 2003. http://www.fu-berlin.de/gpo/angelika_kartusch.htm

Klein, Uta (2005): Gleichstellungspolitik in der Europäischen Union. Eine Einführung. Reihe uni studien politik. Schwalbach (i.E.).

Lemke, Christiane (2003): Gender und Globalisierung. In: gender.politik.online, September 2003. http://www.fu-berlin.de/gpo/christiane_lemke.htm.

Lenz, Ilse (2001): Geschlechterdemokratie, Frauenbewegungen und Organisationsreform im globalen Kontext. In: Feministisches Institut der Heinrich-Böll-Stiftung (Hg.), Möglichkeiten und Grenzen eines Transfers zwischen feministischer Wissenschaft und Politik. Beiträge des Gunda-Werner-Promotionskollegs des Feministischen Instituts und des Studienwerks der Heinrich-Böll-Stiftung am 30.10.2000 in Berlin, S. 32-40.

Neuhold Brita, Pirstner,Renate & Ulrich, Silvia (2003): Menschenrechte - Frauenrechte. Internationale, europarechtliche und innerstaatliche Dimensionen. Innsbruck.

- & Henökl, Birgit (1999): Frauenrechte - Menschenrechte. Vom Traum zur Wirklichkeit. Österreichischer Entwicklungsdienst, Wien.

Raymond, Janice G. (2002): The New UN Trafficking Protocol. In: Women's Studies International Forum. No. 5/2002. S. 491-502.

Ruppert, Uta (2001): Von Frauenbewegungen zu Frauenorganisationen, von Empowerment zu FrauenMenschenrechten: Über das Globalwerden internationaler Frauenbewegungspolitik. In: Österreichische Zeitschrift für Politikwissenschaft 2/2001, S.195-212.

Wijers, Marjan & Chew Lin Lap (1999): Trafficking in Women. Forced Labour and Slavery-like Practices in Marrage, Domestic Labour and Prostitution. Foundation Against Trafficking in Women. Utrecht.

Wobbe, Theresa (2001): Institutionalisierung von Gleichberechtigungsnormen im supranationalen Kontext: Die EU-Geschlechterpolitik. In: Kölner Zeitschrift für Soziologie und Sozialpsychologie, Sonderheft 41, S. 332-355.

Günter Best

Bemerkungen zur Ehe, Kaste und Klasse bei den hinduistischen Sindhis in Gibraltar*

Fragestellung und Methode

Im Verlauf meiner empirischen Datenerhebungen stieß ich auch auf das Kastenwesen und die endogene soziale Klassenstruktur bei den hinduistischen Sindhis in Gibraltar. Mich begann die Frage zu beschäftigen, ob und gegebenenfalls welche Stellenwerte Kasten- und soziale Klassenzugehörigkeiten bei dem Zustandekommen von Ehen haben. Weitere zentrale Fragen folgten: Wie finden sich Partner für eine Ehe? Handelt es sich um intra- oder interethnische Verbindungen und welche Rolle spielt die Religion dabei? Gibt es auch heute noch ein weltweites Match-Netzwerk für arrangierte Heiraten, oder hat sich vermehrt die „Liebesheirat" durchgesetzt? Wichtig schien mir auch die mögliche Korrelation zwischen der Mitgift, dem postnuptialen Residenzmuster und der Ehestabilität. Auch konnte die Frage nicht ausgespart werden, ob bei dem Zustandekommen von (besonders) arrangierten Heiraten auch geschäftliche Interessen involviert sind, die ein globales intraethnisches Netzwerk umspannen. Und schließlich stellte sich die Frage, ob bei den Sindhis in Gibraltar die intraethnische Ehe möglicherweise ein Merkmal und Garant der ethnischen Identität darstellt sowie gar als Überlebensstrategie begriffen wird. Obgleich das gesamte Datenmaterial des Projektes noch nicht vollständig transskribiert ist, halte ich die dokumentierten Aspekte zu diesem bislang nicht behandelten Thema für ausreichend und aussagefähig.

Das empirische Datenmaterial wurde während eines Aufenthaltes vor Ort vom 04.03.01 bis 05.05.03 und zweier kürzerer Nachuntersuchungen im Herbst 2004 und Frühjahr 2005 erhoben. Dabei wurden die teilnehmende Beobachtung, teilstrukturierte Interviews für quantitative Daten und offene Interviews mit Sonder-Informanten angewendet. Die Sindhis in Gibraltar sind für sozial-ethnologische empirische Untersuchungen deshalb besonders geeignet, weil sie Teil einer mehrkulturellen und zugleich face-to-face-Gesellschaft sind.

Allgemeine Angaben zu Gibraltar

Die Bevölkerung Gibraltars (ohne britisches Militär und Angehörige) besteht aus 27.495 Menschen (Census of Gibraltar 2001, S. XVI, 9). Die Kern-Gesellschaft bilden die Gibraltarianer (Hybrid[1]-Gesellschaft aus Andalusiern, Genuesen, Menorkinern, Maltesern und Briten) mit 22.882 Mitgliedern, dann folgen 2.627 „other British", 961 Marokkaner und 1.025 anderer Nationalitäten. 21.470 Christen zählen zur römisch-katholischen Kirche, 1.920 zur „Church of England" und 883 zu anderen Kirchen. Die nicht-christliche Gruppe wird von 1.102 Moslems angeführt, dann folgen 584 sephardische Juden, 491 Hindus, 259 Personen mit einer anderen Religion und 786 Religionslose (ibid., S. 9). Gibraltar ist seit 301 Jahren britisches Territorium und besteht aus einer 6,5 qkm großen Halbinsel an der Südspitze der Ausläufer der Kordilleren. Die Landschaft ist durch einen Kalkfelsen - „The Rock" genannt - geprägt, der sich von Norden nach Süden erstreckt. In Analogie zu Großbritannien kommt auch hier das Schengener Abkommen nicht zur Anwendung, d.h. dass es eine mit einem Zaun versehene Grenze zwischen Spanien und Gibraltar gibt, die nur durch die Kontrolle von Grenz- und Zollbeamten auf beiden Seiten passiert werden kann.

Während bis vor zehn Jahren das wirtschaftliche Leben durch die britische Militärpräsenz geprägt war, hat sich das Land nach dem Abzug der Royal Navy und British Army[2] zum Steuerparadies für Touristen und Investoren entwickelt. Gibraltar ist eine Pound Sterling-Zone, doch werden bei Einkäufen, Transaktionen, Investitionen und Bankeinlagen auch EURO und US-Dollar akzeptiert.

„The Hindu Community"

Die Sindhis bezeichnen sich als „Hindu Community" (Budhrani 2001, S. 21) und treten auch offiziell als solche in der Gesellschaft und Wirtschaft auf. Schon fünf Jahre nach der Eröffnung des Suez-Kanals im Jahre 1865 kamen die ersten Sindhi-Händler von Hyderabad[3] in Sindh nach Gibraltar. Nach ca. 50 Jahren hatten sich einige Sindhi-Händler etabliert und ließen im Jahre 1920 die ersten Familien nachkommen. Haresh Budhrani, Anwalt und gegenwärtig „President of Gibraltar's Hindu Community", beschreibt die Situation dieser damals nicht willkommenen Gruppe: „This led to a curious situation that, although the Indian subjects were British, they never acquired the same rights as the Gibraltarian subjects" (ebd., S. 21). Aufgrund des „British National Act 1948" erhielten alle Personen über 21 Jahre und mit einem Aufenthalt von mindestens fünf Jahren in einem britischen Territorium auf Antrag die Staatsangehörigkeit des „United Kingdom and Colonies". Damit erlangten die Sindhis Bleiberecht in Gibraltar. Eine zweite Welle der Einwanderung folgte nach der Entkolonisierung Indiens und der Trennung (*virhango*) des muslimischen Pakistans vom vorwiegend hinduistischen Indien. Zahlreiche hinduistische Sindhis verließen ihre Heimat in und um Hyderabad und migrierten nach Indien, Großbritannien, Kanada, USA, aber auch nach Hong Kong, Ostafrika, den Kanarischen Inseln und Antillen. Die Sindhis, die Verwandte in Gibraltar hatten, zogen dorthin. Heute sind die alteingesessenen Sindhis vor allem Inhaber von Fachgeschäften in der besonders von Touristen frequentierten „Main Street" und „Casemates", aber auch als Anwälte und Akademiker tätig. Da Sindhis ihre Mitarbeiter bevorzugt aus der eigenen Familie sowie unter in Indien lebenden Verwandten wählen, sind heute viele ihrer Angestellten mit visaabhängigen Zeitverträgen bei ihnen tätig. Von den gegenwärtig 491 Hindus sind 154 gibraltarianische, 140 britische, 11 spanische, ein sonstiger EU-Bürger[4] und 185 andere[5] Staatsbürger (Census of Gibraltar 2001, S. 9). Innerhalb der Sozialstruktur Gibraltars gehören etwa ein Dutzend traditionelle gibraltarianische Familienzweige der Oberklasse an. Die Sindhi-Geschäftsleute und „Professionals" zählen heute zur Mittelklasse der Kerngesellschaft.[6] Sie haben sich bislang - mit Ausnahme des erst am 16. September 2004 zum „Speaker of the House of Assembly" ernannten Haresh Budhranis - am politischen Geschehen wenig beteiligt, doch gilt ihre Sympathie vorwiegend der „Liberal Party". Allerdings haben sie sich zur „Hindu Merchant Association" zusammengeschlossen, die in der „Gibraltar Chamber of Commerce" eine einflussreiche Rolle spielt.[7] Viele Gibraltarianer sind davon überzeugt, dass beim Auftreten einer politischen oder wirtschaftlichen Katastrophe die Sindhis als erste das Land verlassen würden, denn sie seien „in ein globales Netzwerk eingebettet und ökonomisch, sozial und individuell an Entwicklungen innerhalb dieses Netzwerkes orientiert. Dies führt zu Misstrauen (...) an der territorialen Loyalität (und) schließlich werden der Händlergeist und der wirtschaftliche Erfolg der Inder mit Neid betrachtet" (Haller 2001, S. 48). Den Sindhis ist diese Einschätzung ihrer gibraltarianischen Mitbürger bekannt; es ist allerdings ein Thema, über das sie nicht sprechen. Sicherlich trifft es zu: „Sindhis do not put all their eggs in one basket." Sie tätigen weltweit nicht nur Geschäfte, sondern auch Kapitalanlagen und Investitionen, die sich vorwiegend auf verwandtschaftliche Beziehungen und Empfehlungen begründen.

Sprache und Religion

Die in Gibraltar geborenen und/oder sozialisierten Sindhis der Ober- und Mittelkasse verfügen über eine gute Sprachkompetenz in Sindhi, Hindi, Englisch und Spanisch. *Sudra* sprechen Hindi und rudimentär Englisch sowie Spanisch; Sindhi zählt als passive Sprache. Das religiöse Leben der Hindus unterscheidet sich nach „Erkenntniswegen" und ihren *Gurus*. So gibt es vier Richtungen, die an folgenden sakralen Orten praktiziert werden: im Tempel (*Mandir*) lassen sich die Gläubigen von *Guru Bhangwan Sri Sathya Sai Baba* leiten, in der „Meeting Hall" der *Radha Soami Satsang Beas*-Gemeinde ist es *Maharaj Gurinder Singh,* im „Integral Yoga Centre" der vor zwei Jahren verstorbene *Sri Swami Satchidananda* und in der *Om Shanti*-Gruppe bzw. *Brahma Kumaris*-Organisation *Brahma Baba*. Sämtliche Gläubigen bezeichnen sich als Hindus, was die Vielfalt der Richtungen dieser Religion selbst auf kleinem Raum zum Ausdruck bringt.[8] Die im Tempel angeschlagenen „Lebensregeln" für Sindhis gelten für die Mitglieder aller vier Richtungen der Wahrheitssuche und stellen gleichzeitig pragmatische Leitlinien für das alltägliche Leben dar:

„Rules of Living (Sindhi) - *Mandir* Gibraltar

Never put off till tomorrow what you can do today.
Never trouble another for what you can do yourself.
Never spend your money before you have it.
Never buy what you do not want because it is cheap.
Pride costs us more than hunger, thirst, and cold.
We seldom repent having eaten too little.
Nothing is troublesome that we do willingly.
How much pain the evils have cost us that have never happened!
Take things always by a smooth handle."

Notizen zum Kastenwesen

Das *varna*-Prinzip ist eine hierarchische Klassifizierung, welche die Portugiesen als Kaste bezeichneten. Der Terminus Kaste wird hergeleitet aus dem lateinischen *castus* (keusch, rein). Dieser Begriff hat sich im westlichen Sprachgebrauch durchgesetzt. Das Kastenwesen ist nach hinduistischer Auffassung eine gottgewollte soziale wie religiöse und berufsbezogene Hierarchie, die sich auf die Schöpfung des Menschen begründet.[9] Besonders zentral ist die Dichotomie „Reinheit-Unreinheit". In der Hierarchie findet sich zuoberst die Reinheit und graduell absteigend bis zu den kastenlosen „Unberührbaren"[10] die Unreinheit. Traditionell bestimmte die Geburt in eine Kaste den gesamten Lebensbereich eines Individuums. Die in Indien landesweit verzweigte *jati*-Stratifizierung innerhalb der *varna* kann hier ausgespart werden, weil sie in Bezug auf Gibraltar irrelevant ist, da sie ausnahmslos den *Bhaibundh* angehören, was allerdings den jüngeren Mitgliedern meist unbekannt ist. Die Kastenhierarchie gliedert sich in vier *varna* und eine kastenlose Kategorie, die durch ihre sozialen, religiösen, politischen und wirtschaftlichen Funktionen gekennzeichnet sind:

Brahmanen (Priester, Gelehrte)
Kshatriya (Lehrer, Krieger, Herrscher)
Vaishya (Händler, Kaufleute, Viehzüchter, Landwirte)
Shudra (Diener, Handwerker, Knechte)
Dalit/Kastenlose/„Unberührbare" (Tagelöhner, Abdecker, Gerber, Straßenfeger)

Auffallend ist allerdings, dass die Sindhis das Kasten-Wesen wenig tangiert. Dies kann möglicherweise damit zusammenhängen, dass sie sehr lange in muslimisch regierten Regionen in und um Hyderabad lebten, wo dem Kastenwesen unter ihnen weniger Relevanz beigemessen wurde. Gleichzeitig ist bemerkenswert, dass die Sindhis Gibraltars - es handelt sich um eine relativ homogene Gruppe - zu den *Vaishya* (Händler-Kaste), und somit zu den *dvija* (Zweimal Geborene) zählen.

Da sich die Sindhis dieser britischen Kronkolonie allerdings als eine „closed society" verstehen und sich auch so verhalten, ist für sie die gruppeninterne Zuordnung wichtiger als das Kastenwesen, zudem sie gemeinsam derselben Kaste angehören. Innerhalb der Hindu-Gruppe kann - nach dem europäischen Schema - zwischen drei Klassen [11] unterschieden werden, die allerdings nicht durchlässig sind.

Upper Class

Hierzu zählen zunächst die agnatischen Nachkommen der Händler der ersten Einwanderungswellen bis zu den 20er Jahren, vor allem die Familien Bulchand/Khubchand, Chanrai, Chelleram und Pohmoomull. Dann gehören erfolgreiche Geschäftsleute zu dieser Kategorie, die insbesondere Geschäftsketten aufgebaut haben, wie beispielsweise die „Beda Par"-, „Omni"- bzw. „Nagrani"-Gruppen. Viele traditionelle Geschäfte tragen indische oder gar religiöse Firmennamen wie „Hotu", „Star of India" *„Lakshmi"*[12], aber auch typische gibraltarianische Namen, wie z.B. „Antonio Jewellers" der Familie Mahtani. Zunehmend reihen sich Anwälte und Akademiker - die sich in der Regel ohnehin aus der Oberschicht rekrutieren - in diese Klasse ein. Einige Familien dieser Schicht - sie sind ausnahmslos gibraltarianische bzw. britische Staatsbürger - haben ihren physischen Hauptwohnsitz außerhalb Gibraltars: Sie bewohnen vornehmlich Villen in dem nur 15 km entfernten Sottogrande an der Costa del Sol. Mehrere Betriebe werden von Managern geführt, die ihre Besitzer nur selten sehen. Eigentümer (Investoren) von Wohn- und Geschäftshäusern lassen ihre Immobilien durch Manager verwalten. Die Mitglieder der *upper class* haben auf sozialer, verwandtschaftlicher und privater Ebene exklusiv Beziehungen untereinander. Werden sie von ihren Angestellten zu privaten/festlichen Anlässen (z.B. Hochzeiten) eingeladen, bedanken sie sich für die Einladung, nehmen aber gewöhnlich aus „wichtigen terminlichen Gründen" nicht teil. Ihre Töchter besuchen die höhere Lehranstalt „Westside School" und die Söhne die „Bay Side School" oder Internate in England. Lediglich Söhne der *upper class* studieren vorwiegend an britischen und US-amerikanischen Universitäten, obgleich sie später in der Regel die Geschäfte ihrer Väter übernehmen und die Studiengänge keinen praktischen Bezug zu den späteren Tätigkeiten haben.[13] Töchter neigen nur selten zu einem Universitätsstudium; nach Abschluss der Schule und Erreichen des 18. Lebensjahres gelten sie als heiratsfähig. Bei den Sindhis sind indische Schulen und Universitäten kaum gefragt und ich habe von keinem Fall eines Sindhi-Schülers oder Studenten gehört, der seine Ausbildung in Indien absolviert hat.

Middle Class

Die mittlere Sozialschicht der Sindhis besteht aus den späteren Zuwanderern. Diese Selbständigen betreiben kleine Läden in Nebenstraßen, Gassen sowie am Südende der „Main Street".[14] Aufgrund des wirtschaftlichen Einflusses der Oberschicht haben sie keine Möglichkeit, sich in die zentrale Geschäftswelt der „Main Street" und am

„Casemates" einzureihen. Auch Inhaber von Wechselstuben zählen zu dieser Kategorie. Den größten Anteil dieser Gruppe bilden heute die Angestellten vom qualifizierten Mitarbeiter bis zum Geschäftsführer. Sie ermöglichen ihren in Gibraltar lebenden Kindern eine mittlere bis höhere Schulbildung. Ein Universitätsstudium kommt für diese Kinder in den wenigsten Fällen in Frage, auch dann nicht, wenn sie besonders begabt sind und Anspruch auf ein staatliches Stipendium („government grant") hätten, denn die zusätzlichen Kosten kann der Haushalt oft nicht aufbringen. Die Mitglieder der *upper class* und *middle class* zählen zur Kaste der *Vaiysha*. Auch hier gilt: keine Regel ohne Ausnahme: Ein aus Mumbai stammender Geschäftsführer einer Parfümerie-Kette ist Mitglied der obersten Kaste (*Brahmanen)*. Er trägt den Titel *pandit* (Priester) und hat im Tempel religiöse Funktionen inne. Ungeachtet dieser Tatsache wird er dennoch in die Gruppe der mittleren Schicht eingereiht. Er ist seit 15 Jahren als Vertrags-Angestellter ohne lokalverwandtschaftliche Beziehungen im Land und ist - wie alle Zeitangestellten - indischer Staatsbürger, und seiner Familie wird keinen Aufenthalt genehmigt. Aus seiner Sicht stellt sich die Situation derart dar: „I am a *Brahmin* and *pandit*. But I am doing the *Vaishya* work! Now in this 'Iron Age'[15], it is very difficult to live, so if I would live like a *pandit*, I would not get enough money to eat food" (sic).[16]

Lower Class

Die als *lower class* kategorisierten Personen bilden die kleinste Gruppe der Hindus. Dabei handelt es sich ausschließlich um Nicht-Sindhis. Diese hinduistischen Inder sind schon rein äußerlich an ihrer dunklen Pigmentierung zu erkennen und stellen den Gegenpol zur dichotomen „Reinheit-Unreinheit"-Ideologie dar: eine Jahrtausende tradierte Auffassung, über die innerhalb der „Zweimal Geborenen" nicht gesprochen wird. Ein Sindhi-Sprichwort ironisiert dieses tabuierte Thema derart: *„Sheedi siki vyaa soonha khaan, maan siki vyas siyaani noonha khaan."* - „The dark-skinned people yearn for a fair complexion, whereas I long for a sensible daughter-in-law."[17] Diese Inder sind als Hilfsarbeiter beschäftigt oder arbeiten als Hilfsköche in indischen Restaurants und Ketten-Betrieben. Auf privater Ebene haben sie keine Beziehungen zu den Sindhis; lediglich bei festlichen Anlässen (Hochzeiten etc.) fungieren sie als Dienstpersonal. Sie zählen zur untersten Kaste (*Shudra*) und nehmen ihr Schicksal gottgewollt an. Die Mitglieder dieser Kaste zählen - in Analogie zu den kastenlosen *Delit* („Unberührbare") - nicht zu den „Zweimal Geborenen". Soziologisch handelt es sich um Nicht-Personen: um sozial nicht Anwesende (vgl. Best 2000). Da sich einige *Shudra* trotz des relativ guten Einkommens außerstande sehen, ihre Töchter (wegen der Mitgift) im heiratsfähigen Alter in Indien zu verheiraten, haben sie diese schon als Kinder zukünftigen Ehemännern versprochen (Kinderheirat). Diese indischen Gastarbeiter leben ohne ihre Familien und meist in Gruppen-Unterkünften in

Gibraltar sowie im nahen spanischen La Linea und im Campo. Dort sind die Lebenshaltungskosten wesentlich niedriger als in Gibraltar. Die entsprechenden Aufenthaltsgenehmigungen erhalten die überwiegend indischen Staatsbürger durch den Einfluss ihrer Sindhi-Arbeitgeber. Die soziale Nicht-Existenz dieses Personenkreises wird noch dadurch manifest, dass sie dem sakralen Ort *Mandir* (Tempel) fernbleiben. Offiziell ist es in Gibraltar jeder Person erlaubt den Tempel zu betreten; ich habe allerdings während meiner Aufenthalte keinen *Shudra* - außer als Dienstpersonal zu feierlichen Anlässen - im Tempel angetroffen, sondern wiederholt in der römisch-katholischen „Cathedral of St. Mary the Crowned" nach hinduistischem Ritus Gebete (*puja*) verrichten sehen.

Die Relevanz der Ehe

Wie in allen Gesellschaften, so hat auch die Ehe in Gibraltar einen positiv anerkannten Stellenwert. In diesem kleinen Land gibt es nur wenige ältere niemals verheiratete Personen; in der spanisch sprechenden Bevölkerung werden sie abwertend *soltero* (Junggeselle) bzw. *soltera* (Jungfer) genannt. Auch bei den Sindhis gibt es einige ältere Unverheiratete, die ebenfalls mit pejorativ konnotierten Termini als *kuaro* (masc.) bzw. *kuari* (fem.) bezeichnet werden.

Bei den „Zweimal Geborenen" Hinduisten wird die Ehe nicht nur als Sakrament, sondern als eine der bedeutenden Lebensstadien (*sanskara*) eines Individuums begriffen. Die Ehe hat vier fundamentale Funktionen: 1. wird sie als religiöse Pflicht (*dharma*) aufgefasst, ohne die der Mensch unvollständig bleibt. 2. sichert sie die legitime Nachkommenschaft, insbesondere die patrilineare Deszendenz in Form der Lineage (*praja*). 3. ist die Geburt von Kindern für die Existenz nach dem biologischen Tod zwingend notwendig, denn nur der älteste Sohn (*putar*) kann die Eltern ordnungsgemäß bestatten (Verbrennung). Können Verstorbene nicht durch das *pitra*-Ritual bestattet werden, wird ihre Seele nicht gerettet, d.h., dass sie von einer Wiedergeburt ausgeschlossen sind. 4. ist die vierte Funktion der Ehe die legitime sexuelle Freude (*rati*). [18]

Bis Anfang der 1910er Jahre lebten die Sindhi-Händler ohne Frauen und Kinder in Gibraltar. Die Ehen wurden in der Heimat arrangiert und die zukünftigen Ehemänner reisten zu diesem Zweck nach Sindh, um ihre Bräute erstmals zu sehen und mit großer Wahrscheinlichkeit zu heiraten. Die Männer kehrten zunächst ohne Frauen nach Gibraltar zurück, besuchten allerdings ihre Frauen alljährlich und sorgten so für Nachkommen. Seit dem Beginn der 20er Jahre und verstärkt ab 1932 übersiedelten diese Familienkerne nach Gibraltar zu ihren Haushaltsvorständen. Im Jahre 1932 wurde als erster „Indian Gibraltarian" (Khubchand 2002, S. 26) Krishna Khubchand Daswani - der Enkel des Firmengründers Kemchand Bulchand - geboren. Es wurde weiterhin die arrangierte Heirat praktiziert, doch kamen wegen des Ausbruchs des Zweiten Weltkriegs, der Evakuierung und der Vernichtung eines Großteils der Sindhi-

Abb. 1: Höhepunkt der Hochzeit und Symbol der Unauflösbarkeit des Ehebundes: das Brautpaar umschreitet viermal[19] *das heilige Feuer* Agni.

Gemeinschaft kaum Ehen zustande. Im Juni 1940 verließ das von den Sindhi gecharterte Schiff „SS Kemmendine" Gibraltar mit Ziel Rangoon. Im Indischen Ozean wurde es von dem deutschen Kriegsschiff „Atlantis" durch Korvettenkapitän Bernhard Rogge aufgebracht. Die Passagiere wurden vom Frachter „Tirrana" übernommen, die „Kemmendine" wegen Widerstandes versenkt. Die indischen Familien sollten nach Frankreich transportiert werden, doch wurde das Schiff vor dem Einlaufen in den Hafen bei Bordeaux versenkt: „Paradoxically the Tirrana was sunk by (...) torpedoes that had been launched by the British Submarine H.M.S. Tuna (Captain Mainwaring). With her seventy people were dragged to the bottom, amongst them Mr Khubchand's entire family (...) (sic)" (Escuardra 1997, S. 29). Damit war nahezu die Hindu-Gemeinschaft in Gibraltar ausgelöscht worden. Erst nach dem Zweiten Weltkrieg konnten wieder Frauen aus Sindh nach Gibraltar einheiraten. Aufgrund der Teilung von Pakistan und Indien im Jahre 1947 erfolgte ein Exodus der hinduistischen Sindhis aus dem pakistanisch-muslimischen Sindh. Da diese Flüchtlinge noch über die britische Staatsbürgerschaft verfügten, konnten sie nicht nur nach Indien, sondern auch nach Großbritannien, Kanada, USA, aber auch Hong Kong, Ostafrika, die Kanarischen und Antillen-Inseln auswandern. Auch die Zuwanderung nach Gibraltar wurde dadurch gefördert.

Während der Grenzschließung (1969-1982) zwischen Spanien und Gibraltar kam es erneut zu Störungen im Heiratsverhalten, da die Reisemöglichkeiten eingeschränkt waren und lediglich über den Luftweg und via London erfolgen konnten. Dennoch scheint sich das Eheverhalten weder zur lokalen Endogamie noch Exogamie entwickelt zu haben. Es ist aber bemerkenswert, dass – noch vor Ende der Blockade –

vereinzelte Ehen (vor allem) zwischen *upper class* Sindhi-Töchtern und wohlhabenden Söhnen der (römisch-katholischen) gibraltarianischen *middle class* zustande kamen. Diese interethnischen Verbindungen stellen heute keine tabuierte Kakogamie mehr dar. Intimbeziehungen zwischen europäischen Männern und Sindhi-Frauen waren noch bis vor ca. 25 Jahren seitens der Hindu-Gemeinschaft unerwünscht. So musste damals ein in Gibraltar lebender deutscher Geschäftsmann auf Betreiben des Vaters seiner Sindhi-Geliebten auf Anordnung der Einwanderungsbehörde das Land innerhalb von 24 Stunden verlassen, weil das Paar heiraten wollte. Die junge Sindhi-Frau folgte Tage danach ihrem Geliebten nach Brüssel, wo sie heirateten und eine Familie gründeten.[20] Die unüberlegte Handlung des Vaters wäre beinahe zum Unglück seiner Tochter geworden, denn sie galt nicht mehr als „Unberührte" (*kunwari*), und ihre „Unreinheit" bezog sich nun auch auf ihre Herkunftsfamilie, d.h. sie hätte nie traditionell verheiratet werden können. Allerdings wurde sie später - nach dem Wandel der allgemeinen Einstellung zur Ehe mit Nicht-Sindhis - als Ehefrau und Mutter wieder als „rein" erachtet und von ihrer Familie akzeptiert.[21]

Den Söhnen kommt aufgrund der patrilinearen Deszendenz mehr familiäre und verwandtschaftliche Bedeutung als den Töchtern zu. Die Folge ist, dass die Familien mehr in die Bildung der Söhne investieren als in die der Töchter. Töchter der *upper class* und teilweise der *middle class* schließen ihre Schulbildung mit „GCSE/A-Levels"[22] ab. Nur wenige Frauen - wiederum aus der *upper class* - nehmen ein Universitätsstudium auf.

Sindhi-Jungen genießen in der Gemeinschaft eine stillschweigend tolerierte Freiheit für voreheliche Intimbeziehungen - allerdings nicht mit Sindhi-Mädchen! Von diesen Mädchen wird bis heute erwartet, dass sie als *kunwari*, d.h. „reine Frauen" in die Ehe gehen. Die Reinheit und Treue der Frau gelten heute noch als unangefochtene Werte und sie werden als Teil des *karma*s aufgefasst. An dieser Reinheit partizipieren auch ihre Herkunfts- und später Fortpflanzungsfamilien. Aus diesem Grunde ist den Sindhi-Mädchen jeglicher Kontakt zu nicht-verwandten Jungen untersagt.

Da das höhere Schulwesen Gibraltars mono-edukativ ausgerichtet ist, haben schulpflichtige Jugendliche beiderlei Geschlechts keine Möglichkeit, sich am Ort Schule kennen zu lernen. Aus diesem Grunde konzentrieren sich die Aufnahmen von heterogenen Geschlechtsbeziehungen der Jungen auf englische und gibraltarianische Mädchen, die heute schon mit 13 Jahren Zugang zu Verhütungsmitteln haben. Die bevorzugten Orte des Kennenlernens sind die „Main Street" (besonders gegenüber der römisch-katholischen Kathedrale), Diskotheken und im Sommer Badestrände. Am Wochenende fahren Jugendliche auf ihren Motorrollern - auch in kleinen Gruppen - an die Badestrände La Lineas und der Costa del Sol, wo sie mit lokalen spanischen und sich auf Ferien befindlichen ausländischen Mädchen Kontakte aufnehmen.

Töchter werden als Gäste ihrer Herkunftsfamilien betrachtet, während Söhne diese fortsetzen. Traditionell ist besonders die Mutter-Sohn-Beziehung ausgeprägt. Die

Beziehungen zwischen Eltern und ihren Kindern reflektiert sich auch in der postnuptialen Residenz-Regel: Töchter folgen nach der Heirat an den Wohnort des Ehemannes; eigentlich handelt es sich strukturell zutreffender nicht um den viri-patrilokalen, vielmehr viri-matrilokalen postnuptialen Wohnort. Grund: Die Schwiegermutter der angeheirateten Tochter (SoFr) ist für den Haushalt und damit auch für ihre Schwiegertochter verantwortlich. In der Praxis bedeutet dies, dass Töchter weltweit arrangiert verheiratet werden. Haben die Eltern oder andere Vermittler Kontakte zu den Eltern eines potenziellen Heiratskandidaten hergestellt, dann reist die Tochter mit diesen dorthin. Dem Paar bleiben nur wenige Tage des „Kennenlernens", das heute auch „Interviewen" genannt wird. Ist die Tochter nicht mit der Wahl des Kandidaten einverstanden, wird das Procedere abgebrochen; allzu oft darf dies allerdings aus finanziellen Gründen nicht vorkommen. Allerdings haben Mädchen schon ab der Mittelklasse mit höherer Schulbildung ein entscheidendes Mitspracherecht. Im Jahre 2003 fanden acht Eheschließungen statt. Drei Bräute kamen aus Indien, je eine aus Dubai, den Philippinen und von den Kanarischen Inseln. Von den zwei lokal geschlossenen Ehen war zumindest eine unter diesen eine (interethnische) „Liebesheirat".

Im Gegensatz zu den arrangierten Ehen handelt es sich bei den „Liebesheiraten" in Gibraltar meist um lokale intra- und interethnische Ehen, d.h. Verbindungen zwischen Sindhi-Paaren und meist Sindhis und römisch-katholischen gibraltarianischen Partnern. Sindhi-Männer heiraten seltener Nicht-Sindhi-Frauen, weil sie ihnen zu profan erscheinen und ihre Werte nicht den ihrigen entsprechen: eine Affäre oder One-Night-Stand wird durchaus erwünscht und von der Gruppe toleriert - aber nicht mehr! Selbst Konkubinate/Kohabitationen zwischen Sindhi-Männern und europäischen Frauen sind höchst selten, kommen aber vor. Hat sich aber ein Sindhi-Mann in eine Nicht-Sindhi-Frau verliebt, so ist sie römisch-katholisch, aus der Mittelschicht und hat aller Wahrscheinlichkeit nach noch keine (bekannt gewordene) frühere Liebesbeziehung gehabt. Sindhi-Mädchen, besonders im heiratsfähigen Alter, ist der Kontakt zu Männern verboten. Einige Sindhi-Frauen, die in Gibraltar geboren und sozialisiert wurden, möchten gerne in ihrer Heimat bleiben; deshalb sind sie für eine Ehe mit einem Gibraltarianer offener als die Erwartung ihrer Eltern. Diese Frauen lernen ihren gibraltarianischen Partner vorwiegend aufgrund von familiären oder verwandtschaftlichen Beziehungen kennen; d.h. dass in diesen Familien bereits ähnliche Verbindungen bestehen. Solche Beziehungen beginnen meist heimlich, und zu den Treffen muss sich die Sindhi-Frau mit Ausflüchten von ihrer Familie „wegstehlen". Bevorzugt trifft der gibraltarianische Freund sein heimlich geliebtes Sindhi-Mädchen zu einer bestimmten Zeit an einem vereinbarten Ort und fährt mit ihr in seinem Wagen über die Grenze nach Spanien, wo sie relativ unerkannt bleiben. Dies bedeutet natürlich ein großes Wagnis für das Sindhi-Mädchen, denn sie muss sich ganz sicher sein, dass ihr gibraltarianischer Freund sie heiraten wird; ansonsten besteht für sie das Risiko der lebenslangen Jungfernschaft (*kuari*). Aus diesem Grunde wird möglichst bald eine Verlobung (*misri*) angestrebt.

Obgleich es einem Mann aus einer höheren Kaste erlaubt ist, eine Frau aus einer niederen Kaste zu heiraten, ehelichen die in Gibraltar sozialisierten und lebenden Sindhi-Männer aufgrund der arrangierten Heirat ausschließlich Sindhi-Frauen aus derselben Kaste sowie sozialen, wirtschaftlichen und Bildungsschicht, d.h. es handelt sich um isogame Ehen. Dabei spielt auch die Höhe der Mitgift (*dehej*)[23] eine erhebliche Rolle. Bei Ehen zwischen Sindhis und Europäern ist die Mitgift nicht obligatorisch, vielmehr ist die Schichtenzugehörigkeit (Klasse), Beruf und Wohlstand des Mannes bzw. des Vaters der Braut von Bedeutung.

Ungeachtet der intra- oder interethnischen Situation findet die erste Verlobung (*magni*) am Ort der Braut (*chokri*)[24] statt. Diese zwischen drei bis zwölf Monate lang dauernde Probezeit wird im günstigen Fall mit der Zustimmung der Brautleute zur Ehe (*shadi*), der Übereinkunft der Mitgifthöhe sowie endgültigen Verlobung (*misri*) abgeschlossen. Die Braut verbleibt weiterhin in ihrer Orientierungsfamilie. Die Hochzeit wird hingen am Wohnort des Bräutigams (*chokro*) vollzogen. Zieht oder wohnt die Braut bereits in Gibraltar, bedeutet dies eine Hochzeit im *Mandir*. Die Trauung vollzieht ein *pandit*. Der *pandit* wird entweder aus Malaga eingeladen, oder es wird ein *Guru* einer der beiden Familien aus England, Indien oder Übersee eingeflogen. Ist die Braut oder der Bräutigam katholisch, wird die Hochzeit sowohl im Tempel als auch in der Kathedrale „St. Mary the Crowned“ gefeiert, allerdings unter der Voraussetzung, dass sich das Paar katholisch trauen lässt. Tags darauf erfolgt im Tempel ein „Hindu Matrimonial Blessing“; aus der Sicht der katholischen Kirche ist dies keine Trauung, sondern nur eine „Segnung“, wie sie auch bei den anderen christlichen Bekenntnissen möglich ist.[25] Nach dem Verständnis der Hindu-Gemeinde handelt es sich allerdings um eine Hindu-Hochzeit, da die Feierlichkeiten mit einer Hochzeit identisch sind. In wenigen Fällen kommen „Fern-Segnungen“ durch einen *Guru* vor. So hat beispielsweise die Gründerin und Leiterin des „Integral Yoga Centre“ Nalanie Chellaram vor fünf Jahren in Vertretung ihres in Indien damals erkrankten *Gurus Sri Swami Satchidananda* den Hindu-Heiratssegen für ihre Tochter und deren römisch-katholischen Bräutigam durchgeführt. Sowohl im Hinduismus als auch in der römisch-katholischen Kirche gilt die Ehe als Sakrament, d.h. dass diese gottgewollte Verbindung unauflösbar ist. Nach dem katholischen Kirchenrecht endet die Ehe mit dem Tod eines Partners und die/der Witwe/r kann erneut kirchlich heiraten. Nach hinduistischem Verständnis wird eine Ehe selbst nach dem Tod und der Wiedergeburt der Partner fortgesetzt. Realiter schließt dies nur die Wiederheirat einer Witwe der *dvija*-Kasten aus[26], nicht die eines Witwers, da dieser aufgrund der im Hinduismus möglichen Polygynie eine zweite Frau heiraten kann.

Trotz der Relevanz der Ehe als Sakrament und *dharma* – und damit der Unauflösbarkeit dieser Verbindung für die „Zweimal Geborenen“ – wurden innerhalb der letzten Jahre einige Sindhi-Ehen zivilrechtlich geschieden (*talak*)[27] oder annulliert; nur zwei Paare haben sich unter Rechtsausschluss getrennt (*alag alag*)[28] (sind folglich offiziell noch verheiratet). In zwei Fällen kehrten Sindhi-Frauen mit ihren Kindern aus den USA nach Gibraltar in ihre Orientierungsfamilien zurück und ließen sich in Gibraltar zivilrechtlich scheiden. Eine weitere Frau kehrte ebenfalls nach Gibraltar zurück; da sie allerdings einen kaufmännischen Beruf erlernt hatte, fand sie eine Anstellung und lebt mit ihrem Kind in der eigenen Wohnung. Zwei gibraltarianische Sindhi-Frauen ließen ihre Ehen annullieren; eine der jungen Frauen ist inzwischen in Indien verheiratet (*shadi kare*)[29] und die andere lebt wieder in ihrer Herkunftsfamilie. Als Gründe für eine Eheannullierung führt Haresh Budhrani an: „Non consummation of the marriage, or if the marriage was obtained by fraud or duress, circumstances which the court would say this marriage never took place".[30] Aufgrund seiner langjährigen Anwaltspraxis fasst Budhrani seine Erkenntnis wie folgt zusammen: „Fortunately there is no high incidence of divorce within the Hindu community. There has been one or two divorces and two annullments of marriages (...). So it is a fairly rare phenomenon in Gibraltar."[31] In dieser Kronkolonie hat bislang keine geschiedene Sindhi- Frau erneut geheiratet oder ist eine nichteheliche Lebensgemeinschaft eingegangen; letztere Verbindungen kommen in Gibraltar für Sindhi-Frauen aus religiösen und gesellschaftlichen Gründen nicht zustande. Auch gab es in Gibraltars Hindu-Gemeinschaft nur eine Scheidung einer interethnischen Ehe. Die Stabilität dieser Ehen wird im Zusammenhang mit den lang anhaltenden und zu überwindenden Schwierigkeiten seitens der Sindhi-Eltern eines Partners sowie mit der nicht-traditionellen postnuptialen Residenz (Neolokalität) gebracht. Letztere reduziert den elterlichen Einfluss auf die Ehe drastisch. Dieser neue Wohnort - der eigentlich erst seit den 1960er Jahren aufgrund der Grenzschließung durch Spanien und durch die Bau-Hochkonjunktur mit Hilfe von Regierungssubventionen ermöglicht wurde - gewährleistet dennoch die Aufrechterhaltung familiärer und verwandtschaftlicher Beziehungen beider Ehepartner, Kontakte zu ihren bisherigen sozialen Umfeldern sowie andere vertraute Gewohnheiten. Einen weiteren Grund für die Stabilität der Ehen sehen die Sindhis darin, dass ihre Frauen aufgrund der traditionellen Sozialisation flexibler und belastbarer als gibraltarianische Frauen seien; ja es wird in diesem Zusammenhang von Altruismus gesprochen.

Bei den Sindhis in Gibraltar erfolgen auch gegenwärtig noch die intraethnischen Eheschließungen zu 95% aufgrund der arrangierten Heirat. Die Beziehungen der Eltern (besonders des Vaters) der heiratsfähigen Kinder erstrecken sich heute auf ein weltweites geschäftliches, freundschaftliches und verwandtschaftliches Netz, das zur Einfädelung von arrangierten Heiraten beiträgt. Zunehmend werden weltweit auch das Internet[32] und weiterhin „marriage bureaus" als „match makers" eingeschaltet, wobei im ersten Fall selbst die Heiratswilligen gelegentlich aus Neugier und ohne Wissen ihrer Eltern Vorstöße wagen. Die zu berücksichtigenden Vorgaben seitens der Eltern sind klar formuliert und werden eingehalten.

Schlussbemerkungen

In Gibraltar leben seit fünf Generationen auch hinduistische Sindhis, die sich vor allem als Händler und Kaufleute niedergelassen haben. Aufgrund der Tradierung ihrer sozial-kulturellen Werte und Normen heiraten sie bevorzugt intraethnisch. Das Zustandekommen dieser arrangierten und isogam ausgerichteten Ehen basiert auf einem weltweiten, ethnisch homogenen Netzwerk von Beziehungen. Da die postnuptiale Residenz virilokal orientiert ist, hat dies zur Folge, dass die Söhne im Land bleiben und ihre Frauen zu ihnen ziehen, während die Töchter mit der Heirat Gibraltar verlassen. Es hat sich gezeigt, dass bei diesen intraethnischen Eheschließungen bestimmte Regeln zu befolgen sind: Auf religiöser Ebene bezieht sich dies auf die Endogamie innerhalb der *Vaishya*-Kaste und sozial wie wirtschaftlich auf die moderne Klassenzugehörigkeit. Bei den wenigen lokalen interethnischen Ehen trifft nur letzteres zu, dann ist aber die/der nicht-hinduistische EhepartnerIn römisch-katholisch und es handelt sich um eine „Liebesheirat". Die hinduistisch geschlossene Ehe ist sehr stabil und aus religiöser Sicht für die „Zweimal Geborenen" als Sakrament unauflösbar. Deshalb ist die Wiederheirat einer (selbst jungen) Witwe - nicht jedoch eines Witwers - auch in Gibraltar ausgeschlossen. Für die Eltern stellt das Zustandekommen von Ehen ihrer Kinder eine Erweiterung ihrer reziproken verwandtschaftlichen und sozialen Beziehungen dar, die auch wirtschaftlich wichtig und geschäftlich von außerordentlicher Relevanz sind. Deshalb müssen arrangierte Eheschließungen langfristig vorbereitet und essenzielle Kriterien der Heiratsregeln berücksichtigt werden. Nur so können die Sindhis weltweit als ethnische Gruppe ihre Identität bewahren und ihre Existenz gewährleisten. Die Überlebensstrategie der Sindhis ist sicherlich nicht einmalig, sondern vermutlich auch in anderen Diaspora-Gruppen - so z.B. bei den sephardischen Juden in Gibraltar und im Mittelmeer-Raum - in der einen oder anderen Form nachweisbar. Aus diesem Grund kann diese Untersuchung auch zukünftige themenspezifische Forschungen anregen.

Anmerkungen

* Hanns Wienolds thematische und empirische Forschungen konzentrieren sich seit vielen Jahren auf nordindische Gesellschaften am Fuße des Himalaya. So ist es nahe liegend mit einem Thema über eine indische Gruppe zu dieser Festschrift beizutragen. Die Datenerhebung erfolgte im Rahmen eines von Hanns Wienold geleiteten DFG-Projektes „Der Wandel der Ehe in der multikulurellen Gesellschaft Gibraltars". Hinsichtlich der Sindhis wurden bislang noch keine - unser Thema betreffenden - sozial-ethnologischen Untersuchungen durchgeführt, welches auch im Zusammenhang mit ihrer traditionellen Geschlossenheit steht. Den Brüdern Shyam und Bashi Nagrani möchte ich für ihre Hilfe danken. Für den Gedankenaustausch vor Ort mit Geraldine Finlayson, Prof. Dr. Clive Finlayson und Rev. Dr. John Pardo bin ich sehr dankbar. Für die Informationserhebung danke ich in erster Linie folgenden Damen und Herren, ohne deren Interesse am Thema diese Untersuchung

nicht zustande gekommen wäre: Deepa Aidasani, *Pandit* Ishwar Bodha, Speaker of the House of Assembly Haresh Budhrani QC, Renuka Budhrani, Nalanie Chellaram, Kaylesh Khubchand, Comissionar of Oaths Karl Grambow, Suresh Mahtani, Ashok Mayani und Reshma G. Melvani. Für die Bereitstellung der Mittel zur Durchführung des Projekts danke ich der Deutschen Forschungsgemeinschaft Bonn.

1 „Hybrid" wird hier durchaus nicht in grotesker Absicht verwendet, sondern in folgendem Sinne: „... we [English] are but hybrids..." (The Shorter Oxford English Dictionary on Historical Principles. Oxford 1965, Vol. 1, S. 937).

2 Das heutige Gibraltar Regiment rekrutiert sich zu 90% aus Gibraltarianern. Der zivile und zugleich militärische Flughafen - eigentlich „R.A.F Gibraltar Airfield" - wird immer noch von der Royal Airforce mit ausschließlich U.K.-Personal kontrolliert.

3 Hyderabad befindet sich seit der Teilung Indiens von 1947 auf pakistanischem Staatsgebiet und ist nicht mit dem Ort gleichen Namens in dem südindischen Bundesstaat Andhra Pradesch zu verwechseln.

4 Es handelt sich um einen Nicht-Sindhi mit doppelter Staatsbürgerschaft (indisch und niederländisch).

5 Konkret: indische Staatsbürger.

6 Zum langen Prozess der gesellschaftlichen Anerkennung der Sindhis vgl. Haller 2000, S. 210 ff.

7 Vgl. auch Haller 2002, S. 15.

8 Vgl. dazu die Ausführungen in Best 2005.

9 Bereits Georg Wilhelm Friedrich Hegel fasste diesen Mythos 1821 treffend zusammen: „Die Brahmanenkaste (ist) aus dem Munde des Brahma, die Kriegerkaste aus seinen Armen, die Gewerbetreibenden aus seiner Hüfte, die Dienenden aus seinem Fuße entsprungen" (Vorlesungen über die Philosophie der Geschichte. Stuttgart, 1961, S. 221), vgl. auch Böck/Rao 1995, S. 114.

10 Mahatma Gandhi hat diese Menschen als *harijan* „Leute Gottes" bezeichnet. „Der Begriff *Dalit*, 'Gebrochene, Ausgebeutete, Unterdrückte', wie sich vor allem politisch aktive Gruppen 'Unberührbarer' nennen, dürfte ihrer realen Situation am ehesten entsprechen" (Böck/Rao 1995, S. 127).

11 Es werden ausschließlich die englischen Bezeichnungen verwendet und es ist ein Tabu darüber in der Öffentlichkeit zu sprechen. Weitere Unterteilungen nach beispielsweise untere, mittlere und obere Unter-/Mittel- und Oberklasse sind nicht bekannt. Zu traditionellen Klassen Gibraltars s. Benady 2000, S. 131 f.

12 *Lakshmi* ist die Göttin des Glücks, Reichtums und der Schönheit und gleichzeitig Ehefrau *Vishnus*.

13 Es gibt Junior-Chefs von Juwelier- und anderen Fachgeschäften, die z.B. über Universitäts-Abschlüsse in Jura, Informatik oder „economics" verfügen und sich im alltäglichen Geschäftsleben intellektuell unterfordert fühlen.

14 Jenseits des „Convent" (Regierungssitz).

15 Es gibt vier Weltalter (*yuga*): „The Golden Age; the Silver Age; the Copper Age; and the Iron Age, through which we are now passing" (Johnson 1997, S. 468).

16 Zit. n. persönl. Gespräch mit *Pandit* Ishwar Bodha v. 25.03.2005.

17 Siehe www.jhulelal.com/sayings.htm vom 14.05.2005.

18 Die europäische Umschreibung „Befriedigung der sexuellen Bedürfnisse/Wünsche" trifft hier nicht zu, da es sich bei dem Terminus *rati* um „sexuelle Freude" handelt (vgl. Gupta 1974, S. 55), ist aber nicht mit dem profanen *lobha* (Wollust) zu verwechseln. *Rati* „ist die Göttin der sexuellen Leidenschaft" (Knappert 1994, S. 254).

19 Bei einer hinduistischen Hochzeit umschreitet das Brautpaar generell siebenmal das heilige Feuer; Sindhis weichen aus mir nicht bekannten Gründen von dieser Regel ab.

20 Mündliche Mitteilung des deutschen in Gibraltar tätigen Geschäftsmannes und zugelassenen „commissioner of oaths" Karl Grambow vom 26.03.2005.

21 Information von Karl Grambow, dem ehemaligen Freund des betroffenen und inzwischen verstorbenen Mannes, aufgrund eines persönl. Gespräches vom 26.03.2005.

22 Entspricht der deutschen Hochschulreife.

23 Wahrscheinlich arabisches Lehnwort.

24 Der Sindhi-Terminus *kunwa(a)r* wird heute in Gibraltar kaum verwendet.

25 Persönliche Mitteilung von dem damaligen Tribunal-Leiter der „Cathedral of St. Mary the Crowned" Rev. Dr. John Pardo vom 08.04.2003.

26 Jungen Witwen der *Shudra* und Kastenlosen ist nach hinduistischem Recht („Hindu Marriage Act") eine erneute Heirat erlaubt.

27 Dieser Terminus lässt auf arabische Herkunft schließen; *at talak* heißt Scheidung. Da die hinduistischen Sindhis traditionell keine Scheidung kannten, haben sie auch keinen eigenen Terminus dafür.

28 Auch dieser Terminus wird auf ein arabisches Lehnwort zurückgeführt.

29 Dieser Hindi-Terminus bedeutet „Wiederheirat"; bei den Sindhis ist heute auch die Umschreibung *doosri shadi* („zweite Heirat") gebräuchlich.

30 Zit. n. Rechtsanwalt und Notar Haresh Budhrani QC aufgrund eines persönl. Gespräches vom 09.04.2003.

31 Zit. n. ibid. 09.04.2004.

32 Z.B. www.sindhimarriages.com.

Literatur

Benady, Tito (2000): Spaniards in Gibraltar After the Treaty of Utrecht. In: Gibtel Gibraltar Heritage Journal (London und Gibraltar), Vol. 7, S. 125-144.

Best, Günter (2000): Nicht-Personen in Ostafrika. In: Best, Günter/Kößler, Reinhart (Hg.): Subjekte und Systeme: Soziologische und anthropologische Annäherungen; Festschrift für Christian Sigrist zum 65. Geburtstag. Frankfurt a.M., S. 128-138.

- (2005): Götter und Gurus bei den hinduistischen Sindhis in Gibraltar (im Druck).

Böck, Monika/Rao, Aparna (1995): Aspekte der Gesellschaftsstruktur Indiens: Kasten und Stämme. In: Rothermund, Dietmar (Hg.): Indien: Kultur, Geschichte, Politik, Wirtschaft, Umwelt. Ein Handbuch. München, S. 111-131.

Budhrani, Haresh (2001): Focus on Gibraltar's Hindu Community. In: Insight Magazine October 2000, S. 21, 24.

Census of Gibraltar 2001 (2001): (Government of Gibraltar). Gibraltar.

Dumont, Louis (1981): Homo Hierarchicus. (Neuauflage). London.

Escuadra, Alfonso (1997): La II Guerra Mundial desede el Campo de Gibraltar. Extracted and Translated from Pages 29-32. In: ders.: A La Sombra De La Roca. s.l.

Gupta, Giri Raj (1974): Marriage, Religion and Society: Pattern of Change in an Indian Village. London und Dublin.

Haller, Dieter (2000): Gelebte Grenze Gibraltar. Transnationalismus, Lokalität und Identität in kulturanthropologischer Perspektive. Wiesbaden.

- (2001): Das Lob der Mischung, Reinheit als Gefahr: Nationalismus und Ethnizität in Gibraltar. In: Zeitschrift für Ethnologie 126, S. 27-62.

- (2002): Place and Ethnicity in Two Merchant Diasporas: A Comparison of Sindhis and Jews in Gibraltar. In: www.globalnetworkjournal.com: A Journal of Transnational Affairs, Vol. 3, No. 1.

Khubchand, Krishna Daswani (2002): A Tale of Survival - and Success. Orphaned - and Torpedoed Twice - During World War II, Krishna Khubchand Returned to Gibraltar to Build a Mini Business Empire. In: B2B: The Voice of Gibraltar Business II, 1, Autumn, S. 26-27.

Gesellschaftsstrukturen

Andrea D. Bührmann

Das Individuum
Eine Leerstelle in der aktuellen Individualisierungsdebatte?

Im Werbespot einer bekannten Staubsaugermarke, der noch kürzlich im deutschen Fernsehen zu sehen gewesen ist, antwortet eine Frau auf die interessierte Frage einer anderen Frau, was sie denn beruflich so mache, dass sie ein kleines, expandierendes Familienunternehmen leite. In der nächsten Einstellung, die die Frau bei der Arbeit in ihrem Unternehmen zeigt, erscheint nun nicht - wie vielleicht zu erwarten - ein Büro oder eine Werkstatt. Nein, wir sehen das Wohnzimmer einer eher begüterten Kleinfamilie, in dem sich die Befragte gerade um Haushalt und Kinder kümmert.

Was bedeutet es, dass in dieser Werbung eine Hausfrau und Mutter als Unternehmerin angerufen wird und sich selbst als solche anruft? Wird hier endlich, wie schon lange von der Frauenbewegung gefordert, Hausarbeit und Kindererziehung nicht mehr nur als 'Liebestätigkeit', sondern als 'richtige' Arbeit betrachtet?[1] Oder aber stehen wir hier mit dieser Unternehmerin vor einer - sozusagen familiären - Variante dessen, was seit einiger Zeit als 'Verwischung der Grenzen' zwischen Erwerbs- und Privatleben (Hochschild: 2002) oder aber auch als 'Entgrenzung' dieser Tätigkeitsbereiche (Hacket et al.: 2004, Nöhl et al.: 2001) diskutiert und unter dem Stichwort 'Ökonomisierung des Sozialen' (Bröckling et al.: 2000) als Aufstieg eines unternehmerischen Selbst kritisiert wird?

Ich werde im Folgenden diesen Fragen nachgehen und zunächst die Konturen des unternehmerischen Selbst als moderne Subjektivierungsweise skizzieren. Dann frage ich, inwiefern sein Aufstieg in der aktuellen Debatte um Individualisierung[2] unter den Prämissen der Konzeption einer Zweiten oder reflexiven Moderne theoretisch begriffen und empirisch erforscht werden kann. Dabei verfolge ich die These, dass in dieser Debatte das Individuum bisher ontologisiert geworden ist und insofern als eine theoretische und empirische Leerstelle zu konstatieren ist. Im Anschluss zeige ich einen Weg auf, wie diese Ontologisierung mit Hilfe von Michel Foucaults Projekt einer kritischen Ontologie der Gegenwart überwunden und ein drohendes Abgleiten in einen linguistischen Idealismus im Rekurs auf eine kritische Geschlechterforschung umgangen werden kann.

I. Das unternehmerische Selbst

Verschiedene Studien haben in den letzten Jahren im Rekurs auf Foucault die aktuellen Modi der (Trans-)Formierung moderner Subjektivierung untersucht, d.h. die Art und Weise, mit der Menschen sich selbst und andere wahrnehmen, erleben und begreifen. Dabei ist das unternehmerische Selbst als hegemoniales Leitbild neoliberaler Subjektivierung identifiziert worden. Dieses Selbst zeichnet sich dadurch aus, dass es sein Wahrnehmen, Handeln, Begreifen und Wollen an ökonomischen Effizienzkriterien und unternehmerischen Kalkülen ausrichtet.[3] Für Richard Sennett etwa (1998) steht das unternehmerische Selbst 'als flexibler Mensch des Kapitalismus' in einer selbstunternehmerischen Verantwortung. Anders als beim Unternehmer, wie ihn etwa Joseph Schumpeter (1911; 1942) beschrieben hat, richtet sich sein Begehren nicht nur auf den ökonomischen Erfolg. Vielmehr muss sich dieses Selbst selbst anpreisen und in der Lage sein, sich entsprechend als Unternehmen zu präsentieren.[4]

Das unternehmerische Selbst gilt als hegemonial, da es in unterschiedlichen Lebenswelten zu finden ist und dort dominant wirkt. Es taucht nicht nur, so haben Günter Voß und Hans Pongratz (1998) festgestellt, in der Arbeitswelt als 'Arbeitskraftunternehmer' auf und löst den 'verberuflichten Massenarbeiter des Fordismus' ab. Vielmehr nehmen auch die Anforderungen an das unternehmerische Selbst in der Freizeit zu. Einen fitten Eindruck machen, gesund aussehen und Energie versprühen gelten als sichtbare Beweise für einen engagierten 'Willen' zum unternehmerischen Erfolg. Auf diesen Erfolgswillen, der stetig zu beweisen ist, verweist auch Anthony Giddens (1997, S. 120/121) und konstatiert: „Das Individuum kann sich nicht zufriedengeben mit einer Identität, die bloß übernommen oder ererbt wird bzw. auf einem traditionsbestimmten Status aufbaut. Die Identität der Person muß weitgehend entdeckt, konstruiert und aktiv aufrechterhalten werden". Die Geburt dieses unternehmerischen Selbst wird in die Governmentality Studies am Ende der 1960er Jahre datiert: Zu diesem Zeitpunkt, so heißt es etwa bei Sven Opitz (2004), taucht massiert im Rahmen von Personalentwicklungsmaßnahmen größerer Unternehmen ein unternehmerisches Selbst auf.

II. Das Konzept reflexive oder Zweite Moderne

Damit scheint das unternehmerische Selbst just zu diesem Zeitpunkt aufzutauchen, als im Konzept einer Zweiten Moderne ein bisher letzter Individualisierungsschub[5] diagnostiziert worden ist.[6] Inmitten dieses Schubes wird, so lauten die Überlegungen von Ulrich Beck und anderen, im Zuge einer massiven Wohlstandssteigerung weiter Teile der Bevölkerungen moderner Industriegesellschaften die Verhältnisbestimmung von Individuum und Gesellschaft umgedreht. Im Gegensatz zu den soziologischen Klassikern - bei denen das Individuum als von gesellschaftlichen Prozessen geprägt erscheint - gilt nun das Individuum als entscheidender Motor für Vergesellschaftungsprozesse. Damit erscheint Gesellschaft nun als Resultat individuellen Handelns. Zwar wird nicht gänzlich ausgeblendet, dass Individuen auch an Vergesellschaftungsprozessen leiden können, doch ins Zentrum des Forschungsinteresses rücken der zunehmende Möglichkeitsspielraum des Individuums und damit seine Möglichkeiten zur Beeinflussung und Mitgestaltung von Vergesellschaftungsprozessen. In dieser „Freisetzung(en) von Individuen" (Beck: 1986, S. 116), die ein „sicheres Umgehen mit Unsicherheit"

(Hahn et al.: 1992) erfordert, liegen Risiken und Chancen, wie Ulrich Beck zuletzt in der zusammen mit Christoph Lau herausgegebenen Anthologie „Entgrenzung und Entscheidung", betont hat. Denn das Handeln der Individuen ist nun mit der individuell zu bewältigenden Schwierigkeit verbunden, ohne Rückgriff auf die doch auch Orientierung gebenden gesellschaftlichen Anforderungen, Handlungsoptionen entwickeln zu müssen. Dem Individuum wird so die Verantwortung für seine „Bastelexistenz" (Hitzler/Honer: 1994) aufgebürdet.

Für Beck nun - und eben einige andere - läutet dieser bisher letzte Individualisierungsschub einen 'Strukturbruch' von einer Ersten in eine Zweite Moderne ein, der allerdings kein vollständiger Bruch sei. Denn auf der einen Seite sei zwar ein diskontinuierlicher Wandel der modernen Basisinstitutionen zu konstatieren, auf der anderen Seite jedoch blieben die modernen Basisprinzipien erhalten.

Dabei gelten neben „der rationalen Begründbarkeit von Aussagen, Strukturen und Entscheidungen und der Staatlichkeit (...) die individuelle Reproduktion durch Erwerbsarbeit, der Egalitarismus, die funktionale Inklusion und die Abgrenzung von Natur und Gesellschaft zu den Grundprinzipien der Moderne" (Beck/Bonß/Lau: 2004, S. 21). Die Verstärkung des Geltungsanspruchs dieser Prinzipien im Zuge einer reflexiven Modernisierung induziere sowohl einen Wandel des (Wechsel-)Gefüges moderner Basisinstitutionen, aber auch der einzelnen Basisinstitutionen selbst, worunter „Erwerbsgesellschaft, Nationalstaat, Kleinfamilie, geschlechtsspezifische Arbeitsteilung, fordistische Produktion, wissenschaftliche Kontrollrationalität" (a.a.O., S. 22) verstanden werden. Für diese Institutionen sei vor allem die Durchsetzung des Rationalitätsanspruchs über Strategien der Marginalisierung, Verzeitlichung, Monopolisierung und Ontologisierung kennzeichnend. Diese Strategien, die in der Ersten Moderne einer Logik des Entweder-Oder angehörten, scheinen nun in der Zweiten Moderne abgelöst durch eine Logik des Sowohl-Als-Auch.

Damit werden in der Konzeption 'Zweite Moderne' anders als noch bei Weber, Simmel und Durkheim „mögliche Komplikationen des Modernisierungsprozesses" als „systematisch bedingte, dauerhafte 'Krisen'" und insofern als „*Siege* der Ersten Moderne" (a.a.O., S. 47) betrachtet. Welche Siege sind nun gemeint? Damit ist die Frage nach den unterschiedlichen Dimensionen von Individualisierung angesprochen, die in der Individualisierungsdebatte und speziell von Vertreterinnen und Vertretern des Konzepts 'Zweite Moderne' erforscht worden sind. Ich kann hier beileibe keinen umfassenden Überblick geben; mir geht es vielmehr um die Konturierung von Forschungsfeldern oder -perspektiven. Einen instruktiven Vorschlag hat hier zuletzt Matthias Junge (2002, S. 23ff) in seinem Einführungsband zur Individualisierung gemacht, indem er vier Problembereiche und Dimensionen der Individualisierung differenziert:

- die sozialstrukturelle Individualisierung und damit einhergehend eine erhöhte Relevanz kultureller Beschreibungen der Lebensführung;

- den Aufbau neuer, anderer Formen von solidarischen Kollektivierungstendenzen z.B. im Sinne eines 'kommunitären Individualismus' (Keupp: 2000);
- das Erstarken neuer Formen politischer Partizipation jenseits traditionell „organisierte(r), korporatistische(r), also kollektive(r) Akteure" (Beck: 1993, S. 162);
- die Reduzierung struktureller Regelungen des individuellen Lebenslaufs und damit verknüpft der zunehmende Zwang für das Individuum, zum Motor der Entwicklung seines Lebenslaufs, der Ausbildung seiner Identität und seiner privaten Lebensführung zu werden.

III. Die 'vergessene' Ontologisierung des Individuums

Betrachtet man nun diese unterschiedlichen Problembereiche und Dimensionen, dann spricht in der Tat - vor allem in einer zeitdiagnostischen Perspektivierung - Vieles dafür, dass die von Beck/Bonß/Lau benannten zentralen Basisinstitutionen der Ersten Moderne sich wandeln und wir so in eine Zweite Moderne zu steuern scheinen.

Was aber ist mit dem 'vermeintlichen' Gegenüber von Gesellschaft, mit dem Individuum? Müsste hier nicht - ausgehend von der doch bisher weitgehend unbestrittenen Auffassung der soziologischen Klassiker, dass gesellschaftliche Entwicklungen auch Auswirkungen auf die Individuen haben,[7] - erforscht werden, ob und wenn ja, inwiefern sich die hegemoniale Vorstellung dessen, was ein Individuum ausmacht, verändert hat? Ich denke ja!

Denn zum einen wird dies durch einen vielfach konstatierten Verweisungszusammenhang, Uwe Schimank (1985) spricht gar von einem „Entsprechungsverhältnis", zwischen Individuum und Gesellschaft selbst nahe gelegt.[8] In diesem Sinne äußern sich denn auch Beck und Beck-Gernsheim (1994, S. 16/17), wenn sie auf die zunehmenden Entscheidungszwänge der Individuen verweisen und zugleich konstatieren, dass sich „das Ende der festen, vorgegebenen Menschenleben" ankündige. Denn „Leben, Tod, Geschlecht, Körperlichkeit, Identität, Religion, Ehe, Elternschaft, soziale Bindungen - alles wird sozusagen bis ins Kleingedruckte hinein entscheidbar, muß, einmal zu Optionen zerschellt, entschieden werden".[9]

Zum anderen aber wandeln sich laut Auskunft der Konzeption Zweite Moderne auch gerade jene Basisinstitutionen der Ersten Moderne, über die doch - so hat es Foucault (1977) gezeigt - das Begehrens-Subjekt als idealtypische Verkörperung des Indivuduums der Ersten Moderne hervorgebracht worden ist: geschlechtsspezifische Arbeitsteilung sowie bürgerliche Kleinfamilie.[10] Damit aber erodieren bisher zentrale Institutionen bzw. Elemente einer 'gelungenen' Individualisierung.

Mit Blick darauf scheint es sich hier beim Individuum um eine theoretische wie empirische Leerstelle in der Konzeption Zweite Moderne, um eine 'vergessene'[11] Ontologisierung der Ersten Moderne zu handeln, die es gilt, im Rahmen einer Analyse des Übergangs zu einer Zweiten Moderne zu hinterfragen.

IV. Das Projekt einer kritischen Ontologie moderner Subjektivierungsweisen im Lichte einer kritischen Geschlechterforschung

Diese 'vergessene' Ontologisierung des Individuums ist allerdings schon um 1900 in der Frauenbewegung und -forschung kritisiert worden. Diese Kritik ist dann am Beginn der 1970er Jahre wieder aufgeflammt und radikalisierte sich im Rekurs auf Foucaults Projekt einer kritischen Ontologie der Gegenwart.[12]

In diesem Projekt geht er davon aus, dass jede Weise Individuum zu sein als Aktualisierung einer bestimmten möglichen Subjektivierungsweise des Menschen in einem spezifischen Macht-Wissen-Komplex zu betrachten ist. Deshalb fordert er dazu auf zu analysieren, wie sich ausgehend von der Vielfältigkeit der Körper, Kräfte, Materien, Wünsche, Gedanken usw. Subjektivierungsweisen konstituieren. Insofern existiert für Foucault keine Form moderner Subjektivierungsweisen, die nicht das Resultat historisch kontingenter Konstitutionsbedingungen ist. Vielmehr stellen Subjektivierungsweisen für ihn das materiell existierende bzw. entstehende Produkt diskursiver und nicht-diskursiver Praktiken dar.

Ein Blick in die materialreichen Studien Foucaults zur (Trans-)Formierung okzidentaler moderner Subjektivierungsweisen zeigt, dass Foucault (1976) im 13. Jahrhundert eine Umkehrung der Individualisierungsachse ausmacht, von der aus über das so genannte Sexualitätsdispositiv an der Wende vom 19. zum 20. Jahrhundert das moderne Individuum als Begehrens-Subjekt schließlich hegemonial wird. Dieses Subjekt zeichnet sich insbesondere dadurch aus, dass es gelernt hat, sich als Subjekt einer Sexualität zu erkennen und sich so über seine Sexualität oder besser über das angemessene Verdrängen seines sexuellen Begehrens zu definieren. Dies lernen Menschen vor allen Dingen in der bürgerlichen Kleinfamilie mit ihrer geschlechtshierarchischen Arbeitsteilung. Hier werden die hegemonialen geschlechtlichen Subjektivierungsweisen der Ersten Moderne hervorgebracht: Jungen sollen zu autonomen männlichen Individuen werden, die als weitgehend von persönlichen Beziehungen losgelöst und im Feld abstrakter bzw. funktionaler Verpflichtungen platzierte Repräsentanten des 'Allgemein-Menschlichen' gelten. Demgegenüber werden Mädchen als Repräsentantinnen der Natur zum Gattungswesen degradiert. Sie sollen Hausfrau, Mutter und Ehefrau werden.

Die Erosion der Hegemonialität dieser Subjektivierungsweisen wird nun seit einiger Zeit auch mit Blick auf die gegenwärtigen Individualisierungs- und Modernisierungsprozesse thematisiert.[13] So sind die veränderten Handlungs- und Verhaltensweisen der Individuen und insbesondere ihre verschärften Entscheidungszwänge und Prozesse der (De-)Institutionalisierung des Lebenslaufs in Gestalt z.B. einer 'doppelten Lebensführung' (Geissler/Oechsle: 1996) oder 'alltäglichen' Lebensführung (Projektgruppe „alltägliche Lebensführung“: 1995) von Frauen erforscht und als patriarchale Modernisierung (Jurczyk: 2001), 'gebundene Individualisierung' (Diezinger: 1993) oder 'familiale Lebensführung von Berufstätigen' (Diezinger/Rerrich: 1994) gedeutet worden. Jedoch harrt die Frage, ob und wenn ja, welche anderen Subjektivierungsweisen angesichts dieser Individualisierungsprozesse und insbesondere einer diagnostizierten „Erosion rigider Identitätsformen" (Keupp: 1994, S. 336) entstanden (sein) könnten, bisher noch einer systematischen Beantwortung.[14]

Dies ist allerdings - wie ich denke - keine ganz unwichtige Frage. Berührt sie doch nicht zuletzt auch das Problem des Verstehens. Zu klären ist nämlich nun, wie angesichts dieser zu beobachtenden Erosionsprozesse die konkreten Handlungen der Individuen entsprechend ihres subjektiv gemeinten Sinns deutend erklärt werden können? Hier kann es weiterführen, das (Trans-)Formierungsgeschehen moderner Subjektivierungsweisen explizit zum Thema wissenschaftlicher Erkundungen zu machen. Die Ergebnisse dieser Erkundungen wiederum lassen Hinweise darauf erwarten, aufgrund welcher Subjektivierungsweise Menschen welchen subjektiv gemeinten Sinn mit ihren Handlungen verfolgen und wie Forschende diesen Sinn deuten können. Dabei bleibt es aber nicht nur wie bei vielen anderen Studien - etwa zur alltäglichen Identitätsarbeit, zur Veränderung von Sozialcharakteren oder zum Wandel von Selbst- und Fremdbildern - dabei diese einzelnen Aspekte in Bezug auf Subjektivierung zu erforschen. Vielmehr werden doch hier darüber hinaus auch die unterschiedlichen Dimensionierungen, Begriffe, Kategorie etc. mit denen über Subjektivierung reflektiert wird, zum Gegenstand der Forschung.

V. Wechselseitige Anregungspotenziale

Damit möchte ich einen Bogen zum eingangs erwähnten Werbespot schlagen und deutlich machen, dass das Konzept einer Zweiten Moderne, das Projekt einer kritischen Ontologie der Gegenwart sowie die kritische Geschlechterforschung inspirierende Ausgangspunkte für die Beantwortung dieser Frage nach der (Trans-)Formierung moderner Subjektivierungsweisen und ihren Implikationen sind: Die Auseinandersetzung mit dem Konzept Zweite Moderne und dem Projekt einer kritischen Ontologie der Gegenwart kann für die Geschlechterforschung überaus anregend sein. Denn grundlegend für die Erforschung von Veränderungstendenzen in bestehenden Geschlechterverhältnissen können insbesondere die Widersprüche in Bezug auf die Globalisierungsprozesse, die Fragen nach neuen kollektiven, auch politischen Akteuren sowie die Umbrüche im Bereich der Lebensführung, aber eben auch der modernen hegemonialen Subjektivierungsweise Begehrens-Subjekt hin zu einem unternehmerischen Selbst sein. Eine Analyse dieser aktuellen (Um-)Bruchprozesse bleibt allerdings unvollständig, falls die Kategorie Geschlecht im Kontext anderer Differenzkonstruktionen wie Klasse und Ethnizität nicht als Sozialstrukturkategorie berücksichtigt wird.[15]

Zugleich aber erscheint eine Auseinandersetzung mit Foucaults Projekt einer kritischen Ontologie der Gegenwart und seiner Modifikationen in den Governementalitätsstudien unabdingbar, soll denn die Leerstelle Individuum in Bezug auf die Konzeption Zweite Moderne bearbeitet werden. Denn über eine De-Ontologisierung dessen, was in dieser Konzeption als Individuum gilt, können die (Trans-)Formierungen moderne Subjektivierungsweisen dezidiert nachgezeichnet werden, anstatt sie unter dem Signum Individuum stillzustellen. Mit Foucaults Projekt einer kritischen Ontologie der Gegenwart wird - quasi in Radikalisierung der Forschungsperspektive der soziologischen Klassiker - das Individuum zu einem historisch kontingenten Effekt diskursiver und nicht-diskursiver Praktiken.

Darüber hinaus aber gelte es auch zu klären, wie das Individuum als hegemoniale Subjektivierungsweise hervorgebracht worden ist. Dabei wäre zum einen der Einfluss sich wandelnder gesellschaftlicher institutioneller Bedingungen für die Ausbildung spezifischer Subjektivierungsweisen und zum anderen das Verhältnis zwischen individueller Umsetzung spezifischer Subjektivierungsweisen und gesellschaftlicher Diskurse über Subjektivierung zu erforschen. Im Rückgriff darauf könnte dann auch der vielfach sowohl dem Konzept Zweite Moderne als auch dem Projekt einer kritischen Ontologie der Gegenwart gegenüber formulierten Kritik begegnet werden, sie vernachlässige bestehende soziale Ungleichheiten.[16]

VI. Offene Fragen und ungelöste Herausforderungen

Das Ausschöpfen der hier skizzierten wechselseitigen Anregungspotenziale dieser unterschiedlichen Forschungsperspektiven kann dann eine gehaltvolle Beantwortung der Frage ermöglichen, was es bedeutet, dass in dem eingangs erwähnten Werbespot eine Hausfrau und Mutter als Unternehmerin angerufen wird und sich selbst als solche anruft. Zuvor aber scheint es mir wichtig, einige zentale begriffliche, theoretische wie methodisch-methodologische Fragen zu klären.

Begriffliche Probleme ergeben sich, da sich die Gouvernementalitätsstudien aus der Fülle der diskutierten Unternehmensbegriffe[17] vor allen Dingen auf Josef A. Schumpeter beziehen, der zugleich als Vordenker und Apologet neoliberalen Unternehmertums gilt.[18] Schumpeter (1911) nun betont am Unternehmertum immer wieder die Innovationsfähigkeit und die Risikofreudigkeit. Der Unternehmer wird einerseits für das Tragen des (investiven) Risikos belohnt. Im Falle eines Scheiterns hat er dafür andererseits aber auch den Schaden zu tragen. Bei Müttern, wie zum Beispiel der aus dem Werbespot, und vielleicht neuerdings ja auch bei Vätern ist jedoch zu fragen, ob Kinder und Kindererziehung mit zum innovativen Projekt und/oder zum Risiko zu rechnen sind. Oder trägt die Frau als Unternehmerin ihres kleines Familienunternehmens - wie eingangs in der Werbung angerufen - nur das halbe Risiko für ihre Tätigkeit und das andere ihr Partner oder ihre Partnerin? Sind die Kinder oder auch andere z.B. zu pflegende Personen Teil der Unternehmung? Und wie wird dann die Trennung von Betrieb und Haushalt als Grundform des rechenhaften kapitalistischen

Betriebs[19] vollzogen oder wird diese Trennung bei den Selbst-Unternehmungen gar aufgehoben? Knüpft der Begriff des unternehmerischen Selbst vielleicht gar nicht an den ökonomischen Unternehmensbegriff an, obwohl es doch hier um die Ökonomisierung des Sozialen zu gehen scheint? Kurz: Es ist zu fragen, wie weit dieser Begriff des unternehmerischen Selbst reicht.

Darüber hinaus ist in theoretischer Perspektive zu fragen, welche Strukturen beim unternehmerischen Selbst eigentlich an die Stelle des Sexuellen beim Begehrens-Subjekt treten. Oder ist dieses völlig anders strukturiert? Und wenn ja, wie? Nach welchem zentralen Steuerungsmechanismen funktioniert es also? Und zudem: Wie sollen Menschen lernen, unternehmerisch zu agieren? Denn hier scheint es sich ja nicht mehr (oder noch nicht?) um angeborene Persönlichkeitseigenschaften zu handeln.[20] Schließlich bleibt natürlich auch zu fragen, inwiefern hier mit dem unternehmerischen Selbst von einer neuen hegemonialen Subjektivierungsweise gesprochen werden kann oder inwiefern nicht doch nur einzelne privilegierte Milieus betroffen sind. Darüber hinaus bliebe im Übrigen auch zu klären, welche Rolle nach wie vor bestehende soziale Ungleichheiten zwischen den Geschlechtern hier spielen.[21]

Damit stellt sich aber natürlich auch die methodisch-methodologische Frage danach, wie denn das Auftauchen und Hegemonial-Werden des unternehmerischen Selbst erforscht werden könnte. Dass hier eine bloße Untersuchung von Management-Programmen nicht ausreicht, wie es bisher in den Governementalitätsstudien geschehen ist, dürfte klar sein. Denn hier besteht die Gefahr, dass die untersuchten Programme als in sich kohärente und hegemoniale, als sich automatisch durchsetzende Programme verstanden werden.[22] Eine solche 'programmatische' Verkürzung vernachlässigt zudem, dass die untersuchten Programme immer als Ergebnis von sich in ihnen artikulierenden Konflikten zu verstehen sind. Mit Blick darauf geht es vielmehr darum, neue Wege zu beschreiten und z.B. Hausfrauen, aber eben auch Unternehmerinnen danach zu befragen, ob sie sich als unternehmerisches Selbst fühlen, wahrnehmen und erleben und welche Rolle für sie die Kategorien Geschlecht, Klasse und etwa Ethnizität spielen, die doch so relevant in Bezug auf das Begehrens-Subjekt scheinen.[23] Hier müssten die methodisch-methodologischen Überlegungen auf eine Triangulierung im Sinne einer Verknüpfung etwa von diskurs- bzw. dispositivanalytischen Untersuchungen[24] mit narrativen Befragungen zielen.

Damit habe ich das natürlich höchst vorläufige Ziel dieses Aufsatzes erreicht: nämlich deutlich zu machen, dass das Individuum eine Leerstelle in aktuellen Individualisierungsdebatten darstellt und seine (Trans-)Formierungsprozesse einer systematischen Erforschung bedürfen. Zweifellos ist der hier vorgeführte Gedankengang an vielen Stellen ausbaubedürftig. Als eine erste Präsentation, die Diskussionen und Kritik hervorrufen soll, mag er aber genügen.

Anmerkungen

1 Vgl. Bock/Duden: 1977.

2 Um das „Bedeutungsknäuel dieses überbedeutungsvollen mißverständlichen Unbegriffs" (Beck: 1986, S. 205) gibt es einige Verwirrung. Ich verstehe unter dem ursprünglich von Georg Simmel geprägten Begriff Individualisierung, der vor allen Dingen von Ulrich Beck ins Zentrum der soziologischen Debatte gerückt worden ist, hier zunächst einen ambivalenten Prozess, in dem Menschen einerseits aus den Sozialformen industrieller Gesellschaften wie z. B. Klasse, Schicht, Familie frei gesetzt und andererseits einer radikalen Steigerung der Abhängigkeit ihrer Lebensführung von institutionalisierten Vorgaben, Regelungen und Standardisierungen des Lebenslaufs ausgesetzt worden sind.

3 Vgl. Lemke/Krasmann/Bröckling: 2000; Bröckling: 2002.

4 Vgl. z.B. Bröckling: 2000; Rose: 1992.

5 Ich will hier nicht der Frage nachgehen, ob und wenn inwiefern von einem Individualisierungsschub zu sprechen ist - dazu haben sich andere zur Genüge kritisch geäußert (vgl. etwa Burkart/Kohli: 1992; Friedrichs: 1998). Wichtig scheint mir vielmehr, die vielschichtigen Impulse dieser These für eine die Beschreibung offensichtlicher, aber auch schleichender gesellschaftlicher und individueller Transformationsprozesse zu nutzen.

6 Matthias Junge (2002) konstatiert zuvor drei weitere Individualisierungsschübe: einen ersten noch zu Beginn des Christentums, einen zweiten um das 13. Jahrhundert herum und schließlich einen dritten Individualisierungsschub um 1900, den Emile Durkheim (1893), Max Weber (1920) und Georg Simmel (1900) in ihren wegweisenden Zeitdiagnosen in seiner Dynamik analysierten.

7 Eine Positionierung in Bezug auf dieses sozialtheoretische Grundlagenproblem ist zugegebenermaßen immer heikel. Nichtsdestotrotz dürfte im Verlauf meines Beitrages noch deutlich werden, dass ich mich zum jetzigen Stand meiner Überlegungen am ehesten der Foucaultschen Perspektive zuordne. Vgl. für die Individualisierungsdebatte der soziologischen Klassiker ausführlich Ebers: 1995: Kraft: 1992; Kippele: 1998; Junge: 2002.

8 Vgl. dazu etwa aus dem (Um-)Feld der Konzeption Zweite Moderne Bonß et al.: 2004; Brose/Hildebrand: 1988.

9 Allerdings unterstellen sie nicht, wie Mechtild Oechsle und Birgit Geissler (2004, S. 196) feststellen, „eine individuelle Steuerbarkeit des Lebens; Selbstverantwortung und 'biographische Selbststeuerung' (...) sind jedoch zentrale Bestandteile gesellschaftlicher Deutungsmuster zur modernen Lebensführung geworden".

10 Vgl. hierzu z.B. Beck-Gernsheim: 1994; Allmendinger et al.: 2001.

11 Ich spreche hier von 'Vergessen' und nicht z.B. von 'Ausblendung', da sich diese Ontologisierung doch gerade mit den Überlegungen einer Zweiten Moderne als solche verstehen läßt (vgl. dazu auch Lau/Keller 2001).

12 Vgl. hierzu insb. Butler: 1991, 1995.

13 Einen Überblick über die kontroverse Rezeption des Konzepts Zweite Moderne in der Frauen- und Geschlechterforschung geben Oechsle/Geissler (2004).

14 Natürlich existieren schon instruktive (Vor-)Arbeiten zu einzelnen Teilaspekten dieser Frage: So haben Monika Wohlrab-Sahr (1992), Gertrud Nunner-Winkler (1985) und Heiner

Keupp (2001) wichtige begriffliche Differenzierungen vorgenommen. Darüber hinaus untersucht Keupp et al. (1997, 2001) zusammen mit anderen die Entwicklungslinien alltäglicher Identitätsarbeit.

15 Oechsle/Geissler: 2004, S. 202.

16 Vgl. zusammenfassend für das Konzept der Zweiten Moderne Aulenbacher: 2001; für das Projekt einer kritischen Ontologie der Gegenwart Bührmann: 2004.

17 Einen guten Überblick hat hier zuletzt z. B. Schmucker (2005) gegeben.

18 Diese Probleme habe ich im Winter 2004/05 eingehend mit Hanns Wienold diskutiert. Die hier benannten Fragen gehen auf diese Diskussion und die anregenden Hinweise von Hanns Wienold zurück.

19 Vgl. Weber: 1921.

20 Vgl. zu dieser nicht unwichtigen Frage in der Aus- und Weiterbildung im Management Biermann/Wienold: 1967.

21 Erhebliches Anregungspotenzial zur Erforschung die Fragen bieten Beer (1992), Geissler/ Oechsle (1996), Aulenbacher (2001), und Gottschall (2000).

22 Vgl. zusammenfassend Schultz: 2003.

23 Zu diesem Problemkomplex führe ich gerade zusammen mit Katrin Hansen ein Forschungsprojekt durch.

24 Vgl. dazu auch Bührmann 2005.

Literatur

Allmendinger, Jutta/Ludwig-Mayerhofer, Wolfgang/von Stebut, Nina/Wimbauer, Christine (2001): Gemeinsam leben, getrennt wirtschaften. Chancen und Grenzen der Individualisierung in Paarbeziehungen, in: Beck/Bonß:2001, S. 203-215

Aulenbacher, Brigitte (2001): Die „zweite Moderne", ein herrenloses Konstrukt - Reichweite und Grenzen modernisierungstheoretischer Zeitdiagnosen, in: Knapp, Gudrun-Axeli/ Wetterer, Angelika (Hg.):Soziale Verortung der Geschlechter, Münster, S. 188-224

Beck, Ulrich (1986): Risikogesellschaft. Auf dem Weg in eine andere Gesellschaft, Frankfurt a.M.

- (1993): Die Erfindung des Politischen. Zu einer Theorie reflexiver Modernisierung, Frankfurt a.M.

Beck Ulrich/Beck-Gernsheim, Elisabeth (1986): Das ganz normale Chaos der Liebe, Frankfurt a.M.

- (Hg.) (1994): Riskante Freiheiten. Individualisierung in modernen Gesellschaften, Frankfurt a.M.

- (1994): Individualisierung in modernen Gesellschaften - Perspektiven und Kontroversen einer subjektorientierten Soziologie, in: Beck/Beck-Gernsheim (1994), S. 10-39

-/Bonß, Wolfgang (Hg.) (1995) : Die Modernisierung der Moderne, Frankfurt a.M.

-/Lau, Christoph (Hg.) (2004): Entgrenzung und Entscheidung. Edition Zweite Moderne, Frankfurt a.M.

-/Bonß, Wolfgang/Lau, Christoph (2004): Entgrenzung erzwingt Entscheidung: Was ist neu an der Theorie reflexiver Modernisierung, in: Beck/Lau (2004), S. 13-64

Beck-Gernsheim, Elisabeth (1994): Auf dem Weg in die postfamiliale Familie - Von der Notgemeinschaft zur Wahlverwandtschaft, in: Beck/Beck-Gernsheim (Hg.) (2004), S. 115-138

Beer, Ursula (1992): Das Geschlechterverhältnis in der Risikogesellschaft. Überlegungen zu den Thesen von Ulrich Beck, in: Feministische Studien, 10. Jg., S. 99-105

Biermann, Benno/Wienold, Hanns: (1967): Führungsausbildung in der Industrie, Dortmund

Bock, Gisela/Duden, Barbara (1977): Arbeit aus Liebe - Liebe aus Arbeit . Zur Entstehung der Hausarbeit im Kapitalismus, in: Gruppe Berliner Dozentinnen (Hg.): Frauen und Wissen. Beiträge zur Berliner Sommeruniversität 1976, Berlin, S. 118-199

Bonß, Wolfgang/Esser, Felicitas/Hohl, Joachim/Pelizäus-Hoffmeister, Helga/Zinn, Jens (2004): Biographische Sicherheit, in: Beck/Lau (Hg.) (2004), S. 211-233

Bröckling, Ulrich (2000): Totale Mobilmachung . Menschenführung im Qualitäts- und Selbstmanagement, in: Bröckling/Krasmann/Lemke (2000), S. 131-167

- (2002) Unternehmer, in: Bröckling, Ulrich/Krasmann, Susanne/Lemke, Thomas (Hg.): Glossar der Gegenwart, Frankfurt a.M., S. 271-276

Brose, Hanns-Georg/Hildenbrand, Bruno (1988):Biographisieren von Erleben und Handeln, in: Brose, Hanns-Georg/Hildenbrand, Bruno (Hg.): Vom Ende des Individuums zur Individualität ohne Ende, Opladen, S. 11-30

Bührmann, Andrea D. (2004): Der Kampf um weibliche Individualität. Zur Transformation moderner Subjektivierungsweisen in Deutschland um 1900, Münster

- (2005): The Emerging of the Entrepreneurial Self and it's Contemporary Hegemonic Status: Some Fundamental Observations for an Analysis of the (Trans-)Formational Process of Modern Forms of Subjectivation, [49 paragraphes]. Forum: Qualitative Social Research [On-line Journal], 6 (1), Art. 16. Verfügbar über: http://www.qualitative-research.net/fqs-texte/1-05/05-1-16-d.htm

Burkart, Günter/Kohli, Martin (1992): Liebe, Ehe, Elternschaft. Die Zukunft der Familie, München/Zürich

Butler, Judith (1991): Das Unbehagen der Geschlechter, Frankfurt a.M.

- (1995): Körper von Gewicht. Die diskursiven Grenzen des Geschlechts, Berlin

Diezinger, Angelika (1993): Geschlechterverhältnis und Individualisierung. Von der Ungleichheitsrelevanz primärer Beziehungen, in: Frerichs, Petra/Steinrücke, Margreta(Hg.): Soziale Ungleichheit und Geschlechterverhältnisse, Opladen,

-/Rerrich, Maria S. (1994): Die Modernisierung der Fürsorglichkeit in der alltäglichen Lebensführung junger Frauen: Neuerfindung des Altbekannten? In: Oechsle, Mechtild/Geissler, Birgit (Hg.): Die ungleiche Gleichheit. Junge Frauen und der Wandel im Geschlechterverhältnis, Opladen, S. 165-184

Durkheim, Emile (1893 [1988]): Über sociale Arbeitsteilung. Studie über die Organisation höherer Gesellschaften, Frankfurt a.M.

Ebers, Nicola (1995): Individualisierung. Georg Simmel - Norbert Elias - Ulrich Beck, Würzburg

Foucault, Michel (1976): Überwachen und Strafen. Die Geburt des Gefängnisses, Frankfurt a.M.

- (1977) Sexualität und Wahrheit, Bd 1: Der Wille zum Wissen, Frankfurt a.M.

Friedrichs, Jürgen (Hg.) (1998): Die Individualisierungsthese, Opladen

Geissler, Birgit/Oechsle, Mechtild (1996) Lebensplanung junger Frauen. Zur widersprüchlichen Modernisierung weiblicher Lebensläufe, Weinheim

Giddens, Anthony (1997): Jenseits von Links und Rechts. Die Zukunft radikaler Demokratie, Frankfurt a.M.

Gottschall, Karin (2000): Soziale Ungleichheit und Geschlecht: Kontinuitäten und Brüche, Sackgassen und Erkenntnispotentiale im deutschen soziologischen Diskurs, Opladen

Hacket, Anne/Janowicz, Cedric/Kühnlein, Irene: Erwerbsarbeit, bürgerschaftliches Engagement und Eigenarbeit, in: Beck/Lau (Hg.) (2004), S. 281-306

Hahn, Alois et al. (1992): AIDS. Risiko oder Gefahr?, in: Soziale Welt, 30. Jg., S. 400-421

Hitzler, Ronald/Honer, Anne (1994): Bastelexistenz. Über subjektive Konsequenzen der Individualisierung, in: Beck/Beck-Gernsheim (Hg.) (1994), S. 307-315

Hochschild, Arlie (2002): Keine Zeit, Opladen

Horkheimer, Max/Adorno, Theodor W. (1947 [1971]) Die Dialektik der Aufklärung, Frankfurt a.M.

Junge, Matthias (2002): Individualisierung Frankfurt a.M./New York

Jurczyk, Karin (2001): Patriarchale Modernisierung: Entwicklungen geschlechtsspezifischer Arbeitsteilung und Entgrenzungen von Öffentlichkeit und Privatheit, in: Sturm, Gabriele et al. (Hg.): Zukunfts(t)räume. Geschlechterverhältnisse im Globalsierungsprozess, Köinigstein, S. 163-187

Keupp, Heiner (1994): Ambivalenzen postmoderner Identität, in: Beck/Beck-Gernsheim (Hg.) (1994), S. 336-350

-/Höfer, Renate (1997): Identitätsarbeit heute. Klassische und aktuelle Perspektiven der Identitätsarbeit, Frankfurt a.M.

- (2000): Eine Gesellschaft der Ichlinge? Zum bürgerschaftlichen Engagement von Heranwachsenden, München

- (2001): Das Subjekt als Konstrukteur seiner selbst und seiner Welt, in: Keup, Heiner/Weber, Klaus (Hg.): Psychologie. Ein Grundkurs, Reinbek

Kippele, Flavia (1998): Was heißt Individualisierung. Die Antworten soziologischer Klassiker, Opladen

Kohli, Martin (1994): Institutionalisierung und Individualisierung der Erwerbsbiographie, in: Beck/Beck-Gernsheim (Hg.) (1994), S. 219-244

Kraft, Susanne (1992): Modernisierung und Individualisierung. Eine kritische Analyse ihrer Bestimmungen, Regensburg

Lau, Christoph/Keller, Reiner (2001): Zur Politisierung gesellschaftlicher Naturabgrenzungen, in: Beck/Bonß (Hg.) (2001), S. 82-95

Lemke, Thomas/Krasmann, Susanne/Bröckling, Ulrich (2000), Gouvernmentalität, Neoliberalismus und Selbsttechnologien, in: Bröckling, Ulrich/Krasmann, Susanne/Lemke, Thomas (Hg.): Gouvernementalität der Gegenwart. Studien zur Ökonomisierung des sozialen, Frankfurt a. M., S. 7-40

Nöhl, Volker/Kratzer, Nick/Moldaschl, Manfred/Sauer, Dieter (2001): Auflösung des Unternehmens? Die Entgrenzung von Kapital und Arbeit, in: Beck/Bonß (Hg.) (2001), S. 219-232

Nunner-Winkler, Gertrud (1985):Identität und Individualität, in: Soziale Welt, 36. Jg., H. 4, S. 466-482

Opitz, Sven (2004): Gouvernementalität im Postfordismus. Macht, Wissen und Techniken des Selbst im Feld der unternehmerischen Rationalität, Hamburg

Oechsle, Mechtild/Geissler, Birgit (2004): Modernisierungstheorien: Anregungspotenziale für die Frauen- und Geschlechterforschung, in: Becker, Ruth/Kortendiek (Hg.): Handbuch der Frauen- und Geschlechterforschung. Theorie, Methoden, Empirie, Wiesbaden, S. 196-203

Projektgruppe: alltägliche Lebensführung (Hg.) (1995): Alltägliche Lebensführung. Arrangements zwischen Traditionalisierung und Modernisierung, Opladen

Rose, Nikolas 1992: Governing the Enterprising Self, in: Heelas, Paul/Morris, Paul (Hg.): The Values of the Enterprise Culture. The Moral Debate, London/New York, S. 141-164

Schimank, Uwe (1985): Funktionale Differenzierung und reflexiver Subjektivismus. Zum Entsprechungsverhältnis von Gesellschafts- und Identitätsform, in: Soziale Welt, 36. Jg., H. 4, S. 447-465

Schmucker, Rolf (2005): Unternehmer und Politik. Homogenität und Fragmentierung unternehmerischer Diskurse in gesellschaftspolitischer Perspektive, Münster

Schultz, Susanne (2003): Neoliberale Transformationen internationaler Bevölkerungspolitik: die Politik des Postkairo aus der Perspektive der Gouvernementalität, in: Peripherie, Nr. 92, 23. Jg., S. 452-480

Schumpeter, Joseph A. (1911 [1997]): Theorie der wirtschaftlichen Entwicklung. Eine Untersuchung über Unternehmergewinn, Kapital, Kredit, Zins und den Konjunkturzyklus, Berlin

- (1942 [1987]): Kapitalismus, Sozialismus und Demokratie, Tübingen

Simmel. Georg (1900 [1989]): Philosophie des Geldes, Frankfurt a.M.

Voß, G. Günther/Pongratz, Hans J. (1998): Der Arbeitskraftunternehmer. Eine neue Grundform der Ware Arbeitskraft, in: Kölner Zeitschrift für Soziologie und Sozialpsychologie 50, Heft 1/1998

Weber, Max (1920 [1988]): Gesammelte Aufsätze zur Religionssoziologie, 3 Bde., Tübingen

- (1921 [1972]): Wirtschaft und Gesellschaft. Grundriss der verstehenden Soziologie, Tübingen

Wohlrab-Sahr, Monika (1992): Individualisierung: Differenzierungsprozesse und Zurechnungsmodus, in: Beck, Ulrich/Soop, Peter (Hg.): Individualisierung und Integration. Neue Konfliktlinien und neuer Integrationsmodus, Opladen, S. 23-36

Ilse Lenz

Cherchez les hommes
Männer und die Neuen Frauenbewegungen

Kleine Vorrede

Es macht große Freude, mit Hanns Wienold gemeinsam soziologische Ideen und Ansätze zu entwickeln. Die allmähliche Verfertigung der Gedanken beim Reden gelingt besonders gut im Dialog mit ihm im Garten bei einem Glas Rotwein. Leider sitze ich stattdessen alleine vor meinem Computer und führe also ein inneres Gespräch mit Hanns Wienold in der Ferne. Dennoch möchte ich mir erlauben, auch dabei keine geschlossene Form zu verfolgen, sondern mich auf eine Reise nach den Männern in und um die Neue Frauenbewegung zu begeben. Diese Suche wird manchmal umwegreich und etwas trocken sein, geht es doch um eine Spurenlese zu Menschengruppen, die es angeblich gar nicht gibt.

Der 'neue Mann' im Dschungel der Zweigeschlechtlichkeit

Denn Frauenbewegungen sind von Frauen mit Frauen für Frauen - das nimmt der Mann oder die Frau auf der Straße an, und die Soziologie in Deutschland scheint mit dem Kopf zu nicken. Dem entsprechen die Alltagsannahmen, Fortschritte von Frauen bei der Gleichheit müssten zulasten der Männer gehen. Nach diesem Denken gibt es auf den beiden Seiten einer angenommenen und starr gezogenen Geschlechtergrenze zwischen 'Frauen' und 'Männern' nur Nullsummenspiele. Dass Frauen *und* Männer gleichermaßen Vorteile aus dem Durchbrechen dieser Grenzen und einer neuen Solidarität und Gleichheit gewinnen könnten, bleibt außerhalb dieser Vorstellung.

Dieses Denken der Zweigeschlechtlichkeit[1] wurde kritisiert und dekonstruiert, auch in der Geschlechterforschung. Laut Robert Connell (1999) ist es wesentlich, die unterschiedlichen Formen von Männlichkeit wahrzunehmen und das herrschende stereotype Männerbild aufzubrechen. Die hegemoniale Männlichkeit vermittelt die herrschenden Leitbilder, Normen und Praktiken - 'was der Mann sein muss'! In der Arbeiterklasse und homosexuellen Kreisen zeigen sich demgegenüber untergeordnete oder rebellische Formen von Männlichkeiten, die allerdings von der hegemonialen Form beeinflusst sind.

Wie eine erste Schwalbe auf den Sommer wiesen Sigrid Metz-Göckel und Ursula Müller 1986 in einer empirischen Studie darauf hin, dass sich eine beträchtliche Gruppe von Männern eine selbständige Partnerin wünscht, aber nur eine kleine Minderheit bereit ist, diesen Wunsch dadurch einzulösen, dass sie im Alltag Gleichheit praktizieren (1986). Diese Kluft zwischen modernisierten Einstellungen und retraditionalisierter Praxis von Männern blieb ein Problem. Wie Volz und Zulehner feststellten, machen 'neue Männer' mit egalitärer bis partnerschaftlicher Einstellung ca. ein Fünftel aller Männer aus, d.h. ebenso viel wie die traditionellen Männer. Zwischen diesen Polen stehen die 'Verunsicherten', die weder die alten noch die neuen Rollenmuster übernehmen wollen, und die 'Pragmatiker', die traditionelle Männlichkeitsnormen mit einer stärkeren Zustimmung zur Eigenständigkeit der Frau verbinden (1998, S.29ff). Es könnte heute also durchaus 'neue Männer' im Umkreis der neuen Frauenbewegungen geben, doch scheinen sie im Dschungel der Zweigeschlechtlichkeit zu verschwinden, die für das Verständnis von Frauenbewegungen weiterhin beherrschend ist.

Grenzziehungen und Binnenkonstitution: Zur unterschiedlichen Differenzierung von Frauenbewegungen

Waren Männer in den neuen Frauenbewegungen tatsächlich nicht beteiligt? Das ist in verschiedenen modernen Gesellschaften unterschiedlich: In Westdeutschland wurden die neuen Frauenbewegungen von und für Frauen getragen, während in Japan oder den USA auch Männer mitmachten (Ferree/Hess 2000). Das zeigt zumindest, dass 'die Männer' nicht überall wegen ihrer Privilegien die Frauenbewegung ablehnen, dass diese aber auch nicht allein aus 'der Identität von Frauen' erwächst, wie manchmal vereinfachend angenommen wird.

Ich schlage vor, die 'Männerfrage in den Frauenbewegungen' im Zusammenhang damit zu untersuchen, wie diese sich in *spezifischen historischen Kontexten* als 'Wir-Gruppe' herausbilden. Unter 'Wir-Gruppe' verstehe ich eine Gruppe, die durch gemeinschaftsbildende Prozesse vereinigt wird, die gemeinsame Interessen aufnehmen und verstärken (vgl. Elwert 1989). Diese Prozesse beziehen sich auf die *Binnenkonstitution* und auf die *Grenzziehung* nach außen, z.B. zu Männern, aber auch zur Arbeiterbewegung oder zu Minderheiten.

Der spezifische historische Kontext ist einerseits durch die *Gelegenheitsstrukturen* für Frauen gekennzeichnet: Haben sie das Wahlrecht und andere sozialen und ökonomischen Bürgerrechte wie auf Bildung oder selbständige Erwerbsarbeit? Wie umfassend ist ihre Partizipation: Gibt es nur 'Ausnahmefrauen' oder eine relevante Zahl von Ministerinnen, Hochschullehrerinnen, Managerinnen oder Meisterinnen? Weiter sind die *politische Kultur* und die ihr zugrunde liegenden Geschlechterbilder wichtig: Werden nur Männer als politische Führer und Frauen als Mütter der Nation angesehen? Wesentlich sind ferner die *kulturellen und symbolischen Repräsentationen*, aber auch die *wissenschaftlichen Deutungen* für das Geschlechterverhältnis: Wird es z.B. in Metaphern der Klassenanalyse und/oder der Psychoanalyse verstanden? Selbstverständlich ist auch der aktuelle Kontext relevant wie Protestbewegungen, Krisen oder Wirtschaftskonjunkturen, die internationalen Einflüsse usw.

Die *Binnenkonstitution* wird bei sozialen Bewegungen, die eine spezifische Form der 'Wir-Gruppe' bilden, vor allem durch symbolische Integration und gemeinsame Aktivitäten/Praktiken gestiftet. Diese symbolische Integration vollzieht sich durch symbolische und kulturelle Diskurse, Leitbilder und Werte, etwa von Bildern der befreiten oder der modernen Frau (des befreiten oder modernen Menschen - oder auch des befreiten oder modernen Mannes). Die *Binnenkonstitution* erfolgt aber nicht 'top down', sondern in symbolischen Auseinandersetzungen zwischen FührerInnen und TrägerInnen, aber auch mit anderen Parteien, Verbänden und Bewegungen. Symbolische Integration erfordert, dass die Vielzahl der AnhängerInnen individuell ihre Denk- und Sichtweisen ändern und diese neuen symbolischen und kulturellen Diskurse, Leitbilder und Werte aufnehmen und integrieren, also Bewusstseins- oder Wertewandel. Es geht um eine Neustrukturierung der symbolischen Ordnung in den Köpfen und Herzen der Individuen und eine Reklassifizierung ihrer Sichtweisen und ihres Wissens. So veränderten im Zuge der neuen Frauenbewegungen Millionen von Frauen rasch ihre Sicht auf Frauen und Männer: An die Stelle der herkömmlichen Familienbindung traten weibliche Eigenständigkeit und individuelle und kollektive Selbstbestimmung wie 'Ich bin ich' oder 'Sich selbst gemeinsam erfinden'. Freilich hängt ein solcher Bewusstseinswandel wohl mit Erfahrungen von Unterordnung und Ungerechtigkeit zusammen, die sich aus strukturellen Widersprüchen der neopatriarchalen kapitalistischen Moderne ergeben: So etwa erfuhren Frauen um 1970 gerade angesichts der gestiegenen Bildungschancen ihre Festlegung auf die Hausfrauenrolle entsprechend der neopatriarchalen geschlechtlichen Arbeitsteilung als ungerecht.

Die Grenzziehung zur gesellschaftlichen Umwelt - 'nach außen' - ist ein zweiter wesentlicher Faktor für die Herausbildung einer 'Wir-Gruppe'. Dabei sind die spezifischen Formen der *Differenzierung* einer sozialen Bewegung wichtig, d.h. sowohl die Form der Grenzziehungen als auch die Vorstellungen über die dadurch umschlossene (oder geschlossene) Gruppe. So wird bei der *homogenisierenden Gruppen-/Gemeinschaftsbildung* die Gemeinschaft als gleichförmig vorgestellt und ihre Identität auf dieser Grundlage postuliert und konstruiert - etwa bei ethnischen Gruppen und der Identitätspolitik für Frauen, Lesben oder Schwarze[2] vor allem in der USA in den 1970er und 1980er Jahren. Häufig entspricht dem eine vertiefte Grenzziehung zur als dominant gesehenen Umwelt, etwa 'den Weißen' oder 'der Männergesellschaft'.

Inklusive oder transzendierende Gruppen-/Gemeinschaftsbildung folgt einer inklusiven oder 'transnationalen,' 'transkulturellen,' 'transgender' Logik, nach der sich - meist um eine Kerngruppe - verschiedene Gruppen unter gemeinsamen Zielen, Werten und Symbolen zusammenfinden. Meist ist die Grenzziehung zur Umwelt eher diffus. Die internationale Arbeiterbewegung stellt ein Beispiel für eine solche 'trans'-Bewegung dar, da sie neben ArbeiterInnen u.a. auch Intellektuelle, UnternehmerInnen und Hausfrauen aus 'aller Herren Länder' hinter ihren Zielen versammeln konnte. Die neuen Frauenbewegungen haben sich pluralisiert und stellen sich z.B. mit den Lesben- oder Migrantinnenbewegungen zunehmend als inklusive Gemeinschaften dar. Bei sozialen Bewegungen kann also durchaus auch ein Wandel dieser Typen der Differenzierung auftreten.

Der kleine Unterschied und seine großen Folgen in Deutschland

In der westdeutschen Frauenbewegung entwickelte sich nach 1968 in mehreren Schritten eine Grenzziehung zu Männern als symbolische Markierung. Sie vollzog sich in einem *besonderen historischen Kontext*: Frauen waren in der Politik marginalisiert und von öffentlichen Entscheidungspositionen in Wirtschaft und Gesellschaft faktisch ausgeschlossen, auch wenn sich einige Einzelkämpferinnen durchgesetzt hatten. Dieser Ausschluss von Frauen aus der Öffentlichkeit hing mit dem 'deutschen Mythos' der Mutter- und Hausfrauenrolle zusammen, der in der Zeit nach dem Nationalsozialismus ungebrochen blieb, aber er war gerade für die jungen, besser gebildeten Frauen inakzeptabel. Die Frauenerwerbstätigkeit stieg nach 1965 an. Die Studentenbewegung hatte junge Frauen politisiert und einbezogen, wobei sich die neue Frauenbewegung aus der und gegen die Neue Linke formierte.

Die Grenzziehung zu Männern vollzog sich stufenweise von etwa 1968 an. Sie wurde von den in der Studentenbewegung vorherrschenden Theorien über Gesellschaft und Geschlechterkonflikt wie Marxismus, Sexualwissenschaft oder Psychoanalyse beeinflusst. Die psychoanalytischen Diskurse über Phallus und Vagina enthielten Geschlechterbilder zwischen Biologie und Gesellschaft. Der Marxismus betonte demgegenüber die historische und gesellschaftliche Bestimmung des Menschen, unterlegte dem aber eine Vorstellung von natürlicher Arbeitsteilung von Mann und Frau in der Reproduktion. So erschienen Frauen *natürlich* als Mütter.

Die ersten Gruppen der neuen Frauenbewegung formierten sich um 1968 in der Studentenbewegung, konzentriert im SDS. Der Aktionsrat zur Befreiung der Frau hatte sich nach dem Scheitern der „anfänglichen bemühungen, (...), diese konflikte mit dem sds und innerhalb des sds anzugehen, (...) zurückgezogen und alleine gearbeitet“ (Sanders 1968b), sah dieses Vorgehen aber als vorübergehenden Schritt an. Bei der Mobilisierung und Politisierung wollte er sich an den Bedürfnissen der Frauen orientieren und konzentrierte sich auf „die gruppen, die am leichtesten politisierbar sind, (...) die frauen mit kindern“ (ebd.). Die Grenzziehung zu den Männern war zunächst pragmatisch, um die Definitionsmacht über die eigene Arbeit zu gewinnen.

Auf der Grundlage von Kritischer Theorie mit ihrer Kritik des Leistungsprinzips und marxistischer Parallelen entwarfen sie eine Konflikttheorie, in der die Männer der Organisation zugleich Gegner und potentielle Kooperierende oder Bündnispartner waren. Die Erkenntnis, dass das 'Private politisch ist', bezieht die Männer als 'Kampfpartner' im Doppelsinn in einer widersprüchlichen Lage ein – als objektiv in eine Ausbeuterrolle gedrängt und als potentielle Mitstreiter. Die Vorstellung von Widersprüchen und dynamischen Veränderungen ist leitend, nicht die einer Geschlechtergrenze zu den Männern. Sie wäre angesichts ihrer Hoffnungen auf „ein utopisches mann-frau verhältnis" (vgl. Sanders 1968a) auch sinnlos erschienen, wobei der Wunsch und das Bedürfnis nach egalitären heterosexuellen Beziehungen sehr deutlich anklingt. Auf dem Bundesfrauenkongress am 12.3.1972 wurde die Selbstorganisation von Frauen und eine Separierung von Männern beschlossen:

„Auf dem Kongress kamen wir überein, uns separat zu organisieren, so lange Frauen in besonderer Weise und mehr unterdrückt sind als Männer. Über unsere Forderung nach ersatzloser Streichung des § 218 hinaus fordern wir Gleichstellung in allen gesellschaftlichen Bereichen. Darum kämpfen wir für die Ermöglichung einer Berufstätigkeit aller Frauen durch Aufhebung der individuellen Hausarbeit, für verstärkte gewerkschaftliche Organisation von Frauen, um Forderungen durchzusetzen wie: gleicher Lohn für gleichwertige Arbeit, Abschaffung der Leichtlohngruppen, bessere Ausbildung, mehr Frauen in die Betriebsräte. Wir rufen alle Frauen auf, sich für die Durchsetzung ihrer berechtigten Interessen selbst zu organisieren." (Protokoll zum Plenum des Bundesfrauenkongresses am 12. März 1972 in Frankfurt)

Doch wurde Zusammenarbeit mit Männern in anderen Organisationen und bei notwendigen Anlässen nicht abgelehnt (ebd.).

Vier Jahre nach der Bildung des Aktionsrats zur Befreiung der Frau hatten die Mehrheit der Frauengruppen sich 1972 für ein separates Vorgehen von den gemischten und männlichen Organisationen entschieden, wobei sich in einigen Gruppen Männer weiterhin beteiligten.[3] Die Begründungen beziehen sich auf die politische Auseinandersetzung und die Machtbildung von Frauen, also auf soziale Erfahrungen und Strategien; biologische Zuschreibungen fehlen völlig. Betrachtet man die symbolischen Kämpfe um die Grenzziehung zu Männern aus der heutigen Distanz, zeichnen sich in den Quellen[4] vor allem drei Motive ab.

Zum Ersten wollten die führenden Aktivistinnen angesichts der Dominanzansprüche der sozialistischen Sekten die *Definitionsmacht* von Frauen über die neuen Frauenbewegungen durchsetzen. Dabei war die Grenzziehung zu Männern ein markantes Zeichen, das nach innen homogenisierend wirkte und Zusammenhalt schuf oder einforderte.

Zum Zweiten verbanden die führenden Aktivistinnen in verschiedener Hinsicht damit eine Machtbildung von Frauen und der Bewegung. Angesichts des faktischen Ausschlusses von Frauen aus Öffentlichkeit und Politik sowie aus Führungspositionen in Gesellschaft, Wirtschaft und Wissenschaft erschien der Zugang zu eigener Macht vordringlich. Die neuen Frauenbewegungen forderten autonome Machtbildung zur Veränderung der Gesellschaft, um die Unterordnung und Diskriminierung von Frauen und das Elend der Erotik aufzuheben. Wenn heute den neuen Frauenbewegungen vorgeworfen wird, sie hätten sich als Opfer stilisiert, ist dies historisch unrichtig. „Der Chor der Opfer ist verstummt" lautete ein Schlagwort damals. Frauen definierten sich als Akteurinnen und politische Subjekte und lernten in Frauengruppen und Netzwerken, politisch zu handeln und Verantwortung zu übernehmen.

Weiter betonten Vordenkerinnen wie Alice Schwarzer, dass die Unterdrückten selbst ihre Befreiung in die Hand nehmen müssen (Schwarzer 1975). Gruppen aus der schwarzen Bewegungen hatten um 1970 die *Black Power*-Strategie entwickelt, nach der eine Machtbildung durch Aufwertung der eigenen Gruppe und Selbstorganisation wesentlich ist. Dieser Separatismus von anderen sozialen Bewegungen erschien als Leitmodell. Aber auch das Erbe der ersten Frauenbewegung in Deutschland mit ihrer separaten Organisation von Frauen wirkte nach. Frauen wurden aufgefordert, ihre intellektuellen Fähigkeiten, ihre Energien und ihre Zeit auf die neuen Frauenbewegungen zu konzentrieren, und die Grenzziehung zu Männern verlieh dem Nachdruck.

Das dritte Motiv lautete eher defensiv, Frauengruppen würden durch die Anwesenheit von Männern beeinträchtigt, weil Frauen sich herkömmlich eher an Männern und nicht den anderen Frauen orientieren (Bähr 1984, S.22ff, 40).

In diesen Motiven zeigt sich eine Geschlechterdifferenzierung der neuen Frauenbewegung als Bewegung von Frauen, aber keine 'Männerfeindschaft', wie sie ihr gerne heute aus der Rückschau vorgeworfen wird. Etwas eigenständig zu unternehmen, ist etwas ganz anderes als 'Feindschaft'. Zudem hatte der Bundesfrauenkongress die Zusammenarbeit mit Männern auf anderen Feldern angesprochen.

Mit der Debatte um Autonomie, Sexualität und Gewalt ab Mitte der 1970er Jahre vertiefte sich die Grenzziehung. Sie bezog sich nun auf alle Männer, die über ihr Sexualverhalten charakterisiert wurden (vgl. auch Bührmann 1995; Lenz 2004). Alice Schwarzer schrieb mit 'Der kleine Unterschied und seine großen Folgen' einen Bestseller, der die Gleichheit der Menschen behauptete und den biologischen Geschlechtsunterschied ironisch und raffiniert dekonstruierte:

> „Tatsächlich nicht sehr groß. Im schlaffen Zustand, so versichern die Experten, acht bis neun Zentimeter, im erigierten sechs bis acht Zentimeter mehr (...). Ich meine, er ist nicht mehr als ein Vorwand. Nicht dieser *biologische* Unterschied, aber seine *ideologischen Folgen* müssten restlos abgeschafft werden! *Denn Biologie ist nicht Schicksal, sondern wird erst dazu gemacht. Männlichkeit und Weiblichkeit sind nicht Natur, sondern Kultur. Sie sind die in jeder Generation neu erzwungene Identifikation mit Herrschaft und Unterwerfung. Nicht Penis und Uterus machen uns zu Männern und Frauen, sondern Macht und Ohnmacht.*" (Schwarzer 1975, S.178)

Sie verband dies mit einer Kritik am 'Mythos des vaginalen Orgasmus' und der herrschenden 'Zwangsheterosexualität'. Ihr empirisches Material waren Interviews mit Frauen aus der Abtreibungsberatung, die ein erschütterndes Bild von Entfremdung, fehlender Zärtlichkeit und männlicher Dominanz und Gewalt in Ehen der Kriegs- und Nachkriegszeit gaben. Jedoch wurde das Bild nicht in diesen historischen Kontext der neopatriarchalen Sexualverhältnisse während des Nationalsozialismus und danach gestellt, sondern in einer populären Weiterführung von Psychoanalyse und neuerer Sexualwissenschaft auf den Phallus und die männlichen Sexualpraktiken per se bezogen. Die herrschenden sexuellen Normen (darunter die Norm der männlichen Penetration), nach denen die Frauen den Männern privat ausgeliefert seien, vermittelten im Rahmen der Zwangsheterosexualität die Machtbeziehungen zwischen Frauen und Männern (Schwarzer 1975, S.208).

Alice Schwarzer begründete im Anschluss an den philosophischen Existentialismus, vor allem an Simone de Beauvoir, ihre Gleichheitsposition in der Geschlechterfrage mit sozialen Argumenten. Dies stand in einem Spannungsverhältnis zu ihrer Verarbeitung von Psychoanalyse und Sexualwissenschaften, die in verschiedenen Formen von Sexualorganen wie Penis, Vagina und Klitoris als Metaphern für gelingende Sexualität und Sozialisation zum Erwachsenen sprechen. Gleichzeitig kritisierten auch internationale Texte den „Mythos vom vaginalen Orgasmus" (Koedt 1973) und behaupteten, dass der Weg zur „Lust, Frau zu sein" (Lonzi 1975), über das Experimentieren mit der Klitoris führe. Diese Texte wurden intensiv gelesen, verbreitet und in Kneipen, an Küchentischen und in Betten heftig diskutiert.

Während so in der Frauen- und Alternativbewegung vielfache Frauenbilder von Sexualität und Lust eröffnet und experimentell erprobt wurden, wurde das Männerbild tendenziell homogenisiert und anthropologisch 'festgefroren': Ein einheitliches Männerbild auf anthropologischer Ebene wurde wirkungsmächtig. Der Penis wurde einseitig als Phallus gelesen und zum symbolischen Zeichen für Konflikt im Geschlechterverhältnis. Diese Verortung des Geschlechterkonflikts auf einer anthropologischen, überhistorischen Ebene und die Fixierung auf Sexualorgane und -praktiken war kein besonders origineller Beitrag der neuen Frauenbewegung, vielmehr war diese Sicht vorherrschend sowohl in der Psychoanalyse und der Sexualwissenschaft als auch in den Massenmedien nach der sexuellen Liberalisierung ab 1965. Die neue Frauenbewegung veränderte diese Diskurse durch Uminterpretation ihrer zentralen Symbole – Phallus, Vagina, weibliche sexuelle Passivität und Objektstatus. Sie griff aber den Gesamtrahmen, dass die Menschen durch ihre Sexualorgane und -praktiken definiert werden, (noch) nicht an.

Für eigenständige und gleichberechtigte Partizipation von Frauen in der Öffentlichkeit hatte diese Auseinandersetzung mit und Abweisung von sexualisierten öffentlichen Frauenbildern allerdings strategische Bedeutung: Frauen in Parteien und Verbänden konnten so eine eigene Stimme einfordern, unabhängig davon, ob sie im Aussehen und Auftreten dem vorherrschenden Frauenideal von sexueller Attraktivität und Gefälligkeit entsprechen.

Diese Thesen wurden von vielen männlichen Intellektuellen als Angriff empfunden. Andere Männer wieder sahen darin und in der heftigen öffentlichen Diskussion darüber eine Aufforderung, über ihre Formen von Sexualität nachzudenken und sie zu variieren, anstatt einem 'natürlichen' Orgasmuszwang folgen zu müssen. Frauen, die mit Männern in Beziehungen lebten, reagierten unterschiedlich.

Die Diskussion um weibliche Lust und Erotik zu Ende der 1970er Jahre griff den Faden allerdings erneut auf und spann ihn differenzierter: Frauen schrieben Berichte, Phantasien und Utopien über befriedigende Heterosexualität und besetzten Koitus und Penetration mit eigenem Begehren und Praktiken. Doch die Grenzziehung zu Männern wurde nun symbolisch nicht mehr allein mit der ungleichen Machtverteilung, sondern auch mit den angenommenen anthropologischen Differenzen wie unterschiedlichen sexuellen Bedürfnissen und Praktiken verbunden. Sie wurde so qua Geschlecht 'naturalisiert'. Viele Frauen vollzogen eine Reklassifizierung von Wissen und Sichtweisen über Männer, die durch die Abwehr der Forderungen der Frauenbewegung und die Behauptung männlicher Vorherrschaft durch große Teile der Eliten verstärkt wurde. Männliche Individuen mit egalitärem Verhalten und Denken konnten einen Ehrenplatz als Sympathisanten, aber keine Mitgliedschaft im *femalestream* der neuen Frauenbewegung erwarten. Und wer nach 1975 nach Männern in der Frauenbewegung fragte, 'nervte' und stellte einen 'natürlichen' Konsens infrage. Die Zweigeschlechtlichkeit war als Organisationsprinzip in der westdeutschen Frauenbewegung angekommen.

Die neuen Frauenbewegungen in Westdeutschland hatten sich in mehreren Schritten mehrheitlich als Bewegungen von und für Frauen differenziert und die Grenzziehung zu Männern bei ihrer Herausbildung als 'Wir-Gruppe' betont. Sie vollzogen diese Schritte in einem spezifischen sozialen und kulturellen Kontext, aber die Ausgangsposition, dass es sich bei der Grenzziehung gegenüber Männern um einen sozialen Prozess mit einzelnen Schritten und zumindest für einen Teil der Frauen eher um ein zeitweiliges Moratorium handelte, geriet in der Folge angesichts der anthropologischen Diskurse über 'die Frauen' und 'die Männer' völlig in Vergessenheit.

Exkurs: Die Befreiung der Frau aus der Kloake und ihre Folgen in Japan

In Japan formierten sich die ersten Frauengruppen um 1970 in der sozialistischen Studentenbewegung wie in Deutschland (vgl. u.a. Beiträge in Lenz/Mae 2000). Sie nannten sich *lib* (*ribu*) im Anklang an die *Women's liberation* der 1960er Jahre in den USA, aber auch an das Wort *live*/leben. Auch in Japan kamen Frauen in diesem Zeitraum in den Hochschulen und auf dem Arbeitsmarkt voran, während sie von politischen, wirtschaftlichen und sozialen Entscheidungspositionen ausgeschlossen waren.

Allerdings wurden Männerwelten und Frauenwelten in der modernen kapitalistischen Entwicklung stärker als in Deutschland getrennt: Die Unternehmen setzten auf die umfassende Loyalität und zeitliche Verfügbarkeit der männlichen Stammarbeiter, während die Hausfrauen 'hinter der Wirtschaftsfront' die Familie erhalten und Mann und Kinder versorgen sollten. Homosoziale Netzwerke von und Kommunikation unter Frauen sind in Familie, Schule und Nachbarschaft selbstverständlich. Doch neben den modernen Hausfrauen standen die Väter und Schwiegermütter der Großfamilien; Die Rolle der Schwiegermutter, die Zuwendung vom ältesten Sohn und Versorgung von seiner Frau erwarten konnte, verdeutlichte, dass Frauen an den neopatriarchalen Herrschaftsverhältnissen abgestuft beteiligt waren.

Zentrales Thema der neuen Frauenbewegungen in Japan war ebenfalls die Bedeutung von Sexualität für die Unterordnung der Frauen und ihr Anspruch, als Akteurinnen und politische Subjekte autonom aufzutreten. In ihrer Binnenkonstitution stützte sich die Bewegung jedoch auf andere Diskurse und Motive. Auch war die Grenzziehung nach außen diffus: Sowohl Männer als auch die wenigen 'wütenden Karrierefrauen', die die Positionen der *lib* unterstützten, beteiligten sich.

Die *lib* entwarf eine radikale Kritik von Männlichkeit und Weiblichkeit, die sie als repressive Normen sah, an ihrer historischen Instrumentalisierung im Pazifischen Krieg Japans (1938-1945) und für den Produktionismus der japanischen Wirtschaft und Gesellschaft nach 1960. Sie griff die Abhängigkeit und Unterordnung von Frauen an, die sie zum Sexualobjekt machte, und forderte, dass die Frauen zum Subjekt ihres Lebens und ihres Begehrens werden. Ich kann nur knapp einige Linien am Beispiel der Diskurse über Sexualität nachzeichnen.

Tanaka Mitsu schrieb 1970 den Text „Befreiung von der Kloake" (*Benjo kara no kaihô*),[5] der wie ein Fanal wirkte. Sie kritisierte das gespaltene männliche Bewusstsein, das die Frau aufteilt in die Mutter/Zuwendung und eine sexuelle Vorrichtung = Kloake. Dem hält sie eine anthropologisch begründete Vision entgegen:

> „Als Lebewesen mit der Funktion, andere Individuen zu reproduzieren, bilden Mann und Frau als Einheit ein Paar. Der Mensch, der als einzelner lebt und stirbt und nur individuell leben kann, sucht eben als Individuum nach einer Vision des Gegenübers. Dieses Wunschbild des Gegenübers kann visionär durch SEX erreicht werden. Für ein Lebewesen, das als Individuum seine Grenzen hat, stellt SEX die ursprüngliche Kommunikationsform mit anderen Lebewesen dar."

Die 'Frau' in ihrer Ganzheitlichkeit vereint für Tanaka „Zuwendung und SEX als deren körperlichen Ausdruck in sich".

Die sexuelle Abwertung der Frau als Kloake - das Gegenbild der Mutter - vermittelt ihre soziale Unterordnung: Deren Eckstein ist das abhängige und rationalisierte Leben in der Monogamie, in der Frauen als Hausfrauen und Mütter hinter der Exportfront ihren Ehemann für die japanische Wirtschaft reproduzieren. Aber die Monogamie und der sexuelle Objektstatus der Frau bauten auf der langen Geschichte patriarchaler Unterdrückung auf. Die *lib* ruft Frauen auf, 'ihre Haltung zu verändern', die Ideologie der Weiblichkeit zu durchschauen und zur eigenen Subjektbildung zu kommen. Die Befreiung der Frau wird sich auch in dem autonomen Begehren und Umarmen von Frauen ausdrücken:

> „Die Geschlechterverhältnisse (...) wandeln sich von dem Grundmuster, dass der Mann die Frau umarmt und die Frau von ihm umfangen wird, dahin, dass der Mann die Frau umfängt und die Frau den Mann umarmt: Sie verändern sich also von dem Umfangen/Umfangen-Werden zu einer Beziehung, in der sich beide wechselseitig umarmen" (ebd.).

Die erotische Subjektwerdung der Frau ist hier noch im heterosexuellen Rahmen befangen, aber in Texten wie „Lustvoll, künstlerisch - ein Eros gegen die Ehe" von Funamoto Emi (1973) bewegt sich ihre Phantasie durch alle Körperzonen und sexuellen Spielarten, wobei sie die Autonomie der Frauen fordert. Sie nimmt an, dass das Ehesystem, das Frauen einengt, wie das Grinsen der Katze in Alice in Wunderland weiterwirkt:

„Ich glaube, auch wenn man das Ehesystem im Wesen zerstörte, so bliebe doch das Grinsen, welches es ausstrahlt, noch eine Weile übrig. Das Grinsen, das in jede/n einzelne/n von uns eingelassen ist. Denn es ist ein Grinsen, das sich nicht fassen lässt und das keine Substanz hat. Hier möchte ich an Stelle der grinsenden Ehe den großherzig lachenden Eros bedenken".[6]

Die neuen Frauenbewegungen in Japan konzentrierten sich in den Diskursen zu ihrer Binnenkonstitution auf die Kritik der Weiblichkeit/Männlichkeit und auf die Abhängigkeit und Unterordnung der Frauen in Ehe, Arbeitsmarkt und Politik. Sie arbeiteten das Neopatriarchat als historisch tiefverwurzeltes System in seiner Verbindung mit dem japanischen Kapitalismus auf, in dem die Menschlichkeit (am Beispiel der Sexualität) von Frauen und Männern reduziert wird.

Angesichts der alltäglichen Geschlechtertrennung und -polarität und der selbstverständlichen Kommunikation unter Frauen in Familie und Nachbarschaft wurde die Anwesenheit und Beteiligung von Männern in den Frauenbewegungen nicht als Bedrohung weiblicher Gruppenbildung aufgefasst, sondern eher als Unterstützung durch die wenigen 'Ausnahmemänner'.

Ab Mitte der 1970er Jahre bildeten sich die ersten Männergruppen, die die Geschlechterungleichheit vor allem aus der Perspektive der 'abwesenden Väter', die den Unternehmen verpflichtet sind, kritisierten. Sie wollten sich nicht mehr mit dem Status des Vaters als 'Sonntagsgast' abfinden, wandten sich aber auch gegen die ungleiche geschlechtliche Arbeitsteilung und die Unterordnung von Frauen. Männergruppen, Vätergruppen und Schwulengruppen haben seitdem zugenommen (Lenz, Mae 2006); ferner engagieren sich Männer in Projekten gegen Gewalt gegen Frauen (vgl. Beiträge in Roberson, Suzuki 2003). Für diese Gruppen erscheint die Abgrenzung gegenüber dem Feminismus relativ unwichtig; es geht ihnen vor allem darum, Männer zu erreichen und „Lebensstile und Beziehungen zwischen Männern und Frauen zu suchen, mit denen sie besser leben können" (Lenz, Mae 2006). Auch in der Wendung von der Frauen- zur Geschlechterforschung Mitte der 1990er Jahre engagierten sich Forscherinnen und Forscher.

Die Sexualitätsdebatte der neuen Frauenbewegungen in Japan begann mit dem Anspruch, dass Frauen Subjekt des Begehrens und Umarmens werden, und verweigerte radikal die vorherrschende Norm der Weiblichkeit. Die Psychoanalyse war im Gegensatz zu marxistisch inspirierter Gesellschaftskritik kaum präsent; die Reduktion des Mannes wie der Frau auf Sexualorgane und herrschende Geschlechternormen wurde heftig kritisiert. Die Grenzziehung zwischen Frauenbewegungen und Männern war diffus; egalitäre Männer wurden als Bündnispartner gesehen, die sich in den Frauen- oder Männerbewegungen beteiligten.

Differenzierung und Integration in Westdeutschland nach 1975

In Westdeutschland lebten die neuen Frauenbewegungen nicht 'auf einer Insel', sondern waren sowohl im 'privaten Alltag' in das 'alternative Milieu' (und andere Milieus) als auch öffentlich in Bürgerbewegungen, Verbänden und Parteien eingebunden. So standen die Frauenbewegungen in vielfältiger Kommunikation und Austausch mit Männern und Frauen auf anderen gesellschaftlichen Feldern und handelten manchmal gemeinsam mit ihnen, wenn auch außerhalb der Frauenbewegung. Wir könnten von verschiedenen Formen der Integration auf Grundlage der Differenzierung als Frauenbewegung sprechen. Vielleicht war gerade in dieser spezifischen differenziellen Integration (s.u.) eine Stabilität der Zweigeschlechtlichkeit angelegt, die erst gegenwärtig wieder hinterfragt wird.

Die neue Frauenbewegung bildete einen Teil des umfassenden Alternativmilieus in den Großstädten in den 1970er Jahren, hatte sich aber auch in die neuen Dienstleistungsschichten und unter den Migrantinnen mit Bildungszugang ausgeweitet. In den Wohngemeinschaften und Kneipen der Alternativszene wurden ihre Ziele, Ansätze und Kritik heftig diskutiert, und diese intensive Kommunikation trug auch zu dem Wertewandel der 1970er Jahre bei. Persönliche Kommunikation und Mediendebatten verstärkten sich gegenseitig. Weiterhin brachten viele Aktivistinnen aus der Frauenbewegung Fragestellungen und den horizontalen Politikstil der Frauenbewegung in Bürgerinitiativen, Gesundheits-, Ökologie- und Friedensbewegung ein.

Schließlich hatten sich zuerst Verbände wie die Gewerkschaften und die Kirchen und dann die politischen Parteien allmählich für die neuen Frauenbewegungen geöffnet. Kommunen bestellten Frauenbeauftragte, denen Gleichstellung als staatliche Aufgabe anvertraut wurde. Diese Integration erfolgte im Kontext des westdeutschen Korporatismus: Er zeichnet sich durch die enge Verbindung zwischen Staat, Unternehmensverbänden und Gewerkschaften aus, die damals männlich zentrierte Institutionen darstellten. Die 'Frauenbeauftragten' oder 'Frauenabteilungen' erfuhren eine differenzielle Integration (vgl. auch Lenz 2005). D.h. sie wurden als spezifische Abteilungen oder Ämter für Frauen eingerichtet und mit Frauen besetzt. Das Selbstverständnis 'von und für Frauen', das in der neuen Frauenbewegung prozesshaft hergestellt worden war, wurde in dieser differenziellen Integration fortgesetzt. So konnten Frauen erstmals frauenpolitische Anliegen in Politik, Verbänden und Wirtschaft einbringen und eine öffentlich wirksame Stimme erhalten. Aber zugleich ging mit der differenziellen Integration auch die Gefahr einer gewissen Stigmatisierung und Ghettoisierung der Gleichstellungsarbeit einher, die nun als Lust und Last der Frauenbeauftragten und nicht der gesamten Organisation erschien.

Wie weiter mit den Männern? Distanzierungen und Annäherungen

Die 'Männerfrage' in der neuen Frauenbewegung stellte sich aber rasch erneut in verschiedenen Kontexten. 1979 diskutierten lesbische Frauen über eine Zusammenarbeit mit Schwulen, um gemeinsam gegen die Diskriminierung von Homosexuellen vorzugehen. Sie sahen durchaus gemeinsame Anliegen und zugleich gewisse Sperren vor den Problemen von Lesben in der Frauenbewegung.

In der Folge bildeten sich auch in Deutschland verschiedene Ansätze zu Männerbewegungen heraus. In der individualistischen Strömung trafen sich Männer zur Selbstveränderung, vor allem, um Selbstverwirklichung und persönliche Entfaltung jenseits als repressiv empfundener Männernormen anzugehen (vgl. Brzoska 1995). In der antisexistischen Strömung setzen sich Männer mit der herrschenden Männlichkeit und ihrer eigenen Position auseinander.

„Sie gehen davon aus, dass sie bei einer tiefgreifenden Veränderung Privilegien als Mann aufgeben müssen. Zugleich sind sie persönlich auch durch die Gewinne einer anderen Männlichkeit (bessere Beziehungen zu Frauen, Männern, Kindern und sich selbst) und die Kosten der traditionellen Männlichkeit motiviert" (Brzoska 1995, S.83).

Es zeigen sich in dieser Differenzierung einer egalitären Männerbewegung auch Probleme, die die Schwierigkeiten geschlechtergerechter Politik insgesamt, aber auch die offenen Fragen männlicher Aufbrüche widerspiegeln. Für die Mehrheit der Männergruppen erscheint die Grenzziehung zum Feminismus als ein Zeichen ihrer Eigenständigkeit. Es drängt sich das Bild auf, dass die bewegten Männer sich zuallererst von vermeintlich übermächtigen Übermüttern in ihren Köpfen distanzieren müssen: Zuallererst müssen sie klarstellen, dass sie nicht unter der 'Fuchtel des Feminismus' stehen, um sich als Männergruppe zu behaupten. Feministinnen werden aber in dieser Gesellschaft weiterhin marginalisiert und zunehmend ausgegrenzt. Zudem besteht eine Tendenz, Männer als Mitglieder einer homogenen Gemeinschaft zu konstruieren, die potentiell schwach oder Opfer sind und ihre Interessen gegen Frauen durchsetzen müssen. Gerhard Hafner stellt fest:

„Den Mann mit seinen Defiziten und vor allem ihn als Opfer anzusprechen, ist weitaus erfolgreicher, als ihn als Privilegierter oder gar in der Verantwortung als Täter zu erreichen" (1995, S.448).

Die Geschlechterfrage wird in der Öffentlichkeit, insbesondere den Medien in Opferdiskursen verhandelt. Damit werden Männer als Akteure der Veränderung und ihre Verantwortung erneut ausgeblendet. Die Geschlechterfrage als 'Konkurrenz der Opfer' zu thematisieren, blendet die ungleichen Strukturen und Machtverhältnisse aus, die sich längst nicht mehr mit einem zweigeschlechtlichen Blick von Frauen versus Männer analysieren lassen, sondern ein 'Zusammendenken' von Ungleichheit nach Geschlecht, Klasse, Ethnizität und Region erfordern.

Weiterhin formierten sich auch neopatriarchale und maskulinistische Gruppen, die ihr Hauptziel in der Verteidigung männlicher (Vor-)Rechte und der Zurückweisung von Ansprüchen von Frauen und Feministinnen auf Gleichheit und Gewaltfreiheit im Geschlechterverhältnis sehen. Sie betreiben teils aggressive Kampagnen in Medien und Politik, in denen sie z.B. Scheidungsmütter, Aktivistinnen gegen sexuelle Gewalt und Missbrauch angreifen.[7]

In der Frauenforschung wurde parallel über Männer nachgedacht oder geforscht. Lerke Gravenhorst kritisierte stereotype Männerbilder und rief dazu auf, die Widersprüchlichkeiten in weiblichen und männlichen Lebenszusammenhängen ernstzunehmen (Gravenhorst 1988; Hagemann-White/Rerrich 1988). Die erste feministische Untersuchung erforschte Bewusstsein und Praxis von Männern in Bezug auf Frauen und Beziehungen (Metz-Göckel/Müller 1986). Im Gegenstrom zu der Sexualisierung von Ungleichheit besang Ursula Müller die 'Erotik der Gleichheit' (Müller 1990).

Mit steigendem gesellschaftlichem Einfluss suchten engagierte Frauen Bündnispartner in Verbänden, Parteien und sozialen Bewegungen. Die Entwicklung bei der Partei „Die Grünen" zeigte, dass egalitäre Prinzipien bei Führungspositionen und der Listenaufstellung einen gewaltigen Öffentlichkeits- und WählerInnenbonus brachten. 1984 wählte die Bundestagsfraktion einen Vorstand, der nur aus Frauen bestand, das 'Feminat'. Die SPD zog 1988 nach mit einer Quotierung in Höhe von 30% für jedes Geschlecht, wobei die Unterstützung einiger männlicher Politiker, u.a. von Hans-Jochen Vogel, wesentlich war.

Nach Erfahrungsberichten verhielten sich Männer im öffentlichen Raum nach 1980 sehr unterschiedlich. Häufig waren Sprüche zu hören wie „Meine Tochter hat mir vermittelt, dass das ein Problem ist", „Ich bin zwar ein alter Chauvi, aber was Ihr macht, finde ich gut" oder aber auch „Die Frauen bringen was Neues und haben Recht". Diese Reaktionen zeigen Teilsympathien bei weiterer Behauptung männlicher Interessen, aber auch Öffnungen. Auch Forschungen aus anderen Ländern verweisen auf unterschiedliche Reaktionsweisen von Männern in Organisationen auf Gleichheitsanliegen: Nur eine Minderheit lehnt sie vollständig ab; sie wird aber oft mit allen Männern gleichgesetzt. Die große Mehrheit von Männern erscheint im Prinzip als gutwillig, aber zurückhaltend bis skeptisch. Eine kleine - oft unsichtbare - Gruppe unterstützt und befürwortet sie rückhaltlos (Mac Donald u.a. 1997 nach Müller 1999).

Die egalitären Männer geraten unter den Druck von Ausgrenzung und Diffamierung. Immerhin wurde in den letzten Jahren in Deutschland 'Frauenversteher' zum Schimpfwort anstatt zu einer hohen Auszeichnung. Den Erkenntnissen der Sexual- und Beziehungsforschung zum Trotz behaupten vor allem die privaten Medien unentwegt, Frauen wünschten einen 'harten Kerl,' und halten damit die hegemoniale Männlichkeit hoch. Während die neuen Frauenbewegungen sich mehrheitlich als 'Wir-Gruppe' von Frauen herausdifferenziert hatten, hatten sich demnach Formen von Kommunikation und Kooperation mit Männern in Institutionen herausgebildet, die das Gleichheitsanliegen unterstützten. Im Vergleich zu den Vertretern von Männerrechten und -interessen bleiben diese eher unsichtbar. Egalitäre Männer kämpfen gegen vielfältige Widerstände um eine Stimme in Deutschland.

Was bedeuten Geschlechtergerechtigkeit und *Gender Mainstreaming*, wenn das Geschlecht sozial konstruiert wird?

Die Grenzziehungen in den neuen Frauenbewegungen sind angesichts einer Reihe paralleler Entwicklungen ab Mitte der 1980er erneut in Bewegung geraten. Die Entwicklung der Frauenforschung zur Geschlechterforschung trug zur wissenschaftlichen Thematisierung der 'Männerfrage' bei (Connell 1999; Meuser 1998). Die heftige wissenschaftliche Auseinandersetzung um die soziale und kulturelle Konstruktion des Geschlechts setzte an einer Kritik der Zweigeschlechtlichkeit an: Anstatt die Geschlechterdifferenz als 'natürliche Tatsache' hinzunehmen, fragte sie, wie Geschlecht in sozialen Interaktionen hergestellt, dargestellt und so reproduziert wird. Damit wird die Grenzziehung zwischen Frauen und Männern ebenso hinterfragbar wie die Vorstellung, es gebe nur diese beiden Geschlechter. Geschlecht wird pluralisiert und vom (biologischen) Schicksal zur Frage von kulturellen Praktiken und individuellen, wenn auch begrenzten Optionen.

Die *Queer Theory* hat sowohl die Genderforschung als auch Teile der Frauenbewegungen, der Lesben-, Schwulen- und Männerbewegung beeinflusst. Sie reißt die Grenzpfähle der Identitätsbewegungen ein, und ihre Forderungen nach *Citizenship* und Demokratie für alle marginalisierten Gruppen begründen neue Bündnisse etwa mit MigrantInnen (vgl. Tuider in diesem Band).

Im deutschen Vereinigungsprozess forderten ab 1989 mehrere ostdeutsche Frauen (u.a. die Bürgerrechtlerin Freya Klier) die Beteiligung von Männern in den Frauenbewegungen und stellten so die Männerfrage neu. Während die Frauenbewegungen im Osten von Frauen geführt wurden, sprachen sie auch Männer an und öffneten ihre Räume (Hampele 2000, S.149). Westdeutsche und ostdeutsche Feministinnen konnten darüber keinen Konsens erreichen.

In der politischen Praxis entwickelten Personen um die Heinrich-Böll-Stiftung den Ansatz der Geschlechterdemokratie. Er steht dafür, Chancengleichheit zwischen Frauen und Männern in einer Demokratie zu verwirklichen. Dabei bezieht er sich u.a. auf die Arbeitsteilung, die Frage von Differenzen und die gleiche demokratische Partizipation in allen Lebensbereichen (Werner 2000). Er will konsequent junge Frauen und Männer sowie ostdeutsche Menschen und Organisationen ansprechen. Deswegen will er die Interessen von Männern an einer geschlechterdemokratischen Gesellschaft und die antisexistische Männerforschung aufnehmen und Frauen wie Männer mit ihren Sichtweisen zu Wort kommen lassen. Allerdings besteht die Gefahr, dass das Konzept der Geschlechterdemokratie ebenfalls wieder der Zweigeschlechtlichkeit verhaftet bleibt.

Viele Feministinnen befürchteten, dass ihre Forderungen zurückgedrängt werden und die Männer die geschlechterpolitische Definitionsmacht wieder übernehmen. Dabei unterschätzten sie vielleicht, dass auch sie sich nach dreißig Jahren neuen Frauenbewegungen öffentliche Stimmen und Machtpositionen in Politik und Wissenschaft eröffnet haben, auch wenn die Gleichberechtigung keineswegs erreicht ist. Es fällt ihnen manchmal schwer, auch potentiellen männlichen Bündnispartnern mit Neugier und Interesse zuzuhören und ihre Beiträge gleichberechtigt aufzunehmen.

Diese neuen wissenschaftlichen und politischen Ansätze entwickelten sich als Reaktion auf Probleme der vorigen Differenzansätze in Deutschland. Dagegen kam der *Gender Mainstreaming*-Ansatz aus der internationalen Geschlechterpolitik über die UN Weltfrauenkonferenz in Peking (1995) und den EU-Vertrag von Amsterdam nach Deutschland. Er fordert im Wesentlichen gleiche Beteiligung von Frauen und Männern in Entscheidungspositionen und eine Umstellung auf geschlechtergerechte Politik und Maßnahmen von Unternehmen oder Verbänden. *Gender Mainstreaming* bezieht Männer als Partner ein und fordert die Unterstützung der Spitze von Organisationen für Gleichstellung (vgl. u.a. Meuser/Neusüss 2004). Geschlechtergerechtigkeit ist als 'Gleichstellungsfrage' in den Organisationen angekommen.

All diese Entwicklungen führen dazu, dass die *Differenzierung mit homogenisierender Gemeinschaftsbildung* in den Frauenbewegungen brüchig wird und sich Bewegungen für Geschlechtergerechtigkeit *mit inklusiver oder transzendierender Gemeinschaftsbildung* herausbilden können. Warum sollten nicht Eltern-(Mütter-, Väter-)Bewegungen für ein Leben mit Kindern und Beruf und eine gute öffentliche Kinderbetreuung eintreten oder sich für geschlechtergerechte Schulen einsetzen, in denen weder Mädchen noch Jungen ausgegrenzt und diskriminiert werden? Die Zeit der Nullsummenspiele, nach denen die diskriminierten Gendergruppen nur auf Kosten der anderen gewinnen können, sollte vorüber sein. Insofern ist es auch problematisch, wenn nun Männerprobleme nach dem gleichen Schema angegangen werden wie die Frauenfrage vor dreißig Jahren, als Frauen weder gesellschaftliche Definitionsmacht noch öffentliche Stimmen oder Macht hatten.

Männer werden sich bewusst, dass das Neopatriarchat auch für sie hohe Kosten mit sich bringt, und ihre Auseinandersetzung mit der Geschlechterfrage neue Möglichkeiten eröffnet. Sie haben viel zu gewinnen, wenn sie sich für eine egalitäre Partnerschaft entscheiden und ihre Partnerin/Partner in Beruf und Alltagsleben gleich unterstützen. Bei Laufbahnpaaren ist das Risiko von Arbeitslosigkeit und Flexibilisierung durch beiderseitige berufliche Verankerung gemindert. Sie können sich gegenseitig phasenweise unterstützen und 'Auszeiten' zur persönlichen Entwicklung oder für Kinder nehmen. Persönliche Lebenswünsche und Entwürfe wie eine befriedigende Beziehung, ein Leben mit Kindern für Väter oder Mütter eine berufliche oder persönliche Neuorientierung werden so realisierbar. Insofern suchen kluge Männer eine gleichheitliche Beziehung mit ebenfalls klugen und selbstbewussten Partnerinnen (oder Partnern) im Sinne der 'Erotik der Gleichheit' (vgl. Gesterkamp 2002).

Es gilt, sich von dem mechanischen Modell der homogenen Vertretung von Geschlechtergemeinschaften frei zu machen: Es geht nicht darum, mechanisch für Frauen oder für Männer einzutreten, sondern für (Geschlechter-)Gerechtigkeit und Gleichheit. Es ist kein Widerspruch, geschlechtergerechte Erziehungskonzepte für Jungen zu entwickeln und die berufliche Gleichheit für Frauen zu fordern. Dazu müssen die egalitären Frauen und Männer das Gespräch aufnehmen und vertiefen. Und sie müssen Geschlechtergerechtigkeit und andere Fragen sozialer Gerechtigkeit, wie die Lage von MigrantInnen, wachsende Gewalt, Fundamentalismus und Kriege zusammendenken und diskutieren.

Anmerkungen

1 Die Annahme, dass alle Menschen in zwei Geschlechtergruppen - Frauen oder Männer - zu klassifizieren seien und dass sie aufgrund von biologischen Unterschiede 'völlig anders' seien, wurde als Denken der Zweigeschlechtlichkeit kritisiert (Hagemann-White 1993).

2 Ich beziehe mich hier nur auf die Gruppen in der Frauen-, Lesben- oder schwarzen Bewegung, die dieser homogenisierenden Gemeinschaftsbildung folgten, während auch andere Formen der Gruppenbildung in diesen Bewegungen vollzogen wurden.

3 Z.B. in der Gruppe 'Der Feminist' in München um Hannelore Mabry, deren Politikstil eher umstritten war.

4 Vgl. zum Folgenden Lenz u.a. 2006; Bähr 1984; Müller 2004.

5 Vgl. Tanaka Mitsu: Benjo kara no kaihô. Nachdruck in: Miki, Sôko u.a. (Hg.) (1992 - 1995): *Nihon ûman ribu shi*. 1. Bd. Kyoto. S. 201-207. Die Übersetzung erscheint in Lenz, Mae 2006.

6 Funamoto Emi (1973): Shikijôteki ni geijutsuteki ni - hankekkon no eosu. In: Onna erosu, Nr. 1, S. 40-54. Die Übersetzung erscheint in Lenz/Mae 2006.

7 Vgl. z.B. die Homepage von Pappa.com und entsprechende links dort oder die 'Roten Männer'.

Literatur

Bähr, Julia (1984): Klatschmohn. Eine Geschichte aus der Frauenbewegung. Köln.

Brandes, Holger; Bullinger, Hermann (Hg., 1995): Handbuch Männerarbeit. Weinheim.

Brzoska, Georg (1995): Männerpolitik und Männerbewegung. In: Brandes/Bulliner a.a.O., S. 74-91.

Bührmann, Andrea (1995). Das authentische Geschlecht. Die Sexualitätsdebatte der Neuen Frauenbewegung und die Foucaultsche Machtanalyse. Münster.

Connell, Robert (1999): Der gemachte Mann. Konstruktion und Krise von Männlichkeiten. Opladen.

Elwert, Georg (1989): Nationalismus und Ethnizität. Über die Bildung von Wir-Gruppen. In: *Kölner Zeitschrift für Soziologie und Sozialpsychologie*, Heft 3, S. 440-464.

Faludi, Susan (2001): Männer - das betrogene Geschlecht. Reinbek bei Hamburg.

Ferree, Myra Marx/Hess, Beth (2000): Controversy and Coalition: The New Feminist Movement. 3. Aufl., London.

Gesterkamp, Thomas (2002): Gutesleben.de. Die neue Balance von Arbeit und Liebe. Stuttgart.

Gravenhorst, Lerke (1988): Private Gewalt von Männern und feministsiche Sozialwissenschaft. In: Hagemann-White/Rerrich a.a.O., S. 12-26.

Hagemann-White, Carol/Rerrich, Maria (Hg., 1988): FrauenMännerBilder. Männer und Männlichkeit in der feministsichen Diskussion. Bielefeld.

- (1993): Die Konstrukteure des Geschlechts auf frischer Tat ertappen? Methodische Konsequenzen einer theoretischen Einsicht. In: *Feministische Studien*, Heft 2/11, S. 68-78.

Hafner, Gerhard (1995): Männerbüros. In: Brandes/Bulliner a.a.O., S. 446-455.

Hampele, Anne (2000): Der unabhängige Frauenverband. Berlin.

Lenz, Ilse (2004): Aufbruch ins Reich der Sinne nach dem Überdruss im Käfig der Anforderungen? Der Wandel der Thematisierungen von Sexualität und Körpern in der Entwicklung der Neuen Frauenbewegung in Deutschland. In: Lenz, Ilse/Mense, Lisa/Ullrich, Charlotte (Hg.): Reflexive Körper? Zur Modernisierung von Sexualität und Reproduktion. Opladen, S. 17-51.

-/Mae, Michiko (Hg., 2000): Frauenbewegungen weltweit. Aufbrüche, Kontinuitäten, Veränderungen. Opladen.

-/- (Hg., 2006): Quellen zur neuen Frauenbewegung in Japan. Wiesbaden.

- u.a. (Hg., 2006): Quellen zur neuen Frauenbewegung in Deutschland. Wiesbaden.

Lonzi, Carla (1975): Die Lust Frau zu sein. Berlin.

Metz-Göckel, Sigrid/Müller, Ursula (1986): Der Mann („Brigitte-Studie"). Weinheim, Basel.

Meuser, Michael (1998): Geschlecht und Männlichkeit. Soziologische Theorie und kulturelle Deutungsmuster. Opladen.

-/Neusüss, Claudia (Hg., 2004): Gender Mainstreaming. Konzepte - Handlungsfelder - Instrumente. Bundeszentrale für politische Bildung. Königswinter.

Müller, Ursula (1990): Zur Erotik der Gleichheit. In: Schlüter, Anne/Roloff, Christine/Kreienbaum, Maria Anna (Hg.): Was eine Frau umtreibt. Frauenforschung - Frauenbewegung - Frauenpolitik. Pfaffenweiler.

- (1999): Zwischen Licht und Grauzone: Frauen in Führungspositionen. In: *Arbeit*, Heft 2, Jg. 8, S. 137-161.

- (2004): Die Wahrheit über die lila Latzhosen. Höhen und Tiefen in 15 Jahren Frauenbewegung. Gießen.

Roberson, James/Suzuki, Nobue (2003): Men and Masculinities in Contemporary Japan. Dislocating the Salaryman Doxa. London.

Sanders, Helke (1968a): Versuch, die richtigen fragen zu finden. Flugblatt. Berlin.

- (1968b): Rede des Aktionsrates zur Befreiung der Frauen. In: Ann Anders (Hg., 1988): Autonome Frauen. Schlüsseltexte der neuen Frauenbewegung seit 1968. Frankfurt/Main, S. 39-47.

Schwarzer, Alice (1975): Der 'kleine Unterschied' und seine großen Folgen. Frankfurt/Main.

Werner, Gunda (2000): Geschlechterdemokratie 2000. Zehn Thesen. In: Möglichkeiten und Grenzen eines Transfers zwischen feministischer Wissenschaft und Politik. Beiträge des Gunda-Werner-Promotionskollegs, des Feministischen Instituts und des Studienwerks der Heinrich-Böll-Stiftung am 30.10.2000 in Berlin. In Kooperation mit der Universität Bielefeld und der Ruhr-Universität Bochum, S. 57-59.

Sven Papcke

Sich in Gesellschaft von der Gesellschaft befreien? Jacob Levy Moreno (1889 – 1974) oder: die Sozialwissenschaft als therapeutischer Entwurf

„Wie können wir einen für die Entwicklung des Individuums bekömmlicheren Boden ... bereiten?" *Moreno*[1]

Das Treffen lässt sich nicht genau datieren, es muss um 1910 stattgefunden haben. Erzählt wird die Begebenheit von Moreno in seinen Erinnerungen[2]. Wir befinden uns im Wien der späten KuK-Monarchie. Innovation und Merkwürdigkeit halten sich an der Donau die Waage, wenn sie sich kulturell nicht sogar bedingen. Wien ist der Geburtsort vieler bedeutender Bewegungen gewesen. Hier, im ethnischen Konkurrenzkessel des Vielvölkerstaates, macht seinerzeit die Psychoanalyse ebenso von sich reden wie - am unteren Ende der Vernunftskala - ein rassistisch-virulenter Nationalismus[3].

Bekanntschaft

Der Berichterstatter Moreno besucht Vorlesungen von Sigmund Freud. Bald erprobt er selbst gruppenmedizinische Modelle. Aus ihnen sollte in seinem Werk das 'Psychodrama' als eine Kurzform der Neurosenheilung durch Spontaneität entstehen. Zu diesen Rollenspielen in kurativer Absicht gehört das Stegreiftheater. Auch mit Seancen zur Enthüllung des Numinosen wird experimentiert. Besonders beliebt aber sind in jenen Tagen Märchenerzählstunden als ein Versuch, wie Moreno solche Einflussversuche beschreibt, „die Saat einer dauerhaften kreativen Revolution zu säen".

Nun, nach einer dieser Sitzungen kam im nahe gelegenen Park „Hitler, damals Schicklgruber, zu mir und gab mir die Hand. Wir stellten uns vor", schildert Moreno (Erinnerungen: 53) die skurrile Szene. „Hitler erzählte mir, er habe die Märchenstunde genossen. Er besaß keine besonderen Kennzeichen", so der Zeitzeuge weiter, „war aber von enthusiastischer Gemütsverfassung".

Hitler spart diese Bekanntschaft im Kapitel über seine sechs „Lehr- und Leidensjahre" aus, die er ab 1907 „mit dem unerschütterlichen Willen im Herzen", etwas zu werden (S. 17), in Wien verbringt. Dabei lebt er (Mein Kampf, 1925)4 in der Donaustadt als „Sonderling" auf der Suche nach Arbeit und Weltsinn. Letzteren entdeckte der Provinzler bald im antisemitischen Götzendienst (S. 71 ff.) seiner Umgebung, also mitten im großstädtischen Milieu der damaligen Modernitätsverlierer. Durch dieses Wahrnehmungsraster fällt im Rückblick seine Anerkennung der rhetorischen Deutungskünste von Moreno, den sephardischen Juden türkischer Herkunft, geboren von einer 16jährigen Mutter bei stürmischer Nacht auf einer Schiffsfahrt im Mittelmeer.

Ihre Wege sollten sich erneut kreuzen. 1921 erlebt Moreno (S. 53 f.) den Wortführer der Braunen noch einmal, als dieser im Münchener Bürgerbräukeller „den zukünftigen Ruhm seiner Zuhörer beschwor". In diesem so genannten 'Hofbräuhausfestsaal', der laut Hitler (S. 518) für „Nationalsozialisten eine fast weihevolle Bedeutung erhielt", erprobt der Parteiaktivist die „Bedeutung der Rede". Ihr widmet er das 6. Kapitel des 2. Bandes (1926) seiner politischen Kampfschrift. Kennen gelernt hat er die Wortmacht nicht zuletzt im Umkreis Morenos, wiewohl dort in anderer, nämlich aufklärender Intention. Also in Form einer An-Rede, nicht jedoch als „geistige Gewalt", wie Georg Simmel die propagandistische Redewut einstufte. Kaum verwunderlich vielleicht, dass auch der Eindruck, den Hitler in Bayern auf den Durchreisenden macht, eher blass blieb. Nur seine Emphase war noch die gleiche wie früher in Wien.

Ichstärkung

Dieser Gemütszustand war dem Freigeist seit Voltaire verdächtig. Aber 'Enthusiasmus' war fraglos ein Stichwort jener Jahre großer Ismen. Die Licht- und Schattenseiten dieser Fähigkeit zu „Begeisterung und leidenschaftlicher Erregung", wie es im viel benutzten 'Handwörterbuch der Philosophie' (1913) von Rudolf Eisler aus Wien heißt, verleihen der damaligen Gegenwart einen irrlichternden Anstrich. Solche Abgehobenheit malt Moreno in einem Kapitel seiner Erinnerungen über „Aktivismus und Spekulation" aus. Der Autor selbst war nicht frei von dieser Zeitstimmung. In ihr „wimmelte" es nach Musil[5] nur so „von Sekten": Lauter 'Verkappte Religionen', wie Carl Christian Bry (Gotha/Stuttgart: Perthes 1924) darlegt. In der Erlösergeste fühlt auch Moreno sich wohl. Allerdings in einem religiösen oder medizinischen, nicht aber in politischem Gewand. Während seine Kurzbekanntschaft aus Österreich sich daran macht, jenes „dünne Apfelhäutchen über einem Vulkan" wegzuzerren, das Nietzsche als Kultur bezeichnet wissen wollte, behält Moreno das genaue Gegenteil im Sinn. Seine Erweckungsattitüde zielt nicht ab auf Kollektive. Es geht frei nach Wilhelm Raabes[6] Obrigkeitskritik

„Stramm, stramm, stramm,
Alles über einen Kamm"

nicht um das Sichanpassen an Staat oder Bewegungen. Oder an jene Sach- und Modezwänge, die der Fabrikwelt über den Kopf wucherten.

Nein, Moreno hat das 'Prinzip Spontaneität' im Blick. Ein „starker Daimon hielt [mich] von allzu viel Organisation ab" (Erinnerungen: 42). Stattdessen gelten ihm Kreativität und Unmittelbarkeit (Soziometrie: 11 ff.) auf ihre unterschiedliche Art als eigentlich schöpferische Medien.[7] Als Instrumente zumal, die Modernitätslasten wie Verdinglichung, Zeitdruck oder Entfremdung bannen sollen, wenigstens auf zwischenmenschlicher Ebene.

Dabei hatte er nicht den „Einzigen und sein Eigentum“ im Auge, mit Max Stirner zu sprechen. Vielmehr schloss Moreno, der 1974 in New York starb, an *ältere* Erfahrungsmuster gelingender Vergesellung an. Vor allem entdeckt er die Heilkraft[8] der Gruppe wieder. Wie sich im Werk von Martin Buber die „Welt als Beziehung“ einer „Welt als Erfahrung“ gegenübergestellt sieht[9], formt oder verformt sich auch für Moreno das Selbst im Umgang mit Anderen. Der Mensch ist materiell wie spirituell ein interaktives Wesen, zeitlebens. Und mag er daran leiden, so kommt er doch ohne emotionale wie kognitive Kontakte nicht nur nicht aus, sondern auch nicht zu sich.

Aber das Bad in der „heilenden Kraft der Gruppe“, deren Ausstrahlung sein Buch über ‘Gruppenpsychotherapie und Psychodrama’ (Stuttgart: Thieme ^{4}1993) konkretisiert, dient keineswegs der Freisetzung von Gruppengefühlen. Beabsichtigt ist vielmehr ein als Beziehungstraining ablaufender, *also kontrollierter* Prozess der Selbstvergewisserung. Dazu entwirft Moreno eine eigene Sparte der Sozial-Wissenschaft: Sie soll es erlauben, dass Gesellschaftsprobleme nicht länger obrigkeitlich, wie es bei Hillmann[10] heißt, „sondern von den betroffenen Menschen selbst gelöst werden“.

Dieses personalisierende Reformmodell verdankt sich genealogisch jener Umbruchsstimmung anno 1900. Der Überdruck des rational Konstruktiven fördert seinerzeit den Wunsch nach Lebensnähe und Tatsachenfülle. Ihm entstammen vielerlei Einsprüche gegen Drangsalierungen einer alles und jeden versachlichenden Marktgesellschaft. Aus dieser Aufwallung ist politisch bei allem Erlebnishunger nicht viel Positives geworden. Eher Negatives, vielleicht abgesehen vom Ringen der Arbeitsopposition um Besserstellung. Aber selbst dieser Einspruch gegen die *modern times* verlor vor lauter Umverteilungserfolgen seine Umbaupläne des Kapitalismus aus den Augen, „kämpfte sich ein“, wie Hans Freyer[11] schrieb. Stattdessen war allenthalben eine Wiederkehr des Sakralen zu beobachten, häufig in politisierter Fasson.

Doch hatte nicht schon Fichte[12] darauf hingewiesen, dass sich Ideale in der Wirklichkeit schwerlich behaupten könnten? Dass ohne sie aber die Realität unerträglich sei?

Wie immer, Moreno fasst sein Rollenverständnis der Sozialwissenschaften, wonach sich Gesellschaftskrisen durch die Pflege von „human interrelations“ entschärfen lassen, unter dem Obertitel ‘Who shall survive?’ (Washington 1934) zusammen. Aus dem dort entwickelten Ansatz entsteht sein Hauptwerk über ‘Die Grundlagen der Soziometrie’ (1954; ^{3}1974). Wie lautet dessen Kernbotschaft? Die Vergesellung soll von eher mechanischen Beziehungen, die um lauter „Isolate“ kreisen, auf eine Ordnung nach Sympathiemustern umgepolt werden. Eine Sozialplanung dieses Ausmaßes „kann freilich nicht auf dem Papier erfunden werden“, kommentiert der Autor (^{3}1974: XXVII) eher skeptisch deren Durchsetzungschancen. Sie müsse vielmehr „aus dem Leben selbst erwachsen und an ihm erprobt werden“.

Wohl wahr, eine sympathie-geleitete Neuordnung der Gesellschaft, die Moreno als Verbindung von Soziologie und Sozialismus verstand, ist Utopie geblieben. Abgesehen von der 'Soziometrie' als Methode zur Messung von Beziehungsmustern in Gruppen, die im Fach präsent ist, haben sozioformative Ideen wie diese „kaum Beachtung gefunden". So resümiert schon das autoritative 'Wörterbuch der Soziologie' (Stuttgart: Enke ^{2}1969: 1092) von Wilhelm Bernsdorf. Der soziologische *mainstream* schlägt um jede Verquickung von Wissenschaft und Sozialengagement seit Max Weber einen großen Bogen, wie es noch die Kritische Theorie erfahren musste.

Dennoch war dieses Urteil voreilig. Nicht nur weil Moreno international bekannt und übersetzt wurde. Als Erfinder der Aktionsforschung[13] erntete er beachtliche Aufmerksamkeit. Überhaupt, die interaktiven sowie methodischen Elemente seiner Lehre wirkten nach bis zu Erving Goffman, wiewohl eher subkutan. So wies René König deren Ausstrahlung auf die Industriesoziologie nach. Und für Leopold von Wiese war Moreno der berufene Antipode von Émile Durkheim. Dessen *chosisme*, also die Einschüchterung der Beobachtung durch die scheinbare Eigenlogik sozialer Verhältnisse, wäre mit Moreno nachdrücklich in Frage zu stellen, sogar zu unterlaufen, nicht zuletzt durch die Aufwertung der Kreativität des Handelns zur eigentlichen Schöpfungslogik der Sozialwelt.

Mag sein, dennoch ist zumindest Morenos Reformprojekt aus dem *soziologischen* Repertoire getilgt. Dabei zählte der amerikanische Gelehrte aus Österreich lange Zeit zu den ersten Adressen im Fach. Doch die von ihm avisierte Wiederaneignung der Sozialwelt durch das Engagement ihrer Bürger passte schlecht zum Effektivitätsethos der Kosten-Nutzen-Kalküle, die seit Anfang der 1970er Jahre intellektuell auf dem Vormarsch sind.

Sic transit gloria mundi. Höchstens Lehrer kennen noch den Gebrauchswert des Soziogramms für die Anziehungs- und Abstoßungskräfte in ihrer Klasse. Dabei bergen die Schriften Morenos weiterhin Anregungspotentiale. Zwei Merkmale wirken besonders reizvoll, gerade weil sie Strömungen der Gegenwartssoziologie zuwiderlaufen. Moreno war kein Soziomantiker, der - etwa im Sinne der Systemtheorie - gesellschaftliche Prozesse und die aus ihnen ausgefällten Strukturen als 'selbstläufig' verbucht. Im Sinne seiner „konstruktivistischen Interaktionstheorie" (Friedrich Krotz) haben wir es dabei prinzipiell mit *offenen* Vorgängen zu tun. Deswegen kann, ja muss den sich durch gesellschaftliche Verdichtung ergebenden Überforderungen entgegengetreten werden, nicht zuletzt mit Hilfe therapeutischer Gruppenbildungen oder anderer Formen des Selbstbehauptungstrainings.

Tradition

Moreno hält einen weiteren Aspekt hoch. Das Bemühen der Soziologie, quasi naturwissenschaftlich aufzutreten, sei der Wertungsscheu geschuldet. Diese ist nämlich

„eine Sache des Teufels", hatte Max Weber[14] ihr vorbuchstabiert; womit Weber selbst sündigte respektive wertete. Nun, im Forschungsprozess sowie bei der Interpretation anfallender Daten hätten Wertungen streng kontrolliert zu werden, so Moreno. Das heißt freilich nicht, dass sich die Entwicklung insgesamt oder die Nebenfolgen einzelner Sozialerfindungen wie Institutionen oder Geltungsgründe gegenwartsdiagnostisch nicht beurteilen lassen - etwa nach Maßgabe sozialökologischer Kriterien. Sozialwissenschaften, die es mit Interaktivem zu tun haben, kennen keine relativ-objektiven Bezugsgrößen wie etwa die Physik. Es sind letztlich Erfahrungs-, nicht Wirklichkeitswissenschaften. Sie kommen also um Wertungen nicht herum, sind ohne diese vielmehr orientierungslos. Darauf hat bereits Gustav von Schmoller[15] unter Verweis auf die Gefahr aufmerksam gemacht, dass - da Werten unvermeidbar ist - das Werturteilsenthaltsamkeitsverdikt gerade unkontrolliertes Werten fördern könnte. Warum ist das so? Selbst über die Bewertung der Wertung kann nur wertend diskutiert werden, wie Werner Hofmann[16] ausführt. Da das verpönt ist, gilt nun: Everything goes. Das aber womöglich weder besonders wertfrei noch vorurteilslos! Dieser abstruse Effekt lässt sich an den politischen etc. Verstrickungen[17] des Faches seit den 1920er Jahren ablesen.

Demgegenüber vertritt Moreno einen, wenngleich selbstreflexiv-überwachten, dennoch aber dezidierten Bewertungsansatz. Die Verhältnisse werden in ihrer Zuträglichkeit anhand individueller Erfahrungen gewichtet. Solche Zurechnung erfordert notfalls Widerstand gegen Beklagenswertes aller Art. Wer sich nicht wehrt, lebt verkehrt! Dies Motto der Studentenbewegung passt auch auf Morenos wissenschaftliche Intentionen. Sie verraten ihre Herkunft aus dem Wiener Ideenlabor der vorvergangenen Jahrhundertwende. Man denke dabei an Anarchismus und Sozialismus, die Moreno in ihrer gemäßigt-österreichischen Spielart beeinflussten.

Diese Richtungen waren allerdings davon ausgegangen, dass reformtheoretisch immer zwei Schritte parallel anzustreben seien.

Zum *einen* ging es um Aufklärung der Individuen. Dazu blieb auszuloten, was ihnen durch die Last der Strukturen zugemutet wird. Reflexions- als Ausdrucksgruppen dienten diesem Ziel. Zu ihnen zählen etwa auch Parteien. Wenigstens laut Demokratietheorie repräsentieren sie ja so etwas wie einen kreativen Dauerakt kollektiver Selbstaufklärung.

So weit so gut, allerdings fehlt bei Moreno der *zweite* Schritt. Dieser war nach sozialoppositionellem Verständnis also entscheidend. Ging es doch immer auch um die Feststellung, wie - wenigstens - ein gedanklicher Transfer von der Aufdeckung struktureller Probleme in kleinem Kreis zur *Beeinflussung* größerer Gesellschaftsgebilde zu gewährleisten war.

Davon ist in seinen Schriften kaum die Rede. Der Herrschaftsaspekt aller Sozialverhältnisse wird ausgespart. Das hat womöglich wissenschaftsökologische Gründe. Als Moreno nach 1925 in den Vereinigten Staaten seine Lehren ausformulierte, stand das Fach dort unter dem Vorzeichen phänomenologischer Strömungen. Sie bewirkten neben einer Mikrologisierung der Problemwahrnehmung zugleich die bewusstseinsphilosophische Eingrenzung der Sozialreflexion. Das grub wissenschaftspolitischen Reformideen das Wasser ab. Erst seit der Neulektüre von Marx und Weber durch C. Wright Mills, Jahrgang 1916, standen zustandskritische Alternativen wieder auf dem Theorieprogramm des Faches.

Sicher, *élan vital* und Eigensinn des Bewusstseins halten qua Interaktion die Gesellschaft in Gang. Ihnen sind aber - etwa - Ungleichheitsmuster als Niederschlag früherer Entscheidungen vorgelagert. Diese schränken per Routine lebensweltliche Austauschprozesse ein. Bewusstseinssoziologische Ansätze, die das „Leiden an der Gesellschaft" (H. P. Dreitzel) ausloten, reichen für die Analyse, gar Berichtigung solcher Vorgaben schwerlich aus. Wiewohl Moreno sein Modell als indirekte Morallehre auslobt, bleibt dieses Dilemma unbeachtet.

Kleinvergesellschaftung

Was ist sozialinnovatorisch gewonnen, wenn im therapeutischen Gruppenprozess prägende Muster gesellschaftlicher Benachteiligungen zur Sprache gebracht werden? Wenn Menschen lernen, deren Unzuträglichkeiten für die eigene Biographie anzuprangern? Wenn im nahen Umfeld Autonomie geübt wird? Und dann? Anschließend werden die solchermaßen Aufgeklärten in eben diese Umstände entlassen - und damit wieder der Heteronomie überantwortet. Daran lässt sich *rebus sic stantibus* zwar wenig ändern, doch sieht sich dieses Paradox wenigstens reflektiert? Wird eine Art von *Erwachsenenpädagogik* avisiert, die mit ihrer Arbeit an der Nichtaffirmation auf den *common sense* einwirkt, zumindest langfristig angelegt?

Ist das so? Nein, bereits auf der Stufe der Theoriebildung beschränkt Moreno sich auf kleinsoziologische Schritte. Auch darum, weil für ihn das Individuelle die einzige Einfallspforte zum Allgemeinen darstellt. Das implizite Makro-Mikro-Dilemma (Sachwelt > Ich) sieht sich ausgespart. Es verlangte einen anderen Theorie-Praxis-Zuschnitt.

Solche Fokussierung spiegelt einen insgesamt optimistisch gestimmten Argumentationsrahmen. Nur vor dem Hintergrund einer religiösen und therapeutischen Tradition, der sich Moreno (Erinnerungen: 47 ff.) zugehörig fühlt, wird er verständlich. Dieser Richtung war selbstverständlich bekannt, dass Reformen kaum beim Kollektiven ansetzen können. Muss nicht jede wirkliche Veränderung durch das Nadelöhr individueller Einstellungs- beziehungsweise Verhaltenweisen? Doch der gesellschaftliche Hallraum sollte nicht aus den Augen verloren werden. Sicher, das Soziale ist letztlich eine symbolische Repräsentation: Im Zeitstrom abgelagert als Institutionen, Medien, Gewohnheiten oder Moden. Diese Schöpfungen menschlicher Initiativen wirken als „Konserven" (Moreno) auf diese zurück. Das bleibt in Morenos 'Soziometrie' qua Änderungsimpuls präsent, wird aber unterbelichtet. Oder es soll situativ 'überwunden' werden, was schon *in thesi* solche Aggregate sträflich unterschätzt.

Dabei kannte Moreno deren Totipotenz aus seiner Wiener Zeit ebenso wie den Einfluss organisierter Gruppen und ihrer Ideen auf den Epochengeist. Seien es *destruktive* Auswirkungen wie in Form des Faschismus, dessen politische Karriere Moreno verfolgt. Oder wenigstens der Idee nach *meliorative* Absichten, wie sie im Umkreis der Revolutionsbewegung anzutreffen waren. Zwar verzeichnete Moreno frühzeitig, dass die Organisationsweise, in der sich der Sozialismus historisch 'verwirklichte', ein Fehlweg war. Entsprechend ging nach 1917 die Festigung revolutionierter Strukturen auf Kosten individueller Spielräume - und damit wiederum der Selbstverwirklichungschancen, von denen doch immer die Rede war.

Andererseits lassen sich durchaus Gruppierungsmodelle entwerfen, die den gesellschaftlichen Problemhaushalt anvisieren und dennoch politische Kreativität freisetzen. Das jedenfalls war die Vorstellung jener Intellektuellen gewesen, die die Grundschichten zur Arbeiterbewegung zusammenschweißten. „Die Gesellschaft, die die Produktion auf Grundlage freier und gleicher Assoziation der Produzenten neu organisiert", brachte Friedrich Engels (MEW 21: 168) diese Hoffnung auf den liberalen Punkt, „versetzt die ganze Staatsmaschine dahin, wohin sie dann gehören wird: ins Museum".

Von solchem Weitwinkel ist bei Moreno selten die Rede. Eine soziale Globalanalyse als Praxisdimension fehlt. Stattdessen geht es auf der Erklärungsebene wie mit Blick auf alltagsweltliche Verbesserungsvorstellungen um Betroffenheit und ihre gruppendynamische Verarbeitung.

Dieses Konzept wirkt eher therapeutisch als reformatorisch. Beide Rollen hatte sich die akademische Soziologie längst abgeschminkt. Auch Moreno hält sich methodisch an eine Fragebegrenzung. Das betrifft übrigens keineswegs die Leistungsfähigkeit der Soziometrie selbst. Deren Vermessungskapazität reicht durchaus weiter. Moreno zirkelt ihren Wirkungsgrad ein, was Hoffnungen auf subversive Einflüsse nicht ausschließt. Auch im Fadenkreuz seiner „Soziatrie" liegt jene „sane society", von der Erich Fromm gesprochen hat. Selbst wenn der 'Sozialtherapeut' nur auf Einzelne einwirkt, lautet die Unterstellung, bedingen solche Umpolungen von Beziehungsmustern *in summa* Klimaveränderungen. Das Aufspüren sozio-emotionaler Wärme- beziehungsweise Kälteströme innerhalb alltäglicher Beziehungen - nebst der soziographischen Vermessung solcher Kommunikation - eröffnet *nolens volens* Chancen der Beeinflussung gesellschaftlicher Gebilde nach Maßgabe derartiger Einsichten.

Kurieren an Symptomen?

So die Erwartung. Das Problem ist allerdings, dass die im kontrollierten Umfeld womöglich erreichbaren Veränderungen sich wie Täuschungen ausnehmen, vergleicht man sie mit dem ungefilterten Feld gesellschaftlicher Realia. Was ist damit gemeint? Nun, bei Simmel[18], auf den Moreno sich bezieht, sah sich zur seinerzeitigen Jahrhundertwende die Diversifikation zum Pluspunkt der Modernisierung erklärt und qua *Entfremdung* zugleich als Voraussetzung von Freiheitlichkeit verstanden. Infolge der Arbeitsteilung würden alle ständischen Strukturen aufgebrochen, so dass unterschiedliche, schließlich plurale Werte, Verkehrskreise und Wechselwirkungen entstünden, die überhaupt erst Wahlchancen eröffneten.

Zeitgleich findet sich bei Simmel (Philosophie des Geldes, 1900) allerdings der Verdacht geäußert, die neuen Möglichkeiten könnten durch die Verdinglichung der Mittel gegenüber dem ursprünglichen Zweck wieder zur Beschränkung eben der Entscheidungsfähigkeit führen. Die Freiheiten stehen in Gefahr, zur Freizügigkeit zu gerinnen. Individualisierungsspielräume der Konsumgesellschaft haben zudem kaum Auswirkungen auf deren ökonomisch-naturwüchsige Basisverfassung. Die Versachlichung der wirklichen Welt - „das Gelten der Dinge ohne die Dinge selbst" (Simmel) - holt die Akteure immer ein. Ausgleichende Eingriffe sind dringlich, da die freisetzende Marktdynamik das Epochenpersonal überfordert. Die Folge ist eine „therapeutische Proletarisierung" der Bevölkerung. Wie wahr, dennoch würde durch Herumkurieren an den Gegebenheiten selbst nichts geändert. Höchstens an der Fähigkeit, sie zu ertragen.

Das ist ein Einwand der Kulturkritik gegen Morenos Modellerwartungen, soweit diese tatsächlich sozial-mitigierend argumentieren. Wenn hier ein Entwurf vorliegt, wie zwischenmenschliche Reibungen im Sozialverkehr nicht nur messbar, sondern abzuarbeiten sind, dann fragt sich: Warum unterbleibt die nächste logische Etappe? Weswegen sieht sich die Wetterkunde dieser Beziehungen mitsamt ihren Rückwirkungen auf die soziale „Formalstruktur" nicht in die Wahrnehmung einbezogen? Ist für Moreno keine konstruktive Oppositionsbewegung in Sicht, so scheint es müßig, zum wiederholten Mal intellektuelle Energien auf eine Theorie der Makrostrukturen zu verschwenden. Seit - beispielsweise - Herbert Spencer liegen unzählige solcher Analysen vor, geholfen haben sie wenig. Auch der soziologische Durchblick hat sich seit - sagen wir - Thorstein Veblen kaum vertieft. Er geriet höchstens einäugiger, nachdem das Fach sich laut Heinz Maus[19] in der Moderne einzurichten begann. Überdies herrscht kein Mangel an empirischen Beschreibungen, was mit den Menschen in der Fabrikmoderne geschieht, deren Flexibilitätszwang bereits Gracchus Babeuf ausmalte.

Ist Gegenwehr möglich? Laut Moreno eigentlich nur, indem Selbstbehauptung in therapeutischen Arrangements geübt wird. Jedes Umdenken muss bei der Bewusstwerdung des Problems ansetzen und damit bei der Organisation individueller Auflärungsprozessen. Das richtete sich gegen unverbindliche Großanalysen, selbst wenn Moreno davor zurückschreckte, seinen Ansatz politisch auszubuchstabieren.

Praxis

Leopold von Wiese hat dem soziometrischen Ansatz vorgehalten, er sei Geist vom Geiste der Vermessungstechnik der Amerikaner. In Wirklichkeit ist Moreno eher Betroffenheitsdenker als Aktionsforscher. Aktionsforschung meint ein kontrolliertes Verfahren, konzentriert auf das Protokollieren teilnehmender Beobachter, während Moreno eher die „Soziodynamik" zu sensibilisieren sucht, wenn auch indirekt. Er wollte zudem etwas - nun ja, altmodisch ausgedrückt - für die Seele der Betroffenen tun. Man denke an seine Tätigkeit im Flüchtlingslager von Mitterndorf, in dem Moreno (Erinnerungen: 67 ff.) während des 1. Weltkrieges als Arzt beschäftigt war. Hier fanden sich Flüchtlingsgruppen aus Tirol zusammengewürfelt, zwischen denen es schwere Spannungen gab. In dieser Lage hat Moreno das aufgeraute Beziehungschaos im Lager durch sein Verfahren der Selbstzuordnungen entschärfen können.

Durch Zugehörigkeitsvoten sah sich das erzwungene *faire ensemble* unterlaufen. Es gelang, die Lagerstruktur an das Familiale, Kohärente anzunähern. Und ein Flüchtlingslager ist kein schlechtes Schulbeispiel für das multifokale Beziehungswirrwarr[20] moderner Funktionsgesellschaften.

Moreno konnte in diesem begrenzten Umfeld zweierlei erreichen: Er hat die Wünsche nach Abhilfe derer berücksichtigt, die sich von Sachzwängen überwältigt fühlten; zudem vermochte er die Lagerverwaltung effektiver zu gestalten. Die Übereinstimmung mit eher betroffenheitstheoretischen Ansätzen liegt darin, dass die Adressaten ihre Wünsche einbringen konnten, ja sollten, so dass in einem gemeinsamen Lernprozess das Verhältnis zwischen Systemwelt und Gemeinschaftlichkeit neu austariert wurde, mithin eine 'idealere' Öffentlichkeit entstehen konnte. Das war Sozialpraxis in meliorativer Absicht, die jedenfalls auf eingegrenzte Felder übertragbar zu sein scheint. Im Gegensatz etwa zu industriesoziologischen Humanisierungsprogrammen[21], die allemal unter dem Diktat der Rendite stehen, ging die Intervention hier tatsächlich von Wünschen und Hoffnungen der Involvierten aus.

Dieses Bemühen selbst ist laut Moreno schon Teil der Therapie.[22] Gewiss nicht im Sinne einer paternalistischen Heilertradition, die immer schon weiß, was dem Patienten gut tut. Moreno war bei allem Sendungsbewusstsein hinreichend selbstkritisch. Sondern im Sinne einer Hilfestellung, die nachfragt, welche Bedürfnisse *in actu* auftauchen. Eine derartige Feldverbesserung lässt sich freilich nur in einem abgesteckten Beziehungsraum durchführen, bezogen auf wenige Variablen. Die gesellschaftlichen Rahmenbedingungen insgesamt werden dadurch nicht berührt. In seinem engen Aktionsradius allerdings gelten demokratische Bedingungen für die Regelung der zu traktierenden Angelegenheiten.

Anders ausgedrückt, die periodische Befragung der Bevölkerung nach ihren Grundbedürfnissen hält das Zusammenleben in Gang, weil Responsivität sichergestellt zu sein scheint.

Solche Rückkoppelung ist womöglich nur suggeriert? Realiter wird dieses Politikmodell dadurch gebremst, dass derartigen Erhebungen nicht hinterfragbare Strukturen vorgeordnet sind, man denke an wirtschaftliche, technische oder politische Eigenlogiken. Sie begrenzen nicht nur die Erstellung des Gewünschten, wenn es sich denn sortieren lässt, sondern fixieren den Horizont des Wünschbaren auf das Gegebene. Gleichwohl, prinzipiell verrät Morenos Wissenschaftsprojekt eine entschieden demokratische Gesinnung.

Diese Haltung impliziert eine Kritik an den herkömmlichen Sozialwissenschaften. Zu überdenken sei schon die Wahl des Begriffes 'Soziologie', vorgeschlagen von Auguste Comte als Alternative zur „sozialen Physik", von der 1835 der belgische Moralstatistiker Adolphe Quételet sprechen sollte. Das klang weicher, aber von 'Humanologie' war auch bei dem ehemaligen Mitarbeiter des Frühsozialisten Saint-Simon in Paris nicht die Rede. Es ging stattdessen um eine Logik des Sozialen, die wissenschaftlich-autoritativ freigelegt werden sollte. Ihr hatte sich die Menschenschar zu fügen, vorgeblich in ihrem eigenen Interesse.

Seither ging es diesem Fach nicht zuletzt um die Pflege der Einsicht in die Notwendigkeiten, um System-, wennschon nicht Sozialintegration. Eine Anpassung gesellschaftlicher Strukturen an demokratisch ermittelte Bedürfnismuster stand nicht mehr auf dem Programm. Deswegen konnte König[23] von einer „Selbstdomestikation" der Sozialmoderne durch soziologische Erkenntnisse sprechen. Sie erhöhte den von Gabriel de Tarde später zum ausschlaggebenden „Infinitesimal" der Neuzeit erklärten Anpassungsdruck zusätzlich.

Der soziometrische Ansatz steht demgegenüber in einer anderen, eher diskursiven Tradition. Alle gesellschaftlichen Organisationen gehen von Akteuren und ihren Motiven aus. Dennoch treten sie wie eigenständig auf und zwingen zur Unterwerfung. Um solcher Einschüchterung entgegenzuwirken, sollten selbst Strukturen, die zur Regelhaftigkeit und Stetigkeit gesellschaftlichen Lebens notwendig sind, hin und wieder abgestimmt werden auf die wechselnden Bedürfnisse ihrer 'Schöpfer'. Eine unstrittige Gerechtigkeit gibt es sozialiter ebenso wenig wie die immer gültige Wahrheit. Deswegen hat das Etablierte via Rückkoppelungsverfahren periodisch justiert zu werden. Mit Blick auf heutige Konzepte, welche die institutionelle Ebene fester an den Erwartungshorizont der Bevölkerung rückbinden wollen: Prinzipiell jedenfalls sind sie alle in Morenos soziometrischem Entwurf vorweggenommen.

Nun ist kaum davon auszugehen, dass der Mitwelt die zu erfragenden Bedürfnisse oder gar Massengefühle moralisch immer annehmlich sind. Es gibt kein emotionales Substrat, das von vornherein 'positiv' ausfällt, sei es gleich als vorhanden oder anerzogen gedacht. Gefühle haben mit gesellschaftlichen Erfahrungen und Interessen zu tun. Gleiches gilt für die Kognition. Das Gehirn ist entwicklungsgeschichtlich ein Instrument des Überlebens und weniger der Reflexion, wie ein flüchtiger Blick auf den Werdegang des *homo sapiens* erhellen mag. Eine Erhebung der „Teleströme", also der laut Moreno tiefsitzenden Anti- und Sympathieraster in sozialen Verbindungen, kann höchst problematische Ergebnisse zeitigen. Die Härte des Soziallebens wirkt nach, denn die Mitwelt leidet unter der Knappheit an Gütern, Sinn, Zuneigung oder Aufmerksamkeit. Konkurrenzverhältnisse wirken also fort, die allenthalben Unzuträglichkeiten bereiten, was immer Gruppentherapeutik anstreben oder auch erreichen mag.

Aktuell

Dabei stimmt der psychodramatische Gruppen- als Lernkontakt[24] auf Offenheit ein. Für die Therapie wird allerdings die Fähigkeit schon vorausgesetzt, mitzumachen und Absprachen einzuhalten, so dass der Lern- irgendwie *vor* dem Gruppenprozess zu liegen scheint. Dennoch stellt die durch Soziometrie und Soziodrama entworfene Interaktionsstruktur eine Form der Verständigung dar, die sich etwa in der Kommunikationstheorie von Jürgen Habermas unterbringen lässt.

Im Unterschied zu diesem Modell ist allerdings ein gemeinsames Lernergebnis weit unterhalb der Wahrheitsebene möglich. Es geht eher um das sozio-reaktive Einsichtstraining der Einzelnen als um die Richtigkeit der Einstellungen. Von Moreno wird keine Letztbegründung aller Haltungen beansprucht. Hingegen scheint es wichtiger, sich klar zu machen, dass Menschen häufig im Sinne von Kriterien urteilen und handeln, die ihrer Kontrolle nicht zugänglich sind. Weswegen jedermann im Alltag selbst Gegenstand solcher Kurzschlüsse sein kann. Folglich ist es ziviler, so der Umkehrschluss, mit den Emotionen ebenso vorsichtig umzugehen wie mit den eigenen Meinungen.

Wie gesagt, Moreno hatte die therapeutische Dimension von Primärgruppen im Auge, in denen sich die Menschen *face to face* als Individuen würdigen. Solche Wiedergewinnung gemeinschaftlicher Qualitäten im Sozialleben vertreten heute die unterschiedlichsten Richtungen der Kommunitarier[25]. Diese sehr heterogene Richtung fasst freilich mehr als nur das Individualwohl ins Auge. Gegenwärtig beklagt ein vielstimmiger Chor die Auflösungstendenzen einer Gesellschaft, die nur mehr privaten Selbstverwirklichungsidealen verpflichtet zu sein scheint. Zeugt das nicht eher von Zwanghaftigkeit als von Autonomie? Das sah Moreno ähnlich wie dieser polyphone Kritikansatz, zog aber andere, weniger politische Konsequenzen. Doch die moderne Lebenswelt wird durch selbstläufige Systeme korsettiert. Deren Verhaltenszwänge müssen berücksichtigt werden, soll die kommunitäre Dimension als *civicmindeness* gestärkt werden. Wer also nicht über Rendite, Macht oder Bürokratie reden will, der sollte von Gemeinschaftlichkeit schweigen.

Der soziometrische Handlungsbegriff agiert außerhalb der industrieweltlichen Berufsbereiche. Dort haben die Menschen sich wie Elemente einer zweckgerichteten Maschinerie zu verhalten. Trotz solcher Blindstellen ist der freie Selbstentwurf als mäeutisches Ziel ein Schritt in die richtige Richtung: Wie jeder Denkansatz, der den Mut der Individuen stärkt. An ihnen herrscht ja akuter Mangel. Je intensiver soziatrische Rollentauschspiele geübt werden, umso schwerer muss Anpassung fallen. Zugleich aber fördert diese „therapeutische Philosophie" (Moreno) die Flexibilisierung. Sie kann so auch als Einbindungserleichterung in bestehende Problemumwelten dienen. Diese Ambivalenz sieht sich keineswegs in Frage gestellt, sondern gehört vielmehr zum Wesen soziodramaturgischer Versuchsanordnungen im offenen Experiment.

Nun gehört zur Lebensbewältigung die Fähigkeit, möglichst reibungslos über die Runden zu kommen. Wenn alle Verhältnisse auch Machtbeziehungen sind, selbst noch die im Umgang mit sich selbst, bleibt nichts übrig, als selbst Macht zu gewinnen. Das verlangt Eigenverantwortlichkeit wenigstens im Kleinen, wie sie sich mit Moreno üben lässt. Stets entwarf er Arrangements, in denen Menschen lernen, wie ihr Dasein zu ändern sei. Moreno beharrte auf dem Realitätsbezug von Wissenschaft. Diese hat Orientierungswissen im Sinne von Fichte (vgl. Anm. 12) zu bieten, nicht Funktionskenntnisse anzuhäufen. Zusätzlich hält die Soziometrie moralische Maßstäbe für den Beruf des Soziologen bereit. Seine 'Untersuchungsobjekte' entdecken sich als Bündnispartner. Derart lassen sich sozialwissenschaftliche Vorhaben abstimmen auf die Motivation der atemlos im Sozialverkehr verstrickten Menschen.

Anmerkungen

1 Grundlagen der Soziometrie, Opladen: WDV ^{3}1974: 307

2 Auszüge aus der Autobiographie, Köln: Inscenario 1995.

3 Vgl. Brigitte Hamann: Hitlers Wien. Lehrjahre eines Diktators, München/Zürich: Piper ^{6}1997: 285 ff.

4 Zitiert nach Ausgabe in einem Band, München: Eher ^{57}1933.

5 Das hilflose Europa (1922), in Ders.: Prosa und Stücke, Reinbek: Rowohlt 1978: 1075 ff., hier: 1076.

6 Horacker (1876), Berlin 1952: 130.

7 Vgl. Thomas Schwinger/H. J. Burmeister: Psychodrama und konstruktivistische Erkenntnistheorie, in: Jahrbuch für Psychodrama, psychosoziale Praxis & Gesellschaftspolitik 1995: 159 ff.

8 Vgl. Ferdinand Buer: Prolog, in Ders. (Hg.): Morenos therapeutische Philosophie, Opladen: Leske + Budrich ^{2}1991: 9 ff.

9 Ich und Du (1923), Heidelberg: Lambert Schneider 1958: 11.

10 Wörterbuch der Soziologie, Kröner: Stuttgart ^{4}1994: 578.

11 Revolution von rechts, Jena: Diederichs 1931: 25 ff.

12 Über die Bestimmung des Gelehrten (1794), Leipzig: Reclam o. J.: 6.

13 Hilarion Petzold: Moreno - nicht Lewin - der Begründer der Aktionsforschung, in: Gruppendynamik, Jg. 2 (1980): 142 ff.

14 Debattenbeitrag 1909 in Wien, in Ders.: Gesammelte Aufsätze zur Soziologie und Sozialpolitik, Tübingen: Mohr 1924: 417.

15 Die Volkswirtschaft, die Volkswirtschaftslehre und ihre Methode ([2]1910), Frankfurt am Main. Klostermann 1949: 77 ff.

16 Gesellschaftslehre als Ordnungsmacht. Die Werturteilsfrage - heute, Berlin: Duncker & Humblot 1961: 11.

17 Sven Papcke: Weltferne Wissenschaft. Die deutsche Soziologie der Zwischenkriegszeit vor dem Problem des Faschismus/Nationalsozialismus, in Ders. (Hg.): Ordnung und Theorie. Beiträge zur Geschichte der Soziologie in Deutschland (Hrsg.), Darmstadt: WGB 1986: 168 ff.

18 Soziologie, Leipzig: Duncker & Humblot 1908: 403 ff.

19 Zur politischen Funktion der Soziologie in der kapitalistisch organisierten Industriegesellschaft, in: Lothar Romain u. a. (Hrsg.): Abschied von der autoritären Demokratie?, München: Piper 1970: 26 ff.

20 Dazu John Gray: Two faces of liberalism, New York: New Press 2000.

21 Zur deren inhärenten Grenzen bereits Eduard Heimann. Soziale Theorie des Kapitalismus, Tübingen: Mohr 1929: 83 ff.

22 Im Sinne von K. R. Popper gehen wissenschaftliche Erkenntnis und Veränderungsarbeit im Sinne eines andauernden Such- als Korrekturprozess ineinander über.

23 Soziologie heute (1949), in Ders.: Schriften, Bd. 7, Opladen: Leske + Budrich 2000: 9 ff., hier S. 113.

24 Vgl. Friedrich Krotz: Interaktion als Perspektivverschränkung, in: PsychoDrama, Bd. 5 (1992)/2: 301 ff.

25 Zusammenfassend etwa Walter Reese-Schäfer: Was ist Kommunitarismus?, Frankfurt am Main/New York: Campus 1994

Henning Wasmus

Kritik der politischen Ökonomie – Wissenschaft ohne Zukunft?

Essay über Theorie, Empirie und den Fall der Profitrate bei Marx

I. Zur geopolitischen Verfassung der Kritik der politischen Ökonomie

Die Versuche in der ehemaligen Sowjetunion wie im heutigen China, eine sozialistische Gesellschaft zu etablieren, ruhten auf einem niedrigen Stand der Produktivkräfte und auf erfolgreichen kriegerischen Auseinandersetzungen mit feudal-aristokratischen Herrschaftsstrukturen. Motiviert wurden diese Auseinandersetzungen durch die revolutionäre Vision der Befreiung von Herrschaft und Ausbeutung in einer zukünftigen kommunistischen Gesellschaft.

Der militärische Sieg war eine, die Etablierung einer entsprechenden Ökonomie und Politik eine ganz andere Seite der Revolution. Die Versuche, die realen Krisensituationen nach den Kriegen zu entschärfen und die Grundlagen einer neuen Gesellschaft aufzubauen, führten in der Sowjetunion wie in China unmittelbar nach der Revolution zu einer direkten Vergesellschaftung der Produktion in Gestalt einer zentralen ökonomischen Planung, die von Betriebseinheiten realisiert werden sollte, die über Staats- oder andere Formen des Kollektiveigentums verwaltet wurden. Ökonomie und Politik sollten durch die Herrschaft der Kommunistischen Partei aufeinander abgestimmt werden.

In beiden Systemen wurde - zeitlich versetzt und mit unterschiedlichen Maßnahmen - vergeblich versucht, die fundamentale Zentralisierung der Ökonomie über ein Zulassen weiterer, untergeordneter Eigentumsformen und eine entsprechende Einführung von Märkten aufzulockern. Die Sowjetunion kollabierte Anfang der 90er Jahre, während China Ende der 70er Jahre (Deng Xiaoping) einen historisch neuen Weg zu erproben begann: Über die radikalsten aller möglichen Wirtschaftsreformen kam es zu einer Einführung ökonomisch-kapitalistischer Strukturen, um den grundlegenden Mangel aller bisherigen sozialistischen Ökonomie, die völlig unzureichende Entwicklung der Produktivkräfte, zu beseitigen.

Auch dann, wenn diese Entwicklung Chinas nicht als alternativer Weg in den Kapitalismus, sondern als „strategischer Rückzug" in einen neuen „Sozialismus chinesischer Prägung" zu interpretieren wäre, bleibt festzuhalten, dass klassische sozialistische Wirtschafts- und Gesellschaftsordnungen nicht in der Lage waren, eine nachholende Entwicklung der Produktivkräfte auf den Weg zu bringen. Auf der anderen Seite hat die bisherige Geschichte zugleich ebenso deutlich gemacht, dass die Produktions- und Eigentumsverhältnisse im Kapitalismus alles andere sein mögen, nur keine „Fesseln" der Produktivkräfte. Der Kapitalismus erscheint gerade auf Basis seiner neuen Technologien am Anfang des 21. Jahrhunderts mehr denn je wie ein fast perfekt funktionierendes, denn lernfähiges System, das sich aufmacht, auch die letzten Winkel unseres Globus, den Weltenraum und den Menschen nach innen zu erobern.

Umgekehrt zu den geschichtlichen Verläufen sagte Marx bekanntlich im ersten Band des „Kapital" (1867) dem Kapitalismus ein baldiges Ende noch im 19. Jahrhundert und das Entstehen einer kommunistischen Gesellschaft auf Basis der bis dato entwickelten Produktivkräfte voraus. Der Kommunismus sollte die kapitalistischen Fesseln der Produktivkräfte aufheben und dieselben humaner und erfolgreicher entwickeln als zuvor der Kapitalismus. Insofern ist als grundlegendes Paradoxon der kommunistischen Bewegung zu konstatieren, dass die Revolution einerseits nur dort zustande kommen konnte, wo die Produktivkräfte unterentwickelt waren, und dass der Sozialismus nicht in der Lage war, diesen Mangel durch eine nachholende Entwicklung auszugleichen, und dass die Revolution andererseits genau dort nicht stattfinden konnte, wo nach Marx alle Voraussetzungen gegeben waren, allen voran eine hochgradige Entwicklung der Produktivkräfte.

Dieses allgemeine Scheitern des Sozialismus - ob die Produktivkräfte entwickelt sind oder ob sie nicht entwickelt sind - dokumentiert natürlich zugleich auch gravierende Irrtümer der von Marx hinterlassenen Wissenschaft, so dass es spätestens heute anachronistisch klingen muss, wenn geistreich, vielleicht auch in anderen Worten, weiter abklärend und Kommentare schreibend nur wiederholt wird, was ohnehin schon in den drei Bänden steht, als könne diese Wissenschaft - wenigstens im Großen und Ganzen - von der Geschichte ungerupft davon kommen. Andere verwerfen das Gesamtwerk, da mit Marx kein „Staat" zu machen ist, oder haken es in Folge der gravierenden Fehler in Bausch und Bogen ab, voller Frust und enttäuscht über den Verlauf der Geschichte, der ihren Idealen widerspricht, mit und ohne Häme. In Gegensatz zu Marx hat der Kapitalismus historisch gezeigt, dass der Wert eben keine „prozessierende, sich selbst bewegende Substanz", das Kapital kein „Subjekt", kein Selbstläufer ist, der seine eigenen Grundlagen aufhebt, den Staat in die Grenzen des „ideellen Gesamtkapitalisten" bannt, die unternehmerischen Entscheidungen so determiniert, dass entsprechende institutionelle Veränderungen (Konzentration und Zentralisation) und ökonomische Krisen immer größeren Ausmaßes zustande kommen müssen. Und die Entfaltung der Produktivkräfte und der Akkumulation hat keineswegs die Bewusstseinsformen der Menschen so umgewälzt, dass sie ihre Verhältnisse durchschauen, zu politischen Akteuren werden und ihr Schicksal selbst in die Hand nehmen.

Neben konservativer Leseweise, Verriss und Abhaken sind aber auch produktive Umgangsweisen mit dieser Wissenschaft möglich, indem sie - beginnend mit den Grundverhältnissen Ware, Wert, Geld, Kapital, Ausbeutung und Klassen - mit der geschichtlichen Entwicklung konfrontiert und daraufhin untersucht wird, welche ihrer Bestände von der von Marx prognostizierten Entwicklung abhängig sind und welche nicht. Wie verändert sich diese Wissenschaft, wenn sie den Krisen- und Umbruchzeiten des vergangenen Jahrhunderts und einer Vielzahl wissenschaftlicher Fortschritte, z.B. auch der Volkswirtschaftlichen Gesamtrechnung und Statistik, gegenübergestellt wird? Wie weit kann sie auch dann noch Bestand beanspruchen, wenn sie einer solchen Feuerprobe ausgesetzt wird? Oder war die „Waffe der Kritik" schon immer durch und durch stumpf, so dass die „Kritik der Waffe" sowieso keinen Sinn ergibt?

Methodisch lässt sich eine solche kritische Rekonstruktion der von Marx hinterlassenen Wissenschaft als Dekomposition der ihr eigentümlichen, doppelseitigen Begründung einfädeln. Diese Doppelseitigkeit wird deutlich, wenn man den Aufbau des „Kapital" im Bild eines auf der Spitze stehenden Kegels schichtet. Unten, in der Spitze des Kegels, ruht die Ware. Auf einer zweiten Ebene, oberhalb der Ware, werden Gründe dafür angeführt, die Ware als Gebrauchswert und als Tauschwert zu begreifen. Auf einer dritten, höheren Ebene werden weitere, „überhängende" Argumente eingeführt, um die Regulation des Tauschs durch menschliche Arbeit zu erklären. Weitere Gründe, wie der Wert, die ins Spiel gebracht werden, sind im Bild des Kegels stets weiter oben, „überhängend" angesiedelt. Und der Wert bringt die Story der Ware bekanntlich ganz schön auf Trab. Er erweitert den Kegel nach oben über das Geld zum Kapital, über die Ausbeutung zum kapitalistischen Produktionsprozess, über Besonderheiten der großen Industrie zu den entsprechenden Modalitäten der Akkumulation, über Besonderheiten der Reproduktion und Zirkulation zu den Handels- und Bankgeschäften und schließlich zum Handel mit Kapitaleigentum (Aktien, Zins tragende Papiere). Die größte Fläche des Kegels, ganz oben, bezeichnet die arg gelichtete lichte Höhe dieser Wissenschaft, den einzigen Ort, an dem sämtliche Bestimmungen simultan miteinander kommunizieren. Sie zelebrieren die Gesamtheit der Strukturen als eine in Auflösung begriffene Produktionsweise, eben so wie sie im Selbstverständnis von Marx, als Resultat aller Forschungsprozesse, herangereift sind.

Im Bild des Kegels wird deutlich, wie die im „Kapital" in Anspruch genommenen Begründungen nicht nur von unten nach oben verlaufen, sondern auch von oben nach unten reichen. Nur von oben lässt sich erklären, warum gerade mit der Ware als Gebrauchswert und Tauschwert zu beginnen ist, was unter Gebrauchswert und was unter Tauschwert zu verstehen ist, warum dann das Geld folgen muss und was Geld „eigentlich" ist, warum dann erst das Kapital folgen kann und was Kapital „eigentlich" ist usw. bis hin zu den vielfältigen Gestaltungen des Kapitals auf der Oberfläche der Gesellschaft, die erst zum Schluss zum Tragen kommen können. Wenn die Krisen- und Umbruchzeiten des vergangenen Jahrhunderts gravierende Irrtümer dieser Wissenschaft freigelegt haben, so ist zu untersuchen, welche Bedeutung brüchigen Begründungen im Gesamtzusammenhang zukommt, von oben nach unten wie von unten nach oben. Wenn eine von oben nach unten reichende Begründung z.B. über die Rolle der Ware im Gesamtprozess heute anders zu beurteilen ist als im „Kapital“, so ist eine solche Veränderung mit den Ansprüchen abzugleichen, die von unten nach oben als Eigenschaften der Ware geltend gemacht werden. Wenn die Ware nicht von vornherein schon eine imaginäre Vorstellung sein sollte, dann müssen sich Mängel bis hin zu Bruchstellen nachweisen lassen, deren Bedeutung für die Gesamtkonzeption auszuloten ist.

Eine solche kritische Rekonstruktion hat die Qualität der im „Kapital“ erhobenen Ansprüche zum Gegenstand. Sie wird sich letztlich allerdings daran messen lassen müssen, ob und wie weit es ihr gelingt, die Qualität mit Quantität zu füllen, die empirischen Ansprüche dieser Wissenschaft nachzuweisen. Gesellschaftlich notwendige Arbeit reguliere die Tauschverhältnisse, lautet die Grundlage von allem, was unter Kritik der politischen Ökonomie auf den Weg gebracht wird! Dieser Zusammenhang sei deshalb im Folgenden als Grundgleichung bezeichnet. Auf der einen Seite steht die „gesellschaftlich notwendige Arbeit“, gemeinsamer Nenner der Verausgabung menschlicher Arbeitskraft, die Gesellschaftsform übergreifende Kategorie als unabhängige Variable, auf der anderen Seite steht der Tauschwert, der gemeinsame Nenner der Objekte und Dienste, die auf Märkten gehandelt werden, als abhängige Variable. Die Grundgleichung ist der kleinste Nenner, in dem sich diese Wissenschaft von allen anderen, insbesondere von der neoklassischen Ökonomie, unterscheidet. Ihre Implikationen sind weitreichend. Nur wenn die Grundgleichung gilt, ist die alles umfassende „Form“ ebenso gesichert wie die Ausbeutung der Arbeitskraft durch das Kapital bis hin zu einer Reihe von Modalitäten der Akkumulation und der Entwicklungsmöglichkeiten dieser Produktionsweise.

Die wissenschaftliche Zukunft der Kritik der politischen Ökonomie kann nicht davon abhängen, ob der Kapitalismus die sich gegenwärtig wieder einmal abzeichnenden Gräben weiter vertiefen wird - die Zunahme der Massenarbeitslosigkeit und der sie begleitenden Armutszonen innerhalb der westlichen Industriegesellschaften. Sie wird vielmehr von der Schlüssigkeit abhängen, in der die empirische Geltung der Grundgleichung nachgewiesen werden kann. Es ist völlig unzureichend, letzten Endes eine Tautologie und keine Begründung, die eine Seite der Tauschgleichung, die alles in Bewegung setzt, also die den Wert bildende Arbeit, als Kategorie nur qualitativ zu entfalten und empirisch quantitativ vorliegende Tauschwerte (Oberfläche, Erfahrung, Geschichte) dann lediglich so zu interpretieren, als würden sie ultimativ vom Wert als Verausgabung notwendiger Arbeit beherrscht. Gerade da der Wert auf der Oberfläche „verkehrt“ erscheint, ist die gesellschaftlich notwendige Arbeit - wie der Tauschwert - empirisch zu identifizieren und zu quantifizieren, um Theorie und Empirie schlüssig zu verkreuzen, die kategorialen Zusammenhänge als „wirkliches Leben“ und als Stand der Entwicklung nachzuzeichnen und so die Mystifikationen der gesellschaftlichen Arbeit auch empirisch zu rekonstruieren. In dem Umfang, in dem empirisch nachgewiesen werden kann, wie die produktive Arbeit selbst verausgabt, verteilt und verwendet wird, sind die Mystifikationen der Oberfläche empirisch dechiffriert und alle wissenschaftlichen Diskussionen über die Wertform beendet.

Der empirische Nachweis der Grundgleichung ist aber keineswegs nur eine Frage des Zählens, der Interpretation der Daten der Volkswirtschaftlichen Gesamtrechnung. Um die produktive und die unproduktive Arbeit an Hand empirischer Daten zu quantifizieren, müssen diese Kategorien entsprechend qualifiziert, so voneinander abgrenzbar sein, dass sie überhaupt empirisch gefüllt werden können. Solange die empirischen Grundlagen dieser Wissenschaft mangelhaft bleiben, werden auch in Zukunft analytische und prognostische Dilemmata auf der Tagesordnung bleiben. Erinnert sei an das stete Beschwören einer „großen Krise" oder an irreführende Bezeichnungen über den Entwicklungsstand des Kapitalismus. „Staatsmonopolistischer Kapitalismus", „Spätkapitalismus" wie „Neokonservatismus" diskreditieren einen Gesellschaftsmechanismus, der anscheinend nach wie vor in einer progressiven Entwicklung begriffen ist.

Vor diesem Hintergrund werden zwei zentrale Argumentationsstränge näher ausgeleuchtet. Erstens, denn obligatorisch, der Weg von der Ware über den Tauschwert zum Wert auf den untersten Ebenen. Schranken und Mängel des Wertbegriffs werden aufgezeigt und eine Lösungsmöglichkeit zur Diskussion gestellt. Zweitens wird dann die Tendenz zum Fall der Profitrate unter der Voraussetzung nachgewiesen, dass die Grundgleichung empirisch einlösbar ist. Der Fall der Profitrate ist ein Spiegelbild des Anstiegs der Produktivkraft der Arbeit in der von Marx entwickelten spezifischen Form. Die Entwicklung der Produktivkraft beschränkt durch den Fall der Profitrate die Entwicklungsmöglichkeiten dieser Produktionsweise, ein von Marx auf Basis der Grundgleichung nach wie vor hinreichend begründeter Zusammenhang. Ansonsten bleiben die Ausführungen auf die Kritik der Kritik der politischen Ökonomie beschränkt, ohne die großen wissenschaftlichen Leistungen dieser Disziplin hervorzuheben und mit anderen abzugleichen.

II. Ware – Die Probe aufs Exempel?

1) Warenförmigkeit des Kapitalismus: Die Waren „von oben"

Dass der Reichtum im Kapitalismus als „ungeheure Warensammlung" erscheint, rückt den Begriff Ware in den Mittelpunkt, liefert aber keinen Grund, eine Abhandlung über den Kapitalismus gerade mit der Ware zu beginnen. Warum nicht mit dem Reichtum der Bevölkerung, dem Gegensatz zwischen Armut und Reichtum oder dem einführenden Satz volkswirtschaftlicher Lehrbücher beginnen, die Produktion diene der Befriedigung menschlicher Bedürfnisse?

Den Grund, mit der Ware zu beginnen, liefert die alles umfassende Rolle, die das Warenverhältnis im Kapitalismus spielt. Das geradezu Geniale der Darstellung, das den Leser in seinen Bann zieht und oft nicht mehr loslässt, besteht darin, dass es qua Warenform gelingt, ein einfaches Verhältnis des Ganzen an den Anfang zu stellen, das alle wichtigen Bestimmungen des Ganzen in sich trägt und es somit möglich macht, durch ein Wechselspiel aus Analyse und Synthese, Logischem und Historischem, das Ganze aus seiner Elementarform zu entwickeln. Analytisch: Ware als Einheit von Gebrauchs- und Tauschwert. Synthetisch: die Verallgemeinerung des Werts erzwingt seine Geldform. Logisch: Gebrauchs- und Tauschwert als Gegensatz, als voneinander unabhängige Eigenschaften der Ware. Historisch: Verweise auf verschiedene Naturalformen streifen die Geschichte der Verwandlung der Produkte in Ware.

In die unterste Spitze des Kegels rückt keine beliebige, von Mensch zu Mensch verschiedene Auffassung dessen ein, was Ware ist, sondern ein ganz bestimmter Warenbegriff, den alleine zwei Eigenschaften charakterisieren, Ware als Gebrauchs- und als Tauschwert. Gebrauchs- und Tauschwert sind Schnittflächen der Ware auf der nächsten, höheren Ebene. Der Warenbegriff ist das Fundament, das den gesamten, sich von Ebene zu Ebene erweiternden Aufbau trägt. Indem Gebrauchs- und Tauschwert in der Form zweier Pole eingeführt werden, reflektieren sich in diesem Warenbegriff die charakteristischen Strukturen des Kapitalismus. Der Handel mit Arbeitskraft und die Fraktionen des Kapitals (Industrie, Dienstleistungen, Handel, Finanzen) sind wie die ihnen zugehörigen Arbeits- und Lebensverhältnisse allesamt der Warenform unterworfen. Ware ist die elementare und zugleich allgemein gültige Form, sie ist der Kitt, der die Beziehungen im Kapitalismus zusammenhält.

Insofern ist die Ware auch die besondere Art und Weise, die spezifische Form, die den Klassengegensatz im Kapitalismus vermittelt. Als elementare und allgemeine Form ist sie deshalb zugleich totalitär und transitiv. Sie ist totalitär, da sie die Ausbeutung der Arbeitskraft, die Herrschaft des Kapitals über die Arbeiterklasse vermittelt. Sie ist transitiv, da sie als Gegensatz von Gebrauchs- und Tauschwert wie ein Treibriemen funktionieren und den Klassengegensatz auflösen soll. Die Ware am Anfang verweist als prozessierender Gegensatz von Gebrauchs- und Tauschwert bereits auf ihre eigene Aufhebung, auf den Kommunismus als das Ende Waren produzierender Gesellschaften. Die Alternative zum Kapitalismus kann nach Marx nur als Alternative zur Form der Ware ihre Berechtigung finden. Als Warenverhältnis liefern Gebrauchs- und Tauschwert einen einfachen Gegensatz, als Lohnarbeit und Kapital einen entwickelten, mit Sprengstoff behafteten Gegensatz, den das Kapital auseinander treibe, um in einer finalen Krise auch das letzte Band zu zerreißen, das den Gebrauchswert mit dem Tauschwert der Arbeitskraft noch verbinde.

Für Marx selbst hat die von Anfang an so begriffene Ware ihre Feuerprobe hinter sich. Sie charakterisiert die größte Fläche des Kegels als Resultat der Forschungsprozesse und bestimmt von oben nach unten, welche Verhältnisse wie und in welcher Reihenfolge in der Form der Ware zu entwickeln sind. Zugleich beansprucht Marx aber auch umgekehrt, also von unten nach oben, von der Ware als Elementarform des

Reichtums ausgehend, alle Schritte hinreichend begründen zu können, deren Zusammenfassung dann nur den einen Schluss zulassen, der Kapitalismus sei eine in Auflösung begriffene Gesellschaft. Folglich hat die kritische Rekonstruktion der Begründungen die Einschränkungen, Mängel und Irrtümer im Aufbau des Kegels freizulegen und bezüglich ihrer Konsequenzen zu untersuchen. Dass die Ware als Gegensatz von Gebrauchs- und Tauschwert Bestand hat, wird z.B. dadurch nicht umgestoßen, wenn auf einer höheren Ebene diesem Gegensatz eine Entwicklungsrichtung aufgedrängt wird, die nicht nachvollziehbar ist, deren Begründung also ausbleibt. Wer a sagt, da die Gründe nachvollziehbar sind, muss nicht b sagen, wenn die Gründe strittig sind, um spätestens zum Schluss durch das so geschaffene Paradoxon erschlagen zu werden, dass der Kapitalismus nach wie vor expandiert, während er doch schon längst zu Ende sein müsste.

Die Auffassung, die bisherige Geschichte sei eine Geschichte von Klassenkämpfen, die in der modernen Gesellschaft als Gegensatz von Lohnarbeit und Kapital ihrem Höhepunkt entgegen treibe, war schon ein Resultat früherer Schriften, das im „Kapital“ wissenschaftlich nachgewiesen werden sollte. Dass der Gegensatz der Klassen im Kapitalismus durch den Gegensatz der Ware als Gebrauchs- und Tauschwert zur Auflösung getrieben werde, war dagegen eine späte Erkenntnis von Marx, die während des Verfassens der „Grundrisse“ (1857/8), oder kurz danach, zustande gekommen sein dürfte. Sie hat die schlüssige Formulierung des Wertbegriffs und der Arbeitskraft als Ware zur Voraussetzung, wodurch es möglich wird, die Ware Arbeitskraft als spezifischen Ausdruck des Gegensatzes von Gebrauchs- und Tauschwert zu begreifen. Und wenn das Spezifische des Klassengegensatzes nicht ohne das Kapital, das Kapital nicht ohne das Geld und das Geld nicht ohne die Ware darstellbar sind, dann wird klar, warum die Ware am Anfang zu stehen hat, warum sie so zu analysieren ist, das Gebrauchs- und Tauschwert ihre „Pole“ bilden, aber auch, wie sehr sich z.B. selbst Engels vertan hatte, diesen Anfang als historische Vorstufe einer kleinen, noch auf der Selbständigkeit ihrer Produzenten beruhenden Warenproduktion zu interpretieren. Warenform, markt- oder warenförmige Vergesellschaftung und Kapitalismus sind Synonyme ein und desselben gesellschaftlichen Zusammenhangs.

2) Die Ware „von unten“

Gebrauchswert

Auf der einen Seite ist die Ware also das „innere Band“ der „wirkliche(n) Bewegung“ und keineswegs eine „Konstruktion a priori“ (23, 27). Auf der anderen Seite existiert die Ware als Anfang der Darstellung aber so, wie sie als Element des gesellschaftlichen Reichtums alltäglich erscheint.

Der Prozess, der die Erscheinungsform der Ware zum Warenbegriff verarbeitet, beginnt mit einer allgemeinen Erörterung ihrer Nützlichkeit. Jeder Mensch weiß, dass die Nützlichkeit eines Dings von seiner Eignung abhängt, menschliche Bedürfnisse zu befriedigen. Sie äußert sich somit innerhalb einer (transzendentalen) Beziehung zwischen Objekt (Gegenstand, Ding, Produkt, Gut) und Subjekt. Auch das Wort Gebrauchswert verweist auf die Wertigkeiten, die durch den Gebrauch eines Dings als Befriedigung menschlicher Bedürfnisse entstehen. Art und Umfang der Bedürfnisbefriedigung hängen also vom Stofflichen des Warenkörpers und vom Universum des bedürftigen Subjekts ab -, von seinen natürlichen Eigenschaften, seinen kulturellen Bedingungen, seiner persönlichen Phantasie und alledem, was sonst noch alles zum Tragen kommen möge.[1] Insofern ist es ausgesprochen bemerkenswert, dass die nützlichen Eigenschaften der Ware zunächst an den Rand gedrängt, um dann per Abstraktion vollständig ausgeblendet zu werden.

So beginnt die begriffliche Fassung der Ware damit, die (transzendentalen) Beziehungen zwischen Ding und Subjekt seien „hier" (23, 49) nicht zu verhandeln. Da „diese Nützlichkeit nicht in der Luft" (23, 50) schwebt, sondern auch vom Ding selbst abhängt, könne „der Warenkörper selbst (als) Gebrauchswert" (ebenda) bezeichnet werden. Ein „Pol" der Ware wird also gebildet, indem die Beziehung zwischen Ding und Subjekt, die Befriedigung menschlicher Bedürfnisse, als Eigenschaft des Dings selbst dargestellt wird. Als immanente Eigenschaft vertritt die stoffliche Seite der Ware ihre transzendentale Beziehung zum Subjekt, Bedürfnisse befriedigen zu können. Die kunterbunten persönlichen Bewertungen der Dinge, Begehren und Begierde, die vielfältigen Motivationen und Möglichkeiten, Bedürfnissen zu befriedigen, Gegenstände zu gebrauchen, um Nutzen daraus zu ziehen, werden als stoffliche Eigenschaften der Ware interpretiert. Dass die stofflichen Eigenschaften der Bedürfnisbefriedigung dienen, wird nicht über die menschlichen Bedürfnisse, sondern über die Tauschbarkeit der Dinge als Waren entwickelt und zur Voraussetzung der stofflichen Seite der Ware verpackt.

Vom Tauschwert zur menschlichen Arbeit

Auch der mögliche Erklärungshorizont dessen, was den Kosmos der Waren zusammenhalten könnte, wird von vornherein auf eine „immanente" Eigenschaft der Waren beschränkt. Zuerst werden die natürlichen Eigenschaften, die jenseits ihrer Gebrauchswerteigenschaft existieren, in denen Dinge kommensurabel sind, wie ihr Gewicht oder ihre chemischen Eigenschaften, aus offensichtlichen Gründen als Regelwerk des Tauschwerts ausgeschlossen. Dann wird der Gebrauchswert selbst ausgeschlossen. Da der Begriff Gebrauchswert auf die stoffliche Zusammensetzung der Waren reduziert wurde, kann der Kitt, der sie als Tauschwerte zusammenhält, absolut nichts mit ihren Gebrauchswerten zu tun haben. Denn in ihren stofflichen Zusammensetzungen sind Waren grundsätzlich verschieden. Gleiche stoffliche Zusammensetzungen liefern keine Anstöße zum Tausch. Insofern sei es „gerade die Abstraktion von ihren Gebrauchswerten, was das Austauschverhältnis augenscheinlich charakterisiert" (23, 51f.).

Es ist also der begriffliche Zuschnitt des Gebrauchswerts auf die stofflichen Eigenschaften der Dinge, der diese Abstraktion ermöglicht und dadurch das Paradoxon auf die Bildfläche einrücken lässt, der Tausch hätte geradezu zur Bedingung, dass die Produkte nicht nützlich sind. Mit der Abstraktion wird natürlich auch die Voraussetzung des Gebrauchswerts abgekoppelt, dass die Stoffe nützlich sind und die Frage nach der Begründung des Tausch so zugeschnitten, dass von vornherein mit dem Verhältnis zwischen Subjekt und Gegenstand natürlich auch alle, den Tausch motivierende Momente der Bedürfnisbefriedigung außerhalb des Erklärungshorizonts liegen müssen. Nur vor diesem Hintergrund und wegen der Prämisse, das Gemeinsame des Tauschwerts müsse in einer immanenten Eigenschaft der Ware zu suchen sein, sind es logische Gründe, die zur Abstraktion von der stofflichen Seite veranlassen. Als Untersuchung des Tauschs wird so qua Begriffsbildung die mögliche Rolle ausgeblendet, die der Bedürfnisbefriedigung beim Tauschwert zukommen könnte, anstatt sie zu untersuchen.

Nur auf Grundlage dieses Zuschnitts der Kategorien wird die Frage, was die Tauschwerte kommensurabel mache, durch die Einführung einer weiteren Eigenschaft der Ware als „Gallerte unterschiedsloser menschlicher Arbeit" (23, 52) einer schlüssigen Lösung zugeführt. Gebrauchs- und Tauschwert sind die „äußerlichen" Pole des Warenverhältnisses, zwischen einer Ware und anderer Ware, die mit ihr tauschbar ist. Gebrauchswert und Wert sind dann die „inneren" Pole des Warenverhältnisses.

Gegensatz und Bewegung

Als Pole bilden sie einen Gegensatz, denn die Bestimmungen des einen Pols sind unabhängig von den Bestimmungen des anderen. Der Gebrauchswert eines Dings setzt keineswegs voraus, dass es als Ware auftritt, und hänge auch „nicht davon ab, ob die Aneignung seiner Gebrauchseigenschaften dem Menschen viel oder wenig Arbeit kostet" (23, 50). Wenn der Wert seinerseits die Ware als Gebrauchswert voraussetzt, so ändert das nichts daran, dass er umgekehrt ausschließlich durch die Arbeit bestimmt ist.

Es steht wissenschaftlich natürlich frei, die Ware auf Gebrauchswert und Tauschwert als ihre „Pole" zu reduzieren. Ob und wie ein solcher Gegensatz dann prozessiert, steht auf einem ganz anderen Blatt. Die Pole der Ware kommen im ersten Abschnitt alleine durch die Methode ihrer Darstellung in Bewegung. Einzelne, unentwickelte Wertformen - Einschnitte in die Geschichte Waren produzierender Gesellschaften - werden mit der kompletten Wertform konfrontiert, die den gesellschaftlichen Reichtum strukturiert, von dem die Warenanalyse ausgeht. Die Bewegung liefert keinen einzigen Grund für einen prozessierenden, und erst recht nicht in Richtung seiner Auflösung treibenden Gegensatz. Geld z.B. lässt sich auch mit anderen Mitteln als ausgeschiedene Drittware erklären. Auch nicht die Spur eines Grundes wird erkennbar, die Entwicklung des Tauschwerts müsse die Verhältnisse sprengen, die Subjekte von den Warenkörpern als Mittel ihrer Bedürfnisbefriedigung trennen.

3) Was folgt aus der Ware?

Der Anfang im „Kapital“ bringt im Alltagsverständnis verankerte Vorstellungen über Ware wissenschaftlich so auf den Begriff, dass unter „Ware“ nur jene Eigenschaften zum Tragen kommen, die aus Sicht des Ganzen die Warenform des Kapitalismus charakterisieren. Genau deshalb wird die Ware auf zwei „polare“ Eigenschaften reduziert, auf einen Gebrauchs- und einen Tauschwert. Diese Vorgabe wirkt wie ein Nadelöhr, durch das die Ware, so wie sie alltäglich mit Haut und Haaren vorliegt, hindurch muss. Sie wird zugeschnitten in der Form ihrer Reduktion, die keineswegs zwanglos oder wie selbstverständlich vonstatten geht, sondern ist nur voller Reibungen, über Haken und Ösen, durch das Setzen von Prämissen.

Der so gezogene wissenschaftliche Rahmen lässt nur noch die eine Begründung des Tauschwerts als Verausgabung menschlicher Arbeit zu. Es ist dieser Zuschnitt des Warenbegriffs, der die Spielräume kategorisch schließt, die es möglich machen würden, auch andere Erklärungen des Tauschwerts zu diskutieren. Alle alternativen Ansätze, von Adam Smith bis zur Neoklassik, fallen von vornherein durch das so gesponnene kategoriale Netz. Denn sie bringen auf der einen Seite die im Begriff Gebrauchswert ausgeschlossenen menschlichen Motive ins Spiel, den Tausch und die in ihm angezeigten Werte aus menschlichen Neigungen zu begründen. Ein Hang zum Tausch gehöre zur anthropologischen Ausstattung der Subjekte, und der Tauschwert sei eine Folge ungleicher Nutzenschätzungen rational handelnder Subjekte. Auf der anderen Seite pochen diese Ansätze auf die Gleichrangigkeit mehrerer Produktionsfaktoren, wenn es um die Wertschöpfung geht, anstatt sie auf die Verausgabung menschlicher Arbeitskraft zu beschränken. Wie die menschlichen Arbeitsleistungen würden auch Leistungen der Natur und der Maschinen in die Wertbildung eingehen. Empirisch gültige Tauschwerte drücken dann die Wechselwirkungen beider Seiten als Verhältnis nachfrage- und angebotsabhängiger Faktoren aus –, einen Abstimmungsprozess zwischen den individuellen Wahlhandlungen zur Befriedigung menschlicher Bedürfnisse und der Leistungsfähigkeit der Produktionsfaktoren.

Der wissenschaftliche Aufbau im „Kapital“ ist dessen ungeachtet eine durchaus legitime Methode, an Stelle der Bedürfnisse und der Gleichrangigkeit der Produktionsfaktoren die menschliche Arbeit als Tertium comparationis, als gemeinsame Substanz der Waren zur Erklärung des Kapitalismus in den Mittelpunkt zu rücken. Dieses Programm ist aber keineswegs so lückenlos einlösbar, wie es auf den ersten Blick erscheinen mag. Nur über Einschnitte und das Setzen von Prämissen wird ein wissenschaftlicher Rahmen geschaffen, der den Wertbegriff so in den Mittelpunkt rückt, dass davon abweichende Erklärungsansätze nicht mehr zum Tragen kommen können.

Die menschliche Arbeit als gemeinsame Substanz der Arbeitsprodukte, das ist die eine Ebene, deren Begründung näher zu untersuchen ist. Die andere Ebene ist der weiter gehende Anspruch, der Mittelpunkt der Kritik der politischen Ökonomie, dass die menschliche Arbeit zugleich die Tauschwerte reguliere, die „Grundgleichung" der Kritik der politischen Ökonomie. Alle weiteren Entwicklungen im „Kapital" hängen von dieser Grundgleichung ab, die im Anfang keineswegs hinreichend begründet wird, so dass auch alternative Erklärungsansätze nicht als widerlegt betrachtet werden können. Wenn die Wissenschaft nicht vor der Wissenschaft geliefert werden kann, so dass dem Wertgesetz widersprechende Phänomene zunächst hingenommen werden müssen (Marx), bleiben die Resultate der Wareanalyse nichts anderes als Thesen -, weder richtige noch falsch, weder glaubwürdig noch unglaubwürdig. Sie sind weiter zu entwickeln und zu überprüfen. In Folge der empirischen Ansprüche, die sich aus der Grundgleichung ergeben, sind sie so auch der Möglichkeit des Scheiterns auszusetzen.

III. Zur empirischen Füllung von Kategorien: Hürden und Fallstricke

1) Erfahrung und Erkenntnis

Wie jede Sozialwissenschaft ist natürlich auch die Kritik der politischen Ökonomie darauf angewiesen, von Anfang an einen Erfahrungsbezug ihrer Kategorien zu festigen. Der Begriff Ware ist zwar etwas anderes als das, was unmittelbar als Ware erfahren wird. Er beruht aber auf einer bestimmten Verarbeitung praktischer Erfahrung in Denkprozessen. Eigenschaften von Ware werden als Gegensatz von Gebrauchswert und Tauschwert durch Erfahrung zugänglich, ohne dass sich der Begriff mit der Erfahrung decken müsste.

Erfahrung und Erkenntnis werden innerhalb neuronaler Systeme verknüpft, die eigenen Regeln folgen, wenn sie z.B. Gegenstände als nützliche auszeichnen. Dabei ist es unerheblich, ob solche Vorgänge im Gehirn selbst schon sprachlich strukturiert stattfinden oder nicht. Auf der einen Seite werden äußere Gegenstände als sinnliche Erfahrung, als Input, vom Gehirn wahrgenommen und regelhaft bearbeitet. Auf der anderen Seite, als Output, bildet sich die Erkenntnis, dass z.B. eine Gruppe von Gegenständen aus Gebrauchswerten besteht.

Neuronale Systeme haben eine Umwelt, auf die sie sich beziehen, zur notwendigen Voraussetzung. Ohne die Befriedigung menschlicher Bedürfnisse kein Leben, ohne Leben keine Abläufe im Gehirn, ohne Abläufe im Gehirn keine Gebrauchswerte. Ein Gebrauchswert ist also kein Objekt, das unabhängig vom menschlichen Dasein vorhanden wäre. Insofern kann von einem „Begriffsrealismus" keine Rede sein -, in der Wahrnehmung werde äußere Wirklichkeit abgebildet. Gebrauchswert ist ein äußerer Gegenstand nur deshalb, da er im Gehirn so verarbeitet wird. Umgekehrt schafft, generiert das Gehirn aber ebenso wenig seine äußere Wirklichkeit. Es verarbeitet eine per se unbestimmbare äußere Wirklichkeit nach eigenen Regeln, die innerhalb der äußeren Realität nicht auffindbar sein können. Sonst müsste man im Sinn eines „radikalen Konstruktivismus" annehmen, die äußeren Gegenstände, letzten Endes das Universum, gingen unter, wenn mit dem Subjekt auch die Operationen des Gehirns ausgeschaltet sind.

Neuronale Forschungen können z.B. dazu beitragen, besser zu verstehen, wie und warum Menschen eine Gruppe von Objekten als Gebrauchswert betrachtet, eine andere dagegen nicht. Daraus lässt sich aber kein Grund drechseln, anstelle der Eigenschaft der Ware, Gebrauchswert zu sein, zu untersuchen, warum das Gehirn diese Unterscheidung trifft. Um die Ware als Gebrauchswert und als Tauschwert in einen wissenschaftlich zu bearbeitenden Kontext zu stellen, genügt es, dass diese Begriffe „als Vorstellung (ausdrücken), was wiederholte Bestätigung zur Erfahrung gemacht hat." (19, 363).

2) Produktive Arbeit

Einfache und komplizierte Arbeit: Das Reduktionsproblem
Innerhalb jeder Kulturepoche werde „einfache Durchschnittsarbeit" durch Arbeitskraft verausgabt, „die im Durchschnitt jeder gewöhnliche Mensch, ohne besondere Entwicklung, in seinem leiblichen Organismus besitzt" (23,59). Als Kern der Wertbestimmung sei diese „Funktion des menschlichen Organismus (eine) physiologische Wahrheit" (23,85). Komplizierte Arbeit sei dagegen „potenzierte oder vielmehr multiplizierte einfache Arbeit, so dass ein kleineres Quantum komplizierter Arbeit gleich einem größeren Quantum einfacher Arbeit" (23,59). Dass eine solche Reduktion komplizierter auf einfache Arbeit überhaupt stattfinde, belege „die Erfahrung" (23,59).

Empirische Tauschwerte können ein solches Verhältnis aber nur dann bestätigen wie auch widerlegen, wenn auch auf der anderen Seite der Gleichung eine solche Reduktion komplizierter auf einfache Arbeit nachweisbar wäre. Wenn einfache Arbeit „wesentlich Verausgabung von menschlichem Hirn, Nerv, Muskel, Sinnesorgan usw. ist" (23,85), dann müsste sich ein Kriterium ausmachen lassen, das es ermöglicht, komplizierte Arbeit als ein Mehrfaches einer einfachen Verausgabung solcher menschlicher Fähigkeiten nachzuweisen. Wodurch sollte begründbar sein, dass z.B. mehr Hirn und weniger Muskeln pro Zeiteinheit mehr Arbeit verausgaben als weniger Hirn und mehr Muskeln? Solange die menschlichen Fähigkeiten, die in der Arbeit wirksam sind, auf kein Tertium Comparationis reduzierbar sind, das eine solche Differenzierung erlauben würde, muss auch eine Reduktion komplizierter auf einfache Arbeit ein „blinder Fleck" der politischen Ökonomie bleiben.[2]

Gleiche Arbeit auf Grund gleicher Arbeitskraft: Der Kardinalfehler
Marx begnügt sich mit dem Hinweis auf Erfahrung und geht auf komplizierte Arbeit nicht weiter ein, indem er (irrtümlich) annimmt, die Entwicklung der Produktivkräf-

te würde diese Differenzierung tendenziell einebnen. Die Sekundärliteratur wiederholt die von Marx benutzten Fluchtwege und setzt zuweilen noch einen drauf: Der Tausch selbst sei ein Transformator, der ungleiche in gleiche Arbeit verwandle und somit die Bedingung seiner Möglichkeit selbst erzeuge („Tauschabstraktion").[3]

Die Differenzierung der Wertbildung nach einem Kompliziertheitsgrad der Arbeit nimmt ihrerseits zur Voraussetzung, gleiche Arbeitskraft verausgabe gleiche Arbeit. Die Gleichheit der Arbeit beruhe auf einer gleichen Verausgabung anthropomorpher Substanzen der Arbeitskraft -, von Herz, Lunge, Hirn, Muskeln, Nerven, Sinnesorganen, Händen, Beinen usw. Unterstellt man eine entsprechende Homogenität der Arbeitskraft als Bestandsgröße auf Grund der Dichte solcher Fähigkeiten, dann bedeutet das keineswegs, auch die konkrete Arbeit, also die Stromgröße, die in den einzelnen Berufen verausgabt wird, sei „abstrakt" gleiche Arbeit. Denn die Arbeit der Schneider und Weber, der Arbeiter an Maschinen, Fließbändern und Bildschirmen, in Industrie, Landwirtschaft und im Dienstleistungsbereich, ruft solche anthropomorphen Substanzen der Arbeitskraft höchst ungleich ab.

Gleiche Arbeit setzt einen gemeinsamen Nenner für die ungleiche Verausgabung anthropomorpher Substanzen der Arbeitskraft voraus. Woraus könnten die ultimativen Elementarteilchen bestehen, die „Quarks" der menschlichen Arbeit, die es erlauben würden, eine Reihe gewöhnlicher Arbeiten, deren Substanzen nicht nur verschieden zusammengesetzt sind, sondern auch unterschiedlich intensiv genutzt werden, einheitlich zu zählen? Solange eine solche Kommensurabilität der Arbeit nicht nachweisbar ist, braucht die Frage nach einer Differenzierung der Wertbildung gemäß eines Kompliziertheitsgrades der Arbeit gar nicht erst gestellt zu werden. Die Einwendungen gegen eine Reduktion komplizierter auf einfache Arbeit richten sich gegen die Gleichheit der Arbeit als immanente Substanz der Waren, als „Gallerte" unterschiedsloser Arbeit. Der im „Kapital" entwickelte Begriff der Gleichheit menschlicher Arbeit hält nicht, was er verspricht.[4]

Gleiche Arbeit ohne gleiche Substanz

Gleiche Arbeitskraft äußert sich innerhalb der einzelnen Arbeitsverausgabungen weder als Summe noch als eine bestimmte Kombination der endo- und exosomatischen Fähigkeiten der Arbeitskraft. Gleiche Arbeit kann deshalb nicht auf gleichen Mengen solcher menschlicher Substanzen wie Hirn, Muskel, Nerv usw. beruhen. Solange es nicht möglich ist, die Kommensurabilität solcher Substanzen nachzuweisen, ist jede allgemeine Theorie durch Arbeit gebildeter „Substanzwerte" zum Scheitern verurteilt.

Die Gemeinsamkeit der Arbeiten beschränkt sich erstens darauf, dass sie überhaupt Hirn, Muskeln, Nerven usw., in welchen Kombinationen auch immer, verausgaben. Als produktwirksame Kraft unterscheidet sich die menschliche Arbeit damit von der physikalischen Arbeit und anderen natürlichen Eigenschaften, die im Produktionsprozess angewendet werden. Zweitens wird die menschliche Arbeit unter standardisierten Raum-, Produktivitäts und Intensitätsbedingungen verausgabt. Wenngleich dieselben von Betrieb zu Betrieb verschieden sind, kann man davon ausgehen, dass sie sich um einen gesellschaftlichen Durchschnitt gruppieren. Drittens folgt daraus, dass die Zeit zur Erfüllung einer Funktion normiert ist. Gleiche Arbeit stellt sich dann, wenn die Produktionsbedingungen normiert sind, in gleicher Arbeitszeit dar.

Wert wird nicht durch Wert, sondern durch menschliche Arbeit gebildet. Wenn komplizierte Arbeiten „höhere Bildungskosten" der Arbeitskraft einschließen, folgt nicht, wie Marx zuweilen meint, dass sie „sich daher, in denselben Zeiträumen, in verhältnismäßig höheren Werten" (23, 211f.) vergegenständlichen. Ist die Substanzwertfundierung gleicher Arbeit aufzugeben, dann sind die Werte der Arbeitskräfte, z.B. der Möbelschlepper und der Chirurgen, zwar verschieden, doch die Werte, die sie bilden, sind pro Zeiteinheit gleich.

Für Möbelschlepper wie für Chirurgen gilt, dass sie in ihren natürlichen Ausstattungen besonderen Anforderungen der Arbeit gewachsen sein müssen, die nicht jedem in seinem leiblichen Organismus gegeben sind. Empirisch auffällige Einkommensunterschiede jenseits der Reproduktionskosten der Arbeitskräfte könnten Disproportionen zwischen Angebot und Nachfrage geschuldet sein. Beschränkungen des Ausbildungsangebots für Ärzte, z.B. durch institutionelle Regelungen wie durch Studiengebühren, könnten den Tauschwert in die Höhe treiben. Viele können dagegen versuchen, wenn sie es nötig haben, für eine gewisse Zeit Möbel zu transportieren, unabhängig davon, ob sie dazu geeignet sind oder nicht, was den Tauschwert solcher Arbeitskräfte drücken könnte.

Notwendige Arbeit, Wert und Sozialismus

Als Werte treten Waren im Maß ihrer „gesellschaftlich notwendigen Arbeitszeit" auf. Die „Gesellschaftlichkeit" der notwendigen Arbeit ist jedoch nicht auf produktionstheoretische Erörterungen beschränkt. Sie ist sowohl Bedingungen der Produktion als auch Bedingungen der Konsumtion unterworfen. Beide Seiten müssen übereinstimmen, um ein bestimmtes Arbeitsquantum als Wertgröße auszuzeichnen. In der Produktion wird erstens pro Gebrauchswert nur soviel Arbeit vergegenständlicht, wie produktionstechnisch notwendig, und zweitens werden genau so viele Gebrauchswerte produziert, dass diese Menge auf Seiten der Konsumtion „das gesellschaftliche Bedürfnis" (23, 121) befriedigt. Wird eine zu große Menge produziert, so präsentiert der Überschuss „überflüssig verausgabte Arbeitszeit" (23, 122), die an einem anderen Ende der Produktion fehlt, wo eine zu geringe Anzahl an Gebrauchswerten hergestellt wird. Ein Teil der gesellschaftlichen Arbeit wird so im Maß der Bedürfnisbefriedigung suboptimal verausgabt.

Wie oben gezeigt, wird der Wert so eingeführt, dass er partout, doppelt abgesichert, nichts damit zu tun haben kann, wie die Subjekte im Gebrauch der Dinge ihre

Bedürfnisse befriedigen. Die Vorstellung einer Gleichgewichtsmenge, in der sich Angebot und Nachfrage decken, bringt dagegen zum Ausdruck, dass der Wert nicht nur von der Produktion, sondern auch von der Art und Weise abhängt, in der Gebrauchswerte die Bedürfnisse befriedigen. Die von den Subjekten abhängige Bedürfnisbefriedigung ist also doch eine den Wert regulierende Variable! Unter kapitalistischem Vorzeichen seien Arbeitszeit und Bedürfnisbefriedigung optimal aufeinander abgestimmt, wenn der Tauschwert dem Wert entsprechen würde. Dann sei gewährleistet, dass die Arbeit „in gesellschaftlich nützlicher Form" (23, 121) verausgabt würde.

Als weiterer Mangel des Wertbegriffs ist festzuhalten, dass nur eine Seite des Werts, die Entwicklung der Produktivkräfte als Rationalisierung der zur Produktion notwendigen Arbeit, ausführlich untersucht wird, die andere, die Gewährleistung, dass und wie Produkte Bedürfnisse befriedigen, dagegen nicht. Auf der Angebotsseite stehen die Entscheidungen der Unternehmen, auf der Nachfrageseite freie Entscheidungen der einzelnen Konsumenten über die Aufteilung ihres verfügbaren Einkommens zugunsten einer bestimmten Gebrauchswertkombination. Über die Annahme eines Marktgleichgewichts wird im Gardemaß einer restriktionsfreien Vermittlung von Produktion und Konsumtion lediglich unterstellt, Arbeitszeit und Bedürfnisbefriedigung seien optimal vermittelt, ohne auch nur zu versuchen, nachzuweisen, wie sich eine bestimmte Gebrauchswertkombination gegenüber anderen als bestmögliche Befriedung des gesellschaftlichen Bedürfnisses ausweisen könnte. Ungeklärt bleibt also, ob, wie, warum eine Gleichgewichtsmenge das gesellschaftliche Bedürfnis befriedigt.

Auf den ersten Blick könnte man meinen, Marx sei gut beraten gewesen, die Gewährleistung der Bedürfnisbefriedigung nicht zu untersuchen. Denn sie hätte zu dem Ergebnis geführt, dass es wissenschaftlich unmöglich ist, verschiedene Bündel von Gebrauchswerten, die Subjekte am Markt für dieselbe Geldsumme kaufen können, nach dem Nutzen zu vergleichen, die sie den Subjekten stiften. Die Befriedigung der individuellen, und erst recht der gesellschaftlichen Bedürfnisse, die alternative Gebrauchswertbündel ermöglichen, kann objektiv nicht festgestellt werden.

Um eine solche Beweisführung bemüht sich die um 1870 einsetzende neoklassische Preistheorie ohne Erfolg (Jevons, Walras, Pareto). Analog zu den anthropomorphen Substanzen der Arbeit lässt sich kein „Nutzenquark" ausmachen, dass es ermöglichen würde, die Befriedigung unterschiedlicher Bedürfnisse (Essen, Trinken, Musizieren usw.) auf einen gemeinsamen Nenner zu bringen und quantitativ zu messen. Die Inkonsistenz des zugrunde liegenden Axioms eines gemeinsamen Nutzens könnte aufgehoben werden, wenn es z.B. der Biochemie gelänge, die Erlebnisse „Glück" bzw. „Befriedigung" als einheitliche, sich quantitativ ausdehnende Gehirnsubstanzen nachzuweisen.[5]

Anstatt sich zu vergewissern, dass und warum es unmöglich ist, die Versorgungslage bzw. Bedürfnisbefriedigung auch nur von Individuen an Hand von Gebrauchswertmengen objektiv zu bewerten, geht Marx einfach davon aus, dass eine dem Wert entsprechende „gesellschaftliche Produktenmasse (...) dem quantitativ bestimmten gesellschaftlichen Bedürfnis für jede besondere Art von Produkt adäquat“ (25, 648) sei. Die suboptimale Vermittlung von Produktion und Konsumtion durch den Markt sei nur dem Umstand geschuldet, dass im „atomistischen Verhalten der Menschen“ (23, 108) „der gesellschaftliche Verstand sich immer erst post festum geltend macht“ (24, 316f.). „Dass die Gesellschaft im Voraus berechnen muss, wie viel Arbeit, Produktionsmittel und Lebensmittel“ (ebenda) sie für die Produktion einsetzt, sei kein Mangel, sondern die Lösung des Problems! Damit bürdet Marx der kommunistischen Alternative die objektive Lösung eines Problems durch alle für alle auf, das nicht einmal für das einzelne Individuum lösbar ist.[6]

Die Zentralinstanz steht - bei bestem Willen und unter idealen Voraussetzungen - von vornherein auf verlorenem Posten, da sie nicht wissen kann, welche Gütermengenkombinationen unter Aufwendung welcher Arbeitszeiten die gesellschaftlichen Bedürfnisse so gut wie möglich befriedigen. Anstatt dieses Kunststück fertig zu bringen, ist jetzt unter kommunistischem Vorzeichen die Vergeudung gesellschaftlicher Arbeit unbestimmten Ausmaßes angesagt, während die zentripetalen Kräfte des Marktes die Tauschwerte in Richtung des Werts drängen und so die Vergeudung von Arbeit systematisch einschränken. Solange es unmöglich ist, alternative Gebrauchswert- oder Güterkombinationen nach Maßgabe der Nutzen zu ordnen, stochert jede Zentralinstanz mit der Stange durch den Nebel, anstatt den Zusammenhang zwischen Arbeitszeit und Bedürfnisbefriedigung zu optimieren. Weder aus Sicht des Individuums, geschweige denn aus der einer Zentralinstanz, stellvertretend für alle, ist es möglich, alternative Gebrauchswertkombinationen im Maß der Bedürfnisbefriedigung zu bewerten. Abgesehen von den Problemen der Produktion, der Effizienz und Entwicklung der gesellschaftlichen Arbeit, fehlen der Zentralinstanz auch seitens der Bedürfnisse die zur Planung notwendigen Informationen. Jeder weiß schließlich selbst am besten, was für ihn gut ist und was nicht, auch wenn sich dafür keine klaren Regeln ausmachen lassen. Nicht nur die Entwicklung der Produktivkräfte, auch die Bestimmung dessen, was zu produzieren ist, um die Bedürfnisse der Bevölkerung zu befriedigen, gehörte zu den zentralen Problemen des traditionellen Sozialismus in der ehemaligen Sowjetunion wie in China. Historisch jedenfalls hat sich die kapitalistische Form der Rationalisierung der gesellschaftlichen Arbeit einschließlich der marktwirtschaftlichen Entwicklung des Verhältnisses zwischen Arbeitszeit und Bedürfnisbefriedigung dieser Form des Sozialismus als überlegen erwiesen.

Der von Marx abgelieferten Kapitalismuskritik haftet somit als Mangel an, dass sie keine positive Aufhebung der Widersprüche des Kapitalismus auf den Weg bringt. Seine Gleichsetzung des Kapitalismus mit der Herrschaft der Warenförmigkeit identifiziert jede Aufhebung des Kapitalismus mit der Aufhebung der Warenform, so dass an die Stelle einer flexiblen, dezentralen Produktionsplanung die gesellschaftliche

Planung treten muss. Sozialismus und Marktwirtschaft sind für Marx Gegensätze, die sich nicht vereinbaren lassen. Entwürfe über „sozialistische Marktwirtschaft" können sich zwar auf Erkenntnisse der Kritik der politischen Ökonomie stützen, sind aber darauf verwiesen, eine Alternative zur der von Marx gerahmten Alternative zu begründen.

Der Kapitalismus hebt die zersplitterten, individuellen Arbeiten auf, entwickelt die Produktivkräfte und schafft so - vermittelt über die Wertregulation - ein historisch neues System gesellschaftlich notwendiger Arbeit. Der Kommunismus bringe die gesellschaftlich notwendige Arbeit durch ihre zentrale Planung zur Vollendung -, durch Abstreifen der Form, der Fesseln und der Widersprüche des Kapitalismus. Die Entfaltung des „Rationellen" (25, 197), das dem Wert zugrunde liegt, sei im Kapitalismus durch die Warenform beschränkt. Eine dieser Schranken bestehe darin, dass die notwendige Arbeit durch eine Vielzahl unproduktiver Arbeiten überlagert wird, die der weiteren Entfaltung der notwendigen Arbeit unnötige Grenzen setzten.

3) Unproduktive Arbeit, Mehrwert und Nettoprofit

In allen Gesellschaften wird der Reichtum in der Gestalt von Gebrauchswerten durch die Verausgabung gesellschaftlich notwendiger Arbeit produziert. Im Kapitalismus existieren die Gebrauchswerte in der Form von Ware. Alle anderen Arbeiten, die keine Gebrauchswerte und deshalb auch keine Werte bilden, werden als gesellschaftlich nicht notwendige, deshalb unproduktive Arbeiten zusammengefasst.

Diese Dichotomie der Arbeit trennt erstens einen „Inhalt" und einer „Form" der kapitalistischen Gesellschaft. Sie beansprucht für eine Gruppe menschlicher Bedürfnisse, dass sie unabhängig von der Gesellschaftsform existieren, in der die Menschen leben. Sie werden durch Gebrauchswerte befriedigt. Damit wird vorausgesetzt, die Gesellschaftsform generiere ihrerseits keine menschlichen Bedürfnisse. Bedürfnisse würden durch die Entwicklung der Produktivkräfte als Entwicklung des Individuums modifiziert, wach gerufen und kultiviert. Sie blieben aber einem potentiell im bedürftigen Individuum angelegtem Fonds von Bedürfnissen zugeordnet. Wenn aber auch „Gebrauchswerte" produziert werden müssen, die nicht der Bedürfnisbefriedigung dienen, dann sind Regeln zu entwickeln, die es ermöglichen, die produktive Arbeit auf die Produktion jener Gebrauchswerte zu beschränken, die der Bedürfnisbefriedigung dienen.

Zweitens lässt die Dichotomie der Arbeit unberücksichtigt, dass zumindest einige der Funktionen, die im Kapitalismus durch unproduktive Arbeit verrichtet werden, auch in anderen Gesellschaften erfüllt werden müssen, die nicht auf der Warenform beruhen. In allen Gesellschaften sind Regelungen nötig, wie die Gesamtarbeit auf die Individuen verteilt wird und welchen Anteil sie am Produktionsergebnis zur Befriedigung ihrer Bedürfnisse nutzen können und wie Produkte die Hände wechseln, per

Zuweisung oder durch Wahlmöglichkeiten. Dann muss in jeder Gesellschaft nicht nur die Abstimmung zwischen Produktion und Konsumtion geregelt werden, sondern auch die Organisation, Kontrolle und Überwachung nicht nur der notwendigen Arbeit. Für die Bewältigung solcher Aufgaben muss jede Gesellschaft Arbeitskräfte einsetzen, die der Reichtumsproduktion nicht zur Verfügung stehen, aber auch Sachmittel, die den produzierten Reichtum schmälern, nicht mehr der Bedürfnisbefriedigung dienen können. Der Händewechsel der Produkte z.B. muss in allen Gesellschaften durch den Verbrauch von Arbeit und Sachmitteln geregelt werden, ohne dass Gebrauchswerte geschaffen würden.

Solche Aufwendungen bilden in allen Gesellschaften die Gegenposten des gesellschaftlichen Reichtums. Folglich könnte die Effizienz unterschiedlicher Gesellschaftssysteme an Hand des Nettoertrags der gesamten Arbeit ermittelt werden, von dem der Gesamtumfang der möglichen Bedürfnisbefriedigung abhängt. Im Kapitalismus wird der Reichtum durch die Form der Warenproduktion geschmälert, in anderen Gesellschaften durch andere Formen. Jede Gesellschaft muss eine Reihe von Aufwendungen schultern, die ebenso notwendig sind wie die produktive Arbeit selbst. Der Kapitalismus ist Referenzmodell. Die Überlegenheit einer kommunistischen Alternative hätte nachzuweisen, dass ihr Nettoertrag größer sein könnte –, wie das System der notwendigen Arbeit seine Vollendung finden könnte und wodurch die gemeinnützigen Arbeiten den unproduktiven Arbeiten im Kapitalismus überlegen sein könnten.

Die unproduktiven Arbeiten werden unterschiedslos so betrachtet, als seien sie per se die Regulierungs- und Regierungskosten des Kapitalismus –, eine unmittelbare Funktion der Warenförmigkeit dieser Gesellschaft. Dazu gehören alle Arbeiten, die zur Aufrechterhaltung der Ordnung im Sinn von Herrschaft eingesetzt werden. Innerhalb der Unternehmen werden sie zur Oberaufsicht, Überwachung und Kontrolle verausgabt und bilden die „faux frais de production". Außerhalb der Unternehmen gehören alle Arbeiten dazu, die der Obrigkeit dienen (Militär, Polizei).

Der überwiegende Teil der unproduktiven Arbeiten hat allerdings Transaktionsgeschäfte zum Gegenstand. Dabei geht es im Wesentlichen um die Verwandlung von Ware in Geld wie auch um die Beschaffung von Krediten. Zu den „faux frais de circulation" gehören innerhalb von Unternehmen die Einkaufs- und Verkaufsabteilungen sowie alle Einrichtungen, die für die Liquidität der Unternehmen zu sorgen haben. Durch Rationalisierung und Institutionalisierung unproduktiver Arbeiten werden Elemente der Gesamtfunktionen in selbständige Geschäftszweige verwandelt, von Handels- und Bankunternehmen durchgeführt. Darüber hinaus sind z.B. auch alle Börsen-, Makler- und Rechtsgeschäfte Institutionalisierungen unproduktiver Arbeit.

Um die Kategorien der Kritik der politischen Ökonomie empirisch zu füllen und eine Überprüfung der Grundgleichung vorzubereiten, ist die Gesamtarbeit eines Zeitraumes in einen produktiven und einen unproduktiven Bereich zu gliedern, um der Arbeitszeit, die Wert bildet, den Anteil der Tauschwerte gegenüberzustellen, der in diesem Zeitraum neu geschaffen wurde (Wertschöpfung). Bis auf die Grundrente summiert die Rubrik der unproduktiven Arbeit alle Gegenposten der produktiven Arbeit, die den Mehrwert vermindern und dadurch den Profit schmälern. Der Nettoprofit ist also eine abgeleitete Größe. Vom beschränkten Standpunkt der Kapitalverwertung sind alle unproduktiven Arbeiten nur „faux frais", unnütze Kosten, die ihr im Wege stehen.

IV. Theorie und Empirie: Der Fall der Profitrate

1. Der Rahmen des Gesetzes

Die Rate des Profits (p') bezeichnet ein Verhältnis, das den Mehrwert (m) auf das eingesetzte Kapital (c+v) bezieht. Der Mehrwert ist als Bruttogröße unabhängig von seinen Verteilungs- und Verwendungsformen als faux frais, Grundrente, Zins, Gewinn und Unternehmenssteuern. Der Einsatz des Kapitals ist entsprechend auf den Einsatz der produktiven Arbeit beschränkt, die den Mehrwert produziert.

Wird der Einfachheit halber der Wert des eingesetzten Kapitals konstant gesetzt, dann sinkt die Profitrate, wenn sich die Produktionsbedingungen so ändern, dass die angewandten Arbeitskräfte weniger Mehrwert produzieren. Die Veränderung der Produktionsbedingungen des Gesamtkapitals ist ein Reflex der Veränderung der Produktionsbedingungen durch die Einzelkapitale, die der Maxime folgen, eine möglichst hohe Kapitalrentabilität, also möglichst viel Mehrwert auf das eingesetzte Kapital zu erzielen. Wie ist dann das scheinbare Paradoxon zu erklären, dass die individuellen Veränderungen der Produktionsbedingungen zur Verbesserung der Kapitalverwertung für alle eine Verschlechterung der Kapitalverwertung zur Folge haben?

Die neue Qualität der durch die industrielle Revolution eingeleiteten Produktivkraftentwicklung - die Umwälzung der Arbeitsmittel - schließt ganz bestimmte quantitative Veränderungen ein. Sie bestimmen die Entwicklung dieser Produktionsweise und werden im „Kapital" über eine Reflexion und Zusammenfassung historisch-empirischer Umwälzungen begründet. Zum Vergleich stehen die Kapitaleinsätze, die Produktionsmethoden und die Tauschwerte gleicher Waren an, einmal als Produkte des Handwerks und der Manufakturen, andermal als Produkte der auf Maschinen beruhenden großen Industrie. Die Produktion mit Maschinen bringt eine sprunghafte Entwicklung der Produktivkraft auf den Weg. Typisch dafür ist, dass das Arbeitsmittel revolutioniert und in zunehmendem Umfang im Produktionsprozess eingesetzt wird, dass zusätzliche Naturkräfte dienstbar gemacht und dass Arbeitskräfte freigesetzt werden.

Die Triebkraft dieser Rationalisierung der gesellschaftlichen Arbeit, das bewegende Moment der industriellen Revolution, war zunächst ein Streben der Einzelkapitale nach größtmöglichem Profit, später dann nach der größtmöglichen individuellen

Profitrate. Wenn die Tauschwerte eine Funktion der notwendigen Arbeit sind, dann kommen nur solche technischen Möglichkeiten zum Zug, die die notwendige Arbeit verkürzen. Diese Form der Kapitalverwertung treibt den technischen Fortschritt gegenüber den Arbeitskräften ohne Rücksicht auf Verluste voran. Er ist nicht human, auf eine Erleichterung der Arbeit ausgerichtet, aber „rationell“: Die notwendige Arbeit wird verkürzt, wodurch, unter der Hand, die materielle Grundlage des Kommunismus vorbereitet werde. Innovierende Einzelkapitale modernisieren die Produktion, indem sie an Stelle von Arbeitskraft neue technische Apparate nutzen und so den Sachkapitaleinsatz pro Arbeitskraft erhöhen. Konkurrierende Einzelkapitale sind zur Anpassung gezwungen, für alle gilt ein erhöhter Sachkapitaleinsatz pro Arbeitskraft -, ein historisch äußerst erfolgreiches Modell der Produktivkraftentwicklung, das von Marx völlig unterschätzt wurde (vgl. z.B. 23, 414, Fn. 116a).

Vom Standpunkt des Werts erklärt Marx diese Form der Rationalisierung so, dass erstens lebendige Arbeit durch vergegenständlichte Arbeit ersetzt wird. Die Maschine, konstantes Kapital, tritt an die Stelle lebendiger Arbeit. Zweitens hat der Maschineneinsatz zur Folge, dass die Menge des eingesetzten konstanten Kapitals nicht nur absolut wächst, sondern auch relativ, im Verhältnis zur Anzahl der eingesetzten Arbeitskräfte. Die Verminderung der notwendigen Arbeit muss durch die Steigerung des Sachkapitaleinsatzes (pro Arbeitskraft) erkauft werden. Der technische Fortschritt erzeugt eine Bewegung, die den Wert des fixen und des zirkulierenden konstanten Kapitals in dieser Weise sukzessive in die Höhe treibt. Drittens steigt dann die organische Zusammensetzung, indem pro Kapitaleinheit weniger Arbeitskraft einzusetzen ist.[7] Daraus folgt schließlich viertens, dass die Profitrate sinkt. Der Fall der Profitrate ist als Spiegelbild der Entwicklung der Produktivkraft zugleich die Achillesferse der kapitalistischen Entwicklung schlechthin. Zuerst zu der Behauptung, dass die Profitrate fällt, wenn der Sachkapitaleinsatz relativ wächst, dann zu dieser Voraussetzung selbst.

2. Fall der Profitrate als Folge des relativ wachsenden Sachkapitals

Geht man von einer beliebigen Zahl von Arbeitskräften und davon aus, das Sachkapital wachse sukzessive um feste Beträge, dann ist der Nachweis, dass die Profitrate mit steigendem Sachkapitaleinsatz sinken muss, am einfachsten zu führen, indem man annimmt, die Löhne würden nicht vorgeschossen, sondern im Nachhinein gezahlt. Die Profitrate spiegelt dann das Verhältnis zwischen Mehrwert und konstantem Kapital wider (p' = m : c). Sie würde unmittelbar in demselben Verhältnis sinken, in dem das Sachkapital steigt, wenn die Produktivkraftsteigerung nicht zugleich „entgegenwirkende Ursachen“ einschließen würde, allen voran das Steigen der Mehrwertrate. Dadurch sinkt der Wert der Arbeitskraft, so dass ein zusätzlicher ein Teil des Neuwerts in Mehrwert verwandelbar ist. Indem kontinuierlich zusätzliche Anteile des Neuwerts in Mehrwert verwandelt werden müssen, um die (bisherige) Profitrate zu stabilisieren, dann muss es zu einer „Punktlandung“ kommen: In einem bestimmten Punkt kann v nur noch so groß sein wie der zusätzliche Mehrwert, der zur Aufrechterhaltung der Profitrate notwendig ist. Von diesem Punkt an muss mit der Größe des Mehrwerts auch die Profitrate sinken.

Dieselbe Grenze wird auch dann wirksam, wenn v ebenso als Kapital vorgeschossen wird wie c. Der Kapitaleinsatz ist entsprechend größer, auf den der Mehrwert bezogen ist. Die Profitrate (p') spiegelt das Verhältnis zwischen Mehrwert (m) und Kapitaleinsatz (c + v) wider. Der Kapitaleinsatz steigt durch die als fest angenommenen Zuwächse des Sachkapitals. Diese Zuwächse verschieben die wertmäßige Zusammensetzung des Kapitalvorschusses (c+v) zugunsten von c. Mehr Kapital wird als konstantes Kapital fixiert und die organische Zusammensetzung (c:v) wächst.

Der Einfluss der Sachkapitalzuwächse auf die Profitrate hängt vom Verhältnis des zusätzlichen Mehrwerts zum zusätzlichen Sachkapital ab. Je nachdem, ob dieses Verhältnis kleiner, gleich oder größer ist als die Profitrate, wird die Profitrate sinken, gleich bleiben oder steigen. Die Profitrate bleibt konstant, wenn das Verhältnis zwischen zusätzlichem Mehrwert und zusätzlichem Sachkapital der Profitrate entspricht. Indem das Sachkapital sukzessive um einen festen Betrag wächst, muss der Mehrwert ebenso sukzessive um einen festen Betrag wachsen, um die Profitrate konstant zu halten.

Der Mehrwert kann zwar immer wachsen, solange der Wert der Arbeitskräfte in v + m teilbar ist. Um welchen Betrag er jedoch wächst, hängt von seiner eigenen Größe und der Produktivkraftsteigerung ab.[8]

Er muss beständig um einen festen Betrag wachsen, während sein Reservoir, der Neuwert, den eine gegebene Zahl von Arbeitskräften bildet, eine durch die Länge des Arbeitstages begrenzte Größe darstellt. Wenn der Anteil des Mehrwerts am Neuwert sukzessive um feste Beträge wächst, dann muss es auch unter diesen Umständen zur „Punktlandung“ kommen, wenn der (Rest-) Wert der Arbeitskräfte nur noch so groß ist wie der zusätzliche Mehrwert, der den Fall der Profitrate kompensieren könnte. Von diesem Punkt an muss mit dem zusätzlich mobilisierbaren Mehrwert auch die Profitrate sinken.

Betrachtet man die Wertsenkung der Arbeitskräfte z.B. im mathematischen Bild eines asymptotischen Verhaltens von v, so strebt v gegen Null, ohne diesen Wert im Endlichen zu erreichen. Jeder beliebige Wert der Arbeitskräfte bleibt also in v und einen zusätzlichen Mehrwert teilbar. Aber der absolute Wert der Arbeitskräfte, der in v + m verwandelbar ist, muss durch seine sukzessive Teilung in v + m sinken, während die Größe des Mehrwerts, die zur Kompensation der Profitrate notwendig ist, bei jedem Zuwachs des Sachkapitals gleich bleibt. In dem Punkt, in dem der Wert der Arbeitskraft dem zusätzlichen Mehrwert entspricht, muss die Profitrate also sinken.[9]

Insofern ist die von Marx abgelieferte werttheoretische Interpretation des Zusammenhangs zwischen der spezifischen Entwicklung der Produktivkraft und dem Fall der Profitrate durchaus schlüssig. Mit der Wert- ändert sich die technische Zusammensetzung. Entweder muss die Zahl der Arbeitskräfte sinken, die durch das eingesetzte Kapital beschäftigt wird, oder das Kapital muss wachsen, um dieselbe Menge Arbeitskraft in Gang zu halten. Wächst das Sachkapital pro Arbeitskraft, dann muss die Profitrate fallen, gleichgültig, in welchem Maß die Produktivkraft steigt. Unabhängig von der Gesamtgröße des eingesetzten Kapitals - dem Stand der Akkumulation - unterspült diese spezifische Form der Produktivkraftentwicklung so die Basis, die jedes Element Kapital mit Mehrwert versorgt.[10]

3. Der Schein von Kompensation

Wenn die Voraussetzung des Gesetzes vernachlässigt wird, dass der Sachkapitaleinsatz relativ wächst, kann es wie ein logischer Schluss aussehen, nicht nur die steigende Mehrwertrate, sondern auch Wertsenkungen, die das konstante Kapital betreffen, könnten das Gesetz außer Kraft setzen. Als „Verwohlfeilerung der Elemente des konstanten Kapitals" meinen Kritiker des Gesetzes eine Entwicklung erkennen zu können, die dem Gesetz widerspreche, was auch Engels zu schaffen machte.[11] Wenn die Werte aller Waren sinken, der Lebens- und der Produktionsmittel, dann müsste doch auch die organische Zusammensetzung unverändert bleiben und der Wert des Sachkapitals pro Arbeitskraft wie der Wert der Arbeitskraft sinken. Indem die Mehrwertrate durch die Entwertung der Arbeitskraft steigt, müsste auch die Profitrate steigen. Das kapitalistische Entwicklungsmodell könnte so durch die permanente Revolutionierung der Produktivkräfte eine Prosperität ohne Ende am Laufen halten.

Erstens wird übersehen, dass die wertmäßigen Zuwächse des konstanten Kapitals eine durch und durch andere stoffliche und technische Struktur zur Grundlage haben. Die Schreibmaschine vermehrte ebenso wenig die Zahl traditioneller Schreibgeräte wie der Computer die Zahl von Schreib-, Rechen- Grafikmaschinen. Es sind im doppelten Sinn nagelneue technische Geräte, die so an die Stelle der alten treten und pro Arbeitskraft mehr Kapital binden. Die Zunahme des Sachkapitals ist keine Vermehrung von Elementen, die durch die Produktivkraftsteigerung pro Stück entwertet würden, so dass eine Wertsteigerung durch die Menge von einer Wertsenkung pro Stück konterkariert würde.

Zweitens: Innerhalb des Zeitraumes, den ein Produktivkraftwechsel benötigt, um sich zu etablieren, kommt es zu Wertsenkungen von Elementen jenes konstanten Kapitals, das noch nicht technisch erneuert wurde. Solche Entwertungen bleiben allerdings auf einen Teil des gesellschaftlichen Gesamtkapitals und eine mittlere Phase des Zeitraumes beschränkt. In einer Anfangsphase wird z.B. in einer begrenzten Reihe von Produktionszweigen eine neue Produktionsmethode entwickelt, lebendige Arbeit wird substituiert, eine neue Technologie wird eingesetzt (vgl. 23, 407-414). Als Output werden so gleiche Gebrauchswerte billiger produziert und senken den Wert des konstanten Kapitals an anderer Stelle, wenn solche Gebrauchswerte in anderen Produktionszweigen nach wie vor als Produktionsmittel eingesetzt werden. In genau diesen Produktionszweigen verbilligt sich das konstante Kapital während einer solchen Zwischenphase. Die Zahl der Arbeitskräfte bleibt unverändert. Indem das Sachkapital pro Arbeitskraft sinkt, steigt mit der Produktivkraft auch die Profitrate. In einer dritten Phase bemächtigt sich die neue Produktionsmethode dann aber auch solcher Produktionszweige. Lebendige Arbeit wird substituiert, neue Apparate werden eingesetzt und der Sachkapitaleinsatz steigt in solchen wie in den anderen Produktionszweigen. Die Verbilligung konstanten Kapitals charakterisiert also nur einen beschränkten Ausschnitt in diesem Szenario, keineswegs die durch einen Produktivkraftwechsel insgesamt hervorgerufene Veränderung der Produktionsbedingungen.

4. Zu den historisch-empirischen Grundlagen

Dass der Sachkapitaleinsatz relativ wächst, entspringt weder dem Gegensatz von Gebrauchswert und Tauschwert noch einer immanenten Eigenschaft des Werts. Marx begründet diese Veränderung der Produktionsprozesse als werttheoretische Interpretation der industriellen Revolution. Sie ruht auf der Grundgleichung, ohne aus ihr ableitbar zu sein. Denn es lassen sich keine übergeordneten logischen, aus dem Wertbegriff selbst hervorgehende Gründe ausmachen, dass der Sachkapitaleinsatz relativ wachsen muss. Die werttheoretische Interpretation des technischen Fortschritts als permanentes Anwachsen des Sachkapitals basiert also auf empirischen Veränderungen.

Das dazu notwendige Material legt Marx in seinen Untersuchungen über die gewaltige historische Entwicklung der Produktivkräfte durch die Große Industrie offen (Bd. I, 4. Abschnitt). Gegenüber der handwerklichen Produktion werden menschliche Kraft und Geschicklichkeit durch Maschinen ersetzt, menschliche und tierische Energien durch mechanisch erzeugte Energien (Dampfmaschine), pflanzliche und tierische Substanz durch neue, anorganische Stoffe usw.

Was für den Übergang aus dem Handwerk in die große Industrie gilt, sieht Marx auch in seinen Untersuchungen über die Entwicklung der Produktivkräfte bestätigt, wenn sie auf Basis der großen Industrie selbst stattfindet (Bd. I, 7. Abschnitt). Für ihn ist diese Form der Entwicklung der Produktivkräfte das Charakteristische der Entwicklung dieser Produktionsweise überhaupt. Die Produktivkräfte werden in der Konkurrenz der Einzelkapitale entfesselt, die Profitrate steigt und eine stürmische Entwicklung setzt ein, um vom Fall der Profitrate wieder ausgebremst zu werden, nachdem sich eine neue Technologie etabliert hat. Das diese Bewegung tragende Prinzip der Produktivkraftentwicklung, wie die Unternehmen den Einsatz des Kapitals als Rationalisierung der gesellschaftlichen Arbeit disponieren, liefert den allgemeinen Rahmen eines geschichtlichen Horizonts, der sich darin auszeichne, dass die bürgerliche Gesellschaft in sich den Keim enthalte, der sie wie alle anderen früheren Kulturen in den Untergang treibe. Produktivkräfte verwandelten sich in Destruktivkräfte.[12]

Das Gesetz könnte von der empirischen Seite durch den Nachweis widerlegt werden, Marx habe sich geirrt, die industrielle Revolution und die weitere Entwicklung des Kapitalismus im 19. Jahrhundert seien werttheoretisch nicht so charakterisierbar, dass die Sachkapitalbestände pro Arbeitskraft systematisch wachsen. Auf eine solche Begründung könnte man gespannt sein! Geht man zu Recht davon aus, dass Marx diesen Abschnitt der kapitalistischen Entwicklung treffend gekennzeichnet hat, dann ist es allerdings keineswegs beschlossene Sache, dass die von ihm abgelieferte werttheoretische Interpretation des technischen Fortschritts auch für alle späteren Rationalisierungsformen der gesellschaftlichen Arbeit gelten muss, vom Scientific Management (F. W. Taylor) über die Fließbandtechnologie (H. Ford) bis hin zur modernen Mikroelektronik -, ob sie auch den technischen Fortschritt im 21. Jahrhundert charakterisiert. Aus dieser Perspektive kann das Gesetz des tendenziellen Falls der Profitrate nur als These betrachtet werden.

5. Zur empirischen Überprüfung des Gesetzes

Für die Überprüfung dieser These ist entscheidend, ob empirisch ein neuer Typ des technischen Fortschritts mit anderen Wertreflexen ausgemacht werden kann oder nicht. In dieser Frage macht sich als Grundmangel der Kritik der politischen Ökonomie bis in die Gegenwart geltend, dass nicht auch nur einmal ernsthaft versucht wurde, ihre Grundgleichung, die Regulation des Tauschwerts durch die gesellschaftlich notwendige Arbeit, auf empirische Grundlage zu stellen. Dann könnten dem theoretischen Anspruch, die Profitrate müsse auf Dauer sinken, die empirischen Zeitreihen gegenübergestellt werden, in denen sich die Profitrate Geltung verschafft. Die notwendige Arbeit müsste zu diesem Zweck empirisch festgestellt werden, um sie in Anteilen zu ordnen, als Mehrwert, als Profit, als variables und als konstantes Kapital. Die empirische Analyse des Kapitalismus könnte so als Entwicklung der Mehrwertrate, der organischen Zusammensetzung wie der Profitrate die These eines Falls der Profitrate sowohl bestätigen als auch widerlegen.

Vorbehaltlich der empirischen Einlösung der Grundgleichung bestätigen aber auch vorhandene empirische Kennziffern der Statistik und der Volkswirtschaftlichen Gesamtrechnung die Voraussetzung des Gesetzes. Die Menge Sachkapital, die pro Arbeitskraft eingesetzt wird, wächst mit der Entwicklung der Produktivkräfte. Dazu gibt es eine Vielzahl historisch-empirischer Untersuchungen. Zu den empirisch-statistischen Kennziffern, die diesem Verhältnis am nächsten kommen, zählen in erster Linie die Kapitalintensität, das Verhältnis zwischen Kapitaleinsatz und Arbeitseinsatz, und insbesondere das Anlagevermögen pro Arbeitsplatz. Empirisch vorliegende Zeitreihen untermauern eindrucksvoll, wie im Zuge der Mechanisierung, Automatisierung und der Anwendung der neuen Technologien der Wert des konstanten Kapitals pro Arbeitskraft permanent wächst, ohne dass ein Ende oder ein Trend absehbar wäre, die Zuwächse würden gegen Null streben.[13]

Diese historische Entwicklung spiegelt sich in den alltäglichen Erfahrungen wider, die mit dem Begriff der „Rationalisierungsinvestitionen" verbunden sind. Selbst dann, wenn der Kapitaleinsatz steigt, hat der Einsatz neuer Produktionsmethoden fast regelmäßig zur Folge, dass weniger Arbeitsplätze übrig bleiben. Arbeitsplätze werden „wegrationalisiert", indem der Sachkapitaleinsatz steigt. Die Vermutung, neue „intelligente" Technologien würden diesen Trend stoppen und möglicherweise sogar umkehren, neue Technologien würden den Wert des konstanten Kapitals senken, das zur Beschäftigung einer Arbeitskraft notwendig ist, und das Gesetz des Profitratenfalls außer Kraft setzen, ist auch empirisch nicht schlüssig. Wenn Autoren wie Michael Heinrich[14] und andere das Gesetz zu widerlegen suchen, so liegt das in der Regel daran, dass sie nicht oder nur unvollständig auf das Theoretische und das Empirische der von Marx entwickelten Grundlagen eingehen.

Der von Marx analysierte technische Fortschritt der Moderne führt zum Fall der Profitrate, indem die organische Zusammensetzung, der Sachkapitaleinsatz und die Mehrwertrate steigen. Das relative Wachstum des Sachkapitals ist als notwendige und zugleich hinreichende Bedingung nur empirisch belegbar. Solange empirisch von der Grundgleichung und davon ausgegangen werden kann, dass die Zuwächse des Sachkapitals nicht systematisch sinken, muss auch von der Gültigkeit des Gesetzes ausgegangen werden. In Gegensatz zu einer ganzen Reihe anderer Theoreme im Kontext der Kritik der politischen Ökonomie ist der Fall der Profitrate nach wie vor hinreichend begründet und vorbehaltlich seiner Voraussetzungen unentbehrlich, um das Stück Zeitgeschichte, in dem wir leben, besser zu verstehen.

Anmerkungen

1 Die Nützlichkeit der Dinge ist für das Subjekt von großer Bedeutung und spielt auch in der Kritik der politischen Ökonomie eine große, in der Rezeptionsgeschichte regelmäßig vernachlässigte Rolle, worauf noch zurückzukommen ist.

2 R. Kößler, H. Wienold, Gesellschaft bei Marx, Münster 2001, S. 41

3 „Der Markt homogenisiert mit den Waren die inhomogenen Arbeiten, die im Prozess der Warenproduktion Anwendung finden" (Altvater, E., u.a., Kapital. Doc., Münster 1999, S. 23).

4 Die hier vorgetragene Kritik am Wertbegriff richtet sich auch gegen die Arbeiten des Verfassers selbst, die vor dem Jahr 2000 veröffentlicht wurden.

5 Die 1987 von der „Marxistischen Gruppe" vorgelegte Arbeit „Die Mikroökonomie" (Resultate-Verlag) ist die am weitesten entwickelte Form der Kritik des Versuchs, den Tauschwert aus subjektiven Wertschätzungen abzuleiten. Das Konzept der „Opportunitätskosten" wie „Das egoistische Gen" (Dawkins) gehören in die Reihe solcher Mogelpackungen.

6 Es ist gar nicht so uninteressant festzuhalten, dass die neoklassische Preistheorie dann, wenn sie ihre Aufgabe, deren Lösung sie nur vorgibt, tatsächlich hätte lösen können, einen wesentlichen Beitrag zur Planbarkeit einer kommunistischen Gesellschaft geliefert hätte. Darüber hinaus würde dann überprüfbar, wenn sie in der Lage wäre, die Befriedigung von Bedürfnissen empirisch nachzuweisen, ohne Preise voraussetzen zu müssen, ob real existierende Tauschwerte auf real existierende Präferenzen rückführbar sind oder nicht.

7 „Mit dem Wachstum des Gesamtkapitals wächst zwar auch sein variabler Bestandteil, oder die ihm einverleibte Arbeitskraft, aber in beständig abnehmender Proportion" (23, 658).

8 Das ökonomische Maß, in dem die Produktivkraft steigt, hängt von außerökonomischen Faktoren, den jeweiligen wissenschaftlich-technischen, natürlichen, ökologischen und humanen Ressourcen ab.

9 Nimmt man an, das Sachkapital wachse nicht um feste, sondern um steigende Beträge, dann sinkt die Profitrate entsprechend rascher. Nimmt man umgekehrt an, das Sachkapital wachse in abnehmenden Beträgen, dann muss die Profitrate nicht sinken. Es kommt dann darauf an, wie die Beträge sinken, linear, progressiv, degressiv. Wenn die Sachkapitalzuwächse z.B. ebenso asymptotisch wie der Wert der Arbeitskraft gegen Null streben, dann ist jeder beliebige Wert der Arbeitskraft so in v + m teilbar, dass der zusätzliche Mehrwert, mag er auch noch so winzig sein, groß genug ist, die Profitrate zu stabilisieren. Ein asymptotisches Annähern beider Seiten, abnehmende und erst recht negative Sachkapitalzuwächse widersprechen dem Gesetz. Dann wäre allerdings nachzuweisen, dass einer dieser möglichen Fälle, beginnend mit der industriellen Revolution, die kapitalistische Entwicklung charakterisiert, oder warum man in Zukunft mit einer solchen Entwicklung rechnen kann.

10 Vgl. dazu Wasmus, H., Profitratenfalle. Die Begründung des Gesetzes des tendenziellen Falls der Profitrate und von Momenten, die ihm zu widersprechen scheinen. In: Zeitschrift „Sozialismus", Heft 2/2000, Hamburg. Sowie: Subjekte und Systeme. Soziologische und anthropologische Annäherungen. Hrg. Günter Best, Reinhart Kößler, Frankfurt/Main 2000 (ISBN 3-88939-532-5). S. auch www.uni-muenster.de/Soziologie/Home/wasmus

11 Vgl. MEW 25, 240

12 Die materielle Grundlage dieser Entwicklungstheorie, die Ertragssteigerung der menschlichen Arbeit durch die Revolutionierung des Arbeitsmittels als Substitution lebendiger durch vergegenständlichte Arbeit, als Einsatz sachlicher Apparate an Stelle menschlicher Arbeit, kann als vorweggenommener, präziser Ausdruck dessen betrachtet werden, was von Böhm-Bawerk als Gesetz der Mehrergiebigkeit der Umwegproduktion bezeichnet wurde. Sukzessive muss der Teil der lebendigen Arbeit wachsen, der sich in Produktionsmitteln vergegenständlicht, um die Produktivkraft zu steigern. Lebendige Arbeit wird durch wachsende Sachkapitalbestände auf Trab gehalten, so dass es auf das Wachstum dieser Sachkapitalbestände ankommt, wie viel lebendige Arbeit beschäftigt wird.

13 Nach Untersuchungen des Instituts für Arbeitsmarkt- und Berufsforschung (IAB) auf Basis von Daten des Statistischen Bundesamtes ist z.B. das gesamtwirtschaftliche Arbeitsvolumen in Westdeutschland zwischen 1960 und 1998 von jährlich 56 auf 44 Mrd. Arbeitsstunden zurückgegangen, während das Kapitalanlagevermögen in diesem Zeitraum erheblich gestiegen ist.

14 Vgl. Michael Heinrich, Wissenschaft vom Wert, 2. überarb. und erw. Auflage, Münster 1999, 327ff.

H.J. Krysmanski

Das Empire der Postmoderne und die 'Arbeiter-Bewegung' – eine Führung durch M. Hardts/A. Negris Buch 'Empire'[1]

Postmoderne

Abbildung 1

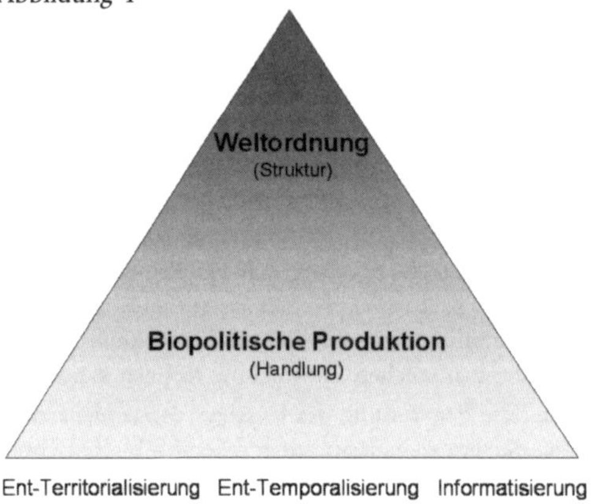

Abbildung 1

Wesentliche Bestimmungen der gegenwärtigen Epoche deuten auf ein Ende der Moderne und ziehen, mangels eines besseren Begriffs für diese Phase des Spätkapitalismus, den Begriff der Postmoderne oder des Postmodernismus in Betracht (Jameson 1992). Schon C. Wright Mills schrieb, „dem Zeitalter der Moderne scheint eine postmoderne Periode zu folgen, in welcher ein Anwachsen der Rationalität nicht unbedingt zu mehr Freiheit führt." (Mills 1959, 166f) Zu den wichtigsten Merkmalen dieser Epoche gehören Relativierungen des Raum- und Zeitgefüges der Moderne sowie, vor allem, die Informatisierung der Produktion und der Kultur. Alle diese Aspekte werden von Hardt und Negri ausführlich diskutiert.

Bezüglich einer *neuen Weltordnungsstruktur* schreiben sie:

„Das imperiale Paradigma stellt sich zugleich als ein System und als eine Hierarchie dar, als ein zentralisiertes Normengerüst und als umfassendes Erzeugen von Legitimität, die sich über den globalen Raum legen." (29) – „Das Empire entsteht heute als Zentrum, das die Globalisierung von Netzwerken der Produktion trägt und ein Netz der Inklusion einsetzt, um möglichst alle Machtbeziehungen innerhalb der neuen Weltordnung einzufassen. Zur gleichen Zeit setzt es Polizeimacht gegen die neuen Barbaren und die rebellischen Sklaven ein, die diese Ordnung bedrohen." (35)

Biopolitische Produktion, im Sinne M. Foucaults (1976) und durchaus auch Susan Georges (2001), ist die Basisaktivität dieser Art von Globalisierung:

„Die Konstitution des Empire nimmt weder auf der Grundlage von Verträgen oder Abkommen noch durch irgendwelche föderativen Mechanismen Gestalt an. Der Ursprung der imperialen Normativität ist ein neuer Apparat, ein ökonomisch-industriell-kommunikativer Apparat ... - ... Die Machtverhältnisse des Empire deuten auf etwas Grundlegendes, auf die Produktivkraft des Systems, des neuen biopolitischen ökonomischen und institutionellen Systems." (54f)

Pyramide der globalen Herrschaftsverfassung

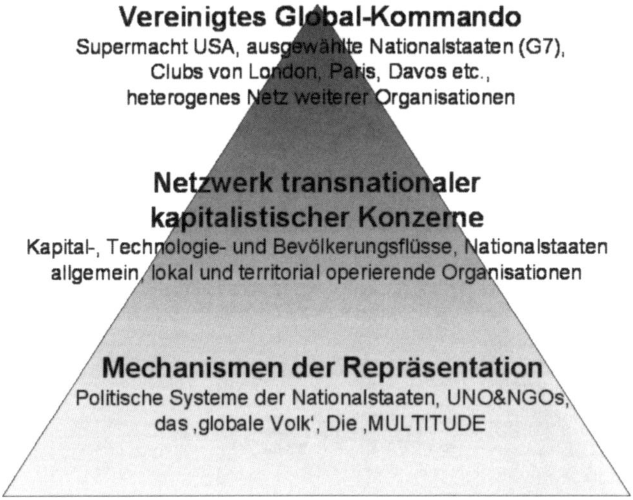

Abbildung 2

Hardt und Negri sprechen von einer dreischichtigen Struktur des globalen Herrschaftszusammenhangs (*the pyramid of global constitution*).

Die oberste Ebene (*unified global command*) besteht aus der Supermacht USA, einer ausgewählten Gruppe von Nationalstaaten (G7), verschiedenen 'Clubs' wie dem Pariser oder Londoner Club, dem World Economic Forum sowie einem vielfältigen Netz weiterer (informeller) Vereinigungen und Organisationen (*heterogeneous set of associations*).

Die mittlere Ebene (*network of international capitalist corporations*) wird bestimmt durch die transnationalen Konzerne: Sie organisieren die Kapitalflüsse, technologische Entwicklungen und Bevölkerungsbewegungen; die Konzerne 'teilen' sich diese Aufgaben mit einer größeren Gruppe von Nationalstaaten (*general set of sovereign nation states*) sowie vielfältigen lokalen und regionalen Organisationen.

Die unterste Ebene des globalen Herrschaftszusammenhangs bilden die 'Mechanismen der Repräsentation' der Interessen des 'globalen Volkes', der 'Multitude': die politischen (parlamentarischen) Systeme der Nationalstaaten, die Vereinten Nationen, Nichtregierungsorganisationen (NGOs) und vielfältige Basisbewegungen, Initiativen usw. Hier findet sich beispielsweise der Satz, dass NGOs die lebendige Kraft (*vital force*) der Völker in allgemeine Biopolitik, sozusagen eine Biopolitik 'von unten', verwandeln können.

Entgegen allen rückwärtsgewandten alteuropäischen Utopien betonen Hardt und Negri:

„Von unserem Standpunkt aus jedoch ist die Tatsache, dass sich gegen die alten Mächte Europas ein neues Empire herausgebildet hat, nur zu begrüßen. Denn wer will noch irgendetwas von der angekränkelten und parasitären herrschenden Klasse Europas wissen, die vom Ancien Régime direkt zum Nationalismus überging, vom Populismus zum Faschismus und die heute auf einen generalisierten Neo-Liberalismus drängt? Wer will noch etwas wissen von diesen Ideologien und bürokratischen Apparaten, von denen die verrottende europäische Elite so gut lebte? Und wer erträgt noch diese Systeme der Arbeitsorganisation und diese Unternehmen, die längst jede Lebendigkeit verloren haben?" (383)

Die Kategorien des Historischen Materialismus in 'Empire' I

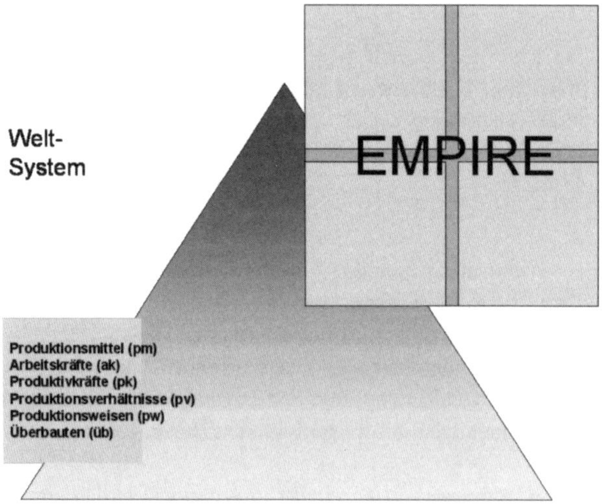

Abbildung 3

Die Re-aktivierung der Kategorien des Historischen Materialismus durch Hardt und Negri inmitten dessen, was man auch eine 'Weltsystem-Analyse' nennen könnte, ist gar nicht zu überschätzen. Natürlich spielt Negris Nähe zur Tradition des italienischen Operaismus (mit seiner Betonung der 'lebendigen Produktivkräfte') eine Rolle. Jedenfalls gibt das vielfältig verwendete klassische Begriffssystem der Produktivkrafttheorie dem Werk 'Empire' erst seine innere Struktur und seinen Zusammenhalt. Der Begriff des 'Empire' ist hier in gewisser Weise als jene Totalität zu verstehen, in welcher die bisherige Geschichte der Produktionsweisen, Überbauten und Gesellschaftsformationen 'aufgehoben' ist.

Die Rolle der *Produktionsmittel* (pm), die sachlich-gegenständliche Seite der Produktivkräfte, wird einmal mehr in den Gesamtprozess eingeordnet:

> „'Vogelfrei' - mit diesem Begriff hat Karl Marx das Proletariat beschrieben, das zu Beginn der Moderne in den ursprünglichen Akkumulationsprozessen auf zweifache Weise befreit wurde: In erster Linie wurde es davon befreit, Eigentum des Herren zu sein (d.h. von der Leibeigenschaft); und zum zweiten wurde es von den *Produktionsmitteln* 'befreit', es durfte keinen Boden besitzen und hatte nichts zu verkaufen als die eigene Arbeitskraft." (170)

Arbeitskraft (ak) wird wieder als gesellschaftskonstituierende Macht gesehen:

> „Nein, wir sind keine Anarchisten, sondern Kommunisten, die gesehen haben, wie viel Repression und Zerstörung von Humanität von liberalen und sozialistischen allgegenwärtigen Staaten ausging. Und wir haben gesehen, wie all dies Eingang ins Empire fand, und zwar gerade in dem Moment, da die Zyklen produktiver Kooperation die *Arbeitskraft* insgesamt in die Lage versetzten, sich selbst an Stelle einer Regierung zu konstituieren." (358)

Und folglich gilt es, nach der Erosion der (staatlichen) Souveränitätsformen der Moderne, die revolutionäre Rolle der *Produktivkräfte* (pk) zu betonen:

> „Was Marx für die Zukunft voraussagte, erleben wir heute. Diese radikale Veränderung von Arbeitskraft und die Einbeziehung von Wissenschaft, Kommunikation und Sprache in die *Produktivkräfte* haben die gesamte Phänomenologie der Arbeit und den weltweiten Horizont der Produktion neu definiert." (372)

Die Kategorien des Historischen Materialismus in 'Empire' II

Ein wesentliches Merkmal der Kategorien des Historisches Materialismus ist ihr dialektischer Zusammenhang und ihre Fähigkeit, immer neue Stufen des Weltsystems, der historischen Totalität, in ein Entwicklungsmodell zu bringen. Dies ist der Sinn der methodologischen Bestimmung, *Produktivkräfte* als aus dem dialektischen Zusammenspiel von *Produktionsmitteln* (pm) und *Arbeitskräften* (ak) erwachsend zu betrachten, *Produktionsverhältnisse* als die Aktivierung verschiedener Aspekte des Zusammenspiels zwischen *Produktionsmitteln* und *Arbeitskräften*. *Gesellschaftsformationen* stellen sich dann als die dialektische Einheit von bestimmten *Produktionsweisen* und *Überbauten* dar, während *'Empire'* im Prinzip die Elemente aller bisherigen *Produktionsweisen* und *Überbauten* zu 'aktivieren' in der Lage ist.

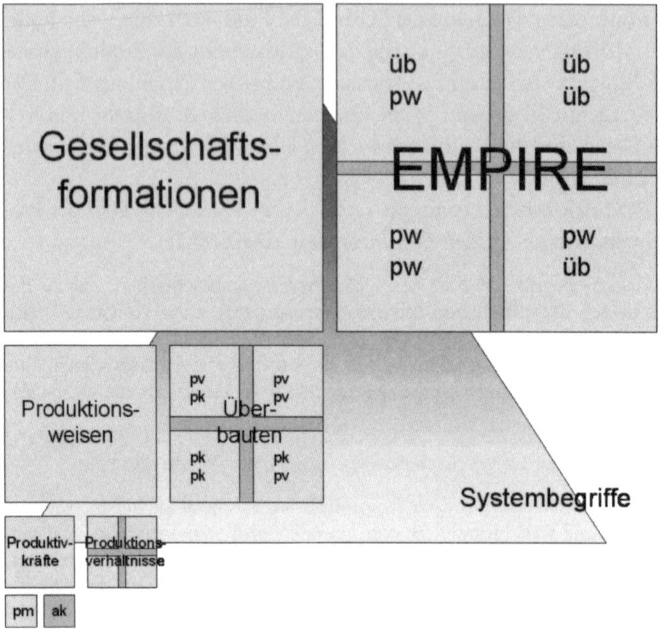

Abbildung 4

Unter dem 'Aktivierungsaspekt' ist folglich von den *Produktionsverhältnissen* (pv) zu sagen:

„Die Kämpfe des Proletariats ... zwingen das Kapital dazu, das technologische Niveau ständig zu erhöhen und damit die Arbeitsprozesse zu verändern. Die Kämpfe nötigen das Kapital ununterbrochen, die *Produktionsverhältnisse* zu reformieren und die Herrschaftsverhältnisse zu transformieren." (220)

Und diese Dynamik setzt Produktionsweisen (pw) in Gang:

„Die Revolution informationeller Akkumulation verlangt in der weiteren Vergesellschaftung der Produktion einen ungeheuren Sprung nach vorn. Diese gesteigerte Vergesellschaftung ist, zusammen mit der Einschränkung des gesellschaftlichen Raums und der Zeitdimension, ein Vorgang, der dem Kapital gesteigerte Produktivität verspricht: doch zugleich weist der Prozess über die Geschichte des Kapitals hinaus, in Richtung einer zukünftigen gesellschaftlichen *Produktionsweise*." (270)

Dies alles führt zu einer Aktivierung der *Überbauten* (üb), die kulturelle Logik des Spätkapitalismus wird zu seiner Produktionslogik (Jameson 1992):

„Das Empire nimmt Gestalt an, wenn Sprache und Kommunikation oder genauer: wenn immaterielle Arbeit und Kooperation zur vorherrschenden Produktivkraft werden ... Der *Überbau* wird nun zur Arbeit, und das Universum, in dem wir leben, ist ein Universum sprachlicher Produktionsnetzwerke." (391f.)

Machteliten des Empire: Privatisierung

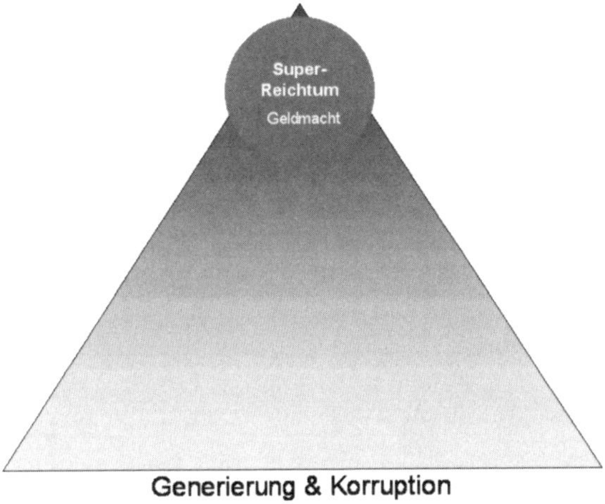

Abbildung 5

Über die Rolle der Geldmächtigen im Sinne einer akteursbezogenen Perspektive findet sich in 'Empire' nichts. Im Gegenteil, Antonio Negri schätzt die Rolle reicher Privatleute im globalen Herrschaftsgeschehen gering und wenn überhaupt, positiv ein.

Gleichwohl spielen die Konzepte der *Privatisierung* und des *Privateigentums* im Empire-Modell eine zentrale Rolle:

„Die Öffentlichkeit löst sich auf, wird privatisiert, sogar als Begriff ... Das Immanenzverhältnis zwischen Öffentlichem und Gemeinschaftlichem wird ersetzt durch die transzendente Macht des Privateigentums ... Der Begriff des Privateigentums selbst ... wird zunehmend unsinnig ... Man muss allerdings bedenken, dass diese neue gesellschaftliche Bedingung das rechtliche und politische Regime des Privateigentums keineswegs geschwächt hat. Die begriffliche Krise des Privateigentums wird nicht zur praktischen Krise, stattdessen tendiert das Regime privater Enteignung dazu, universell zu werden." (312 f)

Zwischen dem 'Regime privater Enteignung', der *accumulation by dispossession* (Harvey), und den Produktivkräften der 'Generierung' besteht ein Zusammenhang, vergleichbar dem feudalen Herr-Knecht-Verhältnis (Hegel):

„Das Biopolitische ist, vom Standpunkt des Begehrens aus betrachtet, nichts anderes als konkrete Produktion, menschliche Kollektivität in Aktion. Begehren erscheint hier als produktiver Raum, als die Aktualisierung menschlicher Kooperation bei der Gestaltung der Geschichte." (394)

Bezeichnend ist, dass diese 'Macht der Erzeugung und des Begehrens' (*generatio*) unter dem Regime der privaten Enteignung eine Beute der systemischen *Korruption* wird:

Während Korruption in der Antike und in der Moderne immer wieder, weil 'moralisch verwerflich', Anlass für Reformen war, „kann Korruption heute bei der Transformation von Regierungsformen gar keine Rolle spielen, weil sie selbst ja Substanz und Totalität des Empire ist. Korruption ist die reine Ausübung des Kommandos, ohne jeden verhältnismäßigen oder angemessenen Bezug zur Lebenswelt." (398)

Machteliten des Empire: Die Ringburg

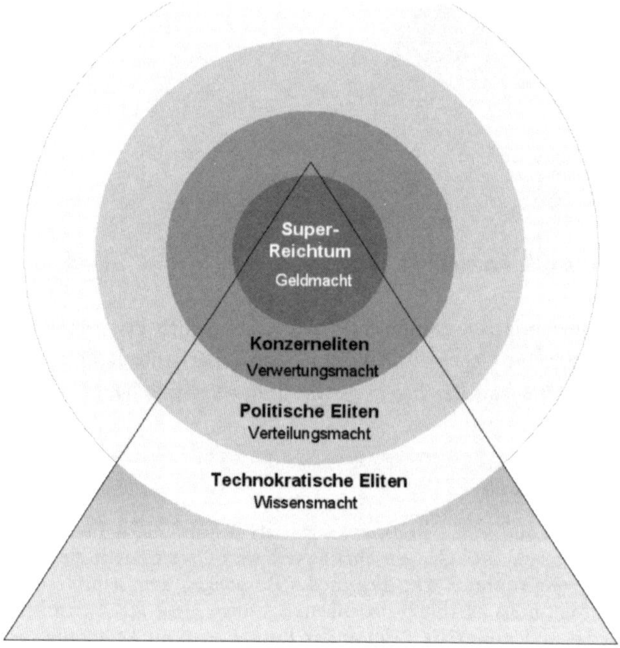

Abbildung 6

Wenn es auch - auf Grund des systemtheoretisch-strukturalistischen Ansatzes - in 'Empire' keine direkten Aussagen über Machteliten gibt, so finden sich doch aufschlussreiche Hinweise über die Handlungsfelder und den Habitus dieser Gruppen, welche die Ergebnisse des Power Structure Research ergänzen.

So ist es für ein Verständnis eines Konzepts von *Konzerneliten*, wie es in diesem Buch entwickelt wurde, nicht unwichtig, dass die

„großen transnationalen Konzerne, die nationale Grenzen übergreifen und als Bindeglieder im globalen System fungieren, ... ihrerseits intern in kultureller Hinsicht weitaus vielfältiger und weniger festgelegt [sind] als die begrenzten modernen Unternehmen früherer Jahre." (165f)

Ähnliches gilt für die Aktionsformen *politischer Eliten*:

Während historisch „die Spaltung der Menge ... schon immer Bedingung des politischen Regierungshandelns" war, versucht Politik heute „Konflikte nicht zu integrieren, indem sie sie einem kohärenten sozialen Dispositiv unterwirft, sondern indem sie die Differenzen kontrolliert." (348)

Und unter den technokratischen Eliten, den Exponenten immaterieller Arbeit, unterscheiden Hardt und Negri drei Handlungstypen:

Der erste Typ entfaltet sich in der durch Informatisierung und Kommunikationstechnologien transformierten industriellen Produktion. „Der zweite Typ immaterieller Arbeit kann durch analytische und symbolische Anforderungen umrissen werden ... Der dritte Typ schließlich bezieht sich auf die Produktion und Handhabung von Affekten" und „erfordert - sei es virtuell oder aktuell - zwischenmenschlichen Kontakt und die Arbeit am körperlichen Befinden." (305)

'Multitude' und die neuen Barbaren

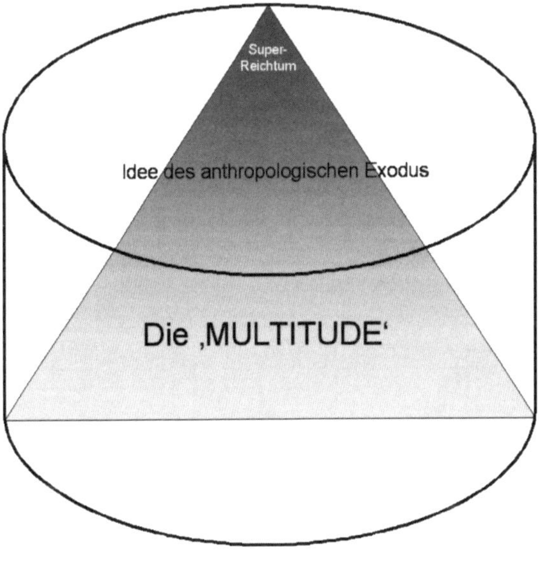

Abbildung 7

Das 'Volk des Empire', die Menge oder besser, in Global-Speak, die 'Multitude', kommt in 'Empire' noch nicht so recht zum Zuge. Auf jeden Fall kann die 'Multitude' nicht nur als die 'Basis' einer hierarchischen Pyramide gesehen werden, ihr Raum ist vielmehr, mit einem alten Wort von Theodor Geiger, im Sinne eines 'Schmelztiegels der Klassengesellschaft' zu begreifen.

In einem Abschnitt, der 'Intermezzo: Gegen-Empire' überschrieben ist, gehen Hardt und Negri auf die Frage ein, wie und wo überhaupt in diesem Schmelztiegel der qualitative Sprung in eine wirklich anti-kapitalistische Widerstandsbewegung zu erwarten ist. Für Marx bot die Pariser Commune die praktische Anschauung. Für den Anfang des 20. Jahrhunderts waren es möglicherweise die 'Wobblies', die *Industrial Workers of the World* (IWW). Für die (postmoderne) Gegenwart lauten die Stichworte Nomadismus, Desertion und Exodus. Die deutsche Diskussion hat sich mit diesem Abschnitt von 'Empire' schwer getan. Er ist auch nur zu begreifen, wenn die High-Tech-Dimension der heutigen Widerstandsmöglichkeiten mit berücksichtigt wird. Diesen neuen Typus des praktischen Widerstands umschreiben Hardt und Negri mit dem Begriff der 'neuen Barbaren' bzw. mit dem Konzept eines 'anthropologischen Exodus' gerade auch mithilfe der neuen Technologien. Dieses Konzept sei im übrigen „höchst ambivalent, weil seine Methoden, nämlich Hybridbildung und Mutation, genau die gleichen sind, die auch die imperiale Souveränität anwendet" (228). Dennoch:

> „[Der] Wille, dagegen zu sein, bedarf in Wahrheit eines Körpers, der vollkommen unfähig ist, sich einer Befehlsgewalt zu unterwerfen; eines Körpers, der unfähig ist, sich an ein familiäres Leben anzupassen, an Fabrikdisziplin, an die Regulierungen des traditionellen Sexuallebens ... Der neue Körper muss ... in der Lage [sein], ein neues Leben zu schaffen. Wir müssen viel weiter gehen, um diesen neuen Ort des Nicht-Orts zu bestimmen ... Wir müssen dahin gelangen, ein kohärentes politisches Artefakt zu entwickeln, ein *künstliches Werden* in dem Sinne, wie die Humanisten von einem durch Kunst und Erkenntnis geschaffenen *homohomo* sprachen ..." (228)

'Multitude' und die Technokratischen Eliten

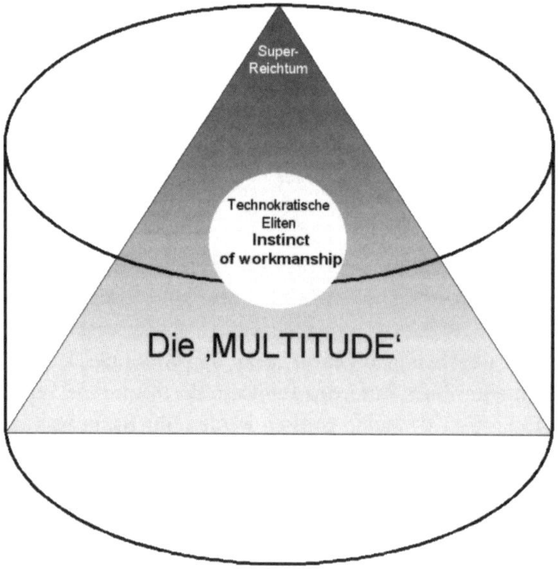

Abbildung 8

Andererseits gründet das Widerstandspotenzial der 'Multitude' auf einem uralten menschlichen Instinkt, der Freude des Menschen an der Arbeit, am Produzieren und Gestalten, an der Kreativität, kurz: auf der anthropologischen Bestimmung des Menschen als des arbeitenden Wesens. Der Name Thorstein Veblens taucht bei Hardt und Negri nicht auf, für den Soziologen aber ist dessen 'Instinct of Workmanship and the Irksomeness of Labor' (Der Instinkt, gute Arbeit zu leisten, und die Lästigkeit des Arbeitens) ein Schlüsseltext in diesem Zusammenhang:

„In den Phasen vernünftigen Nachdenkens, ohne den störenden Stress der Überarbeitung, äußert sich der gesunde Menschenverstand der Werktätigen eindeutig unter dem Einfluss des Instinkts, gute Arbeit leisten zu wollen. Sie möchten, dass jedermann sein Leben sinnvoll verbringt, und sie möchten auch denken, dass ihr eigenes Leben von Nutzen ist. Alle Menschen haben diesen quasi-ästhetischen Sinn für ökonomische bzw. industrielle Leistung, und insofern sind ihnen Vergeblichkeit und Ineffizienz zuwider. Positiv betrachtet ist dies der Impuls oder eben Instinkt, gute Arbeit zu leisten (instinct of workmanship), negativ betrachtet drückt sich dies in der Ablehnung der Vergeudung von Arbeitskraft aus. Dieser Sinn für Leistung und Fehlleistung hinsichtlich der materiellen Beförderung und Behinderung des Lebens unterstützt also ökonomisch effektive Handlungen und missbilligt wirtschaftlichen Leerlauf." (Veblen 1898)

Das Konzept des 'instinct of workmanship' steht, was sein revolutionäres Potenzial betrifft, am Beginn der Arbeiterbewegung, als sich die 'Multitude' der 'spezifischen Verwertungskraft der eigenen Arbeit' und der Kraft, die in der 'Kooperation der Arbeitenden' liegt, bewusst wurde. Dieser 'Instinkt' ist selbstverständlich auch in den 'technokratischen Eliten' wirksam und verbindet diese dialektisch mit den 'Facharbeitern':

„Die erste Phase der eigentlichen kapitalistischen Arbeitermilitanz ... war von der Figur des *professionellen Arbeiters* bestimmt, dem hochqualifizierten Arbeiter, der in der industriellen Produktion hierarchisch organisiert war. Diese Militanz war vor allem darauf gerichtet, die spezifische Verwertungsmacht der eigenen Arbeit und der produktiven Kooperation in eine Waffe zu verwandeln, die man für ein Projekt der *Wiederaneignung* benutzen konnte" (415)

'Multitude' im Feld der Machteliten I

Die 'Multitude' operiert also im gleichen Raum wie die Machteliten, auch wenn hierarchische und nicht-hierarchische Strukturierung hier einander entgegenstehen. Insofern gewinnen nicht nur die 'Arbeitspolitik', sondern auch die Verteilungs-, Verwertungs- und Eigentumspolitik neue Dimensionen und Möglichkeiten, die sich in der Geschichte der Arbeiterbewegung bereits niedergeschlagen haben (auch wenn der Neoliberalismus sie zu verschütten trachtet). So hat die 'Multitude' hinsichtlich der *Verteilungspolitik* „eine wirkliche *Alternative* zum System kapitalistischer Macht" entwickelt, nämlich „die Organisation der Massengewerkschaften, die Einrichtung

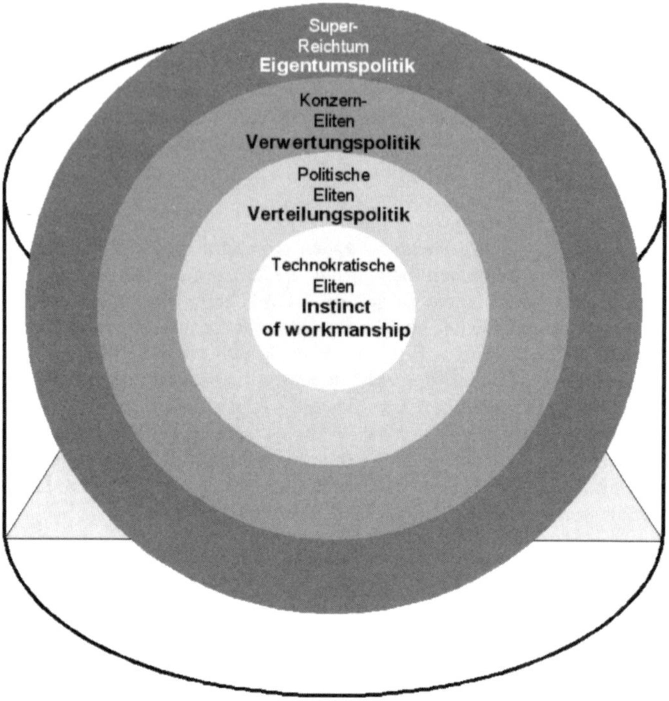

Abbildung 9

des Wohlfahrtsstaats und den sozialdemokratischen Reformismus" (416). Diese „zweite Phase kapitalistischer Arbeitermilitanz"

„war von der Figur des *Massenarbeiters* bestimmt. Die Militanz des Massenarbeiters verband die eigene Selbstverwertung als Verweigerung der Fabrikarbeit mit der Ausweitung seiner Macht über alle gesellschaftlichen Reproduktionsmechanismen. Sein Programm lautete, eine wirkliche *Alternative* zum System kapitalistischer Macht zu schaffen." (416)

Auch hinsichtlich der *Verwertungspolitik* gibt es Errungenschaften, die keineswegs veraltet sind, sondern zur Basis eines Gegen-Empire gehören. Sie haben sich mit der Gestalt des 'sozialistischen' oder 'gesellschaftlichen' Arbeiters entfaltet und deuten auf ein neues 'Verfassungsprojekt', ein neues Verwertungsregime:

„Heute, in der Phase der Arbeitermilitanz, die den post-fordistischen, informellen Produktionsregimen korrespondiert, entsteht die Figur des *gesellschaftlichen Arbeiters*. In ihr werden die verschiedenen Fäden *immaterieller Arbeitskraft* miteinander verwoben ... Mit anderen Worten: Das Programm des gesellschaftlichen Arbeiters ist ein *Verfassungsprojekt*. In der heutigen Produktionsmatrix kann die konstituierende Macht der Arbeit folgende Ausdrucksformen annehmen: als Selbstverwertung des Menschen ... als Kooperation ... und als politische Macht ...(416)

'Multitude' im Feld der Machteliten II

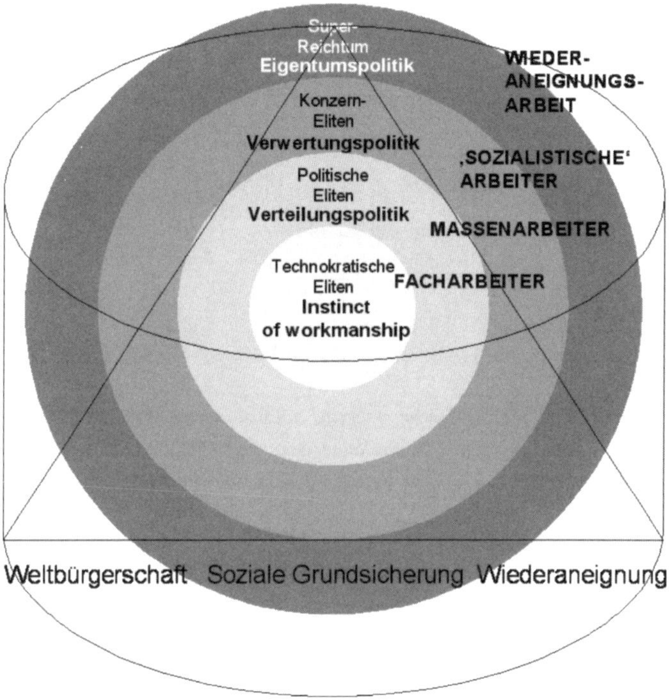

Abbildung 10

Im Schema von Hardt und Negri kulminiert diese ganze Entwicklung in einer neuen Eigentumspolitik, die wir uns durchaus im Sinne einer unmittelbaren Auseinandersetzung zwischen 'Multitude' und 'Superreichtum' vorstellen können. Sie findet, wie auch bezüglich der anderen Machteliten, im gleichen, aber eben nicht im selben Raum statt, in einer kulturell hochdifferenzierten Sphäre, in welcher es letztlich auch um die Vielfalt von Eigentumsformen geht, die nicht nur auf Enteignung (*dispossession*) und Aneignung, sondern auch auf Teilen, Schenken usw. beruhen. Hardt und Negri stellen diese Eigentumspolitik der 'Multitude' unter das Konzept der Wiederaneignung, auf der Basis der Forderung nach *Weltbürgerschaft* und allgemeiner, d.h. weltweit durchgesetzter *sozialer Grundsicherung*. In gewisser Weise kehrt hier auch die alte Allegorie des dialektischen Verhältnisses zwischen Herr und Knecht wieder zurück, nach welcher der 'Herr' im Genuss versinkt, während der 'Knecht' in der Arbeit ein neues Selbstbewusstsein gewinnt. Die Macht des Geldes kann durch die Macht des Wissens und den Sinn für gute, den Reichtum dieser Welt nicht vergeudende Arbeit abgelöst werden. In diesem Sinne ist Eigentumspolitik *Wiederaneignungsarbeit*:

„Das *Recht auf Wiederaneignung* meint zuallererst das Recht auf Wiederaneignung der *Produktionsmittel* ... Die Menge benutzt nicht nur Maschinen zur Produktion, sondern wird auch selbst zunehmend zu einer Art Maschine, da die Produktionsmittel immer stärker in die Köpfe und Körper der Menge integriert sind. In diesem Zusammenhang bedeutet Wiederaneignung, freien Zugang zu und Kontrolle über Wissen, Information, Kommunikation und Affekte zu haben - denn dies sind einige der wichtigsten biopolitischen Produktionsmittel." (413)

Anmerkung

1 Seitenangaben aus der deutschen Ausgabe von 'Empire'

Literatur

Foucault, M., *Überwachen und Strafen. Die Geburt des Gefängnisses,* Frankfurt/M 1976 (9. Aufl. 1991)

George, S., *Der Lugano-Report oder ist der Kapitalismus noch zu retten?*, Reinbek 2001

Hardt, M. u. Negri, A., *Empire. Die neue Weltordnung,* Frankfurt/M 2002 (2000)

Jameson, F., *The Geopolitical Aesthetic. Cinema and Space in the World System,* London 1992

Mills, C.W., *The Sociological Imagination*, New York 1959

Veblen, Th.B., „The Instinct of Workmanship and the Irksomeness of Labor", in: *American Journal of Sociology*, volume 4 (1898-99)

Hans-Günter Thien

Geschichte, Kapitalismus und politisches Handeln oder: die Revolution als Wunsch

„Wir kennen nur eine einzige Wissenschaft, die Wissenschaft der Geschichte."
Marx/Engels

Die Gesellschaft(en) scheint(en) heutzutage weltweit im Umbruch, ihre Strukturen in grundlegender Veränderung, ihre Mitglieder in Bewegung, vielleicht ins Abseits, möglicherweise in einen Aufbruch. In solchen Zeiten einer Neustrukturierung, manche sprechen von einer neuen Epoche, wären insbesondere SozialwissenschaftlerInnen gefordert, im Rückgriff auf präzise Kenntnisse der geschichtlichen Veränderungen ebenso wie in weitestgehender theoretischer Reflexion, zumindest die Konturen der immer wieder behandelten Verschiebungen insbesondere in ihren Auswirkungen für die Beteiligten - Objekte wie Subjekte - zu erfassen. Nun tun sich bekanntlich gerade die Sozialwissenschaften insbesondere in ihrer Ausprägung als Soziologie schwer mit „der" Geschichte, und im Verlaufe ihrer eigenen Geschichte haben diese Schwierigkeiten noch zugenommen. Herausgetrieben aus den Umwälzungen der Gesellschaften des 19. Jahrhunderts und erst im Laufe des 20. Jahrhunderts als Moment der Zerfaserung wissenschaftlichen Tuns als arbeitsteilige eigenständige Disziplin etabliert, versuchten und versuchen ihre Protagonisten nicht zuletzt immer wieder diese Eigenständigkeit unter Beweis zu stellen, und das meinte man in der Regel nur *gegen* die anderen Disziplinen tun zu können; die marginale Existenz dessen, was man als Historische Soziologie bezeichnet, mag das statt vieler möglicher Belege illustrieren. Das hindert SozialwissenschaftlerInnen aber keineswegs, sich immer wieder zu eben jenen mehr oder weniger grundlegenden historischen Veränderungen zu äußern und sie in ihre theoretischen Entwürfe einzubauen.

Kaum irgendwo wird das so deutlich wie an dem viel verwendeten Begriffspaar Moderne und Postmoderne, das lange Zeit den medialen Diskurs dominierte, inzwischen aber eher verdeckt weiter wirkt. Peter Wagner (1995) benennt die wesentliche Problematik: „Ein neuer Zustand und der Weg zu diesem werden im Vergleich mit einem früheren Zustand beschrieben, aber der Angemessenheit und der Konsistenz der Begriffe, mittels derer der frühere Zustand analysiert wurde, wird wenig Aufmerksamkeit geschenkt. Bei näherem Hinsehen verflüchtigen sich die meisten wohlfeilen Theoreme über die Neuheit der Gegenwart. Was angeblich neu ist, erweist sich als langhin vertrautes Phänomen der Moderne" (ebd., S. 10). Ich will das hier nicht weiter allgemein vertiefen, sondern verweise auf die grundlegende Untersuchung von Wagner. Mein Interesse gilt vielmehr dem Sachverhalt, dass selbst kritische Sozialwissenschaftler, ja sogar auf Marx sich berufende Theoretiker diese Problematik nicht genügend beachten. Das mag überraschen, gilt Marx doch gemeinhin als Konstrukteur eines Historischen Materialismus, womit die Historizität von Gesellschaft und ihrer Analyse grundlegend angezeigt scheint; das aber hat Marxisten bekanntlich keineswegs gehindert mit Schematisierungen und unzulässigen Verallgemeinerungen (dem sog. Histomat) zu arbeiten und damit der Marxschen Intention gerade nicht gerecht zu werden. Diese kann abgekürzt vielleicht so vereinfacht werden:

„*Die Geschichte* tut *nichts*, sie besitzt *keinen* ungeheuren Reichtum, sie kämpft *keine* Kämpfe! Es ist vielmehr *der Mensch*, der wirkliche, lebendige Mensch, der das alles tut, besitzt und kämpft; es nicht etwa die Geschichte, die den Menschen zum Mittel braucht, um *ihre* - als ob sie eine aparte Person wäre - Zwecke durchzuarbeiten, sondern sie ist *nichts* als die Tätigkeit des seine Zwecke verfolgenden Menschen." (Engels/Marx 1845/ 1974, Hervorh. dort)

Die Art und Weise, in der die Menschen diese Zwecke verfolgen und Form und Inhalt der Beziehungen zwischen ihnen, die sich auch noch in Veränderung befinden, sind dem Betrachter weder durch Einfühlung oder schlichte statistische Daten noch durch allgemeine Konstruktionen als Resultate von Geschichte zugänglich; sie müssen jeweils erschlossen werden. Das ist anscheinend außerordentlich schwierig und umstritten. Kaum irgendwo wird das bei den momentanen Auseinandersetzungen um die Folgen der Globalisierung als dem Kerntopos gesellschaftstheoretischer Selbstvergewisserung so deutlich, wie bei den Büchern von Michael Hardt und Antonio Negri „Empire. Die neue Weltordnung" und „Multitude. Krieg und Demokratie im Empire", weltweiten Bestsellern, die insbesondere auf der Linken eine breite Diskussion entfachten und die sich in einer kaum mehr zu übersehenden Fülle von Tagungen, Diskussionsbänden und Stellungnahmen niederschlugen. (Siehe auch den Beitrag von Krysmanski in diesem Band)[1] All das soll hier nicht im Einzelnen verfolgt und nachgezeichnet oder um eine weitere Variante bereichert werden; vielmehr interessiert mich im Folgenden ausschließlich das Verhältnis von Theorie und Empirie/ Praxis und dabei wiederum die Bedeutung des Handelns von Menschen; die solcherart spezifizierte Aufnahme von Hardt/Negri kann vielleicht die Symptomatik dieser hier thematisierten Problematik erhellen.

Der Ausgangspunkt der Argumentation von Hardt/Negri ist ganz konventionell, wenn man will momentan wissenschaftlicher common sense: Die Globalisierung mit ihren Folgen: Im Zuge eines neuen Globalisierungsschubs sind die für die Moderne charakteristischen Nationalstaaten mitsamt ihren territorialen und zeitlichen Regimes überholt worden. Mit dem Ende ihrer Souveränität erfolgt die Ablösung der Moderne durch die Postmoderne, die neben dem Primat der Kommunikation auch die Entmaterialisierung der Ökonomie beinhaltet: *Empire* als allgemeine für die heutige Zeit charakteristische Herrschaftsstruktur, die auf kein Territorium bezogen ist, sondern alles umfasst.

Aber die Rettung naht, und hierin unterscheiden sich Hardt/Negri von vielen MitdiskutantInnen: Es erfolgt Gegenwehr in Gestalt der *Multitude*, der Menge; Voraussetzung für ihre Bildung ist die Verallgemeinerung immaterieller Arbeit. Das ist die geradezu klassische Form Hegelscher Dialektik, die sich allzu häufig auch in marxistischen Untersuchungen findet: a befindet sich im Widerspruch zu b, und das ergibt c, mal abgesehen von den empirischen Befindlichkeiten, also genauer formuliert, das muss doch c ergeben. Wie im „Kommunistischen Manifest“: Der Kapitalismus entwickelt sich, die Produktivkräfte überholen die Produktionsverhältnisse, diese erweisen sich als Hindernis für die weitere Entwicklung, was sich wiederum in der Aktion des Proletariats geltend macht. - So die, zugegebenermaßen sehr vereinfacht zusammengefasste, aber doch zentrale Botschaft; ein veritabler mechanischer Materialismus, der dieser zentralen Programmschrift der kommunistischen Bewegung eigen ist. Einer der schwächeren Texte von Marx und Engels, der appelliert statt zu analysieren, der mobilisieren soll und nicht als letztes Wort Marx'scher Analyse missverstanden werden sollte.[2]

Es überrascht, dass Hardt und Negri trotz der sicherlich vorhandenen Kenntnis all dieser Texte und angesichts des seitherigen geschichtlichen Verlaufs die Argumentationsfigur des Manifests schlicht wiederholen und sich gegenüber der Empirie geradezu immunisieren:

„Der Begriff der Multitude nun richtet sich erstens darauf zu zeigen, dass eine Theorie der ökonomischen Klasse nicht zwischen Einheit und Vielheit zu wählen braucht. Eine Multitude bildet eine irreduzible Vielfalt; die einzelnen sozialen Differenzen, die die Multitude konstituieren, *müssen* [sic!] jederzeit einen Ausdruck finden und können niemals zu Einförmigkeit und Einheitlichkeit, Identität und Indifferenz eingeebnet werden. ... Zweitens zielt der Begriff der Multitude darauf, das von Marx entworfene politische Projekt des Klassenkampfs erneut aufzunehmen. Aus dieser Perspektive betrachtet basiert die Multitude nicht so sehr auf der gegenwärtigen empirischen Existenz, sondern vielmehr auf den Bedingungen der Möglichkeit als Klasse ...“ (II, 123f)

Die Multitude ist in gewissem Sinne Klassenkampf, irgendwie aber auch nicht, denn die Einheit wie auch Vielfalt sind potentiell, sie müssen sich erst noch ergeben oder hergestellt werden. Das erinnert sehr an die geradezu klassische marxistische Denkfigur von der Notwendigkeit der Entwicklung der Klasse an sich zu der für sich, wobei der Weg vom einen zum anderen immer wieder strittig war. Befinden Hardt/Negri sich hiermit in Verlängerung der marxistischen Orthodoxie, so bereichern sie diese durchaus um Neues, sozusagen das Aktuelle; dieses besteht in der Neu-Akzentuierung der immateriellen Arbeit, die in der Postmoderne letztlich an die Stelle der Industriearbeit getreten sei und letztendlich auch die Möglichkeit der Multitude überhaupt erst erlaube:

„Wir können also, kurz gesagt, drei Typen immaterieller Arbeit unterscheiden, die dem Dienstleistungssektor den Spitzenplatz der Informationsökonomie sichern. Der erste Typ betrifft die industrielle Produktion: Sie wurde so informatisiert, dass sich der industrielle Produktionsprozess selbst transformiert. Die Fertigung haltbarer Güter wird nun wie eine Dienstleistung angesehen, und die materielle Arbeit, die zu ihrer Produktion notwendig ist, vermischt sich mit der immateriellen Arbeit, sie geht selbst in Richtung der neuen immateriellen Arbeitsform. Der zweite Typ immaterieller Arbeit kann durch analytische und symbolische Anforderungen umrissen werden, die selbst wiederum in deren kreative und intelligente Handhabung einerseits und deren durch Routine geprägte andererseits auseinander fallen. Der dritte Typ schließlich bezieht sich auf die Produktion und Handhabung von Affekten. Diese Form immaterieller Arbeit erfordert - sei es virtuell oder aktuell - zwischenmenschlichen Kontakt und die Arbeit am körperlichen Befinden. Die genannten drei Typen von Arbeit haben die Postmodernisierung der globalen Ökonomie vorangetrieben."

Das scheint mir einer der interessantesten Punkte bei Hardt/Negri, wird doch spätestens seit der Rezeption des berühmten Grundrisse-Abschnitts bei Marx (vgl. Marx 1974, 582ff) über die Bedeutung der wissenschaftlichen Durchdringung des Produktionsprozesses in Bezug auf die Formbestimmtheit der Produktion, ihrer immanenten Widersprüchlichkeit wie auch ihrer Auswirkungen auf die Sozialstruktur debattiert; es sei erinnert an das Konzept der „wissenschaftlich-technischen Revolution", an das der „Produktivkraft Wissenschaft", aber auch an den neuerdings ins Feld geführten Begriff der „Wissensgesellschaft", mit dem die Spezifik der heutigen Gesellschaften zu erfassen behauptet wird (vgl. kritisch Resch 2005). Aber ich denke, in allen drei Fällen wie auch bei Hardt/Negri findet eine Überverallgemeinerung statt, zumindest bleiben sie den Nachweis der überragenden Bedeutung der immateriellen Arbeit schuldig und beachten viel zu wenig - vereinfacht zugespitzt - die Frage der kapitalistischen Formbestimmtheit; denn nach wie vor, und die neoliberalen „Reformforderungen" belegen dies doch nachdrücklich, geht es nicht um „die" Wissenschaft oder „die" immaterielle Arbeit, sondern um deren mögliche Inwert-Setzung, und hierzu werden alle erdenklichen Anstrengungen zur sog. „Privatisierung" unternommen; aber Wissen als solches oder affektive Arbeit als solche sind nach wie vor wertlos - erst die affektive Arbeit der Krankenschwester, um nur ein Beispiel zu nennen, die in einem als Privatunternehmen geführten Krankenhaus beschäftigt ist, ist unter diesem Gesichtspunkt interessant, nicht der freundliche Mensch von nebenan als solcher. Nicht zuletzt den Protagonisten der Kommunikations- und New Technology(industrie) ist dies durch den zeitweiligen Absturz der new economy drastisch vorgeführt worden. Welche Auswirkungen die unter diesem Imperativ behandelte immaterielle Arbeit auf den Produktionsprozess und seine interne Hierarchie wie etwa den Gegensatz von Hand- und Kopfarbeit hat oder haben wird, ist damit noch keineswegs ausgemacht.[3]

Hardt/Negri haben sich mit ihrer Akzentuierung immaterieller Arbeit in Gegensatz zu den altbekannten Heroisierungen *der* Arbeiterklasse gesetzt, wie sie lange Jahre für die kommunistische Bewegung kennzeichnend war und sich in den wechselnden

Konjunkturen marxistischer Klassentheorie als unendliche - in der Regel exegetische - Suche nach der Handlungskraft des Proletariats niederschlugen. Aber das hat seinen Preis; denn sie durchschlagen den gordischen Knoten, indem sie die kapitalistische Formbestimmtheit der Arbeit mitsamt ihren inneren Differenzierungen gewissermaßen auflösen:

„Alle Formen [von Arbeit, d.V.] sind gesellschaftlich produktiv, sie produzieren gemeinsam; und ebenso gemeinsam ist ihnen das Potenzial, der Herrschaft des Kapitals zu widerstehen. (...) Multitude bezeichnet all jene, die unter der Herrschaft des Kapitals arbeiten und produzieren." (II, 125)

Eine einfache Lösung, die zweifellos den Vorteil hat, dass nicht erneut in eine jener ermattenden Runden von Klassendiskussionen eingetreten werden muss; der Nachteil dieser Lösung ist, dass die nach wie vor vorhandenen Unterschiede zwischen den Individuen ausgeblendet werden, das Beziehungsgeflecht zwischen ihnen nicht behandelt wird und die dem zweifellos berechtigt zugrunde liegende Problematik der handelnden empirischen Subjekte einer Veränderung nur in die Zukunft verschoben wird. Diese Verschiebung wird immer wieder bestätigt, ohne dass auch nur einzelne Schritte einer Klärung getan würden. Unterstellt wird, dass behauptete Angleichungsprozesse in der Situation der vom Kapitalverhältnis Betroffenen letztlich von diesem selbst zu dessen Auflösung treiben werden; der Mechanismus selbst scheint sich zu beseitigen:

„Arbeit und Wert sind in dem Sinn biopolitisch geworden, wie Leben und Produzieren tendenziell ununterscheidbar werden. Insofern das Leben vollständig aus Akten der Produktion und Reproduktion besteht, wird das Leben selbst zu einer produktiven Maschine" (II, S. 169). „In diesem biopolitischen Gewebe verknüpft sich die Multitude mit anderen Multitudes, und aus den Tausenden von Verknüpfungspunkten, aus den Tausenden von Rhizomen, die diese Produktionen der Multitude miteinander verbinden, aus den Tausenden von Gedanken, die in jeder Singularität geboren werden, entsteht *unausweichlich* das Leben der Multitude. Die Multitude ist eine diffuse Ansammlung von Singularitäten, die ein gemeinsames Leben produzieren; sie ist eine Art soziales Fleisch, das sich zu einem neuen sozialen Körper zusammensetzt." (I, 384, Hervorh. d. V.)

Aber wie und wann und wo setzen sich „Singularitäten" zu einem „neuen sozialen Körper" zusammen? - Hardt/Negri greifen letztlich auf eine Ontologie zurück, die konkreten historischen Prozessen und Auseinandersetzungen vorgeordnet ist. Diese vorausgesetzte Ontologie gibt in Verbindung mit einer allgemeinen Dialektik von Subjekt und Objekt den vorgeblichen Schlüssel her, um die perspektivische Auflösung des Kapitalverhältnisses behaupten zu können:

„Die Wirksamkeit der regulierenden und repressiven Vorgehensweise des Empire hängt letztlich vom virtuellen, konstitutiven Handeln der Menge ab. Das Empire selbst ist keine positive Wirklichkeit. Mit seiner Entstehung vergeht es auch schon wieder. Jedes imperiale Handeln ist ein Echo auf den Widerstand der Menge und bildet nichts anderes als ein neues Hindernis, das es für die Menge zu überwinden gilt.

Imperiale Befehlsgewalt erzeugt nichts Lebendiges und nichts Ontologisches. Aus ontologischer Sicht ist sie rein negativ und passiv. ... Imperiale Macht ist das negative Residuum, das Zurückweichen vor dem Handeln der Menge; sie ist ein Parasit, der von der Fähigkeit der Menge lebt, immer wieder neue Energie- und Wertquellen zu schaffen. Ein Parasit jedoch, der seinem Wirt die Kraft aussaugt, gefährdet seine eigene Existenz. Das Funktionieren imperialer Macht ist *unausweichlich* mit ihrem Verfall verknüpft" (I, S. 369 Hervorh. d.V.).

Das mag manchem tröstlich sein, gleichwohl ist ein solches Setzen auf eine vorgebliche Zukunft der Menge, also von allen außer einigen wenigen, auch eine Vertröstung, wie sie aus der Geschichte der (nicht nur) kommunistischen Arbeiterbewegung allzu bekannt ist. Einer Gegenwart, der in der Regel nicht viel an revolutionärer Transformation abgewonnen werden kann, wird eine Zukunft als Ideal entgegengesetzt, dem man nur noch zu folgen habe. Hardt/Negri versuchen diese Sinngebung von Geschichte begriffsdialektisch zu untermauern, indem sie die Gegenwart in Gestalt der Globalisierung wirken lassen:

„Die Dialektik zwischen den Produktivkräften und dem Herrschaftssystem konzentriert sich nicht mehr auf einen bestimmten Ort. Die spezifischen Eigenschaften der Arbeitskraft (Differenz, Maß und Entschlossenheit) lassen sich nicht mehr festmachen, und in ähnlicher Weise lässt sich die Ausbeutung nicht mehr lokalisieren. Das bedeutet, dass nicht mehr konkrete produktive Aktivitäten Objekt von Ausbeutung und Herrschaft sind, sondern die allgemeine Fähigkeit zu produzieren, das heißt eine abstrakte gesellschaftliche Aktivität und deren umfassende Macht. Diese abstrakte Arbeit ist eine Tätigkeit ohne Ort, und doch ist sie sehr wirkungsvoll. Denn sie ist die Zusammenarbeit vieler Köpfe und Hände, vieler Geister und Körper; sie ist sowohl das Nicht-Gehören wie die kreative gesellschaftliche Verteilung lebendiger Arbeit; sie ist das Begehren und das Bestreben der Menge mobiler und flexibler Arbeiter; und gleichzeitig ist sie die geistige Energie sowie sprachliche und kommunikative Konstruktion der Menge der intellektuellen und affektiven Arbeiter." (I; S. 221)

Zugespitzt gesagt ist das ebenso richtig wie inhaltsleer, denn letztlich wird wiederum nur die schon behandelte Position bestätigt, dass alle gleich seien außer den wenigen Einzelnen und dass an sich schon alles anders sein *müsste*, da die Menge das Begehren danach habe. In gewissem Sinne wird hier der Operaismus wieder belebt, allerdings in einer Schrumpfform; zeichnete dieser sich einerseits dadurch aus, dass er entgegen einem vorhandenen Ökonomismus das Augenmerk auf die Subjektivität der Arbeitskräfte legte und vorwärtsweisende Untersuchungen ihrer Arbeitssituation und -felder forderte und begann, so wurde die Subjektivität der Massenarbeiter andererseits von einem Teil der Operaisten derart überhöht, dass aus einem Untersuchungskonzept ein vorgeblicher Universalschlüssel für das Ziel der Befreiung wurde, der mit jeder Benutzung untauglicher wurde, die sich verändernden Konjunkturen der Klassenverhältnisse und der Handlungen der unterschiedlichen beteiligten Personen und Gruppierungen aufschließen zu können (vgl. Pozzoli 1972, Wright 2005). Schließlich ersetzt der politische Wunsch die Analyse:

„Wenn wir die Armen als paradigmatische subjektive Gestalt der heutigen Arbeit bezeichnen, dann nicht deshalb, weil die Armen leer und von Reichtum ausgeschlossen sind, sondern weil sie in die Produktionskreisläufe eingebunden sind und voller Potenzial stecken, das immer über das hinausreicht, was Kapitel [meint: Kapital, d.V.] und globaler politischer Körper ausbeuten und kontrollieren können." (II, S. 239)

Ja, „wenn wir ...", aber warum sollten wir, welchen Grund sollten wir haben anzunehmen, dass gerade die Armen, größtenteils eben nicht eingebunden in die kapitalistische Produktion, „die paradigmatische subjektive Gestalt heutiger Arbeit" bezeichneten? Warum nicht die Industriearbeiter oder -arbeiterinnen, warum nicht die immateriellen ArbeiterInnen im affektiven Sektor, also z.B. die Krankenschwestern? Das behauptete Potenzial soll hier grundsätzlich gar nicht bestritten werden, auch wenn es erst gezeigt werden müsste und gerade nicht als solches immer vorhanden ist (vgl. Piven/Cloward 1986); und gibt es nicht unterschiedliche Abstufungen von Armut, gibt es nicht Reichtum in wiederum unterschiedlichen Ausprägungen? - Selbstverständlich würden Hardt/Negri solch elementaren Sachverhalte nicht bestreiten, aber sie tun kaum etwas, diese naiv scheinenden Fragen konkret zu beantworten; durch ihre Überdehnung des Arbeitsbegriffs bis hin zu seiner Ausweitung auf Nicht-Arbeit versperren sie sich letztendlich den Zugang zur *differentia spezifika* kapitalistischer Gesellschaften, zumal in ihren unterschiedlichen konkreten Ausprägungen in den durch den Weltmarkt verbundenen, aber nach wie vor differenzierten (National)Gesellschaften. Das ist nur folgerichtig, denn es geht ihnen einfach nicht um Konkretionen als „Einheit des Mannigfaltigen" (Marx), es geht ihnen um Universalien:

„Und *schließlich* führt die Intensivierung des Gemeinsamen zu einer anthropologischen Veränderung, sodass aus den Kämpfen eine neue Menschheit hervorgeht" (II, 24, Hervorh. d.V.).

„Und schließlich" also eröffnet sich, kulturindustriell ausgedrückt, das Happy End, oder, in den Worten der althergebrachten Kulturträger, das Himmelreich. Viele Menschen mögen dies ersehnen, möglicherweise verstehen sie aber alle etwas anderes darunter, und wenn sie sich nicht darüber verständigen und Wege zur Herbeiführung einer „neuen Menschheit" finden, dann werden sie noch lange auf eine solche warten müssen. Hardt/Negri vermögen ihnen keine konkreten Schritte auf dem Weg hin zur Realisierung dieses Wunsches zu zeigen. Zwar beziehen sie sich immer wieder auf die Geschichte und insbesondere die großen Gestalten der Geistesgeschichte, aber der historische Prozess mit seinen Brüchen, Verschiebungen und Knotenpunkten, seinen Kräftekonstellationen, unterschiedlichen Protagonisten und ihren Zielen, Organisationen und Handlungsweisen bleibt weitgehend unbeachtet, mithin auch die Ursachen für seine Resultate.

Fassen wir zusammen und versuchen, aus dem Vorherigen einige Schlussfolgerungen zu ziehen - wenn man/frau will, das Positive, das so häufig vermisst wird, wobei hier wenige Andeutungen genügen müssen: Wenn nicht auf die Dialektik der Geschichte gesetzt wird, mag sie nun als Multitude, Menge oder das Begehren bezeichnet werden, dann müsste die allgemeine Objekt-Subjekt-Beziehung sozusagen verstofflicht werden, müssten die dramatis personae, als Handelnde wie als Erduldende dessen, was man gemeinhin als Globalisierung bezeichnet, erst ins Blickfeld gerückt werden; d.h. Globalisierung dürfte nicht technologisch aufgefasst, sondern müsste als Globalisierungs*prozess* verstanden werden, dessen Ergebnisse nicht von vornherein feststehen (vgl. Altvater/Mahnkopf 2002). Sicher macht es theoretisch Sinn, wenn neuerdings wieder von einem (neuen) Imperialismus gesprochen wird (Harvey 2004, 2005, Zeller 2004) und geprüft wird, inwiefern sich die heutige Lage von der zu Anfang des 20. Jahrhunderts unterscheidet, in der Hobson, Hilferding, Rosa Luxemburg und Lenin über diese Problematik nachdachten (vgl. Kößler 2003); aber über die wichtige Bedeutung der Überakkumulation von Kapital, die Möglichkeiten wie Notwendigkeiten zur technologischen Umwälzung des Produktionsprozesses und die Art der Bedeutungsverschiebung zwischen Produktivem und Finanzkapital sollte die Handlungsdimension nicht vergessen werden. D.h. unter Rückgriff auf die Trennung, aber auch die Beziehung zwischen Finanz- und produktivem Kapital müsste, und dies unter Einbeziehung der empirischen Entwicklung des Weltmarkts, endlich das, was mit den ersten Analysen zur Frage des Vorhandenseins von transnationalen Klassen begonnen wurde (vgl. die Beiträge in Bieling/Steinhilber 2000; Sklair 2001), fortgesetzt werden. Das meint selbstverständlich mehr als nur die Klärung der Frage nach der Existenz einer Kapitalistenklasse - auch das schon schwierig genug (vgl. auch Krysmanski 2004) -, es beinhaltet zugleich die Frage nach dem Vorhandensein einer (national oder international) herrschenden Klasse (Wienold 1986; vgl. Thien 2002, 38), sprich die Frage nach Hegemonie.[4]

Es ist nicht so, dass es nicht relevante Versuche in dieser Richtung gäbe; so hat Beverly J. Silver (2005) mit „Forces of Labor. Arbeiterbewegungen und Globalisierung seit 1870" materialreich belegt, dass der hierzulande unter SozialwissenschaftlerInnen seit geraumer Zeit geradezu eherne Gemeinplatz vom „Ende der Arbeiterbewegung" bei weltweiter Betrachtung einer empirischen Überprüfung nicht standhält. Gleichwohl ist bei ihr, wie auch bei dem wichtigen Band von Harvey über einen „neuen Imperialismus" (2005, auch 2004) eine gewisse Schematik festzustellen, wenn zwar der Prozess der Kapitalakkumulation mit seinen widersprüchlichen Folgen nicht zuletzt auch räumlicher Art dargestellt wird, aber die Auswirkungen auf die unterschiedlichen Gruppen der Beteiligten und deren Reaktionen letztlich vage bleiben. Das gilt insbesondere für die Verschiebungen zwischen diesen Gruppen, die am Produktionsprozess beteiligt waren und möglicherweise sind, wenn die Rationalisierungsschübe, die häufig als Auslagerung ins Ausland erfolgen, ihre Wirkungen zeitigen; welchen Metamorphosen unterliegt die Lohnarbeit? (Castel 2000) Nach wie vor umstritten ist die Rolle der Mittelschichten, fraglich ist die Veränderung des Geschlechterverhältnisses

(Lohr/Nickel 2005) ebenso wie die der Lage von MigrantInnen, Prekären und Armen (Pelizzari 2004). Das ist nicht erstaunlich, denn gerade deren Situation wird maßgeblich bestimmt von politischen Eingriffen und verweist auf die m.E. ungelöste Problematik des Nationalstaats; denn allzu leicht geht man hier von (vorgeblichen) Imperativen der Globalisierung aus, statt die realen Prozesse zu analysieren.

Letztlich geht es hier um die konkrete Ausprägung des Verhältnisses von Ökonomie und Politik, um einen vorgeblich ökonomischen Prozeß, der aber in einer *Gesellschafts*struktur gründet, also in einer spezifischen Anordnung von Personen, die dieses Verhältnis in ihrem alltäglichen Tun in Gang setzen (müssen) und gleichzeitig seinen Resultaten konfrontiert sind. Trotz gleicher Voraussetzungen *müssen* diese Personen, und erst recht nicht die unterschiedlichen Personengruppen, nicht gleich handeln, und sie tun es auch nicht, sind sie doch gebunden an Organisationen (z.B. Gewerkschaften oder Parteien) oder Ideologien, sind sie mehr oder weniger eingebunden in hegemoniale Prozesse (wie den Nationalismus), aber auch in Versuche zur Gegen-Hegemonie. Das politische Feld ist strukturiert, aber nicht geschlossen.

All das ist nicht sonderlich neu, denn wie sollten Theoretiker der kapitalistischen Entwicklung, deren Moment sie nicht zuletzt *auch* sind, nicht von deren Widersprüchlichkeit affiziert sein? Aus diesem Grund verwundert es nicht, dass etwa in der Weimarer Republik ganz ähnliche Thematiken diskutiert wurden, als es um die Konturierung und Realisierung einer zeitgenössischen marxistischen, sprich einer kritischen Theorie ging.[5] Das - und manches andere - ist anscheinend weitgehend vergessen und folgenlos geblieben; die Möglichkeit des Wissens um diesen Sachverhalt, d.h. die Möglichkeit seiner Berücksichtigung in den heutigen theoretischen Bemühungen wird bis auf wenige Ausnahmen kaum wahrgenommen. So werden aus Selbstverständlichkeiten Ausnahmen, was nicht gerade optimistisch für die Zukunft stimmt.[6]

Die Zunft der Soziologie stochert bei all diesen Fragen, die sie in der Regel nicht hat, aber irgendwie teilweise ahnt, weitgehend im Nebel; um ihnen beizukommen, packt sie die Problematiken in einzelne Päckchen - heißen sie nun Migranten-, Armen-, Prekären- oder wie-auch-immer-Soziologie, wichtig ist, dass man seine eigene Domäne hat, Neues behauptet werden kann und der Zusammenhang nicht erschlossen wird.[7] Gesellschaftstheoretisch ist da wenig zu erwarten. Am ehesten ist das, so scheint mir, noch bei den Beiträgen zu finden, die sich auf die Regulationstheorie beziehen und versuchen, den Unterschied zwischen Fordismus und Postfordismus am Material zu entfalten (vgl. insb. Kohlmorgen 2004). Aber auch hier gerät man leicht in ein systemisches Fahrwasser, in dem einzelne Momente aufgrund ihrer scheinbaren Passgenauigkeit für das theoretische Konstrukt überverallgemeinert werden und als *die Realität* die vorgefasste Theorie zu bestätigen scheinen.

Um nur ein Beispiel zu nennen: Common sense unter SozialwissenschaftlerInnen ist heutzutage, dass im Zuge der Globalisierung eine durchgehende Auflösung der bisher bestehenden sozialen Einheiten erfolge, was eine zunehmende Individualisierung beinhalte, die man in Anlehnung an Foucault gern als Gouvernementalisierung bezeichnet. Zweifellos eine zentrale Problematik; wenn aber in diesem Kontext etwa im Zuge einer ausführlichen Darstellung von „Macht, Wissen und Techniken des Selbst im Feld unternehmerischer Rationalität" unversehens z.B. vom „Ende der Fabrik" (Opitz 2004, 101) im Postfordismus fabuliert wird, dann lehrt uns selbst der Augenschein, dass die Konstruktionen der Theorie tunlichst nicht mit dem empirischen Gesellschaftsprozess verwechselt werden sollten. Wieder einmal bestätigt sich, dass gegenüber der theoretischen Fassung historischer Verschiebungen Behutsamkeit angesagt ist. So spricht manches dagegen, die mit Individualisierung, Informalisierung etc. gekennzeichnete Entwicklung der letzten Jahre schon als eine *neue* Regulationsweise, nämlich die des Postfordismus, zu bezeichnen, „die dem alten, inzwischen informalisierten Formgefüge des 'Fordismus' folgt. Denn es fehlen alle systemischen Merkmale, wie Komplementarität der Institutionen, Kongruenz der ökonomischen, sozialen, politischen Regeln und Rhythmen, Kompatibilität von Entwicklungspfaden gesellschaftlicher Teilbereiche." (Altvater/Mahnkopf 2002, 353f; vgl. Günther u.a. 2004).

Anscheinend befinden wir uns in einer Phase des Übergangs, möglicherweise des Umbruchs, der aber seine Form noch nicht gefunden hat; es scheint keine besonders gute Zeit für das Nachdenken über die Spezifik der gegenwärtigen Situation und mögliche Perspektiven der zukünftigen Entwicklung; wie anders wäre die große Resonanz auf Hardt/Negri zu erklären? Symptomatisch scheint mir die Stellungnahme eines der in den letzten Jahren prominentesten intellektuellen Jetsetter, die von Slavoj Zizek:

> „Was Hardt/Negri hier vorlegen, ist nichts weniger als ein 'Kommunistisches Manifest' für unsere Zeit: Empire legt schlüssig dar, wie der globale Kapitalismus Widersprüche generiert, die schließlich zu seinem Ende führen." (Zitat vom Buchumschlag I)

In einer solchen Äußerung und darin, dass der Verlag von Hardt/Negri meint, mit ihr werben zu können, liegt wohl die symptomatische Problematik von Entwürfen wie den hier behandelten: Die Setzung auf ein Ende, mit der man anscheinend Hoffnung erzeugen kann und will, ohne allerdings auch nur in irgendeiner Weise angeben zu können, in welcher Weise und von wem die erhofften Gesellschaftsveränderungen wann ins Werk gesetzt werden. Wenn man wohlwollend ist, dann nennt man das Geschichtsphilosophie, angemessener wäre die Kennzeichnung als theoretisches Gerede. - Welch ein Abstand zur Lage und Lebensweise der von den Autoren für eine Befreiung in Anspruch Genommenen, welch ein Abstand zu den alltäglichen Nöten des Zurechtkommens, der mühevollen Sicherung der Lebensnotwendigkeiten und der Verzweiflung (vgl. Bourdieu et a. 1997; Schultheis/Schulz 2005). Nicht die Zeit einer Umwälzung, aber vielleicht die einer eher untergründigen Umorientierung, eines Sammelns von Kräften, die möglicherweise in Gegensatz zu den in verschärfter Weise aufgeherrschten Zumutungen treten können.

Das schließt Handeln - auch politisches - keineswegs aus.

Anmerkungen

1 Genannt seien hier nur die beiden Sammelbände von Atzert/Müller (2003, 2004), die Rezension von Reinhart Kößler und Haug 2004, Schultz 2002. Zitate aus den Bänden von Hardt/Negri werden im Folgenden abgekürzt als I. bzw. II.

2 Ich verweise hier nur summarisch auf die lesenswerten Ausführungen bei Kößler/Wienold (2002, 165ff)

3 Insofern erscheint es mir vorschnell, wenn Alex Demiroviæ (2004) im Anschluss an Hardt/ Negri meint konstatieren zu können: „Die Trennung von geistiger und körperlicher Arbeit als wichtigste Grundlage der Klassenspaltung hat heute schon keine Geltung mehr, sondern wurde in der immateriellen Arbeit überwunden." (251) - Das wäre erst noch konkret zu zeigen; man denke nur an die AbsolventInnen der Hauptschule, die nach wie vor oder vielleicht stärker denn je - wenn überhaupt - ihr zukünftiges Arbeitsfeld im Bereich körperlicher Arbeit finden werden. Zu berücksichtigen wären aber auch Differenzierungsprozesse innerhalb der geistigen Arbeit.

4 Nicos Poulantzas (1975, 1978) hat hier wichtige Vorarbeiten geleistet, an die endlich auch empirisch angeknüpft werden sollte.

5 Vgl. insgesamt die Beiträge im Sammelband von Demirović (2003), hier insbes. den Aufsatz von Thomas Sablowski zu „Entwicklungstendenzen und Krisen des Kapitalismus". In Bezug auf die Subordinierten siehe neuerdings auch den Aufsatz von Marcel van der Linden (2005).

6 Ein „kollektives Gedächtnis" für Klärungsschritte theoretischer Bemühungen um die Analyse kapitalistischer Entwicklungen erscheint mir heute nötiger denn je; Universitäten als naheliegende Orte einer solchen Reflexion und Selbstsreflexion auf Dauer verlieren hierfür in der Bundesrepublik zunehmend an Bedeutung, was aufgrund der neoliberalen Kräfteverschiebung nicht verwundern kann.

7 Zur Veranschaulichung siehe die fulminante Kritik von Heinz Steinert (2000) am charakteristischen Beispiel einer proklamierten „Überflüssigen-Soziologie".

Literatur

Altvater, Elmar/Mahnkopf, Birgit 2002: Globalisierung der Unsicherheit, Münster (Westfälisches Dampfboot)

Atzert, Thomas/Müller, Jost (Hrsg.) 2003: Kritik der Weltordnung, Berlin (ID Verlag)

- (Hrsg.) 2004: Immaterielle Arbeit und imperiale Souveränität, Münster (Westfälisches Dampfboot)

Bieling, Hans-Jürgen/Steinhilber, Jochen (Hrsg.) 2000: Die Konfiguration Europas, Münster (Westf. Dampfboot)

Bourdieu, Pierre et al. 1997: Das Elend der Welt, Konstanz (UVK)

Castel, Robert 2000: Die Metamorphosen der sozialen Frage. Eine Chronik der Lohnarbeit, Konstanz (UVK)

Demirović, Alex 2004: Vermittlung und Hegemonie, in T. Atzert/J. Müller , S. 235 254

- (Hrsg.) 2003: Modelle kritischer Gesellschaftstheorie, Stuttgart (Metzler)

Engels, Friedrich/Marx, Karl 1845/1974: Die heilige Familie, in: MEW Bd. 2 Berlin (Dietz)

Günther, Thomas/Herrmann, Annett/Michel, Boris/Thien, Hans-Günter/Türkmen, Ceren 2004: Fragen zum Kapitalismus heute, in: spw, H. 135, S. 21-25

Harvey, David 2004: Die Geographie des neuen Imperialismus: Akkumulation durch Enteignung, in: Christian Zeller (Hrsg.), Die globale Enteignungsökonomie, Münster, S. 183-216 (Westfälisches Dampfboot)

- 2005: Der neue Imperialismus, Hamburg (VSA)

Hobsbawm, Eric 1995: Das Zeitalter der Extreme, München (Hanser)

Haug, Wolfgang Fritz 2004: Immaterielle Arbeit, in: Historisch-kritisches Wörterbuch des Marxismus, Bd. 6/I, Sp. 819-832 (Argument Verlag)

Kößler, Reinhart/Wienold, Hanns 2001: Gesellschaft bei Marx, Münster (Westfälisches Dampfboot)

Kößler, Reinhart 2003: Imperialismus und Globalisierung, in: PROKLA, 33 Jg., H. 133, S. 521-544

- 2003 b: Rezension von Hardt/Negri, in Peripherie, 23. Jg., H. 90/91, S. 350-353

Kohlmorgen, Lars 2004: Regulation, Klasse, Geschlecht. Die Konstituierung der Sozialstruktur im Fordismus und Postfordismus, Münster (Westfälisches Dampfboot)

Krysmanski, Hans-Jürgen 2004: Hirten und Wölfe, Münster (Westf. Dampfboot)

Linden, Marcel van der 2005: Plädoyer für eine historische Neubestimmung der Arbeiterklasse, in: Sozial.Geschichte, 20. Jg., 4.3, S. 7-28

Lohr, Karin/Nickel, Hildegard Maria 2005: Subjektivierung von Arbeit - Riskante Chancen, Münster (Forum Frauenforschung Bd. 18, Westfälisches Dampfboot)

Marx, Karl 1974: Grundrisse der Kritik der politischen Ökonomie, Berlin (Dietz)

Opitz, Sven 2004: Gouvernementalität im Postfordismus, Hamburg (Argument)

Pelizzari, Alessandro 2004: Prekarisierte Lebenswelten. Arbeitsmarktliche Polarisierung und veränderte Sozialstaatlichkeit, in: J. Beerhorst/A. Demirović/M. Guggemos (Hrsg.), Kritische Theorie im gesellschaftlichen Strukturwandel, Frankfurt, S. 266-288 (Suhrkamp)

Piven, Frances Fox/Cloward, Richard A. 1986: Aufstand der Armen, Frankfurt (Suhrkamp)

Poulantzas, Nicos 1975: Klassen im Spätkapitalismus - heute, Westberlin (VSA)

- 1978: Staatstheorie, Hamburg (VSA)

Pozzoli, Claudio (Hrsg.) 1972: Spätkapitalismus und Klassenkampf, Frankfurt (EVA)

Resch, Christine 2005: Berater-Kapitalismus oder Wissensgesellschaft? Zur Kritik der neoliberalen Produktionsweise, Münster (Westf. Dampfboot)

Roth, Karl Heinz (Hrsg.) 1994: Die Wiederkehr der Proletarität, Köln (ISP)

Sablowski, Thomas 2003: Entwicklungstendenzen und Krisen des Kapitalismus, in: Demirović (Hrsg.), S. 101-130

Schultheis, Franz/Schulz, Kristina (Hrsg.) 2005: Gesellschaft mit begrenzter Haftung. Zumutungen und Leiden im deutschen Alltag, Konstanz (UVK)

Schultz, Susanne 2002: Biopolitik und affektive Arbeit bei Hardt/Negri, in: Das Argument, 44. Jg., H. 248, S. 696-708

Silver, Beverly J. 2005: Forces of Labor. Arbeiterbewegungen und Globalisierung seit 1870, Hamburg (Assoziation A)

Sklair, Leslie 2001: The transnational capitalist class, Oxford (Blackwell)

Steinert, Heinz 2000: Die Diagnostik der Überflüssigen, in: Mittelweg, 9. Jg., H. 5, S. 9-17

Thien, Hans-Günter 1991: Vom Sinn der Geschichte, in: DGB-Bildungswerk NRW (Hrsg.), Vom Sinn der Geschichte, S. 14-42 (Westfälisches Dampfboot)

- 2002: Die soziale Frage neu entdeckt: Gespaltene Gesellschaften, in: O. Brüchert/Ch. Resch (Hrsg.), Zwischen Herrschaft und Befreiung., Münster, S. 26-42

Wagner, Peter 1995: Soziologie der Moderne, Frankfurt/New York (Campus)

Wienold, Hanns 1986: Die herrschende Klasse in der Bundesrepublik. Zur Theorie und Empirie der Bourgeoisie, in: Thien, H.G./Wienold, H. (Hrsg.), Herrschaft, Krise, Überleben, Münster, S. 335-373 (Westf. Dampfboot)

Wright, Steve 2005: Den Himmel stürmen. Eine Theoriegeschichte des Operaismus, Hamburg (Assoziation A)

Kultur

Werner Fuchs-Heinritz

Der Mensch denkt, die Gesellschaft lenkt? Überlegungen zur Aneignung der Soziologie im Studium

Aus Hunderten oder mehr Hausarbeiten, Klausuren, Prüfungsgesprächen und Abschlussarbeiten habe ich den Eindruck gewonnen, dass die Gesellschaft für viele Studierende an die Stelle Gottes gerückt ist: Sie wird für das verantwortlich gemacht, was im sozialen Leben jenseits der menschlichen Intentionen oder im Widerspruch zu diesen geschieht. Sie erscheint als Macht, die vielleicht nicht allmächtig ist, die aber doch Vieles bewirken kann, was außerhalb der Handlungsmöglichkeiten der Einzelnen und des Einflusses der Gruppen liegt. Wichtiger noch: Sie erscheint überhaupt als Macht mit einem - wenn auch meist nur dunkel angedeuteten - Subjektivitätskern: Die Gesellschaft „will" dies oder jenes; Die Gesellschaft „handelt" im Sinne dieses Willens.

Offenbar berührt das Studium der Soziologie die große Frage nach der Freiheit des Menschen und auch die Frage, ob wir allein auf der Welt sind, ohne den Rat und die Führung durch höhere Mächte. Nun weiß die Erziehungswissenschaft seit langem, dass jeder Lernprozess entscheidend von den Vorbegriffen, Phantasien und Hoffnungen - auf die das Lernangebot bei den Lernenden trifft - mitgesteuert wird. Auch das Konzept der Selbstsozialisation sollte darauf aufmerksam machen, dass die Ergebnisse der Lehre der Soziologie davon abhängen, was die Studierenden daraus machen. Was also weiß die Soziologie darüber, wie sie selbst im Studium angeeignet wird? Sehen wir die Arbeitsfelder durch, in denen eine Antwort auf diese Frage zu finden sein könnte.

In den Überlegungen, Berichten und Vorschlägen zur Professionalisierung der Soziologie (Verstärkung des Berufsbezugs im Studium und Herausbildung selbständiger soziologischer Berufsrollen außerhalb der Hochschulen) werden immer wieder Motive angesprochen, die unsere Fragestellung berühren. Hauptsächlich geht es darum, dass die Soziologie als ideologiefreies, in sich ruhendes, von anderen Disziplinen - und Berufen - unterscheidbares und gesellschaftlich nützliches Wissenssystem angesehen wird. Nur dann sei ihre Anerkennung als Profession erreichbar. Insbesondere müsse dafür gesorgt werden, dass die Soziologie den Ruf der „Revolutionswissenschaft" verliert. „Hier müßte eine Strategie gefahren werden, die die Abgrenzung zu 'politischen Ideologen' und 'Weltverbesserern' schafft und soziologische Gesellschaftskritik als wissenschaftlich-seriöse, konsequente und systematische Arbeit der Soziologen ausweist." (Lamnek 1993, S. 29; ähnlich: Morel 1997)

Hauptsächlich werden folgende Bedingungen angeführt, die bislang eine Professionalisierung der Soziologie behindert haben: Vorbehalte, ja Vorurteile in der Öffentlichkeit gegen die Soziologie („Revolutionswissenschaft"), gegen ihre Sprachgewohnheiten („Soziologenchinesisch") und gegen die Brauchbarkeit ihres Wissens, fehlende Kontakte zwischen den Dozenten (und Studierenden) der Soziologie und den Vertretern bzw. Vertreterinnen der möglichen Berufsfelder, Zurückhaltung bei den Dozierenden der Soziologie gegenüber jeglicher Professionalisierung - aus allgemeiner Praxisferne heraus, aus Angst vor erwarteter Schmalspurigkeit, wegen sachlicher Bindungen an die Nachbarwissenschaften, eine noch unvollständige Systematisierung des soziologischen Wissens, das Erbe von weltanschaulich geprägten Theorie- und Paradigmendebatten, die von der Öffentlichkeit irritiert aufgenommen worden sind und die die Überzeugung, die Soziologie sei gesellschaftlich nützlich, nicht gefördert haben; von Hochschule zu Hochschule divergierende Curricula, Lehrinhalte, Studienziele, Schwerpunkte, Prüfungsbedingungen und Titel, oft nicht hinreichend klar abgegrenzt zu den Nachbarwissenschaften.

Hier ist man oft sehr von dem überzeugt, was aus der Soziologie werden soll und kann: Ein solides, gesellschaftlich nützliches und als solches anerkanntes, weltanschauungsfreies Berufswissen. Die Frage, wie Wissenschaft, Vorbegriffe, Weltanschauung und biographische Entwürfe und Hoffnungen beim Studium ineinander verknotet sind bzw. wie sie sich entknoten lassen, wird als schon gelöst oder wenigstens als durch den guten Willen aller Beteiligten lösbar betrachtet. Über die wirkliche Aneignung der Soziologie im Studium erfahren wir nichts.

Ähnliches gilt auch für den innerfachlichen Diskurs über eine übersichtliche, durchdachte und die Einheitlichkeit der Soziologie nach innen und außen bestärkende Lehrgestalt, der zum größeren Teil im Kontext der Fachverbände geführt wird (z.B. Hartmann/Nase 1996; Oehler 2000; Oehler 2001; Oehler/Solle 2000). Auch hier steht die Erwartung Pate, dass eine reformierte Lehrgestalt der Disziplin insgesamt zu mehr Leistungsfähigkeit in der Lehre, zu mehr Anerkennung in der Öffentlichkeit und also zu mehr Professionalisierung verhelfen könne (z.B. Sommerkorn 1990). Die einschlägigen Erhebungen und Studien sind meist Bestandsaufnahmen der Buntheit der Curricula an den Hochschulen, der breiten Varietät in den Grundveranstaltungen oder der dominierenden Trends in der Lehre (z.B. Hartmann 1990).

Und auch für die Forschungen über die akademische Lehre aus der Sicht der Studierenden in verschiedenen Fächern gilt Ähnliches. Hier werden durch die Studierenden eingeschätzte Merkmale wie Strukturiertheit des Studiums, Anforderungshöhe, Qualität der Lehre, Praxis- und Forschungsbezüge, zeitlicher Studieraufwand, Kontakte zu den Dozenten, Noten usw. standardisiert erfragt und hauptsächlich nach Fächern verglichen (z.B. Bargel 1990). Studien dieser Art bestätigen größtenteils den Eindruck, dass die Lehre der Soziologie unübersichtlich und insgesamt zu wenig auf Lehrerfolg angelegt ist. Aber der wirkliche Lernprozess, der ja gerade beim Fächervergleich relevant wäre, kommt nicht in den Blick. Allenfalls wenn Studienmotivationen erfragt werden, fällt ein wenig Licht darauf, was in den Studierenden beim Studium vorgeht (z.B. Eiben/Gernand 1995, S. 387f; Hadjar/Becker 2004).

Die Erfahrungen der Dozenten der Soziologie aus der Begegnung mit Studienanfängern und aus ihren Lehrveranstaltungen werden selten auf einem allgemeinen Niveau im Hinblick auf die kognitiven Lernprozesse mitgeteilt. Gut, es finden sich verstreute Bemerkungen, z.B. dass die Dozierenden „beim Umgang mit Studienanfängern bzw. -anfängerinnen ihres Faches sowohl mit einem völligen Fehlbestand an vorgängigen Sachinformationen über das Fach als auch mit einer verwirrenden Vielfalt höchst subjektiv geprägter Einstellungen zur Soziologie und Erwartungen an sie rechnen müssen - einer Vielfalt, die in ihrer subjektiven Prägung und in ihrem Reichtum an Übersteigerungen und Verzerrungen mit dem eklatanten Mangel an vorgängiger Sachinformation zusammenhängt.“ (Matthes 1973, S. 11; S. 73)

Typischerweise sind solche Anmerkungen jedoch von einer flachen Didaktik geprägt: Würden die Studierenden hinreichende Vorausinformationen über die Soziologie haben, würde man sie nur während der ersten Semester gezielter und transparenter an den kognitiven Kern des Faches heranführen, so wären die meisten Schwierigkeiten behoben. Flach ist dies Verständnis deshalb, weil es die Frage nach dem wirklichen Aneignungsprozess soziologischen Denkens nicht stellt, im Grunde diesen Aneignungsprozess für unproblematisch steuerbar erachtet. Immerhin finden sich bei Überlegungen über die Bedeutung von Frauenforschung innerhalb der soziologischen Lehre verstreute Überlegungen zur biographischen Relevanz bestimmter Thematiken (z.B. Becker-Schmidt 1990). Und immerhin reflektiert die engagierte Forderung von Feldmann (2004, S. 32f.) nach einer wissenschaftlichen Didaktik der Soziologie, wie bestimmte theoretische Großorientierungen in der Lehre zu den Vor- und Einstellungen der Studierenden passen (z.B. die Hoffnung, im Beruf später für die allgemeinen Interessen wirksam werden zu können, zum Funktionalismus?).

Natürlich enthält die theoretische, die methodologische, die methodische und die auf Erkenntnistheorie gerichtete soziologische Literatur eine Fülle von Regeln und Begründungen für das Verhältnis von Vorbegriffen und wissenschaftlichen Begriffen, von Typisierungen in der sozialen Welt und solchen in der Soziologie, von Interpretationen erster und zweiter Ordnung, von Ratschlägen zur permanenten Reflexivität (z.B. Bourdieu). Immer aber geht es hier um die Klärung der soziologischen Erkenntnismöglichkeiten und darum, bestimmte Wege vorbildlich oder verbindlich zu machen, nie aber darum, den wirklichen Vorgang der Aneignung soziologischen Wissens zu untersuchen.

Das gilt auch für diejenigen Texte, welche die Kulturbedeutung der Soziologie untersuchen, die überlegen, ob und inwiefern die Soziologie Moment und Ausdruck von Modernisierungsprozessen ist bzw. dazu werden kann oder sollte. Genannt seien zwei zeitlich wie sachlich weit auseinander liegende Arbeiten: Zum einen Mannheims These in seiner Antrittsvorlesung in Frankfurt am Main 1930, dass die - soziologische - Distanzierung aus der Lebenswelt jener Distanzierung analog und wesensverwandt sei, die alle Mitglieder der modernen Gesellschaft aufbringen müssten, um in ihr angemessen leben zu können - im Sinne von Beweglichkeit zwischen den Lebenswelten und Kulturen, letztendlich auch von Toleranz und der Fähigkeit, aufgrund sachlicher Information reflektiert zu handeln (Mannheim 1932, also in gefährlicher Situation?); zum anderen Tenbrucks Abrechnung mit der Soziologie als einer Glaubensbewegung, die aller Welt weismachen wolle, dass die Menschen nur in der Gesellschaft lebten, nicht aber in Kultur und Geschichte (Tenbruck 1984).

Für eine Rekonstruktion der kognitiven, weltanschaulichen und vielleicht auch der biographischen Momente, die bei der Aneignung der Soziologie im Studium eine Rolle spielen, dürften solche Studien zur Kulturbedeutung der Soziologie von erheblicher Anregungskraft sein. Man denke an Mannheims These, dass es nur einen Weg zurück aus der Distanzierung von der Lebenswelt gibt, nämlich die „Reprimitivisierung". Diese skizziert er am Beispiel des Werdegangs von Mussolini (vom marxistisch versierten Sozialisten zum willentlich auf Dezision und distanzlose Gefühle setzenden Faschisten) und macht dadurch deutlich, dass allein ein absichtlicher Bruch die Entwicklung zur Distanzierung und zur soziologischen Perspektivik beenden kann. Man denke auch an Tenbrucks Grundthese, dass die Soziologie selbst die Zurechnung aller kulturellen Gehalte und geschichtlichen Prozesse an „die Gesellschaft" betreibe und insofern in sich eine Irreführung enthalte; dieser Gedanke könnte neugierig darauf machen, ob nicht manche Dozenten und Dozentinnen der Soziologie selbst jene Subjektivierung der Gesellschaft bei den Studierenden begünstigen, die wir oben exemplarisch zum Ausgangspunkt genommen haben. Aber mehr als Anregungen gibt dieser Bereich der soziologischen Literatur nicht her, über die Aneignung der Soziologie gibt er keine Auskunft.

Wir können zusammenfassen, was die Soziologie über den Prozess ihrer Aneignung im Studium weiß: So gut wie nichts. Einschlägige Forschungsberichte liegen nicht vor, die hier gestellte Grundfrage hatte in der fachlichen Debatte bislang keine Relevanz. Vielleicht lässt sich der Forschungsstand am besten dadurch charakterisieren, dass das Erscheinungsdatum des Textes genannt wird, der - ohne selbst auf Forschung zu gründen - am anregendsten für die hier gestellte Frage sein dürfte: Matthes 1973. Mit diesem Stand der Dinge hängt gewiss zusammen, dass die „Didaktik der Soziologie ... für deutsche Universitätssoziologen kein attraktives Thema" ist (Feldmann 2004, S. 31).

Diese Lücke im Wissen der Soziologie über sich selbst galt übrigens auch lange für das Feld der Berichte und Überlegungen zur Vermittlung soziologischen Wissens in die Gesellschaft hinein. Hier dürfte inzwischen sichtbar geworden sein, dass Modelle des Wissens-Transfers nicht ohne Wissen darüber auskommen, auf welche Voraussetzungen und Interessen das angebotene Fachwissen eigentlich stößt und wie der Transfer als Prozess vor sich geht. „Top-down-Modelle", die die Lösung in taktischem Geschick und Vereinfachung fürs nichtwissenschaftliche Niveau sehen, haben offensichtlich ausgedient (z.B. Fricke 1995, S. 282ff).

In der Konsequenz der hier vorgetragenen Überlegungen liegt es ja, dass das, was die Studierenden aus einem noch so übersichtlichen, fachlich ausgewogenen und durchdacht berufsorientierten Studium der Soziologie machen, auch mitbestimmen wird, was sie nach dem Studium in der Berufswelt damit anfangen werden. Die Selbstsozialisation im Studium dürfte den beruflichen Habitus und das Berufshandeln mitprägen (vgl. Feldmann 2004, S. 33), sie kann gegebenenfalls auch zu einer „Entsoziologisierung der Soziologen nach ihrem Studium" (Kühl/Tacke 2003, S. 6; vgl. Kühl 2003, S. 82; ähnlich: Strübing 1997) führen, also zu einem Überbordwerfen des im Studium Gelernten zu Gunsten von im Berufsfeld gängigem Wissen aus anderen (anwendungsnäheren) Wissenschaften oder zu Gunsten von gerade modischen Modellen wie Management-Lehren, systemischem Ansatz usw. Auch zu diesem Zusammenhang, wie die Aneignung der Soziologie im Studium aufs Berufshandeln vorbereitet, liegen bisher nur erste Überlegungen vor (z.B. Kühl/Tacke 2003, S. 8).

Dabei wäre die Problematik empirisch relativ leicht zugänglich. Man müsste sich nur in die Niederungen der Wirklichkeit der Soziologie als Lernprozess begeben.

Zunächst: Alle Dozierenden der Soziologie haben hinreichend Material vor sich (Klausuren, Hausarbeiten, Abschlussarbeiten), um darin die typischen Zurechnungsformen der „Transintentionalität" (Greshoff/Kneer/Schimank 2003) an *die* Gesellschaft identifizieren zu können.

Denkbar wäre zweitens eine Befragung von Studierenden der Soziologie (eventuell Mehrfachbefragung in verschiedenen Studienabschnitten), im Verfahren angenähert an eine Experten- bzw. Informantenbefragung. Die einschlägigen Fragen liegen auf der Hand: Bitte stellen Sie sich vor, eine fachfremde Person würde Sie um Auskunft bitten: Womit beschäftigt sich eigentlich die Soziologie als Wissenschaft (z.B. im Unterschied zur Psychologie)? Was ist mit Gesellschaft eigentlich gemeint? Worin besteht der Vorzug eines soziologischen Blicks auf die soziale Welt? usw.

Drittens wäre an eine biographische Befragung von Studierenden der Soziologie mit Hilfe narrativer Interviews zu denken, die sich nach dem Werden des Interesses an der Soziologie als Studienfach erkundigt und nach Möglichkeit die „Denk- und Gefühlsgeschichte" zum Thema Gesellschaft eruiert (in dieser Richtung: Strübing 1997).

Dabei darf zunächst nicht unterstellt werden, dass die geistige Auseinandersetzung mit der Soziologie und ihrem Gegenstandsfeld überhaupt eine nennenswerte Rolle bei Studienfachwahl, Studienverhalten, Prüfungserfolg, Berufspräferenzen usw. spielt - und nicht etwa die Erreichbarkeit von Hochschulstandorten, die Erfordernisse der Statuspassage Studieren, die an einer Hochschule bestehende Lehrgestalt der Soziologie, das Talent und das Engagement der Dozenten, die Beratungsangebote usw. Auch wenn diese Annahme zu einem allgemeinen Zweifel an der Bildungsbedeutung der Soziologie zu führen scheint - sie muss zunächst gemacht werden, damit alle Varianten der Aneignung der Soziologie im Studium empirisch erreicht werden.

Folgende Fragekomplexe dürften wichtig sein:

Auf welchen Sozialisations- und Bildungserfahrungen in Kindheit, Schule und Jugend ruht die Entscheidung fürs Studium der Soziologie? Manches spricht dafür, dass Soziologie eher von denen gewählt wird, die dazu disponiert sind, biographische Konflikterfahrungen indirekt wenigstens durchs Themenfeld der Soziologie hindurch zu thematisieren (vgl. für die Situation zu Beginn der 1970er Jahre: Matthes 1973, S. 72).

Was geschieht mit jenen, die Anfang der 1970er Jahre meist als Nebenfächler nur von einem allgemeinen Interesse an der Gesellschaft geleitet, „ohne ausgeprägte Erwartungen, teils aufgrund von Aversionen gegen andere Studienmöglichkeiten, teils aufgrund rein biografischer oder situativer Zufälle zur Soziologie" kommen (vgl. Matthes 1973, S. 73)?

Was geschieht mit jenen, die ohne prägnante Bildungserfahrung in Elternhaus und Schule und ohne noch so versteckte Hoffnung auf Lösung durchs Fach Soziologie das Studium beginnen, deren Studienfachwahl rein pragmatisch begründet ist (Antizipation geringer Leistungsanforderung und geringer Verpflichtung auf Zeitaufwand und Schrittigkeit des Studiums etwa)?

Was geschieht mit jenen, die den von der Soziologie erwarteten Perspektivenwechsel nicht aufbringen, die sich grundsätzlich nicht bzw. nur partiell zur Distanzierung gegenüber ihren lebensweltlichen Hoffnungen und Weltanschauungen bewegen lassen?

Was geschieht mit jenen, die eventuell von den Dozenten bzw. Dozentinnen der Soziologie nicht hinreichend informiert werden über die Notwendigkeit des Perspektivenbruchs im Verhältnis zur Lebenswelt, sondern vielleicht von vornherein mit Fachbegrifflichkeit und -wissen konfrontiert werden, die sich als fachlich autark (d.h. ohne Reflexionsbeziehung zum Alltagswissen) ausgeben, die bloße Wissensübernahme nahe legen?

Was geschieht mit jenen, die die Soziologie zu studieren beginnen mit der Erwartung auf „einen theoretisch gesicherten und erlernbaren Wissensbestand über einen objekthaft abgrenzbaren Bereich von 'Sachen', einen Bestand von noch ungelösten, aber bestimmbaren Problemen und einen Bestand an bewährten und als zulässig angesehenen Methoden, die zur Lösung von Problemen eingesetzt werden können" (Matthes 1973, S. 111), und deshalb nicht damit rechnen, dass es darauf ankommen wird, dass sie sich von Hoffnungen und Leitbildern aus ihrer Lebenswelt lösen?

Wie werden die aus der Lebenswelt stammenden „sozialen" bzw. „gesellschaftlichen" Hoffnungen, weltanschauliche Überzeugungen und (eventuell schon begonnenen) Handlungsrichtungen mit dem kognitiven Gehalt der Soziologie im Einzelnen „vermittelt"? Hier sieht es Matthes (1973, S. 107) als Gefahr, dass „man nur lernt, in andere Hülsen zu tun, was man an Alltagswissen über gesellschaftliche Wirklichkeit schon immer präsent hat, oder ... nur noch nicht präsente Informationen entnimmt, um sie in das Bild von gesellschaftlicher Wirklichkeit einzufügen, das man schon immer hält."

Zum Teil wenigstens, und das macht die Problematik komplex, entstammen die Begriffssprache und manche Denkformen jener Hoffnungen, Überzeugungen und Handlungsrichtungen selbst schon wieder der Soziologie. Bei ihnen handelt es sich um abgesunkene soziologische Interpretationsweisen bzw. partiell durch politische, soziale und kulturelle Bewegungen und Strömungen angeeignetes soziologisches Wissen, das jedoch in der Welt außerhalb der Wissenschaft zunächst performativen Sinn hatte.

Schwieriger wird es sein, den Anteil der Lehrenden der Soziologie am Aneignungsprozess der Studierenden herauszufinden. Eine Inhaltsanalyse von gängigen Einführungs- und Lehrbüchern wäre sicher hilfreich, sie würde aber noch nicht zu Auskünften darüber führen, welche Gesellschaftsbilder die Lehrenden in Vorlesung, Seminar, Beratungsgespräch und Prüfung vorbringen. Eine (versteckte) teilnehmende Beobachtung wäre sehr aufwändig. Vielleicht wäre als Methode ein Expertengespräch am geeignetsten, das sich etwa danach erkundigt, worin die Lehrenden denn die hauptsächliche Kontur jener soziologischen Perspektive sehen, zu der sie ihre Studierenden anregen wollen. Aber auch dieser Zugang müsste rückbezogen werden auf den studentischen Aneignungsprozess; denn der ist durch Inhalt, Form oder Qualität der Lehre keineswegs determiniert (vgl. Überlegungen von Kromrey 1993, S. 42).

Auf diesen Wegen könnte das heute gegebene Repertoire der Gesellschaftsbilder bei Studierenden der Soziologie erschlossen werden. Ob daran anschließend quantitative Forschungswege vorgesehen werden sollen, mag entschieden werden, wenn man die Struktur dieser Gesellschaftsbilder und ihre sachliche Varianz vor Augen hat, und damit auch Entscheidungskriterien für Möglichkeiten ihrer Operationalisierbarkeit.

Literatur

Bargel, Tino, „Arbeitskultur und Qualität der Lehre in den Sozialwissenschaften. Eine Kritik aus studentischer Sicht" in: Ingrid N. Sommerkorn, Hrsg., Lehren und Lernen in der Soziologie heute. Aktuelle Fragen zu einem alten Problem. Berlin: Edition Sigma 1990, S. 23-48

Becker-Schmidt, Regina, „Zur Bedeutung feministischer Diskurse in der soziologischen Lehre" in: Ingrid N. Sommerkorn, Hrsg., Lehren und Lernen in der Soziologie heute. Aktuelle Fragen zu einem alten Problem. Berlin: Edition Sigma 1990, S. 147-150

Eiben, Jürgen, und Detlef Gernand, „Für das Leben oder mit dem Leben lernen? Ergebnisse einer Befragung Düsseldorfer Studierender", Sozialwissenschaften und Berufspraxis 18 (1995, 4), S. 383-396

Feldmann, Klaus, „Beobachtungen in und aus Randzonen der Soziologielehre", Soziologie 33 (2004, 1), S. 30-36

Fricke, Werner, „Die konstruktive Aufgabe der Soziologie. Anmerkungen zum Verwendungszusammenhang sozialwissenschaftlicher Forschung" in: Dieter Bögenhold u.a., Hrsg., Soziale Welt und soziologische Praxis. Soziologie als Beruf und Programm. Festschrift für Heinz Hartmann zum 65. Geburtstag. Göttingen: Otto Schwartz 1995, S. 281-292

Greshoff, Rainer, Georg Kneer und Uwe Schimank, Hrsg., Die Transintentionalität des Sozialen. Eine vergleichende Betrachtung klassischer und moderner Sozialtheorien. Wiesbaden: Westdeutscher Verlag 2003

Hadjar, Andreas, und Rolf Becker, „Warum einige Studierende ihr Soziologie-Studium abbrechen wollen. Studienwahlmotive, Informationsdefizite und wahrgenommene Berufsaussichten als Determinanten der Abbruchneigung", Soziologie 33 (2004, Heft 3), S. 47-65

Hartmann, Heinz, „Mängel im soziologischen Lehrangebot" in: Ingrid N. Sommerkorn, Hrsg., Lehren und Lernen in der Soziologie heute. Aktuelle Fragen zu einem alten Problem. Berlin: Edition Sigma 1990, S. 89-104 (zuerst 1989)

- und Annemarie Nase, „Zur Lehrgestalt der Soziologie in Ostdeutschland", Soziologie (1996, 25. Jg., Heft 2), S. 17-42

Kromrey, Helmut, „Studentische Vorlesungskritik. Empirische Daten und Konsequenzen für die Lehre", Soziologie (1993, 22. Jg. Heft 1), S. 39-56

Kühl, Stefan, „Wie verwendet man Wissen, das sich gegen die Verwendung sträubt? Eine professionssoziologische Neubetrachtung der Theorie-Praxis-Diskussion in der Soziologie" in: Hans-Werner Franz, Jürgen Howaldt, Heike Jacobsen und Ralf Kopp, Hrsg., Forschen - lernen - beraten. Der Wandel von Wissensproduktion und -transfer in den Sozialwissenschaften. Berlin: Edition Sigma 2003, S. 71-91

- und Veronika Tacke, „Als-ob-Professionalisierung in der Soziologie. Überlegungen zu einer 'nachhaltigen' Lehre am Beispiel der Organisationssoziologie", Soziologie (2003, 32. Jg., Heft 2), S. 5-22

Lamnek, Siegfried, Hrsg., Soziologie als Beruf in Europa. Ausbildung und Professionalisierung von Soziologinnen und Soziologen im europäischen Vergleich. Berlin: Edition Sigma 1993

Mannheim, Karl, Die Gegenwartsaufgaben der Soziologie. Ihre Lehrgestalt. Tübingen: Mohr (Siebeck) 1932

Matthes, Joachim, Einführung in das Studium der Soziologie. Reinbek bei Hamburg: Rowohlt 1973

Morel, Julius, „Soziologie im Konzert der Berufe. Gedanken zum Berufsbild der Soziologen", Sozialwissenschaften und Berufspraxis (1997, 20. Jg. Heft 3), S. 255-272

Oehler, Christoph, „Zur Lehrgestalt der Soziologie in den Studiengängen des Sozialwesens (Sozialarbeit und Sozialpädagogik)", Soziologie (2000, 29. Jg., Heft4), S. 41-50

- „Lehrgestalt und Berufsbezüge der Soziologie", Soziologie (2001, 30. Jg. , Heft 3), S. 5-23

- und Christian Solle, „Die Lehrgestalt der Soziologie in der grundlagenwissenschaftlichen Ausbildung für die Lehrämter", Soziologie (2000, 29. Jg., Heft 1), S.28-35

Sommerkorn, Ingrid N., „Ein altes Leitmotiv der Soziologie. Auf der Suche nach ihrer Lehrgestalt. Ein Tagungsbericht und Handlungsperspektiven" in: Sommerkorn, Ingrid N., Hrsg., Lehren und Lernen in der Soziologie heute. Aktuelle Fragen zu einem alten Problem. Berlin: Edition Sigma 1990, S. 11-21

Strübing, Jörg, „Soziologie als Fiktion? Zum beruflichen Selbstverständnis berufstätiger Soziologen außerhalb der Universitäten", Sozialwissenschaften und Berufspraxis (1997, 20. Jg. Heft 2), S. 154-171

Tenbruck, Friedrich, H., Die unbewältigten Sozialwissenschaften, oder: Die Abschaffung des Menschen. Graz, Wien, Köln: Styria 1984

Eberhard Hüppe

Fenster zu Brahms
Beobachtungsstrukturen in Thomas Adès' Orchesterlied *Brahms* (2001)

I.

Stilistische Operationen sind im 20. Jahrhundert Merkmal einer Funktionalität geworden, die sich selbstreflexiv auf das Kunstsystem bezieht. In der Kunst der Moderne wird mit Zeit und 'auf Zeit' gespielt. Im Historismus des 19. Jahrhunderts verwurzelt, entdeckt die Moderne die Beobachtung stilistischer Operationen als Möglichkeit zu erkunden, wie sich eine künftige Entwicklung des Kunstsystems aus der Thematisierung eines insgesamt kumulativen Prozesses gestalten könnte. Der Zeitraum für Anschlussselektionen kann leicht ganze Jahrhunderte überspringen. Dass nicht nur der Faktor Zeit, sondern auch der Faktor Raum für die Entwicklung des Kunstsystems eine gleichwertige Rolle spielt, diese Umstellung auf ein neues Raum-Zeit-Verhältnis, in dem auch Entwicklung räumlich differiert, leitet zu einer Problematik über, die unter dem Begriff Postmoderne Gegenstand unzähliger Kontroversen geworden ist. Postmoderne, verstanden als eine heterogene und - unter Hinzurechnung der räumlichen Mannigfaltigkeit - heterotope Gemengelage von stilistischen Operationen, steht erstens für eine radikale Kontextualisierung, zweitens für Operationen mit Zitaten, Stilkopien, Allusionen, Simulakren und Arrangements. Sie erkundet drittens Chancen der Transformation und Transmutation durch Multiplikation, Fragmentierung und Dekonstruktion. Was sind viertens die Folgen kombinatorischer Verfahren, die an traditionellen Formenbeständen ausprobiert werden, und worin besteht ihr Nutzen? Zuflucht gewähren ironische Inszenierung und Distanzierung als Variante von Reflexion.

Der ständige Fluss des Veraltens, der Innovation, der Rekurse und ironischer Distanzierung scheint zu bewirken, dass Selbstreferenz und Fremdreferenz nach Belieben die Plätze zu tauschen vermögen, mit Folgen für die Fremdreferenz, so dass sich die „Reflexionstheorie des Kunstsystems", so Niklas Luhmann, schließlich „selber mit Hilfe von Kunstwerken"[1] darstellt. Ist die Grenze funktionaler Differenzierbarkeit erreicht; hat 'die' Postmoderne den Zauber der Entdifferenzierung erfolgreich vollbracht? Um Widersprüchen, auch um einer schillernden, in sich inkonsistenten Debatte über Klischees, was Postmoderne sei, zu entgehen, ist es erforderlich, von der Entwicklung des Kunstsystems nach Pierre Bourdieu als von einem kumulativen Modus auszugehen, der sicherstellt, dass „Kunstgeschichte wirklich unumkehrbar"[2] verläuft. So brauchen sich das „Copieren des Alten" und „Ausprobieren neuer Kombinationen"[3] eben nicht gegenseitig auszuschließen. Es geht vielmehr darum, Konstruktionen von Wirklichkeit zu untersuchen, die zum Bereich der Thematisierung von Wahrnehmungs- und Beobachtungsstrukturen der jüngsten Moderne gehören und möglicherweise einen Strukturwandel der Wahrnehmung einleiten. Das schließt ein, dass Reflexivität kompositorisch inszeniert und selbst zum Gegenstand von Reflexion gemacht werden kann.[4] Damit können Phänomene in der Musikentwicklung seit dem 20. Jahrhundert erfasst werden, für die die Beobachtung zweiter Ordnung nicht mehr ausreicht. Der Reflexionsmodus, den Luhmann selbst vorgeschlagen hat, ist eine „Beobachtung dritter Ordnung in der Form einer Beschreibung eines sich selbst beschreibenden Systems"[5].

Dass sich Theodor W. Adornos Musikästhetik hierzu völlig kontrovers verhält, braucht kaum besonders betont zu werden. Die Zurückweisung von Kontingenz als notwendiger Faktor von Entwicklung trennt ihn von Luhmann. Die Anforderungen an eine Theorie und Logik der Praxis, wie sie Bourdieu vertritt, sind unvereinbar mit der Praxis-Kritik der *Ästhetischen Theorie.*[6] Indessen eignet sich Adornos Strawinskij-Kritik als Kronzeugin dafür, wie sich im Kunstsystem, Abteilung Musik, eine Beobachtung dritter Ordnung entwickelt, die auf einer eigenen kumulativen Struktur basiert. Stilistische Operationen lassen sich bis ins 18. Jahrhundert zurückverfolgen. Adornos Genealogie einer „Musik über Musik"[7] beginnt mit Mozarts Händelimitationen, und sie weist Richard Wagners *Meistersingern von Nürnberg*, der stilistische Surrogate in dramaturgischer Absicht anbietet, eine besondere Rolle dabei zu (wir werden Wagners Abneigung gegen stilistische Maskeraden noch kennen lernen).[8]

II.

Ich interessiere mich deswegen für das Orchesterlied *Brahms* des 1971 geborenen englischen Komponisten Thomas Adès als Fallbeispiel, weil der Komponist Multiplikation, Fragmentierung und Dekonstruktion als Vorgehensweisen einsetzt, um kompositorische Reflexion durch die Anordnung von Beobachtungen ironisch herunterzubrechen. Dabei wird auf historische Wissensbestände zurückgegriffen. Der Komponist benutzt sie als verfügbare Reservoirs. Strukturbildungen beruhen auf Vernetzungen nicht bloß von mehreren Texten; es geht um die Bezüge der dahinter stehenden Beobachtungsebenen als reflexives Vexierspiel. „Brahms" wird kopiert, indem seine Möglichkeiten kombinatorisch neu durchprobiert und neu selektiert werden. Funktionieren kann ein solches Arrangement jedoch nur, wenn der Komponist eine genaue Kenntnis Brahms'scher Stilprinzipien besitzt und zugleich in der Lage ist, diese so zu reproduzieren, dass sie nicht wie der Versuch klingen, Brahms bloß zu imitieren. Deshalb könnte man von der Form einer Stilprojektion sprechen, in der bestimmte Stilmerkmale als Invarianten erkennbar bleiben, obwohl das Bezugssystem gewechselt hat. Aus der musikalischen Analyse müssten sich deshalb sowohl theoretische Aussagen über den kopierten kompositorischen Stil rekonstruieren lassen, Aussagen über das Stilverstehen von Adès, als auch Aussagen über die operative Struktur und das Institut, die zur Bedingung der Möglichkeit des Kopierens hinzugehören. So trägt die Komposition dennoch alle Merkmale einer individuellen Handhabung des musikalischen Materials.

Als Textgrundlage für sein Orchesterlied wählte Adès eines von drei Gedichten von Alfred Brendel aus, die sich mit Johannes Brahms beschäftigen.[9] Den Anlass zur Komposition gab der 70. Geburtstag des Pianisten Brendel am 5. Januar 2001. Brendel - Widmungsträger des Lieds - ist neben seiner Tätigkeit als Pianist auch als Lyriker hervorgetreten, insbesondere als Verfasser grotesker Texte, die sich meistenteils um musikalische Sujets drehen.

Wenn nachts das Gespenst erscheint
und sich ums Klavier herumtreibt
dann wissen wir
Brahms ist gekommen
Das wäre weiter nicht schlimm
wenn nicht dieser Zigarrengeruch
das Musikzimmer tagelang verpesten würde
Schlimmer noch
ist allerdings sein Klavierspiel
Dieses Gewühl durch Akkorde und Doppeloktaven
weckt sogar die Kinder aus ihrem Tiefschlaf
Schon wieder Brahms
heulen sie
und halten sich die Ohren zu
Verstimmt und rauchend steht der Flügel da
wenn Brahms sich erhebt
Brahms
sagt er mehrmals mit klagender Tenorstimme
bevor er verschwindet

Brendels ironische Auseinandersetzung mit Brahms lehnt sich literarisch an Oscar Wildes satirisches Märchen *The Canterville Ghost* an. Die Stelle typischer Klischees, mit denen Gespenster ihre Umgebung zu erschrecken pflegen und Kinder um den Schlaf bringen, nimmt Brahms mit seinem Klavierspiel ein. Statt blutiger Flecken auf dem Fußboden, die mit geeigneten Reinigungsmitteln entfernt werden müssen, reicht es, das Fenster zu öffnen, damit sich der Zigarrengeruch nach Erscheinung wieder verzieht.

Sachlich - und das ist für Adès' Komposition relevant - bezieht sich Brendel als Interpret erstens auf den oft massiven und sonoren Charakter des Brahms'schen Klaviersatzes. Brendels Schwerpunkt seiner eigenen pianistischen Beschäftigung mit Brahms liegt seit geraumer Zeit vor allem auf den *Klavierkonzerten* in d-Moll op. 15 und in B-Dur op. 83, während die Interpretation der Solowerke eher der Frühzeit von Brendels pianistischer Karriere angehört. Dass Musik und Zigarren beim 'Verpesten' von Räumen eine unheilige akustisch-olfaktorische Allianz eingehen können, wird zweitens durch zahlreiche überlieferte Photographien und Karikaturen motiviert, auf denen Brahms als Zigarrenraucher zu besichtigen ist. Drittens bereichert das Wissen um die Stimmlage eines Menschen die Vorstellung seiner Gegenwart. Der Flügel scheint, nachdem er wie oben beschrieben traktiert wurde, mit Brahms' hoher tenoraler Kopfstimme zu sprechen - ungefähr so, wie sich ein Opfer mit dem Täter identifiziert ...

III.

Wie beobachtet Adès Brahms? Mit der Orchesterbesetzung des Liedes zitiert Adès das Instrumentarium von Brahms' *Vierter Symphonie* in e-Moll op. 98: 2 Flöten (2. mit Piccolo), 2 Oboen, 2 Klarinetten, 2 Fagotte, Kontrafagott, 4 Hörner, 2 Trompeten, 3 Posaunen, Pauken, Schlagwerk (etwas erweitert: Brahms verwendet nur einen Triangel), sowie Streichorchester. Die Besetzung des Lieds mit einem Bariton zitiert die *Vier ernsten Gesänge* op. 121.

Zu Beginn des Liedes (Takte 1-8) hören wir Ketten von ineinander verschachtelten Terzfolgen in Terzparallelen, die den ganzen Tonraum ausfüllen (s. folgende Seite).

Auf Terzfolgen beruht auch die Grundstruktur des ersten Themas der *Vierten Symphonie*. Die (klingende) Tonfolge h^3-g^3-e^3-c^3 in der Piccoloflöte spielt auf den Beginn der Symphonie an. Häufungen von Terzen bis hin zu Terzschichtungen - so im *Intermezzo* für Klavier in h-Moll op. 119 Nr. 1 - verleihen Klang und Struktur des Brahms'schen Spätwerks eine auffällige Charakteristik. Zufälligerweise (?) entwickelt Brahms aus dem gleichen Tonmaterial den Beginn des Liedes *„O Tod, wie bitter bist du"* aus den *Vier ernsten Gesängen* (s. S. 217).

Indem Adès den gesamten Kompositionsprozess auf die Terz als Strukturgeber abstellt, macht er die ironische Absicht durch die Vordergründigkeit der Übertreibung plastisch. Der Gebrauch anderer Intervalle geht auf daran anschließende strukturelle Verknüpfungen, melodische Linien, Zitate oder Auffüllungen zurück. Bei den besagten strukturellen Verknüpfungen ist die Terz-Sekund-Kombination von zentraler Bedeutung.

Aus der streng beibehaltenen Abfolge von fallender großer Terz und steigender kleinen Sekunde entwickelt Adès den Anfang des Gesangsparts (Takte 9-18), wobei allmählich Komplementärintervalle[10] hineingemischt werden. Ab Takt 21 lockert Adès

Abbildung 1: Notenbeispiel Adès. Erste Partiturseite

Abbildung 2: Notenbeispiel Brahms. Thema op. 98, Anfangstakte op. 119 Nr. 1, Anfang op. 121 Nr. 3

die Systematik, ab Takt 27 setzt eine wellenartige Bewegung von Septakkordbrechungen ein; dem Sekundschritt kommt hierbei die Aufgabe zu, die Tonhöhen der Akkordbrechungen mit Variation zu versehen. Um den Zigarrengeruch musikalisch darzustellen, führt Adès die vorige Septakkordbrechung mit Sekunde auf ein Zitat zurück, das dem *Capriccio* in d-Moll aus den *Fantasien* op. 116 für Klavier entlehnt ist. Das Motiv wird multipliziert, es wird zur Funktion einer aus ihm entwickelten Klangumgebung (ab Takt 30). Im späteren Verlauf erweitert Adès die Intervallgrößen (insb. ab Takt 45), um textausdeutend die Oktaven und Doppeloktaven zur Geltung zu bringen. Die episodische Verkleinerung der Intervalle bis in den Sekundbereich illustriert das 'Gewühl' (ab Takt 53). In Takt 76, nach einer Generalpause, die das Ohrenzuhalten sinnfällig macht, kehrt Adès gleichsam zum Anfang zurück, indem er die Tonfolge h-g-e-c in den Posaunen und tiefen Holzbläsern in der Originallage des Liedes *„O Tod, wie bitter bist du"* wiederholt. Der Bariton, der Takt 78 wieder einsetzt, nimmt die Tonfolge jedoch einen Halbton tiefer - zu tief, möchte man sagen - zu dem Wort 'verstimmt' auf. Nur das Partiturstudium deckt diesen Witz auf.

Will man aus den stichprobenartigen Betrachtungen, deren musikanalytische Vertiefung ich hier nicht vornehmen möchte, eine Bilanz des Verfahrens ziehen, so zeigt sich, dass Adès die Terzprogrammierung am Text entlang mit einem erheblichen Varianten- und Anspielungsreichtum auf Brahms'sche Texturen realisiert.

Worin liegt Brahms' parodistische Angriffsfläche? Die *Vierte Symphonie* hat Kritiker auf den Plan gerufen; neben anderen bescheinigt der Komponist Hugo Wolf dem Werk Einfallslosigkeit. Analytisch betrachtet, liegt eine einfache Sequenzstruktur vor. Sequenzen sind Wiederholungen von Tonfolgen und Harmonien auf anderen Stufen. Nicht nur Vertretern einer Genieästhetik galt der Gebrauch solcher formelhaft *anwendbarer* Strukturen als suspekt. Kenner der Musikliteratur konnten als Vorbild zudem auf einen Abschnitt aus dem 'Adagio sostenuto' (Takte 78-86) aus Beethovens *Sonate* Nr. 29 in B-Dur op. 106 für Klavier verweisen, deren Anfangsrhythmus Brahms bereits in seiner *Sonate* in C-Dur op. 1 zitiert hatte. Wegen solcher und anderer Vorkommnisse, aus der Musikliteratur stillschweigend zu zitieren - Masken 'vorzustecken', wie Richard Wagner verärgert anmerkt[11] -, eignete sich Brahms als Gegenstand der Polemik, um ihm Maskierung als Uninspiriertheit nachzuweisen. Hugo Wolf unterlegte dem Thema aus der *Vierten Symphonie* den boshaften Satz: *„Mir fällt schon wieder mal nichts ein."*

IV.

Dass der Vorwurf der Einfallslosigkeit wichtige Entwicklungen im Werk von Brahms übersehen hat, bildet den Kern der Auseinandersetzung des Essays *Brahms, der Fortschrittliche* von Arnold Schönberg.[12] Schönbergs Beitrag verdankt die Musiktheorie die Entdeckung, dass sich bei Brahms unter der Oberfläche der Tonalität Strukturbildungen abspielen, die von der traditionellen motivisch-thematischen Arbeit abstrahiert werden können. Schönberg weist nach, wie Brahms das Intervall in der *Vierten Symphonie* und in dem Lied *„O Tod, wie bitter bist du"* als Metastruktur handhabt.

Der 'Einfall' liegt nicht in der Originalität einer melodischen Erfindung, sondern in einer Strukturänderung der musikalischen Satztechnik begründet. Innovation geht aus einer *„Änderung vorhandener Wissensstrukturen"*[13] hervor. Ist aber Strukturänderung das entscheidende Kriterium für Neuheit und Entwicklung, dann lässt sich in einem kumulativen Geschehen nicht ausschließen, dass strukturelle Lücken (Bourdieu) in weiter zurückliegendem Traditionsgut entdeckt werden und Innovationen bewirken. „Künstlerische Kühnheiten, Neues oder Revolutionäres sind überhaupt nur denkbar, wenn sie innerhalb des bestehenden Systems des Möglichen in Form *struktureller* Lücken virtuell bereits existieren, die darauf zu warten scheinen, als potentielle Entwicklungslinien, als Wege möglicher Erneuerung entdeckt zu werden."[14] Damit ergibt sich unversehens eine weitere Beobachtungsschicht.

Wenn Brahms gegen Ende des letzten Satzes seiner *Vierten Symphonie* einige Variationen durch nacheinanderfolgende Terzen ausführt,

Beispiel 10

enthüllt er die Verwandtschaft des Passacaglia-Themas mit dem ersten Satz. Eine Quinte aufwärts transponiert,

Beispiel 11

ist es mit den ersten acht Tönen des Hauptthemas identisch,

Beispiel 12

und das Passacaglia-Thema läßt in der ersten Hälfte die kontrapunktische Verbindung mit den absteigenden Terzen zu.

Beispiel 13

Beispiel 47

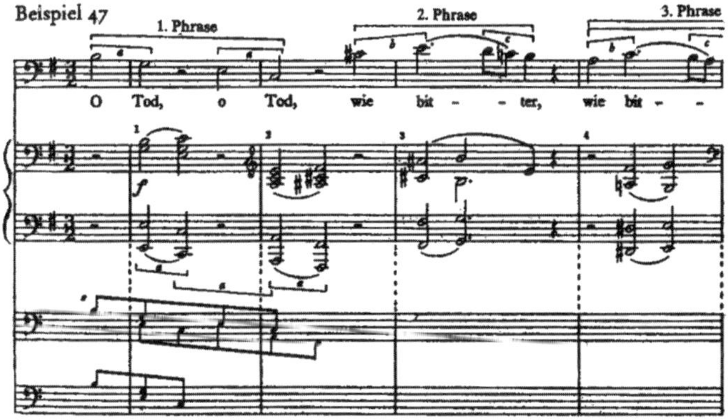

Abbildung 3

Adès' Dekonstruktion Brahms'scher Terzstrukturen setzt nämlich die Kenntnis der oben genannten Schönberg'schen Analyse voraus. Er bezieht Schönbergs Brahms-Beobachtung in seine Komposition mit ein. Seine stilistische Operation verläuft demnach über die Beobachtung einer strukturellen Lücke, die durch Schönberg musiktheoretisch an Brahms manifestiert worden ist. Eine Schönberg-Allusion, kaum merklich, begleitet das Verschwinden der Brahms-Erscheinung am Schluss des Liedes. Eine ausgeterzte Quartenfolge in den Klarinetten und Flöten erinnert an das Quartenthema der *Kammersymphonie* in E-Dur op. 9 (1906) Schönbergs, ein Schlüsselwerk der musikalischen Moderne.

Abbildung 4

Wie ist Schönbergs Rolle bei der Vermittlung von kompositorischer Praxis und ihrer musiktheoretischen Reflexion situiert? Schönberg hat mit seiner *Harmonielehre* (1911) den Schritt vollzogen, dass sich die Musiktheorie, bis dahin Hüterin normativer Regelwerke und Medium akademischer Kritik, auch zur Legitimierung von musikalischer Innovation instrumentalisieren lässt. Mehr noch: Die Verankerung musikalischer Innovation durch Rückbezug auf eine orthodoxe Position im musikalischen Feld, als deren Repräsentant Brahms gilt, stärkt den Innovationsanspruch dann, wenn es gelingt, Innovation in einem orthodoxen Traditionsanspruch glaubhaft zu verorten. „Keiner ist stärker an die eigene Tradition des Feldes gebunden als der Avantgardist",[15] und Schönberg repräsentiert diese Position in ebenso exemplarischer Weise wie Igor Strawinskij und Claude Debussy, deren Zugangsweisen sich von Schönberg in der Wahl der operativen Ebene (vor einem jeweils anderen national-kulturellen Hintergrund) unterscheiden. Didaktische Züge etwa in Werk und Theorie von Paul Hindemith (*Unterweisung im Tonsatz*, 1937), Igor Strawinskij (*Poétique musicale*, 1939/40) oder Olivier Messiaen (*Technique de mon langage musicale*, 1944) bis zu dem Selbstkommentierungsverhalten fast sämtlicher zeitgenössischen Komponisten und Komponistinnen umreißen seither die Programmatik selbstrefentieller Verwicklungen zwischen Theorie und Kompositionspraxis: „Wie kann in Kunstwerken beobachtbar gemacht werden, daß das Kunstwerk seine eigene Beschreibung enthält?"[16] Dies leistet bei Adès die dekonstruktiv herbeigeführte ironische Distanzierung, die eine auditiv nachweisbare Doppelbödigkeit produziert, als ob sich zwei Wahrnehmungsebenen überlagerten: eine, die dem späten 19. Jahrhundert zuzurechnen ist, und eine, die - aus welchen Gründen auch immer - diese Zuordnung hintergeht.[17]

V.

Meine bisherigen Ausführungen haben gezeigt, wie verschiedene Beobachtungsebenen, die geringfügig über Brahms hinausreichen, sich bei Adès bündeln und in ein Produkt einmünden. Als Kontext fungierte im Wesentlichen Tradition, verstanden als eine bestimmte Lesart von Musikgeschichte, deren Hierarchien geklärt sind. Für Adès musikalische Entwicklung und seine operative Beobachtung von Brahms gilt, dass sie im Kontext der englischen Musikgeschichte zu sehen ist - und diese unterscheidet sich in mancher Hinsicht von kontinentalen Entwicklungen in Europa. So kommt dem Einfluss einer nachromantischen Tradition in der Musik Englands ein ungleich größeres Gewicht zu,[18] als dies etwa in Frankreich oder Deutschland der Fall ist, wo die musikalische Avantgarde im 20. Jahrhundert das kanonisierte geschichtliche Bild der jüngsten Musikentwicklung bestimmt. In Berührung mit der kontinentalen europäischen Moderne hat sich in der englischen Musik ein so genannter Eklektizismus ausgebildet, der stilistische Operationen, wie sie in Adès' Musik zu finden sind, von vornherein begünstigt.[19] Für die jüngste Komponistengeneration bleiben - abgesehen von den gleichzeitigen Einflüssen der populären Musik - trotz Humphrey Searle, Harrison Birdwistle, Jonathan Harvey oder Brian Ferneyhough als Vertreter der englischen Moderne bzw. Avantgarde auch William Turner Walton, Benjamin Britten oder auch Peter Maxwell Davies - ein Vertreter neotonaler Musik - weiterhin einflussreich.[20] Die Annahme, dass die Internationalisierung der stilistischen Entwicklung durch die Avantgarde nach dem Ende des 2. Weltkriegs bewirkt habe, dass regionale Entwicklungen an den Rand gedrängt worden seien, stellt die tatsächliche

Entwicklung insofern auf den Kopf, weil regionale Entwicklungen durch die Internationalisierung die Chance erhalten haben, weltweit verbreitet zu werden. Die spezifische Beschaffenheit der englischen Musikgeschichte schafft, so meine These, die Basis für eine integrationskulturelle Umgebung musikalischer Strömungen, die es erlaubt, dass traditionelle, avantgardistische und populäre Musikstile nicht nur koexistieren, sondern sich gegenseitig auch kombinatorisch begegnen - so meine These. Das musikalische Material mag historisch sein; die Verfahrensweisen, mit deren Hilfe Adès eine Brahms-Epiphanie herbeiführt, sind gegenwärtige. Multiplikatorische Strukturbildungen, die vorhandenes Material 'einbetten', lassen an Pierre Boulez denken. Die Arbeit mit Strukturen von unterschiedlichen Ordnungsgraden verweist ebenfalls auf serielle Vorbilder, etwa auf Karlheinz Stockhausen. Tonalität wird zum Effekt dekonstruierter Terzspektren. Adès musikalisches Schaffen ist dadurch charakterisierbar, dass seine Auffassung vom musikalischen Material topologisch geprägt ist.

Um diesen Gedanken weiter ausarbeiten zu können wäre es erforderlich, für musikalische Entwicklungen eine topologische Forschungsperspektive einzuführen, in der auch regional differierende Entwicklungen angemessen integriert werden können. Ein Vorstoß in eine solche Richtung wurde in der Musikwissenschaft zwar bereits in Ansätzen von Carl Dahlhaus unternommen, ist seither jedoch nicht weiter verfolgt worden.[21] Bewertungen wie etwa 'konservativ' oder 'eklektizistisch' werden, wenn sie regionale Differenzen benennen wollen, die eine eigene Entwicklungs-, vielleicht Fortschrittsdynamik besitzen, jedenfalls zu Bezeichnungen, die auf der Grundlage heimisch gültiger Kriterien in Wirklichkeit zunächst einmal Fremdheit signalisieren. Das Fremde begegnet uns hier in der Gestalt von etwas längst Bekanntem,[22] das in einem anderen Kontext eine Fortsetzung gefunden hat, deren stilimmanente, strukturelle Ursachen wir vorerst nicht bezeichnen können oder wollen.

VI.

Mit der Akademisierung der Musikausbildung bringe ich zuletzt eine weitere Ebene ins Spiel, die eine operationale Beobachtung von Brahms vorstrukturiert. Während ihrer Ausbildung sollen sich angehende Musiker und Musikerinnen mit der stilistischen und strukturellen Beschaffenheit von Musik auseinandersetzen, indem sie bestimmte Werke von bestimmten Komponisten, die an bestimmten Stellen auf dem musikalischen Feld eine kanonische Gültigkeit besitzen, untersuchen. Das impliziert zugleich, dass die Fähigkeit Stile zu unterscheiden gelehrt und gelernt wird. Die nähere Zielsetzung besteht in der Anfertigung von Stilkopien, in denen die auf analytischem Wege gewonnenen Erkenntnisse über den musikalischen Satz mit vorhandenen auditiven und praktischen Erfahrungen verbunden werden sollen. Der Grad („Qualität") der Annäherung einer Stilkopie an das Original lässt dann auf eine erworbene

Handlungskompetenz als Verstehen schließen. Nebenbei wird deutlich, dass es unmöglich ist, Epigonen zu imitieren. In der Vermittlung einer allgemeinen, auf Flexibilität und Übertragbarkeit eingestellten handwerklichen Befähigung liegt die weitere Zielsetzung der satztechnischen Ausbildung. Die Reproduktion von Palestrina-Sätzen und von Bach-Chorälen gehört zu den (derzeit noch) traditionell üblichen Studien, die musikalisches Handwerk am Beispiel kanonisierter Satztechniken vermitteln sollen. Vorzugsweise in der Kontrapunktlehre ist es möglich, strenge normative Vorschriften, satztechnische Disziplin, stilistische Reinheit und didaktische Zielsetzungen auf das Innigste miteinander zu vereinen. Mit der Einübung in normative satztechnische Regelwerke wird ein Beitrag zum Erhalt musikalischer Traditionen geleistet, jedoch so, dass im Verlauf der Musikgeschichte immer wieder neue, und zwar individuelle Schlussfolgerungen aus der Übertragung dieser satztechnischen Grundlagen gezogen werden können. Darüber hinaus werden damit „die stilistischen Prinzipien" im musikalischen Bildungssystem auf handwerklicher Ebene als „Hauptgegenstand von Positionsbestimmungen" eingeführt, wobei die Forderung gilt, dass sie „zugleich in den Werken immer strikter und perfekter angewandt"[23] werden sollen. Nur so ist zu erklären, dass seit dem 19. Jahrhundert europaweit eine Unmenge von Lehrbüchern zu allen satztechnischen Disziplinen erschienen ist, die die Erlangung von stilistischer Perfektion als Aneignung fremder Selbstreferenz didaktisch in den Vordergrund stellen.[24] Dieser Aspekt ist für die stilistische Positionierung von Brahms historisch wesentlich.

Brahms gehört einer Generation von Komponisten an, zu der auch Anton Bruckner und Peter Tschaikowskij zu rechnen sind,[25] deren musikalische Prägung weitgehend bereits von akademisierten Lehrauffassungen bestimmt worden ist. Maßgeblich für Brahms ist die Lehre des Musiktheoretikers Adolf Bernhard Marx, dessen Schrift *Die Lehre von der musikalischen Komposition praktisch-theoretisch*, die in vier Bänden von 1837 bis 1848 in Leipzig erschien, die Lehre der Musiktheorie in Deutschland nachhaltig geprägt und ihre Institutionalisierung vorangetrieben hat.[26] Auch der von Carl Friedrich Zelter ausgebildete Felix Mendelssohn-Bartholdy nimmt bereits explizit Bezug auf musikalische Traditionen - und zwar als Möglichkeit zur Absicherung eines kompositorischen Handelns, das sich auf einen entstehenden musikalischen Bildungsbegriff[27] stützen kann. Eine Schlüsselstellung kommt hierbei der Kontrapunktlehre zu, die sich - obligatorischer Bestandteil der Ausbildung an allen Musikakademien und Konservatorien - zur 'Königsdisziplin' in Angelegenheiten satztechnischer Kompetenz entwickelt.[28] In der Fuge findet der Kontrapunkt seinen anspruchsvollsten strukturellen Ausdruck. Mendelssohn schrieb um 1822/23 zwölf Streichersymphonien, die als Aufgabenstellung von Zelter eine stilistische und satztechnische Auseinandersetzung mit Werken Johann Sebastian und Carl Philipp Emanuel Bachs demonstrieren sollte (*Wohltemperiertes Klavier*; *Sechs Symphonien für Streicher und Basso continuo*). Das Erlernen und die Anwendung kontrapunktischer Techniken erfolgt jetzt explizit in dem Bewusstsein, dass es sich um historische Techniken handelt.

VII.

Die Rolle der *imitatio*, die an den gezeigten Beispielen unter pädagogischer Anleitung steht, folgt noch zu Anfang des 18. Jahrhunderts einer aggregativ strukturierten Ordnung, in der der Bezug von Funktionalität und Stil auch räumlich zur Erscheinung gelangt. Mit Bezeichnungen wie „Kammerstil", „Kirchenstil", „Theaterstil" wurden mit Hilfe räumlicher Zuordnungen Aussagen gemacht über bestimmte formale, gestische und texturale Erwartungen und praktische Erfordernisse, beispielsweise akustische, die an eine zu komponierende Musik zu stellen waren. Diese mussten sich angehende Musiker nach bestehenden Regelwerken aneignen, die sich ihrerseits auf übergeordnete und nicht hinterfragbare Ordo-Prinzipien beriefen. Lassen wir die Metaphysik jedoch einmal beiseite. Wie nehmen Komponisten einander wahr, um voneinander zu lernen? Wie hierbei die Regeln des musikalischen Feldes funktionieren, sei an folgendem historischen Beispiel verdeutlicht.

In seinem Komponistenlexikon, die *Grundlage einer Ehren-Pforte* (1740), lässt der Musikwissenschaftler, Musiktheoretiker und Komponist Johannes Mattheson Komponisten und Kollegen im Selbstzeugnis zu Wort kommen. So etwa Johann Francisci, der betont, dass er „am meisten aber die Untersuchung guter und reiner Componisten Notenarbeit in Partitur"[29] für die eigene Orientierung herangezogen habe. Dass er „die Partituren der größten Componisten auf das fleißigste durchsahe, und mir die sonderbarsten und schönsten Sätze und Kunstgriffe anmerckte,"[30] schreibt Johann Adolph Scheibe. Lorenz Christoph Mizlers Bericht von seinem kompositorischen Werdegang bezieht neben der Wichtigkeit der Partituren das Hören von Musik und das Studium von musiktheoretischen Lehrwerken in seine Darstellung mit ein. „In der Composition", so Mizler über sich selbst, „hat er sich durch Lesung guter Bücher; Anhörung guter Musiken; Durchsehung vieler Partituren von guten Meistern"[31], musikalisch herangebildet. Georg Philipp Telemann verbindet seine Äußerungen mit konkreten Namen aus der jüngeren Vergangenheit. „Die Sätze von Steffani und Rosenmüller, von Corelli und Caldara erwählte ich mir hier zu Mustern."[32] Welche Reputation schließlich Telemann unter seinen Zeitgenossen besitzt, deutet sich bei Johann Balthasar Reimann an: „Im Setzen erwehlte mir des berühmten Telemanns Sachen".[33] Um das Komponieren zu erlernen, ist das Beobachten anerkannter Werke von anerkannten Komponisten notwendig.[34]

Um die Mitte des 18. Jahrhundert ist die aggregative Struktur von Funktionalität und Stil ins Rutschen geraten. Kompositorische Praktiken unterliegen jetzt individuellen, expressiven Zielsetzungen, die über den gattungstechnischen und gattungsästhetischen Kontext der verwendeten Stile entscheiden. Überraschung, Spontaneität und Leidenschaft des Erlebens („empfindsamer Stil") bilden nun den Bezugshorizont von Funktionalität und Stil, der sich an dem Ausdrucksbedürfnis einer aufgeklärten bürgerlichen Subjektivität orientiert. In dem Maße, wie sich als Folge dieser Entwicklung jedoch zeigt, dass „die Kunst nicht mehr nur für die Ordnung ihrer eigenen Mittel, sondern zugleich auch für den eigenen Weltentwurf sorgen"[35] muss. In dem Maße entdecken Komponisten die Möglichkeit, Stilentwicklung als etwas zu begreifen, was sich seitens des Künstlers für gezielte, investigative Eingriffe nutzen lässt. Eingreifen lässt sich freilich natürlich nur in etwas, das vorhanden ist.

Das Wissenschaftssystem hat dazu beigetragen, die kumulative Entwicklungsstruktur des Kunstsystems durch Forschungsdisziplinen wie Musik-, Literatur- und Kunstwissenschaft bewusst und damit verfügbar zu machen. Diese Tatsache ist unentbehrlich für das daran gekoppelte Bildungssystem. Schauen wir dazu ebenfalls wieder in das 18. Jahrhundert. Es ist ein veränderter Wirklichkeitsbegriff der Aufklärung, der Wissen und Bildung im Umfeld pädagogischer Vorstellungen der Aufklärung neu definiert. Hierfür hat Hans Blumenberg einen „Wirklichkeitsbegriff des offenen Kontextes"[36] vorgeschlagen, der „die Qualität des Neuen, des überraschend-unvertrauten Elementes, sowohl als theoretische wie auch als ästhetische Qualität legitimiert". Hinter der Thematisierung des überraschend-unvertrauten Elements verbirgt sich die Erwartung, dass es weitergeht. Damit aber die Potentiale für Fortsetzung, Neuheit und Überraschung optimal positioniert werden können, bietet es sich an, Wissen zu sammeln und zu klassifizieren, zu *enzyklopädisieren*: Wie sind die Bedingungen von Neuheit beschaffen, fragt Blumenberg mit Blick auf Denis Diderots Artikel *„Encyclopédie"* aus dem gleichnamigen epochalen Werk, wenn sich die Erwartungen von Neuheit auf die Reflexion bezieht, „wo man sich denn befindet und wie es weitergehen solle"[37]? Blumenberg bringt in Bezug auf die *„Encyclopédie"* den Gedanken einer Topographie des Wissens ins Spiel. Eine an Fortschritt interessierte reflexive und selbstbewusste Neugierde solle „sich nicht nur als Bewegung begreifen", „sondern sie müsse auch ihre Topographie zu erfassen suchen",[38] um sich zu orientieren.

Die Konsequenzen für das Wissenschaftssystem und das Kunstsystem sind hinsichtlich ihres Entwicklungsmodus nicht die gleichen. Während im Wissenschaftssystem neue Erkenntnisse ältere unwiederbringlich ins wissenschaftsgeschichtliche Archiv schicken, unterstützt eine vom Bildungssystem aufbereitete Topographie des Wissens einen anderen, kunstspezifischen Stil kumulativer Entwicklung, die den Focus für Anschlussselektionen im Kunstsystem dementsprechend anders strukturiert darstellt. Der Diskurs des Räumlichen, der in der Kunst des 20. und 21. Jahrhunderts überall zu besichtigen ist, verdankt sich einem selbstreflexiven, topologischen Blick auf das Feld künstlerischer Ressourcen und Praktiken. In Koinzidenz mit anderen räumlichen Prozessen zeigt sich, dass sich Erwartungen von Veränderungen, Fortschritten, Utopien und Innovation mehr und mehr an räumlichen Betrachtungsweisen festmachen, um nach dem Wegfall teleologisch geleiteter Fortschrittsutopien - in die sich Adorno mit seiner Theorie des musikalischen Materials verstrickte - die Frage nach dem Wie des Weitergehens beantworten zu können. Michel Foucaults Rede von der Obsession des Raums im 20. Jahrhundert geht darauf ebenso ein[39] wie Fredric Jamesons Rede von den libidinösen Potentialen räumlicher Transformationen, die den Willen signalisieren, „to subject time to the service of space“[40]. Modern - oder postmodern - in diesem Sinne ist schon der *Rosenkavalier* (1909/10) von Richard Strauss, weil dessen stilistische Operationen bereits Collagepraktiken einbeziehen, die der Herstellung von räumlichen Atmosphären dienen.[41] Dass im Falle des *Rosenkavalier* das Wien um 1750 musikalisch mit dem Wien um 1850 - mit dem 'Wiener Walzer' als Topos - repräsentiert wird, dient allein der semantischen Vereindeutigung des Ortes, nicht der Zeit. An die Stelle der Stil*integration*, wie sie sich noch am Beispiel von Mozarts Bach- und Händel-Rezeption zeigt, gewinnt seitdem im 19. Jahrhundert die Stil*reproduktion* und Stil*allusion* an Aktualität, die erstens als historisierende Momente und zweitens als Verselbständigung des Bildungsaspektes in der Musik auch auditiv wahrgenommen werden wollen. Alles ist vermittelbar und wird vermittelt. Kaum eine musikalische Stilrichtung ist davon mehr ausgenommen. Die virtuelle Realität, die sich hinter Adès' Orchesterlied auftut, ist eine „Poetik des Konservatoriums“, in der Brahms als Urbild des Kompositionsprofessors (Adorno) erscheint, von dem man sich wünschen kann, dass seine imaginäre Anwesenheit Situationen von kreativer Intransparenz erzeugt. Denn: „Je mehr die Bedingungen des Verstehens verstanden werden, desto weniger ist es möglich.“[42]

Anmerkungen

1 Luhmann: 1997, S. 495.

2 Bourdieu: 1999, S. 471.

3 Luhmann: 1997, S. 492.

4 Luhmann erkennt in einer solchen Praxis allerdings eine Programmatik, die sich auf eine bestimmte Negation innerhalb des Kunstsystems stützt (vgl. Luhmann: 1997, insb. S. 472ff). Allerdings wird hierbei deutlich, worin Luhmanns Irritationen in Bezug auf die Kunstentwicklung im 20. Jahrhundert begründet liegen. Dass es trotz der Hegel'schen These vom Ende der Kunst immer noch weiter geht, dass die Kunstentwicklung ihr eigenes Ende gleichsam zum Programm gemacht hat, indem sie die Grenzen, was Kunst sei, immer wieder neu auslotet, betrachtet Luhmann als Möglichkeit zur Anwendung der Spencer'schen Figur des re-entry. Mit der Adorno'schen Version künstlerischer Negativität kommt es auf musikalischer Seite auch zu einem re-entry aller jener Kritikpunkte, die in der *Philosophie der neuen Musik* beispielsweise gegen die stilistischen Operationen Igor Strawinskys vorgetragen worden sind. Es ist die Frage, ob die Aufnahme von Positionen der Kritischen Theorie in die Systemtheorie ohne Selbstwiderspruch möglich ist.

5 Luhmann: 1997, S. 491.

6 Adorno: 1997a, zur Kritik der Kontingenz vgl. etwa S. 329, zur Praxis siehe S. 336ff.

7 In verschiedenen Perspektiven ausgeführt. Adorno: 1997b, S. 166-171.

8 Vgl. ebenda, S. 166f.

9 Brendel: 2003, S. 58. Siehe auch die beiden anderen Gedichte S. 172f. und S. 227.

10 Durch Umklappen der Intervallrichtung: große Terz wird kleine Sexte, kleine Sekunde wird große Septime.

11 ... weil Brahms in der Akademischen *Festouvertüre* op. 80 Wagner parodiert hatte. Wagner: 1883, vgl. S. 195f.

12 Schönberg: 1976, S. 35-71.

13 Luhmann: 1997, S. 217.

14 Bourdieu: 1999, S. 372.

15 Ebenda, S. 471.

16 Luhmann: 1997, S. 472.

17 Das zeigte ein Versuch des Verfassers mit Studierenden im Fach Hörerziehung: Die Studierenden wurden in zwei Gruppen (ein 4. und ein 6. Semester) unabhängig voneinander vor die Situation gestellt, das ihnen unbekannte Stück zu hören und dann stilistisch eigenständig zuzuordnen. In beiden Gruppen herrschte bald Einvernehmen darüber, das Problem einer stilistischen Zuordnung bestehe darin, dass mit dem Stück irgendetwas nicht stimme, weil zwei Ebenen gleichzeitig hörbar wären.

18 Siehe dazu Schaarwächter: 1995.

19 Vgl. ebenfalls am Beispiel der englischen Symphonik Moseler: 2002, S. 254ff.

20 Zur Bedeutung englischer Traditionen im englischen Bildungssystem siehe Pitts: 2000.

21 Vgl. Dahlhaus: 1978, S. 22.

22 Diese Problematik untersucht Waldenfels: 1997.

23 Bourdieu: 1999, S. 470.

24 Siehe Dahlhaus: 1984, S. 116ff.

25 Tschaikowskij gibt seine musikakademische Habitualisierung in seiner 1871/72 verfassten Harmonielehre weiter. Čajkovskij: 2002. Bruckners kompositorische Arbeit ist zeitlebens geprägt von einer mehr als akribischen Beachtung kontrapunktischer und syntaktischer Normen, die er dem Unterricht von Simon Sechter verdankt. Vgl. die Untersuchung von Grandjean: 2001.

26 Marx setzte sich darüber hinaus auch für bildungspolitische Ziele ein. Vgl. Marx: 1848.

27 Siehe dazu Gruhn: 1993.

28 Außerdem transportiert die Kontrapunktlehre eine spezifische Homologie zwischen dem musikalischen und religiösen Feld, weil im Bereich der Kirchenmusik historisierende kontrapunktische Formen im 19. Jahrhundert besonders häufig anzutreffen sind.

29 Johann Francisci in Mattheson: 1969, S. 77.

30 Johann Adolph Scheibe in ders., S. 313.

31 Lorenz Christoph Mizler in ders., S. 231.

32 Georg Philipp Telemann in ders., S. 357.

33 Johann Balthasar Reimann in ders., S. 292.

34 Eine genauere Untersuchung der *Ehren-Pforte* würde tiefere Einblicke in die Positionierungen der Komponisten auf dem musikalischen Feld um 1740 zeigen. So würde etwa deutlich, dass zwischen manchen Komponisten und Schulen Rivalitäten bestehen. Dass einer der bedeutendsten Komponisten in der *Ehren-Pforte* keinen Artikel erhalten hat und ansonsten auch nur marginal erwähnt wird, hat mit solchen Konflikten zu tun: Es ist Johann Sebastian Bach, an dem sich die Meinungen wegen seiner viel zu komplizierten Musik teilen.

35 Luhmann: 1997, S. 455.

36 Blumenberg: 1996, S. 496f.

37 Blumenberg: 1996, S. 271.

38 Ebenda.

39 Foucault: 1991, S. 65-72.

40 Jameson: 1991, S. 154, vgl. auch S. 160.

41 Zur Wirkungsstruktur der Atmosphäre siehe Löw: 2001, S. 204ff.

42 Luhmann: 1986, S. 82.

Literatur

Adorno, Theodor W.: Ästhetische Theorie, Gesammelte Schriften, Band 7, Frankfurt am Main 1997a

-: Philosophie der neuen Musik, Gesammelte Schriften, Band 12, Frankfurt am Main 1997b

Blumenberg, Hans: Die Legitimität der Neuzeit. Dritter Teil: Der Prozeß der theoretischen Neugierde, Frankfurt am Main 1996

Bourdieu, Pierre: Die Regeln der Kunst. Genese und Struktur des literarischen Feldes, Frankfurt am Main 1999

Brendel, Alfred: Spiegelbild und schwarzer Spuk. Gesammelte und neue Gedichte, München 2003

Čajkovskij, Pëtr Il'ič: Leitfaden zum praktischen Erlernen der Harmonie, = Èajkovskij-Studien 6, Nachdruck der deutschen Übersetzung von Paul Juon (Leipzig 1899), hrsg. v. Thomas Kohlhase, Mainz etc. 2002

Dahlhaus, Carl: „Vom Einfachen, vom Schönen und vom einfach Schönen“, in: Darmstädter Beiträge zur neuen Musik. Ferienkurse 1978, hrsg. v. Ernst Thomas, Mainz 1978, S. 22

-: „Die Musiktheorie im 18. und 19. Jahrhundert. Erster Teil. Grundzüge einer Systematik“, = Geschichte der Musiktheorie, Band 10, hrsg. v. Frieder Zaminer, Darmstadt 1984

Foucault, Michel: „Andere Räume“, in: Martin Wentz (Hrsg.), Stadt-Räume, Frankfurt/New York 1991, S. 65-72

Grandjean, Wolfgang: Metrik und Form bei Bruckner. Zahlen in den Symphonien von Anton Bruckner, Tutzing 2001

Gruhn, Wilfried: Geschichte der Musikerziehung. Eine Kultur- und Sozialgeschichte vom Gesangsunterricht der Aufklärungspädagogik zu ästhetisch-kultureller Bildung, Hofheim 1993

Jameson, Fredric: „Utopianism After the End of Utopia“, in: ders., Postmodernism, Or, The Cultural Logic of Late Capitalism, Durham 1991, S. 154, vgl. auch S. 160

Löw, Martina: Raumsoziologie, Frankfurt am Main 2001

Luhmann, Niklas: „Systeme verstehen Systeme“, in: ders. und Karl Eberhard Schorr (Hrsg.), Zwischen Intransparenz und Verstehen. Fragen an die Pädagogik, Frankfurt am Main 1986, S. 82

-: Die Kunst der Gesellschaft, Frankfurt am Main 1997

Marx, Adolf Bernhard: Die Organisation des Musikwesens im preußischen Staate. Eine Denkschrift, Berlin und Breslau 1848

Mattheson, Johannes: Grundlage einer Ehrenpforte, hrsg. v. Max Schneider, Kassel · Basel · Paris · London 1969

Moseler, Günter: „Zwischen Globalisierung der Gattung und Transformation der Form“, in: Wolfram Steinbeck/Christoph v. Blumröder, Die Symphonie im 19. und 20. Jahrhundert. Teil 2: Stationen der Symphonik seit 1900, = Handbuch der musikalischen Gattungen Band 3/2, hrsg. v. Siegfried Mauser, Laaber 2002, S. 254ff

Pitts, Stephanie: A Century of Change in Music Education, London 2000

Schaarwächter, Jürgen: Die britische Sinfonie 1914-1945, Köln 1995

Schönberg, Arnold: „Brahms, der Fortschrittliche“, in: ders., Stil und Gedanke, Stuttgart 1976, S. 35-71

Wagner, Richard: „Über das Dichten und Komponieren“, in: ders., Schriften und Dichtungen, Band 10, Leipzig 1883, vgl. S. 195f

Waldenfels, Bernhard: Topographie des Fremden. Studien zu einer Phänomenologie des Fremden 1, Frankfurt am Main 1997

Bodo Kensmann

Teuflische Gier?

Teuflische Macht der Gefühle

„Gier, die gibt es doch so nicht mehr". Bei dieser Feststellung eines Teilnehmers der Abendveranstaltung zum Thema „Kino der Gefühle: Erich von Stroheim" schwang Empörung und Unverständnis mit: Erich von Stroheims Stummfilm *Greed* (Gier nach Geld, USA 1923/24, 145 Min.) sei eine die Wirklichkeit ganz und gar verzerrende filmische Darstellung. Gestik und Mimik seien völlig übertrieben, bestenfalls vielleicht noch für damalige menschliche Verhaltensweisen zutreffend, keinesfalls aber auf heutige.

Zum Plot. Der Plot beschreibt das Grundmuster der filmisch erzählten Geschichte; mit wenigen Storyelementen angereichert: Mc. Teague, ein ehemaliger Goldminenarbeiter, arbeitet als Zahnarzt - freilich ohne Approbation - in San Franzisko. Seine junge Frau Trina hat einen Lottogewinn mit in die Ehe eingebracht, den sie krankhaft-wahnsinnig behütet. Sie treibt ihren etwas grobschlächtigen, aber gutmütigen Mann durch ihre sexuelle Kälte und krankhafte Geldgier in den beruflichen Ruin und schließlich zum Mord. Die Handlungsdynamik beruht auf einer Dreieckskonstellation: Mc. Teague hatte seine Frau durch seinen Freund Marcus kennen gelernt. Marcus greift in diese Beziehung zerstörend ein, indem er seinem ehemaligen Freund aus Gründen der Eifersucht und der Geldgier durch eine Intrige seine Existenz als Zahnarzt zunichte macht. Mc. Teague tötet Trina und ist seitdem auf der Flucht. Im Death Valley kommt es zur letzten Konfrontation zwischen ihm und Marcus. Beide sterben - an Gier.

Der Stummfilm „Greed" von Erich von Stroheim sei „ein kaltes, heiseres Teufelsgelächter". Das schrieb der Filmkritiker Willy Haas 1930 im *Film-Kurier*. (Lähn 1995, 242 (Metzler Film-Lexikon)) Und auch Willy Haas kritisierte Stroheims *Film* mit ähnlicher Stoßrichtung wie der erwähnte Teilnehmer der Abendveranstaltung zur Philosophie des Gefühls *Gier*. „Ein kaltes, heiseres Teufelsgelächter": Als ob der Teufel im Kino sich versteckt hielte und im Hintergrund sich heimlich darüber ins Fäustchen lachte, dass dem Zuschauer ein solches 'Machwerk' angetan werde und diese auch noch mit ihrem bezahlten Kinobesuch darauf hereinfallen würden. Sicherlich schwingt bei Haas ebenso mit: Man könne und dürfe den Zuschauern die im Film dargestellten Gesichts- und Charakterzüge der menschlichen Gier nicht zumuten, weil der Mensch, auch in seiner Gier, so extrem nicht sei. Der filmisch *erzählten* Story entspreche kein reales Geschehen bzw. eine realistische Geschichte. „Greed" sei, so jedenfalls Willy Haas, „der furchtbarste, ja der entsetzlichste Film, der je gemacht wurde" (ebd.), gleichsam eine filmische Verzerrung des Menschenantlitzes.

Die (rationale) Philosophie hatte lange die menschlichen (und tierischen) Gefühle vernachlässigt, wenn nicht ignoriert. Vom Kino spricht man häufig und allgemein als vom *Kino der Gefühle*, was besagen soll, dass die bewegten Bilder („motion pictures", „movies") uns vor allem *emotional* bewegen. Damit ließ sich der (ernste) Kunstanspruch des Films abweisen. Ebenso häufig gerieten der 'gefühlsselige' Film bzw. das Kino als ernst zu nehmende Gegenstände philosophischer Überlegungen erst gar nicht in den Blick Es ist also nicht uninteressant die philosophische Frage „Was ist Film?" (Bazin 2004 (1975)) mit der philosophischen Frage „Was sind Gefühle?" zusammenzuführen. Vielleicht reichen der Film oder besonders: bestimmte Filme besser an seelische Tiefenschichten heran, als die Philosophie das vermag oder bisher geleistet hat? Möglicherweise können philosophische Überlegungen zum Film und zur Filmkommunikation die philosophische Erörterung verdeckter oder versteckter Gefühle mit befördern, indem sie u.a. auch Seh(un)gewohnheiten freizulegen versuchen. Es ist um ein Philosophieren anlässlich des Mediums Film zu tun, das aber diesen Anlass mit thematisieren muss, allein um sich Klarheit darüber zu verschaffen, was das Medium Film zu leisten bzw. nicht zu leisten im Stande ist. Der Film gehört zur Literatur und erzählt mit der ihr eigenen Gestaltungsmitteln eine Geschichte. Der Film legt oder trägt keinen Argumentationsgang vor, sondern lässt bewegte Bilder - mehrdeutiger - „sprechen", die eine Handlung komponieren und vornehmlich Fragen aufwerfen wollen.

Hatte die Philosophie immer auch trägen Denkgewohnheiten entgegengearbeitet, warum sollte sie sich nicht mit der (film-)medialen Erkenntnis auseinander setzen und (träge) Sehgewohnheiten thematisieren? Und sei es nur, um Missverstehen - filmisches wie alltagssprachliches und argumentatives gleichermaßen - aufzulösen, mit guten Gründen und Argumenten. So kann man immerhin Vermeidungsstrategien und Tabuisierungen entgegentreten. Darum geht es mir bei meinen folgenden Überlegungen, wenn ich mich zunächst mit Denkgewohnheiten, danach mit Sehgewohnheiten befasse.

Das Philosophieren über ein in einem Spielfilm (in erster Linie) thematisiertes Gefühl wird früher oder später das aufgeworfene Gefühl selbst erörtern müssen. Ich will dieses zunächst und in der Hauptsache tun, hat der Leser, der diese Zeilen liest, doch diesen Text als Medium vor Augen. Am Schluss werde ich einige Überlegungen zur Rezeption von Stummfilmen vorstellen. Sie sind anlässlich des Veranstaltungsabends entstanden, an dem das Gefühl *Gier* im Zentrum stand und mit Blick auf den Stummfilm *Greed* erörtert wurden.

„Ein kaltes, heiseres Teufelsgelächter" - und wenn man damit die Gier selbst meinen würde - anders als Willy Haas, der mit dieser Metapher den „entsetzlichsten Film" Stroheims charakterisieren und kritisieren wollte? Ist dieses so verstandene mythisch aufgeladene bzw. mit dem Teufel spielende Denkbild nicht passend, ein Phänomen zu veranschaulichen, ein gleichsam „stehendes Bild" vor unserem inneren Auge, das auszumalen und genauer zur Sprache zu bringen sich lohnt?

Wo steckt der Teufel – im Detail?

Auch wenn diese Verweise im Verschwinden begriffen sind, noch spricht man von „nackter Gier", „ungezügelter Gier" und stellt sich Menschen vor, die „außer sich sind" in ihrem Verlangen, in ihrer Grabschigkeit, die Kontrolle über sich verloren haben, „alles in sich hineinstopfen", „den Hals nicht voll kriegen." „Mehr, mehr ..., sprach der kleine Hävelmann". Aber so niedlich ist das Phänomen nicht. „Habgierige Blicke", „raffende Hände", „geifernde Mäuler"... „ungehobelter Zeitgenossen". *Gier* ist *unkultiviert*. Sie ist auf den ersten Blick - vor allem bei anderen - ästhetisch abstoßend und Hand in Hand damit in moralischer Hinsicht provozierend, manchmal Ekel erregend. *Gefühle* sind bei aller *Unmittelbarkeit* auch verleiblichte, habitualisierte Erfahrungen, die nicht zuletzt ebenso auch moralische Bewertungen beherbergen: Man möchte am Liebsten wegsehen - vor Scham, etwa wenn einem der Gierige persönlich nahe steht.

Aber kann es denn nicht eine freundlich daherkommende, verhaltene, sanfte, 'kultivierte' Gier geben? Eine listige, verheimlichte oder getarnte *Gier*, gleichsam veredelt und gezügelt „im Nadelstreifenanzug"? Die Gierigen scheinen auch bemitleidenswerte, vielleicht süchtige, Menschen zu sein; jedenfalls *einzelne* Individuen unter Kontrollverlust, außerhalb der vorherrschenden kulturellen Strömungen oder an derem Rande, Ausfallserscheinungen, Einzelerscheinungen, „Randfiguren", nichts *typisch Gesellschaftliches* und seltene Zeitgenossen, die man besser meidet. Man meide sie einfach. Wo finden wir sie überhaupt? An den Wühltischen beim SSV? *Wir* jedenfalls sind nicht gierig - oder?

Ein teuflisches, bemerkens*wertes*, merk*würdiges* und befremdendes Phänomen: *Gier*

Auf den ersten Blick bedeutet „Gier" mehr und anderes als das heutzutage üblicherweise wertneutral gebrauchte „Begehren". Der Wahrig (Wörterbuch der deutschen Sprache) definiert Gier (mhd. Gir; ahd. Giri) als „auf Genuß und Befriedigung, Besitz und Erfüllung von Wünschen gerichtetes *heftiges*, *maßloses* Verlangen", auch: „ungezügelte Begierde" und: „unersättliche Gier nach Macht und Geld". Gier ist „hemmungslos" und „blind". Der Duden verweist ähnlich auf ein „maßloses Begehren, heftiges Verlangen - nach Macht, Reichtum".

Von diesen Bedeutungsdimensionen des Wortes „Gier" werde ich ausgehen. Besonders das „Maßlose" und das „Unersättliche" des Begehrens oder Verlangens interessieren mich. Heißt „maßlos" ohne jegliches Maß - von vorneherein? Aber es schwingt auch die Bedeutung mit, dass ein Maß, ein Maßstab, eine Orientierungsmarke existiert bzw. existierte, man sich aber allzu weit von dieser entfernt hat. Auch könnte allmählich und ab einem mehr oder weniger bestimmbaren Punkt „jeglicher Maßstab verloren gegangen sein“ (so eine bekannte sprachliche Wendung): Zwei Hosen sind angemessen, vier wohl ein bisschen zu viel, zwanzig drücken einen *maßlosen* - „gierigen“ - Konsum aus. Ist die Gier unersättlich und maßlos, was das Ergreifen und Besitzen angeht, so kann sie damit zugleich aber auch ungerecht sein, *falls* die maßlose Bereicherung auf Kosten der Armen geht: Die gierigen Reichen werden reicher und *dadurch* bewirkt werden die Armen ärmer. Damit sei die zweite Problemdimension der Gier angedeutet. Aber mit Blick auf die Funktionsweise der Ökonomie: *Müssen* die Reichen nicht reicher werden, damit die Armen weniger arm werden? Wenn ein - immer *relativer* Reichtum (*relativ* reicher sein, dem entspricht: *relativ* ärmer sein) - *funktional* angemessen und ggf. *deshalb* legitim ist, wie wäre dann der Übergang vom legitimen relativen Reichtum zum „Luxus“ zu bestimmen? Und in diesem Luxuskonsum müsste auch Gier zu finden sein.

Inwiefern ist Gier ein Gefühl? Im grabschigen, hastigen Haben-, Ergreifen- und Erreichenwollen ist man zweifellos gefühlsbeherrscht, ohne klaren Sinn und durch und durch sinnlichkeitsbestimmt. Alle Sinne sind aktiv, man ist voller unruhiger Aufmerksamkeit. Angst und Lust sind präsent und scheinen sich zu vermengen. Es ist eine Art *hyperaktiver* Angst-Lust wie Furcht-Lust. In der Angst um sich selbst glaubt der Gierige ins Bodenlose zu stürzen. In einer schwindelig machenden Drehbewegung um das Zentrum seines zwanghaften Ergreifen- und Festhalten-Müssens droht der völlige Verlust der Selbstkontrolle, übersteigerte Machtphantasien drücken Ohnmacht aus. So ist diese Angst zugleich mit der Furcht verkoppelt, das obskure Objekt der Begierde zu verpassen bzw. einzubüßen. Angst/Furcht gehen andererseits mit der Lust einher, es vehement ergreifen zu müssen oder ergreifen zu wollen.

Es gibt jedoch - das sei an dieser Stelle nur kurz erwähnt - auch das *passive* Gebanntsein, ebenso durch Lust-Angst gekennzeichnet: beispielsweise von einem Thriller Hitchcocks gefesselt sein. Hitchcocks „thrill“ (Lust-Angst) stellt sich mit der Ungewissheits-/Angstspannung („suspense“) der *un*heimlichen Bilder ein, in die wir gleichsam hineingesogen werden und die uns überwältigen. Dieses äußerst aufmerksame Sehen ist auch in einem bestimmten - anders akzentuiertem Sinne - „gierig“ - aber *„neugierig“*. Es ist eine Neugierde, die zunächst die Aufmerksamkeit fesselt. Aber der Cineast wird sich bereits innerhalb der Kinohöhle zu entfesseln beginnen: Zu sehr rufen die Irritationen der Sehgewohnheiten nach Erläuterungen und Erklärungen der filmischen Gestaltungsmittel bei einem Hitchcockfilm wie nach (u.a. psychoanalytischen) Deutungsversuchen. Die Neugierde wird so zur (film-)theoretischen Neugierde. Das ist eine Neugier, die zur weiteren Reflexion *befreit*.

Diese *theoretische Neugier* ist moralisch geadelt. Neugierig sein, um dann bei den Nachbarn zu klatschen und zu tratschen, wird von der Alltagsmoral demgegenüber sicherlich häufig negativ sanktioniert. Mir scheint diese „Neugier" zumeist als vergleichsweise harmlose „Gier" nach - *eigentlich unwichtigen* - Alltagsneuigkeiten (eben vornehmlich um des Klatschens und Tratschens willen) verstanden zu werden. Eine eher lässliche Kauzigkeit: „Er muss seine Nase auch in alles hineinstecken." Deshalb sehe ich diese *Neugier* als eine schwache Spielart der *Gier* an, moralisch nicht in gleichem Maße (leicht) negativ sanktioniert im Vergleich zur raffenden Gier („Raffgier") - geht es nicht um Geld, Macht oder Sex, sondern indifferent um bloße Neuigkeiten, nicht so gefangen nehmend und nicht (oder kaum) den ganzen Menschen betreffend.

Gier kann den ganzen Menschen gefangen nehmen, zu einer *Befindlichkeit* oder *Stimmungslage* sich zeitlich ausweiten und verbreitern, auch pathologisch werden. Man denke auch an sexuelle Besessenheit („sexsüchtig"). Auf den ersten Blick scheint auch die *Kleptomanie* eine Spielart der Gier zu sein: Kleptomanie („Stehltrieb") geht allerdings nicht mit einer Bereicherungsabsicht einher. Wenn man auch auf den ersten Blick von gierigem und grabschigem Zugreifen sprechen kann, so scheint doch zur „Gier" in einem starken Sinne etwas zu fehlen: eben die Bereicherungsabsicht. Wie der Wahrig sagt: ein auch „auf Besitz zielendes Verlangen". Gier in der Spielart als länger andauernde *Befindlichkeit* kann als *persönlichkeitsbestimmende Stimmung* bzw. *Stimmungslage* verstanden werden. Ein *Gefühl* - auch „Gier" als ein *Gefühl* - ist demgegenüber als ein relativ kurzfristiger Zustand definiert. Nimmt die Gier den *ganzen* Menschen triebhaft (die Grenzen zur Sucht sind fließend) gefangen, ist sie nicht mehr oder kaum noch durch die menschliche *Freiheit* in die Schranken zu weisen oder zu überwinden. Nach der christlichen Mythologie gewinnt der Teufel vollends die Oberhand, wenn eine Art „Lebensgrundentscheidung" den Menschen in seiner Begierlichkeit - nicht mehr als neutrales Begehren, sondern als „böse" Begierde - auf ein Ziel hinlenkt, das unter den Bedingungen menschlicher Freiheit in sittlicher Hinsicht *Sünde* wäre. Häufig wird die *Gier,* zusammen mit dem *Geiz,* zu den sieben Hauptsünden gerechnet (Geiz/Habsucht (greed) - avaritia), die neben den himmelsschreienden Sünden (Mord, Homosexualität, Unterdrückung der Armen) zu den *Todsünden* zählen. Manchmal werden die sieben Hauptsünden verkürzt als die „sieben Todsünden" bezeichnet: So bei Gregor I. (560-604): Hoffart, Neid, Zorn, Geiz, Unzucht, Unmäßigkeit, Trägheit (religiöse Indifferenz); bisweilen findet sich auch folgende Zusammenstellung: Gier/Geiz, Eifersucht/Neid, Eitelkeit/Stolz, Jähzorn, Wolllust/Unkeuschheit, Völlerei/Trunksucht und Schwermut/Me-lancholie. (vgl. Höfer/Rahner 1964, 1181ff)

Wichtig an dieser Stelle ist mir nur zu erwähnen, dass nach der theologischen Dogmatik der Mensch willentlich gegen Gott sündigen muss, um der göttlichen Gnade verlustig zu werden und der ewigen Verdammnis entgegenzusehen. Wenn der Teufel nicht mehr nur eine *Versuchung* darstellt, sondern ab einem bestimmten Punkt *hinter* den einzelnen Sünden als eine gottwidrige versklavende Macht wirkt, dann ist der

Mensch endgültig zu einem Feind Gottes geworden und nicht mehr zu retten, insofern er den Glauben verloren hat und auch nicht mehr auf Gnade hoffen darf, die dem Gläubigen ja zuvor gerade hilft, schwere Sünden zu meiden. Nochmals an das oben Gesagte erinnert: Der Filmkritiker Willy Haas, der 1930 im „Film-Kurier" Stroheims Film (also wohlgemerkt: den Film selbst als *erzählte* Geschichte, nicht die *gemeinte* Geschichte, ggf. das Geschehen einer Verstrickung in Gier) als ein „kaltes, heiseres Teufelsgelächter" charakterisierte, bediente sich dabei interessanterweise der Bilder der christlichen Mythologie. Sein Bildgebrauch wirkt aber überladen, wenn er in kritischer Absicht den *Film selbst* als ein Teufelsgelächter charakterisierte. Die näher liegende Metapher: Der *Gierige* ist dem triumphierenden Teufel ausgeliefert. *Übersetzt* („entmythologisiert", Bultmann) man das mythologische Bild des teuflischen Wirkens in einen der Gier verfallenen Menschen, kann man auch in einem nicht religiösem Sinne (entmythologisiertem Sinne) sagen, dass ein der Gier verfallener Mensch *bösartig* oder *boshaft* sei. Er ist dann nicht gelegentlich mal hier und da gierig oder grabschig, sondern *durch und durch* gierig, in seine Gefühle verstrickt, unter Einbuße seiner Entscheidungsfreiheit, insofern er wie von einer fremden Macht getrieben ist und beherrscht wird. Auch ganz untheologisch bzw. nicht religiös verstanden kann man unter Bosheit also eine Haltung verstehen, in der der Mensch heftig begehrend ist - anfangs willentlich -, dann aber droht der Verlust seiner Souveränität. Die Gier bestimmt dann ab einem bestimmten Punkt den Kern des Personseins, sie wird zu einer durchgängigen Haltung, zu einem verleiblichten Habitus. Dann ist auch das Verbrechen nicht fern.

Teuflische Verbrechen aus Hab-Gier

Was Augustinus (354-430) in theologischer Absicht in seinen *Bekenntnissen* zum Verbrechen aus Habgier sagt, lässt sich auch sozialpsychologisch lesen, wenn wir von dem theologischen Hintergrund absehen:

„Schöne Körper gewähren einen reizenden Anblick, ebenso wie Gold, Silber und alles Derartige, und für das Gefühl übt fleischliche Sympathie einen starken Reiz aus; [...]"

Fragt man nun nach der Ursache eines Verbrechens, so findet man keinen Glauben, wenn nicht die Begierde nach jenen Gütern, welche wir die niedrigsten nannten, als Grund nachgewiesen werden kann oder die Furcht, sie einzubüßen. Wohl sind sie schön und reizend, aber im Vergleich zu jenen höheren und selig machenden Gütern sind sie wertlos und verwerflich. Es beging einer einen Mord. Weshalb? Er liebte des Ermordeten Weib oder Gut, oder er wollte rauben, um davon zu leben, oder er fürchtete, von dem Ermordeten derartiges einzubüßen, oder Rachgier erfüllte ihn. Beging er etwa den Mord ohne Ursache und aus bloßer Freude am Mord? Das klingt unglaublich. Wird doch selbst bei jenem Wahnsinnigen und beispiellos grausamen

Menschen als Ursache seiner nutzlosen Bosheit und Grausamkeit das Wort von ihm angeführt: „Nicht soll mir in Untätigkeit Hand und Herz erschlaffen." Was war aber der wirkliche Grund? „Daß er durch die Übung im Verbrechen nach Eroberung der Stadt Ehrenstellen, Gewalt, Reichtümer erlangte und von der Furcht vor den Gesetzen aus seiner misslichen Lage, da sein Vermögen zerrüttet und sein Gewissen mit Verbrechen belastet war, befreit würde." (Augustinus, 2. Buch, 5. Kapitel)

Ist die eigentlich theologische Begründung des Verbrechens für Augustinus darin zu sehen, dass der Mensch vom Glauben abgefallen und verdorben sei und damit und *dadurch* die Gier sich des ganzen Menschen bemächtigen könne, wird, was die weitere Erklärung eines Verbrechens aus Gier im Detail angeht (mit heutigen Worten gesagt), ein sozialer Mechanismus von Selbstverstrickung angeführt (Augustinus, 2. Buch, 5. Kapitel):

Es gebe keinen Mord „ohne Ursache". Zwar verweise selbst der der Gier verfallene Wahnsinnige darauf, dass „als Ursache seiner nutzlosen Bosheit" eine Art Triebhaftigkeit, ein „Ich-konnte-nicht-anders" anzusehen sei („Nicht soll mir in Untätigkeit Hand und Herz erschlaffen"). Der „wirkliche Grund" sei nach Augustinus aber der sozialpsychologische Mechanismus des Aufschaukelungsprozesses einer Selbstverstrickung („positive Rückkoppelung", heute auch „Teufelskreislauf" genannt): Der Ausgangspunkt dieses „Teufelskreislaufs" sei - im Weiteren sich selbst verstärkend - die „Begierde nach jenen Gütern, welche wir die niedrigsten nannten". Der Gierige „liebte des Ermordeten Weib oder Gut". Ist das Gut - geblendet von Gier - durch ein Verbrechen erlangt, wird das Verbrechen - einmal auf die schiefe Bahn geraten - zur „Übung". Die Gier macht ihn skrupellos. Verbrecherisch erstrebt werden weitere Güter, und zwar *gerade auch* deshalb, weil der Verbrecher meint, „daß er [...]" sich dadurch „von der Furcht vor den Gesetzen aus seiner misslichen Lage befreien würde." Hat er „Ehrenstellen, Gewalt, Reichtümer" erlangt, meint er, sein Verbrechen kompensieren zu können: Sein von seinen Verbrechen belastetes Gewissen wäre vergessen zu machen und sein infolge seines Verbrechens zerrüttetes Vermögen wäre wieder herstellbar bzw. wieder vermehrbar. Da er (vergeblich) versucht die Folgen des Verbrechens durch weitere Verbrechen zu tilgen, bleibt er in dem *Teufelskreislauf* einer „blinden Gier" verstrickt.

Gier wird (teuflisch) „geil"!

Aus einer sinnenfeindlichen Perspektive ist - und vor allem war - bereits „Begehren" mit einer negativen Wertung konnotiert: Und besonders „Begier*lichkeit*" (mehr als länger andauernde Befindlichkeit denn als kurzzeitiges Gefühl) wurde als „sündige" Sinnlichkeit und/oder Sexualität verstanden, auch wenn in der theologischen Dogmatik gesagt wird, dass die der Freiheit vorausliegende Begierlichkeit noch nicht Sünde sei. Ungeachtet aller theologischer spitzfindigen Ausdeutungen im Einzelnen war die negative Bewertung von „Begehren“ und sinnlicher (besonders sexueller) Begierde bzw. „Begierlichkeit“ („Konkupiszenz“) im Lebensalltag von Gläubigen im christlichen Horizont der so genannten „Erbsünde“ wirkmächtig. Das kam häufig indirekt zum Ausdruck: Man ist „schamvoll“ und versteckt oder unterdrückt/beherrscht die sexuelle Begierlichkeit oder ist „schamlos“, wenn man von seiner Sexualität etwas preisgibt.

Wortbedeutungen hängen vom sozialen Kontext ihres Gebrauchs ab und unterliegen immer einem mehr oder weniger kurzfristigen Wandel. Man denke nur an die zahlreichen Umdeutungen bzw. Abwandlungen von Wortbedeutungen im Jargon von Jugendlichen: „abgreifen“, „spitze“, „klasse“, „krass“, und das Modewort als Dauerbrenner: „geil“. Bei Jugendlichen kann „geil“ fast alles heißen, was positiv besetzt ist. Es findet eine Sexualisierung der Sprache statt: Auch in (vermeintlich) seriösen Kreisen der Politik wird ein Bericht über die Gefahren von Massenvernichtungswaffen nicht mehr schlicht „zugespitzt“, sondern „sexier“ gemacht. Bemerkenswert scheint mir, dass auf der einen Seite, durch die Werbung entscheidend mitbedingt, in die Alltagssprache immer mehr Wörter aus der Sprache der Sexualität eindringen und im Kontext ihrer Verwendung zu Umdeutungen und zum Bedeutungswandel von Wörtern (gerade in ihrer Beziehung und Abgrenzung zueinander) beitragen. Anderseits aber erscheint mir der heutige *Gebrauch* von „Begierde“ und besonders: „Gier“ eher selten und zugleich die *Bedeutung* dieser Wörter „Begierde“ und „Gier“ wieder als (relativ) konstant: ein heftiges, hemmungsloses, maßloses und unersättliches Verlangen und Besitzenwollen. Weil die (sexuelle) Maßlosigkeit oder Hemmungslosigkeit bzw. das damit (ehemals) Gemeinte kein (so) starkes moralisches Problem mehr darstellt, scheint der moralische Gebrauch des Wortes *Gier* in den Hintergrund getreten zu sein. Aber die moralische Abwertung klingt noch nach. Das Wort mag sich dann altertümlich und hausbacken anhören und dessen Gebrauch als ungeeignet erscheinen.

„Geiz ist (teuflisch) geil!“

Diesen allzu bekannten Werbeslogan näher anzusehen lohnt sich: Zunächst (was die erwähnte Verknüpfung betrifft durchaus in Übereinstimmung mit dem alten moraltheologischen Verständnis; die sieben Hauptsünden) könnte man sagen: „Geiz“ gehört zur „Gier“. Man kann wohl geizig sein ohne gierig zu sein. Man denke an Knauserigkeit: Jemand verdient ruhig und ehrlich seine paar Brötchen, aber zum Muttertag ist dem Sohn *„4711“* zu verschenken zu teuer, *Ferrero-Küsschen* im Zweierpack tun es auch. Nicht jedoch kann man gierig sein ohne die Züge des Geizigen. Man stelle sich nur vor, *gierig*, also in *maßloser*, *hemmungsloser* und *unersättlicher* Weise würden Geld und Gold gerafft (oder in entsprechender Weise sich sexuell betätigt). Und anschließend würden Geld und Gold nicht sparsamst angehäuft, bewahrt und nicht ängstlich versteckt, sondern großzügig ausgegeben, verteilt und verschenkt? Es läge kein Alles-Ergreifen-*und*-Haben-Wollen (also: „Gier“) vor (eher eine Art der oben erwähnten Kleptomanie). Es muss auch das lustvoll Zusammengeraffte - vielleicht nicht mehr nur ängstlich - bewahrt, beschützt, exklusiv beansprucht und - gleichsam die andere, die Lustseite der Gier, weiter vermehrt werden. Also gehört Geiz (was das Horten und das Fehlen jeglicher Spendabilität anbetrifft) durchaus zur Gier; zwei Seiten einer Medaille, der Medaille *Gier.*

Soziale Situationen ändern den Verwendungssinn von Wörtern. Der Werbeslogan will etwas bewirken (nicht zuletzt Akzeptanz erzeugen) und ist zugleich auch Ausdruck einer sich ändernden ökonomischen Situation: „Geiz ist geil“. Ursprünglich ist „Geiz“ eine ängstlich festhaltende Geste. Jetzt sei „Geiz“ „geil“, also ein heftiges sexuelles bzw. sexualisiertes Begehren und Verlangen nach angepriesenen Gütern. Um diese zu erlangen muss man ordentlich Geld *ausgeben*. Es wird *suggeriert*: „Gebt *immer mehr* Geld aus, spart dieses *nicht*!“ Nur *scheinbar* liegt aber eine *P*aradoxie vor: „Spare dein Geld!“ *und* „Gebe es aus!“ Die Bedeutungsverschiebung bzw. Umdeutung: „Ihr *spart* beim *Ausgeben des Geldes*, weil das angepriesene Produkt unschlagbar billig im Vergleich ist.“ Was unterstellt und nicht ausdrücklich gesagt wird: Man muss sowieso konsumieren und Geld ausgeben (Prämisse). Man darf und soll dieses Geld-Ausgeben mit einem *geilen* Gefühl durchaus noch steigern. Also noch einmal gesagt: Nicht: „Seid knauserig und hortet euer Geld“, sondern: „Werft es auf den Markt, konsumiert! *Das* ist „geil“. Und man ist dabei (*quasi*) geizig, weil man seine „Kröten ja [„eigentlich“] zusammenhält“. Ein „echt geiles Gefühl“ - und ein „geiler Werbeslogan“!

Was gemeint war, aber nicht gesagt wurde: „Seid *gierig* nach den angepriesenen Produkten, die ihr alle heftig verlangt, unbedingt braucht und haben - und das heißt: besitzen - müsst!“ Das ist der moralische Imperativ der Werbung. „Begehrt heftig - ohne falsche Scham!“ und damit: „Begehrt *alles* und bedenkenlos in diesem oder jenem Kaufhaus, also: „Seid dabei *maßlos* und *unersättlich*!“.

Es kann hier nur verkürzt angedeutet werden: Spielt die Werbung auf der emotionalen Klaviatur der *Individuen*, spielt der leicht abgewandelte moralische neoliberale Imperativ des Marktes, des *Es-muss-immer-mehr-konsumiert Werden,* auch auf der *allgemein gesamtgesellschaftlichen normativen und deskriptiven Ebene*. Dann heißt es nicht, z.B.: „Geiz ist geil!“, sondern: „Die Wirtschaft (das Bruttoinlandprodukt (BIP)) muss wachsen!“, „Die Nachfrage muss angekurbelt werden!“, „Arbeitsplätze müssen geschaffen und erhalten werden!“. Diese Sollens-Gebote haben ein zweites deskriptives (beschreibendes und erklärendes) Gesicht: *So (nur so) funktioniert* auch die Wirtschaft: Gefordert wird ein (über-)proportionales Wachstum des BIP. Ein überproportionales Wachstum der Wirtschaft - gemessen am Wachstum der Arbeitsproduktivität (pro Arbeitsstunde) - ist funktional erforderlich, soll die Arbeitslosigkeit abnehmen oder wenigstens nicht (weiter) zunehmen. Was *ist* und nicht in seinen

Funktionsmechanismen als veränderlich gedacht werden kann oder darf, *soll* auch sein (eine Art *naturalistischer* Fehlschluss).

Der Massenkonsum muss auch von der Nachfrageseite her gesichert werden. Deshalb heißt die marktorientierte Kernbotschaft 'notwendigerweise': „Kauft immer mehr!" oder: „Etwas 'peppiger' bitte!": „Geiz ist geil!" oder - aber, das wäre zu gewagt: „Seid gierig! Nun, was man meint, das sagt man häufig nicht! Aber: „Kann denn Liebe ... - pardon: *Geld, Gier nach Geld* - (noch) Sünde sein", wenn bereits eine wohlverstandene Liberalisierung aber auch eine fragwürdige („Der Terror der Intimität", Sennett 1986) des sexuellen Begehrens in einer säkularisierten Welt (ohne „Scham" und „Sünde") sich durchgesetzt hat?

Teuflische Definitionsmächte

Mit der Säkularisierung ist die alte starke - religiös-moralisch aufgeladene - Bedeutung von „Gier" geschwächt und im Verschwinden begriffen. Das Phänomen, das gemeint ist oder das man mit der Zuschreibung von *Gier* unter anderer Perspektive (noch) meinen könnte, auch wenn von „geilem Geiz" gesprochen wird, wird historisch wie situativ unterschiedlich und lebensalltäglich keinesfalls einheitlich verstanden. Die Werbung hat aber Interesse daran, bestimmte den Kauf anregende Zuschreibungen oder Interpretationskonstrukte in Umlauf zu bringen: Ein heftiger und maßloser Konsum ist erwünscht. Es sei noch einmal gesagt. Aber nicht nur nach einem bestimmten Produkt, sondern auch nach volkswirtschaftlicher Lehre ist üblicherweise der „Massenkonsum" und eine gesamtgesellschaftlich angemessene - und ständig „anzukurbelnde" - Binnennachfrage gefordert. Auch der deutsche Bundeskanzler hat die Bevölkerung zu vermehrtem Konsum aufgefordert. Wenn ich auf einschlägige Werbeslogans eingegangen bin, habe ich herauszufinden versucht, wo die Gier sich gleichsam versteckt haben könnte bzw. bedeckt hält. Umdeutungen und Bedeutungswandel gerade auch moralisch aufgeladener Begriffe vollziehen sich vor allem im Kontext ökonomisch dominierter Weltanschauungen:

Ideologisch - formelhaft, sloganhaft verkürzt und verkehrt - schlugen und schlagen sich die Lehren der Volkswirtschaft in unserem Alltagsverstand nieder, etwa so: Auf dem Markt seien die Güter immer *„knapp"*, weil die Nachfrage nie zu sättigen sei. Unsere Bedürfnisse seien letztendlich unersättlich. Auch Philosophen der Neuzeit hatten sich ihren Reim auf das am Markt nachfragende Begehren gemacht. Der Cowboy im Wilden Westen in der weiten Prärie braucht einen Saloon und einen Colt und vieles, vieles andere mehr, also müssen diese „knappen Güter" hergestellt, d.h: am Markt bereitgestellt werden. Mit diesem Tenor hatte beispielsweise John Locke die Erschließung und Kolonialisierung Nordamerikas, des von den Indianern bevölkerten „Ödlands" (Locke 2003 (1690), 33), zu erklären und zu rechtfertigen gesucht. Die Indianer „kennen nicht den hundertsten Teil jener Annehmlichkeiten, deren wir uns erfreuen", „weil sie ihn [den fruchtbaren Boden] nicht durch ihre Arbeit veredeln" (ebd.). Das bürgerliche Marktsubjekt bestätigt sich und bekommt Anerkennung durch seine Arbeit, nicht mehr werden Standesunterschiede durch die adelige Herkunft gerechtfertigt. Die Arbeitsprodukte seien, weil der Arbeitsaufwand vergleichbar und messbar sei, schließlich durch Geld vermittelt austauschbar. Solange man anderen - durch die Bearbeitung des Landes nichts wegnehme und ein angehäufter Vorrat auch nicht verdürbe, so, wenn man beispielsweise Pflaumen, die nach einer Woche verfault wären, gegen Nüsse eintauschte, die sich ein ganzes Jahr aufheben ließen." - begehe man kein Unrecht. Man „vergeudete nichts von dem gemeinsamen Vorrat." „Gab er dann auch seine Nüsse für ein Stück Metall, dessen Farbe ihm gefiel, tauschte er Schafe gegen Muscheln ein oder Wolle gegen einen funkelnden Kiesel oder Diamanten, um sie ein ganzes Leben lang bei sich tragen zu können, griff er nicht in die Rechte anderer ein, mochte er von diesen beständigen Dingen noch so viele anhäufen." (37) So ist die Anhäufung von Geld für Locke unproblematisch. Seine kolonialistische Blindheit einmal unbeachtet gelassen: Die Gefahr, dass ein „gemeinsamer Vorrat" durch die allgemeine Wirtschafts- und Produktionsweise in ökologischer Hinsicht gefährdet sein könnte, konnte Locke noch nicht sehen. Das Land war groß und weit, für alle war genug da, der Westen musste und durfte erschlossen werden. Spüren wir einerseits, dass solche groß angelegten philosophischen Rechtfertigungen und Erklärungen brüchig sind und nicht mehr zu überzeugen vermögen, so kann man aber auch andererseits beobachten, dass solche „Erzählungen" als „Versatzstücke" in unserem Lebensalltag durchaus noch der Erklärung und der Legitimation dienen. Es seien die Arbeit und der menschliche Fleiß, die innovative Produkte herstellten und am Markt bereitstellten (so eben schon John Locke). Das Angebot erzeuge eine Nachfrage wie umgekehrt. Dadurch werde die Entwicklung der menschlichen Kultur befördert. Mit solchen *Erklärungen* und anderen ähnlichen *Erklärungen*, die zugleich Legitimationen der marktwirtschaftlichen Ordnung darstellen, machen wir uns auch heute noch die Funktionsweise der Gesellschaft und Wirtschaft *verständlich*, d.h.: Wir können uns in das Wünschen, Begehren und Wollen der Marktteilnehmer hineinversetzen. Und: Wir *fragen nach* am Markt. *Ich* frage nach - auch wenn Bedürfnisse angereizt oder gar geschaffen werden, wie man weiß. Sie werden *geweckt*, haben also nur „geschlummert", bestenfalls „geschlafen". Meiner 'Konsumentensouveränität' tut das keinen Abbruch. Wieso also „Gier"? Bestenfalls ein „gesunder" Egoismus: Jeder Marktteilnehmer verfolge *seine* Interessen und gerade dadurch stelle sich hinter dem Rücken wie durch eine „unsichtbare Hand" (Adam Smith) bewegt und bewirkt das Wohl aller ein. Indem unter Konkurrenzbedingungen besser, schneller und billiger immer mehr Waren produziert werden, gewinnen alle. Das glauben wir zumeist (?).

Die Güter sind immer knapp, aber der „Luxus" wird zur „Plage", das hatte Kant (1724-1804) bereits klar gesehen. Dieses Erklärungsmuster ist Kant und uns gleichermaßen präsent: Die Wirtschaft *muss* wachsen, damit der Konsum steigen kann, was eine fortschreitende Kultivierung der Gesellschaft ausmachen soll. Wir könnten mit ökonomischer Akzentsetzung leicht anders formulieren als Kant: „Wachstum schafft (mehr) Arbeitsplätze und somit auch (eine höhere) Nachfrage." „Wenn der Kuchen insgesamt größer wird, gibt es auch mehr zu verteilen." Und dass der Kuchen immer größer wird, ist der sozialen Ungleichheit geschuldet: Der Leistungsanreiz durch ein relativ *höheres* Einkommen und höhere Konsummöglichkeiten für die heutzutage so genannten „Leistungsträger", die sich durch größere Fähigkeiten und größere Geschicklichkeiten auszeichnen, ist die Triebfeder für eine wachsende Volkswirtschaft. Auf den kulturfördernden Durchsickerungseffekt („trickle-down-effect", wie heute gesagt wird) von oben nach unten hatte schon Immanuel Kant (1793/1799) in seiner *Kritik der Urteilskraft* mit Blick auf die frühkapitalistische Gesellschaft hingewiesen.

Das folgende bemerkenswerte Zitat ist denn auch nicht von Karl Marx, sondern von dem deutschen Aufklärer Immanuel Kant, dem bereits die andere dunkle Seite der bürgerlichen Wirtschaftsgesellschaft auffiel und der diese nicht unterschlug oder verheimlichte: „Die Geschicklichkeit kann in der Menschengattung nicht wohl entwickelt werden als vermittelst der Ungleichheit unter den Menschen". Aber weil und während die eine „Klasse" mechanische Arbeit verrichtet und damit die „Gemächlichkeit und Muße Anderer besorgt" und so zur Entwicklung der „Kultur, Wissenschaft und Kunst" der höheren „Klasse" beiträgt, fällt doch für die arbeitende Klasse letztlich auch (und zwar zunehmend) etwas ab: „Manches von der Kultur der höheren [Klasse, Anm. B.K.]" „verbreitet" sich „nach und nach" - so Immanuel Kant - auf die untere Klasse. Mit der „Höhe" des „Fortschritts" einer marktbestimmten kulturellen Entwicklung wächst nach Kant auch der „Luxus" der „höheren [...] Klasse". Dieser „Luxus" sei aber ebenfalls eine „*Plage* [Hervh. B.K.]" und „wachse[.]" gleichermaßen wie die „fremde Gewaltmäßigkeit", die die (mechanisch) arbeitende niedere „Klasse" zu erdulden hat. Beide „Plagen" erscheinen zwangsweise und sachnotwendig verkoppelt. Das Streben nach *Luxus* sei einer „inneren Ungenügsamkeit" der Mitglieder der „höheren" „Klasse" geschuldet. Diese „innere Ungenügsamkeit" ist nach Kant dann gegeben, wenn „der Hang zum Entbehrlichen schon dem Unentbehrlichen Abbruch zu tun anfängt". (Kant 1968 (1793/1799), KdU, B 393/394)

Aber wo fängt das „Entbehrliche" an und hört das „Unentbehrliche" auf? Wann fängt der „Luxus" an - als eine „Plage"? Diese wird als „innere Ungenügsamkeit" bestimmt, eine vielleicht zu höfliche und zu beschwichtigende Umschreibung für „Maßlosigkeit" oder „Gier". Was als Luxus angesehen wird, wird sicherlich immer historisch-kulturell variieren. Aber Kant *hält* diesen Unterschied zwischen „Entbehrlichem" und „Unentbehrlichem" *fest*, weit entfernt davon, den „Luxus" beispielsweise „schick" zu finden. Für ihn *gibt es* diesen „*Hang* zum Entbehrlichen (Hervh. B.K.)", der „Abbruch zu tun anfängt", der sich also loslöst vom „Unentbehrlichem", zunächst allmählich und sich also auch vollständig abzulösen vermag und *verselbständigen* kann, mögen die Übergänge vom „Unentbehrlichen" zum „Entbehrlichen" auch fließend und strittig sein. Der „Luxus" und ein „Hang zum Unentbehrlichen" werden jedenfalls bei Kant nicht tabuisiert und verheimlicht. Eine Sache ist es, dass die Grenze zum „Luxus" fließend ist, eine andere aber ist es, die *Frage* nach dem Luxus aus der (schönen neuen) Welt schaffen zu wollen, eine Diskussion über *Luxus* und *Gier* zu *tabuisieren*, als ob es von vorneherein nicht eine „Maßlosigkeit" und „Unmäßigkeit" klar jenseits einer strittigen und übergängigen „Grenze" (zum Luxus) geben könne. Auch wenn die *Übergänge* zu einem (neu bezeichneten) Phänomen zu Recht fließend und darin strittig sein mögen, ist das Phänomen selbst damit ja nicht aus der Welt und einer moralisch-ethischen Diskussion entbunden. Was Kant klar sagte, wollen wir häufig nicht wahr haben: „Die *Plagen* aber *wachsen* im Fortschritte [der Kultur]" (KdU, B 393). Kant konnte noch nichts davon wissen, dass der heutige Massenkonsum - die Binnennachfrage - ggf. auch durch direkten staatlich-regulierenden Eingriff und/ oder indirekt durch Steuerersenkungen stimuliert werden muss und soll. Ebenso wenig wusste er davon, dass „Geiz geil macht" und der Luxus auch für die Massen da sei und sein soll, wie es uns die Werbung verspricht.

Gier in ihrem deskriptiv-normativen Doppelsinn musste in der Öffentlichkeit und im Welt- wie Selbstverständnis der Menschen in der Marktgesellschaft zunehmend als ein präsenter Orientierungsbegriff aus dem Bewusstsein verschwinden, weil kaum durchschaubare überkomplexe Wirtschaftsprozesse in das eigene Weltbild anders besser eingebaut werden können als überkommene und verblassende Moralbegriffe. Man macht sich eher einen Reim auf die Wirtschaftswelt, indem man medial aufbereitete und zu Formeln geronnene Erklärungsmuster plausibel findet und sich damit die ökonomischen Sachzwänge zu erklären versucht: Die Globalisierung setze die deutsche Wirtschaft unter verstärkten Konkurrenzdruck, so dass die Kosten der Unternehmen (Löhne, Lohnnebenkosten) ebenso wie die Steuern für die Unternehmen und höheren Einkommensschichten gesenkt werden müssten. Die Unternehmen müssten staatlicherseits entlastet werden, sodass mehr Investitionen getätigt und dadurch auch mehr Arbeitsplätze geschaffen würden. Auch die Konsumenten würden bei Steuersenkungen mehr nachfragen, was die Wirtschaft ankurbele. Insgesamt würde die Wirtschaft wieder angemessen wachsen, was auch zu mehr Arbeitsplätzen führe. Da der Staat aber aufgrund der schlechten konjunkturellen Lage überschuldet sei, müsse ebenso das Sozialsystem „reformiert" werden, da es schlicht nicht mehr bezahlbar sei. Den Arbeitslosen sei in vieler Hinsicht mehr „zumutbar" („Arbeitslosengeld II", „Ich-AG" etc.): „Eigeninitiative", „Soziale Hängematte", „Zumutbarkeit" etc., solche deskriptiv-normativ doppeldeutigen Formeln klingen plausibel. Der Widerstand ist gering und der Unmut hält sich in Grenzen, weil der Normalbürger die komplexen Wirtschaftsprozesse nicht zu durchschauen vermag, zumal die wirtschaftswissenschaftlichen Experten in verschiedene Lager gespalten sind. Alternativen scheinen undenkbar.

Nur zwei Hinweise können an dieser Stelle gegeben werden: Das bundesrepublikanische BIP müsste um wenigstens 2% wachsen, damit die allein durch die Steuersenkungen verursachten Mindereinnahmen des Staates kompensiert werden könnten. Dass dieses möglich ist, ist aus verschiedenen Gründen unwahrscheinlich. U.a. ist es gerade die Verunsicherung durch die „Reformen" des Sozialstaates, die zusammen mit der hohen Sockelarbeitslosigkeit zur Zurückhaltung auf der Nachfrageseite führen. Und es ist keinesfalls davon auszugehen, dass die Unternehmen so investieren, dass die dadurch geschaffenen neuen Arbeitsplätze insgesamt die Zahl der durch Rationalisierungsinvestitionen vernichteten Arbeitsplätze übersteigt. Seit 1970 hat sich das Sozialprodukt in Deutschland mehr als verdoppelt, die Arbeitslosigkeit ist aber von 149000 im Jahre 1970 auf über 4 Millionen (je nach Berechnungsart auf bis zu 6 Millionen) gestiegen, das heißt: Die Arbeitslosigkeit hat sich in diesem Zeitraum mindestens verdreißigfacht (vgl. Afheld 2003, 7; auch Müller 2004). So viel zum Wachstumsdogma des Neoliberalismus: „Das Wirtschaftswachstum muss steigen, damit Arbeitsplätze geschaffen werden und der Wohlstand für alle gemehrt wird." Grundsätzliche Überlegungen sind bezüglich solcher systemisch relevanter Basisinformationen meines Wissens nach in der offiziellen politischen Öffentlichkeit noch nicht angestellt worden. Auch die zunehmende Spaltung der Gesellschaft in Arm und Reich wird mehr oder weniger Achsel zuckend hingenommen oder verdrängt. Die *Gerechtigkeitsfrage* also (vgl. u. a: Rügemer 2002) und auch die ökologische Frage werden mit Blick auf die grundsätzliche Lösungskompetenz und die Legitimation des Wirtschaftssystems nicht gestellt, sie werden tabuisiert. Die politische Auseinandersetzung dreht sich z.B um das Pfand für Mehrwegflaschen.

Für die neoliberale Wirtschaftstheorie oder auch für die philosophischen Überlegungen Kants, soweit sie in Versatzstücken als ökonomische „Alltagstheorie" wiedererkennbar sind - dass eine notwendig wachsende Wirtschaft die Reichen und die „Leistungsträger" immer reicher machen muss, damit für alle und also auch für die 'Unteren' mehr abfällt - hat bzw. hätte Noam Chomsky nur Hohn und Spott übrig: „Take from the needy and give to the greedy" („Nimm den Bedürftigen und gibt den Gierigen" (Chomsky 1998, 127). Diese Formulierung stellt eine ironische und sarkastische Umformulierung des christlich-moralischen Gebots dar: „Gebt den Armen und Bedürftigen". Chomsky versteht seine Umformulierung zunächst als adäquate Beschreibung der *Funktionsweise* der kapitalistischen Ökonomie. Ja, so sei es: Den Bedürftigen *wird* genommen und den Gierigen *wird* gegeben. Und sie fungiert zugleich als imperativische Formulierung („nimm" und „gib") - aber eben: ironisch-sarkastisch gemeint. Damit liegt eine moralisch inspirierte Kritik an dieser ökonomisch-gesellschaftlichen Funktionsweise vor: Beschreibung eines Seins (eines gesellschaftlich-marktwirtschaftlichen Funktionierens), das (so) *nicht* sein soll. Chomsky bringt dabei gleichzeitig wieder die alte Begrifflichkeit der „Gier" - besser gesagt: eine (ehemals) mitgemeinte implizite, moralische starke Bedeutung dieses Begriffs - ins Spiel. Für seine grundsätzliche von verteilungstheoretischen und teilhabetheoretischen Überlegungen getragene Kritik am Spätkapitalismus scheint ihm das dienlich zu sein. Bereits für eine vornehmlich in *akademischen* Kreisen rezipierte Kritik am neoliberal ausgerichteten Wirtschaftssystem macht es wenig Sinn, „Gier“ als isoliertes, primär moralisch gemeintes Phänomen in die Diskussion einzubringen. Auch scheint mir eine Verortung ausschließlich bzw. hauptsächlich im Rahmen gerechtigkeitstheoretischer Überlegungen nicht ausreichend. Vielmehr müssten stärker Disfunktionen und grundsätzliche Steuerungsprobleme des Wirtschaftssystems wie Denkfehler der Wirtschaftspolitik thematisiert werden. Und nicht zuletzt müssten auch Alternativmodelle erörtert werden.

Man mag die Wachstumswirtschaft bezüglich ihrer grundsätzlichen Funktionsweise ändern wollen. Das ist das eine. Das andere aber ist - ungeachtet dessen - überhaupt erst einmal die dunklen Seiten dieser Wirtschaftsordnung zur Kenntnis nehmen zu *wollen.* Vor allem die ökologischen Schäden, die eine Wachstumswirtschaft durch steigenden Energie- und Rohstoffverbrauch wie durch Abfallberge hervorruft, sind über die letzten zwanzig Jahre deutlich sichtbar geworden (Klimawandel etc.). Weniger sichtbar geworden ist das zunehmende Auseinanderklaffen von Armut und Reichtum auf nationaler wie internationaler Ebene. Aber wie lässt sich die Bedeutung von „Gier“ im Alltagsdiskurs verorten? Wo und wie sind Neutralisierungen moralischer Impulse, Verdrängungen gespürter Ungereimtheiten oder Ungerechtigkeiten der Politik zu vermuten?

Denkt man an die ökologische Problematik, kann man vielleicht plausibler und berechtigterweise die „Gier“ ins öffentliche (Sprach-)Spiel wieder einbringen - oder auch die *Maßlosigkeit* des Wirtschaftens in ökologischer Hinsicht. Aber anders als in den 80-er Jahren des vorigen Jahrhunderts gibt es keine problemadäquate öffentliche Debatte, obwohl die Waldschäden, die Trinkwasserknappheit, das Artensterben von Pflanzen und Tieren etc. weiter zunehmen - aber vielleicht auch gerade: *weil* sie weiter zunehmen. *Maßlosigkeit* in einem jeweiligen starken deskriptiv-normativen Doppelsinn (als Beschreibung eines Verhaltens bei gleichzeitigem moralisch ablehnendem Sinn („soll nicht sein“)) ist vielleicht aus Gründen der Selbstentlastung nicht mehr so im Allgemeinen öffentlichen Bewusstsein präsent wie in den 80-er und auch 90-er Jahren des vorigen Jahrhunderts. *Gier* und *Maßlosigkeit* fallen dann gleichsam durch die Maschen eines vorherrschenden Weltverständnisses. Ihres moralisch-religiösen Hintergrundes beraubt schwinden auch geeignete Zuschreibungsmöglichkeiten. Man denke an „sexuelle Gier“ und gleichzeitig nur an die mediale Normalität, dass Orgasmusprobleme und sexuelle Vorlieben vor einem Millionenpublikum im Fernsehen ausgebreitet werden. Der Steuerhinterzieher begeht bestenfalls eine lässliche Verfehlung oder einen „Kavaliersdelikt“. Auch bei höheren Einkommensschichten würde man im Falle der Steuerhinterziehung (unrichtige Einkommenssteuererklärungen und/oder Geldtransfer ins Ausland) kaum „Gier“ als Handlungsmotiv vermuten oder unterstellen. Steuerflüchtigen - wenn es um Millionenbeträge geht - wird per

Recht und Gesetz Amnestie gewährt. Warum? In der Hoffnung, dass die zurückfließenden Gelder in die heimische Wirtschaft investiert werden, damit Arbeitsplätze geschaffen werden und Staatsdefizite abgebaut werden können. Waren also die Wirtschaftssubjekte gierig, die am Fiskus vorbei Millionenbeträge ins Ausland schleusten? Eher haben sie ökonomisch-rational gehandelt und auch moralisch legitim, bestenfalls in einem sehr schwachen Sinne moralisch illegitim: „Leistung muss sich (wieder) lohnen!" Der Staat sei wegen der zu hohen Steuern schuld, wenn die „Leistungsträger" der Wirtschaft, Manager etc., angesichts einer als ungerecht empfundenen Behandlung durch den Staat Auswege suchten. Das taktische und kluge Verhalten des Managers habe auch den Aktienwert (vor ihrem Verkauf) hoch getrieben. Dass er sich mit erhöhten Bezügen selbst habe belohnen wollen, sei doch nachvollziehbar und legitim - und psychologisch erklärbar. Auch diese Deutung bietet sich an: Das vielleicht zunächst als irrational und unüberlegt gedeutete 'zugreifende' Verhalten sei letztlich ein „Lapsus". Manager in solchen Positionen verlören schon einmal das Augenmaß. Wo bleibt in solchem Deutungskontext die Möglichkeit der Zuschreibung von „Gier"?

Allerdings scheint es gegenwärtig doch auch einen gegenläufigen Trend zu geben. In einigen Zeitungsberichten und auch in der öffentlichen Diskussion werden zu hohe Managergehälter mit *Gier* in Verbindung gebracht. So rügt z.B. der Investor Warren Buffet die „übertriebenen Bezüge von Spitzenmanagern". Sie sei deren „Habgier" geschuldet. „In Amerika wird ein Klassenkrieg geführt". Dadurch würde „das Vertrauen von vielen Millionen Anteilseignern missbraucht" (zit. n. Frankfurter Rundschau v. 8.3.2004). Zwar wird eine moralische Verurteilung (Normativität/Präskription) deutlich, diese kommt aber im Schlepptau einer ökonomischen Erklärung daher (Deskription): Das Vertrauen wird missbraucht, was der Investitionsbereitschaft der Aktionäre und der Wirtschaft schade. Die fehlende Moral ist also primär disfunktional für die Wirtschaft. Die starke Betonung oder Isolierung eines moralischen Impulses scheint mir aber - wenn überhaupt - dann nur plausibel, solange ein gewisses Unbehagen an der Gier bestimmter Manager in der Öffentlichkeit sich halten kann. Und dafür spricht wenig. Die hohen Gehälter galten und gelten als funktional, solange der von Kant bereits gesehene Trickle-Down-Effekt als Erklärungsmuster im Vordergrund steht. In der Bundesrepublik Deutschland verdienen Manager das 200-fache eines Facharbeiters und das 40-fache eines Bundesministers. Wie man das als einen gerechten Verdienst für Fleiß und Leistung begreifen soll, bleibt unklar. Aber der normative Aspekt lässt sich gut verdrängen: Und wenn die Manager nur noch das 50-fache verdienen würden? Wären sie dann nicht mehr *gierig*? Spätestens wenn die Offenlegung der Managergehälter gesetzlich geregelt sein wäre, würde auch diese Diskussion um *Gier* wieder aus der Öffentlichkeit verschwunden sein. Wäre damit auch die Zuschreibung für das kurzzeitig in den Blick genommene Phänomen berechtigterweise verschwunden? Gewiss, die (akademische) Diskussion um Verteilungs- und Einkommensgerechtigkeit - auch mit Blick auf die Weltgesellschaft - nimmt immer wieder kurzzeitig ihren Platz in der öffentlichen Diskussion ein, ist dann aber auch rasch wieder verschwunden. Aus „Ungerechtigkeit" wird „Sozialneid", mit Verweis auf die funktional notwendigen Einkommensunterschiede: Über die „Leistungsträger", die mit hohen Einkommen motiviert werden müssen, ist allein der größer werdende Wohlstand aller zu gewährleisten (Trickle-Down-Effekt). So weit meine Mutmaßungen zum Alltagsverstand.

Der religiös-moralische Bedeutungshorizont im Rahmen der normativ-deskriptiven Doppeldeutigkeit von *Gier* ist nahezu verschwunden. Der moralische Restbestand wird argumentationsstrategisch geschwächt durch die Verweise auf funktionale Erklärungen, seien sie wirtschaftlicher, wirtschaftspolitischer oder psychologischer Art. Aus solcher Perspektive wird mit guten Gründen dem Begriff *Gier* die moralische Spitze genommen. Die Tragweite einer Repolitisierung oder Remoralisierung des Begriffs ist als gering einzuschätzen. Sind dann solche Versuche (siehe Chomsky) überhaupt wünschbar? Allein schon in ökologischer Hinsicht kann man die Zuschreibung von *Maßlosigkeit* oder *Gier* als berechtigt ansehen. Aber diese dürfte nicht primär *moralisch* daherkommen, sonst wird sie im vorherrschenden neoliberalen Diskurs, der gleichsam die Deutungshoheit für sich beansprucht, verdrängt und umgedeutet werden.

Kann die Philosophie auch nur ihren bescheidenen Beitrag im Kampf um die guten und besseren Argumente leisten, so wäre ein erster kleiner Schritt dazu auch darin zu sehen, sich über den Bedeutungswandel von Begriffen wie über Argumentationsmuster Klarheit zu verschaffen. Dieser erste kleine Schritt im „Ausgang aus der selbstverschuldeten Unmündigkeit" (Kant) besteht darin, nicht nur Denkgewohnheiten, sondern mit Blick auf die schöne neue Medienwelt auch Sehgewohnheiten in Frage zu stellen.

Zum Teufel mit den Denkgewohnheiten

„Gier, die gibt es doch so nicht mehr!" Das war die bereits erwähnte empörte Feststellung eines Veranstaltungsteilnehmers. Der filmisch *erzählten* Story entspreche kein reales Geschehen bzw. eine realistische Geschichte. Das wollte Willy Haas mit seiner Metapher vom „heiseren Teufelsgelächter" sagen. Dass einzelne Menschen von Gier gezeichnet sein können, dem mögen diese Kritiker vermutlich zustimmen. Ich unterstelle jedenfalls, dass es ihnen um eine abzuweisende unzulässige Verallgemeinerung geht: Ein ihrer Meinung nach falsches Menschenbild wird zurückgewiesen. Und auch ein allgemein vorgetragener Anspruch oder eine moralische Kritik seien übertrieben, wenn bestenfalls in wenigen Einzelfällen sich Menschen zu Lasten anderer in ihrer Gier verstricken würden. Auch das mag noch in ihrer Empörung mitschwingen. Aber was diese beiden Kritiker auch immer an Argumenten nachreichen würden, soll jetzt gar nicht interessieren. Mich interessiert das Muster einer vorherrschenden Argumentation und ebenso, wie eine Kritik an dieser strukturell aussehen könnte. Im Folgenden will ich das bisher Gesagte diesbezüglich noch einmal resümieren:

Denkt man jedoch heutzutage nur an die ökologische Gefährdung der tierischen wie pflanzlichen Arten und auch an die damit verbundene Selbstgefährdung des Menschen aufgrund seiner *Maßlosigkeit* im Umgang mit den natürlichen Ressourcen, ist weder gegen das Ins-Spiel-Bringen der Beschreibung ökologischer *Maßlosigkeit* oder *Gier* (Deskription) noch gegen den moralisch-normativen Gehalt von *Maßlosigkeit* bzw. *Gier* (Normativität/Präskription): „Diese soll nicht sein" prima facie etwas einzuwenden. In meinen vorherigen Überlegungen hatte ich zu verdeutlichen versucht, dass sowohl der geschwundene Einfluss der Religion als auch die Deutungshoheit der neoliberalistischen Ideologie das lebensalltägliche Selbst- und Weltverständnis der Menschen und deren Verständnis von *Gier* beeinflusst. Stellt man die Berechtigung der neoliberalistischen Deutungshoheit aus sachlichen Gründen in Frage, lässt sich bezüglich der zuvor behaupteten und geschilderten dominanten (ökonomisch bestimmten) Weltanschauung und entsprechender Alltagsformeln der Verdacht jetzt so auf den Punkt bringen: Spielt im Sprachspiel der Bedeutungszuschreibungen nicht entscheidend auch dieses Verdrängungsmotiv sozialpsychologisch eine Rolle: „Was nicht sein darf, das nicht sein kann."?

Vielleicht spielte dieses (unterstellte) Motiv auch bei den erwähnten Stummfilmkritikern eine Rolle.

Man kann vorherrschende Denkmuster zu durchschauen versuchen und überprüfen *und* dabei ebenso die eigenen Denkweisen und Denkmuster zu klären versuchen. Das scheint mir hilfreich und erforderlich zu sein.

Im vorigen Kapitel hatte ich Vermutungen darüber angestellt, wie vorherrschende Weltdeutungen mögliche alternative Deutungsmöglichkeiten der sozialen Wirklichkeit zurückdrängen oder behindern, indem sie diese als 'unrealistisch' klassifizieren. Dadurch wird auch der Blick auf die moralische Bedeutungsdimension von *Gier* beeinflusst: Wird der Religion ein realistischer Geltungsanspruch abgesprochen, gilt die moralisch-religiös sanktionierte *Gier* (cum grano salis) als nicht länger haltbar. Wird eine kurzfristige („radikale") ökonomisch-ökologische Wirtschaftsalternative für (kurzfristig) nicht machbar erklärt, ist die in ökologischer Hinsicht gefährliche *Gier* bestenfalls ein *Etwas-über-die-Verhältnisse-Leben*. Immer kommen mehrere Begriffsbedeutungen in ihrem Verweisungszusammenhang ins Rutschen. Nochmals zusammengefasst und in Erinnerung gerufen: Der Wachstumsimperativ der Wirtschaft, die Gier nach Geld etc. seien halb so schlimm, weil sie *systemisch notwendig* allen (potentiellen) Marktteilnehmern nützten. Die *Gier*, wenn man ein aus verschiedenen Perspektive anvisiertes Phänomen sozialen Verhaltens denn überhaupt noch so benennen mag, wird in einer säkularisierten Welt ökonomischer Sachzwänge und Erfordernisse moralisch kaum noch negativ sanktioniert, sie wird zumeist als erklärbare und damit verstehbare „Nachlässigkeit" angesehen. Was aber bloß als gelegentliche Nachlässigkeit weniger „Leistungsträger" unseres wirtschaftlichen Wohlstandes angesehen wird, erlaubt auch keine starke moralische Verurteilung. So weit nochmals zum mutmaßlichen Alltagsverstand.

Diese Leute seien sehr wohl *gierig* - „gierig" im alten (verloren gegangenem) starken Sinne, sagt dagegen die Kritik (so Chomsky). Und die Angegriffenen mögen antworten: Das dürfe man so nicht sagen! Warum nicht? Weil die Menschen - auch die in der Diskussion stehenden wenigen Menschen - so nicht seien. Das dahinter stehende als sachlich-legitim angesehene Argumentationsmuster funktioniert also dem Anspruch nach gerade anders herum als die Kritikposition mit dem Vorwurf des Wunschdenkens unterstellt: Die Menschen seien nicht so, deshalb dürfe man das Menschenantlitz nicht normativ verzerrt darstellen und dabei einen moralisch falschen Vorwurf implementieren.

Und wo steht jetzt der Kritiker, wenn nicht auf tönernen Füßen? Wenn der Kritiker ein falsches illusionistisches Wunschdenken beim Kontrahenten diagnostiziert und diesem vorwurfsvoll diese Denkweise unterstellt: „Was nicht sein darf, das nicht sein kann."? Dann argumentiert er selbst von einem als sachlich-legitim beschriebenen Sein aus, nur eben von einer als realistisch eingestuften alternativen sozialen Seinsmöglichkeit aus: Wird eine alternative (ökonomische) Welt für wenigstens denkbar oder sogar für mehr oder weniger rasch realisierbar erachtet, werden auch mehr Handlungsspielräume der Menschen sichtbar. Ein bestimmtes Handeln, das vom (abwiegelnden) Kontrahenten durch erklärbaren Sachzwang (größtenteils) mit gerechtfertigt - und damit ein moralischer Anspruch als übertrieben und unangemessen abgewiesen - werden konnte, gerät nunmehr in den vollen moralischen Verdacht der *Maßlosigkeit* oder gar einer starken (wenn auch nicht religiösen) Bedeutung von *Gier*. Diese soll berechtigterweise also nicht sein, schon weil das gemeinte Verhalten nicht sein muss und weil darüber hinaus ein anderes Verhalten und Handeln moralisch wünschbar und auch ethisch begründbar sei. Dass der primäre oder der bloße Wunsch der Vater des Gedankens des Kontrahenten sei, wird jetzt mit Blick auf die eigenen Prämissen klar: Dass die Menschen (und vielleicht besonders die politischen Entscheidungsträger) die Augen verschlössen vor der *Gier* oder *Maßlosigkeit* der Menschen, sei Selbstbetrug: Die Menschen (die Entscheidungsträger in Politik und Wirtschaft) seien sehr wohl *gierig - und auch die Konsumenten*! Sie trügen auch die volle moralische Verantwortung für Konsum- wie Investitionsentscheidungen. Hinter ökonomisch-systemischen Sachzwängen sich zu verstecken sei blind. „Eine andere Welt ist machbar, Frau Nachbar!"

Nicht zuletzt der theoretische Kritiker hat aber das Beibringen ökonomischer Alternativen im Auge zu haben. Einer argumentativen Konfrontation angesichts der neoliberalen Deutungshoheit auszuweichen, wäre naiv. Zu plausibel erscheinen die Versatzstücke des (Neo-)Liberalismus, die das Erklären und Verstehen des ökonomisch geprägten Lebensalltags orientieren. Es ist zwar durchaus legitim Kritik auch dann zu üben, wenn man es nicht besser zu machen weiß. Allerdings hat man es heute weniger denn je mit dem Idealtypus einer bürgerlichen Öffentlichkeit zu tun, der es um die Durchsetzung der besseren Argumente zu tun ist, sondern mit einer zunehmend nach Marktgesetzen medial formierten Öffentlichkeit mit unübersehbaren Refeudalisierungstendenzen: Stars und Sternchen, (Selbst-)Inszenierungen und Sensationen stehen im Vordergrund (Habermas 1972; Leschke 2003; Meyer 2004).

Zum Teufel mit den Sehgewohnheiten

Und wieder sei an die beiden Stummfilmkritiker erinnert! Wenn sich heutzutage leichter verstecken ließe, was im Stummfilm derzeit adäquat zum Ausdruck gebracht wurde? *Adäquat* möglicherweise auch deshalb, weil menschliche Gefühle vornehmlich *körperlich* ihren Ausdruck finden, am Körper beobachtbar und nachvollziehbar sind, während sie *leiblich* in der Binnenperspektive für Außenstehende unbeobachtbar erlebt werden. Durch die Schauspieler finden Gefühle ihre Darstellung, in der Rolle werden sie modelliert. Der Stummfilm setzte zwangsläufig stark auf Gestik und Mimik, mit anderem Akzent als das Theater. Man denke auch an Pantomime und Tanz. Mögen Mimik und Gestik im Stummfilm uns heute übertrieben vorkommen, so hat der Stummfilm dennoch *auf seine Art* und *mit seinen Mitteln* - auch durch gewollte Übertreibung - enthüllt und entdecken lassen (Kracauer 1985 (1960)), was im Tonfilm durch die verbale Sprache, Musik, Kameratechnik etc. *anders* ausgedrückt wird. Ende der 20-er, anfangs der 30-er Jahre des vorigen Jahrhunderts gab es gewichtige Stimmen in der Auseinandersetzung über den Kunstcharakter des Stumm- bzw. Tonfilms, die geltend machten, dass mit der Entwicklung des Tonfilms der Stummfilm seiner gestalterischen Entwicklungs- wie Entfaltungschancen beraubt würde: 'Multimedia' des Films (Sprache, Musik, Farbe) würde die spezifischen Ausdrucksmöglichkeiten des Stummfilms verkümmern lassen, bevor dieser überhaupt zur Reife würde gelangen können (Polgar 1929; Arnheim 1974 (1932)). Das scheint mir zwar eine einseitige Sichtweise zu sein, bereits damals. Man kann aber auch das Kind mit dem Bade ausschütten: Wir blicken heutzutage bisweilen überheblich auf den Stummfilm zurück und werden ihm sicherlich häufig nicht gerecht. Würde man einer Satire berechtigterweise vorhalten können, dass sie übertreibe oder überzeichne? Gerade durch die Überzeichnung soll sichtbar gemacht werden, was häufig und normalerweise übersehen oder verdrängt wird. Es wird ja nicht behauptet, dass die Darstellung dem Dargestellten spiegelbildlich entspricht. Das Zeichen ist niemals mit dem Bezeichneten identisch und diesem nur selten ähnlich. Und vielleicht wird im heutigen Film - mehr noch - *anderes* dargestellt und enthüllt? Dann hätte mit dem Übergang vom Stummfilm zum Tonfilm auch ein Themenwechsel bzw. eine andere Themenakzentuierung innerhalb des Spielfilmmediums stattgefunden.

Die Überzeugung, dass der Stummfilm nach Maßstäben des modernen Tonfilms in technisch-gestalterischer Hinsicht schlicht mangelhaft sei, wird der Bereitschaft zum genauen Zusehen wie zum reflektierten Einlassen auf die damaligen Filme und ihre Themen gleichermaßen abträglich sein. Eine unvoreingenommenere Haltung gegenüber dem Stummfilm, vielleicht sogar eine verwunderte Haltung angesichts seiner Thematik könnte durchaus einen *philosophischen* Impuls setzen: Der Film ist keinesfalls eine „Illusionsmaschine", allein tauglich für das billige Kintopp-Vergnügen. Vielmehr vermag er bei entsprechender Haltung die staunende In-Distanz-Setzung zu unterstützen. Die Brüder Lumiere, so Edgar Morin, hätten begriffen, „daß die Menschen sich verwunderten das wiederzusehen, was sie nicht verwundert: ihre Häuser, ihre Gesichter, ihr Familienleben" (Morin 1956, zit. n. Hoffmann 1996). Das gilt nicht minder für die menschlichen Gefühle und Leidenschaften, für das *Kino der Gefühle*. Was an menschlichen Emotionen lebensalltäglich bekannt ist - gar als problematisch angesehen wird -, wird deshalb im Alltag noch lange nicht zur Sprache gebracht. Der Spielfilm - auch der 'alte' Stummfilm - kann sehr wohl Anlass bieten, Verdecktes, Vergessenes und Verdrängtes zu „besprechen".

In der menschlichen Erinnerung und Vergegenwärtigung läuft ein mehr oder weniger kurzer 'Film' vor dem „inneren Auge" ab, ein überwiegend stummer 'Film': Ich verließ das Haus, erinnere mich an die Postentnahme aus dem Briefkasten, dessen Tür ich zu schließen Tags zuvor vergaß, erinnere mich an die unten links verbogene Briefkastentür, an das verrostete Schloss, 'sehe' mich dabei zunächst selbst agieren, dann den Briefkasten 'vor Augen' (zwei kurze 'geschnittene' 'Einstellungen', dann wieder: 'Schnitt'), sehe in das müde Gesicht der Nachbarin, 'höre' sie in ihrem schwäbischen Dialekt sagen ... . Ein zugelassener 'Film', der sich in der Erinnerung (unabgerufen) gleichsam von selbst einstellen kann. Oder er wird in einem Gesprächshinweis über die dringend erwartete Post erinnert, man kommt auf Frau Günther, die Nachbarin, zu sprechen. Wie stark kann und/oder will ich aber anderes verdrängen? Dass ich neulich „scharf" darauf war, das Geld für meinen wissentlich zu teuer inseriertes und erfolgreich verkauftes Auto endlich in den Händen halten zu können. Daran mag ich mich ebenfalls vergleichbar ausführlich, wenn auch mit größerem Widerstand und Unbehagen, erinnern. Aber möchte ich darüber sprechen? Leichter fällt es mir vermutlich einer (Film-)Erzählung mit dieser (oder einer ähnlich) brisanten Thematik zu folgen, exemplarisch zwar, aber allgemein gehalten, nicht mich betreffend - zunächst.

Filmbilder können zur Sprache kommen, gerade wenn sie befremden, provozieren oder irritieren: Der gezeigte Hass, die gezeigte Liebe sind so anders als mein Hass oder meine Liebe. Nicht minder die filmisch überzeichnete Gier. Und doch muss diese filmbildnerisch gestaltete Andersheit den Zuschauer anziehen. Er überblendet gleichsam die gesehenen Filmbilder mit Einstellungen oder Szenen seines eigenen Lebens. Die gezeigte Sexualität berührt die eigene Intimität, die verzweifelte Not rührt an. Die Story und deren filmische Erzählweise muss (erfahrungsspezifisch) motivieren - bewegen wie anrühren - und in diesem Sinne geeignet sein. Eine staunende Haltung des Zuschauers muss jedoch hinzukommen und mit den kommunikativen Absichten (des Regisseurs, des Produzenten, des Kameramannes etc.) des Films zusammenstimmen können. Dann ist die Chance gegeben, dass ein kreativer Abgleichprozess zwischen erzählter Filmgeschichte und der dem Zuschauer bekannten und von ihm (wieder-)erkennbaren sozialen wie emotionalen Wirklichkeit in Gang kommt. Man kann auch - die schlechtesten Filme vor Augen - eine analytische Brille aufsetzen. Die reißerische, sexuell erregende Story, die Actionstory ziehen jedoch normalerweise den Zuschauer sogartig in den Film hinein, sie sind aufregend und (primär) unterhaltsam. Man taucht in eine gänzlich andere Welt ein. Das ist angenehm und bereitet *Vergnügen* - mehr nicht.

Auf einen Stummfilm müssen wir uns heute anders einlassen als derzeit: Erst wenn man die eigenen veränderten Sehgewohnheiten berücksichtigt, wird die geballte Faust hinter dem Rücken des Protagonisten nicht als Stummfilmskurrilität wahrgenommen. Sie indiziert stattdessen eine versteckte Wut darüber, dass das heiß Begehrte in unerreichbare Ferne rückt, dass das Begehren eine moralisch fragwürdige *Gier* darstellt. Und so wäre dieses differenzierte Sehen ein Zuschauen, das der eigenen Sehgewohnheiten gleichermaßen bewusst würde wie es das in Frage stehende Phänomen (Gier) enthüllen und zugänglich machen würde. Es wäre ein *modifiziertes Vergnügen*, eine damit auch theoretische „schöne Lust“. (Kern 2000) Erst mit und aus der geänderten Sichtweise heraus kann eine Suchbewegung entstehen, die sich über die ästhetische Absicht des Films Klarheit verschaffen könnte. Die ästhetische Absicht zeigt sich in den filmgestalterischen Mitteln, die eine bedeutende Thematik dem Zuschauer nur *eröffnen*. Um das *begriffliche* Erfassen dessen, was Gier, Liebe, Intimität, Emanzipation, soziale Not etc. seien, muss der Zuschauer sich in eigener Initiative bemühen. Im Gespräch mit sich selbst und anderen über den Film wird das geschehen können. Er hat ja nicht einen (philosophischen) Sachtext zum Thema vor sich, der ihm wenigstens eine begriffliche Erfassung vorschlagen würde. Das themenbezogene Erkenntnisinteresse müsste der Zuschauer freilich (wenigstens ansatzweise) mitbringen. Das filmvermittelte Vergnügen an der Gestaltungsart vermag es alleine nicht, dass der Zuschauer sich auf das Thema wirklich einlässt. Wenn man beispielsweise die Existenz gesellschaftlicher Gewalt tabuisiert, wird man entsprechende Filme, die diese thematisieren, möglichst meiden. Die ästhetische Aufmerksamkeit und Freude für und an einem Film mit Blick auf dessen „Machart“ kann freilich zur weiteren Auseinandersetzung mit der erkennbaren Thematik anregen. Auch deshalb ist ein differenziertes Sehen und auch ein Staunen darüber, wie der Stummfilm *seine Mittel* einsetzte, vonnöten.

Literatur

Afheld 2003: Horst Afheld, Wirtschaft, die arm macht. Vom Sozialstaat zur gespaltenen Gesellschaft. München: Antje Kunstmann 2003.

Arnheim 1974 (1932): Rudolf Arnheim, Film als Kunst. München: Hanser 1975.

Augustinus (1888): Aurelius Augustinus. Reclam 1888. (http://www.ub.uni-freiburg.de/referate/04/augustinus/bekennt1.htm

Bazin 2004 (1975): Andre Bazin, Was ist Film? Berlin: Alexander 2004.

Habermas 1962: Jürgen Habermas, Strukturwandel der Öffentlichkeit. Neuwied, Berlin: Luchterhand 1962

Höfer/Rahner 1964: Josef Höfer, Karl Rahner (Hg.), Lexikon für Theologie und Kirche, Freiburg: Herder 1964.

Hoffmann 1996: Hilmar Hoffmann, 100 Jahre Film. Von Lumiere bis Spielberg. Düsseldorf 1996.

Kant 1968 (1793/1799): Immanuel Kant, Kritik der Urteilskraft, in: Kant: Werke in zwölf Bänden, Bd. X, 1968.

Kern 2000: Andrea Kern, Schöne Lust. Eine Theorie der ästhetischen Erfahrung nach Kant. Frkf. a. M.: Suhrkamp 2000.

Kracauer 1985 (1960): Siegfried Kracauer, Theorie des Films. Die Errettung der äußeren Wirklichkeit. Frkf. a. M.: Suhrkamp 1985.

Lähn 1995: Peter Lähn, Greed, in: Metzler Film-Lexikon, hrsg. v. Michael Töteber. Stuttgart, Weimar: J.B. Metzler 1995.

Leschke 2001: Rainer Leschke, Einführung in die Medienethik. München: W. Fink 2001

Locke 2003 (1690): John Locke, Über die Regierung (The Second Treatise of Government). Stuttgart: Reclam 2003.

Meyer 2001: Thomas Meyer, Mediokratie. Die Kolonisierung der Politik durch die Medien. Frkf. a. M.: Suhrkamp 2001.

Morin 1956: Edgar Morin, Der Mensch und das Kino. Stuttgart 1956.

Müller 2004: Albrecht Müller, Die Reformlüge. München: Dröhmer 2004.

Polgar 1929: Alfred Polgar, Zum Thema „Tonfilm“, in: Die Weltbühne. Der Schaubühne 25. Jahr, Nr. 31, S. 176-178.

Rügemer 2002: Werner Rügemer, arm und reich. Bielefeld: transcript 2001.

Sennett 1986 (1974), Richard Sennett, Verfall und Ende des öffentlichen Lebens. Die Tyrannei der Intimität. Frkf. a. M: Fischer 1986.

Sexualität

Rüdiger Lautmann

Die besonderen Sexualitäten: Über die Toleranz zur Anerkennung

„Entstigmatisierung durch Gesetzgebung" hieß eine Studie, die Hanns Wienold und ich in den 1970er Jahren betrieben haben. Mit großzügig bemessenen Sachmitteln der Deutschen Forschungsgemeinschaft konnten wir eine repräsentative Bevölkerungsstichprobe befragen, wie sie - nach der Entkriminalisierung von 1969 - zu den Homosexuellen stehe sowie - nach einer Änderung im Familienrecht - zu den ledigen Müttern und nichtehelichen Kindern.[1] Wir interpretierten die Resultate u.a. mit Blick auf die „bürgerliche Gesellschaft", wobei dieses Kapitel im Buch zwischen ein Kapitel zum Nationalsozialismus und eines zum Staatssozialismus zu stehen kam, als die drei damals vorfindlichen Politikfelder für Homophobie (Wienold/Lautmann 1977). Während der Kalte Krieg inzwischen vorüber ist und die Sexualpolitik des Realsozialismus heute kaum untersucht wird[2], begann das Studium des Rosa Winkel der Konzentrationslager im NS-Deutschland damals erst und hat heute Konjunktur (vgl. Jellonnek/Lautmann 2002). Die 'bürgerliche' Gesellschaft von 1977 hingegen hat sich in die neoliberale von 2005 verwandelt, und mit ihr stehen die homosexuellen Frauen und Männer heute anders da. Sie heißen längst Lesben und Schwule, ja sie brechen bereits wieder zu neuen Ufern auf. Auf die „Entstigmatisierung" ist „Integration" gefolgt, mit all den Debatten über die Nachteile einer Assimilierung, über Konzepte einer „Diversität" und über neue Strategien in einer „LSBTI-Koalition". Die Kritik an „Heteronormativität" und „Geschlechterbinarismus" lässt das sexualideologische Feld wuchern wie eh und je. Die alten Problemstellungen wirken seltsam welk und sind es doch nicht, weil Gleichgeschlechtlichkeit fortfährt, die Gemüter ebenso wie die Politik herauszufordern.

Demokratien befrieden das Innere eines Staates. Bürgerkriege hören auf oder werden durch die unblutigen *culture wars* ersetzt. Soziale Konflikte werden prozedural ausgetragen. Auch sexuelle Varianten konnten ihren Existenzanspruch einklagen; einigen unter ihnen stand die Frauenbewegung zur Seite. Wir befanden bereits 1977, dass Demokratie und Randgruppen schicksalhaft wechselseitig miteinander verbunden sind: Die Randgruppen brauchen demokratische Zustände, um ihre Lebensrechte durchsetzen zu können, und eine Demokratie muss eine Gleichstellung der so genannten Minderheiten vorzeigen können, um ihre Legitimität zu erweisen. Doch haben sich damit die Ausgrenzungen und Marginalisierungen keineswegs erledigt.

Toleranz 1974

Hanns Wienold hatte in unserem Aufsatz von 1977 die Frage nach der *Toleranz* aufgeworfen und die Ambivalenzen dieses Konzepts herausgearbeitet. Während sich viele damalige Homosexuelle vordergründig damit zu begnügen schienen, dass man sie leben ließ, stand die Verlässlichkeit dieses Duldungszustands in Zweifel. Hier wirkten die historischen Erfahrungen nach: der Zusammenbruch der Weimarer Demokratie und das ungehinderte Umkippen in den NS- Terror. Wienold schrieb daher:

„Das Prinzip der Toleranz ist in sich jedoch zutiefst widersprüchlich, weil die zu tolerierenden Minderheiten von der Mehrheit als Auffällige, als Sondergruppen zunächst aus den Mehrheiten ausgegliedert werden. Dies ist das Prinzip der repressiven Toleranz (H. Marcuse), nach dem Gruppen unter dem Mantel von Toleranz in ihrem Minderheitenstatus befestigt werden. Die von einem minoritären Verhalten wie der Homosexualität ausgehende Kritik wird domestiziert, zur systeminternen umgemünzt, so dass die ihr entgegengebrachte Duldung herrschaftsstabilisierend wirkt." (Wienold/Lautmann 1977, S. 406)

Gewiss, so klingt es im Duktus der damaligen Jahre. In der Folge blieb Toleranz als Integrationsmodus für geraume Zeit außer Betracht bei denjenigen, die ernsthaft daran arbeiteten, die Homosexuellen aus ihrer Randlage herauszuholen.

Andererseits sind „die Prinzipien der Toleranz, der Gleichheit und Freiheit als allgemeine Bürgerrechte nicht nur bloßer Schein". Daher beließ Wienold es nicht beim prinzipiellen Zweifel. Man konnte nicht verlangen, dass plötzlich alle mit den soeben noch geächteten Homos ihren Frieden machen, sie gar nun gut finden würden.

„Zu den Postulaten demokratischer Orientierung gehört nun nicht das Gebot, alles und jedes gleichermaßen akzeptieren zu müssen; jemand verlässt nicht bereits dadurch den Boden der Demokratie, dass ihm Homosexualität unsympathisch ist. Undemokratisch wird eine solche Ablehnung erst, wenn aus ihr Konsequenzen gezogen werden, die allein aus Gründen des Affekts die Lebensrechte der abgelehnten Gruppe beschneiden." (ebd.)

Wienold postulierte für eine demokratisch glaubhafte Toleranz die Fähigkeit, „eigene Vorlieben/Abneigungen und das Daseinsrecht von Abweichenden unterscheiden zu können, also das *Gebot der Differenzierung zwischen privaten Antipathien und der Gewährung von Bürgerrechten*" (bereits im Original kursiv). Wer keine Homophobie verspürt, dem fällt die Anerkennung der Anderen leicht. Zum Schwur kommt es gerade bei denjenigen, welche zwar die Schwulen unsympathisch finden, gleichwohl ihnen die Bürgerschaftsrechte zuerkennen wollen. In unserer Erhebung von 1974 blieb diese Kategorie zahlenmäßig klein.

So „sprechen die Daten eine deutliche Sprache in bezug auf demokratische Kultur in der Bundesrepublik. Die individuelle Ablehnung von Homosexuellen tritt mehrheitlich auch als Forderung nach Ausschließung von öffentlichen Positionen und Berufen auf. Für diejenigen, die „privat" diskriminieren, stellen die demokratischen Verkehrsformen in der Regel keine Schranke dar, welche die Randgruppen schützen könnten. (...) Die große

Gruppe der Konformisten und auch der Autoritären zeigt, in welchem Ausmaß die Regel der Trennung zwischen privater und öffentlicher Sphäre, die für die demokratische Kultur konstitutiv sein soll, auch im Bereich der Antihomosexualität faktisch gebeugt wird." (Wienold/Lautmann 1977, S. 409 f.)

Die simple Pro-Contra-Skalierung von Einstellungsstudien ist im Bereich der Homophobiemessung bis heute an der Tagesordnung. Hanns Wienold führte uns mit seinem Gedankengang aus dem Dilemma heraus, ohne dafür die Empirie oder die Demokratietheorie zu opfern. Das will mir bis heute als große gedankliche Leistung vorkommen.

Toleranz heute

Die Kernidee der Toleranz - das Fremde auszuhalten - ist nicht verbraucht. Vielleicht ist sie sogar gefragter denn je. Nur muss sie neu interpretiert und ihr Programm der politischen Lage angepasst werden. Zudem ist in der Soziologie seit einem Jahrzehnt ein Interesse an den Wechselprozessen von Exklusion und Inklusion aufgeflammt, das zahlreiche Neologismen auf den Ideenmarkt wirft, die mit der aus der Aufklärung stammenden Toleranz konkurrieren. Bevor man sich aber aus neuen Schläuchen an altem Wein berauscht, sei der durchaus ehrwürdige Begriff auf seine Brauchbarkeit abgeklopft.[3]

Der Streit um das Toleranzkonzept entbrennt nach Rainer Forst (2003) von zwei Ausgangspositionen her: einerseits Toleranz als Respekt zwischen Gruppen trotz gravierender Unterschiede, andererseits Toleranz als herablassende Hinnahme des Anderen. Die sexuell Diversen waren im 20. Jahrhundert schon mit jedem der beiden Standpunkte zufrieden; von Akzeptanz zu träumen bestand wahrlich kein Anlass. Diese Bescheidenheit baut sich neuerdings ab. Nicht bloß „geduldet" will man sein; denn darin drücke sich nur eine abgeschwächte Form vorheriger Repression aus. Toleranz in einem solchen Sinne war ja bereits im aufgeklärten Absolutismus - also vor dem Sieg der Demokratieform - bekannt gewesen. Damals wurde sie solchen Religionsgemeinschaften gewährt, die von der Konfession des Regionalfürsten abwichen (Friedrich II. von Preußen befand - damals großmütig -, es solle „ein jeder nach seiner Façon selig werden"). Immanuel Kant war über dieses von oben herab erlaubende Konzept bereits hinweg und sprach vom „hochmütigen Namen der Toleranz".[4] Also dachte die Staatsphilosophie bereits vor zweihundert Jahren weiter; statt obrigkeitsstaatlicher Duldung sollten gleiche Freiheitsrechte anerkannt werden. Diese Kriterien für eine „religiöse Demokratie" gälte es heute auf den Sektor Geschlechter-und-Sexualitäten auszudehnen, hinführend zu einer „Sexuellen Demokratie".

Die Herausforderung an den geschlechtlichen Normalismus hat an Umfang enorm zugelegt. Denn nicht mehr um „Homosexuelle", männliche wie weibliche, geht es, sondern um einen ganzen Kranz von Besonderungen, die sich den Diktaten des

Geschlechtsbinarismus und der Heteronormativität entziehen: Lesben, Schwule, Bisexuelle, Transidente und Intersexuelle, kurz: LSBTI. Zwar wird das Bündnis zwischen diesen Kategorien und Gruppen erst geschmiedet. Zwar ist die in dieser Szene favorisierte Strategie des Erkennens und Handelns, nämlich die *Queer*-Theorie, noch nicht sonderlich weit bekannt, geschweige denn angenommen. Doch schließen sich die Reihen augenfällig schnell, entfalten die intellektuellen Anregungen hohen Reiz. Da muten die älteren Toleranzbestrebungen alsbald schal an und werden bloß noch belächelt.

Mittels der Toleranzstrategie werden Menschen in das ideelle und institutionelle Gefüge der Gesellschaft eingegliedert, bislang „Ausgeschlossene" werden mit „einbezogen". Das wird allgemein als ein hoheitliches Erlauben verstanden; typische Zeitungsmeldungen lauten etwa „Homosexuelle dürfen *(sic)* jetzt heiraten". Nur, Erlaubnisse können jederzeit zurückgenommen werden. Die Lage der Neuaufgenommenen bleibt prekär; sie werden einstweilen *durch Toleranz diszipliniert*. Die „Macht diszipliniert durch ein strategisches Wechselspiel von Erlaubnis und Verbot" (Forst 2003, S. 86).

Problematischerweise wird die Gruppe von Normabweichenden aufgeteilt: Die eher Akzeptablen bleiben von den bisherigen Ausschlusspraktiken verschont, die Übrigen werden weiterhin verfolgt - vielleicht sogar umso schärfer. Von allen Schritten zur Entstigmatisierung sind die Debatten bekannt, wie weit man denn gehen könne bzw. wie eng der Kreis zu ziehen sei. Bei der Entkriminalisierung der Homosexualität entzündete sich das an den so genannten Altersgrenzen (21 - 18 - 16 - 14 waren die Stufen, die nacheinander diskutiert und durchlaufen wurden), und es dauerte ein geschlagenes Vierteljahrhundert, bis die Gesetzgebung damit durch war. Und wenn es heute darum geht, ein Merkmal wie „sexuelle Identität" in Antidiskriminierungskataloge aufzunehmen, dann melden sich bei vielen Kopfschmerzen, ob nun nicht etwa auch unerwünschte deviante Identitäten bzw. Sexualformen davon profitieren könnten. Einer ganzen Reihe von Homo-Aktivisten ist dieses Hickhack um Abgrenzung und die erneute Ausgrenzung derart zuwider, dass sie die gesamte Reformpolitik verwerfen.

Unter Machtaspekten wird stets darauf zu achten sein, für welche Art von *Regierungskunst* das Gewährenlassen der Homosexualitäten einsteht. Kommt man damit den Forderungen des Feminismus entgegen - auf einem vergleichsweise abgelegenen Gebiet? Wird eine Politik der Symbole betrieben, als Ausgleich für den Abbau des Wohlfahrtsstaats? Wird die Rationalisierung der Sexualität vorangetrieben? Staat und Politik demonstrieren hier eine Handlungsfähigkeit, die ihnen im Bereich der Wirtschaftslenkung und Sozialsicherheit längst abhanden gekommen scheint. Während fiskalisch der Tribut an den Neoliberalismus entrichtet werden muss (Steuerkrise), wird geschlechterpolitisch die Marktfreiheit verkündet.

Toleranz entlarvt sich als Fortsetzung des Herrschens mit eleganteren Mitteln: als rationaler, schlanker, friedlicher, billiger. Soziale Kontrollen können abgebaut werden, Zensur, Polizei und Justiz wenden sich anderen Aufgaben zu. Gleichwohl diszipliniert die Strategie der begrenzt eingeräumten Freiheiten. Die nunmehr Geduldeten werden staatstreu. Regieren-durch-Freiheitsgewährung wird dieser Zusammenhang von Liberalität und Disziplin in der Foucault-Nachfolge genannt (Forst 2003, S. 442).

Bei aller bürgerlichen oder auch neoliberalen Toleranz gegenüber Homosexuellen - es haftet ihnen nach wie vor ein Makel, das Signum des Außergewöhnlichen an. Und wer weiß, vielleicht möchten sie diese Besonderheit gar nicht völlig los sein. Dazu gibt es gelegentliche Äußerungen von Insidern und vor allem eine Vielzahl von Handlungsweisen, die unübersehbar auf das Besondere, auf ein Sich-Unterscheiden abzielen, ein geradezu widerborstiger Eigensinn, der die zur Integration ausgestreckte Hand auch einmal beißt.

Akzeptanz?

Manchmal heißt es emphatisch: „Wir wollen keine Toleranz, wir wollen Akzeptanz". Nur lässt sich mit Akzeptanz schwerlich die Steigerungsform zu Toleranz markieren. Denn „Akzeptanz" ist kein politisch gefüllter Begriff, sondern ein enges sozialtheoretisches Konzept; es bezeichnet das Kontinuum von Mehr-oder-Weniger beim Hinnehmen von Neuerungen. Der Begriff wird stets in einem gradualisierten Sinne gebraucht; in dem Maße, wie eine soziale Innovation (meist geht es hier um technische Erfindungen) akzeptiert wird, verliert der Begriff seinen Sinn. Die Akzeptanzforschung zielt nicht auf das Selbstverständlichwerden, sondern auf das Überwinden der Anfangsschwierigkeiten. Über diese Phase sind die (meisten) LSBT-Phänomene indessen bereits hinweg.

„Volle Akzeptanz" mag gefordert werden, in der Emphase, mit der man Parolen formuliert. Doch brächte dieser Grenzfall die vollständige Assimilation des Akzeptandums mit sich, mithin das Verschwinden des Besonderen - eine etwas gedankenlose Forderung also. Die „Normalisierung des Unnormalen" wäre ein höchst widerspruchsvoller Vorgang.

Die Rechnung geht ohnehin nicht auf. Dass Lesben und Schwule nicht als „normal" behandelt werden, also nicht in einer unauffälligen Mehrheit aufgehen, ergibt sich bei zahllosen Gelegenheiten. So hat beispielsweise jüngst die renommierte Fachzeitschrift *Archives of Sexual Behavior* 2003 ein ganzes Heft über „Reparatur-Therapien" an Homosexuellen vorgelegt. Und sei dies nur für jene Identitätsunsicheren vorgesehen, die den Fährnissen eines sexuellen Abseits entkommen wollen - stets geht es um die Einbahnstraße, die aus dem Dunkel ins Licht führen soll. Ein anderes Beispiel bot der letzte Präsidentschaftswahlkampf in den USA, als die Gleichstellung von gleichgeschlechtlichen Paaren (Zugang zum Institut der Ehe) in das Zentrum der Mobilisierungsstrategie geriet.[5]

Die volle Akzeptanz wäre nicht zu unterscheiden von der *Wertschätzung*, die dem Anderen entgegenzubringen wäre. Diese aber lässt sich weder manipulieren noch erzwingen, ohne dabei grundlegende Freiheiten der bislang ablehnenden Majorität zu verletzen. Das Andere soll ein Lebensrecht erhalten, nicht aber das persönliche Dafürhalten von Nichtbetroffenen vergewaltigen. Statt der Akzeptanz sollte *Anerkennung* gefordert und betrieben werden. Allerdings befindet man sich damit bereits in einem anderen Diskurs.

Gegen den Identitätszwang

Zu den demokratietheoretisch begründeten Forderungen der LSBTI-Menschen gehört der Anspruch, sich nicht ständig mit ihren LSBTI-Merkmalen identifizieren zu müssen. Weil sie historisch so lange und sanktionsmäßig so streng unterdrückt worden sind, hat sich an ihre Existenz der Zwang zum Ernstnehmen und zur Wachsamkeit geheftet. Sowohl in der Fremd- als auch in der Selbstwahrnehmung stieg die jeweilige Eigenart als L, S, B, T oder I zu einem situationsdefinierenden Umstand auf, der die gesamte Lebensführung beherrscht. Lesbe, Transmann usw. bezeichnete für die Betreffenden einen Hauptstatus (von außen gesehen) und eine Identität (im Innern). Das Identitätsdenken hat einmal als Errungenschaft gegolten, als die Höchststufe eines psychosexuellen Entwicklungsgangs etwa.

Die *Queer*-Bewegung stellt nun das Identitätsdenken durchgreifend zur Disposition. Es halte die Devianten auf ihren Außenseiterposten fest, anstatt sie zu befreien. Tatsächlich bedeutet Identität als Zwang eine Freiheitseinschränkung, die demokratisch höchst zweifelhaft ist. Statt sich immer wieder für das Sosein als LSBTI-Individuum rechtfertigen zu müssen und den eigenen „Stamm" sauber zu repräsentieren, sollte es den Einzelnen überlassen bleiben, wie sie ihre Zugehörigkeit gestalten und betonen. Der Druck dazu kann nur von ihnen genommen werden, wenn ihre deviante Auffälligkeit beseitigt wird.

Wendy Brown diskutiert den Prozess einer disziplinierenden Identitätsfixierung, der Personen dadurch marginalisiert, dass ihnen eine Identität zugeschrieben wird, die sich aus einer einzigen Wurzel wie der sexuellen Orientierung herleitet und vorgeblich die ganze Person prägt. Damit würden Identitätsgruppen geschaffen, die einander ausschließen. Brown bezeichnet das als Art Biomacht (im Sinne von Michel Foucault): Durch Identitätsfestlegung wird disziplinierende Macht ausgeübt, womit die wirklichen Ursachen sozialer Ungleichheit verborgen bleiben. Zudem verhindern nach Brown die künstlich erzeugten Gruppenantagonismen eine „kollektive Deliberation" (Brown 2003, S. 281).

Die sexualmoralische und geschlechterpolitische Mehrheit des Landes muss wohl darauf verzichten, ihre Normalitätsvorstellungen zu generalisieren und durchzusetzen. Diese demokratische Gerechtigkeit wird in den Köpfen der Bevölkerung geleistet. Sie ist längst nicht erreicht, wenn der Staat in Gesetzgebung und Verwaltung die Diskriminierungen beseitigt und die Gleichbehandlung dekretiert hat.

„Hier liegt (...) der Kern des Toleranzproblems, denn an dieser Stelle müssen die Bürger das richtige Verhältnis von Gründen der Ablehnung, der Akzeptanz und der Zurückweisung herstellen." (Forst 2003, S. 702)

Von der Toleranz zur Anerkennung

Mit der Ablösung des Absolutismus wurden die Menschenrechte zum Thema der bürgerlichen Demokratie, und die „Erlaubnis-Konzeption" kann durch eine Konzeption des politischen Respekts abgelöst werden.[6] Sobald sexuelle Diversität als ein schützenswerter Teil demokratischer Ordnung etabliert ist, werden sich Forderungen melden, die auf Anerkennung dieser Verhältnisse dringen. Dazu gehören:

- Diskriminierungen einzelner Geschlechts- und Sexualformen im Recht - offene wie verborgene - sind zu beseitigen.
- Die unter dem heteronormalistischen Regime verliehenen Rechtsprivilegien sind breiter zu streuen. Bislang bloß „geduldete" Kategorien erhalten einen offiziellen Status.
- Drohenden Diskriminierungen im gesellschaftlichen Leben kann durch das Recht vorgebeugt werden (durch Verbot, Ausgleich, Quotierung beispielsweise).
- Die Nachwirkungen historisch erlittener Repression sind aufzuarbeiten.
- Wer an fortwirkenden Folgen früherer Unterdrückung leidet, dem soll Unterstützung angeboten werden.
- Die „neuen" Formen sind in Kultur und Bildung zu berücksichtigen. Ihre Symbole und Manifestationen werden nicht länger ignoriert.
- Werden die minoritären Formen bei politischen Entscheidungen übergangen, dürfen sie ein spezielles Repräsentationsrecht beanspruchen (Anhörung, Veto usw.).

Anerkennung für das erweiterte Sexualszenario zu fordern und durchzusetzen bedeutet, sämtliche Praktiken des Geschlechtlichen kulturell neu zu bestimmen und zu bewerten. Dies betrifft die hergebrachten wie die neu aufgetretenen Formen. Damit geraten - ebenso beabsichtigt wie argumentativ unausweichlich - zahlreiche Selbstverständlichkeiten ins Wanken, im Wissen und Fühlen und Werten. Erkenntnistheoretische wie moralische, religiöse wie ästhetische Weisungen werden relativiert. Die dafür erforderliche intellektuelle Kraft kann von der zahlenmäßig kleinen Gruppe der primär Betroffenen kaum allein aufgebracht werden - AdvokatInnen und PartnerInnen müssen gefunden werden.

Mit den „besonderen" Geschlechtern und Sexualitäten ist es wie mit den „Fremden": Nur auf eine höchst prekäre Weise finden sie ihre Stellung in einer Gesellschaft, die von „Eigenen" und „Normalen" dominiert ist. Für die Fremden gilt der klassische Befund: Ihre Lage ist instabil, und sie bleiben am Rande. Diesen Status können sie nur durch eine Türe verlassen, auf der Assimilation und Integration geschrieben stehen.

Das postmoderne Denken hat nun die Möglichkeit eröffnet, den *Rand* in die *Mitte* zu verlegen. Genau dies propagiert das *queering*. Befinden sich also die Neuen Geschlechter sowie die früher devianten Sexualitäten auf einem Weg von der Peripherie zum Zentrum der Gesellschaft? Oder wird ihnen eine Art von Inklusion zuteil, ohne den Außenseiterstatus abzustreifen? An einer Realisierung dieses Paradoxons - die Heterogenität in der Homogenität - wird gearbeitet. Der Binarismus des Geschlechts, der Normalismus der Sexualität bringen die Sonderformen hervor; aber sie bedürfen auch dieser, um selber bestehen zu können. Dieses Spannungsfeld erzeugt eine Dynamik, die zu vielfachen Transformationen führt. Die vormals Ausgeschlossenen machen sich auf den Weg, und dort, wo sie ankommen, wird ihnen Platz gemacht. Genau darin bestünde „Sexuelle Demokratie".

Sexuelle Demokratie als Prozess einer Entwicklung steht noch am Anfang. Die Asymmetrie der Geschlechter - zwischen Frauen und Männern sowie zu allen weiteren - ist nicht überwunden. Die besonderen Sexualitäten schleppen noch die Last ihrer Vergangenheit als Perversionen mit sich herum. Die Pathologisierung der nichtbinären Geschlechtsformen hält an. Auf den Ebenen des Staates, der gesellschaftlichen Organisationen und des Alltagsbewusstseins bleibt für eine Demokratisierung unendlich viel zu tun.

„Toleranz sollte eigentlich nur eine vorübergehende Gesinnung sein: sie muss zur Anerkennung führen. Dulden heißt beleidigen." (Goethe)[7] Der Alte hat es also schon gewusst, vor zwei Jahrhunderten! Wann werden wir es lernen?

Anmerkungen

1 Der Forschungsbericht liegt als vervielfältigte Broschüre vor: „Das soziale Abwehrsystem gegen sexuelle Abweichung, insbesondere Homosexualität" (1978). Im Druck erschienen sind mehrere Artikel.

2 Vgl. aber die Publikationen von Günter Grau.

3 Eindrucksvoll und ergebnisreich unternimmt das Rainer Forst (2003) in seinem Buch: „Toleranz im Konflikt. Geschichte, Gehalt und Gegenwart eines umstrittenen Begriffs".

4 I. Kant, „Was ist Aufklärung".

5 In den „Wackelstaaten" ließen sich damit genügend WählerInnen an die Urnen treiben, um dem Kandidaten Bush eine satte Mehrheit zu bescheren.

6 Vgl. Forst (2003), S. 443. Die folgende Aufzählung angelehnt an S. 684-686.

7 Johann Wolfgang Goethe, Maximen und Reflexionen, Nr. 875 (Ausgabe Artemis/dtv).

Literatur

Archives of Sexual Behavior 32, Heft 5, Oktober 2003.

Brown, Wendy (2003): Reflexionen über Toleranz im Zeitalter der Identität. In: Forst, Rainer (Hg.): Toleranz, Frankfurt/Main, S. 257-281.

Forst, Rainer (Hg., 2003): Toleranz im Konflikt. Geschichte, Gehalt und Gegenwart eines umstrittenen Begriffs. Frankfurt/Main.

Jellonnek, Burkhard/Rüdiger Lautmann (Hg., 2002): Nationalsozialistischer Terror gegen Homosexuelle. Verdrängt und ungesühnt. Paderborn.

Wienold, Hanns/Lautmann, Rüdiger: Antihomosexualität und demokratische Kultur in der BRD. In: Lautmann, Rüdiger (1977): Seminar: Gesellschaft und Homosexualität. Frankfurt/Main, S. 383-416.

Michael Bochow

Einstellungen zu Schwulen und das Ausmaß ihrer sozialen Akzeptanz
Ergebnisse einer Trendstudie zwischen 1974 und 1991 im Lichte neuerer Entwicklungen[1]

Vorbemerkungen

Die Unterscheidung zwischen Einstellungen, Verhaltensabsichten und Verhalten ist gängige Praxis in den Sozialwissenschaften. Aus der Zustimmung zu homosexuellenfeindlichen Äußerungen folgt keineswegs zwingend ein bestimmtes Verhalten im Umgang mit schwulen Männern. Aus schwulenfeindlichen Einstellungen kann sich ein bestimmtes Vermeidungsverhalten ergeben, d.h. die Vermeidung des sozialen Kontaktes mit schwulen Männern. Feindselige Einstellungen können aber auch zu Beschimpfungen und Beleidigungen wie auch zu gewalttätigen Angriffen führen. In besonderen durch persönliche Bekanntschaft geprägten Situationen ist bei antihomosexuell eingestellten Personen ein eher „neutrales" oder selbst freundliches Verhalten gegenüber homosexuellen Männern denkbar.

Anlage der Erhebung

Im Folgenden sollen die Ergebnisse einer 1991 vom Hamburger Institut GFM-GETAS durchgeführten Repräsentativbefragung von 1002 Ostdeutschen und 1220 West-deutschen (über 18 Jahre) zu ihren Einstellungen und Werthaltungen zu homosexuellen Männern zusammengefasst werden. Das Erhebungsinstrument wurde von mir konzipiert, nachdem ich 1990 34 explorative Interviews in West-Berlin und Westdeutschland durchgeführt hatte. Eine große Anzahl von Fragen wurde der Untersuchung von Rüdiger Lautmann und Hanns Wienold (1977) entnommen, die 1974 eine vergleichbare Befragung durchführten.

Soziale Distanzierung und Pathologisierung

Der vorgegebenen Aussage „Die sexuelle Orientierung von Menschen ist mir gleichgültig, warum sollte ich mich daran stören" stimmen 1991 65 Prozent der Westdeutschen und 69 Prozent der Ostdeutschen zu. Schon 1974 fand dieses Statement die Zustimmung einer Mehrheit von 55 Prozent der Befragten. Bedeutet dies, dass die große Mehrheit der Bundesbürger gegenüber homosexuellen Männern „liberal" eingestellt ist? Überwältigend bleibt auch Anfang der 90er Jahre das Bedürfnis nach sozialer Distanz gegenüber homosexuellen Männern. 61 Prozent der Westdeutschen und 65

Prozent der Ostdeutschen signalisieren eindeutig, dass sie soziale Kontakte mit homosexuellen Männern (in der Nachbarschaft, im Kollegen- und im Bekanntenkreis) meiden möchten, lediglich 31 Prozent der Westdeutschen und 26 Prozent der Ostdeutschen haben kaum oder gar keine Berührungsängste. Dieser große „Bedarf an sozialer Distanz" ist im Gegensatz zu anderen geäußerten Einstellungen konstant geblieben. 1974 signalisierten 32 Prozent der Befragten, dass sie mit sozialen Kontakten zu homosexuellen Männern keine Probleme hätten. Der Bedarf an sozialer Distanz muss vor dem Hintergrund gesehen werden, dass noch eine Mehrheit der Deutschen eine gleichgeschlechtliche sexuelle Orientierung entweder als unumkehrbare Fehlentwicklung, als therapierbare sexuelle Störung oder als Laster begreift. Lediglich 27 Prozent der Westdeutschen und 33 Prozent der Ostdeutschen lehnen durchgängig die Statements ab, die Homosexualität als Krankheit oder als Laster definieren.

Einstellungen zu rechtlichen Regelungen

1974 wünschten 18,4 Prozent der Westdeutschen ein generelles Verbot homosexueller Handlungen, 1991 sind es 13,4 Prozent der Westdeutschen und 9,7 Prozent der Ostdeutschen, die sich dafür aussprechen. Will also nur noch eine Minderheit der deutschen Bevölkerung männliche Homosexualität schlichtweg verboten wissen, so befürwortet eine Mehrheit eine Diskriminierung von homosexuellen Männern bei den Zugangsregelungen für bestimmte Berufe. Die Einschränkung des Zugangs oder ein Zugangsverbot zu politischen Ämtern und/oder zum Beruf des Lehrers wünschen 1974 87 Prozent der Befragten, 1991 sind es 71 Prozent der Westdeutschen und 64 Prozent der Ostdeutschen. Fast die Hälfte der Westdeutschen (45%) plädiert für ein striktes Zugangsverbot zum Beruf des Lehrers und/oder zu politischen Ämtern bei homosexuellen Männern, unter den Ostdeutschen ist dies ein Drittel (31%). 1974 sprachen sich noch 60 Prozent der Westdeutschen für diese Art von Berufsverboten aus.

Der harte schwulenfeindliche Kern

Um den schwulenfeindlichen Kern der deutschen Bevölkerung zu ermitteln, wurden die Zustimmungen zu den folgenden drei Aussagen analysiert: 1. „Was die Homosexuellen treiben, ist doch eine Schweinerei; sie sollten kastriert werden", 2. „Toleranz ist hier unangebracht, man darf homosexuelles Verhalten nicht dulden", 3. „Man muss alles tun, um die Homosexualität einzudämmen, auch unter Erwachsenen. Wir brauchen daher wieder strengere Strafvorschriften". 1991 lehnen 61,5 Prozent der Westdeutschen diese drei Aussagen durchgängig ab; 21 Prozent befürworten die Kastration homosexueller Männer. Unter den Ostdeutschen lehnen 67 Prozent die drei Aussagen ab, 13 Prozent stimmen der Kastration zu. Nur die Hälfte der Befragten (49%) lehnte 1974 die drei Statements ab, und 36 Prozent befürworteten eine Kastration homosexueller Männer.

Das Ausmaß der Akzeptanz

Als Indikator für die Akzeptanz homosexueller Männer wurde die Zustimmung zu Forderungen gewertet, die nahe an den Lebenserfahrungen der heterosexuellen Mehrheit der Befragten sind. Gefragt wurde, ob schwule oder lesbische Paare in eine gesetzliche Regelung zur staatlichen Anerkennung nichtehelicher Lebensgemeinschaften eingeschlossen werden sollten. Es zeigt sich, dass immerhin 48 Prozent der Westdeutschen und sogar 56 Prozent der Ostdeutschen sich dafür aussprechen. 30 Prozent der Westdeutschen und 41 Prozent der Ostdeutschen sind mit der Öffnung des Adoptionsrechtes für lesbische Paare einverstanden, 24 Prozent der Westdeutschen und 27 Prozent der Ostdeutschen räumen dies auch für schwule Paare ein. Die Zustimmung einer solch starken Minderheit für die Öffnung des Adoptionsrechts wäre in den 1970er Jahren vermutlich undenkbar gewesen.

Die Hochburgen der Schwulenfeindlichkeit in der deutschen Gesellschaft

Feindselige und akzeptierende Einstellungen gegenüber schwulen Männern sind, wie wir auch aus Untersuchungen in anderen Ländern wissen (vgl. z.B. Herek 1991) in der Bevölkerung sehr ungleich verteilt. Jüngere Menschen sind sehr viel aufgeschlossener als über 60-jährige. Nur eine kleine Minderheit der unter 35-Jährigen verhält sich stark ausgrenzend. Die Unterschiede zwischen Frauen und Männern sind in Westdeutschland gering, in Ostdeutschland sind die Frauen etwas „schwulenfreundlicher“ als die Männer. Der homosexuellenfeindlichere Teil der Befragten hat deutlich später mit dem Geschlechtsverkehr begonnen (die Differenz bleibt bestehen, wenn der Zusammenhang nach Altersgruppen kontrolliert wird), und er lebt monogamer als der Personenkreis, der sich als aufgeschlossener gegenüber homosexuellen Männern erweist. Homosexuellenfeindlichkeit kann damit auch als Ausdruck einer allgemeineren Sexualfeindlichkeit angesehen werden.

Homosexuellenfeindlichkeit geht einher mit einer Orientierung an traditionellen patriarchalisch geprägten Geschlechtsrollen und mit der Ablehnung von gleichen sozialen und politischen Chancen für „Ausländer“ und „ausländische“ Jugendliche, die seit Jahren in der Bundesrepublik leben. Die Aufgeschlossenheit gegenüber homosexuellen Männern folgt in Deutschland wie auch in anderen Ländern dem politischen Rechts-Links-Schema. Das konservative Lager (CDU/CSU) sammelt den höchsten Anteil an homosexuellenfeindlichen Personen, die Wähler von Bündnis 90/Grüne sind dagegen zu einem vernachlässigbaren Anteil schwulenfeindlich eingestellt. Die SPD erweist sich in diesem Schema als wahre „Volkspartei“, ihre Wähler liegen bei den Durchschnittswerten der Gesamtheit der Befragten. Allein die FDP-Wähler entziehen sich dem skizzierten Rechts-Links-Schema, sie befinden sich in Westdeutschland zwischen SPD und Grünen, in Ostdeutschland zwischen SPD und PDS. AkademikerInnen äußern sich liberaler als ArbeiterInnen. Unter den weniger stark kirchlich gebundenen Mitgliedern der christlichen Kirchen und deutlicher noch in der Gruppe der Konfessionslosen ist der Anteil schwulenfeindlicher Personen geringer als unter den stark religiös gebundenen Mitgliedern der Kirchen. Unterschiede zwischen Katholiken und Protestanten sind kaum bedeutsam.

Interpretation der Befunde und neuere Forschungsergebnisse

Wird ein Gesamtbild der Einzelergebnisse der Befragung von 2222 Deutschen versucht, so kann geschlussfolgert werden, dass noch mindestens ein Drittel der deutschen Bevölkerung als stark schwulenfeindlich eingestuft werden muss; ein weiteres Drittel ist ambivalent, d.h. nicht durchgängig antihomosexuell, aber keinesfalls frei von ablehnenden oder klischeehaften Einstellungen. Die Untersuchung liefert allerdings auch eindeutige Hinweise darauf, dass die Schwulenfeindlichkeit der (west-)deutschen Gesellschaft seit den siebziger Jahren abgenommen hat (vgl. Lautmann 1977). Aus methodischen Gründen wurde nur nach der Einstellung zu männlichen Homosexuellen gefragt, es besteht jedoch kein Grund zu der Annahme, dass weibliche Homosexualität eine wesentlich höhere Akzeptanz in der Bevölkerung erfährt. Die Tatsache, dass AIDS - von schwulen Männern zunächst als willkommener Vorwand für erneute Repression befürchtet - paradoxerweise einen gesellschaftlichen Prozess der größeren Akzeptanz von Homosexualität auslöste, soll hier nur vermerkt aber nicht weiter kommentiert werden.

Die Zunahme der Akzeptanz von homosexuellen Menschen in der Bevölkerung in den letzten 30 Jahren ist erklärungsbedürftig. Ausgehend von der Hypothese, dass die Abwertung des Weiblichen mit der Abwehr männlicher Homosexualität in patriarchalisch geprägten Gesellschaften Hand in Hand geht, ist im Beginn der Enthierarchisierung des Geschlechterverhältnisses die Ursache einer Zunahme der Akzeptanz von männlicher Homosexualität und in ihrer Folge auch von weiblicher Homosexualität zu sehen. Der Rückgang der Prägekraft traditioneller Männlichkeits- und Weiblichkeitsmuster, die Individualisierungsprozesse in den kapitalistischen, postindustriellen Dienstleistungsgesellschaften und der Rückgang konservativ-familienzentrierter Wertorientierungen in der Mehrheit der Bevölkerung schaffen auch Freiräume für Lesben und Schwule. Wenn die weitgehende Akzeptanz von Schwulen und Lesben abhängt von der Enthierarchisierung des Geschlechterverhältnisses, wird gleichzeitig deutlich, an welchem Punkt wir gegenwärtig stehen. Eine der Leitfiguren der (west-)deutschen

Frauenbewegung hat im Hamburger Wochenmagazin „Der Spiegel" im Oktober 2000 folgende Bilanz gezogen:

„Viele Erfahrungen, Studien und Umfragen deuten zurzeit auf eine Zwei-Drittel-Männergesellschaft hin: Das erste Drittel steht der Sache der Frauen aufgeschlossen und sympathisierend gegenüber, wenn auch nicht ohne Rückfälle. Das zweite Drittel versucht, sich durchzuschlawinern. Das dritte Drittel hat verstanden und hält hart dagegen (...) die jungen, von emanzipierten Müttern und Schwestern geforderten Männer sind (...) überproportional im ersten Drittel vertreten." (Schwarzer 2000, S. 82)

Es ist verblüffend, wie deckungsgleich das Resümee von Alice Schwarzer mit dem Fazit der von mir durchgeführten Studie ist. Dem stark schwulen- und frauenfeindlichen Drittel entspricht ein weiteres Drittel, das sich in einer Erhebung von 1987 in der Bundesrepublik als antisemitisch erweist (Bergmann/Erb 1991, S. 56-57). Eine Gruppe von 33 Prozent der BefragungsteilnehmerInnen wurde als antisemitisches Potential im weiteren Sinne klassifiziert. Frauen-, Fremden- und Schwulenfeindlichkeit basieren auf den gleichen chauvinistischen und machistischen Normen und Orientierungen. Es wäre erstaunlich, dass eine Bevölkerung, in der maximal 40 Prozent der Männer an strikten egalitären Normen orientiert sind, was Frauen, Zuwanderer oder Farbige anbelangt, in ihrer Mehrheit lesben- und schwulenfreundlich wäre.

Der dänische Soziologe Henning Bech hat aus der weitgehenden sozialen Akzeptanz homosexueller Menschen in Dänemark geschlossen, dass der Sozialtypus des Schwulen oder der Lesbe im Verschwinden sei. Die Akzeptanz homosexueller Menschen führt er auf die in Dänemark realisierte Gleichberechtigung der Geschlechter zurück und auf das skandinavische Modell des Sozialstaates, das langfristig die bornierten familistischen Orientierungen von Heterosexuellen abbaue (Bech 2000). So sehr ich Henning Bech in der These zustimme, dass die Schwulen schon immer die Kriegsgewinnler des Geschlechterkampfes waren, so skeptisch bin ich gegenüber der These des Verschwindens der Homosexuellen. Ich halte die Prognose der Auflösung der Homosexualität in einem Transgender-Nirwana für einen merkwürdigen sozialwissenschaftlichen Buddhismus (vgl. Bochow 1993). Was die Gleichberechtigung der Geschlechter anbelangt, genügt ein Blick auf die bevölkerungsreichsten europäischen Staaten wie Deutschland, Frankreich, Großbritannien, Italien, Spanien und Polen, um zu sehen, wie weit wir davon noch entfernt sind. Der kontinentaleuropäische Sozialstaat wird gegenwärtig nicht nur durch die Auswirkungen der Globalisierung abgetragen, sondern auch durch die tatkräftige Mithilfe sozialdemokratischer Parteien nach dem Motto „Blairisten aller Länder, vereinigt Euch!".

Die Grenzen der sozialen Akzeptanz sind deshalb bis heute nicht zu übersehen, wenn auch gelegentlich andere Einschätzungen vertreten werden. Mitte Mai 1997 erschien in der Hamburger Illustrierten „Stern" ein Artikel von Werner Hinzpeter – mit dem integrationswütigen Titel „Total normal" – zur Lebenssituation schwuler Männer. Er resümierte: „Inzwischen ist Deutschland wieder zu einem der schwulenfreundlichsten Länder der Welt geworden" (Hinzpeter 1997, S. 193). Mit dieser Meinung steht er unter schwulen Männern keineswegs allein da. Die Befragungen, die ich in den 1990er Jahren regelmäßig unter schwulen Männern durchgeführt habe, scheinen zunächst diese Aussage zu bestätigen. Der Anteil der westdeutschen Männer, die in ihrem sozialen Umfeld (Eltern, Geschwister, Kollegen, heterosexuelle Freunde) ihre Homosexualität nicht verbergen und sie akzeptiert oder toleriert sehen, steigt von 56 Prozent im Jahre 1991 auf 71 Prozent im Jahre 1999. Die soziale Sichtbarkeit homosexueller Männer war in der DDR der 1980er Jahre geringer als in der alten Bundesrepublik. Überwiegend offen „schwul" und in ihrer Homosexualität akzeptiert leben 1991 50 Prozent der Ostdeutschen und 1999 63 Prozent. Deutliche Unterschiede zwischen Millionenstädten, anderen Großstädten und der „Provinz" bleiben sowohl in Ost- wie in Westdeutschland bestehen. Das hohe Ausmaß an Akzeptanz und sozialer Sichtbarkeit, wie sie die Daten von 1999 dokumentieren, muss allerdings relativiert werden, da sich überdurchschnittlich viele jüngere Mittelschichtsmänner aus großstädtischen Ballungsräumen an den Befragungen beteiligen (Bochow 2001a). Ähnliche Daten für lesbische Frauen liegen mir nicht vor. Die soziale Sichtbarkeit von lesbischen Frauen ist bis heute wesentlich geringer als die schwuler Männer. Dies lässt sich - zynisch gesprochen - auch daran ablesen, dass sie nie eines § 175 für würdig erachtet wurden. Wenn Homosexualität so „total normal" wäre, wie oft behauptet, ließe sich nicht erklären, warum bis heute ein so hohes Maß an antihomosexueller Gewalt zu beobachten ist: Zwischen 1991 und 1999 berichtete kontinuierlich ein Anteil von 3 bis 4 Prozent homosexueller Männer, dass sie in den zwölf Monaten vor der Befragung Opfer physischer antischwuler Gewalt wurden, 13 bis 14 Prozent geben an, dass sie in diesem Zeitraum angepöbelt, beschimpft oder beleidigt wurden, eine Form symbolischer Gewalt, deren Auswirkungen nicht unterschätzt werden sollten (Bochow 2001a). Die nordrhein-westfälische Studie zur Gewalt- und Diskriminierungserfahrung von lesbischen Frauen ergab, dass 29 Prozent der Frauen Anpöbeleien, Beschimpfungen und Beleidigungen im öffentlichen Raum erlebt hatten, 34 Prozent der Frauen berichten über sexuelle Grenzverletzungen und 20 Prozent über körperliche Angriffe und Bedrohungen (Stein-Hilbers 1999, S.181). Diese Daten beziehen sich auf die gesamte Biographie der befragten Frauen. Mit Ausnahme der sexuellen Grenzverletzungen würde die von homosexuellen Männern für den Zeitraum eines Jahres berichtete symbolische und physische Gewalt einen ähnlichen Umfang annehmen, wenn sie auf einen Zeitraum von 10 oder 15 Jahren hochgerechnet würde. Gewalttäter sind in der Regel - sowohl, was lesbische wie auch schwule Opfer anbelangt - heterosexuelle Männer, bei schwulen Opfern sind es in der Regel unter 25-jährige Täter.

Diese Viktimisierungsprozesse verweisen auf ein grundlegendes gesellschaftliches Problem, das der sozialen Konstitution von Männlichkeit. In einem Artikel über „Weiblichkeit, Männlichkeit und Virilität" haben Pascale Molinier und Daniel Welzer-

Lang diesen sozialen Konstitutionsprozess folgendermaßen beschrieben: Die sozialen Räume, in denen die männlichen Jugendlichen von Gleichaltrigen zur Gewalt erzogen werden, sind Schulhöfe, Sportvereine, die Armee, Kneipen usw. Diese strukturieren die Beziehungen zwischen Männern analog zu dem Vorbild des hierarchisierten Verhältnisses zwischen Männern und Frauen. Den „richtigen Männern", die immer zeigen können, wo es lang geht, die alle Privilegien der Macht, der Ehre und der Herrschaft über Frauen haben, stehen die „Weicheier" gegenüber, die unmännlichen Männer, die Schwachen, die Schwulen, die Jüngeren, die, obwohl sie häufig gegenüber den Frauen ihre Machtposition behaupten, die Aggressionen und Gewalttätigkeiten der stärkeren Männer erleiden, sexuelle Gewalt eingeschlossen (vgl. Molinier/Welzer-Lang 2000, S. 72). Jeder mit Fußballfans gefüllte S-Bahn-Zug illustriert, wie ungebrochen traditionelle und rohe Männlichkeit ausagiert wird, auch von den männlichen Jugendlichen, die sich in anderen Kontexten wesentlich ziviler verhalten. Die *Abwehr* von *Unmännlichkeit*, damit aber auch die *Abwertung* alles *Weiblichen*, äußert sich jedoch wesentlich häufiger und zumeist wesentlich subtiler als bei einer Horde alkoholisierter Fußballfans. Martin Dannecker beschreibt dies in seiner Analyse der Reaktionen von Vätern auf ihre (prä-)homosexuellen Söhne. Dannecker erklärt hiermit, warum so viele schwule Jugendliche und junge Männer einen Zeitraum von mehreren Jahren benötigen, um ihr schwules Coming-out zu bewerkstelligen.

„Referenz für ihr Gefühl des Andersseins ist das jeweils geläufige Stereotyp von Jungenhaftigkeit. Folglich wird dieses Gefühl an ganz handfesten Differenzen zwischen dem Verhalten gleichaltriger Geschlechtsgenossen und ihrem eigenen Verhalten im Kindes- und frühen Jugendalter festgemacht. Während jene vergnügt mit ihren Vätern oder mit anderen Jungen Fußball spielten, ihrem Vater begeistert bei irgendwelchen im Haus anfallenden Reparaturarbeiten halfen, mit anderen Jungen rauften und grob mit diesen umgingen, hielt sich der werdende Homosexuelle aus solchen Aktivitäten möglichst heraus. Diese gleichsam negative Referenz zu den kulturellen Manifestationen von Männlichkeit wird nicht selten von einer positiven Referenz zu den kulturellen Manifestationen von Weiblichkeit ergänzt." (Dannecker 1997, S. 153-154)

Die weiblicheren Verhaltensweisen ihres prähomosexuellen Jungen lösen bei den allermeisten Vätern Unbehagen, nicht selten weitaus härtere, z.T. gewalttätige Reaktionen aus. Hierzu noch einmal Martin Dannecker:

„Zwar sind gewaltsame Reaktionen nicht die Regel, mit denen Väter ihre Söhne zur männlichen Raison bringen möchten und diese manchmal buchstäblich in sie hineinzuprügeln versuchen. Heranwachsende Homosexuelle finden aber nur in Ausnahmefällen familiäre Bedingungen vor, die es ihnen ermöglichen, aus der Homosexualität ein positives Bild zu formen. Die wohl am weitesten verbreitete Umgangsweise mit den frühen Manifestationen der Homosexualität und den Spannungen, die aus den weder vom Sohn noch vom Vater so recht verstandenen Wünschen und Eigenarten entstehen, besteht darin, daß sich beide voneinander distanzieren." (Dannecker 1997, S. 150)

Schlussfolgerungen

Obwohl die Trendstudie eindeutige Hinweise darauf ergeben hat, dass die Schwulenfeindlichkeit der (west-)deutschen Gesellschaft seit den siebziger Jahren abgenommen hat (vgl. Lautmann/Wienold 1977), so bleibt doch zu konstatieren, dass für schwule männliche Jugendliche das Coming-out nach wie vor sehr schwierig sein kann, auch wenn sie aus liberalen Mittelschichtsfamilien kommen. Bei Jugendlichen aus unteren Schichten und solchen aus muslimisch geprägten Migrantenfamilien gestaltet sich das Coming-out noch viel problematischer. Ich vermute, dass dies für lesbische Mädchen nicht viel anders ist. Die Probleme des Coming-out können als Lackmustest für den Normalisierungsgrad von Homosexualität angesehen werden. Der gesellschaftliche AIDS-Diskurs der 1980er und 1990er Jahre hat schwulen Männern eine öffentliche Beachtung und auch ein Maß relativer öffentlicher Akzeptanz gebracht, von dem sie vorher nur träumen konnten. Das Etikett „schwul" hat aber noch lange nicht die gleiche Harmlosigkeit wie das Etikett „rothaarig", dies gilt gleichermaßen für das Etikett „lesbisch".

Anmerkung

1 Ich danke dem Verlag Edition Sigma für die Erlaubnis für diesen Beitrag auf einige Passagen meines Artikels in Cornelia Lange (Hg., 1993): Aids - eine Forschungsbilanz (Edition Sigma, Berlin) zurückzugreifen.

Literatur

Bech, Henning (2000): Gendertopia. In: *Zeitschrift für Sexualforschung*, Jg. 13, Heft 3, S. 212-242.

- (1997a): When Men Meet - Homosexuality and Modernity. Cambridge.

- (1997b): When Men Meet. Ein Gespräch mit Gunter Schmidt. In: *Zeitschrift für Sexualforschung*, Jg. 10, Heft 4.

Bergmann, Werner/Erb, Rainer (1991): Antisemitismus in der Bundesrepublik Deutschland. Opladen.

Bochow, Michael (1993): Einstellungen und Werthaltungen zu homosexuellen Männern in Ost- und Westdeutschland. In: Lange, Cornelia (Hg.): AIDS - eine Forschungsbilanz. Berlin, S. 115-128.

- (2001a): Schwule Männer, AIDS und Safer Sex. Neue Entwicklungen. Eine Befragung im Auftrag der Bundeszentrale für gesundheitliche Aufklärung, Köln. AIDS-Forum D.A.H., Bd. 40. Berlin.

- (2001b): Sozial- und sexualwissenschaftliche Erkenntnisse zur Homosexualität Gleichgeschlechtliche Lebensgemeinschaften in sozialethischer und rechtlicher Perspektive. Texte einer Tagung in der Evangelischen Akademie Bad Boll. In: *epd-Dokumentation* (Evangelischer Pressedienst), Nr. 23-24, Heft 1, S. 42-50.

- (2000): Das kürzere Ende des Regenbogens. HIV-Infektionsrisiken und soziale Ungleichheit bei schwulen Männern. Berlin.

- (1998): Schwules Leben in der Provinz. Zum Beispiel Niedersachsen. Berlin.

Dannecker, Martin (1997): Probleme der männlichen homosexuellen Entwicklung. In: Dannecker, Martin: Vorwiegend homosexuell. Hamburg, S. 147-167.

-/Reiche, Reimut (1974): Der gewöhnliche Homosexuelle. Eine soziologische Untersuchung über männliche Homosexuelle in der Bundesrepublik. Frankfurt/Main.

Delphy, Christine (2000): Théories du patriarcat. In: Hirata, Helena et al. (Hg.): Dictionnaire Critique du Féminisme. Paris, S. 141-146.

Fougeyrollas-Schwebel, Dominique (2000): Mouvements féministes. In: Hirata, Helena et al. (Hg.): Dictionnaire Critique du Féminisme. Paris, S. 125-130.

Grossmann, Thomas (2002): Prähomosexuelle Kindheiten. Eine empirische Untersuchung über Geschlechtsrollenkonformität und -nonkonformität bei homosexuellen Männern. In: *Zeitschrift für Sexualforschung*, Jg. 15, Heft 2, S. 98-119.

Grumbach, Detlef (Hg., 1997): Was heißt hier schwul? Politik und Identifikation im Wandel. Hamburg.

Herek, Gregory M. (1991): Stigma, Prejudice and Violence against Lesbians and Gay Men. In: Gonsiorek, John C./Weinrich, James D. (Hg.): Homosexuality - Research Implications for Public Policy. Newbury Park and London, S. 60-80.

Hinzpeter, Werner (1997): Total normal. In: *Der Stern*, Heft 21, S. 189-193.

Lautmann, Rüdiger (Hg., 1977): Seminar: Gesellschaft und Homosexualität. STW 200. Frankfurt/Main.

-/Wienold, Hanns (1977): Antihomosexualität und demokratische Kultur in der BRD. In: Lautmann, Rüdiger (Hg.): Seminar: Gesellschaft und Homosexualität. Frankfurt/Main, S. 384-416.

Molinier, Pascale/Welzer-Lang, Daniel (2000): Féminité, Masculinité, Virilité. In: Hirata, Helena et al. (Hg.): Dictionnaire Critique du Féminisme. Paris, S. 71-76.

Plummer, Ken (1995): Telling Sexual Stories. Power, Change and Social Worlds. London und New York.

Poluda, Eva S. (1996): Probleme der weiblichen homosexuellen Entwicklung. In: Volkmar Sigusch (Hg.): Sexuelle Störungen und ihre Behandlung. Stuttgart, New York, S. 57-76.

Reiche, Reimut (2000): Der gewöhnliche Weg zur Homosexualität beim Mann. In: Bosse, Hans/King, Vera (Hg.): Männlichkeitsentwürfe. Wandlungen und Widerstände im Geschlechterverhältnis. Frankfurt/Main und New York, S. 178-198.

Schwarzer, Alice (2000): Die gläserne Wand. Siege und Niederlagen der Frauen im Kampf gegen die Männergesellschaft. In: *Der Spiegel*, Nr. 11, 9.10.2000, S. 80-84.

Stein-Hilbers, Marlene et al. (1999): Gewalt gegen lesbische Frauen: Studie über Diskriminierung und Gewalterfahrungen. Ministerium für Frauen, Jugend, Familie und Gesundheit des Landes Nordrhein-Westfalen. Düsseldorf.

Weeks, Jeffrey/Heaphy, Brian/Donovan, Catherine (2001): Same Sex Intimacies. Families of Choice and Other Life Experiments. London und New York.

Elisabeth Tuider

Sexualitäten von Gewicht

Der Sexualwissenschaftler Volkmar Sigusch stellt in der „Zeitschrift für Sexualforschung“ (3/2004) die kritische Frage, ob sich die Geschlechterdifferenz sowie die Begriffe „w und m“, denk-logisch begreifen lassen. Denn „[d]er anatomische Geschlechterunterschied scheint natürlich zu sein und ist tatsächlich fundamental. Es scheint sogar, als habe er einen logischen Satz, als sei er eine Kantische Opposition aus der 'Kritik der reinen Vernunft'“ (Sigusch 2004, S. 258). Über philosophische Betrachtungen mit Aristoteles, Kant und Hegel formuliert Sigusch dann seinen „Satz vom ausgeschlossenen Geschlecht“:

„Einer Person kommt entweder das Prädikat w oder das Prädikat m zu; und da vor aller Schullogik psycho-logisch und sozio-logisch, das heißt hier durch die seelischen und sozialen Bedingungen unseres Lebens, entschieden ist, dass eine Person w oder m zu sein hat, weil wir ganz offensichtlich die Irritation nicht ertragen können, die eine Person, die weder w noch m ist, in uns erzeugt, kommt es auch *tat*-sächlich dazu.“ (Sigusch 2004, S. 261)

Siguschs Fazit lautet, dass der augenscheinliche anatomische Geschlechterunterschied nicht logisch ist, sondern durch die binäre Codierung der geschlechtlichen Bestimmtheit entsteht, um so einzuordnen, was eigentlich uneinordenbar ist. Ordnung als zentraler moderner Herrschaftsmechanismus reguliert Freund-Feind, Natur-Kultur, Normales-Abnormales, wobei eines der gesellschaftlichen (Verwertungs)Interessen in der Aufrechterhaltung der Heteronormativität, Judith Butler (1991) nennt es auch die heterosexuelle Matrix, liegt.

Queere Kritiken verstehen unter Heteronormativität[1], dass die kausale Beziehung zwischen einem vermeintlich eindeutigem biologischen Körper (*sex*), einer eindeutigen geschlechtlichen Identität (*gender*) und dem sexuellen Begehren des jeweils „anderen“ Geschlechts v.a. in der gesellschaftlichen Norm der Heterosexualität zementiert und naturalisiert wird. Denn (Hetero-)Sexualität ist gekoppelt an Mann-*Sein*/ Frau-*Sein*; sie ist überdies zumeist mit normierten Lebensformen (v.a. der Partnerschaft) verbunden und ebenso mit Normierungen, wie die Beziehung zu leben ist, nämlich verantwortungsbewusst - was meist darauf hinausläuft: mehr oder weniger ausschließlich - und möglichst dauerhaft[2]. Heterosexualität gilt als zugrunde liegende hegemoniale gesellschaftliche Norm als deren Folge sowohl weitere Geschlechter (Inter- und Transsexuelle) als auch weitere Begehrensformen (Homo- und Bisexualität) als anormal und unnatürlich klassifiziert und verworfen werden.

Selbst der Sexualforschung und auch der Sexualpädagogik liegt dabei die Annahme zugrunde, dass sich eine hetero- oder homosexuelle Identität, d.h. ein sexuelles Begehren des eigenen *oder* anderen Geschlechts, im Laufe der Adoleszenz entwickelt und mehr oder weniger stabil lebenslang so bleibt. Der Hamburger Sexualwissenschaftler Gunter Schmidt (2004, S. 138) hat dies treffend als „monosexuelle Ordnung" erfasst, in der ein Wechsel der Begehrensformen und Begehrenssubjekte nicht vorgesehen ist. Auch die „Restkategorie: Bisexualität" diene der Stützung dieser binären Logik, da sie zumeist als noch nicht Entschiedenes abgetan werde.

Doch zunehmend mehren sich die Stimmen von TheoretikerInnen und AktivistInnen, die einerseits den Unschärfebereich diskursiver Anordnungen von Geschlecht, das *borderland*, ausleuchten und andererseits die Strategien der Vervielfältigung, VerUneindeutigung (Engel 2002), Verschiebung, Replatzierung und Entprivilegierung (Genschel 1996) betonen. Als Ort der Unschärfe - und damit als Ort des Widerstands gegen das Sexualitätsdispositiv (Foucault 1983) und seiner impliziten Forderung nach dem „wahren" Geschlecht - werden Intersexualität, Transsexualität und Transgender in die Diskussion gebracht.

Im Folgenden werde ich anhand der Re-Konstruktion der Diskurse zu Intersexualität im sexualmedizinischen Bereich die Verschränkung von *sex-gender*-Begehren thematisieren und vor dem Hintergrund aktueller *queer*-theoretischer Überlegungen dessen normative Gewichtung problematisieren. Kritik zielt hier v.a. auf die medizinische Vermessungs- und Beschneidungspraxis, durch deren „Erfolge" nicht nur Körper vergeschlechtlicht, sondern auch Sexualitäten heteronormativiert, mithin gewichtet werden. Am Ende werden die Möglichkeiten für Grenzüberschreitungen und damit für Grenzverwischung in Hinblick auf Geschlecht und Sexualität kurz beleuchtet.

Un-Ordnung

Die Geschichte der Sexualforschung war und ist voll von Versuchen, das einzuordnen, was Uneinordenbar ist: die „Urninge"[3] Karl-Heinrich Ulrichs (1864), die „Zwischenstufentheorie" von Magnus Hirschfeld (1905), Michel Foucaults „Hermaphrodit" Herculine Barbin (1978) oder Sigmund Freuds „bisexuelle Veranlagung" aller Menschen gelten als z.T. bis heute relevante Überlegungen in der Sexualitäten- und Geschlechterforschung. Doch nicht nur in der Theoriebildung und Forschung, sondern auch in Emanzipationsforderungen und politischen Aktionen zentraler Sozialer Bewegungen des letzten Jahrhunderts, d.h. der Homosexuellen- und Frauenbewegungen, spielte die Benennung von Ein- und Ausschlüssen, die Benennung von Unsichtbarmachungen und Diskriminierung, eine wesentliche Rolle.

Das Problem sowohl der feministischen als auch der Homo-Politiken war aber, dass die Betonung von Diskriminierung ein mehrfaches Schweigen beinhaltete, da die machtvollen Differenzen innerhalb einer Kategorie, z.B. aufgrund unterschiedlicher Klassenzugehörigkeit, aufgrund unterschiedlicher religiöser Hintergründe oder sexueller Praktiken nicht beachtet wurden. Als *gender* zum herrschaftskritischen Paradigma der feministischen Bewegungen und Analysen avancierte, blieb die als natürlich angenommene Zweigeschlechtlichkeit ebenso wie die Norm der Heterosexualität darin selbstverständlich und vorerst unreflektiert erhalten. Menschen, deren

Geschlecht und Sexualität uneindeutig oder mehrdeutig ist, konnten und können in dieser Form der Identitätsarbeit „nicht sprechen" (vgl. Spivak 1988). Bereits die Vorwürfe der *Women of Color* an den weißen Mittelschichtsfeminismus machten auf die Unmöglichkeit des Kollektivs 'Wir-Frauen' aufmerksam (vgl. dazu Rich 1983; hooks 1985; Frankenberg 1996). Waren es zu Beginn der 1990er Jahre v.a. schwarze und lesbische Wissenschaftlerinnen und Aktivistinnen, die auf den dem Feminismus immanenten Rassismus und Heterosexismus hinwiesen, so sind es heute *Transgenders* und Transsexuelle, die den Ausschluss z.B. vom Lesbenfrühling oder dem Frauencafé beklagen und damit auf die Unmöglichkeit zweier biologischer und sozialer Geschlechter und damit einhergehender Sexualitäten hinweisen.

Dass, was Hanns Wienold und Rüdiger Lautmann bereits 1977 als Fernziel der homosexuellen Emanzipationspolitik bezeichnet haben, die Akzeptanz Homosexueller in ihrer Verschiedenheit, „ohne daß dies Besondere aus dem Pluralismuskonzept herausgewiesen und segregiert wird" (1977, S. 383), ist heute gerade nicht eingetreten. In der „schönen, schwulen Welt" werden vom Homo-Mainstream abweichende Begehren, Geschlechter und Ethnizitäten im Konkurrenzkampf um (staatliche) Anerkennung und Ressourcen z.T. bevormundet und ausgebeutet, z.T. dämonisiert und rassifiziert.[4] Denn Pluralismuskonzepte funktionieren nur, wenn eine systemimmanente Verbesserung der Situation angestrebt wird (Wienold/Lautmann 1977, S. 378). Vor diesem Hintergrund kann die dominante lesbisch-schwule Politik v.a. des Lesben- und Schwulenverbandes Deutschland (LSVD) einer Kritik unterzogen werden.

Wie viele Geschlechter kennst du?

Doch existiert *gender* überhaupt vor bzw. jenseits seiner rechtlichen, psychiatrischen und militärischen Regulierung (vgl. Butler 2004)? Die Antwort der prominentesten us-amerikanischen *Queer*-Theoretikerin Judith Butler darauf lautet, dass Subjektivierung[5] als Prozess zu verstehen ist, durch den Regulierungen *gender* produzieren, wobei „*gender* sein eigenes, unverwechselbares regulatorisches und disziplinarisches Regime erfordert und einführt" (2004, S. 45). *Gender* nicht als Gesetz oder Regel (vgl. Foucault 1983), sondern als Norm reguliert die soziale Intelligibilität von Handlungen, mithin auch von geschlechtlichen und sexuellen Handlungen.

> „Die Norm regiert die Intelligibilität, sie ermöglicht, dass bestimmte Praktiken und Handlungen als solche anerkannt werden können. Sie erlegt dem Sozialen ein Gitter der Lesbarkeit auf und definiert die Parameter dessen, was innerhalb des Bereichs des Sozialen erscheinen wird und was nicht." (Butler 2004, S. 46)

D.h. *gender* und Identität kann nie ganz besessen, nie ganz ausgefüllt werden, mensch kann *gender* weder ganz *haben* noch *sein* oder vollständig verkörpern. Vielmehr ist *gender* der Regulationsapparat, mit dem Geschlecht in seiner binären Ausrichtung ständig produziert und normalisiert wird und werden muss. Dabei hat Butler mehrfach auf die performative, d.h. bedeutungsgenerierende Macht der Sprache verwiesen: „dem Gesetz" wird dabei genau jene Macht zugewiesen, von der behauptet wird, dass das Gesetz sie ausübe (vgl. 2004, S. 50).

Transsexuelle, Intersexuelle und Transgenders, die z.T. in *Queer-Theory* als *die* GrenzgängerInnen im *gender*- und Sexualitäten-Regime avancieren, können demnach nicht als außerhalb der Norm lebende definiert werden. Denn das Außerhalb der Norm ist immer schon in Relation zur Norm definiert.

„[J]ene Spielarten von *gender*, die nicht in das binäre Muster passen, sind ebenso Teil von *gender* wie jedes seiner zutiefst normativen Beispiele." (2004, S. 46)

Die Norm braucht zwar ihr scheinbares Außerhalb, um zu funktionieren, aber - so gibt Ewald (1991, S. 168) mit Foucault zu bedenken - „[d]as Anormale ist von keiner anderen Natur als das Normale. Die Norm, der normative Raum, kennt kein Draußen".

Gleichzeitig steckt in der notwendigen Wiederholung, in der Zitation von *gender*-Praktiken aber auch die Chance, die Norm zu verschieben. Die interne Logik der Geschlechternorm ist für Anfechtung und Subversion offen, denn sie besitzt eben keinen onto-logischen Stellenwert:

„Sie [die Norm - E.T.] wird durch ihre Verkörperungen (re-)produziert, durch die Handlungen, die sich ihr anzunähern suchen, durch die Idealisierungen, die in und durch solche Handlungen reproduziert werden." (Butler 2004, S.52)

Zur Konstruktion von Intersexualität

Seit dem 19. Jahrhundert, so Michel Foucault, ist es die Aufgabe medizinischer und juristischer Experten, aus der Anatomie das „wahre" Geschlecht herauszulesen und damit auch Sexualität zu ordnen. Dabei dient die *Möglichkeit* der Fortpflanzung bis heute als Argument für die Notwendigkeit eines klaren Rückschlusses von einem sozialen Geschlecht (*gender*) auf ein körperliches Geschlecht (*sex*) und ein Begehren. Weil durch den Koitus die Bestätigung der Gleichheit oder Verschiedenheit des Geschlechts erfolge, wird so aus dem Prozess des Begehrens ein Prozess des gegenseitigen Verdeutlichens. Bezugsrahmen der körperlichen Erfahrung und des Begehrens bleibt Heterosexualität.

Als Produkt der modernen Wissensökonomie werden Intersexualität und Homosexualität[6] im Zuge ihrer wissenschaftlichen Spezifizierung nun nicht ausgeschlossen oder als Sünde verdammt, sondern als Perversion klassifiziert. Intersexualität kann aber als „Effekt kontingenter Praktiken bezeichnet werden, an dem sich menschenrechtliche, politische und epistemologische Diskurse kreuzen und gegenseitig verstärken." (Dornhof 2004, S. 129) Denn gesellschaftliche Normierungen, (natur)wissenschaftliche Wissensbildung und psychologische Behandlung ergänzen sich und harmonieren in der Bestätigung und Herstellung der scheinbar universell geltenden, natürlich gegebenen Zweigeschlechtlichkeit.

Ca. 1 von 2000 Kindern wird intersexuell geboren und - im Namen der Normalisierung - noch im Säuglings- und Kindesalter mehrfachen chirurgischen „Korrekturen" unterzogen. Diese Operationen geschehen unter der notwendigen Einwilligung der Eltern und einem auffälligen Zusammenspiel von medizinischer Erfordernis und rechtlicher Notwendigkeit. Der Personenstand eines Menschen muss eindeutig - und eigentlich unveränderbar - zwei Wochen nach der Geburt des Kindes beim Standesamt eingetragen werden. Ein Eintrag im Personenstandsregister als „TS"[7] „IS"[8], „TG"[9], „0" oder „o" (für other) ist trotz vehementer Forderungen (vgl. Reiter 2000) und juristischer Entlarvungen (vgl. Plett 2002) bis heute nicht möglich.

Seit den 1940er Jahren wird Intersexualität in westlichen Ländern als Krankheit oder als biologischer Irrtum klassifiziert und mit Hormonen und Operationen „korrigiert". Meist kurz nach der Geburt beginnend sollen die geschlechtsangleichenden Behandlungen zu einer Vereindeutigung des zugewiesenen biologischen, psychischen und sozialen Geschlechts führen. Vor dem Hintergrund des modernen Managements der Intersexualität entwickelte sich in den 1950er Jahren die Praxis der Operation von Neugeborenen mit ambiguen Genitalien, die bis heute beibehalten wird. Und bis heute enthält die medizinische Argumentation für solche Operationen die bereits von John Money in den 1950er Jahren aufgestellte These der Traumatisierung bei Nicht-Korrektur (vgl. Money 1952).[10] Um vor dem Leiden an der Andersartigkeit zu schützen, sollen die operativen Eingriffe möglichst früh erfolgen und am besten noch mit dem ersten Lebensjahr eindeutig hergestellt sein (vgl. Kromminga 2005, S. 29).[11] Aber, so Thomas (2005, S. 20), „[d]ie Wirklichkeit eines intersexuellen Körpers lässt sich nicht heilen wie Krebs oder Brochitis. Ist ein korrigierter Intersexueller geheilt? Oder ist Intersex nicht letztlich unheilbar, weil es da nichts zu heilen gibt?". Vielmehr enthüllt sich am „medizinischen Management" von Intersexuellen - ungewollt - die soziale Konstruktion der Zweigeschlechtlichkeit. Dem Messer der Norm ausgeliefert, wird „die Idealität einer geschlechtsspezifischen Morphologie buchstäblich dem Fleisch eingraviert" (Butler 2004, S.54).

Anstatt Intersexualität in Zusammenhang von gesellschaftlichen Geschlechter- und Sexualitätsnormierungen zu sehen und dies anzugehen, „behandelt die Medizin es als individuelles Schicksal, das nur durch Unsichtbarmachung abgemildert werden kann" (AG 1-0-1 intersex 2005, S. 9).[12]

Die Geschlechternormalisierung ist auf die Korrektur der äußeren Genitalien konzentriert, der eine entsprechende weibliche oder männliche Sozialisation mit identitätsgenerierendem Effekt folgen soll. Dabei war/ist es leichter, chirurgisch eine Vagina herzustellen als einen Penis aufzubauen. Kennzeichnend für den *ärztlichen* Erfolg ist dabei nicht Lust oder Reproduktionsfähigkeit, sondern „allein die Aufnahmefähigkeit der Neo-Vagina" (Dietze 2003, S. 24). Die Zuordnung in entweder männlich *oder* weiblich sei - so lautet sowohl die medizinische als auch die juristische

Begründung - u.a. auch deswegen so wichtig, weil es ansonsten zu einer Konfundierung der sexuellen Orientierung, des sexuellen Begehrens käme - wobei diese Argumentation keineswegs unabhängig von der Begehrensrichtung erfolgt. D.h. durch die explizite Regulierung von *sex* und *gender* wird implizit auch Sexualität reguliert:

„Die medizinische Konstruktion der Intersexualität basiert auf dem symbolischen Modell heteronormativer Zweigeschlechtlichkeit und geht mit einer (chirurgischen) 'Korrektur'-Praxis einher, durch die symbolische Heterosexualität als machtvoller Ordnungsfaktor immer wieder hergestellt wird." (Dornhof 2004, S. 129)

Die Resultate dieser medizinischen Gravur unter rechtlichem Segen sind mehr als zweifelhaft (vgl. Heldmann 1997), denn sie dienen eher der Anpassung an die und der Aufrechterhaltung der Norm der Zweigeschlechtlichkeit und werden von Interessensverbänden von Intersexuellen - wie z.B. der *Arbeitsgruppe gegen Gewalt in der Pädiatrie und Gynäkologie (AGGPG)* - als gewalttätige Genitalverstümmelung abgelehnt (vgl. Reiter 2000).[13] Zudem ist die aufgezwungene und zugleich verschwiegene Geschlechtszuweisung nicht unbedingt die glücklich machende: Ins A. Kromminga spricht von einer „Odysee der Spurensuche" (2005, S. 27), die durchaus in einen „Geschlechter-Flipflop" resultieren kann, da die zugewiesene Identität als Transsexualisierung gesehen und erlebt werden kann (2005, S. 30).

Die Behandlung von Intersexuellen erweist sich also als höchst widersprüchlich: darin wird natürliche Zweigeschlechtlichkeit nicht nur stabilisiert und re-essentialisiert, sondern sie trägt zugleich auch zu einer Destabilisierung der Wissensordnung bei (Dornhof 2004, S. 132). Denn die medizinische Konstruktionspraxis erzeugt, gerade in ihrem Bemühen Eindeutigkeit herzustellen, einen „Mehrwert an Bedeutungen" (ebd.), da die Eindeutigkeit des Geschlechts „als 'naturhafte' unterstellt *und* im Operationssaal praktisch produziert" (ebd., S. 135) werden muss.

Queeres

Wie lassen sich sexuelle und geschlechtliche Praktiken und Präsentationen erfassen, wenn Geschlecht nicht in die Entweder-Oder-Alternative passt und Sexualität nicht als erreichte oder verfehlte Heterosexualität festlegt werden kann? Was impliziert die Perspektive, Körper jenseits der heteronormativen Matrix wahrzunehmen? Für die Erforschung von Sexualitäten stellt sich also aktuell die Frage, wie Sexualität zwischen Transsexuellen, zwischen Transgenders, zwischen einer „Frau" und einer/einem Intersexuellen erfasst und definiert werden kann, wenn doch lediglich die Begriffe „lesbischer", „schwuler" oder „heterosexueller" Sex zur Verfügung stehen?

Auf der Basis des wissenschaftstheoretischen Paradigmenwechsels der 1980er Jahre hin zur Theorie des sozialen Konstruktivismus sowie vor dem Hintergrund der veränderten politischen Aktionsformen[14] entwickelten sich v.a. im angelsächsischen Sprachraum die sog. *Queer-Theory* (vgl. Jagose 2001).[15] Bereits in den konstruktivistischen Analysen werden Geschlechter und Sexualitäten, Identitäten und Körper nicht länger als natürlich und universell gegeben gesehen, sondern als Produkt je spezifischer Gesellschaften und Zeiten herausgestellt (vgl. Foucault 1983). Über die konstruktivistische Analyse hinausgehend will *Queer* gesellschaftskritisch ein Denken der Intersektionalität[16], d.h. der Durchkreuzung von verschiedenen Herrschaftsverhältnissen ermöglichen und dazu das Zusammenspiel verschiedener Regime der Normalisierung, Hierarchisierung, der Grenzziehung und Ausschlüsse analysieren.[17]

Queer Theory liegt eine Gesellschaftskritik zugrunde, die auf den Zusammenhang von Wissensproduktion und Unterdrückung/Abwertung aufmerksam machen will. Vorrangig geht es um die Frage, wie hegemoniale Bestrebungen durch Ausschließungspraktiken konstituiert sind und wie das Marginalisierte (zuerst waren dies die - weißen - 'Lesben' und 'Schwulen' und nun die - ethnisierten - 'Transsexuellen' und '*Transgenders*') gebraucht wird, damit das 'Normale' (die Heterosexualität, Zweigeschlechtlichkeit, Weiß-sein) funktioniert. Denn erst mit der Markierung von Marginalität wird die Position des Zentrums geschaffen. Dabei gilt das Zentrum als Norm, als das Selbstverständliche und Eigentliche.

Innerhalb der Anliegen von *Queer-Theory* werden zwei unterschiedliche Wege beschritten, die Verstrickungen der Trilogie *sex-gender*-Begehren zu lösen und damit Räume für Vielfalt und Uneindeutigkeit zu eröffnen: zum einen Sexualität und *gender* voneinander zu trennen und nicht mehr automatisch von einem bestimmten *gender* auf eine bestimmte Sexualpraxis bzw. Begehrensrichtung zu schließen;[18] zum anderen jene Möglichkeiten von *gender*, z.B. *transgender*, zu betonen, die durch den Raster hegemonialer Heterosexualität fallen. Im ersten Fall werden sexuelle Möglichkeiten, im zweiten Fall geschlechtliche Möglichkeiten hervorgehoben, um die fehlende Übereinstimmung von *gender* und Sexualität herauszustreichen (vgl. Butler 2004). Dabei geht es *queeren* Theorien darum,

> „Differenzen zu benennen und Artikulationsräume für nicht-normgerechte oder dissidente Geschlechter und Sexualitäten zu schaffen. Es geht darum, Differenz in Form von Zuschreibungen und Kategorisierungen zurückzuweisen, aber zugleich Anspruch darauf zu erheben, Unterschiede zum Ausdruck zu bringen und soziale anerkannt zu finden" (Engel/Schulz/Wedl 2005, S. 10).

Die politischen Ziele reichen dabei von Anerkennung, Unterwanderung bis zum Umsturz gegebener Gesellschaftsverhältnisse; Anstelle eines identitätsverhafteten Sprechens als (Lesbe) mit (Lesben) für (Lesben) umfassen q*ueer*-politische Praxen sowohl Koalitionen als auch die Notwendigkeit zur Benennung von simultaner Dominanz und Marginalität, d.h. der Positionierung z.B. als „queer of colour SM" oder als „nicht-trans Feministin of colour" (vgl. Haritaworn 2005, S. 25). Dem Verständnis von Macht als vieldimensional und dynamisch folgend, kann Positionalität als nicht-ontologischer Knotenpunkt unterschiedlicher Machtachsen bestimmt werden.

Aktuelle, durch *Queer-* und *Postkolonial-*[19]*Studies* angeregte Betrachtungen fordern zu einer Verschränkung der Kategorien Sexualität, Geschlecht, Klasse, Religion, Alter etc. auf. *Wie* dies allerdings zu geschehen habe, bleibt im dekonstruktivistischen Kalkül meist unbeantwortet, mithin oftmals nur ein Lippenbekenntnis oder empirisch unbefriedigende Versuche. Welchen Einfluss aber z.B. die politische Einstellung sowie Bildung auf die Ausprägung der Antihomosexualität[20] hat, haben Hanns Wienold und Rüdiger Lautmann bereits 1977 detailliert herausgearbeitet. Ebenso wurde in ihrer Antihomosexualitäts-Studie bereits auf den Zusammenhang zwischen Antihomosexualität und Lebensform (Ledige stehen Verheirateten/Verwitweten/Geschiedenen gegenüber; vgl. 1977, S. 400) sowie auf den Zusammenhang von Antihomosexualität und Religion hingewiesen.[21]

Zur Zeit mehren sich die (selbst)kritischen Stimmen, die die unmarkierte und nicht zu kritisierende Mehrheitsethnizität des dominanten schwul-lesbischen Subjekts hinter der Maske der *queeren* Nicht-Identität aufzeigen (vgl. Haritaworn 2005; Castro Varela/Gutíerrez Rodríguez 2000).[22] El-Tayeb deckt im Rahmen von *queer*-theoretischen Arbeiten „Rassismus als Nebenwiderspruch" (2004, S. 20) auf und führt aus, dass die Frage, „inwieweit mehrheitsdeutsche Schwule und Lesben von der zunehmenden rasssistischen Ausgrenzung profitieren, da sie nach dieser Grenzziehung qua Pass, Hautfarbe und Religion auf der richtigen Seite stehen" (ebd., S. 21), kaum gestellt wird. Vielmehr fungiert Homosexualität als monolithischer Bezugspunkt einer als implizit weiß gedachten Gesellschaft. Darin werden nicht-mehrheitsdeutsche *queers* negiert oder als problematisch interpretiert aber keinesfalls in die bündnishafte *queere* „Identität" einbezogen.[23]

Während in weiten Teilen der *queer*-theoretisch untermauerten Politiken die Forderung nach Koalitionen und Bündnissen als Konsequenz der Nicht-Identitäts-Politik vorgetragen wird, kritisiert Jinthana Haritaworn (2005, S. 32) diese als „Instant-Lösung", in der die Gefahr und der Schmerz verleugnet wird, der für widerspenstige Minorisierte aus dem Bündnis mit den Politiken der Majorisierten erwachsen kann.

Grenzüberschreitung

In *queeren* Debatten richtet sich die Aufmerksamkeit einerseits auf die Analyse von machtsetzenden Differenzierungen und Verschränkungen; andererseits werden auch jene Empfindungen betont, die die klaren Grenzen von Geschlecht und Sexualität verwischen und destabilisieren.

Auch in den Konzepten der „Mestizaje", „Hybridität" und dem „dritten Raum" werden das Leben in der Schwebe zwischen verschiedenen Positionen, die Uneindeutigkeit und Vieldeutigkeit, die Vermischung und Kreuzung mehrerer Geschichten und Kontexte sowie das mühevolle Ringen um Vermittlung betont (vgl. Bhabha 2000;

Bronfen 1997; Rodriguez 2001; Hall 2000). Ob aber die genannten Konzepte, die ja vor dem Hintergrund (post)kolonialer Globalisierungs- und Migrationsprozesse entstanden sind, so ohne weiteres auf die Analyse von Geschlecht und Sexualität übertragbar sind, bleibt ein offener und bedenkenswerter Punkt. Die aktuellen Diskussionen um die Konzepte von *Queer* und Hybridität verlaufen vielfach parallel (vgl. Breger 1999). Für die politische und theoretische Resignifikation beider Begriffe, *queer* und hybride, spricht auch, dass gerade *people of color*, z.B. bell hooks, Audre Lord, Angela Davis auf das Wirken mehrfacher Unterdrückung hingewiesen haben. Gegenwärtig kann sich nicht nur ein einziger Bezugspunkt der Positionierung auftun, sondern viele Achsen der Verortung, die sich überlappen können und/oder sich widersprechen.

Als Ort des Widerstandes betrachtet Encarnación Gutiérrez Rodríguez (2004, S. 203) „den Raum der Polyglosie“, ein Ort, „der eine unendliche Heterogenität birgt, der nicht über die Aneinanderreihung differenter Identitäten zu beschreiben ist, sondern eher über den Prozess der Brüche, der Unvereinbarkeit, der unbequemen Ambivalenzen, der heuristischen Zersplitterung. Es ist der Ort einer unmöglichen Simultaneität, der Deformation, des ‘displacement’“. Die Chicana-Feministin Gloria Anzaldúa stellt in ihrem Gedicht „borderlands“ (1987, S. 194f.) den Zwischenraum der binären Logik vor.[24] Entgegen der binären Logik situiert sie sich als Mestiza nicht jenseits der Grenze, sondern gerade an den *crossroads*, im Zwischenraum, in der Richtungslosigkeit:

> To live in the Borderlands means you:
> are neither hispana india negra espanola
> ni gabacha, eres mestiza, mulata, half-breed
> caught in the crossfire between camps
> while carrying all five races on your back
> not knowing which side to turn to, run from
> (...)
> Cuando vives en la frontera
> people walk through you, the wind steals your voice,
> you’re burra, buey, scapegoat,
> forerunner of a new race,
> half and half - both woman and man, neither -
> a new gender.
> (...)
> To survive the Borderlands
> You must live sin fronteras
> Be a crossroads.

Anmerkungen

1 Eine kritische Definition von Heteronormativität bietet Wagenknecht (2003).

2 Unter dem Terminus „serielle Monogamie“ werden, nach Schmidt (2004), die nacheinander gelebten, jeweils ausschließlichen Beziehungen erfasst. Diese sind sowohl bei Erwachsenen als auch bei Jugendlichen aufzufinden.

3 Als Urninge bezeichnete Ulrichs Homosexuelle, womit er ein natürliches, angeborenes „drittes Geschlecht“ anerkannt haben wollte.

4 Eine erste Auseinandersetzung bieten: Bochow/Marbach „Homosexualität und Islam“ (2003) sowie LSVD (Hg.) „Muslime unter dem Regenbogen“ (2004).

5 Butler verwendet zumeist den englischen Terminus „subjection“, bei dem in den deutschen Übersetzungen immer wieder auf seinen Doppelgehalt hinsichtlich Unterwerfung und Subjektwerdung hingewiesen werden muss.

6 Richtiger wäre es an dieser Stelle von Intergeschlechtlichkeit und Homosexualität zu sprechen, da erstere auf der Geschlechterebene und zweiteres auf der Sexualitätenebene liegt. Sowohl im wissenschaftlichen wie auch im alltäglichen Sprachgebrauch hat sich aber der Begriff Intersexualität etabliert und trägt damit auch zu einer sexualisierten Wahrnehmung von IS bei.

7 TS als Abkürzung für transsexuell; Transsexualität ist als ursprünglich bio-medizinisches und psychiatrisches Konzept auf die „geschlechtsangleichende“ Operation fixiert, stellt jedoch auch eine identitätsstiftende Kategorie dar (vgl. Lindemann 1993; Hirschauer 1993).

8 IS als Abkürzung für intersexuell; Intersexualität/Hermaphroditismus/Zwitter sind Oberbegriffe für alle Formen biologischer Zwischengeschlechtlichkeit (vgl. Heldmann 1997).

9 TG als Abkürzung für transgender; Der Begriff *Transgender* erfasst als Oberbegriff eine Reihe heutiger sozialer Identitäten von Personen, die mit oder ohne Einnahme von Hormonen, mit oder ohne Operation an physiologischen Geschlechtsmerkmalen einen Geschlechtswechsel oder eine Position zwischen ‘Männern’ und ‘Frauen’ anstreben, sich keinem der beiden Geschlechter zugehörig fühlen oder in beiden Geschlechtern leben (vgl. Genschel 1998; Califia 1997; Feinberg 1996). Hierzu gehören z. T. auch *Cross Dressers*/ Transvestiten, Tunten, *Drag Kings* und auch Intersexuelle.

10 Während die Arbeiten John Moneys seit den 1950er Jahren auch zur Untermauerung des Umwelt- und Erziehungsaspekts von Geschlecht herangezogen wurden, erhalten nach der Entlarvung seines „Projekts John/Joan“ evolutionspsychologische und soziobiologische Argumente Aufwind (vgl. dazu Diamond/Sigmundson 1997; Colapinto 2000).

11 „In Zeiten genetischer Forschung mit unbestimmten Zukunftsaussichten für geschlechtlich ambivalente Embryos werden Evolutionstheorien, die beispielsweise Indigene als geschlechtlich undifferenzierter und darum als degeneriert und minderwertig beurteilen, wieder belebt. In dieser Angst vor dem ‘Fremden’ vermischen sich rassisierende und hermaphobe Motive“ (Lüth 2005, S. 37).

12 Auch das einstmals euphorisch begrüßte Transsexuellengesetz (1980) entpuppt sich bei genauerer Betrachtung als „Zweigeschlechtlichkeitswiederherstellungsgesetz“, als „Zissexuellengesetz“ (Sigusch 2004, S. 262), denn sein Ziel ist es, eindeutige, fortpflanzungs*un*fähige „Männer“ *oder* „Frauen“ herzustellen (vgl. auch Runte 1998).

13 Bis vor Kurzem gab es die Website: www.postgender.de, die aus der von Michel Reiter und anderen 1996 initiierten Gruppe AGGPG hervorgegangen ist.

14 *Queer Politics* kritisieren insbesondere klassische feministische, lesbische und schwule identitätsbasierte Minderheitenpolitiken der 1980er und 1990er Jahre, deren Grundlage essentielle homogene Gruppenidentitäten waren oder sind.

15 Der Begriff *Queer Theory* geht auf die amerikanische Psychoanalytikerin Teresa de Lauretis (1991) zurück, die in ihren Analysen auf die Herstellung und das Zusammenspiel der Kategorien 'Geschlecht' und 'Sexualität' hingewiesen hat.

16 Seit den 1980er Jahren spielt der Begriff Intersektionalität im Kontext postkolonialer und anti-rassistischer Theorien eine wichtige Rolle.

17 z.B. von Sexismus, Homophobie, Rassismus, Antisemitismus, Kapitalismus und Heteronormativität.

18 Vgl. dazu bereits die Überlegungen von Gayle Rubin (1984) und deren weitere Ausarbeitung von Eve Kosovsky Sedgwick (1990).

19 Postkolonialität bezeichnet nicht einen geographischen Ort, sondern vielmehr einen Ort der politischen Verortung, der auf die koloniale Vergangenheit sowie auf die gegenwärtige Wirkungsweisen der Kolonialisierung Bezug nimmt. Unter Kolonialisation ist nicht nur eine Annektierung von Territorien zu verstehen, sondern auch eine bestimmte Beschreibung und Erklärung von Welt.

20 Als die vier Dimensionen der Antihomosexualität nennen sie: soziale Distanz, Stereotype, rechtliche sowie materielle Diskriminierung (Wienold/Lautmann 1977, S. 396f)

21 Bezüglich letzterem überrascht das Fazit bis heute recht wenig: „Die Bindung an die christliche Religion zeigt sich auch als Bindemittel an die repressive Sexualmoral" (1977, S. 401), wobei die katholischen ProbandInnen die höchsten Quoten an Antihomosexualität zu verzeichnen haben.

22 „Die Erinnerung an das Ereignis [Stonewall als erstem Straßenaufstand in den USA - E.T.], welches gemeinhin als Geburtstag der queeren *community* gefeiert wird, übergeht die mittlerweile etablierte historische Tatsache, dass nicht weiße privilegierte nicht-trans Schwule, sondern schwarze und Drag Queens/Transgenders of colour aus der Arbeiterklasse wie Silvia Rivera und Marsha Johnson im Stonewall gegen die Polizei rebellierten. „Im Gegensatz hierzu, und wiederum in Widerspruch zur angeblichen Nicht-Existenz ethnisierter Selbst-Organisierung werden nicht-trans lesbische Feministinnen of colour als Urheberinnen dieser Geschichte gefeiert. Neben dem Poststrukturalismus, der Aids-Krise und den Sex Wars zwischen perversen und radical 'frauen-identifizierten' Feministinnen soll deren Rassismuskritik die Schaffung einer queeren Nicht-Identität erfordert haben." (Haritaworn 2005, S.26).

23 „Die Kampagne für die eingetragene Lebenspartnerschaft war auf Normalisierung orientiert und entsexualisierte Homosexualität durch die Betonung 'traditioneller Familienwerte' wie Verantwortung, Monogamie, Häuslichkeit etc. Der Versuch, sich so vom Stigma des sexuellen Außenseitertums zu befreien, bedeutete gleichzeitig die Absage an einen grundsätzlichen Angriff auf den Prozess der Stigmatisierung." (El-Tayeb 2004, S. 22)

24 Für die Interpretation des Gedichts vgl. Gutiérrez Rodríguez 2004, S. 204f.

Literatur

AG 1-0-1 intersex (2005): Einleitung. In: Neue Gesellschaft für Bildende Kunst (Hg., 2005): 1-0-1 [one 'o one] intersex. Das Zwei-Geschlechter-System als Menschenrechtsverletzung. Berlin, S. 8-14.

Anzaldúa, Gloria (1987): La Frontera - Borderlands. San Francisco.

Bhabha, Homi K. (1994): Die Verortung der Kultur. Tübingen.

Bochow, Michael/Marbach, Rainer (Hg., 2003): Homosexualität und Islam. Koran, Islamische Länder, Situation in Deutschland. Hamburg.

Breger, Claudia (1999): 'Gekreuzt' und queer. Überlegungen zur Rekonzeptualisierung von gender, Ethnizität und Sexualität. In: Röttger, Kati/Paul, Heike (Hg.): Differenzen in der Geschlechterdifferenz - Differences within Gender Studies. Aktuelle Perspektiven der Geschlechterforschung. Berlin, S. 66-85.

Bronfen, Elisabeth (1997): Hybride Kulturen: Einleitung zur anglo-amerikanischen Multikulturalimusdebatte. In: dies. (Hg.): Hybride Kulturen. Zürich, S. 1-29.

Butler, Judith (2004): Gender-Regulierungen. In: Heldhuser, Urte/Marx, Daniela/Paulitz, Tanja/Pühl, Katharina (Hg.): under construction? Konstruktivistische Perspektiven in feministischer Theorie und Forschungspraxis. Frankfurt/Main, S. 44-57.

- (1991): Das Unbehagen der Geschlechter. Frankfurt/Main.

Castro Varela, María do Mar/Guíerrez Rodríguez, Encarnación (2000): Queer Politics im Exil und in der Migration. In: quaestio (Hg.): Queering Demokratie: Sexuelle Politiken. Berlin, S.100-112.

Califia, Pat (1997): Sex Changes: The Politics of Transgenderism. San Francisco.

Colapinto, John (2000): As Nature Made him. The Boy who was Raised a Girl. New York.

Diamone, Milton/Sigmundson, Ketih (1997): Management of Intersexualities. Guidelines for Dealing with Persons of Ambiguous Genitalia. In: *Archives of Pediatric and Adolescent Medicine*, Nr. 151, S.1946-1050.

Dietze, Gabriele (2003): Allegorien der Heterosexualität. Intersexualität und Zweigeschlechtlichkeit - eine Herausforderung an die Kategorie Gender?. In: *Die Philosophin*, Heft 28, S. 9-35.

Dornhof, Dorothea (2004): Geschlecht als wissenschaftliche Tatsache. Intersexualität zwischen Reifizierung und Destabilisierung von Zweigeschlechtlichkeit. In: Heldhuser, Urte/Marx, Daniela/Paulitz, Tanja/Pühl, Katharina (Hg.): under construction? Konstruktivistische Perspektiven in feministischer Theorie und Forschungspraxis. Frankfurt/Main, S. 127-137.

El-Tayeb, Fatima (2004): Rassismus als Nebenwiderspruch. Ausgrenzungspraktiken in der queer community. In: *iz3w*, Heft 280, S. 20-23.

Engel, Antke/Schulz, Nina/Wedl, Juliette (2005): Kreuzweise queer: Eine Einleitung. In: *femina politica. Zeitschrift für feministische Politik-Wissenschaft. Queere Politik: Analysen, Kritik, Perspektiven,* Heft 1/2005, 14. Jg., Berlin, S. 9-22.

Ewald, Francois (1991): Eine Macht ohne Draußen. In: ders./Waldenfels, Bernhard (Hg.): Spiele der Wahrheit. Michel Foucaults Denken. Frankfurt/Main, S. 163-171.

Feinberg, Leslie (1996): Träume in den erwachenden Morgen. Berlin.

Foucault, Michel (1978): Das wahre Geschlecht. In: Schäffner, Wolfgang/Vogl, Joseph (Hg.): Über Hermaphroditismus. Der Fall Barbin. Frankfurt/Main, S. 7-18.

- (1983): Der Wille zum Wissen: Sexualität und Wahrheit 1. Frankfurt/Main.

Frankenberg, Ruth (1996): Weiße Frauen, Rassismus und die Herausforderungen des Antirassismus. In: Fuchs, Brigitte/Habinger, Gabriele (Hg.): Rassismen und Feminismen. Wien, S. 51-67

Genschel, Corinna (1996): Fear of a Queer Planet. Dimensionen lesbisch-schwuler Gesellschaftskritik. In: *Das Argument*, Jg. 38, Heft 216, Hamburg, S. 525-537.

- (1998): Die Formierung der Transgender-Bewegung in den USA: Von medizinischen Objekten zu politischen Subjekten. In: Pretzel, Ferdinand/Seeck, Andreas/Ferdinand, Ursula (Hg.): Verqueere Wissenschaft? Zum Verständnis von Sexualwissenschaft und Sexualreform in Geschichte und Gegenwart. Münster, S. 309-320.

Gutiérrez Rodríguez, Encarnación (2004): Transversales Übersetzen als dekonstruktive Verstehenspraxis in den *Gender Studies*. In: Heldhuser, Urte/Marx, Daniela/Paulitz, Tanja/Pühl, Katharina (Hg.): under construction? Konstruktivistische Perspektiven in feministischer Theorie und Forschungspraxis. Frankfurt/Main, S. 195-207.

- (2001): Auf der Suche nach dem Identischen in einer 'hybriden' Welt: Über Subjektivität, postkoloniale Kritik, Grenzregime und Metaphern des Seins. In: Hess, Sabine/Lenz, Ramona (Hg.): Geschlecht und Globalisierung. Königstein, S. 36-56.

Hall, Stuart (2000): Rassismus und kulturelle Identität: Ausgewählte Schriften 2., 3. Aufl., Hamburg.

Haritaworn, Jinthana (2005): Am Anfang war Audre Lorde. Weißsein und Machtvermeidung in der queeren Ursprungsgeschichte. In: *femina politica. Zeitschrift für feministische Politik-Wissenschaft. Queere Politik: Analysen, Kritik, Perspektiven*, Heft 1/2005, 14. Jg., Berlin, S.23-35.

Heldmann, Anja (1997): Jenseits von Mann und Frau: Intersexualität als Negation der Zweigeschlechtlichkeit. In: Hauser-Schäublin, Brigitta/Röttger-Rössler, Birgitt (Hg.): Differenz und Geschlecht: Neue Ansätze in der ethnologischen Forschung. Berlin, S. 54-77.

Hirschauer, Stefan (1993): Die soziale Konstruktion der Transsexualität. Frankfurt/Main.

Hirschfeld, Magnus (1905): Geschlechtsübergänge. Leipzig.

hooks, bell (1985): Black Women: Shaping Feminist Theory. In: dies.: From Margins to Center. Boston.

Jagose, Annemarie (Hg., 2001): Queer Theory: Eine Einführung. Berlin: Quer Verlag.

Kromminga, Ins A. (2005): Die Borniertheit der Toleranz. In: Neue Gesellschaft für Bildende Kunst (Hg., 2005): 1-0-1 [one 'o one] intersex. Das Zwei-Geschlechter-System als Menschenrechtsverletzung. Berlin, S. 27-32.

Lindemann, Gesa (1993): Das paradoxe Geschlecht: Transsexualität im Spannungsfeld von Körper, Leib und Gefühl. Frankfurt/Main.

LSVD Berlin-Brandenburg e.V. (Hg., 2004): Muslime unter dem Regenbogen. Homosexualität, Migration und Islam. Berlin.

Lüth, Nana (2005): Verschweigen = Verstümmelung. In: Neue Gesellschaft für Bildende Kunst (Hg., 2005): 1-0-1 [one 'o one] intersex. Das Zwei-Geschlechter-System als Menschenrechtsverletzung. Berlin, S. 32-40.

Money, John (1952): Hermaphroditism. An Inquiry in the Human Nature of a Paradox. Cambridge.

Neue Gesellschaft für Bildende Kunst (Hg., 2005): 1-0-1 [one 'o one] intersex. Das Zwei-Geschlechter-System als Menschenrechtsverletzung. Berlin.

Plett, Konstanze (2002): Intersexualität aus rechtlicher Perspektive. Gedanken über „Rasse, Transgender und Marginalisierung. In: polymorph (Hg.): (K)ein Geschlecht oder viele? Transgender in politischer Perspektive. Berlin, S. 31-43.

Reiter Michel (2000): „Ein normales Leben ermöglichen": So lautet die bisher allgemeingültige Zielvorstellung von Medizin, Sexualwissenschaft und Politik in Hinblick auf intersexuelle Menschen ... In: *Gigi* 8 (Juli/August 2000), S. 8-12.

Rich, Adrienne (1983): Zwangsheterosexualität und lesbische Existenz. In: Dagmar Schultz (Hg.): Macht und Sinnlichkeit: Ausgewählte Texte von Adrienne Rich und Audre Lorde. Berlin, S. 138-168.

Rubin, Gayle (1984): Thinking Sex. Towards a Political Economy of 'Sex'. In: Vance, Carol (Hg.): Pleasure an Danger. New York, S. 267-319.

Runte, Annette (1998): Im Dienste des Geschlechts - Zur Identitätskonstruktion Transsexueller. In: Bublitz, Hannelore (Hg.): Das Geschlecht der Moderne. Genealogie und Archäologie der Geschlechterdifferenz. Frankfurt/Main, S. 119-142.

Schmidt, Gunter (2004): Das neue DerDieDas. Über die Modernisierung des Sexuellen. Gießen.

Sedgwick, Eve Kosovsky (1990): Epistemology of the closet. Berkeley.

Sigusch, Volkmar (2004): Satz vom ausgeschlossenen Geschlecht. In: *Zeitschrift für Sexualforschung*, Jg. 17, Heft 3, Sept./2004, Stuttgart, S. 258-266.

Spivak, Gayatri Chakravorty (1988): Can the Subaltern speak? In: Nelson, Cary u.a. (Hg.), Marxism and the Interpretation of Culture. Chicago, S. 271-313

Thomas, Barbara Jane (2005): Interesex Intervention. In: Neue Gesellschaft für Bildende Kunst (Hg.): 1-0-1 [one 'o one] intersex. Das Zwei-Geschlechter-System als Menschenrechtsverletzung. Berlin, S. 20-27.

Ulrichs, Karl-Heinrich (1994): Vindex. Social-juridische Studien über mannmännliche Geschlechtsliebe. Forschungen über das Räthsel der mannmännlichen Liebe. Bd. 1, Nachdruck von Kennedy, Hubert (Hg.), Berlin.

Wagenknecht, Peter (2003): Heteronormativität. In: Haug, Frigga (Hg.): Historisch-Kritisches Wörterbuch des Feminismus. Band 1. Hamburg, S. 627-652.

Wienold, Hanns/Lautmann, Rüdiger (1977): Antihomosexualität und demokratische Kultur in der BRD. In: Lautmann, Rüdiger (Hg.): Seminar: Gesellschaft und Homosexualität. Frankfurt/Main, S. 383-416.

Wissenschaftspolitik und gewerkschaftliche Bildungsarbeit

Lothar Wentzel

Die Neugründung der Gewerkschaft aus dem Zweifel

Anfang der 90er Jahre beschloss die IG Metall ein Forschungsprojekt zur Bildungsarbeit an ihren Bildungsstätten durchführen zu lassen: „Probleme und Perspektiven der zentralen Bildungsarbeit", bald allgemein „BI-Metall" genannt. Leiter dieses Projektes wurde Hanns Wienold. Mit drei Jahren Laufzeit (1991-1994) und drei vollen Forschungskräften war das Projekt ungewöhnlich gut ausgestattet. Gegenstand der Untersuchung sollte ausdrücklich die Alltagspraxis in den Seminaren selber sein. So gründlich und genau ist die Realität gewerkschaftlicher Bildungsarbeit weder vorher noch nachher beobachtet worden.

Bei der Entstehung dieses Forschungsprojekts kamen ganz unterschiedliche Voraussetzungen zusammen. 1989 ging die Ära von Hans Preiss zu Ende, der 17 Jahre lang das für Bildung zuständige geschäftsführende Vorstandsmitglied der IG Metall war. Preiss hatte Mitte der 70er Jahre ein großes Forschungsprojekt auf den Weg gebracht, in dem mit wissenschaftlicher Begleitung eine Art konzeptionelles Grundmuster für gewerkschaftliche Bildungsarbeit - das so genannte Modellseminar[1] - entwickelt wurde. Inzwischen lagen viele Erfahrungen mit diesem Modellseminar vor und es war in der Praxis weitgehend modifiziert worden. Kritisch betrachtet wurde vor allem die starke Durchplanung des Unterrichts. Preiss selber sah die Notwendigkeit, die konzeptionelle Diskussion neu aufzunehmen, konnte dies aber persönlich nicht mehr realisieren. Sein Nachfolger Karl-Heinz Hiesinger nahm dann dieses Projekt in Angriff.

Für das Forschungsprojekt spielten sicherlich verschiedene damalige Diskussionsstränge zur Gewerkschaftspolitik eine Rolle. Die Debatte um Individualisierungstendenzen in der Gesellschaft fand auch in den Gewerkschaften große Resonanz: Die endgültige Auflösung traditioneller proletarischer Milieus bedeute, dass potentielle Mitglieder oder zukünftige Multiplikatoren über ihre ganz persönlichen Anliegen und Interessen angesprochen werden müssten. Bildungsarbeit könne daher nicht mehr auf überlieferte Haltungen aufbauen, sondern sei gezwungen, stärker auf die Individualität der Teilnehmer/innen einzugehen. Geschlechterverhältnisse seien bewusst bei der Planung und Leitung der Seminare zu berücksichtigen.

Politische Vorstellungen, die soziale Bewegungen als Bündnis verschiedenartiger oppositioneller Strömungen verstanden und kulturelle Vielfalt als Stärke solcher Zusammenschlüsse betonten - wie die 'rainbow coalition' in den USA oder multikulturelle Konzepte aus dem Umfeld der Grünen - wurden teilweise auch in den Gewerkschaften aufgegriffen. Dazu gehörte, individuelle Rechte neben den kollektiven Sicherungen stärker zu betonen und Gewerkschaften als soziale Menschenrechtsorganisationen zu definieren. Für die IGM-Bildungsarbeit stellte sich aus dieser Perspektive die Frage, ob sie nicht zu sehr auf eine männliche Facharbeiterkultur zugeschnitten sei und den real vorhandenen lebensweltlichen Differenzierungen zu wenig

Raum böte. Dadurch würde es der Gewerkschaft noch weiter erschwert, Zugang zu anderen, neuen Beschäftigtengruppen zu finden, die für eine zukunftsfähige Interessenvertretung von wesentlicher Bedeutung seien.

Für die Gewerkschaftslinke, zu der die Mehrheit der Lehrkräfte an den IGM-Bildungsstätten zählte, war der Zusammenbruch der Gesellschaftssysteme im sowjetischen Machtbereich Ende der 80er, Anfang der 90er Jahre ein großes Thema, von dem viele Verunsicherungen und Fragen ausgingen. Das Beispiel der DDR stand noch unmittelbar vor Augen. Das dort verordnete und Jahrzehnte gelehrte politische Selbstverständnis verschwand vielfach im Handumdrehen und Einstellungen wurden sichtbar, z. B. ausländerfeindliche Haltungen, die man nicht mehr anzutreffen hoffte. Dies war ein dramatisches Beispiel dafür, was politische Bevormundung anrichten konnte. Es war zugleich eine Warnung an jede politische Bildung, die Verbindung zum Denken und Fühlen der Menschen nicht zu verlieren und Querliegendes, Widerständiges, Unangepasstes nicht beiseite zu schieben, sondern der Reflexion und Bearbeitung zugänglich zu machen.

Die frühen 90er Jahre mit der deutschen Vereinigung waren gewerkschaftspolitisch bewegte Zeiten und die hier genannten Diskussionslinien können nur ein wenig den Hintergrund andeuten, vor dem das Projekt formuliert wurde. Es war jedenfalls eine Phase erheblicher Verunsicherung, in der vieles offen und ungeklärt schien. Dies ist sicher der Forschungsarbeit zugute gekommen. Die Grundzüge des Forschungsprojektes wurden - damals noch unter Beteiligung von Klaus Dörre - in der IGM-Bildungsabteilung formuliert. Sie enthielten drei Festlegungen: Die Untersuchung sollte sich auf die Grundlagenbildung an den Bildungsstätten konzentrieren, sie sollte durch Beobachtung der Bildungspraxis die Voraussetzungen für konzeptionelle Veränderungen liefern, aber nicht diese Konzeptionen selber ausarbeiten, und sie sollte mit den Mitteln der Handlungsforschung arbeiten.

Die Konzentration auf die gewerkschaftspolitische Grundlagenbildung hatte verschiedene Ursachen: Dieser Bereich nahm einen erheblichen Teil der Bildungsarbeit an den Bildungsstätten ein und hatte eine gewisse strukturbildende Rolle für Seminarkonzeptionen in anderen Feldern. Vor allem aber stellte sich hier die Frage nach der Ansprache von Menschen, die neu zur Gewerkschaft gestoßen waren, besonders deutlich. Das Schwergewicht auf der Unterrichtsbeobachtung war dagegen eher ein Kompromiss. Die Lehrer/innen wollten zwar Hinweise für konzeptionelle Veränderungen, aber sich diese nicht 'von außen' vorgeben lassen, sondern die letzte Hoheit darüber selber behalten. Bei der Orientierung an der Handlungsforschung schließlich ging es nicht nur um eine höhere Akzeptanz der Untersuchung. Die aktive Einbeziehung der Lehrenden in die Forschungsarbeit versprach einen qualitativen Gewinn für die Untersuchungsergebnisse selber, einen Qualifizierungseffekt und eine Verbesserung der internen Diskussionskultur. Außerdem entsprach der Ansatz der

Handlungsforschung den Beteiligungsansprüchen gewerkschaftlicher (Bildungs-)Arbeit.

Keine Bildungseinrichtung lässt sich gern in ihre Karten sehen. Besonders dann nicht, wenn der intime Kernbereich - das Unterrichtsgeschehen - beobachtet werden soll. Der Anspruch der Wissenschaftlichkeit hilft hier erfahrungsgemäß nur wenig, um Ängste und Abwehr abzubauen, denn solche Untersuchungen ermöglichen ein direktes Urteil über die Arbeit der einzelnen handelnden Akteure/innen. Das gilt erst recht für eine Organisation wie die IG Metall, in der die Lehrenden mit ihrer Arbeit unmittelbar politische Intentionen verbinden. Trotzdem gelang es dem Forscherteam, solche Bedenken und Widerstände nach und nach zu zerstreuen.

Der Entwurf des Forschungsprojektes wurde in den Lehrerkollegien der vier IGM-Bildungsstätten vorgestellt. Die IGM beschäftigte damals etwa 55 hauptamtliche Lehrkräfte. Danach wurde das Projekt vom zuständigen geschäftsführenden Vorstandsmitglied Karl-Heinz Hiesinger auf einer Gesamtversammlung der Lehrkräfte im Frühjahr 1991 in Lohr quasi öffentlich zur Abstimmung gestellt. In allen diesen Debatten gab es viele Vorbehalte, aber wenig grundsätzliche Ablehnung. In der Abschlussdiskussion in Lohr wurde das Projekt schließlich akzeptiert, allerdings mit zwei charakteristischen Einschränkungen: Die Forschergruppe sollte erst einmal ein Jahr in der Bildungsarbeit hospitieren, um die Einrichtung wirklich kennen lernen zu können und dann - vorausgesetzt, dass die Lehrenden sie für geeignet hielten - mit der eigentlichen Unterrichtsbeobachtung beginnen. Zweitens sollte es keine herausgehobene Steuerungsgruppe von Lehrer/innen geben, sondern alle Lehrkräfte sollten grundsätzlich die gleichen Zugangsmöglichkeiten zum Forschungsprojekt haben.

Glücklicherweise waren dies Zeiten, in denen die Forschungsmittel noch etwas reichlicher flossen. Die Hans-Böckler-Stiftung genehmigte ein Forschungsprojekt mit drei Personen - Peter Blöing, Gertrud Hovestadt und Christoph Weischer - über drei Jahre, darunter ein Promotionsstipendium. Die IG Metall beteiligte sich zu etwa einem Drittel an den Kosten. Die Leitung übernahm Hanns Wienold, der das Projekt auch in der Vorbereitungsphase zunehmend betreut hatte. Getrud Hovestadt, die etwas später anfing, sollte ausdrücklich zu den Geschlechterverhältnissen forschen.

Die Hospitationsphase im ersten Jahr erwies sich als ausgesprochener Glücksfall, denn auf diese Weise gelang der Forschergruppe ein relativ unproblematischer Feldzugang. Es konnte viel Misstrauen abgebaut werden und eine weitere 'Genehmigung' des Projektes war dann kein Thema mehr. Das Fehlen einer zentralen Steuerungsgruppe machte sich dagegen negativ bemerkbar, weil es die Koordination und vor allem die Kommunikation zwischen den verschiedenen Bildungsstätten doch erheblich erschwerte.

Das erste große Abenteuer, das das Projekt zu bestehen hatte, war die Entwicklung einer Forschungsleitfrage, die im Sinne der Handlungsforschung gemeinsam von den beforschten Lehrer/innen und dem Forscherteam entwickelt werden sollte. Da der laufende Unterrichtsbetrieb nicht unterbrochen werden sollte, war es nicht möglich, alle Interessenten auf einen Workshop zu bekommen. Es mussten zwei Treffen angeboten werden. Dies erwies sich als erstaunlich unproblematisch. Es entstanden zwar erwartungsgemäß zwei Leitfragen, beide ergänzten sich aber gut und beleuchteten von zwei verschiedenen Seiten einen gleichen Themenkomplex.

Der erste Workshop führte zu einer eher grundlegenden didaktisch-methodischen Fragestellung: „Unter welchen Bedingungen lassen sich Selbstaufklärung der TeilnehmerInnen und Selbstaufklärung der Lehrenden im Seminar verbinden?“[2] Hier wurde ein subjektorientiertes Verständnis von Bildungsarbeit formuliert und nach den Möglichkeiten seiner Einlösung gefragt. Die Teilnehmenden werden nicht ‘aufgeklärt’, sie klären sich selber mit Unterstützung der Lehrenden auf. Beide Seiten bringen Kenntnisse und Fähigkeiten ein. „Mit Selbstaufklärung ist nicht gemeint, dass sich die TeilnehmerInnen gleichsam an den eigenen Haaren aus dem Sumpf ziehen; auch hier ist die Rolle der Lehrenden sehr wichtig, sie ist jedoch eine andere: sie sind nicht AufklärerInnen, sondern eher Leute die einen Aufklärungsprozess anleiten. Sie sind damit zugleich Lernende ...“[3] Diese Leitfrage wurde durch eine Reihe von Unterfragen spezifiziert.

Die Forschungsleitfrage des zweiten Workshops war stärker auf die Beobachtung bestimmter Aspekte des Unterrichtsgeschehens bezogen: „Ich möchte die verschiedenen (auch schulischen, institutionellen) Wirklichkeiten der TeilnehmerInnen und TeamerInnen stärker zum Gegenstand meiner Seminare werden lassen (auch in Bezug auf die sozialen Beziehungen im Seminar). Unter welchen Bedingungen ist das möglich? Welche Stärken und Schwächen haben bestimmte Vorgehensweisen?“[4] Auch hier wurde die Leitfrage durch eine Reihe von Zusatzfragen präzisiert.

Beiden Fragestellungen lag eine verbindende Intention zugrunde: Die Teilnehmer/innen sollten nicht in einen Objektstatus geraten, sondern mit ihren Anliegen und Fragen das Unterrichtsgeschehen wesentlich bestimmen und ermutigt werden, ihre Fähigkeiten und ihr Wissen, ihre Erfahrungen und ihre Urteile in einen gemeinsamen Verständigungsprozess einzubringen. Die Debatte um die Forschungsleitfrage wurde von den Lehrer/innen sehr engagiert geführt. Die Fragestellungen trafen genau den zentralen Nerv der damaligen Reformdebatte. Sie waren daher auch ein guter Beleg für die Leistungsfähigkeit von Handlungsforschung. Die Beteiligten wichen den Schwierigkeiten nicht aus, sondern stellten sich entscheidenden Problemlagen. Die Fragen kamen nicht von ‘außen’, sondern von ‘innen’ und ließen sich dadurch nicht so leicht abwehren. Die Debatten fanden ihren Widerhall in den Lehrerkollegien. Die Frage ‘Wie kommt die Wirklichkeit ins Seminar?’ wurde so etwas wie ein geflügeltes Wort.

In der Folgezeit untersuchten die Projektmitarbeiter 15 meist 14-tägige Seminare als Hospitanten oder Seminarbeobachter. Bei den direkten Seminarbeobachtungen wurde das Unterrichtsgeschehen - nach Genehmigung durch Team und Teilnehmende - gewöhnlich mit dem Tonband aufgezeichnet und ausgewertet. Dazu kamen Vor- und Nachbesprechungen und zusätzliche Interviews mit den Lehrkräften. Die Teilnehmer/innen wurden im Allgemeinen in Gruppendiskussionen befragt. Einzelinterviews gab es hier vor allem unter dem Gesichtspunkt Geschlechterverhältnisse. Da die Forschergruppe während der Beobachtungen in der Bildungsstätte wohnte, war sie weitgehend in den Alltag der Bildungsstätte einbezogen. Sie wurde auch in den Pausen und Essenszeiten angesprochen und beteiligte sich teilweise am 'zweiten Seminar', den Freizeitaktivitäten der Teilnehmer/innen.

Zur Einbeziehung in die Probleme der Untersuchungsmethodik und zur Beteiligung bei der Auswertung bestimmter Schlüsselstellen im Untersuchungsmaterial wurden während der Laufzeit des Forschungsprojektes Workshops für interessierte Lehrer/innen eingerichtet. Um die Informationsbasis für die Lehrenden zu verbreitern, gab es eine Art Nachrichtendienst - BiMetall-Info -, wo diese Workshops nachzulesen waren. Daneben wurden 12 BiMetall-Materialien zu einzelnen wichtigen Untersuchungsergebnissen herausgegeben. Dieses umfangreiche Material findet sich nur zum Teil in den Abschlussberichten wieder. Hier liegen noch manche Schätze verborgen.

Diese vielseitigen Beteiligungsangebote wurden sehr unterschiedlich genutzt. So wie es unter den Lehrer/innen eine Gruppe von 'Anhängern' des Forschungsprojektes gab, existierte auch eine andere Gruppe, die das Projekt weitgehend ignorierte. Lehrkräfte mit Hochschulausbildung fanden sich eher im Unterstützerkreis als diejenigen, die ihren Weg über die Betriebsratsarbeit gemacht hatten, ohne dass es hier eine klare Abgrenzung gegeben hätte.

Am Anfang der Untersuchung fiel es schwer, Lehrer/innen zu finden, die ihre Seminararbeit beobachten lassen wollten. Dies änderte sich im Laufe der Zeit. Es sprach sich herum, dass man durch die Rückmeldungen des Forschungsteams erheblich für die eigene Unterrichtspraxis profitieren konnte. Die Lehrenden begannen die Forschungsaktivitäten als eine Art - auf Grund der Verpflichtung zur Verschwiegenheit - nur ihnen persönlich zur Verfügung stehende Fremdevaluation zu nutzen. Die Angebote, sich beobachten zu lassen, häuften sich und selbst hartnäckige Skeptiker fühlten bei der Projektgruppe vor. Am Ende der Forschungstätigkeit waren 29 Lehrer/innen beobachtet worden, d.h. etwa 50% der Lehrkräfte, und es hätte eine erheblich größere Zahl sein können.

Während der Laufzeit des Forschungsarbeit veränderten sich die äußeren Rahmenbedingungen von Gewerkschaftsarbeit dramatisch. Auf die erste Begeisterung und imponierenden Organisationserfolge nach der deutschen Einheit folgte der Zusammenbruch vieler ostdeutscher Betriebe und die gesamtdeutsche Wirtschaftskrise 1993/94. Die Untersuchung hatte sich „von einem Schönwetter- zu einem Schlechtwetter-Projekt“[5] entwickelt. Damit hatte sie es aber auch mit Stimmungslagen und Haltungen zu tun, die für Gewerkschaftliche Bildungsarbeit später eine große Rolle spielen sollten.

Am Ende der Untersuchung stellte sich die Frage: Wie kann man die Ergebnisse in interessierten gewerkschaftlichen Kreisen verbreiten, ohne sie mit einem 1000-seitigen Abschlussbericht abzuschrecken oder zu erschlagen. Die Forschergruppe entschied sich für themenbezogene 'Arbeitshefte' mit etwa 100 bis 150 Seiten. Dadurch konnten sich die Leser/innen für die Aspekte entscheiden, die ihnen wichtig waren, ohne sich durch die gesamte Untersuchung arbeiten zu müssen. Auch sprachlich gelang es - ohne den Anspruch der Wissenschaftlichkeit aufzugeben - ein hohes Maß an Allgemeinverständlichkeit zu erreichen.

Ab 1996 erschienen sieben solcher Themenbände.[6] Sie waren im Forscherteam abgestimmt, wurden jedoch von einzelnen Autoren verantwortet. In einem dieser Bände wird der Forschungsprozess selber reflektiert: Christoph Weischer *Engagement und Distanz*. Der Autor beschreibt darin, wie das Forschungsprojekt immer wieder um Aufmerksamkeit und Akzeptanz kämpfen musste. Im Forschungsprozess erwies es sich als ein erhebliches Problem, eine möglichst unvoreingenommene und facettenreiche Beschreibungsform des hochkomplexen Seminargeschehens zu finden. Auch der Anspruch, sich weitgehend an Konzepten der Handlungsforschung zu orientieren, war nicht vollständig einzulösen. Das zeigte sich vor allem an den Problemen, die Lehrkräfte in die Forschungsarbeit einzubeziehen. Aber auch im inneren Verständigungsprozess war es für das Forscherteam schwierig, eine Balance zwischen zu großer Nähe und zu großer Distanz zum Untersuchungsgegenstand zu finden.

Die Forschungsgruppe beobachtete nicht nur die Seminarrealität, sondern auch die innerorganisatorischen Debatten, die die Bildungsarbeit begleiteten, soweit sie damit während ihrer Untersuchungszeit konfrontiert wurde. In den damaligen Kontroversen ging es vor allem um die Bedeutung des 'Interessengegensatzes' zwischen Kapital und Arbeit für Politisierungsprozesse und seine Erweiterung um Problemfelder wie Geschlechterverhältnis, Ökologie, Rassismus usw. sowie um das sinnvolle Ausmaß von Teilnehmerorientierung. Christoph Weischer verfasste auch diesen Themenband: „Politische Bildungsarbeit und gewerkschaftliche Organisation".

Weischer beobachtete, wie hier oft gewerkschaftspolitische Debatten über den Umweg der Bildungsarbeit ausgetragen wurden. Die eigentlichen Probleme der Bildungspraxis seien wenig thematisiert worden. Die im Bildungsalltag stattfindenden eher kontinuierlichen Veränderungsprozesse verdienten mehr Aufmerksamkeit, didaktisch-methodische Fragen müssten einen breiteren Raum einnehmen. Die Erfahrungen der Teilnehmer/innen mit der Bildungsarbeit fehlten weitgehend. Aus seinen Beobachtungen entwickelte Weischer einen Katalog von Vorschlägen, um eine praxisnähere Reflexion von Bildungsarbeit zu erleichtern: Feste Kooperationsstrukturen zwischen den Bildungsstätten in den wichtigsten inhaltlichen Feldern, kollegiale Praxisbegleitung, stärkere Nutzung externer Beratungskompetenz, z.B. Supervision, runde Tische zwischen Lehrenden und Teilnehmenden zur Aufarbeitung der Seminarpraxis, intensive gemeinsame und individuelle Weiterbildung der Lehrkräfte, eine Form pädagogischer Grundausbildung für neu eingestellte Teamer/innen usw.

Im Laufe der Untersuchung wurde dem Forscherteam immer deutlicher, wie wichtig Qualifikation, Selbstverständnis und Engagement der Lehrkräfte für gelingende Lernprozesse sind. Deshalb ist der Themenband *Leidenschaft und Profession* von Gertrud Hovestadt ausschließlich den pädagogischen Mitarbeiter/innen an den Bildungsstätten gewidmet. Spannend sind Hovestadts Beobachtungen der Zerrissenheit und der Hektik des Arbeitsalltags. Einen wichtigen Grund dafür sieht sie in dem hohen Maß an Präsenz, das den Lehrkräften in der gewerkschaftlichen Erwachsenenbildung abverlangt wird. Sie benutzt dafür ein einprägsames Bild. Die Lehrer/innen erhöhen im Seminar ihr 'spezifisches Gewicht'.[7] Je mehr die Lehrkräfte bereit sind, sich auf die Anliegen der Teilnehmenden einzulassen, um so mehr steigt diese Anforderung an Präsenz.

Hovestadt beobachtete sorgfältig die verschiedenen Haupt- und Nebenrollen, die von den Lehrkräften eingenommen werden, und deren Auswirkungen auf das Seminargeschehen: Chef(in), Avantgardist(in), Praktiker(in), gute(r) Vater/Mutter, Gewerkschaftsvertreter(in), Fürsorgende(r), Assistent(in), Torhüter(in) (keine diskriminierenden Äußerungen sollen im Netz landen), Moderator(in) usw. Die Bildungsarbeit war jedenfalls weit entfernt von einem einheitlichen Leitungsverständnis.

Die meisten Lehrkräfte betrieben ihre Arbeit mit hoher persönlicher Identifikation und Engagement, waren aber auch innerorganisatorisch einem starken Anforderungsdruck ausgesetzt. Als problematisch empfand Hovestadt die Einseitigkeit der Arbeit und das relative Abgeschnittensein von betrieblicher und regionaler Gewerkschaftspraxis. Sie plädierte ebenfalls für eine Unterstützung der Lehrertätigkeit durch systematischen Erfahrungsaustausch, Selbstevaluation, Supervision und Weiterbildung.

Hovestadt legte ein besonderes Augenmerk auf die für IGM-Seminare übliche Doppelleitung, die auch damals schon - nicht zuletzt aus Kostengründen - umstritten war. Ihr Fazit war, dass Teamarbeit ein erheblicher Qualitätsgewinn sein kann, allerdings nur dort, wo das Team sich eine gute Kooperationsbasis erarbeitet hat. Eine Einzelleitung sei besser als ein schlechtes Team, aber ein produktiv zusammenarbeitendes Team biete die weitaus besten Voraussetzungen für differenziertes pädagogisches Handeln.

Das Forschungsprojekt untersuchte Seminare, die sich an Personen richteten, die relativ am Anfang ihres Weges als aktive Gewerkschafter standen. Die Frage, welche Orientierungsprobleme dieser Gruppe in den Seminaren sichtbar wurden und wie damit gearbeitet werden könnte, machte Christoph Weischer zum Gegenstand eines weiteren Bandes: *Handeln in Betrieb und Gewerkschaft*. Neben allgemeinen Fragen an Gewerkschaftspolitik waren dies vor allem Probleme, die mit den betrieblichen Erfahrungen in der neuen Rolle als Vertrauensmann und Betriebsrat zusammenhingen.

Weischer plädiert dafür, diesen 'Wirklichkeiten' der Teilnehmer/innen mehr Raum zu geben - ohne gesellschafts- und gewerkschaftspolitische Fragen beiseite zu schieben - und die Mikrostrukturen betrieblicher Politik genauer in den Blick zu nehmen. Dies sei das Handlungsfeld, in dem die Teilnehmer/innen unmittelbar gefordert seien. Hier gelte es, die Bedingungen und Entscheidungssituationen gewerkschaftlicher Politik sorgfältig zu untersuchen, um Handlungsfähigkeit zu stärken und Erfahrungen aus der Alltagspraxis mit politischen Orientierungsfragen in Beziehung setzen zu können.

Welchen Einfluss hatte nun die didaktische Struktur darauf, 'wie die unterschiedlichen Wirklichkeiten in ein Seminar kamen'? Zu dieser Schlüsselfrage hat das Forscherteam gemeinsam einen Band verfasst: *Das Seminar gibt sich eine Form*. Darin werden zunächst die Kämpfe um Einfluss, Anerkennung und nicht zuletzt (Definitions-) Macht in den Seminaren untersucht. Spannend ist die Einbeziehung des 'zweiten Seminars', also der Zeit außerhalb der geplanten Lernsituationen, das teilweise eine Art Ersatzseminar war, teilweise eine Ventilfunktion hatte, aber natürlich auch ein Ort für Statuskämpfe war.

Aushandlungsprozesse über Inhalte und Strukturen ließen sich in stark teilnehmerorientierten Seminaren besonders gut beobachten. Dabei erwies es sich, dass die Konzentration der Verhandlungen auf die Anfangsphase der Seminare vielfach zu Überforderungssituationen und zu zufälligen, wenig belastbaren Ergebnissen führte. Wesentlich sinnvoller erwies sich eine etappenweise Konkretisierung der Planungen im Laufe eines Seminars, die den Erfahrungsstand und das Zusammenwachsen der Teilnehmer/innen berücksichtigte. Beteiligung musste sich erst entwickeln und war selbst Lerngegenstand.

Vor diesem Hintergrund verglich die Forschergruppe verschiedene Seminartypen miteinander, die von den Teilnehmer/innen allesamt positiv bewertet worden waren. Seminare mit stark vorgeplanten Strukturen besaßen für die Teilnehmer/innen den Vorteil, gut kalkulierbar zu sein. Ihre besonderen Lerninteressen hatten aber wenig Chancen, zum Zuge zu kommen. Die Teilnehmer/innen wichen mit ihren Anliegen vielfach in die Arbeitsgruppenphasen oder in das 'zweite Seminar' aus. Solche Seminartypen förderten vor allem die starken Teilnehmer/innen, die sich in gewerkschaftlichen Zusammenhängen schon gut bewegen konnten.

In Seminaren, bei denen die Teilnehmer/innen größeren Einfluss auf Ablauf und Schwerpunktsetzung im Seminar hatten, fanden die jeweiligen Anliegen der Teilnehmer/innen auch stärker Eingang in das 'offizielle' Seminargeschehen. Die Teilnehmer/innen dieser Seminare waren als Personen deutlicher erkennbar. Kritik, Zweifel und Befürchtungen kamen häufiger zur Sprache. Diejenigen, die (noch) nicht so weit in die gewerkschaftliche Organisationskultur integriert waren, hatten mehr Möglichkeiten, sich Gehör zu verschaffen. Persönliche Motivationen und Haltungen, die hinter gewerkschaftlichem Handeln standen, wurden stärker sichtbar und häufiger reflektiert.

Solche Seminare verlangten jedoch ein hohes Maß an Professionalität von der Seminarleitung. Das Team musste auf überraschende Wendungen des Seminargeschehens reagieren können und eine breite Anforderungspalette abdecken. Auf Grund von kurzfristigen Planungsentscheidungen blieb ihm oft wenig Vorbereitungszeit.

Der Blick aus der Perspektive der Geschlechterverhältnisse auf die 'Wirklichkeiten' der Seminare war als ein eigenes Forschungsfeld geplant. Der Anteil der Frauen an der Mitgliedschaft der IGM beträgt etwa 20%. Daher sind die Seminare traditionell geprägt von den Lebenswelten männlicher Facharbeiter. Oft nehmen nur einzelne oder gar keine Frauen an den Bildungsveranstaltungen teil. In ihrem Band *Schade, dass so wenig Frauen da sind* untersucht Gertrud Hovestadt nicht nur die Unterrichtssituationen, sondern den gesamten Alltag an den Bildungsstätten.

Die Erfahrungen waren ausgesprochen zwiespältig. Besonders dort, wo Frauen vereinzelt in Seminaren auftauchten, fiel es ihnen schwer, sich gegen die Vorherrschaft männlicher Themen und Verhaltensweisen - und nicht selten auch Anmache - zu behaupten. Andererseits ließ sich dann, wenn eine genügend große Zahl von Frauen an den Seminaren teilnahm und sie nicht mehr 'unterzubuttern' waren, eine - von beiden Geschlechtern so wahrgenommene - positive Entwicklung des gesamten Seminargeschehens beobachten.

Daher trat Gertrud Hovestadt zunächst einmal für einen - durch bildungsplanerische Maßnahmen möglichen - höheren Frauenanteil in bestimmten Seminaren ein. Sie beobachtete ferner, dass die wachsende Zahl von weiblichen Lehrkräften und gemischten Teams die Situation der Frauen wesentlich verbesserte. Darüber hinaus entwickelte sie einen Katalog von Vorschlägen, die sowohl die Bildungsstätte als sozialen Ort betrafen als auch auf die Entwicklung einer geschlechtergerechte Didaktik gewerkschaftlicher Bildungsarbeit abzielten.

In den Seminaren wurde viel erzählt, natürlich besonders ausgiebig in der Freizeit, im 'zweiten Seminar', aber auch im eigentlichen Unterrichtsgeschehen meldeten sich immer wieder Teilnehmer/innen mit Geschichten zu Wort.

Die Erzählungen der Teilnehmer/innen als besondere Form, ihre Wahrnehmung der Wirklichkeit, aber auch versteckte Kritik, abweichende Positionen, querliegende Erfahrungen oder auch Wünsche nach Anerkennung quasi in ein Seminar hineinzuschmuggeln, beschäftigte die Forschungsgruppe immer mehr, bis schließlich Hanns Wienold daraus einen eigenen Themenband machte: *Nichts als Geschichten?*

Das Forscherteam beobachtete, dass manche der Teilnehmer/innen sehr hartnäckig an ihren Geschichten festhielten und damit ein sehr wichtiges persönliches Anliegen verbanden, von dessen Bearbeitung für sie der Erfolg des Seminars ganz wesentlich abhing. Die Energie, mit denen diese Teilnehmer/innen ihre Geschichten präsentierten, verweist auf den Eigensinn von Lernprozessen. Die Teilnehmer/innen kamen mit sehr unterschiedlichen Fragen aus ihrer persönlichen Erfahrungswelt ins Seminar, die mit den Schwerpunktsetzungen aus der 'Sachlogik' nicht unbedingt übereinstimmten. Die Möglichkeit, diese Fragen im Seminar zur Sprache bringen zu können, scheint eine wesentliche Voraussetzung für die Öffnung für neues Lernen zu sein.

Meistens enthielten die Erzählungen bestimmte Botschaften, die auf diesem Wege ins Seminar transportiert werden sollten. Oft handelte es sich auch um Kritik am Verlauf der Diskussion, zum Beispiel Hinweise darauf, dass deren Ergebnisse auf die eigene Situation nicht zuträfen. Die meisten Geschichten hatten mit der eigenen Praxis zu tun und waren nahe am Alltag gewerkschaftlicher Arbeit im Betrieb angesiedelt. Handeln geschieht auch hier nicht in erster Linie kühl abwägend, sondern hatte viel mit Emotionen und Moral zu tun. Diese Gefühle und Haltungen wurden in den Erzählungen spürbar, aber auch die Unterschiedlichkeit der Handlungsbedingungen und der Alltagspragmatismus, mit dem man sich durchzuschlagen versuchte. Sie brachten oft neue, nicht bedachte Aspekte in die Debatten und konnten dadurch auch zur Überprüfung des bisherigen Diskussionsstandes dienen.

Aus der Sicht der Seminarleitungen waren die Geschichten nicht selten ungebetene Gäste. Sie unterbrachen den geplanten Ablauf, kosteten Zeit und ihre Botschaften waren anfangs oft nur schwer zu erkennen. Dass Geschichten in den Seminaren erzählt wurden, war daher durchaus nicht selbstverständlich. Es erforderte eine offene Atmosphäre, in der die Teilnehmer/innen sich auch trauten, Querliegendes und Sperriges zu berichten. Ebenso wichtig war die Bereitschaft des Leitungsteams, zum Erzählen zu ermuntern und den Geschichten Zeit einzuräumen. Hanns Wienold spricht in diesem Zusammenhang von einer 'Pädagogik der Verlangsamung'[8].

Ein wesentlicher Gewinn dieser 'Pädagogik der Verlangsamung' war, dass die subjektiven Schwierigkeiten und Mühen der gewerkschaftlichen Alltagsarbeit viel stärker zu Vorschein kamen und damit auch bearbeitbar wurden. Die schwere Krise 1993/94 hatte - zusätzlich zur Entwicklung der Massenarbeitslosigkeit - in vielen Betrieben zu herben Rückschlägen für die Gewerkschaftsarbeit geführt und bei nicht wenigen Teilnehmer/innen den Zweifel an Sinn und Perspektiven ihres gewerkschaftlichen Engagements verstärkt. Zu erfahren, dass man mit diesen Problemen nicht alleine steht, und zu sehen, dass es sich lohnt weiterzumachen, war eine wesentliche Funktion der Seminare. Diese Selbstvergewisserung, an deren Ende die Erneuerung des eigenen gewerkschaftspolitischen Engagements stand, nannte Hanns Wienold einen „Gründungsakt der Gewerkschaft im Seminar, ihre Neugründung aus dem Zweifel."[9] Auch die Formulierung 'Neugründung der Gewerkschaft im Seminar' sollte im Laufe der Zeit ebenfalls zu einem geflügelten Wort in der Bildungsarbeit werden.

In der internen Diskussion in den Bildungsstätten nahm Peter Blöing aus dem Forschungsteam eine besondere Rolle ein. Er verfügte über langjährige Erfahrungen in gewerkschaftlicher Bildungsarbeit und war als Berufsschullehrer für die Forschungsarbeit freigestellt worden. Dadurch hatte er eine besondere Nähe zu den pädagogischen Mitarbeitern. Er übernahm oft die Aufgabe des Übersetzers von Forschungsproblemen und -ergebnissen in den Kreis der Lehrkräfte hinein und transportierte deren Sichtweisen und Wahrnehmungen wiederum in das Forscherteam. Außerdem traute er sich auf das schwierige Feld der Jugendbildungsarbeit.[10] Er thematisierte in seinen Untersuchungen oft Fragen des sozialen Lernens. Die programmatische Forderung Hartmut von Hentigs, mit der er einen seiner Vorträge[11] eröffnete „Die Menschen stärken und die Sachen klären“ wurde zu einem weiteren Leitsatz der Bildungsdiskussion.

Im Feld des sozialen Lernens betonte Peter Blöing insbesondere die Bedeutung der gegenseitigen Anerkennung in einem Seminar für das Gelingen von Lernprozessen. Diese Anerkennung dürfe nicht an irgendeine Vorleistung gebunden sein, sondern müsse unabhängig davon jedem als Person gewährt werden. Dies sei nicht zuletzt deswegen wichtig, weil nicht wenige Menschen aus dem Teilnehmerkreis schwierige Bildungswege hinter sich hätten. In gegenseitiger Anerkennung und Abbau von Konkurrenz, subtilem Eingehen auf die Anliegen der Teilnehmenden und deren Beteiligung an der Ausgestaltung der Seminare sah Blöing wesentliche Elemente einer demokratischen Bildungspraxis, die nicht nur gewerkschaftlicher Programmatik entspricht, sondern auch die besseren Lernvoraussetzungen bietet.

Die Untersuchung war in kein Personalentwicklungsprojekt eingebunden. Dies entlastete die Forschungsarbeit enorm, weil sie sich nicht mit dem ganzen Berg von Mutmaßungen und Besorgnissen abgeben musste, die damit verbunden gewesen wären. Auf der anderen Seite bedeutete dies, dass seine Wirkung allein auf der Akzeptanz seiner Ergebnisse beruhen konnte.

Für Lehrkräfte in den Bildungsstätten gab es verschiedene Zugänge zur Arbeit des Forschungsprojektes. Die intensivste Form war sicherlich die Besprechung der Beobachtungen aus einem eigenen Seminar. Die gemeinsamen Workshops zur Interpretation von Forschungsmaterial und zur Diskussion von Forschungsmethoden wurden eher zögerlich angenommen. Die laufenden Veröffentlichungen machten die Runde, ohne starke Reaktionen auszulösen. Auf den jährlichen Arbeitstagungen der pädagogischen Mitarbeiter/innen dagegen, auf denen der Forschungsstand mehrmals vorgetragen wurde, führte dies jedes Mal zu spannenden Diskussionen. Hier konnte man eine lebendige Auseinandersetzung mit dem Projekt spüren.

Das Forschungsprojekt hinterließ in der IGM-Bildungsarbeit in unterschiedlicher Weise seine Spuren. Für Lehrer/innen, deren Seminare untersucht worden waren, war die Beobachtung und Besprechung ihrer eigenen Arbeit oft das wichtigste Ergebnis des Projektes. In den Bildungsstätten gab die Untersuchung einem Perspektivwechsel einen Schub, der sich schon vorher abzuzeichnen begann: Der Hinwendung zur inneren Seite von Bildungsprozessen, zur Alltagswirklichkeit der Seminararbeit, zu den besonderen Bedingungen von Lernen und zur Subjektorientierung im pädagogischen Handeln.

Diese Veränderung der Sichtweise lässt sich gut an den Themen der Weiterbildung für die pädagogische Mitarbeiter/innen den 90er Jahren ablesen. Diese umfangreichen Angebote waren in enger Absprache mit den Lehrerkollegien zustande gekommen. Neben den laufenden gewerkschaftspolitischen Debatten und gesellschaftstheoretischen Exkursen enthielten sie vor allem didaktisch-methodische Fragen (insbesondere handlungsorientierte Didaktik), gruppendynamische Themen (u.a. TZI-Ausbildungsreihen) und Angebote zur Entwicklung sozialer Kompetenzen.

Über solche Anstöße hinaus fanden die Ergebnisse des Forschungsprojektes auch direkt Eingang in die Programmatik des IGM-Bildungsbereichs. In der zweiten Hälfte der 90er Jahre entwickelte die IGM Bildungsarbeit eine neue programmatische Plattform, die die '17 Thesen zur Bildungsarbeit' aus dem Jahre 1972 ergänzen sollte. Diese 'Rahmenkonzeption für die Bildungsarbeit der IG Metall'[12] wurde nach einem intensiven internen Diskussionsprozess auf der Bildungskonferenz im Januar 1999 vorgestellt und fand breite Zustimmung. Unter dem Motto 'Wege entstehen beim Gehen' wurde dort der Versuch einer (gesellschafts-)theoretischen Ortsbestimmung der Bildungsarbeit gemacht und ein pädagogisches Selbstverständnis formuliert. Besonders die Kapitel über Leitungsverständnis und Lernziele, aber auch viele Vorschläge zur Seminarpraxis wären ohne die Vorarbeit des Forschungsprojektes nicht möglich gewesen. Die Rahmenkonzeption wurde auf dem IGM-Gewerkschaftstag im Herbst 1999 mit der Entschließung zur Bildungsarbeit zur Abstimmung gestellt und angenommen.

Mit Hilfe des FIAB (damals noch 'Forschungsinstitut für Arbeiterbildung') in Recklinghausen wurden die Forschungsergebnisse nach Abschluss der Untersuchung auch öffentlich vorgestellt. Die politische Bildungsarbeit befand sich spätestens seit der 'Deutschen Einheit' deutlich auf dem Rückzug, sodass die Resonanz in der Fachöffentlichkeit relativ gering blieb. Dagegen stieß die Untersuchung bei den anderen DGB-Gewerkschaften auf größeres Interesse.

Die Bildungsarbeit in den verschiedenen Einzelgewerkschaften des DGB hat sich historisch sehr unterschiedlich entwickelt. Da diese Gewerkschaften ein ausgesprochenes Eigenleben führen und auch die Bildungsabteilungen wenig untereinander kommunizieren, war eine solche Diskussion quer zu den bestehenden Gewerkschaftsstrukturen selbst schon ein besonderes Ereignis. In den Gewerkschaften, die sich später in Verdi zusammenschließen sollten (HBV, IG Druck und Papier, Postgewerkschaft und ÖTV), gab es ähnliche Debatten wie in der IGM, die sich später in dem Verdi-Konzept einer subjektorientierten Bildungsarbeit niederschlagen sollten. Hier existierten zahlreiche Anknüpfungspunkte zu den Ergebnissen des Forschungsprojektes. Die IG Chemie hatte sich sehr frühzeitig mit neueren pädagogischen Konzepten auseinander gesetzt. Dort gab es andere Berührungspunkte.

Heute steht gewerkschaftliche Bildungsarbeit aufgrund der sinkenden Mitgliederzahlen in den Gewerkschaften unter einem enormen Kostendruck. Sie muss den Nutzen ihrer Arbeit in ganz anderem Maße rechtfertigen, als das noch in den 90er Jahren der

Fall war. Da liegt es nahe, die Lernziele so zu beschreiben, dass sie viel unmittelbaren Nutzen versprechen. Die Anforderungsgebirge wachsen, aber die Mühen der pädagogischen Ebene bleiben. Die Gewerkschaften sind in Betrieb und Öffentlichkeit allerdings noch mehr in der Defensive als in der Krise 1993/94 und damit steigen auch Zweifel und Resignation. In einer solchen Situation ist es wichtig, die Eigensinnigkeit von Lernprozessen nicht aus dem Auge zu verlieren. Nur wenn man die Gelassenheit hat und sich die Zeit nimmt, auf das einzugehen, was die Menschen tatsächlich umtreibt, und es ernst meint mit dem Ziel, die Menschen zu stärken, kann man vielleicht auch das erreichen, was gewerkschaftliche Bildungsarbeit im günstigsten Falle leisten kann: Ein Stück Neugründung der Gewerkschaft zu sein. Dazu kann uns 'Bi-Metall' auch heute noch viele Anregungen geben.

Anmerkungen

1 s. Johannson, Kurt, Das 'Sprockhöveler Modellseminar', Frankfurt am Main 1990

2 s. C. Weischer, Engagement und Distanz, Münster 1997, S. 29

3 s. a.a.O., S. 30

4 a.a.O., S. 34

5 C. Weischer, Engagement ..., S. 84; G. Hovestadt, Schade dass so wenig Frauen da sind, Münster 1997; C. Weischer, P. Blöing, G. Hovestadt, H. Wienold, Das Seminar gibt sich eine Form, Münster 1998

6 C. Weischer, Politische Bildungsarbeit und Gewerkschaftliche Organisation, Münster 1996; G. Hovestadt, Leidenschaft und Profession, Münster 1996; C. Weischer, Handeln in Betrieb und Gewerkschaft, Münster 1996; H. Wienold, Nichts als Geschichten?, Münster 1997; C. Weischer, Engagement und Distanz, Münster 1997

7 G. Hovestadt, Leidenschaft ..., S. 41

8 Wienold, Geschichten ..., S. 43

9 a.a.O., S. 75

10 s. C. Weischer u.a., Das Seminar gibt sich eine Form, Münster 1998, S. 98 ff. Leider kam sein geplanter Band über die Jugendseminare nicht zustande, aber vieler seiner Beobachtungen sind in den Projekt-Infos und -materialien nachzulesen.

11 'Zwischen Selbstaufklärung und Zweckbildung', BiMetall, Projektmaterialien Nr. 11, Frankfurt am Main, 1994

12 IG Metall, Abt. Bildungswesen/Bildungspolitik (Hrsg.)

Hans-Erich Bremes

Die Anstrengungen der Berge liegen hinter uns.
Vor uns liegen die Mühen der Ebene.
Bert Brecht

Die Bedeutung der Soziologie für die gewerkschaftliche Bildungsarbeit

Wer politische Bildungsarbeit in den Gewerkschaften betreiben will, benötigt Stehvermögen. Auf der einen Seite wird von dieser Bildungsarbeit zu viel erwartet; denn sie kann kein Ersatz für die politische Arbeit der Gewerkschaft sein. Deshalb kann sie auf der anderen Seite auch nicht für Entwicklungen verantwortlich gemacht werden, die sie nicht verantworten kann. Vor diesem Hintergrund werden pädagogische Konzepte und ihre Vertreter begutachtet. Exemplarisches Lernen, der Deutungsmusteransatz, Formen der betriebsnahen Bildungsarbeit oder Formen von geschlossenen Curricula standen in der Diskussion, über sie wurde gestritten.[1] So schreibt Hinrich Oetjen im Hinblick auf die Konzeption des exemplarischen Lernens:

> Die alltäglichen Konflikte, die im Betrieb erfahren wurden, ihre Art der Verarbeitung und die daraus gefolgten politischen Perspektiven sollten im Zusammenhang mit kritischer marxistischer Theorie der Inhalt dieser Bildungsarbeit werden. [...] Das veränderte auch die Form der Bildungsarbeit, denn diese neuen Inhalte waren auf Diskurs angelegt und nicht autoritativ zu vermitteln. ReferentInnen benötigten Einfühlungsvermögen und vielfältige Kenntnisse. Sie mussten vor allem auf die TeilnehmerInnen eingehen, ihre Probleme verstehen und ihre Erfahrungen analysieren können. Nach und nach setzte diese Form der Bildungsarbeit sich durch, wenn auch gegen teilweise heftige Widerstände der Vertreter der klassischen Schulungsarbeit, aber auch politischer Gegenkräfte in den Gewerkschaften. (Oetjen 1989, S. 59f.)

In der Bildungsarbeit des DGB-Landesbezirks Nordrhein-Westfalen vor der Einführung des Bildungsurlaubs nahm das jeweilige Schwerpunktthema, das vom Bildungspolitischen Ausschuß des DGB-Bundesvorstand verabschiedet wurde und bei dessen Erarbeitung die Abteilung Bildung des Landesbezirks NRW beteiligt war, „einen stets wachsenden Stellenwert ein." (Weinberg/Wienold 1983, S. 219)

Zur Umsetzung der Bildungsarbeit in die örtliche Praxis bildete die Abteilung Bildung Referentenarbeitskreise. Die Teamerinnen und Teamer mussten auf die Besonderheiten, die sich durch die Arbeit mit den zur Verfügung gestellten Materialien und deren Bearbeitung in Seminaren, die am Abend oder an Wochenenden stattfanden, vorbereitet werden. Sowohl bei der umfangreichen Vorbereitung der Referentenarbeitskreise, wie auch als Teamer und Teamerinnen in der örtlichen Bildungsarbeit arbeiteten WissenschaftlerInnen und Studierende des Instituts für Soziologie an der Westfälischen Wilhelms-Universität mit. Diese Zusammenarbeit führte zur Festigung länger bestehender Beziehungen.[2] Diese, für Gewerkschafter häufig nicht unproblematische Zusammenarbeit mit Hochschulangehörigen, (vgl. Oetjen 1989), verlief problemlos. In Heft 13 der Arbeitshefte zur materialistischen Wissenschaft *Hochschulsozialismus*, Münster 1978 setzt sich ein Autorenkollektiv mit diesen Fragen der Zusammenarbeit auseinander. Dort wird die These, man müsse als Vertreter des wissenschaftlichen Sozialismus dem Proletarier die Erkenntnisse über die eigene Lage und die zur Aufhebung notwendige Politik vermitteln, abgelehnt (S. 57f.). Stattdessen wird formuliert:

Die Differenz zwischen Intellektuellen und Arbeitern bewußt auszuhalten und dabei über lose und wechselnde Arbeitszusammenhänge theoretisch wie praktisch Querbezüge zu suchen und herzustellen, erscheint uns als das, was im Augenblick für sozialistische Intellektuelle machbar ist. Zumindest für diejenigen, die weder samt ihren Privilegien bequem abwarten möchten, bis die Arbeiter für sie den Sozialismus herbeigeschafft haben, noch sich als selbsternannte Avantgarde den Arbeitern vor die Nase setzen wollen. (Arbeitshefte, S. 62)

Wir haben versucht, ob dies eine tragfähige Arbeitsgrundlage ist. Um mit Brecht zu sprechen, vor uns lagen jetzt die Mühen der Ebene. Am 6. November 1984 wurde „Das Gesetz zur Freistellung von Arbeitnehmern zum Zwecke der beruflichen und politischen Weiterbildung - Arbeitnehmerweiterbildungsgesetz (AWBG NRW) vom Landtag verabschiedet. Die Bemühungen um den Bildungsurlaub wurden zum Erfolg geführt, allerdings von den Arbeitgebern hart bekämpft. Hanns Wienold meint in Bezug auf Arbeitszeitverkürzungen: „Diese Periode der Durchsetzung der 40-Stunden-Woche war die große Erfolgsperiode der Westdeutschen Gewerkschaften, der erfolgreichen Gegenwehr und der Teilhabe am materiellen und sozialen Fortschritt." (Wienold 1989, S. 108) Er führt weiter dazu aus:

Die Verkürzung der von den einzelnen Beschäftigten zu leistenden Arbeitszeit, insbesondere alltägliche oder wöchentliche Verringerung des Arbeitssolls durch kollektivvertragliche Normierung zielt auf die Dispositionsspielräume der Unternehmen, Umfang und Struktur der von ihnen unter ihrer Regie in Arbeit gesetzten Gruppen von Männern und Frauen zu bemessen. Die Dispositionsfreiheit der Unternehmer ist als ihr Recht zumindest seit der Durchsetzung des Betriebsverfassungsgesetzes 1952 gegen die Gewerkschaften und die richterliche Ausformung des Arbeitskampfes in der BRD kaum ernsthaft in Frage gestellt. (Wienold 1989, S. 109)

Ernsthaft in Frage gestellt wurde sie durch das AWBG, das der stellvertretende Hauptgeschäftsführer der Landesvereinigung der Arbeitgeberverbände deshalb auch als eines der größten sozial- und gesellschaftspolitischen Reizthemen des Landes ansah. Dieser war davon überzeugt, dass die Arbeitgeber Widerstand gegen das Gesetz leisten würden, weil sie den Bildungsurlaub der 1990er Jahre als Anachronismus ansähen (vgl. Bremes 1998, S. 89). Auch hier ist die Einschränkung der Dispositionsfreiheit der Arbeitgeber einer der Hauptgründe für den Widerstand der Arbeitgeberverbände und Wirtschaftsvereinigungen. Auch hier entschied ein hohes Gericht, das

Bundesarbeitsgericht (9 AZR 429/91), sich gegen das Selbstbeurlaubungsrecht der Arbeitnehmerinnen und Arbeitnehmer. Der Weg zur Inanspruchnahme des Bildungsurlaubs ist also steinig. Um die zu erreichen, die wir erreichen wollen, mussten wir daher besondere Anstrengungen unternehmen.

Ein Jahr vor dem Inkrafttreten des Gesetzes haben wir gemeinsam mit dem Institut für Soziologie und dem Institut für Sozialpädagogik, Weiterbildung und empirische Pädagogik an der Universität Münster den Arbeitskreis „Gewerkschaftliche Bildungsarbeit" gegründet. Von Seiten der Universität wurde der Arbeitskreis getragen von den Professoren Dr. Johannes Weinberg und Dr. Hanns Wienold, ohne deren Einsatz das Projekt zum Scheitern verurteilt gewesen wäre. In diesem Arbeitskreis wurde ein Modellprogramm erarbeitet, das versucht, auf die Begründung der Landesregierung bei der Vorlage des Gesetzentwurfes einzugehen. Dort heißt es: „Die Arbeitnehmerweiterbildung hat bei der Entwicklung, dem Einsatz, der Förderung sowie bei der demokratischen Kontrolle und sozialen Absicherung neuer Technologien einen wichtigen Stellenwert."[3]

Zwei Jahre nach dem Inkrafttreten des AWBG, im März 1987, lud das DGB-Bildungswerk NRW alle hauptberuflichen und nebenberuflichen Mitarbeiterinnen und Mitarbeiter zu einem Erfahrungsaustausch über den Bildungsurlaub zu einer Tagung nach Bielefeld ein. Auf dieser Tagung nahm Hanns Wienold, der maßgeblich an der Entwicklung der inhaltlichen Konzeption unserer Angebote für den Bildungsurlaub beteiligt war und wesentlich an der Ausbildung der Teams mitwirkte, zum ersten Mal in der Öffentlichkeit zum Seminarkonzept Stellung (vgl. Wienold 1987, S. 18ff.). Zunächst berichtet er über den Arbeitskreis, der aus 40 Angehörigen besteht und der in diesen zwei Jahren Teamerinnen und Teamer für 60 Bildungsurlaubsseminare gestellt hat. Der Arbeitskreis erarbeitet die Seminarkonzeption und diskutiert nach den stattgefundenen Seminaren über die Erfahrungen, die dann wieder in die Konzeption einfließen. Daneben will der Arbeitskreis neue Teamerinnen und Teamer für die Bildungsarbeit gewinnen, die zunächst neben der Arbeit in den Sitzungen und den Vorbereitungsgruppen als Hospitanten und Hospitantinnen an den Seminaren teilnehmen.

Die Konzeption orientiert sich an der Vorgabe, dass dieses erste Seminarangebot sich nicht an Betriebsräte oder gewerkschaftliche Funktionäre, sondern an Arbeitnehmer und Arbeitnehmerinnen richtet, die nicht unbedingt Gewerkschaftsmitglieder sein müssen und durch ihre Teilnahme Zugang zur gewerkschaftlichen Bildungsarbeit bekommen.

In der Konzeption muss berücksichtigt werden, dass die Teilnehmerschaft an den Seminaren aus unterschiedlichen Regionen in Nordrhein-Westfalen, aus Groß- und Kleinbetrieben der unterschiedlichsten Branchen, aus öffentlichen Verwaltungen kommen und dort unterschiedliche Arbeitsplätze besetzen.

Über die Erfahrungen mit den auseinandergehenden und unterschiedlichen Bedürfnissen und Interessen der Teilnehmenden berichtet Hanns Wienold eingehend in seinem Artikel „Gesellschaftliche Arbeit und kollektive Arbeitszeitverkürzung – Alltagsaufgaben und hegemoniales Projekt“ (Wienold 1989, S. 122f.). Für den Arbeitskreis stellt sich daher die Frage, wie mit den zu erwartenden Differenzen, die sich aus den unterschiedlichen Erfahrungen der Teilnehmenden ergeben, umzugehen ist. Hanns Wienold berichtet von den Diskussionen, in denen zwei scheinbar entgegengesetzte Positionen vertreten wurden. Einmal soll versucht werden, als gemeinsame Grundlage die Tatsache herauszuarbeiten, dass alle Teilnehmenden Arbeitnehmer oder Arbeitnehmerinnen sind, die sich im Interessengegensatz zum Kapital befinden. Auf dieser grundlegenden Gemeinsamkeit soll sich der Handlungsbezug aufbauen. Die zweite Position will die von den Teilnehmenden erfahrenen Unterschiede in den Betrieben und an ihren Arbeitsplätzen im Seminar aufgreifen. Die Mehrzahl der Teilnehmer sind qualifizierte deutsche Arbeiter, die davon ausgehen, dass ihr Arbeitsplatz gesichert ist. Daneben stehen Teilnehmerinnen und Teilnehmer die andere betriebliche Erfahrungen haben. Hieraus entstehen Gegensätze, die aufgearbeitet werden müssen. Die Frage nach der praktischen Solidarität stellt sich ganz deutlich. Wie wird in den Seminaren die Frauen-, Ausländer- und Arbeitslosenproblematik behandelt? Als weitere Differenzierungslinie kommt die Spaltung der Belegschaften in Kern- und Randbelegschaften dazu.

Die Ausführungen von Hanns Wienold über die festgestellten Differenzierungslinien waren nicht nur für den Augenblick und nicht nur für die gewerkschaftliche Bildungsarbeit bedenkenswert, sie reichten weit darüber hinaus. Für die gewerkschaftliche Bildung auch deshalb, weil in den Seminaren die Aufarbeitung der Verstärkung dieser betrieblichen Gegensätze erfolgen muss, soll der gewerkschaftliche Grundgedanke der Solidarität nicht verloren gehen. Soll nicht die neokonservative Ideologie auch bei der Arbeiterschaft die Lage des Einzelnen als Ergebnis der individuellen Leistung oder des individuellen Versagens weiter Fuß fassen. Die Erfahrung des Gewinnens oder Verlierens sollen durch die Bildungsarbeit zu der tatsächlichen Erkenntnis führen, das diese eigene Lage kein Privatereignis darstellt, sondern Gruppenschicksal aller Arbeitnehmerinnen und Arbeitnehmer in unserer Gesellschaftsordnung ist. Und dies durch eine intellektuelle, gemeinsame und solidarische Arbeit. Diese Arbeit muss im Zusammenhang mit der Frage nach den Handlungsperspektiven und -möglichkeiten geleistet werden.

Vor dem Hintergrund dieser Problemlage stellte Hanns Wienold das Seminarkonzept vor, das er „Expertenkonzept“ nannte.

> Das Expertenkonzept beinhaltet, daß wir die Teilnehmer an den Bildungsurlauben als die eigentlichen 'Experten ihrer Arbeit' verstehen und als solche ansprechen. Wir meinen, daß die Teilnehmer selbst es sind, die – im Grunde – am genauesten, am kompetentesten über die Entwicklung an den Arbeitsplätzen und in ihren Arbeitsbereichen Be-

scheid wissen bzw. Bescheid wissen können. Dieses Wissen ist zum Teil fragmentiert, bruchstückhaft, begrenzt. Es verbleibt auch z.T. an der Oberfläche. Es muß jedoch ernst genommen werden, da hierauf sowohl real die Produktion betrieblicher Abläufe beruht wie auch die betriebliche Handlungsfähigkeit in Bezug auf die Erkenntnis und Vertretung der eigenen Interessen.

[...] Wir sollten so unbescheiden sein, die Utopie [die Wiederaneignung der Arbeit und der Produktion durch die Wiederaneignung des Wissens, H.E.B.] mit unserer praktischen Arbeit zu verknüpfen. Im Zusammenhang mit dem 'Expertenkonzept' bedeutet das, daß, auch wenn die Arbeit und das für die Arbeit erforderliche Wissen sowie die durch diese Arbeit und durch dieses Wissen sich vermittelnde Erfahrungen begrenzt sind, dem Einzelnen nun in der Situation des Bildungsurlaubs sichtbar werden muß, daß er tatsächlich etwas zu sagen hat, daß sein Wissen, sein Können, seine Erfahrungen tatsächlich zählen und gebraucht werden. Eine allgemeine Erfahrung, die wir in den Bildungsurlauben machen, ist, daß Teilnehmer zunächst tatsächlich glauben, daß sie nichts wissen, daß sie über ihren Betrieb, über ihren Arbeitsplatz nichts zu sagen hätten. Daß es auch nichts zu sagen gäbe. [...] In unseren Seminaren sollen die Teilnehmer lernen, über sich und ihre Arbeit im Zusammenhang zu sprechen, sich nicht von vornherein als uninteressant und für unwichtig zu halten, um damit wie sie es manchmal gerne möchten schnell 'zur Tagesordnung' übergehen zu können.

Das Expertenkonzept ist ein erfahrungsbezogenes Konzept. Die Erfahrung der Teilnehmer ist jedoch nicht nur Ausgangspunkt der Bildung, sondern ihre Vermittlung und stückweise Aufarbeitung ist Teil des Bildungsvorganges selbst. (Wienold 1987. S. 18ff)

Ich habe dies so ausführlich dokumentiert, da dieses Konzept neu ist und sich grundlegend von den anderen erfahrungsbezogenen Konzepten unterscheidet.

Aber auch dieses Erfahrungskonzept bedarf insbesondere im Hinblick auf die zur Verfügung stehende Zeit der Strukturierung des Lernprozesses. Dies ist Aufgabe des Teams, das allerdings aufpassen muss, nicht das eigene Wissen an die Stelle des Wissens und der Erfahrung der Teilnehmenden zu setzen. Da die Teilnehmenden aus ihrer bisherigen Sozialisationserfahrung mit „Bildung" nicht gewohnt sind von sich und ihresgleichen zu lernen, sind sie häufig zunächst enttäuscht über diese neue Form des Lernens.

Im Jahr 1992 wurde ein Forschungsprojekt zum Bildungsurlaub zwischen den Instituten Weiterbildung/Sozialpädagogik und Soziologie der Universität Münster und dem DGB-Bildungswerk NRW e.V. vereinbart. Projektleiter waren Prof. Dr. Johannes Weinberg und Prof. Dr. Hanns Wienold. Im Geschäftsbericht des Bildungswerkes für das Jahr 1993 berichtete Maria Schumacher, wissenschaftliche Mitarbeiterin des Projektes, erste Ergebnisse (Schumacher 1994). Sie berichtete über Gruppendiskussionen mit Teilnehmerinnen und Teilnehmern von AWBG-Seminaren des DGB-Bildungswerkes, bei der die Fragestellung der Forschung überprüft werden sollte. Dabei wurde deutlich, dass das Thema eines Seminars nicht in erster Linie zur Teilnahme ermuntert. Wichtig ist, dass man auf ein DGB-Seminar fährt und dort mit Kolleginnen und Kollegen aus anderen Betrieben über die Arbeit, über die Gewerkschaften, über den Betrieb, aber auch über das Privatleben, die Familie u.a. diskutieren und Erfahrungen austauschen kann. Auch bei den später durchgeführten Einzelinterviews wird deutlich, dass der Erfahrungsaustausch mit den Kollegen und Kolleginnen aus anderen Betrieben und Branchen über ihre Probleme und über deren Lösungsmöglichkeiten zentrale Bedeutung für den Besuch der Seminare haben. Maria Schumacher hält

> [...] die gewerkschaftliche Bildungsarbeit für einen wichtigen Ort, an dem Selbstverständigungs- und Selbstverortungsprozesse stattfinden können, für die es zunehmend weniger Orte gibt. [...] Das Seminar selbst bietet offensichtlich Ansatzpunkte der Reflexion der eigenen Arbeits- und Lebenspraxis. Dies unterstreicht meines Erachtens die Wichtigkeit der Erfahrungsorientierung in der Gewerkschaftlichen Bildungsarbeit: aufzunehmen, was gegenwärtig im Leben der Kolleginnen und Kollegen passiert. [...] Das Seminar wird zu einem Ort, an dem man Fähigkeiten entwickeln kann, mit Veränderungen im betrieblichen und Lebens-Alltag umzugehen. (Schumacher 1994, S. 72f.)

Einige Jahre später reflektieren Hanns Wienold und Maria Schumacher die Erfahrungen aus dem Kooperationsprojekt zwischen gewerkschaftlicher Bildungsarbeit und Universität (Wienold/Schumacher 1999). Sie legen noch einmal offen, dass für sie der Verständigungsprozess zwischen den Beteiligten über die gemeinsam zu klärenden Fragen zur Lernkultur gehört. Die Schwierigkeit des pädagogischen Handelns liegt dabei in der Schaffung der Bedingungen und der Anleitung für diesen Verständigungsprozess. Die Beteiligten sind dabei nicht nur die Teilnehmenden an den Seminaren, sondern auch die dort Teamenden, aber auch die Kooperationspartner. Auch daraus mag man ersehen, dass die Zusammenarbeit zwischen dem DGB in Nordrhein-Westfalen und Hanns Wienold für die Bildungsarbeit wichtig und gerechtfertigt war. Für mich war die Zusammenarbeit weder eine „Notlösung" noch ein „Experiment", sondern eine fruchtbare und notwendige Zusammenarbeit. Wir wollten im Bildungsurlaub auch keine Spezialisten für die betriebliche und arbeitsrechtliche Beratung, sondern die „Lernkultur", die Wienold und Schumacher hier skizzieren. Eingehend schildern die Autoren die Anforderungen, die für die Qualifikation, die Perspektive und Motivation der Teamer und Teamerinnen durch den Arbeitskreis Gewerkschaftliche Bildungsarbeit gestellt werden. Das Ergebnis dieser Arbeit schlägt sich in den Seminaren nieder. Sie trägt zum Gelingen der Seminare bei, sie fördert die Bereitschaft der Teilnehmer und Teilnehmerinnen, im Seminar ihre Alltagssituationen zu reflektieren und unter Umständen Ansätze für notwendige Veränderungen zu finden.

Dabei ist wichtig, dass im Gegensatz zu anderen theoretischen Ansätzen hier nicht konstruierte „Fälle" – und seien sie noch so realistisch aus betrieblichen Wirklichkeiten abgeleitet – als Einstieg und Begründung für einen Erfahrungsansatz gewählt werden: sondern die eigenen Erfahrungen der Teilnehmenden werden ernst genommen und während des gesamten Seminars aufgenommen und bearbeitet. Die Autoren meinen dazu: „Seminare der Arbeitnehmerweiterbildung müssen so offene Formen bieten, in denen die Teilnehmenden ihre Alltagsgeschichte präsentieren können, wo diese individuellen Geschichten ernst genommen werden und produktiv in Richtung möglicher Veränderung, möglichen Handelns weitergeführt werden können." (Wienold/ Schumacher 1999, S. 275) Dies ist auch nach meiner Meinung politische Bildung.

Auch für die Forschung sind die Bildungsurlaubsseminare sicher von Bedeutung. So schreibt Hanns Wienold: „Die Interessen und Wünsche in bezug auf die Arbeitszeitordnung differieren nicht nur entlang der Gruppen und Schichten von ArbeitnehmerInnen, sondern auch in den einzelnen Haushalten, ja die Individuen selbst sind durchaus gespalten, *was in Umfrageergebnissen kaum zum Vorschein kommen kann, jedoch in Diskussionen und Gesprächen, wie etwa unsere Erfahrungen in den Bildungsurlaubsseminaren des DGB-Bildungswerkes in NRW zeigen* [Herv., H.E.B.]." (Wienold 1989, S. 121) Gleichzeitig wird hieran deutlich, dass Hanns Wienold die Beschäftigten nicht als Objekt seiner Forschung betrachtet, sondern sie als Menschen mit ihren Bedürfnissen und Interessen ernst nimmt.

Dass diese Form der politischen Bildungsarbeit nicht nur für die Gewerkschaft von Bedeutung ist, sondern ebenfalls Bedeutung für junge Wissenschaftlerinnen und Wissenschaftler hat, zeigt zum Beispiel die schriftliche Hausarbeit, die Maria Schumacher im Rahmen der ersten Staatsprüfung für das Lehramt der Sekundarstufe II 1986 in Münster vorlegte und die den Titel trägt: „Betriebliche Kontrolle - Aspekte der Disziplinierung der Arbeitskraft und der Transformation von Arbeitsvermögen".

Auch aus der Arbeit, mit der Christoph Weischer im Jahr 1987 an der WWW-Universität in Münster promovierte, wird ein Einfluss dieser Bildungsarbeit auf die Forschung deutlich. Nicht unerwähnt bleiben soll, dass aus dieser Kooperation auch zahlreiche Chancen für einen Berufseinstieg für die Studentinnen und Studenten, die im Arbeitskreis Gewerkschaftliche Bildungsarbeit mitgearbeitet haben, entstanden sind.

Jetzt will ich noch auf die Anstrengungen der Berge eingehen. Man könnte auch sagen, auf die Leuchttürme der Kooperation; denn diese sind mitunter genauso schwierig zu erklimmen wie die Berge.

Zunächst ist das große Projekt „Politische Erwachsenenbildung der Gewerkschaften in Nordrhein-Westfalen 1976-1980" zu erwähnen. Im Februar 1980 stand die Abteilung Bildung des DGB-Landesbezirks als vom Land Nordrhein-Westfalen anerkannte Weiterbildungseinrichtung nach dem 1. Weiterbildungsgesetz NRW vor der Frage, was soll mit der großen Datenmenge geschehen, die als prüfbare Unterlage bei der Abrechnung der durchgeführten WBG-Veranstaltungen angefallen war. Raummangel und Zeitablauf zwangen den DGB dazu, das Datenmaterial der ersten Jahrgänge zu vernichten. Am Rande einer Sitzung der vom Kultusminister eingesetzten Kommission „Bildungsurlaub" kam es zu einem Gespräch mit Johannes Weinberg über die Möglichkeit der wissenschaftlichen Aufbereitung der Daten. Nach der ersten Sichtung durch die Dipl. Pädagogin Roswitha Großerüschkamp und Ulla Kalberg, Studentin der Erziehungswissenschaft vom Seminar für Erziehungswissenschaften, wurde klar, dass das praktische Interesse der Abteilung Bildung an einer Auswertung der seit 1975 geleisteten Arbeit und den Fragen, die die Angehörigen der Westfälischen Wilhelms- Universität, die auch ehrenamtlich in der gewerkschaftlichen Bildungsarbeit tätig waren, sich ergänzten, dass allerdings die von uns angestrebte kleine Lösung nicht realisierbar war. Für die größere Lösung benötigten wir weitere Unterstützung. Als weitere Kooperationspartner und Interessenten an der Auswertung konnten Hanns Wienold, Christoph Weischer und Jürgen Ries vom Institut für Soziologie gewonnen werden. Es gelang, für dieses Forschungsvorhaben Mittel beim Ministerium für Wissenschaft und Forschung des Landes Nordrhein-Westfalen und bei der Hans-Böckler-Stiftung einzuwerben. Zur Untersuchung sagen die Autoren:

Aus ihrem Selbstverständnis und aus ihrer Geschichte heraus hat sich gewerkschaftliche Bildungsarbeit in ganz starkem Maße immer als politische Erwachsenenbildung, insbesondere Arbeiterbildung verstanden. Stets war und ist gewerkschaftliche politische Arbeiterbildung Bestandteil der gesellschaftlichen und gesellschaftspolitischen Auseinandersetzung gewesen. Hierin sind ihre Kontinuität und ihre Veränderungen sowie die Kontroversen um ihr Selbstverständnis begründet. Diese in der Vergangenheit liegende und gegenwärtige Wirklichkeit der gewerkschaftlichen Arbeiterbildung ist weitgehend unerforscht.

Der hier vorgelegte Forschungsbericht kann und will angesichts des Forschungsstandes nicht mehr sein als ein Beitrag zur Darstellung eines Ausschnitts der gewerkschaftlichen Bildungsarbeit der Gegenwart. (Weinberg/Wienold 1983, S. 9)

Die Ergebnisse des Forschungsberichtes sollten natürlich in unserer Bildungsarbeit umgesetzt und auch die Öffentlichkeit sollte mit der Arbeit bekannt gemacht werden. Deshalb nahmen auf unsere Einladung hin im Juni 1983 an die 180 Personen aus den Ministerien des Landes, von Landesverbänden und Einrichtungen der Weiterbildung, aus dem Hochschulbereich, natürlich auch aus den Gewerkschaften und vom DGB an der Veranstaltung, die im Bildungszentrum der IG Metall in Sprockhövel stattfand, teil. Den Forschungsbericht und seine Ergebnisse stellten die beiden Projektträger, Prof. Dr. Weinberg und Prof. Dr. Wienold vor. Michael Geuenich, der DGB-Landesbezirksvorsitzende sagte in seiner Begrüßung: „Die Gewerkschaften haben sich in die Karten schauen lassen. Das in diesen Tagen erschienene mehr als 415 Seiten umfassende Forschungsergebnis läßt unsere Arbeitsschwerpunkte, aber auch quantitative wie qualitative Entwicklungen sichtbar werden.“ Er weist darauf hin, dass der DGB darauf stolz ist, denn: „Schließlich ist es das erste derartige Forschungsprojekt im Bereich der politischen Bildung in der gesamten Bundesrepublik.“ (Geuenich 1983, S. 7)

Da zum ersten Mal ein Verband ein so umfangreiches Datenmaterial über seine Bildungsarbeit für eine Untersuchung zur Verfügung stellte und damit seine Arbeit auch für die Öffentlichkeit transparent machte, war im Vorfeld eine schwierige Überzeugungsarbeit zu leisten. Der Landesbildungsausschuss, in dem alle Gewerkschaften vertreten waren, beschäftigte sich in mehreren Sitzungen mit dieser Frage, gab schließlich seine Zustimmung und begleitete das Projekt während der ganzen Zeit kritisch, machte auch Vorschläge für die Durchführung.

Hans Schwier, der Minister für Wissenschaft und Forschung des Landes, betonte in seinem Referat „Gewerkschaften und Erwachsenenbildung in Nordrhein-Westfalen“:

Erstaunlich und eindrucksvoll aber ist der Umfang dieser Bildungsarbeit, wenn man sich die absoluten Zahlen vergegenwärtigt: 20 000 in 5 Jahren mit mehreren 100 000 Teilnehmern sind allein in Nordrhein-Westfalen durchgeführt worden. [...] Bemerkenswert erscheint mir, dass die Untersuchung endlich aufräumt mit dem schwer ausrottbaren Vorurteil, die Gewerkschaften betrieben ausschließlich Funktionärsschulung mit ihrer Bildungsarbeit. [...] Der Einsatz der Gewerkschaften mit ihrem Engagement hat gezeigt, dass sie nicht mehr aus dem Weiterbildungsbereich wegzudenken sind. Sie sind eine der tragenden Säulen in unserem Weiterbildungssystem - in der politischen Bildung den Zahlen nach die stärkste überhaupt.[4]

Als weiteres Projekt förderte der Minister für Wissenschaft und Forschung, das in der Reihe „Forschungsberichte“ unter Nr. 3112 veröffentlichte Projekt: „Bildungsarbeit zwischen finanziellen Einschränkungen und technisch-ökonomischem Wandel: Politische Erwachsenenbildung der Gewerkschaften in Nordrhein-Westfalen 1981 bis 1983.“ Neben den Auswirkungen, die die in diesen Jahren beginnende Einschränkung der finanziellen Förderung des Landes auf die Entwicklung der Bildungsarbeit hat, ist für die Arbeit der Abteilung Bildung die Untersuchung zu den Schwerpunktthemen interessant, als eine „spezielle Antwort auf programmatische Anforderungen der gewerkschaftlichen Bildungsarbeit.“ (vgl. Ries u.a. 1986, S. 37ff.) Da die Entwicklungen die Planungen der Erwachsenenbildung immer schwieriger werden ließen, entschlossen wir uns, die Ergebnisse dieser Arbeit auch noch in unserer Reihe „Materialien zur gewerkschaftlichen Bildungsarbeit“ als Heft 8 zu veröffentlichen (Münster o.J.) um sie so einer breiten, interessierten Öffentlichkeit zugänglich zu machen.

Ein weiterer „Leuchtturm“ der Kooperation wurde der Öffentlichkeit am 11. November 1989 vorgestellt. Im Institut für Soziologie der Universität Münster an der Scharnhorststraße wurde die Ausstellung „Mit der Vergangenheit in die Zukunft“, die Geschichte des DGB in Nordrhein-Westfalen eröffnet. Walter Haas, der stellvertretende Vorsitzende des DGB-Landesbezirks Nordrhein-Westfalen und 1. Vorsitzender des DGB-Bildungswerkes NRW e.V. sagte anlässlich der Eröffnung der Ausstellung u.a.:

Der DGB wollte in einer Zeit des ungeheuren wirtschaftlichen und sozialen Wandels Fragen an seine Vergangenheit stellen. Er will fragen, wie sich diese Vergangenheit zur Gegenwart entwickelt hat. Er will Erkenntnisse gewinnen, um kritisch mit diesem Wissen um seine Vergangenheit in die Zukunft gehen zu können, wir betrachten diese Ausstellung sozusagen als „Zukunftswerkstatt“. Durch die wertende Betrachtung der Vergangenheit durch die vom wirtschaftlichen und sozialen Wandel Betroffenen hoffen wir, den Willen zur Gestaltung ihrer eigenen Zukunft bei diesen Arbeitnehmerinnen und Arbeitnehmer zu stärken.

Dies sind unsere Ansprüche an die Ausstellung. Allerdings sind wir keine Fachleute für Sozialgeschichte, sondern Fachleute für Fragen des Arbeitslebens. Aus diesem Grunde sind wir dankbar, daß wir erneut auf die Unterstützung des Instituts für Soziologie der Universität Münster zurückgreifen konnten. In wenig spektakulärer Weise ist in den Jahren eine Kooperationsarbeit zwischen dem DGB-Landesbezirk Nordrhein-Westfalen, seinem Bildungswerk und dem Institut gewachsen, die für beide Seiten - so meine ich - fruchtbar ist. Aus der gewerkschaftlichen Bildungsarbeit ist diese Kooperation nicht wegzudenken. [...] Ich darf mich bei Prof. Dr. Hanns Wienold für diese Zusammenarbeit bedanken. In diesem Zusammenhang muss erwähnt werden, dass eine genau so gute Zusammenarbeit mit dem Institut für Sozialpädagogik, Weiterbildung und Empirische Pädagogik der Universität erfolgt. Für diese Zusammenarbeit danke ich Herrn Prof. Dr. Johannes Weinberg. Insbesondere für die Entwicklung des Bildungsurlaubs in Nordrhein-Westfalen war die Zusammenarbeit mit beiden Instituten von hoher Bedeutung. Nicht nur im konzeptionellen und inhaltlichen Bereich, sondern auch bei der Realisierung war und ist diese Kooperation erfolgreich.

Das heutige Ausstellungsprojekt stellt nunmehr einen weiteren Höhepunkt der gemeinschaftlichen Arbeit dar. Es freut mich ganz besonders, daß Sie, Herr Rektor an dieser Eröffnungsveranstaltung teilnehmen und die Begrüßung von Seiten der Universität vorgenommen haben. Wir sehen darin auch von Ihrer Seite eine Unterstützung der Zusammen- Arbeit zwischen Wissenschaft und Arbeitswelt. (Haas 1991, S. 10)

Zum Schluss möchte ich Johannes Weinberg zitieren, der sagt: „Wir haben zwar in Münster keinen Kooperationsvertrag zwischen Universität und DGB, aber wir haben offensichtlich in einem funktionsfähigen Netz verläßlicher Kooperation gearbeitet." (Weinberg 1983, S. 7)

Dafür, dass dies möglich war, möchte ich mich bei Hanns Wienold bedanken!

Anmerkungen

1 Siehe auch: Weinberg, Johannes (1989): Bildungspolitik und politische Bildungsarbeit der Gewerkschaften - Hinweise zu ihrer historischen Entwicklung. In: Bremes/Schumacher: Mit der Vergangenheit in die Zukunft, Münster.

2 Siehe auch: Bremes, Hans-Erich (1999): Tradition und Dynamik - Eckpunkte einer Zusammenarbeit mit der Universität Münster. In: Jelich, Franz-Josef/Schneider, Günter (Hg.): Orientieren und Gestalten in einer Welt der Umbrüche, Essen.

3 Gesetzentwurf der Landesregierung vom 21.3.1984, Landtag NW, Drucksache 9/3295, S. 9

4 Materialien, Heft 7, S. 13 f.

Literatur

Bremes, Hans-Erich (1998): Bildungsurlaub - eine pädagogische Insel? In: Arbeit und Leben. DGB/VHS Landesarbeitsgemeinschaft NW (Hg., 1998): Die Rückkehr der sozialen Frage - Zur Aktualität politischer Bildung Schwalbach/Ts.

- (1999): Tradition und Dynamik - Eckpunkte einer Zusammenarbeit mit der Universität Münster. In: Jelich, Franz-Josef/Schneider, Günter (Hg.) :Orientieren und Gestalten in einer Welt der Umbrüche, Essen.

-/Schumacher, Maria (Hg., 1989): Mit der Vergangenheit in die Zukunft. Felder gewerkschaftlicher Politik seit '45, Münster.

Gesetzentwurf der Landesregierung vom 21.3.1984, Landtag NW, Drucksache 9/3295.

Geuenich, Michael (1983): Perspektiven der Erwachsenenbildung. In: DGB-Landesbezirk NRW (Hg.): Materialien zur gewerkschaftlichen Bildungsarbeit, Heft 7 Politische Erwachsenenbildung der Gewerkschaften in Nordrhein-Westfalen, Düsseldorf.

Haas, Walter (1991): Mit der Vergangenheit in die Zukunft - Gewerkschaften und Geschichte in: DGB-Bildungswerk NRW (Hg.): Vom Sinn der Geschichte, Münster.

Jelich, Franz-Josef /Schneider, Günter (Hg., 1999): Orientieren und Gestalten in einer Welt der Umbrüche, Essen.

Oetjen, Hinrich (1989): APO, Gewerkschaften und Intellektuelle. In: Bremes, Hans Erich/ Schuhmacher, Maria (Hg.): Mit der Vergangenheit in die Zukunft, Münster.

Rehbock, Annette (1989): Soziologisches Wissen und gewerkschaftliche Organisation - Gewerkschaftliche Bildungsarbeit in den 70er Jahren, Münster.

Schumacher, Maria 1994: Politischer Qualifizierungsbedarf von Arbeitnehmerinnen und Arbeitnehmern. In: DGB-Bildungswerk NRW e.V. (Hg.): Geschäftsbericht 1993.

- (1995): Industriesoziologie - eine „spezielle" Soziologie?! In: Armin Nassehi, Georg Kneer, Klaus Kraemer (Hg.) Soziologie - Zugänge zur Gesellschaft. Band 2, Münster.

Weinberg, Johannes (1989): Bildungspolitik und politische Bildungsarbeit der Gewerkschaften - Hinweise zu ihrer historischen Entwicklung. In: Bremes/Schumacher (Hg.): Mit der Vergangenheit in die Zukunft, Münster.

- (1983): Die politische Weiterbildung der Gewerkschaften als Bestandteil der politischen Erwachsenenbildung in NRW. In: Materialien zur gewerkschaftlichen Billdungsarbeit, Heft 7, Düsseldorf.

-/Wienold, Hanns (1983): Politische Erwachsenenbildung der Gewerkschaften in Nordrhein-Westfalen, Forschungsberichte des Landes NRW, Opladen.

-/- (1983): Politische Erwachsenenbildung der Gewerkschaften in Nordrhein-Westfalen 1976-1980. In: Minister für Wissenschaft und Forschung (Hg.): Forschungsberichte des Landes Nordrhein Westfalen Nr. 3164, Fachgruppe Wirtschafts- und Sozialwissenschaften, Opladen.

Weischer, Christoph (1988): Kritische Gewerkschaftstheorie - Ansätze einer Neuorientierung, Münster.

Wienold, Hanns (1987): „Maschinen wollen sie - uns Menschen nicht?" Neue Differenzierungslinien der Arbeitnehmerschaft und der Bildungsurlaub in Nordrhein-Westfalen. In: DGB-Bildungswerk NRW (Hg.): Materialien zur gewerkschaftlichen Bildungsarbeit, Heft 9, Politische Bildung im Bildungsurlaub, S.18 - 25.

- (1989): Gesellschaftliche Arbeit und kollektive Arbeitszeitverkürzung - Alltagsaufgaben und hegemoniales Projekt. In: Bremes, Hans Erich/Schumacher, Maria (Hg.): Mit der Vergangenheit in die Zukunft, Münster.

-/Schumacher, Maria (1999): Zur Lernkultur in Seminaren der Arbeitnehmerweiterbildung. In: Jelich, Franz-Josef/Schneider, Günter (Hg.): Orientieren und Gestalten in einer Welt der Umbrüche, Essen.

Ries, Jürgen/Weinberg, Johannes/Weischer, Christoph/Wienold, Hanns/Windeler, Arnold (1986): Bildungsarbeit zwischen finanziellen Einschränkungen und technisch-ökonomischen Wandel. Politische Erwachsenenbildung der Gewerkschaften in Nordrhein-Westfalen 1981 bis 1983, Opladen.

Oliver Bierhoff/Maria Schumacher

Die Subjekte gewerkschaftlicher Praxis
Zum Verhältnis von Bildung und Organisation

Zu den Arbeitsschwerpunkten Hanns Wienolds gehören seit den späten 1970er Jahren theoretische und praktische Fragen der gewerkschaftlichen Bildungsarbeit. Eine wichtige Rolle spielte dabei neben verschiedenen Forschungsprojekten (vgl. z. B. Wienold 1994, Wienold 1996, Weinberg/Wienold 1983, Ries et al. 1986, Weischer et al. 1998) die Kooperation mit dem DGB-Bildungswerk NRW und der 1984 von Hanns Wienold, dem Münsteraner Erziehungswissenschaftler Johannes Weinberg und dem damaligen Geschäftsführer des DGB-Bildungswerks NRW Hans-Erich Bremes ins Leben gerufene „Arbeitskreis Gewerkschaftliche Bildungsarbeit" an der Universität Münster. Im Rahmen dieses Arbeitskreises erfolgte die Ausbildung von TeamerInnen für die politische Bildungsarbeit der Gewerkschaften und es wurden Konzepte für Seminare im Rahmen des „Bildungsurlaubs" nach dem Arbeitnehmerweiterbildungs-Gesetz NRW erarbeitet, die von den Mitgliedern des Arbeitskreises durchgeführt wurden (siehe dazu Schumacher 1993, Wienold/Schumacher 1999, Bremes 1999).[1] Zentral für die Bildungsarbeit des Arbeitskreises war neben dem Negtschen „Erfahrungsansatz" der Begriff des „Experten", mit dem betont werden sollte, dass die Teilnehmer an gewerkschaftlicher Bildung als die eigentlichen „Experten" ihrer Arbeits- und Lebenswelt und damit auch des Seminars verstanden und angesprochen werden sollten.

Wir wollen im Folgenden versuchen, einige, aus unserer Sicht wichtige Aspekte des Verständnisses von gewerkschaftlicher Bildung, wie es in Anlehnung an und in Auseinandersetzung mit der Negtschen Theorie im Rahmen des Arbeitskreises diskutiert und in der Bildungsarbeit zugrunde gelegt wurde, zu skizzieren.[2] Dabei möchten wir zeigen, dass es in der Bildungsarbeit der Gewerkschaften und den Diskussionen um sie nicht „nur" um unterschiedliche Bildungskonzepte geht, sondern auch immer um unterschiedliche Gewerkschaftskonzepte (siehe dazu auch Rehbock 1988, Rehbock/Wienold 1995, Weischer 1996 und Wienold/Bierhoff 2003).

Diskurse über die Formen von Bildung in der Gewerkschaft begreifen wir immer auch als Diskurse über die Formen gewerkschaftlicher Praxis insgesamt. Wobei wir unter gewerkschaftlichen Formen die spezifischen Arten und Weisen verstehen, in der bestimmte Akteure unter der Bezeichnung „Gewerkschaft" untereinander bestimmte Beziehungen und Verhältnisse eingehen. Als Leitfaden unserer Überlegungen dient uns die in theoretischen und praktischen Bildungs- und Gewerkschaftskonzeptionen implizit enthaltene Antwort auf die Frage „Wer ist die Gewerkschaft?", d.h. wer sind die als zentral angesehenen Subjekte gewerkschaftlicher Praxis, die als wesentlich betrachteten Akteure und Träger gewerkschaftlichen Handelns.[3]

I

Die Form gewerkschaftlicher Praxis, wie sie sich in Deutschland seit den 1890er Jahren herausgebildet und im Grunde bis heute weitgehend bruchlos erhalten hat, lässt sich im Anschluss an Rainer Zoll treffend als „Funktionärsorganisation" bezeichnen (vgl. Zoll 1991 und 1994). Die Merkmale dieser Gewerkschaftsform entsprechen in vielerlei Hinsicht denjenigen, wie sie in der sozialwissenschaftlichen Organisationsforschung in Anlehnung an Max Webers Bürokratietheorie (vgl. Weber 1921) häufig allgemein für die Form Organisation als kennzeichnend angenommen werden und für den Fall sozialistischer Parteien und Gewerkschaften schon zu Beginn des 20. Jahrhunderts von Robert Michels (Michels 1911) kritisch analysiert wurden. Die in klassischen Ansätzen ermittelten Strukturmerkmale und Probleme wurden in späteren Studien sowohl allgemein als auch für den Fall der gewerkschaftlichen Organisation im Kern bestätigt und prägen die Form gewerkschaftlicher Praxis bis heute (vgl. Bergmann 1979, Jacoby 1984, Müller-Jentsch 1986, Oetjen/Zoll 1994, Mandel 2000, Türk et al. 2002 und Hasse 2003).

Als zentrale Struktur- und Funktionsmerkmale dieser Form gewerkschaftlicher Praxis können neben anderen die Prinzipien „Delegation" und „Stellvertretung" angesehen werden, aus denen grob kategorisiert zwei sich wechselseitig bedingende Gruppen von Mitgliedern resultieren (vgl. Zoll 1999). Die Gruppe der „Delegierenden" stellen die Lohnabhängigen als „einfache" Gewerkschaftsmitglieder dar. Sie überantworten die Formulierung und Artikulation ihrer Interessen in die Hände „der Organisation", während sie selbst sich mit einem kundenähnlichen Status in einem gewerkschaftlichen „Versicherungsbetrieb" (vgl. Pirker 1965), dem „Kauf" des „Konsumguts Interessenvertretung" durch den Mitgliedsbeitrag begnügen, auf direkte und aktive Beteiligung und eigene Einflussnahme weitgehend verzichten. Die andere Mitgliedergruppe bilden die „Delegierten", also insbesondere die hauptamtlichen Funktionäre in Betrieb und Gewerkschaft, die stellvertretend für die Gruppe der Delegierenden aktiv werden und diese sowie „die Gewerkschaft" als Ganze nach außen hin repräsentieren, die „Organisation" im engeren Sinne konstituieren und den Status von professionellen „Experten" gewerkschaftlichen Handelns haben, welches sie betriebs- und geschäftsmäßig als Beruf betreiben. Die ihnen qua formaler und informeller Organisationsstruktur zufallenden Befugnisse lassen in der Organisationswirklichkeit den „einfachen" Mitgliedern kaum Raum für ein eigenes Engagement, was in ein extremes Stellvertreter-Handeln und eine entsprechende Stellvertreter-Mentalität mündet. Von Seiten der Funktionäre wird dabei nicht selten die ausbleibende Nutzung formal vorhandener Beteiligungsmöglichkeiten als Beleg für einen fehlenden Beteiligungswillen der Mitglieder nach dem Motto „Die Mitglieder wollen sich gar nicht beteiligen" interpretiert (vgl. Oetjen 1994). Darin kommt auf Seiten der „Delegierten" eine Haltung zum Ausdruck, bei der die hohe Identifikation mit der Organisation mit einer Tendenz zur Identifikation der Organisation mit sich selbst einhergeht. Eine stärkere Aktivierung, Mobilisierung und Beteiligung der Mitglieder wird vermutlich auch gar nicht als im „Organisationsinteresse“ liegend angesehen, da dadurch möglicherweise die „Effektivität“ und „Effizienz“ des Routinebetriebs gestört werden würde. So verwandelt sich die Gewerkschaft in einen Apparat, in dem einerseits die Eliten dazu tendieren, sich zu verfestigen, in dem andererseits die Mitglieder kaum Mitbestimmungs- und Beteiligungsmöglichkeiten finden und in Folge davon auch die Partizipationsbereitschaft abnimmt. Überspitzt formuliert danken die Mitglieder als eigentlicher Souverän der Organisation ab und überantworten das Denken und Handeln den Organisationseliten, die für und anstelle der Mitglieder handeln.

Maßgeblich bestimmt werden die Organisations- und Politikform der Gewerkschaften damit durch den hauptamtlichen Funktionärskörper und insbesondere durch die geschäftsführenden Vorstände sowie die freigestellten Betriebsräte großer Betriebe, die faktisch die Struktur, Programmatik und Politik in allen Bereichen und auf sämtlichen Ebenen direkt oder indirekt bestimmen. Eine wichtige Rolle spielt dabei, dass sie auch über die wesentlichen Kontrollbefugnisse hinsichtlich der Finanzen, des gewerkschaftlichen Bildungswesens sowie der Medien verfügen. Charakteristisch für dieses durch Konzentrations-, Zentralisierungs- und Hierarchisierungsprozesse gekennzeichnete Gewerkschaftsmodell ist, dass demokratische innergewerkschaftliche Meinungs-, Willensbildungs- und Entscheidungsprozesse kaum entwickelt, die Gewerkschaften durch oligarchische Strukturen und bürokratische Verfahren geprägt sind und Mitgliederaktivität und lebendige Beteiligung am gewerkschaftlichen Handeln kaum eine Rolle spielen. Ohne politisch leninistisch zu sein, kommt damit die gewerkschaftliche Organisationsform dem Leninschen Modell des demokratischen Zentralismus sehr nahe. Nicht zufällig hat daher die Rede von der „Organisationsdiszplin“ in den deutschen Gewerkschaften eine lange Tradition.

Der skizzierten Form gewerkschaftlicher Praxis entspricht die weitgehend ungebrochene Kontinuität in der Form und Funktion gewerkschaftlicher Bildungsarbeit, die sich im Kern als eine nach Maßgabe „der Organisation“ erfolgende „Funktionärs-“ und „Zweckbildung“ charakterisieren lässt. Vorrangige Aufgabe solcher Bildungsarbeit ist die Produktion von Experten etablierter gewerkschaftlicher Praxis und die Reproduktion etablierter Organisationsstrukturen. Traditionell steht vor allem die Rekrutierung und Qualifizierung von Funktionären für die betriebliche und die überbetriebliche Arbeit im Rahmen des dualen Interessenvertretungssystems im Mittelpunkt.

Von exemplarischer Bedeutung für diese Form gewerkschaftlicher Bildung ist der in den 1970er Jahren im Auftrag der Organisation als Gegen-Konzeption zu Negts „Erfahrungsansatz“ entwickelte „Deutungsmusteransatz“, der konsequent und explizit von einem politischen Führungsanspruch der Organisation gegenüber den Mitgliedern und den Lohnabhängigen insgesamt und entsprechend von einem Primat der Organisation in den Zielbestimmungen gewerkschaftlicher Bildungsarbeit ausgeht (Brammerts et al. 1977, DGB 1977, für eine frühe kritische Auseinandersetzung Krüger/Müller 1978). Ausgangspunkt dieser Konzeption ist eine Kritik der „Formenvielfalt" gewerkschaftlicher Bildungsarbeit, die es erschwere, dass Bildungsarbeit ihre potenziell vorhandene politische Wirksamkeit im Sinne der strategischen Orientierung der „Gesamtorganisation" entfalte und ihre Aufgabe als Vermittlungsinstanz zwischen betrieblicher Interessenvertretung und Organisation erfüllen könne. Gefordert wird daher eine „Vereinheitlichung" gewerkschaftlicher Bildungsarbeit, da nur so das „eigentliche Ziel" gewerkschaftlicher Bildung, nämlich die „Vereinheitlichung und Korrektur vorfindlicher Deutungen, Kenntnisse und Handlungsperspektiven" erfüllt und ein Beitrag zu einer „revidierte[n] Orientierungsgrundlage für ein interessengemäßes Handeln unter der Regie der Organisation" geleistet werden könne (Brammerts et al. 1977: 159). Bildungsarbeit wird damit bestimmt als Zweckbildung im Dienst der Organisation. „Gewerkschaftliche Bildungsarbeit (...) muss in ihrer Ausrichtung dem politischen Stand der Organisation Rechnung tragen, da sie den Zwecken der - per Delegiertenbeschluss und Vorstandsentscheidung als Rahmen festgelegten - Politik dienen soll." (Ebd., S. 169) So wird Bildungsarbeit in einem Rahmen festgelegt, der durch die Beschlusslage hinsichtlich der allgemeinen strategischen Orientierung und der betrieblichen und politischen Praxis vorab bestimmt ist. Der Grund dafür besteht in der behaupteten Notwendigkeit eines einheitlichen, d.h. durch die Organisation gelenkten Vorgehens. Deshalb könne Bildungsarbeit nicht einer uneingeschränkten Toleranz verpflichtet sein, „die viele Auffassungen desselben Tatbestandes gelten lassen soll, Unvereinbarkeiten und Widersprüche in Kauf nimmt" (ebd.)

Bildungsarbeit hat davon ausgehend die Aufgabe, durch die Vermittlung von Theorien das Bewusstsein der Bildungsteilnehmer zu verändern und deren verengte Sichtweisen zu überwinden. Zu vermittelnde theoretische Erkenntnis fange praktische Erfahrungen auf, die zu „falschem Bewusstsein" (Ebd., S. 152) führten, bringe sie auf „objektive Begriffe" (Ebd., S. 112) indem sie systematische und objektive Zusammenhänge herstelle und das widersprüchliche Nebeneinander fragmentierter Bewusstseinsinhalte beseitige. Lernen aus praktischen Erfahrungen dagegen führe allein zu „unfertigem Wissen" (Ebd., S. 148), sei prinzipiell gar nicht möglich. Lernen wird damit als ein Prozess der Übernahme, des Nachvollzugs fremden Gedankenguts bestimmt, der vom Status unreflektierter Erfahrung zu begründetem Wissen und damit zur Bildung von „richtigem" Bewusstsein führt, welches Bedingung „richtiger" Praxis sein soll. Die so genannten „Deutungsmuster" der TeilnehmerInnen stellen den Ausgangspunkt so begriffener Lernprozesse dar, sie werden als grundsätzlich fragmentiert und widersprüchlich aufgefasst, stellen daher nur eine unzureichende Orientierungsgrundlage für gewerkschaftliches Handeln dar. Diese Deutungsmuster, Ausdruck einer „fragwürdigen Sicht der Welt" (Ebd., S. 179), müssten daher in gewerkschaftlicher Bildung „aufgeklärt" und „korrigiert" - im damaligen Jargon: „geknackt" - werden. Notwendig ergibt sich aus einer solchen Konzeption eine zentrale Stellung von Referenten in der

Bildungsarbeit. Ihnen fällt die Aufgabe zu, die in den Deutungsmustern enthaltenden Widersprüche und Probleme zu „lösen", Zusammenhänge zu „erklären", „falsche" Sichtweisen zu „korrigieren" und „richtig" einzuordnen (Ebd., S. 161f.). Die Teilnehmenden sind die „Laien", die Referenten sind die Experten. Sie verfügen über ein Wissen, dass den zu Beschulenden „beigebracht" werden muss und dass diese „natürlich noch kaum kennen und schon gar nicht richtig beurteilen können" (Ebd., S. 161).

Der Deutungsmusteransatz spielte in der gewerkschaftlichen Bildungsarbeit bis weit in die 1990er Jahre hinein eine mehr oder weniger maßgebende Rolle und bildete gewissermaßen den theoretischen Hintergrund für den Aufbau eines ausdifferenzierten Systems der Bildungsarbeit seit den 1970er Jahren (vgl. als Überblick zu Struktur und Selbstverständnis gewerkschaftlicher Bildungsarbeit am Beispiel der IG Metall Röder 2002 und Jelich 2002). Diese wurde und wird als „organisationsgebundene Arbeit" begriffen, die zwar die Mitglieder zu selbständiger Analyse und Kritik der wirtschaftlichen und gesellschaftlichen Verhältnisse und zu solidarischem Handeln befähigen soll, deren kritische Funktion aber ihre Grenze daran findet, dass „die Organisation" als „Koordinierungs- und Kampfinstrument" auf allen Ebenen durch Bildungsarbeit zu stärken sei. Kritik an der Organisation dürfe dagegen durch Bildung nicht befördert werden (vgl. IG Metall 1976). Praktisch umgesetzt werden sollte dieses Verständnis gewerkschaftlicher Bildung durch ein System aufeinander aufbauender „Lehrgänge", begriffen als im Rahmen eines „Stufenkonzepts" erfolgendes „Anschlusslernen", die von so genannter „Grundlagenbildung" in Form Funktionsträger I bis ... und Jugendvertreterseminaren I bis ... bis hin zu spezialisierten Fachseminaren für spezifische Funktionärsgruppen reichten. Die Bildungsarbeit erfolgte in diesem Rahmen in Form von leitfadengestützten, curricular durchstrukturierten Seminaren, deren Entwicklung der zentralen Bildungsabteilung beim Vorstand oblag, in denen eindeutig die Vermittlung gewerkschaftsoffizieller Positionen durch traditionelle Formen linearer Wissensvermittlung, Aufklärungsdidaktik und Belehrungspädagogik dominierte.[4] Demgegenüber spielen offenere Formen politisch-gewerkschaftlicher „Breitenbildung", die sich an die breite Masse der „einfachen" Mitglieder und der Lohnabhängigen wenden, traditionell eher eine marginale Rolle.

Dem oben skizzierten zentralistischen Gewerkschaftsmodell der Funktionärsorganisation mit seinen technokratischen Vorstellungen einer planmäßig und einheitlich geführten und handelnden „schlagkräftigen" Organisation haben sich also auch „Bildungsprozesse" und die Teilnehmenden als zu „bebildende" Subjekte nahtlos einzufügen. Gewerkschaftliche Bildungsprozesse und gewerkschaftliche Organisation sind so weitgehend analog nach asymmetrischen, hierarchischen Prinzipien strukturiert. Zu Subjekten gewerkschaftlicher Praxis werden professionelle „Organisations-" und „Bildungsexperten"; die „einfachen" Mitglieder und Teilnehmer zur jeweils zu bebildenden und/ oder zu mobilisierenden „Gefolgschaft". Eher eingeschworen auf die Institution Gewerkschaft als diskursiv an gewerkschaftlicher Praxis beteiligt.

Bereits Michels zog aus seinen Analysen das Fazit, dass aufgrund der der Organisationsform immanenten Logik diese gerade nicht Medium von Emanzipation und Demokratisierung sei, sondern Organisation vielmehr als „Mutter der Herrschaft der Gewählten über die Wähler, der Beauftragten über die Auftraggeber, der Delegierten über die Delegierenden" (Michels 1911) erscheint. Die offiziell am Ziel einer Demokratisierung orientierten Organisationen sind ihrer Struktur nach demokratieferne oligarchische Institutionen, die ihre Ansprüche auf Emanzipation und Demokratisierung systematisch selbst unterlaufen.[5]

II

Lange Zeit erschienen die skizzierten Organisations- und Bildungsformen als der „one best way". Seine Blütezeit erlebte dieses Modell in den Jahrzehnten nach dem Zweiten Weltkrieg unter den Bedingungen eines fordistisch regulierten Kapitalismus. Die Mitte der 70er Jahre mit dem „Ende des Traums immerwährender Prosperität" einsetzende globale Restrukturierung des Kapitalismus (Hirsch 1995, Altvater/Mahnkopf 1999) haben jedoch die Bedingungen gewerkschaftlichen Handelns so fundamental verändert, dass das herkömmliche gewerkschaftliche Modell einer nachhaltigen Erosion ausgesetzt wurde (vgl. Mückenberger et al. 1996). Globalisierung, Europäisierung, Standortkonkurrenz, Massenarbeitslosigkeit, so genannte Sozialstaatsreformen, Stichwort „Agenda 2010", Aushöhlung des Systems der Flächentarifverträge – all das verändert die grundlegenden Bedingungen gewerkschaftlichen Handelns. Der Druck auf die gewerkschaftlichen und betrieblichen Interessenvertretungen wuchs stetig an. Sie „schienen nur noch die Wahl zwischen der Scylla eines umfangreichen Arbeitsplatzabbaus und der Charybdis weitreichender Zugeständnisse zur betrieblichen Kostensenkung zu haben. Im Ergebnis fand beides statt." (Sablowski 2004, S. 3)

Letztlich hat sich, verfolgt man einmal verschiedene betriebliche Auseinandersetzungen, eine Handlungsmaxime von Gewerkschaften und Betriebsräten durchgesetzt, die einer Verschlechterung von Arbeitsbedingungen und Lohnsenkungen zustimmt, um einen weiteren Beschäftigungsabbau zu verhindern. Es wäre aber verkürzt, wolle man angesichts dieser Strategie den Gewerkschaften „grobe" Blindheit gegenüber den Interessen der abhängig Beschäftigten attestieren. Der Druck, der von der industriellen Reservearmee und der Standortkonkurrenz auf die Löhne ausgeht, ist hoch. Die Angst vor Arbeitsplatzverlust groß. Hartz IV und 1 Euro-Jobs haben diese Situation verfestigt und verschärft, fördern die bestehende Bereitschaft der Beschäftigten, Einkommenseinbußen hinzunehmen, um ihren Arbeitsplatz zu behalten. Erst jüngst, nachdem sich Regierung und Opposition nach einem medienwirksamen Brief Angela Merkels und Edmund Stoibers[6] an den Bundeskanzler zu einem Job Gipfel verabredet hatten, forderte der Präsident des Arbeitgeberverbandes Hundt erneut radikale Einschnitte bei Kündigungsschutz und Renten, um die „wachstumsfeindliche Staats-,

Sozial- und Abgabenquote" (z.n. Frankfurter Rundschau, 15.03.2005) zu reduzieren.[7] Was unter Umständen die Unternehmen in die Lage versetzt, neue Arbeitsplätze schaffen zu können - zumindest wird dies vage in Aussicht gestellt. Zwar ist beim Job-Gipfel formal nicht am Kündigungsschutz gerüttelt worden. Aber ansonsten geschah dort wenig Neues unter der Sonne.

Auf der Ebene staatlicher Politik setzten die Gewerkschaften in ihrer traditionell etatistischen Orientierung auf einen „Politikwechsel" in der Regierungspolitik unter rot-grün und auf „Übernahme von Verantwortung" - um es mal schönrednerisch zu formulieren - aller Beteiligten im Bündnis für Arbeit. Welcher Art die Verantwortung der Gewerkschaften hier sein sollte, empfahl Wolfgang Streeck zum 50. Gründungstag des DGB eben diesem so: Senkung der Arbeitskosten, Flexibilisierung der Arbeitsmärkte und Verbesserung der Anreize zur Arbeitsaufnahme - dies sind die unabweisbaren Hauptthemen jeder ernsthaften, an tatsächlichen Erfolgen orientierten Bemühung, die Beschäftigungsprobleme der Gegenwart zu lösen, und sie definieren die praktisch-politischen Herausforderungen, denen die deutschen Gewerkschaften im gegenwärtigen Bündnis für Arbeit irgendwann gerecht werden müssen, wenn sie weiterhin in der Lage sein wollen, Arbeitsmarkt und Beschäftigung mitzugestalten. (z.n. PROKLA-Redaktion 2003, S. 2) Das war 1999. Die Redaktion der Zeitschrift Prokla erinnerte diese Handlungs-„Empfehlung" „an den mittelalterlichen Aderlass" (Ebd.). Keine schöne Erinnerung, wie wir finden.

Auch die Milieus und Mentalitäten der ArbeitnehmerInnen waren und sind nachhaltigen Veränderungen ausgesetzt, wodurch ein wichtiges Fundament der Organisation brüchig wurde. Auch die Gewerkschaften sind „Opfer" jener Welle der „Politikverdrossenheit", die zutreffender als eine tief greifende Krise der politischen Repräsentation zu bezeichnen ist (vgl. Vester et al. 2001). So haben die Gewerkschaften wie alle großen Organisationen mit einem massiven Mitgliederschwund zu kämpfen und sind besonders für junge ArbeitnehmerInnen wenig attraktiv. Worin sich das Problem äußert, dass traditionelle, milieuvermittelte Organisationsbindungen zunehmend an Bedeutung verlieren. Auch besteht die „Lösung" nicht darin, dass die Gewerkschaften sich auf einem „Markt der Meinungen", auf dem sich Parteien, Rundfunk- und Fernsehsender und „innovative" Unternehmen tummeln und sich regelmäßig bei Sabine Christiansen in ihrem neuesten outfit präsentieren dürfen, als weiterer „Anbieter" einer Meinung auftreten. Und sich so in derselben undemokratischen Weise des „Rohstoffs des Politischen" annehmen. Der Weg führt vielmehr zu einer anderen Form von Öffentlichkeit. Einer Öffentlichkeit, in der die tatsächlichen Erfahrungen der Menschen Platz finden und soziale Wirklichkeit öffentlich wird. Nicht Ideologien aus welchem Arsenal auch immer.[8]

Der Wind bläst den Gewerkschaften kräftig ins Gesicht. Eine Reaktion, ein Versuch, mit der Krise umzugehen, war bei den deutschen Gewerkschaften die Umstrukturierung der Organisation, die Fusion mehrerer Einzelgewerkschaften zu einer größeren Gewerkschaft, mit der man der gewachsenen Macht der Kapitalseite eine stärkere Arbeitskampf- und Durchsetzungsfähigkeit entgegensetzen wollte. Um ihrem Mitgliederschwund entgegenzuwirken - schwindende Mitglieder bedeuten auch schwindendes Machtpotenzial -, offerierten die Gewerkschaften ihren Mitgliedern private Güter (z. B. Versicherungen), exklusiv nur für Mitglieder. Der Erfolg ist bislang mäßig. Und ob solcherart „Kunden-Orientierung“[9] tatsächlich alte und neue Mitglieder an die Organisation und ihre Ziele bindet, halten wir für fragwürdig. Im Hinblick auf die Bindungsfähigkeit der Gewerkschaft, und darunter verstehen wir zumindest auch, dass sich die grundlegende Idee der Notwendigkeit einer kollektiven Vertretung der Interessen von Lohnabhängigen auch in die Herzen ihrer Mitglieder und - mit Optimismus - Noch-nicht-Mitglieder einnistet, halten wir ebenso Vorschläge für eine Zwangsmitgliedschaft in der Gewerkschaft, wie sie von Bontrup in den Gewerkschaftlichen Monatsheften (Bontrup 2004) vorgetragen werden, für fragwürdig. Zwar verfügten die Gewerkschaften dann über einen Organisationsgrad von 100 Prozent (was wir Ihnen sehr wohl wünschen), aber eine erzwungene Organisierung führt keineswegs automatisch zur Identifizierung der so Organisierten mit dem 'Verein', dem sie da beitreten müssen und gewährleistet somit auch nicht unisono starke Gewerkschaften.

Grundsätzlich scheint auch auf der Ebene der Organisationsreform die gleiche Richtschnur zu gelten, wie auf der Ebene der politischen Programmatik und Praxis: Die Welt passt sich nicht an, dann bleibt nur die bis zur völligen Ununterscheidbarkeit reichende Anpassung an die gegebenen Bedingungen. „Anpassungsvirtuosen“, so konstatiert Dettling zutreffend auch in Bezug auf die Gewerkschaften, „werden zu sozialen Leitfiguren des 21. Jahrhunderts.“ (Dettling 2005, S. 18) So holt sich die gewerkschaftliche Organisationsreform ihre Leitideen seit den 1990er Jahren aus dem Arsenal neuer Management-Moden von McKinsey und Co: „Besinnung auf das Kerngeschäft“, „Verschlankung“, „Rückzug aus der Fläche“ usw. usf. Solchen „Organisationsentwicklungen“ korrespondieren die Bemühungen um eine „Weiterentwicklung“ und „Neuorientierung“ der Bildungsarbeit. Im Mittelpunkt stehen hier Konzepte einer neuen „Lernkultur“, „modularisierte Bildungsangebote“ und die Begriffe „Kompetenz“ und „Qualifikation“. Womit sich der gewerkschaftliche Bildungsdiskurs kaum von der allgemeinen Bildungsdebatte unterscheidet und sich vermutlich auch die mangelnde Präzisierung ihrer politischen Dimension erklärt. „Vermittlung von Arbeitsanforderung einerseits und 'Wissen, Können, Zeigen' andererseits“, die „subjektives Vermögen und individuelle Lerninteressen mit objektiven Anforderungen“ vermittelt, so wird etwa „Kompetenz“ umschrieben. Allerdings bleibt unklar, wie die zu erwartende Spannung zwischen „subjektivem Vermögen“ und „objektiven Anforderungen“ in politischen Bildungsprozessen aufgegriffen und bearbeitet werden soll (vgl. Jelich 2002, S. 183).

Weil zu befürchten ist, dass an den Wirklichkeiten der Menschen vorbei reformiert wird, muss unserer Auffassung nach über andere Wege nachgedacht werden.

Was ist zu tun, damit den Gewerkschaften ihre Mitglieder nicht scharenweise davonlaufen, und wie ist es zu schaffen, bisher nicht organisierte Lohnabhängige für die Gewerkschaft zu interessieren? Was sind notwendige Bedingungen einer Identifizierung mit den Zielen der Gewerkschaftsbewegung? Die Gewerkschaft als politische Heimat zu betrachten? Was führt zu einer Politisierung, wenn man so will, einem Erwachen des politischen Bewusstseins abhängig Beschäftigter? Und welches sind die Orte, an denen dies stattfinden kann? Ob dabei der DGB mit der Firma McKinsey, unter deren Leitung eine Arbeitsgruppe herausgefunden hat, dass die Krise der Gewerkschaften schärfer als angenommen ist (vgl. Frech 2005, S. 5), gut beraten ist, halten wir für fraglich. Wir glauben nicht, dass ein Griff in die Werkzeugkiste von Management-Beratern die Suche nach eigenen Antworten ersetzen kann.

Allerdings bleiben auch Forderungen nach einer Repolitisierung der Gewerkschaften, der Zusammenarbeit mit anderen sozialen Bewegungen wie attac, der Bruch mit der Sozialdemokratie[10], eine stärkere Mobilisierung der Basis, die Öffnung der Organisation hin zu neuen Mitgliedergruppen, obschon zwar allesamt richtig und notwendig, dennoch zu abstrakt. Wird der Blick damit nicht auf jene tiefer liegende Dimension der Krise der Gewerkschaften gerichtet, die Oskar Negt in der provokativen Frage „Wozu noch Gewerkschaften?" erst unlängst zusammengefasst hat: Dass nämlich Sinn, Ziele und Zweck von Gewerkschaften sich augenscheinlich nicht mehr von selbst verstehen, sondern aus grundsätzlicher Perspektive neu erarbeitet werden müssten.

III

Weil, wie Negt jüngst formulierte, in der gegenwärtigen historischen Situation nichts weniger realistisch erscheint, als sich bloß auf die Erhaltung bestehender Verhältnisse zu richten (vgl. Negt 2004, S.3), bedarf es unserer Auffassung nach auch anderer gewerkschaftlicher „Produktionsverhältnisse". Deshalb wollen wir hier für einen grundsätzlich anderen Begriff von Gewerkschaft plädieren, der sich von herkömmlichen, an der Form „Organisation" orientierten Verständnissen fundamental unterscheidet und von dem wir glauben, dass er für die Suche nach Antworten auf die Frage nach dem Sinn von Gewerkschaften fruchtbar sein könnte.

Unsere Überlegungen sind nicht gänzlich neu. Sie schließen an die unter dem Begriff „Beteiligungsgewerkschaft" oder „Diskursorganisation" schon seit längerem in den Gewerkschaften selbst und insbesondere in Kreisen der Gewerkschaftslinken diskutierten Konzepte partizipativer Gewerkschaftsarbeit an (vgl. Morgenroth et al. 1994, Oetjen/Zoll 1994 und Zoll 1991). Es bedarf Formen partizipativer gewerkschaftlicher Praxis, die darauf abzielen, das Stellvertreter-Denken, die überkommenen hierarchischen Strukturen, all den Fetischismus, die Mystifikationen und Verdinglichungen, die der gegenwärtigen Organisationsform historisch-empirisch immanent waren und sind, zu überwinden. Und gewerkschaftliches Handeln nicht auf „best practices" von Organisationsprofis reduzieren. Ganz im Sinne der schon vielbeschworenen „Öffnung" der Gewerkschaften und der im Grundsatzprogramm des DGB verankerten Erneuerung der „Organisationskultur" (Grundsatzprogramm 1996, S. 39f.).

Für die Entwicklung neuer Praxisformen, die, wenn man so will, einer historischen „Neuerfindung" und „Neugründung" der Gewerkschaften gleichkämen, halten wir Formen gewerkschaftlicher Bildung jenseits der Zweckbildung und Funktionärsschulung für konstitutiv. Zur Rede steht hier die so genannte Breitenbildung der Gewerkschaften, der wir einen zentralen Stellenwert beimessen, da sie nach unserer Auffassung der Ort sein müsste, an dem eine Auseinandersetzung mit der Frage „Wozu noch Gewerkschaften?" stattzufinden hätte.

Einen in theoretischer wie in praktischer Hinsicht konzeptionellen Anknüpfungspunkt für die Entwicklung solcher Formen gewerkschaftlicher Praxis und Bildung sehen wir in dem so genannten „Erfahrungsansatz" Oskar Negts, der innerhalb der Bildungsarbeit in den späten 1960er und frühen 1970er Jahren für einige Zeit erheblichen Einfluss erlangte, wobei er sowohl auf die Bildungspraxis vor Ort, in den Seminaren, wie auch auf die theoretischen und politischen Auseinandersetzungen um den Stellenwert politischer Bildung in hohem Maße einwirkte und zu heftigen Kontroversen führte. Unserer Auffassung nach kann die Negtsche Theorie auch heute noch als Bezugspunkt für Versuche einer systematischen Neubestimmung gewerkschaftlicher Bildung wie auch gewerkschaftlichen Handelns insgesamt dienen, war seine Theorie der Arbeiterbildung doch gerade auch gegenüber der Organisation emanzipatorisch gemeint. Wenn auch der Bezug auf einen emphatischen Begriff der Arbeiterklasse und des Klassenbewusstseins heute nicht mehr so ohne weiteres möglich erscheint[11], rücken doch die Negtschen Kategorien der „Erfahrung" und des „exemplarischen Lernens" Fragen nach der Subjektivität von Lohnabhängigen ins Zentrum des Bildungsgeschehens. Die wir auch für eine Neubestimmung des Gewerkschaftsbegriffs und die Entwicklung neuer Formen gewerkschaftlicher Praxis für zentral halten.

Negt beabsichtigte mit seiner Konzeption einen Beitrag zur Rekonstruktion und Neubelebung eines klassenspezifischen politischen Bewusstseins von Lohnabhängigen zu leisten, welches unter den (damaligen) materiellen Bedingungen eines prosperierenden Kapitalismus drohte, völlig abhanden zu kommen. Die Arbeiterschaft schien in eine nivellierte „Mittelstandsgesellschaft" (Schelsky) integriert zu werden. Die so entstandene „'unstrukturierte' Situation des Arbeiters" (Negt 1981, S. 32) sah er gekennzeichnet durch den Verlust traditioneller Maßstäbe zur Einordnung und Bewertung sozialer Konflikte und der eigenen gesellschaftlichen Position. In dieser Situation sollte nach Negt Arbeiterbildung der Ort werden, die verschütteten Momente der Erfahrungen der „proletarischen Existenzweise" dem Bewusstsein wieder zugänglich zu machen. Da die Arbeiterschaft kein ihrer objektiven Lage entsprechendes Bewusstsein habe, sondern ihr Bewusstsein überwiegend durch Selbstentfremdung gekennzeichnet sei, bedarf es nach Negt eines Bildungsprozesses, in dem die charakteristischen Momente dieses Denkens - Resignation, Dichotomie - und seine Verfestigung in „sozialen Topoi", die den Arbeitern zur „Zweiten Natur" werden, zum Gegenstand eines politischen Lernens werden, um so zu den gewissermaßen ursprünglichen Ungleichheits- und Unrechtserfahrungen gelangen zu können, die von entfremdeten, für die Aufrechterhaltung des psychodynamischen Gleichgewichts aber notwendigen Vorstellungen überlagert werden. Dabei erteilt Negt denjenigen Auffassungen über politische Lernprozesse eine deutliche Absage, die die Hoffnung hegen, alltägliche Konflikte könnten dadurch als Klassenkonflikte bewusst gemacht werden, „dass eine von Gruppen der Intelligenz formulierte und als richtig anerkannte Theorie [...] durch fleißige Schulung einfach umgesetzt wird." (Negt 1981, S. 9)[12] Auch die Negation des empirischen Bewusstseins als „falsches" führt nicht zu einem der Klassenlage angemessenen Bewusstsein. Um zu den Erfahrungen vorzudringen, muss vielmehr die politische Bildung die Menschen, wie man so schön sagt, dort abholen, wo sie stehen.

Erfahrungen, das meint bei Negt nicht nur Erlebnisse, dabei gewesen zu sein, viel erlebt zu haben und deswegen „erfahren" zu sein. Während die Kritiker Negts, insbesondere die Begründer und Vertreter des „Deutungsmusteransatzes" im Grunde „Erfahrungen" gleichsetzen mit „Erlebnissen", operiert Negt selbst mit einem sehr viel weiterreichenden und voraussetzungsvolleren Erfahrungsbegriff.[13] Erfahrungen sind nicht als einzelne, individuelle Wahrnehmungen und Erlebnisse zu begreifen und rein subjektivistisch zu bestimmen. Erfahrung ist vielmehr als gesellschaftliche Erfahrung zu begreifen. Negt meint mit seinem Begriff von „Erfahrung" aber auch und gerade eine spezifische Form der Produktion von Erfahrung. Sie ist weder zufällig noch irgendwie individuell (obwohl sie auch individuell ist), und schon gar nicht singulär. Sie ist auch keine Erkenntnis, sondern bringt „ soziale Topik" („Deutungsmuster") hervor.

Wie allerdings damit im Bildungsprozess zu „verfahren" ist, darin unterscheiden sich die beiden Ansätze außerordentlich. „Werden", so Negt, „nämlich diese Topoi einfach mit isolierten Tatsachen konfrontiert und als Vorurteile, ideologische Ablagerungen oder Wunschvorstellungen aufgelöst, ohne dass ihr rationeller Erfahrungskern in weiterführende Bewusstseinsbildung eingeht, so werden die Arbeiter eines wichtigen Mittels ihrer sozialen Orientierung und ihrer Informationsverarbeitung beraubt." (Negt 1981, S. 67) Gerade das Verständnis von „Erfahrung", das der Negtschen Konzeption zugrunde liegt, nämlich Erfahrungen als klassenspezifisch zu begreifen, die Deutungen von der Gesellschaft produzieren, zieht ein Verständnis von politischem Lernen nach sich, mit dem diesen Erfahrungen eine „proletarische Öffentlichkeit" (im Gegensatz zur vorherrschenden bürgerlichen Öffentlichkeit[14]) gegeben werden soll. Sie ermöglicht es, die jeweilige eigene Erfahrung nicht als singuläre, bloß individuelle, sondern als geteilte, kollektive Erfahrung zu erkennen und sich so die individuellen Erfahrungen kollektiv neu aneignen zu können. Dies heißt einerseits, die „Erfahrung" machen zu können, dass andere ähnliche Erfahrungen haben, andererseits auch, dass Erfahrungen tatsächlich durch bestimmte strukturelle Bedingungen „gemacht", hergestellt, produziert werden. Die Strukturen, ihrerseits „soziale Konstrukte", entziehen sich allerdings als Produktionsbedingungen der Erfahrungen zu großen Teilen dem eigenen Einfluss.

Damit können Prozesse alltäglicher Enteignung in den Blick geraten, die in der objektiven Struktur spezifischer Aneignungs- bzw. Eigentumsverhältnisse wurzeln. Ausgehend von individuellen Erfahrungen und Deutungen können so von Ungleichheit geprägte gesellschaftliche Produktionsverhältnisse in einem weit gefassten Sinne zum Gegenstand des Bildungsprozesses und damit auch die moralische Frage nach der Gerechtigkeit bzw. Ungerechtigkeit dieser Verhältnisse gestellt werden.[15]

So wird es mit dem von Negt postulierten „exemplarischen Prinzip" möglich, ausgehend von einzelnen, in subjektiven Erfahrungen enthaltenen relevanten Tatbeständen das, wie Negt es ausdrückt, „Ganze" im Sinne einer arbeitsteilig organisierten Totalität des Produktions- und Reproduktionsprozesses einer Gesellschaft in historischer Dimension zu entfalten (vgl. Negt 1981, S. 27). Ausgangspunkt des exemplarischen Prinzips ist die in den subjektiven und kollektiven Erfahrungen geronnene „soziale Gesamtexistenz", der „Lebenszusammenhang", der trotz aller Brechungen und Verzerrungen die gemeinsame Erfahrungsgrundlage der Lohnabhängigen darstellt. Exemplarisches Lernen stellt dann nicht lediglich eine weitere methodisch-didaktische Handhabe dar, mit deren Hilfe die Reduktion von Stofffülle zu organisieren wäre.[16] Vielmehr können auf diesem Wege die in den einzelnen Tatbeständen verdichteten Erfahrungsgehalte aufgespürt und offen gelegt werden. Mit Hilfe soziologischer Phantasie, die Negt als ein „geistiges Vermögen" beschreibt, „das ihnen hülfe, Informationen richtig zu benutzen und eine vernünftige, klare Übersicht über das Weltgeschehen und über sich selbst zu erlangen" (Ebd., S. 28), können die Erfahrungen neu angeeignet werden, die eigene Situation als Klassensituation gesehen und der Blick auf die Möglichkeit der Veränderung dieser Situation und damit auf die Utopie einer besseren Gesellschaft ermöglicht werden. „Soziologische Phantasie" ist zu begreifen als eine Erkenntnistätigkeit, die eng verschränkt ist mit dem je eigenen „Expertentum". Sie stellt nicht eine zu erlernende Technik dar, sondern eine zu entwickelnde Fähigkeit, Praxis gesellschaftlicher Selbstverortung.

Freilich erscheint es heute problematisch, ohne weiteres am Anspruch der „Bewusstseinsveränderung" festzuhalten. Dies, weil damit die höchst fragwürdige Vorstellung von „richtigem" und „falschem" Bewusstsein mitgeschleppt wird und weil daraus notwendig die Unterscheidung zwischen denjenigen, die bereits über „richtiges" Bewusstsein verfügen, und denjenigen, bei denen dies nicht der Fall ist, einhergeht. Daraus leitet sich dann ein charakteristisches Gefälle zwischen denjenigen, deren Bewusstsein verändert, die „bebildet" und „aufgeklärt" werden sollen, und denjenigen, die diesen Prozess „anleiten", ab. Diese Kluft versucht eine neben dem Begriff der „Erfahrung" am Begriff des „Experten" orientierte Bildungsarbeit zu überwinden, indem mit Blick auf den Bildungsprozess davon ausgegangen wird, dass auch diejenigen, die ihn „anleiten", in ähnlicher Weise in ihre Geschichte und Geschichten verwickelt und verstrickt sind wie die Teilnehmer, auch ihre „Sicht der Welt" jeweils nur begrenzte Ausschnitte erfasst und durch eine Perspektive geprägt ist, die eng mit ihrer gesellschaftlichen Position und den damit verbundenen Freiheiten, Zwängen und auch Verblendungen verknüpft ist.

Grundsätzlich ist davon auszugehen, dass jede mit dem Anspruch von „Bewusstseinsbildung" auftretende Bildungspraxis im Seminar einen „blinden Fleck" schafft, ein Moment, über das die Teilnehmenden selbst gar nicht verfügen können, und daher die Chancen gemeinsamer und gegenseitiger Lern- und Aufklärungsprozesse erheblich gemindert werden (vgl. Wienold 1994, S. 40f.). Eine notwendige und mögliche Perspektive der Aufhebung der dichotomen Trennung von „Lehrenden" als „Experten" und „Lernenden" als „Laien" sehen wir deshalb darin, Bildungsprozessen neben dem Erfahrungsbegriff den Begriff des „Experten" zugrunde zu legen, der theoretische und praktische Erkenntnis- und Wissensmodi (Bourdieu 1997) als gleichgewichtig anerkennt und die Teilnehmenden selbst als die „Experten" ihrer Arbeits- und Lebenswelt und damit auch des Lernens im Seminar begreift. Dies impliziert, die Erfahrungen der Teilnehmer auch tatsächlich als „Wirklichkeiten" anzuerkennen, nicht diese als „falsches Bewusstsein" zu entlarven und damit zu negieren. Diese Wirklichkeiten, die ein „mehr oder minder fest geknüpftes Netz von Verhältnissen und Sachverhalten" bilden, „deren Reproduktion, Aufrechterhaltung, Reparatur und Weiterentwicklung den Gegenstand unseres alltäglichen Lebens bildet" (Wienold 1994, S. 47), treten in Seminaren häufig in Form von „Geschichten" auf. Diese Geschichten sind es, die für politische Bildungsprozesse in höchstem Maße relevant sind und ihren wesentlichen Gegenstand bilden sollten. Denn sie sind es, die den „Rohstoff des Politischen" bilden.

Unter „politisch" oder „Politik" wird im gängigen Sprachgebrauch das Handeln von Politikern, Berufspolitikern verstanden. Es ist dies ein Bereich institutioneller Politik (Parlamente, Parteien, Regierende), der notwendig andere Formen des Handelns als in diesem Sinne nicht „politisch" ausschließt. Wir operieren hier mit einem anderen Verständnis von „politisch". In Anlehnung an Negt/Kluge, die das „Politische als Intensitätsgrad alltäglicher Gefühle" (Negt/Kluge 1992, S. 45) bezeichnen, als vorhandene menschliche Energien und Haltungen[17], die den „Rohstoff des Politischen" bilden, gehen wir davon aus, dass in den Niederungen des betrieblichen und außerbetrieblichen Alltags der Menschen Interessen, Schwierigkeiten und Konflikte vorhanden sind, mit denen sie umgehen müssen, können (oder nicht können) oder wollen. Die zunächst als einzelne Angelegenheiten existieren und nicht automatisch gut „gelöst" werden, häufig verborgen und vereinzelt bleiben. Sie können als soziale

Erfahrung nicht zum Ausdruck gebracht werden, finden keine solche „Anerkennung". Sie werden nicht zu Prozessen[18], die produktiv sind, die eine gesellschaftliche Veränderung (auch auf kleinster Stufenleiter) antreiben. Und keineswegs umstandslos zu ausschließlich emanzipativen Veränderungen führen.[19]

Die Form, in der die Erfahrungen der Subjekte für politische Bildungsprozesse Bedeutung erhalten, besteht deshalb auch nicht darin, dass sie im Seminar lediglich einen oberflächlichen Anknüpfungspunkt, etwa im Sinne einer methodischen Bewältigung der so genannten Seminareinstiegsphase bilden, im Verlauf eines Seminars dann aber keine weitere Rolle mehr spielen. Sie sind „nicht Ausgangspunkt der Bildung, sondern ihre Vermittlung und stückweise Aufarbeitung ist Teil des Bildungsvorganges selbst." Konkret bedeutet das, dass im Bildungsprozess der Einzelne die „Erfahrung machen" können muss, „dass er tatsächlich etwas zu sagen hat, dass sein Wissen, sein Können, seine Erfahrung tatsächlich zählen und gebraucht werden" und dass er lernen kann, „über sich und seine Arbeit im Zusammenhang zu sprechen, sich nicht von vornherein als uninteressant und für unwichtig zu halten." (Wienold 1987, S. 24) Wird Bildung also grundsätzlich als ein „Projekt emanzipativer Selbstfindung" und als ein Prozess selbstbestimmter Subjektentwicklung begriffen (vgl. Bernhard 1997, Schmied-Kowarzik 1993), dann sind die Teilnehmenden als die Subjekte des Lernens und als „Experten ihres Seminars" anzuerkennen, die nicht als „Objekte" belehrt werden können; die ihren Lernprozess als einen Prozess herrschaftsfreier und diskursiver Selbstverständigung im Wesentlichen selbst steuern (müssen).

Eine derartige Form von Bildungsarbeit, die in mancherlei Hinsicht an die verschütteten Traditionen der „Versammlungsdemokratie" lokaler Arbeitervereine anknüpft, könnte Basis für die Entwicklung demokratischer Formen gewerkschaftlicher Praxis sein, blieben die angeeigneten „Kompetenzen", um einmal diesen gängigen Begriff zu bemühen, nicht im „goldenen Käfig" des Seminars, auf der „Bildungsinsel" eingesperrt. In der Realität allerdings müssen auf selbsttätige kollektive Praxis abzielende Bildungsprozesse, die tatsächlich über die Einhegung des Seminarraums „hinausschießen", mit Widerständen aus der „eigenen" Organisation und von Seiten der „eigenen" Stellvertreter rechnen, auch wenn diese offiziell eine „neue Beteiligungsorientierung" postulieren.[20] Es zeigt sich dann nämlich, dass damit in der Regel die Beteiligung an dem gemeint ist, was „die Organisation" qua Beschlusslage für vernünftig befunden und ohnehin geplant hat.[21] Gewerkschaftliche Bildung „degeneriert" unter solchen Bedingungen zu einer Art „Halbbildung", hat mit Ansprüchen auf Emanzipation, Mündigkeit und Mitbestimmung kaum mehr etwas zu tun. Der Anspruch, dass Bildungsprozesse zur Aneignung kollektiver Handlungsfähigkeit beitragen und dazu ermutigen sollen, diese auch praktisch werden zu lassen, findet dann sein Ende an den Grenzen des Seminarraums: Bei dessen Verlassen treten an die Stelle selbsttätiger Urteilsfähigkeit wieder offizielle Beschlusslagen und vorgefertigte Handlungskonzepte. Ansprüche auf Mitbestimmung und Beteiligung erweisen sich als unrealistische Utopien, die an den harten Klippen der hegemonialen Wirklichkeit des Betriebs, der Organisation zerschellen. Subjekt wird wieder Objekt.

IV

Wir glauben, dass eine Konzeption von Bildungsarbeit als „Ort des Politischen" Konsequenzen für die Formen gewerkschaftlicher Praxis insgesamt hat. Der mit der Orientierung von Bildungsprozessen an den Erfahrungen und Wirklichkeiten der Subjekte verbundene Anspruch der Aufhebung der asymmetrischen Struktur von Lernprozessen bliebe inkonsequent, beschränkte er sich lediglich auf den raum-zeitlichen Zusammenhang von Seminarsituationen. Der Logik des Seminars, der Logik eines solchen Bildungsverständnisses, Selbstbestimmung und Selbstverortung, müsste dann auch eine entsprechende Logik gewerkschaftlichen Handelns folgen. Schließlich weist das Ziel der selbsttätigen Aneignung kollektiver Handlungsfähigkeit notwendig über die Grenzen und Begrenzungen des Seminarraums hinaus, in die betriebliche und überbetriebliche Alltagspraxis, in die dort situierte Praxis gewerkschaftlichen Handelns. Die Anerkennung der TeilnehmerInnen an Seminaren als Experten ihrer Arbeits- und Lebenswelt und als zentrale Akteure des Bildungsprozesses impliziert auch ihre Anerkennung als zentrale Akteure politisch-gewerkschaftlichen Handelns, als Subjekte gewerkschaftlicher Praxis. Diese sind nicht nur nicht als „Bildungsobjekte" belehrbar, sondern ebenso wenig als „Organisationsobjekte" organisierbar.

Aus der Perspektive eines auf kollektive Handlungsfähigkeit zielenden Bildungsverständnisses wäre somit im Grunde das Verhältnis von Bildung und Gewerkschaft „vom Kopf auf die Füße" zu stellen. Erscheint Bildung in ihrer Form der Zweckbildung als Funktion organisationaler Struktur und Strategie, lässt sich von dem von uns skizzierten Bildungsverständnis aus Gewerkschaft gar nicht anders denken als das Resultat von Bildungsprozessen. Gewerkschaft ist dann gewerkschaftlicher Bildung nichts Vorgelagertes und Vorgängiges, sondern materialisiert sich erst in ihrem Prozess und als ihr Resultat. Die Form von Gewerkschaft wäre dann nicht durch eine „einheitliche" Realitätsdefinition und eine entsprechend rationalistisch verkürzte „Organisationslogik" gekennzeichnet, sondern dadurch, dass in ihr unterschiedliche Wirklichkeiten Platz fänden, die zugleich auch die praktische Logik gewerkschaftlichen Handelns bestimmen würden. Denn diese durchaus heterogenen Wirklichkeiten sind es, an denen Gewerkschaft sich zu beweisen hätte (vgl. Wienold 1994, S. 52). So wie die Subjekte dem Seminar erst seine Form geben, müsste auch Gewerkschaft erst durch deren kollektive Praxis ihre Form erhalten. Dann würde Gewerkschaft ein Ort werden, wo Kommunikationsprozesse über differente Interessen- und Konfliktlagen stattfinden können, wo Erfahrungen sozialen Unrechts einen Ausdruck und eine moralische Anerkennung finden (vgl. Honneth 1994). Wenn also ein „Ergebnis" von Bildungsarbeit darin bestehen würde, dass sie individuelle und kollektive Handlungsfähigkeit ermöglicht und erneuert, wenn dieses „Ergebnis" oder „Produkt" in den Alltag innerhalb und außerhalb des Betriebs transportiert wird, sich niederschlägt als gewissermaßen alltäglicher 'Klassenkampf' als Fähigkeit zum Handeln, in „kleinen", auf den ersten Blick scheinbar unbedeutenden, aber durchaus widerständigen Handlungen und Praktiken, wäre das nicht wenig. Denn eine solche kollektive Alltagspraxis wäre gleich bedeutend mit dem, was in der Alltagssprache häufig mit der Formulierung „sich organisieren" gemeint wird, worauf „Organisation" zugreift und sich die dort angesiedelte Macht symbolisch aneignet: die freie Vereinigung (Assoziation) und das kollektive Handeln (Kooperation) der Subjekte.

Geht man von der Annahme aus, dass die Verwirklichung des Projekts einer humanen, solidarischen und demokratischen Gesellschaft nur auf der Basis aktiven, gleichberechtigten Handelns aller Gesellschaftsmitglieder möglich ist, es dazu aber „gebildeter", d.h. selbstständig urteils- und handlungsfähiger und in ihre Angelegenheiten eingreifender Menschen bedarf (vgl. Sünker 1996), müsste Gewerkschaft ein Ort sein, der solche Bildungs- und Handlungsmöglichkeiten bietet.

Zugegebenermaßen wäre die Wiederaneignung einer bislang stellvertretend durch „die Organisation" getragenen gewerkschaftlichen Praxis durch die Subjekte angewiesen auf ein ungeheures Maß an „Assoziations- und Kooperationsphantasie" - weniger auf „Organisationsphantasie", wie es Negt ausdrückt, wenn, wie wir vermuten, er auch Ähnliches gemeint haben dürfte (vgl. Negt et al. 1989). Eine andere Bildung könnte dazu einiges beitragen. Voraussetzung für die Entfaltung dieses Potenzials wäre allerdings, die hegemonialen Formen gewerkschaftlicher Praxis, den „gesamten Ideenhaushalt ihrer versteinerten Apparaturen" (Negt 2004, S. 8) und die traditionelle gewerkschaftliche „Organisationsphilosophie ungeniert in Frage zu stellen" (Klönne 1999, S. 30). Wer anders, als die Subjekte selbst könnte dazu den Anstoß geben?

Anmerkungen

1 Vgl. auch den Beitrag von Bremes in diesem Band.

2 Dabei wollen wir selbstverständlich nicht behaupten, dass alle hier formulierten Ansprüche, die wir für gewerkschaftliche Bildungsarbeit für wichtig und erstrebenswert halten, auch in der Praxis des Arbeitskreises realisiert worden wären. Vielmehr umreißen wir nur einige Maßstäbe, an denen gewerkschaftliche Bildungsarbeit allgemein wie auch die Arbeit des Arbeitskreises unserer Auffassung nach zu messen sind. Anzumerken ist außerdem, dass wir selbstverständlich mit dem folgenden Text nicht die Auffassung aller am Arbeitskreis Beteiligten darstellen, sondern lediglich unsere eigene.

3 Eine Anspielung auf Brechts Frage „Wer ist die Partei?" ist dabei durchaus intendiert, wobei wir allerdings nicht seinen parteiideologischen Irrungen und Wirrungen, wohl aber seiner Vermutung folgen, dass auch die Gewerkschaft nicht in einem Haus mit Telefonen wohnt.

4 „Das Seminarmodell beeindruckt", so ein Bericht aus einem Mitte der 1990er Jahre am Institut für Soziologie Münster durchgeführten Forschungsprojekts, „durch die minutiöse

Aufarbeitung der einzelnen Arbeitseinheiten in didaktischen Schrittfolgen mit Lernzielbestimmungen, Arbeitsfragen und der Zuordnung von Lernformen und Arbeitsmaterialien (...) In einem von uns beobachteten Seminar zogen innerhalb der ersten Woche von Dienstag bis Freitag zirka 80 Kopien mit Statistiken, Schaubildern etc. im Eiltempo an den Teilnehmenden vorbei." (Weischer et al. 1998, S. 141)

5 Die unerfüllte Hoffnung auf eine grundlegende Umgestaltung und fundamentale Demokratisierung von Wirtschaft und Gesellschaft führte Michels vor diesem Hintergrund gerade auch auf die innere Ordnung der eigentlich mit diesem Anspruch auftretenden Parteien, Verbände und Gewerkschaften zurück. In konsequenter Fortführung und Weiterentwicklung solcher kritischen Traditionen wird mittlerweile in Teilen der neueren Organisationstheorie Organisation daher in erster Linie als ein strategisches Element der Konstitution, Etablierung und Reproduktion asymmetrischer gesellschaftlicher Strukturen und damit als zentrales Medium von Herrschaft in der modernen Gesellschaft begriffen (vgl. Türk 1995, Bruch 2000, Türk et al. 2002).

6 Kommentierung dieser Tat in der Frankfurter Rundschau: „[...] im politischen Wettbewerb liegt jeweils vorne, wer die beste Nase hat für die Kommentarlage von morgen. Diesem Näschen, nicht plötzlich ausgebrochener Entschlossenheit oder gar einem Ideen-Schub, verdankt sich auch der bevorstehende Termin (Job-Gipfel; Einf. d. A.)." (Pries 2005, S. 3).

7 Auch der Bundespräsident sah sich genötigt, in aller Deutlichkeit zum Problem Stellung zu nehmen und den üblichen neoliberalen Rezepturen Nachdruck zu verleihen. Und erzählte dann auch noch die hübsche Geschichte des Arbeiters (nicht die eines lesenden, nein, die eines fegenden) in Cape Canaveral, der durchs Hallefegen einen Menschen auf den Mond bringt. „Das kann man mit dem Bundespräsidenten beeindruckende Kraft nennen. Oder schuldlose Verwirrung. Als Anekdote zur Theorie passt es jedenfalls. Wie präsidialer Sozialkitsch zur Ideologie." (Pries 2005: 3)

8 Den „Realo"-Ausstieg der Gewerkschaften aus der Breitenbildung, hier die Entscheidung des DGB-Bildungswerkes NRW, in Nordrhein-Westfalen ab 2004 keine Bildungsurlaubsseminare aufgrund von Mittelkürzungen mehr anzubieten, halten wir politisch für falsch, ja eher für desolat. Uns fällt hierzu, wir möchten hier Herrn Brecht noch einmal bemühen und glauben, Hanns, dass Du uns da zustimmen kannst, nichts weiter ein als: „Der Vorhang geht runter, alle Fragen bleiben offen."

„Nicht nur die Gewerkschaften insgesamt haben ein Problem, jüngere Mitglieder zu gewinnen, für die Gewerkschaftslinke gilt dies ebenso. Die in den 70er Jahren entwickelten Ansätze linker Betriebspolitik hängen oft nur an einzelnen Personen oder kleinen Gruppen und drohen mit ihren bisherigen Trägern einfach auszusterben." (Prokla Redaktion 2003, S. 4) Das trifft exakt auch auf das Münsteraner Projekt „Gewerkschaftliche Bildungsarbeit" zu. Dass mit dem Abschied des Bildungswerkes vom NRW-Bildungsurlaub auch die Bildungsarbeits-Aktivitäten des Arbeitskreises ein Ende finden würden, war absehbar. Der Unmut und die Verbitterung über diese „schlanke" Entscheidung war groß. Und ob sich die Gewerkschaften mit solchen Aktionen letztlich wirklich einen Gefallen tun, bezweifeln wir.

Studierende, selbst Soziologie-Studis sind ja noch schwerer für das Projekt Gewerkschaft zu interessieren als jüngere Menschen ohnehin.

9 Erwerbslose Menschen heißen ja inzwischen beim Arbeitsamt, das wiederum nicht mehr Arbeitsamt, sondern Agentur für Arbeit heißt, auch Kunden und verfügen über eine Kun-

den-Nummer, die früher Stamm-Nummer hieß. Ob dies gegen Arbeitslosigkeit hilft? In der Satire-Sendung „Scheibenwischer" jedenfalls wurde die noch nicht erfolgte Lösung dieses Problems darauf zurückgeführt, dass die Beschäftigten der Agentur für Arbeit vom Um-Etikettieren der Ordner einfach vollkommen absorbiert seien.

10 „Die Angst (der Gewerkschaften; Einf. d. A.) davor, mit Protesten gegen die Wirtschafts- und Sozialpolitik zum Sturz der rot-grünen Regierung beizutragen, ist absurd. Auch Willfährigkeit gegenüber Rot-Grün wird diese Regierung nicht noch einmal retten." (Sablowski 2004, S. 8)

11 Unter anderem deshalb, weil klassischen Lesarten des Negtschen Ansatzes die spezifischen Adressaten, die von formeller Bildung weitgehend ausgeschlossenen industriellen Arbeiter, im Zuge der Erosion traditioneller Milieus mehr oder weniger verloren gegangen sind (vgl. z.B. Vester 1998 und Vester et al. 2001), aber auch weil die mit dem Begriff der Arbeiterklasse verbundenen Annahmen bezüglich deren Homogenität wie auch der Vorstellung einer herzustellenden „Einheit der Arbeiterklasse" schon früher problematisch waren.

12 Ihnen sei die „materialistische Geschichtsauffassung auf illusionäre Hoffnungen zusammengeschrumpft" (Ebd.). Was aber sicher damit erreicht werden kann, ist die Stabilisierung der eigenen Machtposition. Ob im Bildungsprozess selbst oder als „Vordenker" welcher Bewegung (oder Partei) auch immer. Unrühmliche Beispiele gibt es genug.

13 In der 1972 erschienenen Schrift „Öffentlichkeit und Erfahrung", die Negt zusammen mit Alexander Kluge verfasst hat, formulieren sie diesen folgendermaßen: „Ein einzelner Arbeiter ... macht 'seine Erfahrungen'. *Horizont dieser Erfahrungen ist die Einheit des proletarischen Lebenszusammenhangs*. Dieser Zusammenhang umfasst die Stufenleiter der Produktion der Waren- und Gebrauchswerteigenschaften dieser Arbeitskraft (Sozialisation, psychischer Aufbau der Person, Schule, Aneignung von Arbeitswissen, Freizeit, Massenmedien) und den davon nicht trennbaren Einsatz dieser Arbeitskraft im Produktionsprozess; über diesen einheitlichen Zusammenhang, den er öffentlich und privat 'erlebt', nimmt er das 'gesellschaftliche Ganze', die Ganzheit des Verblendungszusammenhangs auf." (Negt/Kluge 1972: 24f.; Hervh. i. O.)

14 In der bürgerlichen Öffentlichkeit erscheinen proletarische Erfahrungen nicht als etwas Gesellschaftliches, sondern als kumuliertes Privatinteresse. (Vgl. Negt/Kluge 1972, S. 26f.)

15 Vgl. zur Gerechtigkeitsfrage Ritsert 1997 und Moore 1982.

16 „Die allenthalben feststellbare Fetischisierung der Methoden ist heute dagegen Bestandteil jener technokratischen Ideologien, die das Aufklärungsinteresse auf die beschränkte Form der technischen Rationalisierung reduzieren. Sie verschleiern die inhaltlichen Probleme der Erziehung." (Negt 1981, S. 23)

17 Sie entwickeln dies sehr schön am Beispiel der „Wende". Quasi schlafende gesellschaftliche Potenziale, die Unzufriedenheit großer Teile der DDR-Bevölkerung mit dem eigenen Staat, werden „geweckt", z.B. durch den Wechsel in der damaligen Sowjetunion zu Gorbatschow, der folgenden Unterstützung der 'Aufbrechenden' durch die Kirchen, der „Massenflucht" in den Westen. „Das löst die Wende aus." (Negt/Kluge 1992, S. 46)

18 „Der Rohstoff, von dem der gesellschaftliche Ausbruch des Nationalsozialismus zehrte, ist von den Rohstoffen für andere gesellschaftliche Prozesse, die sich zur Emanzipation öffnen, nicht grundlegend verschieden." (Negt/Kluge 1992, S. 47)

19 Nicht einfach simpel rechtsextremistische Parteien. Aber massenmediale Öffentlichkeiten, die ja das Thema „Individualisierung" als ein Mehr an „Selbstbestimmung", „Freiheit" und „Selbstverantwortung" präsentieren. Mit dem Individuen dann quasi aus der Gesellschaft „aussteigen". „Jeder ist seines Glückes Schmied". Da werden die Menschen zu „Arbeitskraftunternehmern" und „Ich-AGs". Mal abgesehen davon, wie es sich aus soziologischer und historischer Sicht denn nun mit dem Mehr an Individualisierung verhält. Vgl. hierzu Kieserling 1999.

20 Was sich exemplarisch schon an der Verwendungskarriere der Negtschen Konzeption studieren lässt. So spielte der Erfahrungsansatz in den späten 1960er Jahren zwar zunächst innerhalb der IG Metall in Form der Konzeption einer „betriebsnahen Bildungsarbeit" eine einflussreiche Rolle; jedoch dauerte es nicht lange, bis einer weiteren Ausweitung der Bildungsarbeit für betriebliche Basisgruppen und Vertrauensleute von Seiten der Organisationsspitzen und der Betriebsräte gegengesteuert wurde. Schließlich kam es 1972 zur Intervention von Betriebsräten und gewerkschaftlichen Aufsichtsratsmitgliedern beim Hauptvorstand der IG Metall, in der deren Verärgerung über die Ansprüche betrieblicher Basisgruppen auf politische Mitwirkung zum Ausdruck kam und die schließlich das Aus für die Negtsche Konzeption in der Bildungsarbeit der IG Metall bedeutete. In den Augen der Funktionäre führte nämlich die betriebsnahe Bildungsarbeit zu einer Politisierung der Basis, die das Geschäft der innerbetrieblichen Kompromissbildung empfindlich zu stören schien. Vor allem bei Vertrauensleuten wurden „überzogene" Machtansprüche entdeckt, die als „Kontrolleure der Betriebsräte" diese nicht nur kritisierten, sondern vereinzelt Betriebsratsmitglieder geradezu aus ihrem Amt hinaus manövrierten. Dieses „Konkurrenzstreben", so die empörte Feststellung, würde auf den Schulen der IG Metall gelehrt. „Wir stellen die Vertrauensleute praktisch frei, wir räumen ihnen Versammlungsmöglichkeiten ein und sie? Agieren!" Vgl. Strothmann 1972; siehe dazu auch die Ausführung bei Negt 2004, S. 125)

21 Ähnlich wie die modernen betrieblichen Sozialtechniken in der Regel wenig mit „Mitbestimmung am Arbeitsplatz", aber viel mit der Einbindung in einen betrieblichen hegemonialen Konsens zu tun haben.

Literatur

Arbeitgeber fordern radikalen Sozialabbau, in: Frankfurter Rundschau, 15.3.2005.

Bergmann, Joachim (1979): Organisationsstruktur und innergewerkschaftliche Demokratie, in: ders. (Hg.): Beiträge zur Soziologie der Gewerkschaften, Frankfurt/M.

- (Hg., 1979): Beiträge zur Soziologie der Gewerkschaften, Frankfurt/M.

Bernhard, Armin (1997): Bildung. In: Bernhard, Armin/Rothermel, Lutz (Hg.): Handbuch Kritische Pädaogik, Weinheim.

-/Rothermel, Lutz (Hg., 1997): Handbuch Kritische Pädagogik, Weinheim.

Bögenhold, Dieter et al. (Hg., 1995): Soziale Welt und soziologische Praxis. Soziologie als Beruf und Programm. Festschrift für Heinz Hartmann, Göttingen.

Bontrup, Heinz-Josef (2004): Faktor Arbeit und bröckelnde gewerkschaftliche Solidarität. In: Gewerkschaftliche Monatshefte, 55. Jg., Heft 2.

Bourdieu, Pierre (1997): Sozialer Sinn. Kritik der theoretischen Vernunft, Frankfurt/M.

Brammerts, Hermann/Gerlach, Gerhard/Trautwein, Norbert (1977): Lernen in der Gewerkschaft. Beiträge aus dem DGB-Projekt „Mitbestimmung und politische Bildung", Frankfurt/M.

Braun, Siegfried/Horné Alfred (Hg., 1965): Zwischen Stillstand und Bewegung. Eine kritische Untersuchung über die Gewerkschaften in der modernen Industriegesellschaft, Frankfurt/M.

Bremes, Hans Erich (1999): Tradition und Dynamik. Eckpunkte einer Zusammenarbeit mit der Universität Münster, in: Jelich, Franz-Josef/Schneider, Günter (Hg.): Orientieren und Gestalten in einer Welt der Umbrüche

Brock, Adolf et al. (Hg., 1978): Arbeiterbildung. Soziologische Phantasie und exemplarisches Lernen in Theorie, Kritik und Praxis, Reinbek.

Bruch, Michael (2000): Herrschaft in der modernen Gesellschaft. Zur Bedeutung des Organisationsverhältnisses in kritischen Theorien der Gesellschaft, Wiesbaden.

Ciupke, Paul et al. (Hg., 2003): Erwachsenenbildung und politische Kultur in Nordrhein-Westfalen. Themen - Institutionen - Entwicklungen seit 1945, Essen/Recklinghausen.

DGB-Bildungswerk NRW (Hg., 1987): Materialien zur gewerkschaftlichen Bildungsarbeit, Heft 9: Politische Bildung im Bildungsurlaub, Düsseldorf.

DGB-Bundesvorstand (Hg., 1977): Gewerkschaften und Mitbestimmung, Düsseldorf.

- (Hg., 1996): Die Zukunft gestalten. Grundsatzprogramm des Deutschen Gewerkschaftsbundes, Berlin.

Dörre, Klaus (2002): Politische Bildung im flexiblen Kapitalismus. Anregungen für die gewerkschaftliche Debatte. In: Röder, Wolf-Jürgen/Dörre (Hg.): 2002.

Frech, Günter. (2005): Sommers Kapitulation. Hartz IV war gestern. Der DGB-Vorsitzende lässt bunte Bilder für die Mutter sammeln und McKinsey nach der Zukunft forschen. In: Freitag, 4.3.2005.

Friedrichs, Jürgen et al. (Hg., 1998): Die Diagnosefähigkeit der Soziologie, Sonderheft 38 der Kölner Zeitschrift für Soziologie und Sozialpsychologie, Opladen.

Hassel, Anke (2003): Organisation - Struktur und Entwicklung. In: Schroeder, Wolfgang/Weßels (Hg.) Die Gewerkschaften in Politik und Gesellschaft der Bundesrepublik Deutschland, Wiesbaden.

Hattinger Kreis (2002): Wege aus der Rekrutierungsfalle. Zur Zukunftsdebatte der IG Metall, in: Gewerkschaftliche Monatshefte, 53. Jg., Heft 9.

Honneth, Axel (1994): Kampf um Anerkennung. Zur moralischen Grammatik sozialer Konflikte,, Frankfurt/M.

IG Metall (Hg., 1976): 25 Jahre Bildungsarbeit, Frankfurt/M., darin die „Thesen zur Bildungsarbeit der IG Metall".

Jacoby, Henry (1984): Die Bürokratisierung der Welt, Frankfurt/M.

Jelich, Franz-Josef (2002): Kompetenz und Gewerkschaftliche politische Bildung und die Veränderung von Lernkulturen am Beispiel der IG Metall. In: Röder, Wolf Jürgen/Dörre, Klaus (Hg.): Lernchancen und Marktzwänge, Münster.

-/Schneider, Günter. (Hg., 1999): Orientieren und Gestalten in einer Welt der Umbrüche. Beiträge zur politischen und sozialen Bildung von Arbeit und Leben Nordrhein-Westfalen, Essen.

Kieserling, Andre (1999): Die Selbstbeschreibung der Soziologie. In: Soziale Welt, 50. Jg., Heft 4.

Klönne, Arno (1999): Die Gewerkschaften auf dem geordneten Rückzug? Rück- und Ausblicke. In: Schlemmer, Gisbert/Schmitthenner, Horst./Spoo, Eckart (Hg.): Kapitalismus ohne Gewerkschaften? Hamburg.

Krüger, H./Müller, W. (1978): So lernt man in der Gewerkschaft?, in: Brock, Adolf et al. (Hg.): Arbeiterbildung, Reinbek.

Mandel, Ernest (2000): Macht und Geld. Eine marxistische Theorie der Bürokratie, Köln.

Michels, Robert (1911): Zur Soziologie des Parteiwesens in der modernen Demokratie. Eine Untersuchung über die oligarchischen Tendenzen des Gruppenlebens, Leipzig.

Moore, Barrington (1982): Ungerechtigkeit. Die sozialen Ursachen von Unterordnung und Widerstand, Frankfurt/M.

Morgenroth, Christine/Niemeyer, Edzard/Hollmann, Reiner (1994): Realistische Utopien. Beteiligungsgewerkschaft als Zukunftsperspektive, Köln.

Müller-Jentsch, Walther (1986): Soziologie der industriellen Beziehungen. Eine Einführung, Frankfurt/M.

Negt, Oskar (1981): Soziologische Phantasie und exemplarisches Lernen. Zur Theorie und Praxis der Arbeiterbildung, Frankfurt/M.

Negt, Oskar (2004): Wozu noch Gewerkschaften? Eine Streitschrift, Göttingen.

-/Kluge, Alexander (1972): Öffentlichkeit und Erfahrung. Zur Organisationsanalyse von bürgerlicher und proletarischer Öffentlichkeit, Frankfurt/M.

-/- (1992): Maßverhältnisse des Politischen. 15 Vorschläge zum Unterscheidungsvermögen, Frankfurt/M.

-/Morgenroth, Christine/Geiling, Heiko/Niemeyer, Edzard (1989): Emanzipationsinteressen und Organisationsphantasie. Eine ungenutzte Wirklichkeit der Gewerkschaften? Zur Erweiterung sozialkultureller Handlungsfelder am Beispiel der DGB-Ortskartelle, Köln.

Oetjen, Hinrich (1994): „Die Mitglieder wollen sich gar nicht beteiligen". In: Oetjen, Hinrich/ Zoll, Reiner (Hg.): Gewerkschaften und Beteilung, Münster.

-/Zoll, Reiner (Hg., 1994): Gewerkschaften und Beteiligung. Eine Zwischenbilanz, Münster.

Pirker, Theo (1965): Die Gewerkschaften als Versicherungsbetrieb. In: Braun, Siegfried/Horné Alfred (Hg.): Zwischen Stillstand und Bewegung, Frankfurt/M.

Pries, K. (2005): Bereitschaft zum Wunder. In: Frankfurter Rundschau, 15.3.2005.

- (2005): Ideologie und Kitsch. In: Frankfurter Rundschau, 16.3.2005.

PROKLA 2003: Editorial: Gewerkschaftspolitik, in: PROKLA. Zeitschrift für kritische Sozialwissenschaften, 33. Jg., Heft 1.

Rehbock, Annette (1988): Soziologisches Wissen und gewerkschaftliche Organisation. Gewerkschaftliche Bildungsarbeit in den 1970er Jahren, Münster.

-/Wienold, Hanns (1995): Im Netz politischer Interessen. Die Verwendungskarriere des Negtschen Beitrages zur gewerkschaftlichen Bildungsarbeit. In: Bögenhold, Dieter et al. (Hg.): Soziale Welt und soziologische Praxis, Göttingen.

Richert, J. (Hg.) 1994: Subjekt und Organisation. Neuorientierung gewerkschaftlicher Bildungsarbeit, Münster.

Ries, Jürgen/Weinberg, Johannes/Weischer, Christoph/Wienold, Hanns/Windeler, Arnold (1986): Bildungsarbeit zwischen finanziellen Einschränkungen und technisch-ökonomischem

Wandel. Politische Erwachsenenbildung der Gewerkschaften in Nordrhein-Westfalen 1981-1983, Opladen.

Ritsert, Jürgen (1997): Gerechtigkeit und Gleichheit, Münster.

Röder, Wolf Jürgen/Dörre, K. (Hg., 2002): Lernchancen und Marktzwänge: Bildungsarbeit im flexiblen Kapitalismus, Münster.

Sablowski, Thomas (2004): Gewerkschaften am Scheideweg, http://www.prokla.de/Volltexte/volltexteframeset.htm, abgerufen am 4.3.2005.

Schlemmer, Gisbert/Schmitthenner, Horst/Spoo, Eckart. (Hg., 1999): Kapitalismus ohne Gewerkschaften? Eine Jahrhundertbilanz, Hamburg.

Schmied-Kowarzik, Wolfdrietrich (1993): Bildung, Emanzipation und Sittlichkeit. Philosophische und pädagogische Klärungsversuche, Weinheim 1993.

Schroeder, Wolfgang/Weßels, B. (Hg., 2003): Die Gewerkschaften in Politik und Gesellschaft der Bundesrepublik Deutschland. Ein Handbuch, Wiesbaden.

Schumacher, Maria (1993): Bildungsarbeit der Gewerkschaften als Universitätsprojekt. Bedingungen, Erfahrungen und Perspektiven. In: Jahrbuch Arbeit, Bildung, Kultur 1993, Bd. 11.

Sünker, H. (1996): Kritische Bildungstheorie - Jenseits von Markt und Macht? In: Zeitschrift für Pädagogik.

Türk, Klaus (1995): „Die Organisation der Welt". Herrschaft durch Organisation in der modernen Gesellschaft, Wiesbaden.

-/Lemke, Thomas/Bruch, Michael (2002): Organisation in der modernen Gesellschaft. Eine historische Einführung, Wiesbaden.

Vester, Michael 1998: Was wurde aus dem Proletariat? In: Friedrichs, Jürgen et al. (Hg.): Die Diagnosefähigkeit der Soziologie, Göttingen.

- et al. (2001): Soziale Milieus im gesellschaftlichen Strukturwandel. Zwischen Integration und Ausgrenzung, Frankfurt/M.

Weber, Max (1921): Wirtschaft und Gesellschaft. Grundriss der verstehenden Soziologie, Tübingen.

Weinberg, Johannes/Wienold, Hanns (1983): Politische Erwachsenenbildung der Gewerkschaft in Nordrhein-Westfalen 1976-1980, Opladen.

Weischer, Christoph (1996): Politische Bildungsarbeit und gewerkschaftliche Organisation. Aspekte der Bildungsdebatte in der IG Metall, Münster.

- et al. (1998): Das Seminar gibt sich eine Form. Seminardiskurs und sozialer Prozess, Münster.

Wienold, Hanns (1987): „Maschinen wollen sie, uns Menschen nicht". Neue Differenzierungslinien der Arbeitnehmerschaft und der Bildungsurlaub in Nordrhein-Westfalen. In: DGB-Bildungswerk NRW (Hg.):

- (1994): Bildungsarbeit zwischen Alltagsgeschichten und Theoriediskurs, in: Richert, J. (Hg.): Die Diagnosefähigkeit der Soziologie, Münster.

- (1996): Nichts als Geschichten? Von den Schwierigkeiten des Umgangs mit Wirklichkeiten und den Grenzen der Pädagogik, Münster.

-/Schumacher, Maria (1999): Zur Lernkultur in Seminaren der Arbeitnehmerweiterbildung. Erfahrungen aus einem Kooperationsprojekt zwischen gewerkschaftlicher Bildungsarbeit und Universität. In: Jelich, Franz-Josef/Schneider, Günter (Hg.) Orientieren und Gestalten in einer Welt der Umbrüche, Essen.

-/Bierhoff, Oliver (2003): Gewerkschaftliche Bildungsarbeit zwischen soziologischer Phantasie und Verbandsinteressen, in: Ciupke, Paul et al. (Hg.):. Erwachsenenbildung und politische Kultur in Nordrhein-Westfalen, Essen/Recklinghausen.

Zeitschrift für Pädagogik 1996: Bildung zwischen Staat und Markt, 35. Beiheft, Weinheim-Basel.

Zoll, Rainer (1991): Gewerkschaften als Diskurs-Organisationen. In: Gewerkschaftliche Monatshefte 6/1991.

- (1994): Zur Aktualität von Beteiligung. In: Oetjen, Hinrich/Zoll, Rainer (Hg.). Gewerkschaften und Beteiligung, Münster.

Katrin Späte

Keine Lust auf Schule? Die Soziologie und ihre Versäumnisse in der Fachdidaktik für politisch bildende Unterrichtsfächer

Worum es geht

Sie ist die bedeutendste Einrichtung, die ein Staat seinen Bürgerinnen und Bürgern zu bieten hat: die Schule. Sie erfasst alle Zugangsberechtigten, wenn es eine Schulpflicht gibt, bindet reichlich Lebenszeit und verteilt unbestritten Lebenschancen. Die Institution Schule erfreut sich als Forschungsobjekt der in den 1960er Jahren entstandenen „Soziologie der Erziehung" und „Soziologie der Bildung" eines schwankenden, dennoch durchaus stetigen soziologischen Interesses. Die wissenschaftliche Diskussion um die Bedeutung von Schule als Bildungsinstitution und um ihren Beitrag zur Reproduktion sozialer Ungleichheit wurde erst jüngst vor dem Hintergrund gewisser Schieflagen im deutschen Bildungssystem stark belebt. Dagegen trifft das, was in der Schule, genauer im und durch den Fachunterricht passiert auf deutlich weniger forschende Neugier. Die bildungssoziologischen Perspektiven auf das Forschungsobjekt „Schule" und „Erziehung", hier insbesondere die Analyse des negativen und aufzulösenden Zusammenhangs von sozialer Herkunft und Bildungschancen, dominieren derart soziologische Forschungsinteressen, dass andere Perspektiven auf Schule und Unterricht entweder nicht wahrgenommen oder aber innerdisziplinär für unbedeutend gehalten werden. Dabei ist „die Soziologie"[1] seit den 1960er Jahren auch eine Bezugsdisziplin des politisch bildenden Fachunterrichts, der im historischen Wandel und durch die Kulturhoheit in den Bundesländern unterschiedlich bezeichnet wird: Gemeinschafts- oder Sozialkunde, Politikunterricht, Gesellschaftslehre oder auch Sozialwissenschaften. Je nachdem, in welcher Schulform, Schulstufe und in welchem Bundesland der Schulbesuch absolviert wird, wird Schülerinnen und Schülern heute „politische Bildung" als oberstes Ziel dieses Unterrichts vermittelt, wenn er denn erteilt wird. Die Soziologie war und ist, neben der Politik- und Wirtschaftswissenschaft, wiederum an der Konzeptionierung der Inhalte und Methoden dieses Unterrichtsfaches und der Ausbildung der Lehrkräfte sehr wechselhaft beteiligt. In der Disziplin selbst etablierte sich für die Auseinandersetzung mit didaktischen Fragen kein „Ort". Von einer „undiskutierten Praxis" sprach Ulrike Vogel diesbezüglich in ihrer Habilitation „Zur unentdeckten Professionalisierung der Soziologie" (Vogel 1977). Damit verwies sie einerseits auf den Missstand, dass zwar Soziologinnen und Soziologen an der Ausbildung der Lehrkräfte beteiligt sind, dies aber gar nicht reflektieren, anderseits zeigte sie, dass die Soziologie kontinuierlich an der Ausbildung beteiligt war und ist. Vielen Lehrenden in der Soziologie sind allerdings das Unterrichtsfach und seine Geschichte genauso wenig bekannt wie die dazugehörige Fachdidaktik, die sich mittlerweile zu einer eigenständigen Wissenschaft entwickelt hat. Im „schlimmsten" Fall unterscheiden Lehrende gar nicht zwischen dem Beitrag der Soziologie im Rahmen eines erziehungswissenschaftlichen Begleitstudiums für alle Lehramtsstudierenden und einer Soziologie als Bezugsdisziplin für Fachstudierende. Aus diesem Desinteresse und Nichtwissen heraus hat sich eine Situation ergeben, die als „Marginalisierung" (Meuser 1997) oder als „Stellenwertdilemma der Soziologie" (Claussen 1997, S. 49) im fachdidaktischen Diskurs bezeichnet wird. Festzustellen ist, dass die Auseinandersetzung mit Fragen des Unterrichtsfachs und seiner Didaktik bisher wenig wissenschaftliches Interesse weckt und die Forschung häufig nicht gefördert wird mit der Folge, dass die Fachdidaktik für die entsprechenden Fächer von den Politik- und Wirtschaftswissenschaften dominiert wird. Letztere hat es sogar geschafft mit Unterstützung des Praxisfeldes, auf das sich ihre Forschungen beziehen, „die Wirtschaft", eine eigene Didaktik auszubilden, die „ökonomische Bildung" genannt wird. Dies hat erhebliche Auswirkungen auf die Struktur der Schulfächer sowie die Inhalte in den Lehrplänen und in Wechselwirkung damit auch auf die Beteiligung der Soziologie als wissenschaftlicher Disziplin an der Ausbildung der Studierenden für politisch bildende Unterrichtsfächer. Die Soziologie bleibt diesen Entwicklungen bisher eine Antwort schuldig. Heidrun Hoppe konstatierte in ihrer Habilitationsschrift über die Entwicklung eines biographiezentrierten Ansatzes für die politische Bildung, dass

> [...] die Soziologie keine Didaktik ihrer Disziplin entwickelt hat. Soziologie ist zwar neben der Politischen Wissenschaft und den Wirtschaftswissenschaften - eine der Bezugsdisziplinen für den Bereich der politischen Bildung, und Soziologinnen und Soziologen stellen einen nicht unerheblichen Anteil der MitarbeiterInnen in der schulischen und außerschulischen politischen Bildungsarbeit, ohne daß dies allerdings bisher innerhalb der Soziologie zur Entwicklung 'eigenständiger' fachdidaktischer Ambitionen geführt hätte. (Hoppe 1996, S. 115)

Wenige fordern wie Mechthild Oechsle eine stärker soziologisch orientierte Didaktik:

> Generell wäre nach dem Bildungsgehalt soziologischer Erkenntnisse zu fragen und Ansätze einer stärker soziologisch orientierten Didaktik der politischen Bildung, die dann vielleicht besser und zutreffender sozialwissenschaftliche Bildung genannt werden sollte, zu entwickeln. (Oechsle 2000, S. 71).

Die Forderungen nach einer Didaktik der Soziologie oder einer stärkeren soziologischen Orientierung bringen zunächst einmal nur ein Unbehagen an der Hegemonie der politikwissenschaftlichen und ökonomischen Paradigmen folgenden Zugriffe zur Erklärung von sozialer Wirklichkeit zum Ausdruck. Reflektiert man die disziplinäre Arbeitsteilung aus einer systemtheoretischen Perspektive, dann ist die Politikwissenschaft für die Analyse und Erklärung von „Politik" zuständig, die Ökonomik für „Wirtschaft" und die Soziologie für „Gesellschaft". Die Themen, die dann in den

Zuständigkeitsbereich der Soziologie fallen, entsprechen ungefähr dem Gesellschaftsbegriff, den das Nachrichtenmagazin „Der Spiegel" als Rubrik führt: Buntes und Skurriles. In der Fachdidaktik wird diese Form der „Arbeitsteilung" in Bezug auf die Analyse der sozialen Welt als „Integrationsproblem" behandelt. Daran wird sich so lange nichts ändern bis „[...] Soziologie sich in die Diskussion über den Begriff des Politischen einschaltet und die 'Definitionshoheit' nicht der Politikwissenschaft überlässt" (Meuser 1997, S. 256). Und das allein reicht nicht aus, denn aus soziologischer Perspektive muss auch „Didaktik" selbst hinterfragt werden. Bisher lautet die allgemein akzeptierte „didaktische Grundfrage" aus erziehungswissenschaftlicher Perspektive: Wer soll was wann warum wie lernen? So verstanden handelt es sich bei „Didaktik" in erster Linie um eine Legitimationswissenschaft für staatlich gesteuerte Bildungsprozesse in einem demokratischen politischen System. Unterrichtsinhalte und damit Lerngegenstände werden nicht einfach willkürlich durch Rückgriff auf Traditionen oder ideologische Ziele bestimmt, sondern wissenschaftlich begründet ausgewählt und angeordnet und dann in einem politisch gesteuerten diskursiven Verfahren abgestimmt. Aus soziologischer Perspektive ist diese (fünffache) Grundfrage aber durchaus zu erweitern, um die Fragen danach, 1. wer bestimmt und 2. warum wird von wem bestimmt, wer was wann warum wie lernen soll? Der Begriff von „Fachdidaktik" selbst muss also kritisch hinterfragt und erweitert werden. Bevor dies geschieht, werde ich die Beteiligung der Soziologie seit der Entstehung von Konzepten zur „politischen Bildung" aufzeigen, denn der historische Kontext zeigt die Bedeutung der Auseinandersetzung mit diesem Arbeitsfeld.

Soziologie im fachdidaktischen Diskurs: eine historische Skizze

Die Einführung eines Unterrichtsfachs zur demokratischen Erziehung in Deutschland stand im Kontext der re-education Maßnahmen der amerikanischen Besatzung. „Die Deutschen" sollten sich verändern: von diktaturhörigen Massenmördern zu Menschenrechte achtenden Demokraten. Es waren zunächst die politischen Pädagogen aus der Weimarer Zeit, die Entwürfe für einen demokratischen Ansprüchen genügenden Unterricht vorlegten. Inspiriert von einem lebensweltlichen Demokratieverständnis wie es von dem amerikanischen Pädagogen John Dewey vertreten wurde, legte Theodor Wilhelm zu Beginn der 1950er Jahre unter dem Pseudonym Friedrich Oetinger einen Entwurf zur „Partnerschaftserziehung" vor, der die Vermittlung von Fähigkeiten für das Leben in der Gemeinschaft in den Mittelpunkt stellte. Daraus resultierte dann auch die Benennung des Fachs als „Gemeinschaftskunde". Kritische zeitgenössische Stimmen vermuteten hier eine der nationalsozialistischen Ideologie nahe stehende „Gemeinschaftstümelei" (vgl. Gagel 1994, S. 67).

Eine didaktisch ausgerichtete Diskussion entstand im Jahr 1960 mit der Publikation „Der politische Unterricht" einer Autorengruppe (Fischer/Hermann/Mahrenholz 1960). Das Buch erschien in einer Zeit, in der die „Aufarbeitung der Vergangenheit" (Adorno 1960) angestoßen wurde durch die NS-Prozesse und Hakenkreuzschmierereien in Köln. Dies führte zu einem „Wandel in der politischen Bildung" (Gagel 1994, S.127) und einer Steigerung des „Interesses an einer verbesserten und intensiveren politischen Bildung der Jugend" (Sander 1989, S. 99). In den folgenden Jahren findet dann auch die Vermittlung politischer Bildung in der Schule ein reges soziologisches Forschungsinteresse: im Frankfurter Institut für Sozialforschung unter der Führung von Max Horkheimer und Theodor Adorno. Sie initiierten zum einen die Erforschung der „Wirksamkeit politischer Bildung" in der Schule durch den praktizierten Unterricht, zum anderen richteten sie ein „Studienbüro zur Soziologie der politischen Bildung" ein, das den Austausch zwischen amerikanischen und deutschen Wissenschaftlern auf diesem Gebiet fördern sollte. Die durchgeführten Studien zum Unterricht und den Unterrichtsmaterialien (Nitschke 1966; Becker/Herkommer/Bergmann 1967; Teschner 1968) kamen alle zum Ergebnis, dass den Schülerinnen und Schülern nicht die Fähigkeit vermittelt werde, gesellschaftliche Zusammenhänge zu durchschauen. Stattdessen würden einfach biologische Erklärungsmuster für das Soziale herangezogen (vgl. Teschner 1968, S. 141). Die Forscher traten dafür ein, dass mehr „Soziologie" gelehrt werden sollte, was Adornos Standpunkt entsprach:

> Aller politische Unterricht endlich sollte zentriert sein darin, daß Auschwitz sich nicht wiederhole. [...] Dazu müßte er in Soziologie sich verwandeln, also über das gesellschaftliche Kräftespiel belehren, das hinter der Oberfläche der politischen Formen seinen Ort hat. (Adorno 1970, S. 109).[2]

Wenngleich die Studien in der Folge von engagierten politischen Bildnern und Didaktikern gern benutzt wurden, um mehr Unterricht zu fordern und die Bedeutung der Vermittlung politischer Bildung herauszuheben, hatte dies zunächst wenig Einfluss auf die Umsetzung der Forderung nach mehr Soziologie. Die so genannte „Kritische Theorie" kam in den 1970er Jahren in den Bundesländern Hessen und Nordrhein Westfalen über einen pädagogischen „Umweg" in allgemein didaktische Konzepte und in Lehrpläne für den Politikunterricht: durch die von Herwig Blankertz und Wolfgang Klafki begründete kritische Erziehungswissenschaft.

Der einzige Soziologe[3], der Ende der 1960er Jahre begann sich wissenschaftlich mit der Didaktik auseinander zu setzen, war Rolf Schmiederer. Er befasste sich allerdings nicht nur mit didaktischen Fragen, sondern analysierte auch den Kontext, in dem politische Bildung stattfand. Als Veranstaltung im Rahmen einer staatlichen Institution hatte dieser Unterricht immer auch die Funktion, den gesellschaftlichen Status quo zu stabilisieren: „Es wäre also illusorisch, Schule und Politische Bildung als den Hebel zur Reform der Gesellschaft anzusehen." (Schmiederer 1971, S. 26)

In seinem Entwurf für den Bildungsgehalt der Soziologie in der politischen Bildung griff Schmiederer auch das von C. Wright Mills geprägte Schlagwort der

„Sociological Imagination“ auf, das Oskar Negt als „Soziologische Phantasie“ (Negt 1971) in den 1968er Bewegungsjahren für die Arbeiterbildung fruchtbar gemacht hatte (vgl. Wienold/Bierhoff 2003). Der Wert der „sociological imagination“ lag für Mills darin einen Weg aufzuzeigen von den „private troubles“ zu den „public issues“. Oskar Negt verband die soziologische Phantasie, als mit „schöpferischer Kraft begabtem soziologischen Denken“, mit einem klaren Ziel:

> Erst die Erziehung zu einer soziologischen Denkweise, deren bestimmender Zweck die Verwandlung der vorpolitisch existierenden Formen des Klassenbewusstseins in politisch klassenbewusste Aktionen ist, befähigt den einzelnen, wissenschaftliche Arbeitsteilungen produktiv rückgängig zu machen und damit handlungsmotivierende Strukturen in die chaotische Fülle der Informationen und des Lehrstoffes zu bringen. (Negt 1971, S. 27)

So viel „soziologische Phantasie“ war kaum in staatlichen Lehrplänen zu verankern. Schmiederer war sich dessen bewusst, dass Didaktik als Antwort auf die Fragen des Was? und Warum? in erster Linie als Legitimationswissenschaft für staatliche Erziehungsprogramme dient. Er nahm die Widersprüche hin und wurde mit jeder Publikation moderater. Besonders deutlich wurde dies nach lebhaften Auseinandersetzungen in den frühen 1970er Jahren um neu zu verabschiedende Richtlinien für den Politikunterricht in den Ländern Nordrhein Westfalen und Hessen. Die starke soziologische Orientierung der Unterrichtsinhalte und der deutliche Bezug zu Inhalten der Kritischen Theorie mündeten in der öffentlichen Diskussion dieser Zeit zu Diagnosen wie „Klassenkampf im Klassenzimmer“[4]. Die „soziale Ordnung“ wurde durch diese soziologische Orientierung als bedroht angesehen. Schlüsselbegriffe wie „Konflikt“, „Erziehung zum Widerstand“, „Kritik“ und „Herrschaftsverhältnisse“ lösten vehemente Ablehnung aus. Akteure aus allen gesellschaftlichen Bereichen befürchteten eine marxistische Gesellschaftsrevolution durch indoktrinierte Schüler. Schmiederer stellte danach die „Schülerorientierung“ als didaktisches Prinzip in den Mittelpunkt seiner weiteren Arbeiten, was ihm die Kritik einbrachte, „Ansprüche“ als „Utopien“ zu denunzieren und damit die politische Bildung zu repädagogisieren, mithin zu zähmen (vgl. Priester 1981, S. 153).

Zaghafte Ansätze von WissenschaftlerInnen wie Johann Diekmann und Dieter Bolscho (Dieckmann/Bolscho 1974) oder Elke Callies, Wolfgang Edelstein und Dieter Hopf (Calliess u.a. 1974) Soziologie zur „Leitwissenschaft“ in der politischen Bildung zu machen, scheiterten. Danach ist ein erwähnenswertes Engagement von Soziologen oder Soziologinnen nicht mehr festzustellen (vgl. Späte 2005). Diese „Abwendung“ von Fragen zur politischen Bildung kann mit einem Abgrenzungsbedürfnis zur sozialwissenschaftlichen Erziehungswissenschaft (Goldschmidt/Händle) einerseits und der Ausweitung der Forschungsperspektiven auf das Bildungssystem im Rahmen der Entwicklung der speziellen Soziologie der Erziehung und Bildung andererseits erklärt werden. Diesen Forschungsperspektiven lag und liegt ein anderes Verständnis von politischer Bildung in einer Demokratie zugrunde, das Dahrendorf in den sechziger

Jahren mit dem „Bürgerrecht auf Bildung" kennzeichnete und das die pädagogische Praxis der politischen Bildung heute als Feigenblatt eines politischen Systems erscheinen lässt. Ob nun die Abwendung oder Nichtbeschäftigung mit schulischer politischer Bildung seitens der Soziologinnen und Soziologien auch mit „akademischem Dünkel" und der Abqualifizierung von „Sozialkundlichem" durch „ambitionierte Wissenschaftler" in Zusammenhang gebracht werden kann wie Stefan Hradil vermutet (Hradil 1996, S. 7), sei hier dahingestellt. Zu schließen ist allerdings, dass die Akkumulation wissenschaftlichen Kapitals mit *dieser* Perspektive auf das Forschungsfeld „Schule" weniger in Verbindung gebracht wird, sonst lägen weitaus mehr Forschungsarbeiten vor.

Status quo: Soziologie als „Hilfswissenschaft"

Die Fachdidaktik zum Unterricht etablierte sich ab Mitte der 1970er Jahre durch die Einrichtung zahlreicher Lehrstühle an politikwissenschaftlichen Instituten mit den Bezeichnungen „Didaktik der politischen Bildung", „Didaktik der Sozialkunde", „Politikwissenschaft und ihre Didaktik" und ähnliches. Explizit soziologische Ansätze sind seitdem selten zu finden. Heute stellt es sich eher so dar, dass soziologische Methoden, Theorieansätze und Forschungsergebnisse für die Entwicklung fachdidaktischer Konzepte von etablierten Akteuren in der Fachdidaktik als „Steinbruch für Allerleikonstrukte" (Claußen 1997) benutzt werden. In erster Linie betrifft dies die politische Sozialisationsforschung, die Jugendsoziologie und Gesellschaftstheorien.

Die Verwendung von Erkenntnissen aus der politischen Sozialisationsforschung und der Jugendsoziologie dient der Beantwortung der grundsätzlichen Fragen, ob Kinder und Jugendliche als Objekte der Bildungsintentionen überhaupt für „das Politische" aufgeschlossen sind, was Aufschlüsse über die Lernmotivation für politische Themen geben sollte und wenn ja, welche politischen Lerninhalte in welchem Lebensalter geeignet sind. Helmut Schelsky konstatierte bei der Jugend in seiner prominenten Studie „Die skeptische Generation" als „Grundzug gegenüber Politik und Öffentlichkeit" ein „sehr tiefes Fremdheitserlebnis ohne starken Zwang zu seiner Bewältigung" (Schelsky 1963, S. 352). Die Einschätzung des politischen Interesses und der Bildsamkeit von Kindern und Jugendlichen durch Unterricht hängt allerdings eng mit der Definition des „Politischen" zusammen, worauf Günter C. Behrmann aufmerksam machte (Behrmann 1969). Er verwies auf amerikanische Forschungsergebnisse, die zeigten, dass bereits in der Kindheit und frühen Jugend (9.-14. Lebensjahr) Gefühle zu bzw. Vorstellungen von „Politik" entwickelt werden und damit als politisch bildende Instanzen auch die Familie, andere soziale Bezugsgruppen außerhalb von Schule, mithin die peer-groups und Medien eine Rolle spielen. Anstatt allerdings die Lebens- und Kommunikationsformen in Familien und deren Erziehungsstile als politische Phänomene zu untersuchen, richtete sich das Interesse in der fachdidaktischen Theoriebildung weiterhin darauf für Jugendliche die Kluft zwischen der „Lebenswelt“ und „der Politik“ durch „Brücken“ zu erschließen. Mit diesem Bild drückte Tilmann Grammes (Grammes 1986) das von Schelsky diagnostizierte „sehr tiefe Fremdheitserlebnis“ aus und fokussierte damit „das Brückenproblem“ als die didaktische Herausforderung des politischen bildenden Unterrichts.

Die Rezeption jugendsoziologischer Studien diente ebenfalls der Diagnostik der jugendlichen Befindlichkeiten. Einstellungen, Vorstellungen und Werte der Jugend werden kontinuierlich empirisch erfasst. Die Jugend ist die wohl am besten beobachtete und damit kontrollierte soziale Gruppe, wenngleich der pädagogische und didaktische Gehalt der Ergebnisse mit Skepsis zu beurteilen ist: „Lehrer unterrichten nun jedoch nicht eine repräsentative Auswahl der Jugendlichen, sondern Schüler und Schülergruppen, deren Meinungen und Verhaltensweisen häufig nicht ‘repräsentativ’ verteilt sind.“ (Behrmann 1986, S. 241). Somit wird also viel Wissen über „Lebenswelten“ anonymer Jugendlicher produziert, aber die konkreten Lebenswelten derjenigen, die im Klassenzimmer sitzen, finden nach wie vor wenig Berücksichtigung. Kurzzeitig trafen die Lebensweltansätze von Alfred Schütz oder Peter Berger und Thomas Luckmann auf Interesse. Sie veränderten allerdings weniger die theoretischen Ansätze der Politikdidaktik, sondern finden sich versteckt in der Bildung allgemeindidaktischer Prinzipien wie „Schülerorientierung“ (übrigens durch Schmiederer), „Alltagsorientierung“ und „Handlungsorientierung“. Der Grund liegt darin, dass der Politikbegriff inhaltlich verändert werden müsste, suchte man Politik in den Lebenswelten der einzelnen Menschen.

Daher ist das Interesse an „Gesellschaftstheorien“ bei den Fachdidaktikern weitaus größer. Klaus Roth beschrieb ihre Funktion mit dem Bild eines „Geländers durch das Gestrüpp des sozialen Lebens“ (Roth 1997). Für den Forschungsgegenstand „Gesellschaft“ wurde der Soziologie im fachdidaktischen Diskurs daher die Deutungsmacht zugesprochen, weil sie Wissen über das „System“ produziert. Eine besondere Rezeption konnte im fachdidaktischen Diskurs die „Risikogesellschaft“ von Ulrich Beck erreichen (vgl. Pohl 1997). Sie wurde zur Lernziel- und Inhaltsauswahl und zur Bestimmung der Rahmenbedingungen politischer Bildung herangezogen. Peter Henkenborg, Professor für Didaktik der politischen Bildung an der TU Dresden, schrieb dem Begriff „Risiko“ hinsichtlich des Problems der Inhaltsauswahl in seiner Dissertation eine hohe Bedeutung zu. Als klassifikatorische Kategorie, als „didaktisch-methodische Schlüsselkategorie“ könne der Risikobegriff „Erkenntnisse über das Veränderte in der gegenwärtigen Gesellschaft ordnen und sammeln und dadurch helfen, die ‘vorfindliche Problemkomplexität’ der Gesellschaft zu erschließen“. (Henkenborg 1992: 197) Damit wurde Becks Theorieentwurf einerseits zum „Geländer durch das Gestrüpp des sozialen Lebens“, andererseits gefährdete er aber den das didaktische Gerüst konstituierenden Politikbegriff: „Risiken werden zum Motor der *Selbstpolitisierung* der industriegesellschaftlichen Moderne – mehr noch: mit ihnen verändern sich *Begriff, Ort und Medien von 'Politik'.*" (Beck 1986, S.300) Die Entgrenzung des „Politischen" kann allerdings von einer Wissenschaft, deren Gegenstand eben das „Politische" ist, nicht hingenommen werden. Kerstin Pohl ironisierte die Rezeption der Risikogesellschaft als das „Beck-Risiko" für die Politikdidaktik. Ein derartiger Politikbegriff bedeutet in ihren Augen eine Vernachlässigung der eigentlichen Aufgabe des Politikunterrichts, der „systematischen Auseinandersetzung mit Politik" (vgl. Pohl 1997, S. 187).

Die Inflation von Zeitdiagnosen wie Erlebnis-, Kommunikations-, Informations-, Multioptions- oder Wissensgesellschaft führte nicht nur Armin Pongs zu der Frage „In welcher Gesellschaft leben wir eigentlich?" (Pongs 1999). Das Überangebot an Zeitdiagnosen veränderte die Einschätzung des Nutzens gesellschaftstheoretischer Entwürfe für politikdidaktische Konzepte. Als Ausweg aus dem Dilemma der nicht mehr bestimmbaren Gesellschaft wurde die Rückbesinnung auf Kategorien zur Ordnung und Selektion politischer Wirklichkeit vorgeschlagen (vgl. Henkenborg 1997, S. 199). In der jüngeren Diskussion scheint allerdings wieder ein Gesellschaftsmodell das Potential zu besitzen, politikdidaktischen Ansätzen eine gemeinsame Klammer geben zu geben: die Bürgergesellschaft. Dieses Modell, das sich aus unterschiedlichen theoretischen Ansätzen speist, trocknet die gefürchtete Verflüssigung des Politischen ein, indem die klassischen Aufgaben des mündigen Bürgers um zivilgesellschaftliche Aufgaben erweitert werden. So entsteht auch ein für den Politikunterricht geeignetes Leitbild: der demokratiekompetente Bürger (vgl. Detjen 1999). Es handelt sich hier um eine Art Mittelweg zwischen einem Politikbegriff der vage „mit dem Staatlichen konnotiert" (Nassehi 2003, S. 133), ist und einem, der alles als irgendwie politisch betrachtet, „was über die unmittelbare private Lebensführung hinausgeht" (Nassehi 2003, S, 134) und selbst diese wurde ja vor nicht allzu langer Zeit als politisches Phänomen begriffen. Die Beobachtungsperspektive bleibt allerdings auch im Rahmen der Diskussion um die Zivilgesellschaft makroanalytisch ausgerichtet. Es wird selten nach der Bedeutung „des Politischen" aus der Subjektperspektive und für die Subjekte gefragt. Das große Interesse am Bürger und vor allen Dingen an dessen „Engagement", wie es zum Beispiel die Bundesregierung mit der Einsetzung einer Enquete-Kommission zum „bürgerschaftlichen Engagement zeigte, speist sich eher aus der Erkenntnis der „Erschöpfung der Potentiale von Staat und Markt" (Zimmer/Nährlich 2000, S. 9) als aus dem Bemühen die demokratische Partizipation zu verbessern.

Desiderata

Die besten Voraussetzungen an die vorhandenen Anfänge der Beteiligung anzuknüpfen und Beiträge zur Fachdidaktik und zur Hochschulausbildung der Lehramtsstudierenden zu leisten, böte die Einrichtung entsprechender Lehrstühle an soziologischen Instituten. Die wissenschaftliche Auseinandersetzung mit dem Handlungsfeld „Fachunterricht" bekäme damit in der Fachdisziplin Soziologie einen „Ort". Diese Form der institutionellen Absicherung und Verortung würde zwei Perspektiven eröffnen. Zum einen die Verankerung einer Lehre, die auf die professionsbezogenen Bedürfnisse von Lehramtsstudierenden ausgerichtet ist. Dass dem nicht so ist, liegt allerdings nicht nur am fehlenden Engagement von Hochschullehrenden, sondern leider auch an der grundsätzlichen Struktur der Lehramtsausbildung. Zum anderen die Einrichtung von Forschungsprojekten, die die Handlungsfelder „schulische politische Bildung" und Fachunterricht in all ihren Dimensionen erkunden: von der Beantwortung didaktischer und methodischer Grundfragen bis zur Analyse sämtlicher struktureller Rahmenbedingungen. Aus soziologischer Perspektive muss sich eine andere Herangehensweise an didaktische Fragen ergeben, wie ich es zu Beginn des Beitrags bereits angedeutet habe. „Didaktische Arbeit" in der Soziologie muss den Prozess der Auswahl, der Anordnung und der Begründung von Wissen ebenso mit reflektieren wie die Rahmenbedingungen innerhalb derer dieser Prozess stattfindet. Dann eröffnen sich Forschungsperspektiven, die *in diesem Kontext* bisher nur unzureichend oder gar nicht berücksichtigt worden sind wie

- die soziologische Analyse des Zusammenhangs von „Staat" und „politischer Bildung" (gegenwartsbezogen, historisch, regional) und in Verbindung damit die Analyse des Verhältnisses von „Lebenswelt" und „Politik" aus mikro- und makrosoziologischen Perspektiven, die dann zur Grundlage der didaktischen Aufbereitung von Unterrichtsinhalten und -projekten gemacht werden können,
- die Erforschung von „Gesellschaftsbildern" der Fachlehrkräfte,
- die Analyse vorliegender fachdidaktischer Konzeptionen im Hinblick auf gesellschaftstheoretische Implikationen und Bürgerleitbilder,
- die Analyse von Lehrplänen unter wissenssoziologisch-diskursanalytischen Gesichtspunkten,
- die Analyse der Rolle der Lehrenden im Politikunterricht, deren eigene Politikvorstellungen und deren „politische" Sozialisation,
- die Erforschung der Praxis der zweiten Ausbildungsphase usw.

Die Beantwortung dieser Fragen und Zusammenhänge würde die Ausbildung der zukünftigen Lehrkräfte und die didaktische Praxis erheblich verbessern, indem empirisch gesichertes und differenziertes Wissen über dieses Handlungsfeld erzeugt wird. Und allein das ist das Ziel meines Beitrags. Die Ausbildung von LehrerInnen würde sich meines Erachtens übrigens allgemein erheblich verbessern, wenn deren Bildung selbst zum Ziel des Studiums gemacht würde. Als besonders dringlich erscheint mir allerdings die wissenschaftliche Auseinandersetzung mit der Produktion und Selektion von Unterrichtsinhalten durch Kommissionen des politisch-administrativen Systems. In Seminardiskussionen wird sehr deutlich, dass die Lehramtsstudierenden weder über ein kritisches Bewusstsein gegenüber Lehrplänen noch über Wissen über ihre Herstellung verfügen. Lehrpläne werden, so behaupte ich, als staatliche Dokumente wie Dienstanweisungen hin- und damit auch angenommen. Und dies gilt nicht nur für die Fachstudierenden, sondern grundsätzlich für alle Lehramtsstudierenden. Der Spielraum, den Lehrpläne und Richtlinien den Lehrenden bisher immer boten (in Abhängigkeit des Bundeslandes), wurde bisher häufig gar nicht wahrgenommen, entweder aus Bequemlichkeit oder Unwissenheit. Daher müssen diese Dokumente, gegenwärtig sind es „Bildungsstandards" und „Kerncurricula", die das zu vermittelnde Wissen bzw. die zu vermittelnden Kompetenzen festlegen, zu Gegenständen der wissenschaftlichen Analyse im Studium werden. Gerade für Fragen danach, warum dieses Thema behandelt werden soll und nicht jenes, jene Kompetenz vermittelt werden soll und nicht diese, welche Kompetenzen überhaupt wichtig sind, bietet die erste Phase der Lehramtsausbildung den Raum, der in der zweiten Phase der Ausbildung nicht mehr da ist. Dies gilt ebenfalls für die Auseinandersetzung mit fachdidaktischen Konzeptionen. Diese spielen für die Unterrichtsvorbereitung von Lehrkräften zwar eine geringe Rolle, da sie oftmals als zu wissenschaftlich und kompliziert wahrgenommen werden, dennoch wirken sie vermittelt über die Verwendung zur Produktion von Unterrichtsmaterialien, von Schulbüchern und staatlich zugelassenen Bildungskonzepten.

Bisher liegen auch keine Erkenntnisse vor, mit welchen Vorstellungen von „Gesellschaft" beispielsweise die Studierenden die Hochschulen verlassen. Und wenigstens auf diesem Gebiet sollte den Vertreterinnen und Vertretern der „Lehre von der Gesellschaft" doch daran gelegen sein, ein Problembewusstsein für den die Disziplin konstituierenden Forschungsgegenstand zu wecken und die Studierenden nicht mit einem Verständnis zu entlassen, das nicht über das des Spiegel-Magazins hinausgeht: Buntes und Skurriles, über das sich im Politikunterricht vortrefflich schwätzen lässt.

Anmerkungen

1 Der Begriff „die Soziologie" wird hier in einem wissenschaftspolitischen Verständnis verwendet. Dahinter stehen selbstverständlich einzelne Wissenschaftlerinnen und Wissenschaftler.

2 Geäußert in einem Gespräch mit Hellmut Becker.

3 Als Soziologe/Soziologin bezeichne ich diejenigen mit akademischen Abschlüssen, die ihre Arbeit selbst als „Soziologie" bezeichnen.

4 So die Überschrift des Artikels von Alfred Schickel im Deutschland Magazin, 5, 1973, S. 39, z.n. Stein 1979, S. 57).

Literatur

Adorno, Theodor W. (1960): Was bedeutet: Aufarbeitung der Vergangenheit? In: Gesellschaft-Staat-Erziehung, Heft 1, S. 3-14.

- (1970): Erziehung zur Mündigkeit, Frankfurt/Main.

Beck, Ulrich (1986): Risikogesellschaft. Auf dem Weg in eine andere Moderne, Frankfurt/Main.

Becker, Egon/Herkommer, Sebastian/Bergmann, Joachim (1970): Erziehung zur Anpassung. Eine soziologische Untersuchung der politischen Bildung in den Schulen, Schwalbach (3. Aufl.).

Behrmann, Günter C. (1969): Politische Sozialisation in den USA und Politische Bildung in der Bundesrepublik. In: GSE, Heft 3, S. 145-160.

- (1986): Neue Didaktiken von Altmeistern. In: Gegenwartskunde, Heft 2, S. 239-244.

Calliess, Elke/Edelstein, Wolfgang/Hopf, Dieter u.a. (1974): Sozialwissenschaft für die Schule. Umrisse eines Struktur- und Prozeßcurriculums, Stuttgart.

Claussen, Bernhard (1997): Zum Stellenwert der Soziologie in Theorie und Praxis der politischen Bildung. In: Siegfried Lamnek (Hg.): Soziologie und politische Bildung, S. 27-80.

Detjen, Joachim (1999): „Der demokratiekompetente Bürger“ - Politikwissenschaftliche Anmerkungen zu einer normativen Leitvorstellung Politischer Bildung, Katholische Universität Eichstätt, Eichstätter Antrittsvorlesungen, Band 3, Wolnzach.

Diekmann, Johann/Bolscho, Dietmar (1975): Gesellschaftswissenschaftlicher Unterricht, Bad Heilbrunn/Obb.

Fischer, Kurt Gerhard/Hermann, Karl (1960): Der politische Unterricht, Bad Homburg.

Gagel, Walter 1994: Geschichte der politischen Bildung in der Bundesrepublik Deutschland 1945-1989, Opladen.

Grammes, Tilman (1985): Politikdidaktik und Sozialisationsforschung. Problemgeschichtliche Studien zu einer pragmatischen Denktradition in der Fachdidaktik, Frankfurt/Main.

Henkenborg, Peter (1992): Die Unvermeidlichkeit der Moral. Ethische Herausforderungen für die politische Bildung in der Risikogesellschaft, Schwalbach/Ts.

Hoppe, Heidrun (1996): Subjektorientierte politische Bildung. Begründung einer biographiezentrierten Didaktik der Gesellschaftswissenschaften, Opladen.

Hradil, Stefan (1996): Lehramtsausbildung - oder: Wie politische Bildung schon an der Wurzel geschädigt wird. In: dialog, Juni, S. 6-7.

Meuser, Michael (1997): Marginalisierung der Soziologie? In: Siegfried Lamnek (Hg.): Soziologie und politische Bildung, S. 241-260.

Nassehi, Armin (2003): Der Begriff des Politischen und die doppelte Normativität der „soziologischen Moderne“. In: Armin Nassehi und Markus Schroer (Hg.): Der Begriff des Politischen, Baden-Baden, S. 133-169.

Negt, Oskar (1968): Soziologische Phantasie und exemplarisches Lernen. Zur Theorie der Arbeiterbildung, Frankfurt/Main.

Nitzschke, Volker (1966): Eine soziologische Analyse des Sozialkundeunterrichts an Volks-, Mittel- und Berufsschulen, Frankfurt/Main.

Oechsle, Mechthild/Wetterau, Karin (Hg., 2000): Politische Bildung und Geschlechterverhältnis, Opladen.

Pohl, Kerstin (1997): Das „Beck-Risiko" - Wie eine fragwürdige Gesellschaftsdiagnose zu einem allgemeinen Dogma der Politikdidaktik avancierte. In: Politische Bildung, Heft 2, S. 174-190.

Pongs, Armin (1999): In welcher Gesellschaft leben wir eigentlich? Band 1, München.

Priester, Karin (1981): Wie progressive Konzepte entpolitisiert werden. In: Volker Briese u.a. (Hg.): Entpolitisierung der Politikdidaktik?, S. 143-162.

Roth, Klaus (1997): Die Theorie des kommunikativen Handelns von Jürgen Habermas. In: Politische Bildung, Heft 2, S. 24-54.

Sander, Wolfgang (1989): Zur Geschichte und Theorie der politischen Bildung. Allgemeinbildung und fächerübergreifendes Lernen in der Schule, Marburg.

Schelsky, Helmut (1975): Die skeptische Generation, Frankfurt/Main.

Schmiederer, Rolf (1971): Zur Kritik der politischen Bildung. Ein Beitrag zur Soziologie und Didaktik des politischen Unterrichts, Frankfurt/Main.

Späte, Katrin (2005): Hauptsache Gesellschaft. Westdeutsche Soziologie im Kontext schulischer politischer Bildung, Schwalbach/Ts.

Stein, Gerd (1979): Immer Ärger mit den Schulbüchern. Ein Beitrag zum Verhältnis zwischen Pädagogik und Politik, Dokumentarischer Teil, Stuttgart.

Teschner, Manfred (1968): Gesellschaft und Politik im Unterricht. Eine soziologische Analyse der politischen Bildung in Hessen, Frankfurt/Main.

Vogel, Ulrike (1977): Zur unentdeckten Professionalisierung der Soziologie. Lehrerausbildung - Richtlinien - Prüfungsordnungen, Stuttgart.

Wienold, Hanns/Bierhoff, Oliver (2003): Gewerkschaftliche Bildungsarbeit zwischen soziologischer Phantasie und Verbandsinteressen. In: Paul Ciupke u.a. (Hg.): Erwachsenenbildung und politische Kultur in Nordrhein Westfalen, Essen, S. 283-295.

Zimmer, Annette/Nährlich, Stefan (Hg., 2000): Engagierte Bürgerschaft. Tradition und Perspektiven, Bürgerschaftliches Engagement und Nonprofit-Sektor, Band 1, Opladen.

Veröffentlichungen von Hanns Wienold

Buchveröffentlichungen

(1967a). *Unternehmer und Universität* (zusammen mit Heinz Hartmann). Gütersloh.

(1967b). *Führungsausbildung in der Industrie. Einstellungen und Verhalten des Managements* (zusammen mit Benno Biermann), Materialien aus der empirischen Sozialforschung Heft 5. Dortmund.

(1972). *Kontakt, Einfühlung und Attraktion. Zur Entwicklung von Paarbeziehungen.* Stuttgart.

(1980). *Gesellschaftlicher Reichtum und die Armut der Statistik. Einführung in die Sozialstatistik I.* Münster.

(1982) *Gesellschaftlicher Reichtum und die Armut der Statistik. Einführung in die Sozialstatistik I.* 2. überarb. Auflage, Münster.

(1983). *Politische Erwachsenenbildung der Gewerkschaften in Nordrhein - Westfalen 1976-1980* (zusammen mit Johannes Weinberg). Opladen.

(1986). *Bildungsarbeit zwischen finanziellen Einschränkungen und technisch-ökonomischen Wandel: Politische Erwachsenenbildung der Gewerkschaften in Nordrhein-Westfalen 1981 bis 1983* (zusammen mit Jürgen Ries u. a.). Opladen.

(1996). *Nichts als Geschichten? Von den Schwierigkeiten des Umgangs mit Wirklichkeiten und den Grenzen der Pädagogik (Lernen um zu Handeln* Bd. 4). Münster.

(1998). *Das Seminar gibt sich eine Form. Seminardiskurs und sozialer Prozeß* (zusammen mit C. Weischer, P. Blöing, G. Hovestadt). (*Lernen um zu Handeln*), Bd. 7/8. Münster.

(2000). *Empirische Sozialforschung. Praxis und Methode.* Münster.

(2001). *Gesellschaft bei Marx* (zusammen mit Reinhart Kößler), Münster

Herausgeberschriften und Reihen

(1973). *Lexikon zur Soziologie* (zusammen mit Werner Fuchs u.a.), Opladen

(1977). *Lexikon zur Soziologie* (zusammen mit Werner Fuchs u.a.), 2. erw. und überarb. Auflage, Opladen.

(1983). *Münster - Spuren aus der Zeit des Faschismus. Zum 50.Jahrestag der nationalsozialistischen Machtergreifung* (zusammen mit Hans-Günter Thien), Münster.

(1985). *Überwältigte Vergangenheit - Erinnerungsscherben. Faschismus und Nachkriegszeit in Münster i.W.* (zusammen mit Hans-Günter Thien und Sabine Preuß), Münster.

(1986). *Herrschaft, Krise, Überleben. Bundesrepublik in den 80er Jahren* (zusammen mit Hans-Günter Thien). Münster.

(1994). *Lexikon zur Soziologie*, 3., völlig neu bearbeitete und erweiterte Auflage (zusammen mit Werner Fuchs-Heinritz u. a.). Opladen.

(1996 u. 1997). *Lernen um zu Handeln. Probleme und Perspektiven in der zentralen Bildungsarbeit der IG Metall* (zusammen mit P. Blöing, G. Hovestadt & C. Weischer), Forschungsbericht mit Unterstützung der Hans-Böckler-Stiftung; neun Bände. Münster.

(2005). (in Vorbereitung) *Lexikon zur Soziologie*. 4. überarbeitete und erweiterte Auflage (zusammen mit W. Fuchs-Heinritz, , R. Lautmann, O. Rammstedt), Wiesbaden

Aufsätze/Buchbeiträge

(1970/71). Industrielle Bürokratie und Verwissenschaftlichung. Verhältnis von Amts- und Fachautorität in Wirtschaftsunternehmen. *Soziale Welt*, 21/22, 456-469.

(1971). Rationalität und Hierarchie. Eine Analyse empirischen Materials zur Weiterbildung industrieller Führungskräfte. *Jahrbuch für Sozialwissenschaft, 22*, 58-83.

(1975). Formale Modelle und qualitative Strukturen. In: H. J. Krysmanski & P. Marwedel (Hrsg.), *Die Krise in der Soziologie. Ein kritischer Reader zum 17. Deutschen Soziologentag* (S. 261-276). Köln.

(1977). Antihomosexualität und demokratische Kultur in der BRD (zusammen mit Rüdiger Lautmann). In: Rüdiger Lautmann, *Seminar: Gesellschaft und Homosexualität.* Frankfurt am Main, S. 383-416.

(1978). Essay: Karl-Dieter Opp, Theorie sozialer Krisen. Apathie, Protest und kollektives Handeln. *Soziologische Revue,* 1, 345-350.

(1983a). Münsteraner Alltag im Spiegel vertraulicher Berichte (zusammen mit Sabine Preuß). In: H. G.Thien und Hanns Wienold (Hrsg.), *Münster - Spuren aus der Zeit des Faschismus. Zum. Zum 50. Jahrestag der nationalsozialsozialistischen Machtergreifung.* Münster, S. 123-153.

(1983b). Themen und Teilnehmerstrukturen in der politischen Erwachsenenbildung der Gewerkschaften in Nordrhein-Westfalen 1976-1980 - ausgewählte Ergebnisse, *Materialien zur gewerkschaftlichen Bildungsarbeit* 7, Düsseldorf, S. 26-46.

(1984). Durch den Kaktus-Zaun. Skizzen zum US-Imperialismus in Mexiko, In: A. A. Guha, S. Papcke (Hrsg.), *Amerika - Der riskante Partner*. Königstein/Ts., S. 35-61.

(1985). Katastrophale Zeiten. Vier Essays zum deutschen Umgang mit Geschichte und Gegenwart (zusammen mit H. G. Thien). In: H. G. Thien, H. Wienold und S. Preuß (Hrsg.), *Überwältigte Vergangenheit - Erinnerungsscherben. Faschismus und Nachkriegszeit in Münster i.W.* Münster, S. 157-190

(1986). Die herrschende Klasse in der Bundesrepublik. Zur Theorie und Empirie der Bourgeoisie, In: H. G. Thien und H. Wienold (Hrsg.), *Herrschaft, Krise, Überleben, Münster. Bundesrepublik in den 80er Jahren.* Münster, S. 335-373.

(1987). „Maschinen wollen sie - uns Menschen nicht?“ Neue Differenzierungslinien der Arbeitnehmerschaft und der Bildungsurlaub in Nordrhein-Westfalen, *Materialien zur gewerkschaftlichen Bildungsarbeit.* Düsseldorf, S. 18-25.

(1988). Blicke der Macht. Sozialstatistik und empirische Sozialforschung als Staatsaktion, In: A. A. Guha, S. Papcke (Hrsg.), *Entfesselte Forschung. Die Folgen einer Wissenschaft ohne Ethik.* Frankfurt am Main, S. 67-86.

(1989). Gesellschaftliche Arbeit und kollektive Arbeitszeitverkürzung. Alltagsaufgaben und hegemoniales Projekt. In : H.-E. Bremes, M. Schumacher (Hrsg.), *Mit der Vergangenheit in die Zukunft. Felder gewerkschaftlicher Politik seit '45.* Münster, S. 107-126.

(1990a). Die Situation Westfalens zum Beginn der neunziger Jahre aus soziologischer Sicht, In: D. Fischer u.a. (Hrsg.), *Die Zukunft Westfalens in der Europäischen Gemeinschaft, Beiträge aus Politik und Wissenschaft.* Münster, S. 47-51.

(1990b). Ethik als Herrschaftsstrategie (in sechs Bildern). *Friedenspolitische Blätter 5,* Nov., S. 4-17.

(1991). Cosi fan tute. Die hohe Kunst der Konvention (zusammen mit E. Hüppe). In: *Musik-Konzepte, Sonderband Mozart. Die Da-Ponte-Opern.* München, S. 293-321.

(1992a). Fragekultur und bäuerliche Gesellschaft. Erfahrungen mit empirischer Sozialforschung im pakistanischen Punjab. In : H. J. Andreß u.a., *Theorie-Daten-Methoden. Neue Modelle und Verfahrensweisen in den Sozialwissenschafte.,* München, S. 405-421.

(1992b). Wie und wofür arbeiten Kinder? Kinder und Jugendliche als Lohnarbeiter (zusammen mit H. Ingenhorst). In: C. Büttner u. a. (Hrsg.), *Kinderkulturen. Neue Freizeit und alte Muster. Jahrbuch der Kindheit,* Bd. 9. (S. 80 - 104). Weinheim-Basel.

(1994a). Zählen und Erzählen. Empirische Sozialforschung auf dem Dorfe. *Peripherie,* 53, S. 7-25.

(1994b). Bildungsarbeit zwischen Alltagsgeschichten und Theorie-Diskurs. In: J. Richert (Hrsg.), *Subjekt und Organisation. Neuorientierung gewerkschaftlicher Bildungsarbeit.* Münster, S. 36-55.

(1994c). Einiges von Büchern, Geschichten und Engeln, In: H. G. Thien (Hrsg.), *Bücher, nichts als Bücher.* Münster, S. 57-66.

(1995). Im Netz politischer Interessen. Die Verwendungskarriere des Negtschen Beitrags zur gewerkschaftlichen Bildungsarbeit (zusammen mit A. Rehbock), In: D. Bögenhold u.a. (Hrsg.), *Soziale Welt und soziologische Praxis. Soziologie als Beruf und Programm (Festschrift für Heinz Hartmann)* Göttingen, S. 125-146.

(1996a). Aus Geschichten lernen. Beobachtungen und Überlegungen zur Arbeiterbildung heute, in: P.U. Hein & H. Reese (Hrsg.): *Kultur und Gesellschaft der Bundesrepublik Deutschland. Eine Festschrift zum 65. Geburtstag von Arno Klönne.* Frankfurt am Main, Berlin, Bern, New York, Paris, Wien.

(1996b). Venuspark. Pornographische Selbstinszenierung. Beobachtungen vom Rand der medialen Kultur, In: G. Ahrweiler u.a. (Hrsg.), *Soziologische Ausflüge. Festschrift für Hans-Jürgen Krysmanski,* Opladen, S. 333-341.

(1997a). Changar. Bericht aus dem „dürren Land". Ökologischer Niedergang und Involution am Fuße des Himalaja, Indien, *Peripherie* 65/66.

(1997). Kinderarbeit in Deutschland. Ein Massenphänomen. *Jugendpolitik,* 3, S. 18-20.

(1998). Die Einwirkung von Gratifikationskrisen am Arbeitsplatz auf den Konsum von Alkohol: Eine schriftliche Befragung in Betrieben der metallverarbeitenden Industrie (zusammen mit W. Puls und T. Blank). *Sucht* 44, S. 183-199.

(1999a). Alkoholkonsum und alkoholbezogene Verhaltensprobleme bei arbeitslosen Metallarbeitern in der Perspektive der Affekt-Regulationstheorie, (zusammen mit W. Puls, M. L. Inhester & J. Reinecke). *Sucht* 45, S. 390-405.

(1999b). Zur Lernkultur in Seminaren der Arbeitnehmerweiterbildung. Erfahrungen aus einem Kooperationsprojekt zwischen gewerkschaftlicher Bildungsarbeit und Universität (zusammen mit Maria Schumacher). In: F.H. Jelich & G. Schneider (Hg.), Orientieren und Gestalten in einer Welt der Umbrüche. Beiträge zur politischen und sozialen Bildung von Arbeit und Leben Nordrhein-Westfalen, Essen.

(2000). Wieviel Büffel grasen am Himalaja? Zum Verhältnis von methodischen und praktischen Konstrukten in der empirischen Sozialforschung. In: Günter Best & Reinhart Kößler (Hrsg.), *Subjekte und Systeme. Soziologische und anthropologische Annäherungen. Festschrift für Christian Sigrist zum 65. Geburtstag.* Frankfurt am Main, S. 153-169.

(2001a). Entwicklung und Testung eines Stressbewältigungstrainings zur Reduktion des Alkoholkonsums. (zusammen mit W. Puls und M. L. Inhester).Deutsche Hauptstelle gegen die Suchtgefahren (Hrsg.),*Sucht und Arbeit - Prävention und Therapie substanzbezogener Störungen in der Arbeitswelt* (S. 73 - 88). Freiburg.

(2001b). K. J Arrow, Social Choice and Individual Values, in: S. Papcke, G. W. Oesterdiekhoff (Hrsg.) *Schlüsselwerke der Soziologie*. Wiesbaden, S. 13-16.

(2001c) J. Colemann, Grundlagen der Sozialtheorie, in: S. Papcke, G. W. Oesterdiekhoff (Hrsg.) *Schlüsselwerke der Soziologie*. Wiesbaden, S. 85-89.

(2001d). F .Fanon, Die Verdammten dieser Erde, in: S. Papcke, G. W. Oesterdiekhoff (Hrsg.) *Schlüsselwerke der Soziologie.* Wiesbaden, S. 149-151.

(2001e). J. R. Searle, Sprechakte, in: S. Papcke, G. W. Oesterdiekhoff (Hrsg.) *Schlüsselwerke der Soziologie*. Wiesbaden, S. 442-445

(2002a). Kinderarbeit, In: Deutsches Kinderhilfswerk e.V. (Hrsg.), *Kinderreport Deutschland. Daten, Fakten, Hintergründe*. München, S. 107-120

(2002b). Arbeit und Vergesellschaftung. Eine aktuelle Erinnerung an die klassische Gesellschaftstheorie (zusammen mit R. Kößler), *Peripherie* 87.

(2002c). Alemania (zusammen mit M. Römer-Karrasch, Angelika Gehrmann). In: Jeff Bridgford, John Sirling (Hrsg.), *La Formacion Sindical en Europa*. Valencia.

(2002d). Geleitwort. In: R. Beer, Zur Kritik der demokratischen Vernunft. Individuelle und soziale Bedingungen einer gleichberechtigten Partizipation. Wiesbaden.

(2002e). Stressbewältigungstrainings als Komponente betrieblicher Suchtprävention (zusammen mit W. Puls und M. L. Inhester). *Sucht* 48, S. 271-283.

(2003a). Eine schriftliche Befragung zur Prävalenz des riskanten Alkoholkonsums in zwei Betrieben der Metallindustrie (zusammen mit W. Puls und M. Morkramer). *Sucht* 49, S. 180-187.

(2003b). Gewerkschaftliche Bildungsarbeit zwischen soziologischer Phantasie, Verbandsinteressen und sozialen Milieus (zusammen mit Oliver Bierhoff). In: Josef Jelich u.a. (Hrsg), *Erwachsenenbildung und politische Kultur in NRW.* Essen.

(2003c). Umwelt und Entwicklung. Erfahrungen in einer indischen Bergregion, in: R. Jansen u.a. (Hrsg.), *Akzeptanz und Ignoranz. Festschrift für Jens Naumann.* Frankfurt am Main.

(2005a). Arbeitsbedingungen, Persönlichkeitsmerkmale und Tendenzen zum missbräuchlichen Alkoholkonsum: eine Befragung in zwei Betrieben der Metallindustrie (zusammen mit W. Puls und M. F. Morkramer). *Zeitschrift für Arbeits- und Organisationspsychologie*, 49. Jg., Nr. 2.

(2005b). Testung eines Erklärungsmodells zur Nikotinabhängigkeit und zum Zigarettenkonsum bei arbeitslosen Metallarbeitern (zusammen mit W. Puls und M. L. Inhester). *Sucht* 51, S. 7-18.

(2005c). Arbeitslosigkeit, riskanter Alkoholkonsum und alkoholbezogene Verhaltensprobleme: eine Längsschnittstudie bei Metallarbeitern (zusammen mit W. Puls, M.L. Inhester und J. Reinecke), Suchttherapie, Jg. 6.

(2005d). „Post Mortem für eine heilige Kuh. Heiligkeit und Nützlichkeit von Rindern in Indien", in: R. Seim (Hrsg.), „Mein Milieu meisterte mich nicht", Festschrift für Horst Herrmann, Münster, S. 283-304.

Konferenz-Abstracts

(1998a). Die Einwirkung von Gratifikationskrisen am Ar-beitsplatz auf den Konsum von Alkohol (zusammen mit W. Puls). *Das Gesundheitswesen*, A74.

(1998b). Stress am Arbeitsplatz und der Konsum von Alkohol - Eine Befragung in Betrieben der metallverarbeitenden Industrie (zusammen mit W. Puls und T. Blank). *Sucht* 44, 356-357.

(1999a). Stressbewältigung durch den Konsum von Alkohol: Untersuchungen am Beispiel von drohendem Arbeitsplatzverlust und eingetretener Arbeitslosigkeit (zusammen mit W. Puls und T. Blank). *Das Gesundheitswesen*, 61, A 151.

(1999b). Stressbewältigung bei hochbelasteten Metallarbeitern und der funktionale Konsum von Alkohol: eine explo-rative testpsychologische Untersuchung (zusammen mit W. Puls, R. Lanwehr & M. Wirtz). *Das Gesundheitswesen*, 61, A 151.

(2002). Alkoholkonsum als Folge beruflicher Gratifikationskrisen - besteht eine Möglichkeit der Intervention? (zusammen mit W. Puls und M. L. Inhester). *Das Gesundheitswesen, 64, A 83.*

(2003). Testung eines Erklärungsmodells zur Nikotinabhängigkeit und zum Zigarettenkonsum bei arbeitslosen Metallarbeitern (zusammen mit W. Puls und M. L. Inhester). *Das Gesundheitswesen*, 65, A 29 (S 21).

(2004a). Arbeitsbedingungen, Persönlichkeitsmerkmale und Alkoholkonsum: Testung eines Pfadmodells (zusammen mit W. Puls). In H. Schröder & K. Reschke (Hrsg.).

Gesundheit - Risiko, Chancen und Herausforderung (ISBN 3-00-013398-4), S. 48. Medien: Leipzig.

(2004b). Alkoholkonsum als Folge beruflicher Gratifikationskrisen - besteht eine Möglichkeit der Intervention? (zusammen mit W. Puls und M. L. Inhester). *Der Nervenarzt*, Band 75, Supplement 2, S 189.

Broschüren und Forschungsberichte

(1978). Das soziale Abwehrsystem gegen sexuelle Abweichung, insbesondere Homosexualität. Bericht zum DFG-Forschungsprojekt: Entstigmatisierung durch Gesetzgebung (zusammen mit R. Lautmann unter Mitarbeit von Egon Rohe), Bremen/Münster.

(o.J.). Politische Erwachsenenbildung der Gewerkschaften und die Kürzungspolitik in NRW (zusammen mit J. Ries u. a.). Materialien zur gewerkschaftlichen Bildungsarbeit. Münster.

(1984). Struktur und Entwicklung der Politischen Erwachsenenbildung der Gewerkschaften in NRW 1976-1980 (zusammen mit J. Ries u. a.). Münster.

(1987). DFG-Projekt „Organisationsspezifische Determinanten im Verwendungsprozess sozialwissenschaftlicher Theorien für das gewerkschaftliche Bildungswesen". Schlußbericht, Bearbeiterin Annette Rehbock. Münster.

(1988). Kinderarbeit. Eine Untersuchung in der Region Münsterland (zusammen mit H. Ingenhorst u.a.). Herausgegeben vom Ausschuß für Jugendarbeitsschutz des Staatl Gewerbeaufischtsamtes Münster.

(o.J.). „Zuviel Theorie, zuwenig Praxis!"? Ergebnisse einer Umfrage unter ArbeitnehmervertreterInnen in Aufsichträten zur Mitbestimmungspraxis, zu Bildungserfahrungen und zu Bildungswünschen (zusammen mit T. Rütter u.a.), hg. vom DGB-Bildungswerk e.V. in Kooperation mit der Hans-Böckler-Stiftung, Düsseldorf.

(1989). Milchmarkt und Beratung. Die büffelhaltende Bevölkerung im Gebiet des Pattoki Livestock Production Projects, im Auftrag der GTZ, Münster.

(1991a). Akzeptanz und Relevanz der Beratungsdienste der Idara-e-Kisan für die Zielgruppen des Pattoki Livestock Production Projects (PLPP), Münster

(1991b). Evaluation of the Extensionist-Scheme of Idara-e-Kisan. Münster.

(1991c). Kinderarbeit. Untersuchung zur verbotenen Kinderarbeit in den Aufsichtsbereichen der Staatl. Gewerbeaufsichtsämter Köln, Recklinghausen und Münster (zusammen mit H. Ingenhorst). Düsseldorf: Ministerium für Arbeit und Soziales.

(1991d). Berechtigung und Rechtssicherheit. Gutachten zum Arbeitnehmerweiterbildungsgesetz (AWbG) in Nordrhein-Westfalen (zusammen mit J. Weinberg unter Mitarbeit von Burkhardt Engelke und Gertrud Hovestadt). Münster.

(1993a). Absichten des Workshops, *BiMetall Projektinfo 2: Der „Methoden-Workshop" in Lohr*. Münster.

(1993b). Bildungsarbeit als Praxisreflexion, *BiMetall Projektmaterialien 9*. Münster.

(1993c). Verlauf und Ergebnisse des Workshops, *BiMetall Projektinfo 2: Der „Methoden-Workshop" in Lohr*. Münster.

(1994a). Kinderarbeit in Hessen (zusammen mit I. M. Deusinger & H. Ingenhorst). Hessisches Ministerium für Frauen, Arbeit und Sozialordnung.

(1994b). Status Analysis of NGOs in Himachal Pradesh, India (zusammen mit R. Ahal), IGCEDP, Palampur H.P., May.

(1995a). Concept for Economical and Ecological Impact. Monitoring and Evaluation (zusammen mit R. Kotru). IGCEDP, Palampur, H. P., May.

(1995b). Monitoring Income Generation and Income Increase in Changar Area as Impact of IGCEDP Programmes and Activities. IGCEDP, Palampur, H. P., February/March.

(1995c). Rapid Appraisal for Mini-Micro Watershed Selecttion. (zusammen mit R. Kotru). IGCEDP, Palampur, H.P., January

(1996a). Population of Changar Area in Transition. Data of the 1981 and 1991 Censuses of India, IGCEDP, Palampur H.P., March.

(1996b). Feasibility Study and Macro Plan for Watershed Chambi (zusammen mit R. Kotru & P.Kumar), IGCEDP, Palampur, H.P., February.

(1996c). Report on Animal Census, 1995, IGCEDP, Palampur H.P., March.

(1996d). First Follow-Up Survey on Livestock Population, IGCEDP, Palampur H.P. September.

(1997a). Feasibility Study of a Treatment Plan. Mini-Microwatershed Bhodi-Ropri. Distr. Kangra, Himachal Pradesh (zusammen mit P. Kumar). IGCEDP, Palampur, H. P., September

(1997b). Socio-Economic Situation of Changar Area. A Base Line, IGCEDP, Palampur, August

(1998). Psychosozialer Streß als Folge von subjektiver Unsicherheit des Arbeitsplatzes bzw. Arbeitslosigkeit und der Einfluß auf den Konsum von psychotropen Substanzen. (Unveröffentlichter Schlussbericht für das BMBF-Forschungsprojekt, zusammen mit W. Puls, M. L. Inhester, R. Lanwehr & M. Wirtz). Universität Münster, Institut für Soziologie.

(2000). Gesellschaft bei Marx (zusammen mit Reinhart Kößler), Dreifachkurseinheit, Fernuniversität Hagen

(2000a). „Gelassen bei der Arbeit". Ein Trainingskurs zur Bewältigung von Stress am Arbeitsplatz, (zusammen mit U. Wiegard, N. Tauscher, M. L .Inhester & W. Puls), Aktuelle Beiträge zur Soziologie, 1/2000. Münster Internet: http://www.bdp-gus.de/gp/massnahmen1/arbeitstress.htm.

(2000b). Skalen zur Arbeit, Arbeitslosigkeit und Gesundheit. Messinstrumente des Forschungsprojektes „Psychosozialer Stress als Folge subjektiver Unsicherheit des Arbeitsplatzes bzw. Arbeitslosigkeit und der Einfluss auf den Konsum psychotroper Substanzen, Aktuelle Beiträge zur Soziologie, 2/2000. Münster Internet: http://edok01.tib.uni-hannover.de/edoks/e01fb02/346456185.pdf.

(2001) Drohender Arbeitsplatzverlust und Gratifikationskrisen. Entwicklung und Testung eines Interventionsprogramms zur Sekundärprävention des Alkoholmissbrauchs. Nr. 2 (zusammen mit W. Puls, T. Blank, M. L. Inhester, B. Bock) , Aktuelle Beiträge zur Soziologie. Münster.

Zu den AutorInnen

Günter Best (1942), Dr. habil., apl. Prof. für Ethnologie Uni. Freiburg, Geschf. Entwicklungssoz. Uni. Münster. Über zwei Jahre empirische Forschungen in Afrika zu sozial-kulturellem Wandel, Ehe, Familie u. Verwandtschaft; Aktuelle Forschung in Gibraltar und auf Zypern zum Wandel der Ehe; Projektpartner von Hanns Wienold; Veröffentlichung: Best, G. (2005): Götter und Gurus bei den hinduistischen Sindhis in Gibraltar. In: Seim, R. (Hg.): Mein Milieu meisterte mich nicht. Festschrift für Horst Herrmann. Münster, S. 91-108.
e-mail: besteg@uni-muenster.de

Oliver Bierhoff (1972); Dr. phil., Lehrbeauftragter am Inst. für Soziologie Uni. Münster; Arbeitsschwerpunkte: Gesellschaftstheorie, Organisationssoziologie, soziale Bewegungen; Von 1996 bis 2004 Zusammenarbeit mit Hanns Wienold im Arbeitskreis Gewerkschaftliche Bildungsarbeit, von 2001 bis 2005 seine wissenschaftliche Hilfskraft und Doktorand.

Michael Bochow (1948), Dr. rer. pol., Soziologe, seit 19 Jahren tätig in der sozialwissenschaftlichen AIDS-Präventionsforschung und in der Minderheitenforschung; Arbeitsschwerpunkte: Schwule Männer und gleichgeschlechtlich orientierte muslimische Migranten in Deutschland; Anknüpfung an die Studie von Rüdiger Lautmann und Hanns Wienold zu Einstellungen und Werthaltung zu schwulen Männern in Deutschland mit einer eigenen Erhebung 1991; Erstellung des Interviewleitfadens nach Rücksprache mit Lautmann und Wienold.
Veröffentlichung: Bochow, M. (2005): Ich bin doch schwul und will es immer bleiben - Schwule Männer im dritten Lebensalter. Edition Waldschlösschen. MSK: Hamburg;
e-mail: michael.bochow@t-online.de

Hans-Erich Bremes (1932), Ausbildung zum Industriekaufmann, berufliche Tätigkeit in einem gemeinwirtschaftlichen Unternehmen, Betriebsratsvorsitzender, Studium an der Hochschule für Wirtschaft und Politik in Hamburg, Praktikant an der DGB-Bundesschule Springe/Deister, Geschäftsführer der Gewerkschaft Textil-Bekleidung in Heilbronn, Leiter der Schule der IG Druck und Papier in Hörste, seit 1969 Leiter der Abteilung Bildung des DGB-Landesbezirks Nordrhein-Westfalen, von 1989 bis 1997 des DGB-Bildungswerkes NRW e.V.

Andrea D. Bührmann (1961), studierte Soziologie, Philosophie und Politologie in Münster, wo sie 1994 promovierte; dann Wissenschaftliche Mitarbeiterin zunächst im Centrum für Regionalforschung (CeReS), nach einer Weiterbildung zur Personalreferentin an der Universität Paderborn Habilitation 2004 an der Uni. Münster, seit WS 2004/05 Vertretungsprofessorin im Fach Soziologie an der Uni. Dortmund. Seit 2005 Sprecherin des interdisziplinären Forschungsschwerpunktes „Dynamik der Geschlechterkonstellationen" und Gastprofessorin an der Universität Salzburg. Forschungsgebiete: Gesellschafts- und Wissenschaftstheorie, empirische Sozialforschung, Geschlechterforschung. Veröffentlichung: Bührmann, A. D. (2004) Der Kampf um „weibliche Individualität". Ein Beitrag zur Analyse des (Trans-) Formierungsgeschehens moderner Subjektivierungsweisen im Deutschland um die Jahrhundertwende, Münster.

Werner Fuchs-Heinritz (1941), Prof. für Allgemeine Soziologie an der Fernuni. Hagen; Arbeitsschwerpunkte: Jugendsoziologie, Biographieforschung, Soziologie des Todes; seit Ende der 1960er Jahre Zusammenarbeit mit Hanns Wienold an der Sozialforschungsstelle Dortmund; bis heute gemeinsame Herrausgabe des „Lexikons zur Soziologie". Veröffentlichung: Fuchs-Heinritz, W./König, A. (2005): Pierre Bourdieu. Konstanz: UVK/UTB.
e-mail: Werner.Fuchs-Heinritz@Fernuni-Hagen.de

Bernhard Hülsmann (1944), Dipl. Soz., Akademischer Rat am Inst. für Soziologie der Uni. Münster; Studium in Köln, Münster, Bielefeld; 1971 Dipl. Soz. in Bielefeld bei Matthes und Luhmann, 1971/72 Wissenschaftlicher Assistent an der Uni. Münster, jahrelange Geschäftsführung des Inst. für Soziologie, 1975 Promotion bei H.J. Krysmanski und M. Stadler, 1973-1985 Vorsitz der GEW Münster, Mitarbeit an bildungspolitischen Konzepten; 1984 Gründung des TAT; 1992 Projektarbeit Teil II Akzeptanzforschung
Arbeitsschwerpunkte: Projektarbeit und Arbeitssoziologie.

Eberhard Hüppe (1955), Dr., lehrt Musiktheorie an der Folkwang-Hochschule in Essen und an der Musikhochschule Münster. Arbeitsgebiete: Musikwissenschaft, Musiksoziologie, Raumsoziologie und Kultursoziologie. Eine Habilitationsschrift zur Raumrepräsentation und Raumaneignung in der Musik steht unmittelbar vor dem Abschluss. Mit Hanns Wienold hat sich der Verfasser durch die vierhändige Klavierliteratur hindurchmusiziert.
Veröffentlichung: Hüppe, E. (2004): Wiederholung als Prozeß. Zu Chopins Fantasie-Polonaise op.61.
e-mail: eberhard.hueppe@web.de

Bodo Kensmann (1951), Dr., Lehrer für Philosophie und Sozialwissenschaften; Lehrbeauftragter für Philosophiedidaktik und Schulpraktische Studien am Philosophischen Seminar der Uni. Münster; Forschungsschwerpunkte: Philosophiedidaktik, Ästhetik, Sozialphilosophie; Promotion bei Hanns Wienold.

Veröffentlichung: Kensmann, B. (2005): Platon wäre auch dorthin gegangen ... Philosophiedidaktische Überlegungen zum Einsatz von Spielfilmen im Philosophieunterricht. LIT. e-mail: kensmann@uni-muenster.de

Uta Klein (1958), Prof. Dr., Professorin an der Fachhochschule Kiel und Privatdozentin am Inst. für Soziologie Uni. Münster. Arbeitsschwerpunkte: Militär und Geschlecht; Geschlechterforschung, Gleichstellungspolitik, Regionalsoziologie Israel/Palästina, früher Kriminalsoziologie/Strafvollzug. Kollegin von Hanns Wienold am IFS von 1991 bis 2001. Habilitandin bei Hanns Wienold bis 1999.
Veröffentlichung: Klein, U. (2005): Stärke und Männlichkeit. Die Geschlechterfrage im israelischen Friedensdiskurs. In: Davy, Jennifer und Hagemann, Karen (Hg.). *Pazifistinnen/Pazifismus. Friedens- und Konfliktforschung als Geschlechterforschung.* Reihe „Frieden und Krieg. Beiträge zur Historischen Friedensforschung", Essen: Klartext Verlag.
e-mail: Uta.Klein@FH-Kiel.de

Jürgen Kriz (1944), Prof. Dr., Lehrstuhl für Psychotherapie und klinische Psychologie an der Uni. Osnabrück; 1972-74 Professor für Statistik an der Uni. Bielefeld, hier Kooperation mit Hans Wienold. Im Rahmen seiner „Personzentrierten Systemtheorie" Arbeit an der Verbindung von naturwissenschaftlich fundierter Systemtheorie (Synergetik) mit Psychotherapie/-pathologie und Bewusstseinsphänomenen; ferner: Fragen der Forschungsmethodik. ca. 250 Beiträge und 19 Bücher über methodisch-statistische und klinisch-therapeutische Fragen.
e-mail: kriz@uos.de //www.jkriz.de.

*H.J. Krysmanski (*1935), em. Professor für Soziologie an der Uni. Münster; Forschungsschwerpunkte: Mediensoziologie und 'Power Structure Research'; seit fast 30 Jahren Kollege von Hanns Wienold am Institut für Soziologie.
Veröffentlichung: Krysmanski, H.J. (2004): Hirten und Wölfe. Wie Geld- und Machteliten sich die Welt aneignen. Münster: Westfälisches Dampfboot.

Reinhart Kößler (1949), studierte Soziologie, Osteuropäische Geschichte, Ethnologie und Chinakunde in Heidelberg, Leeds (GB) und Münster, wo er 1978 am Inst. für Soziologie promovierte; dort 1980-90 Wissenschaftlicher Assistent, Habilitation 1978, seit 1993 apl. Prof.; seit 1990 diverse Vertretungsprofessuren und Projekte, Redaktionsmitglied der *Peripherie* und Vorstandsmitglied der Informationsstelle Südliches Afrika (ISSA), Bonn. Arbeitschwerpunkte: Gesellschaftstheorie, Entwicklungstheorie, politische Soziologie (Staat, Zivilgesellschaft, Ethnizität), Arbeitskultur, Zeit und Alltag.
Veröffentlichung: Kößler, R. (2005): *In Search of Survival and Dignity. Two Traditional Communities in Southern Namibia Under South African Rule; Understanding Change. Models, Methodologies and Metaphors* (hg. mit Andreas Wimmer).

Rüdiger Lautmann (1935), Prof. [i.R.] für Soziologie an der Uni. Bremen, leitet jetzt das *Institut für Sicherheits- und Präventionsforschung* e.V. in Hamburg, derzeit engagiert in dem Projekt 'Migranten in die deutsche Polizei'.
Veröffentlichung: Lautmann, R. (2002): Soziologie der Sexualität.
Zudem Beiträge in diversen Festschriften für altgewordene Fachkollegen. Mit Hanns Wienold seit 1969 in Kooperation zum „Lexikon zur Soziologie" sowie empirisches Projekt 'Entstigmatisierung durch Gesetzgebung';

Ilse Lenz, Professorin für Soziologie (Geschlechter- und Sozialstrukturforschung) an der Ruhr-Universität-Bochum. Forschungsschwerpunkte: Globalisierung, Geschlecht und Arbeit; Frauenbewegungen im internationalen Vergleich; komplexe soziale Ungleichheiten (Klasse, Ethnizität, Geschlecht). Koordinatorin der Marie-Jahoda-Professur für internationale Frauenforschung an der RUB/im Netzwerk Frauenforschung NRW. Zahlreiche Forschungsaufenthalte in Japan und Südostasien.
Veröffentlichungen: Lenz, Ilse/Mense, Lisa/Ullrich, Charlotte (2003): Reflexive Körper? Zur Modernisierung von Sexualität und Reproduktion. Opladen.

Sven Papcke (1939), derz. Tätigkeit: Publizist; Forschungsschwerpunkte: Geschichte der Soziologie, Politische Soziologie, Kratologie etc. jahrzehntelanger Zimmernachbarn von Hanns Wienold am Inst. für Soziologie der Uni. Münster;
Veröffentlichung: Papcke, S. (2001): Gesellschaft der Eliten.

*Wichard Puls (*1956), Studium der Sozialwissenschaften, Germanistik und Psychologie in Münster, 1989 Promotion, 2001 Habilitation für Soziologie mit dem Schwerpunkt Gesundheitssoziologie/Medizinsoziologie, 2001-2005 Vertretung einer Professur für Methodenlehre in Münster; Mitarbeiter an der von Hanns Wienold geleiteten Forschungsstelle „Arbeit und Gesundheit".
Veröffentlichung: Puls, W. (2003): Arbeitsbedingungen, Stress und der Konsum von Alkohol. Opladen: Leske + Budrich.
e-mail: puls@uni-muenster.de

Maria Schumacher (1961), Ass. d. L., Studium der Sozialwissenschaften und Geschichte an der Uni. Münster, zur Zeit Lehrende am Institut für Soziologie der Uni. Münster; Forschungsschwerpunkte: Arbeits- und Industriesoziologie, Qualitative Sozialforschung, Wissenschaftssoziologie, Gewerkschaftliche Bildungsarbeit. Langjährige gemeinsame Forschungsarbeit mit Hanns Wienold sowie gemeinsame Betreuung des Projekts Gewerkschaftliche Bildungsarbeit am IfS der Uni. Münster.
e-mail: Maria.Schumacher@uni-muenster.de

Katrin Späte (1966). Dr. phil., Studium des Lehramts Französisch und Sozialwissenschaften in Münster, 1. und 2. Staatsexamen, seit Oktober 2004 Studienrätin im Hochschuldienst am Inst. für Soziologie der Uni. Münster. Forschungsschwerpunkte: Nationalismus- und Geschlechterforschung, Fachdidaktik Soziologie, Bildungsforschung.
Veröffentlichung: Späte, K. (2004): Hauptsache Gesellschaft. Westdeutsche Soziologie im Kontext schulischer politischer Bildung, Schwalbach/Ts.

Hans-Günter Thien (1947), Dr., von 1972-1984 Wiss. Mitarbeiter, seit 1984 Hochschullehrer für Soziologie an der Universität Münster und Verleger des Westfälischen Dampfboots.
Veröffentlichungen: *Klassenlage und Bewußtseinsform der Lehrer im Staatsdienst*, Gießen 1976; *Schule, Staat und Lehrerschaft. Zur historischen Genese bürgerlicher Erziehung in Deutschland und England*, Frankfurt/New York 1984; Mitautor von *Zur Gesellschaftsstruktur der BRD*, 2. Aufl. Münster 1985; Hrsg. von *Bücher, nichts als Bücher*, Münster 1994; Mitherausgeber (mit Sabine Preuß und Hanns Wienold) von *Münster. Spuren aus der Zeit des Faschismus,* Münster 1983; (mit Sabine Preuß und Hanns Wienold), *Überwältigte Vergangenheit. Faschismus und Nachkriegszeit in Münster/W.*, Münster 1984; (mit Hanns Wienold) *Herrschaft, Krise, Überleben*, Münster 1986.

Elisabeth Tuider (1973), Dr. phil., Studium der Pädagogik und Psychologie an den Universitäten Wien, Stockholm, Uppsala, Hamburg und Kiel; Seit 4 Jahren Wiss. Assistentin am Inst. für Soziologie der Uni Münster und Habilitandin bei Hanns Wienold; Arbeitsschwerpunkte: Feministische und Queer-Theory, Cultural- und Postkolonial-Theory, Transgenderthematiken, Lateinamerika-Studien; Außerdem: 1. Vorsitzende des Vorstandes der Gesellschaft für Sexualpädagogik;
Veröffentlichung: Tuider, E. (2004): Estamos en diferentes lugares. Feministische Identität und Gouvernementalität am Beispiel der mexikanischen Frauenbewegungen. In: Kaltmeier, O./Kastner, J./Tuider, E. (Hg.): Neoliberalismus-Autonomie-Widerstand. Analyse Sozialer Bewegungen in Lateinamerika. Münster: Dampfboot .
e-mail: e.tuider@web.de

Christoph Weischer (1956), Prof. Dr., Hochschullehrer am Inst. für Soziologie der Uni. Münster; Arbeitsschwerpunkte: Sozialstrukturanalye, empirische Sozialforschung, Geschichte der empirischen Sozialforschung; gemeinsame Forschungen mit Hanns Wienold.
Veröffentlichung: Weischer, Ch. (2004): Das Unternehmen 'Empirische Sozialforschung'. Strukturen, Praktiken und Leitbilder der Sozialforschung in der Bundesrepublik Deutschland. München: Oldenbourg.
e-mail: christoph.weischer@uni-muenster.de

Tabula Gratulatoria

Friedhelm Brüggen
Ferdinand Burghardt
Thomas Dreiski-Mousset
Dieter Eich
Rolf Eickelpasch
Barbara Eyl-Thien
Brigitte Hasenjürgen
Gerhard Hauck
Marko Heyse
Jörn Hößelbarth
Dieter Hoffmeister
Institut für Soziologie
Rainer Kalbitz
Olaf Kaltmeier
Michael Korbmacher
Marianne Krüger-Potratz
Heide Mertens
Reinhard Meyers
Boris Michel
Sarah Mümken
Jens Naumann
Hans Joachim von Olberg
Berthold Paschert
Susanne Paul-Menn
Annette Pietsch
Annette Rehbock
Christiane Rohleder
Hansjörg Scheerer
Klaus Schubert
Christian Sigrist
Ewald Terhart
Arnold Windeler
Annette Zimmer

Arbeitskreis
Gewerkschaftliche Bildungsarbeit:

Klaus Brülls
Torsten Bewernitz
Katrin Huxel
Detlef Krechter
Andreas Kemper
Volker Lünnemann
Christian Kaindl
Luz Kerkeling
Angelika Gehrmann
Martina Karrasch
Michael Römer-Karrasch
Nikolaus Bley
Malaika Rödel
Ondra Krüger
Philipp Sturm
Thorsten Hallmann